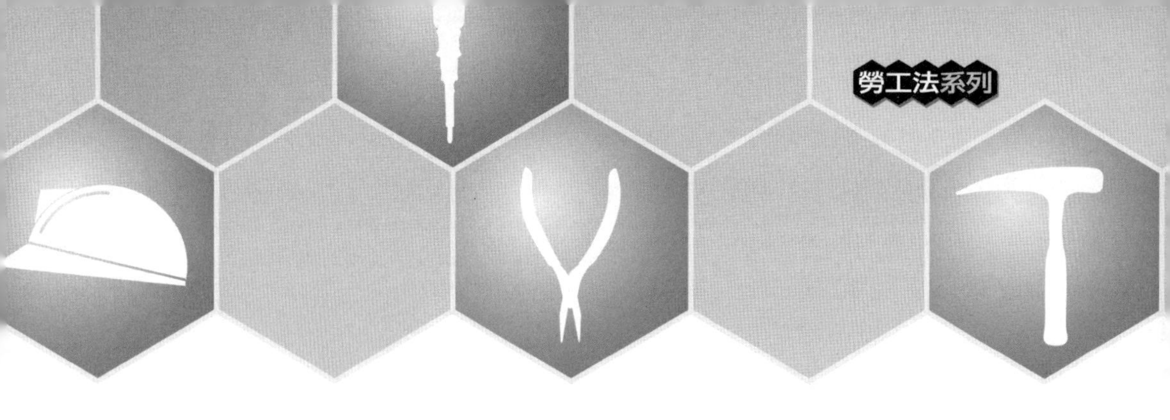

勞工法系列

勞工保險法

理論與實務

楊通軒 著

五南圖書出版公司 印行

自序

本書的寫作，是作者多年來自我期許的目標，希望能為2008年9月1日起至2012年8月31日止借調到當時的行政院勞工委員會勞工保險監理委員會擔任主任委員一職，劃下美好的休止符。回想羅斯福路屹立的木棉花樹，都標誌著那一段永植的戀戀時光。逐漸模糊的人事，伴隨著組織再造而走入歷史的監理會，卻無法掩飾幾位好友的璀燦光芒。尤其是當時在勞委會主委王如玄律師的帶領下，配合著業務組主任許淑華律師及爭議組主任謝幸伶律師的高度法律專業及謙沖為懷的處事態度，使得我能安心地、無慮地走完四年的勞工保險行政工作。在那之後，我經過多年的教學研究工作，嘗試將勞工保險的各種原理原則及老年給付、死亡給付的拙見納入本書。希望能有助於勞工保險理論的建構及保險實務的發展。以蠡測海，以草撞鐘，幸不吝指教。

楊通軒

嘉義縣民雄鄉

國立中正大學勞工關係學系515研究室

2022年3月1日

目 錄

第一章 總論——基本理論、勞工保險與商業保險之異同、行政法原則之適用

案例1

甲係往來於台灣與中國間的玉石販賣商人。長期居住中國經商。由於年紀逐漸老邁，時覺力不從心。一日起床時昏倒，送到醫院時，醫師診斷爲腦幹大量出血，必須長期復健。甲妻（乙）聽鄰居說台灣的勞保保障很好，乃透過職業工會加入保險，在過一段時間後順利向勞保局申請傷病給付。問：

(1) 投保勞工保險的條件爲何？程序爲何？帶病可否加保？勞保局可否進行核保手續？另外，加入職業工會的條件爲何？

(2) 之後，甲以傷病未好爲由申請繼續給付，惟勞保局以無工作事實取消其資格，並且要求返還第一次的傷病給付。有理否？

(3) 假設甲係欲加入商業保險的傷病保險呢？保險公司（丙）可否以甲無工作而拒絕？

(4) 已加入勞工保險者，可否再加保商業保險？是否會構成複保險？

(5) 勞動法庭對於勞工保險爭議案件有無管轄權？勞動事件法第2條第1項第1款之勞工法令是否包含勞工保險相關法令？

第一節　勞工保險的基本理論

勞工保險的基本理論，主要是源自於其在社會保險（或社會安全）中的地位與目的。依據國際勞工組織（ILO）第102號社會安全公約，社

會安全的範圍應包括疾病、生育、職業災害、失業、殘廢、老年及死亡，以及醫療等風險的給付。可以說經歷一個人的出生至死亡各階段[1]。我國憲法第十三章第四節社會安全也有相應的規定。依據憲法第153條第1項規定，「國家為改良勞工及農民之生活，增進其生產技能，應制定保護勞工及農民之法律，實施保護勞工及農民之政策。」第155條規定，「國家為謀社會福利，應實施社會保險制度。人民之老弱殘廢，無力生活，及受非常災害者，國家應予以適當之扶助與救濟。」另外，憲法增修條文第10條第8項也規定，「國家應重視社會保險等社會福利工作」。為此，社會保險保費的繳納，必須以絕大多數能夠負擔為原則，另外，基於社會福利國原則的義務，國家乃編列預算以補助一定比例的保險費（勞保條例第15條參照）。

只是，從法律用語觀之，憲法第155條「國家為謀社會福利，應實施社會保險制度。」顯然要較憲法增修條文第10條第8項「國家應重視社會保險等社會福利工作」強制許多，形成一個「後法弱化」的怪異現象。是否會對於國家推動社會保險等社會福利工作造成不利之影響？實值得持續觀察。

觀察司法院大法官會議歷來有關勞工保險給付的解釋，大多引用憲法第153條及第155條以為依據。而大法官會議釋字第549號、第609號、第683號也兼引用憲法增修條文第10條第8項規定。在1950年，台灣制定施行勞工保險條例，將憲法第155條社會保險制度及國際勞工組織第102號公約的內容，大部分予以規定並施行，可謂是對於勞工最重要的社會保險保障。

而在2019年6月6日，台灣勞動部預告「勞工職業災害保險法草案」（預告終止日：2019年8月4日），並且在2021年4月30日制定公布「勞工職業災害保險及保護法」（簡稱「災保法」），將社會安全的落實向前推進一大步，並且自2022年5月1日起施行。如此，使得勞工社會保險保障

---

1 有關國際勞工組織第102號社會安全公約的說明，請參閱楊通軒，就業安全法—理論與實務，2020年9月，三版，頁5以下。

又更加完備。須注意者，該法擴大保障的對象，設計不同的最高投保薪資，以及兼採申報主義及法定債之關係，修正原來勞工保險條例的規定或制度，可能影響多年來的理論與實務運作。所以，如果回歸社會安全的範圍，在台灣，可以思考的是：是否提早自胎兒開始保障？（或者，育嬰留職停薪津貼有這個考量？）將保障對象（即受益人）擴及被保險人及其至親家屬以外的人？例如先放寬至未受扶養之孫子女或兄弟姐妹；增訂家庭給付？而在就業安全或就業保險部分，思考積欠工資墊償基金的適用項目是否原本為就業保險的適用項目[2]，而將之回歸為就業保險給付？此也涉及將傳統工資不足是「自己預護」（Eigenvorsorge）的觀念修正。又，將失業給付適度擴及至所有所得中斷情形？包含自行離職[3]？或甚至被無預告的立即解僱（勞動基準法第12條第1項參照）？

依照德國社會法體系，社會保險與社會扶助、社會補償共同構成社會法之範圍[4]。社會安全制度固然以社會保險為核心，至於有關社會扶助，依據大法官會議釋字第560號解釋：喪葬津貼有別於一般以被保險人本人發生事故之給付，兼具社會扶助之性質。其為一時性的「互助津貼」，量定以滿足社會一般習俗的費用即可[5]。另外，依據本書所見，勞保條例第63條之2第1項第3款之遺屬津貼，其性質亦兼具社會扶助。又，第23條之喪葬津貼則是單純的社會扶助之性質。進而言之，社會保險所提供之保障，依國際公約及各國制度，通常分為兩類：金錢補助及福利服務。金錢

2　依據大法官會議釋字第595號，「勞工保險局以墊償基金所墊償者，原係雇主對於勞工私法上之工資給付債務；其以墊償基金墊償後取得之代位求償權（即民法所稱之承受債權，下同），乃基於法律規定之債權移轉，其私法債權之性質，並不因由國家機關行使而改變。勞工保險局與雇主間因歸墊債權所生之私法爭執，自應由普通法院行使審判權。」

3　楊通軒，就業安全法─理論與實務，頁5以下。

4　郝鳳鳴，社會法，新學林，2008年10月，初版，頁6。

5　鍾秉正，社會保險法論，2005年11月，初版一刷，頁121。惟由於社會的變遷，辦理喪葬費用的逐步上升，即使是2009年1月1日起增訂施行之勞保條例第63條之2第1項第1款的5個月或10個月的平均月投保薪資，事實上，喪葬津貼的金額仍然常較一般習俗所需的費用爲低，形成部分補貼的情況。

補助係為補償被保險人因為老年、殘障、死亡、疾病、生育、工作傷害或面臨失業情況喪失所得時所為之金錢給付，此類金錢給付分別具有所得維持、所得替代之功能；社會福利服務則指直接提供諸如住院照護、醫療服務、復健扶助等，學理上稱為「實物給付」[6]。

從（廣義的）社會安全角度觀之，社會保險給付與雇主責任具有互補性（從生育、傷病、失能、老年、因職業災害死亡[7]皆然）；一定的社會保險給付之間具有無縫性（例如高齡勞工失業，先給予失業給付，再請領老年給付或老年年金）[8]。雖然，高齡勞工失業，如係非自願離職，仍得向雇主請求資遣費，惟如已符合退休條件，解釋上即應令其請求退休金。此與德國或丹麥勞動法制使得高齡勞工喪失補償費或過渡金請求權（即只能請求法定老年年金），並無不同。但我國實務的做法，仍然肯定高齡勞工得先請領失業給付，而後請領老年給付或老年年金的合法性。

目前，我國有關社會保險之定義，主要是規定在國民年金法第6條第1款及身心障礙者參加社會保險保險費補助辦法第3條第1款。前者，將相關社會保險定義如下：指公教人員保險（含原公務人員保險與原私立學校教職員保險）、勞工保險、軍人保險及農民健康保險。後者，係依據身心障礙者權益保障法第44條第2項而訂定。依之，「社會保險：指依全民健康保險法、勞工保險條例、就業保險法、農民健康保險條例、公教人員保險法、軍人保險條例及退休人員保險辦法辦理之保險。」不過，兩者實際上只是列出社會保險之種類而已，未對社會保險的內涵加以界定。其中，只有依公教人員保險法第46條規定訂定之「退休人員保險辦法」，係較少為人所提及者。

社會保險實施的目的，是在確保被保險人及其受益人的經濟安全，以達到生存安全的保障，進而完成社會的安全[9]。其是希望以保險的方式，作為社會領域風險控管的手段。做法主要是在補償被保險人因保險事故

---

6 大法官會議釋字第549號解釋理由書參照。

7 勞基法第59條第4款、勞保條例第64條參照。

8 就業保險法第5條第2項第2款參照。

9 截至2021年11月底，我國勞工保險的被保險人數爲10,807,449人。

發生所致的工作損失，即所得替代（包括傷病、失能、老年、死亡，以及失業）[10]。尤其是在強調被害人的損失補償、而非追究加害人之故意過失（所謂「無過失責任原則」）的現代社會，社會保險的功能特別顯著。在此，並不問損害發生的原因及責任歸屬，即使被保險人故意造成損害，原則上亦得請求保險給付[11]。如上所述，依據憲法第155條規定，可知「國家有興辦社會保險之義務」。而大法官會議釋字第549號、第609號、第683號解釋，均認為勞工保險為社會福利措施，具有社會政策目的，因此其並非單純的保險措施。可以說是社會福利制度的具體展現。只要有工作之事實，不問是我國人或外國籍勞工，即應依據勞保條例第6條以下規定參加勞工保險。相反地，長期居留在國外的我國人民，除非符合勞保條例第9條第2款規定，否則並不得（繼續）參加勞工保險。而所謂工作事實，包括受僱或自僱／營有酬的生產勞動，所以，只要是從事特定職業及設籍在台灣，即得加入在當地設立的職業工會[12]【案例1(1)】。

社會保險制度的起源，可以說是從肯定個人本位或權利主體，到以社會本位的過程。這是指「利己思想」及「社會連帶思想」（社會連帶意識）（狄驥：社會本位法學／社會主義法學）的交互作用，亦即「同求生存、自助互助」「我為人人、人人為我」或「同舟共濟」（效法商業保險的風險分攤機制而來，但做法上商業保險是由要保人繳交保險費【講求：負擔公平性】；而勞工保險則是由雇主、勞工、政府先繳交保費／共同預

---

10 大法官會議釋字第310號、勞保條例第33條～第36條參照。相對地，針對勞工的普通傷病、職業傷病、退休而致的工資損失，勞工請假規則第4條、第5條、第6條，勞基法第59條，以及勞基法第53條以下，也課雇主部分或全部的工資續付或退休金責任。其亦具有所得替代的性質。不同的是，由於女性被保險人在產假期間，雇主繼續給付工資，所以，生育給付應無所得替代的性質。

11 勞保條例第20條、第20條之1甚至規定，在保險效力停止後或退保後，被保險人仍得請求保險給付。例外：勞保條例第23條（爲領取保險給付，故意造成保險事故）；第26條（因戰爭變亂或因被保險人或其父母、子女、配偶故意犯罪行爲，以致發生保險事故者）。

12 這是從工會法第9條第2項「同一直轄市或縣（市）內之同種類職業工會，以組織一個爲限。」解釋而來。

付費用【保費常具有補貼性】，而在保險事故發生後請領保險給付或公法上的金錢給付【請求：保障需求】）。在具體的做法上，主要係透過強制加保的手段實踐之，即使無一定雇主勞工、自營作業者、漁會甲類會員亦應參加勞工保險（勞保條例第6條第1項第7款、第8款參照）。而且，在參加勞工保險中，被保險人若未繳交保險費，亦不得以此為理由而主動申請退保或保險人亦得將之強制退保。蓋「設若對拒繳保費之被保險人准予退保，則不僅對應予保障之對象無法悉予納入，難以促進社會安全，且必將產生健康者以拒繳保費為手段不參加保險，待其須要保險保障時再行加入，易造成巧取保險給付，有違社會保險納費互助、危險分擔之原則。」[13]

在性格上，社會保險具有雙重性格：「社會性」及「保險性」。所謂社會性（或謂「社會意義」），係指透過公共政策的推動，以謀求多數人的保障，其具有「劫富濟貧」的理念，並希望社會保險能達到「所得重／再分配」的效果（健康保險大於年金保險。後者重在時間上的「世代重分配」／財產的再分配）。至於保險性（或謂「保險目的」），則是結合風險相同的經濟單位，以所有人所繳交而成的保險基金，補償發生危險事故的個體的所得損失。此種以全體的保費分攤個體風險的方式，乃可以達成社會安全的目的[14]。此一保險性與商業保險的保險性性質並無不同。

另一方面，社會保險係建立在「損害填補」本質及「風險分攤」必要性之上。對於大多數人能夠自我控管的特定風險，毋庸將之納入社會保險的承保範圍。否則，由於強制納保及依所得高低計收保費屬於干預行政的範圍，應受比例原則的要求，國家即不得逾越社會保險必要的界線。在此，一、或者透過當事人以自己資力的「危險的單純保留」，主要是透過

---

13 內政部75年4月3日台內社字第392224號函參照。以全民健康保險而言，即使欠繳保費亦不得暫時拒絕健保給付。此與勞保條例第17條第3項暫時拒絕給付的規定尚有不同。惟「不繳保費、仍得享有保險給付」，實與保險財務自給自足原則有違。鍾秉正，社會保險法論，頁139。

14 郝鳳鳴，社會法，頁B-1。

儲蓄、商業保險等方式為之。例如在目前，針對工資不足、物價變動或通貨膨脹、自行離職、天然災害等經濟不安全事故，由於屬於「個人風險」或天災事變（勞工職業災害保險職業傷病審查準則第12條本文參照），亦不應由社會保險解決。在此，即應回歸個人自我負責（自己預護）的原則。另外，亦可由勞動法的規範或商業保險的方式解決之。二、或者如社會保險學者斯所主張的「小損害免責」或「小損害不擔保」原則，也可以避免保險基金的不必要支出。勞保條例第33條及第34條之「自不能工作之第四日起」即隱含此意。三、或者透過團體（例如工會）成員的互助，以達到互／共濟的結果。缺點是：社會經濟的風險，已超出工會的承擔能力；尤其是加入的成員過少時，無法發揮互助的功能。另外，當工會所收取的保費有限時，亦無法給付過高的救濟金。再者，當工會組織逐漸「科層化」與官僚化之後，其互助保險的功能難免隨之下降，甚至消亡。

最後，承上而來者，社會保險由國家舉辦，可由政府本身（例如勞保條例第69條即明定「中央勞工保險局」，故法理上應屬可行。惟我國至今並未設立中央勞工保險局或「中央社會保險局」）或特設機構（改制前的勞工保險局）或指定特定機構（例如早期的省屬保險公司台灣人壽）辦理。國家將社會保險作為管理社會風險手段之一，並且以資調解勞資雙方的衝突。在此，國家可能將其固有的保護照顧義務，轉嫁給社會保險完成。

第二節 勞工保險與商業保險的異同

第一項 一般性說明

首先，依據保險法第174條規定，「社會保險另以法律定之。」這表示：保險法的規定並不適用社會保險。後者，需要另以法律規定。其理由為兩者的功能、目的並不相同。惟這並未否認商業保險也可以具有社會功能，即並非所有具社會性或公共性的保險，均必須以公法保險的方式為之。一個發展趨向／勢是：商業保險的社會性（社會責任），例如委由商業保險業者經營之政策性保險，例如強制汽車責任保險（保險法第90條以下參照）。另外，目前學生保險仍然屬於商業保險，與一些國家的做法並不相同。總之，是劃歸社會保險或商業保險範疇，則屬於立法者的自由形成空間。

其次，一般而言，商業保險以營利為目的，強調個人的公平性，即以被保險人發生事故風險的高低，而定其保費的額度。而此一保費的高低與保險給付的多寡，也具有直接的關係。而社會保險則在追求社會安全，除了保險性之外，還強調社會適當性。即不著重於被保險個人風險的高低，而是以薪資所得量定其保費，其內含著劫富濟貧、所得重分配的目標。即使職業災害保險費率是依行業別而有不同，但因雇主全額負擔保費，所以也不影響所得重分配的本質。

再者，商業保險及勞工保險均在保險事故發生時，對於被保險人或受益人（保險法第5條參照）為給付（損害填補），而非給予損害賠償。商業保險（保險法第51條）及勞工保險都是在以危險共同體（前者的組成人員為要保人或被保險人，後者則是被保險人）分散風險，並具「對價衡平」理念，屬於現代社會的互助制度，也都是射倖契約，事故之發生與否或發生之時機（如死亡）繫之於偶然。兩者均會面臨道德的危險，故如當事人故意促發保險事故，不得請求給付（保險法第1條、第29條第2項、第109條，勞保條例第23條、第26條參照）[15]，惟重大過失仍得請求。另外，保險法第107條之被保險人15歲之要求，也是基於道德危險的原因。倒是，勞工保險被保險人即使有身體上或精神上的傷病，也有加重之可能（所謂的「帶病加保」），保險人並不得以道德危險的理由，拒絕加保（勞保條例第55條參照）。截至2022年4月30日，勞工保險為針對普通事故保險的綜合保險，投保勞工保險者，亦得再加保商業保險，並無複保險之適用（保險法第35條以下）【案例1(4)】。雖然如此，與勞工有關之就業保險法、2022年5月1日施行的勞工職業災害保險及保護法均是採取單一保險的立法方式，而全民健康保險條例則是採取全民保險的方式。

---

[15] 此處的故意，解釋上並不包括因精神疾病而故意促發保險事故之情形。

另外，勞工保險也有參考採取與商業保險相近之保險原理與保險技術者，諸如收支相等原則、任意／自願加保、保大不保小等[16]。而在保險給付部分，都有遲延利息之規定。依據保險法第34條規定，「保險人應於要保人或被保險人交齊證明文件後，於約定期限內給付賠償金額。無約定期限者，應於接到通知後十五日內給付之（第1項）。保險人因可歸責於自己之事由致未在前項規定期限內為給付者，應給付遲延利息年利一分（第2項）。」至於勞保條例第29條之1規定，「依本條例以現金發給之保險給付，經保險人核定後，應在十五日內給付之；年金給付應於次月底前給付。如逾期給付可歸責於保險人者，其逾期部分應加給利息。」

最後，勞工保險係在職保險，此為學術界及實務界所共認。但商業保險與是否在職無關【案例1(3)】。惟商業保險中所要求之保險利益，以及存在危險／危險尚未發生等[17]，原則上亦適用於勞工保險，只是應加以修正而已。例如被保險人參加勞工保險時已具有特定的傷病、但未達無工作能力的地步，雖然危險已發生，但不得取消被保險人之資格[18]。

第二項　損益相抵原則之適用

勞工保險與公教保險、軍人保險、農民保險之施行，必須納入由共同體成員繳納保費來支應財源、依循風險分攤及損益相抵原則來運作等基本思想[19]，此即為保險原則（Versicherungsprinzip）。雖然，損益相抵原則（或稱損益平衡原則、收支相等原則）是否適用於社會保險？並非無疑。顧名思義，損益相抵原則係指保險費收入總額，與保險給付支出總額維持相等數額而言。此在商業保險基於成本及利潤的考量（量入為出），固然是如此。惟在社會保險，由於採取不同於商業保險的理念（量出為入）、

16 鍾秉正，社會保險法論，頁133。

17 江朝國，保險法基礎理論，2012年3月，五版再刷，頁25。

18 大法官會議釋字第609號解釋參照。

19 蔡維音，勞工保險中之「保險原則」—從勞保事故之認定談起，月旦法學教室第48期，2006年10月，頁95-101。

特性及內容，尤其是社會保險的公益性、兼具社會福利的性質及採取強制加保主義[20]，使得保費的收入是否足敷保險給付的支出，並不能單從損益的角度來看。所以，社會保險中的勞工保險與就業保險，除了少數具有商業保險的本質（例如勞保條例第9條之1的被保險人）或由政府補助大部分的保費者（例如勞保條例第8條第1項第4款的被保險人）外，即不能直接地、當然地適用損益相抵原則。雖然如此，基於社會保險的保險給付，主要還是來自於勞雇雙方繳交的保費所集結而成的保險基金，保險費率每3年一次的精算，也隱含著鞏固保險財務基礎的用意（整體收支的對價平衡考量）[21]。尚且，中央主管機關在勞工保險及就業保險有虧損時，負有撥補之責（勞保條例第69條）。再者，在國際上社會保險與商業保險在某些方面的整合（接近）[22]，因此，我國法院實務[23]及學者[24]間似乎均持肯定的見解[25]。只不過，誠如其他學者所見[26]，收支相等原則之適用於社會保險，並非硬性地要求當年度收支的平衡，而是要以總體觀點來處理財務收支之情形[27]。另外，收支相等原則中之保險費的概念，商業保險與社會保險亦有所不同。前者，指純保費外，另有附加保險費（loading）以充作行政事務費、利潤、租稅等項支出，兩者合計為總保險費。後者，則是指純保費而言，其行政事務費由政府負擔（勞保條例第68條、就業保險法第35條）。

---

[20] 強制加保主義具有一定程度抑制道德風險的用意及功能。否則，積極參加保險者，往往是較易發生危險事故者，例如帶病者或健康欠缺者、工作較具危險性者，以及在職場上較易陷入失業狀況者。

[21] 勞工保險條例施行細則第26條之1、就業保險法第9條參照。

[22] 柯木興，社會保險，2007年11月，修訂版，頁130以下。

[23] 最高行政法院91年度判字第156號判決。

[24] 孫迺翊，再探勞工保險之法律關係—以最高行政法院91年度判字第156號判決爲出發點，收錄於：勞工保險條例精選判決評釋，2016年8月，初版一刷，頁33、35。

[25] 而且，收支相等原則的財務結構基礎，會受到被保險人或受益人的逆選擇的侵害。這一點，在商業保險及社會保險並無不同。

[26] 柯木興，社會保險，頁58以下、124以下。

[27] 這應該是指以特定種類的社會保險（例如勞保、就保）全部運作的時間及配合保險費率的精算，並調整保費爲計算基礎。

第三項　契約當事人及輔助人

一、當事人

（一）商業保險

在商業保險，保險當事人是要保人及保險人，保險關係人則為被保險人及受益人。要保人負有給付保險費之義務（保險法第3條參照）。至於要保人是否為要約人，以及保險人是否為承諾人，則以當事人間之實質關係而定，不可一概而論。依據保險法第3條規定，「本法所稱要保人，指對保險標的具有保險利益，向保險人申請訂立保險契約，並負有交付保險費義務之人。」[28]第4條規定，「本法所稱被保險人，指於保險事故發生時，遭受損害，享有賠償請求權之人；要保人亦得為被保險人。」第5條規定，「本法所稱受益人，指被保險人或要保人約定享有賠償請求權之人，要保人或被保險人均得為受益人。」這樣看來，除非被保險人同時為受益人，否則並無請求給付之權。同樣地，除非要保人同時為受益人，否則並無請求給付之權。綜合言之，受益人始為保險給付請求權人。雖然如此，針對第5條規定，正確而言：在財產保險，保險契約得約定第三人為受益人，否則，不需特別約定，被保險人即當然為受益人。

相對地，在商業保險，於人身保險，包括人壽死亡保險、健康保險，及傷害保險，常有以被保險人死亡為保險事故發生之要件（保險法第101條、第125條、第131條參照），故除要保人、被保險人外，尚需有約定受益人存要之必要，以受領保險金（保險賠償金額）。受益人此一保險金請求權為其固有之權，而非繼承財產（保險法第112條參照），即使受益人同時為被保險人之繼承人，被保險人之債權人仍不得就其保險金為扣押[29]。依據第112條的反面解釋，保險契約若無受益人的約定，則保險金請求權即為被保險人之遺產。又，依據第114條規定，受益人非經要保人

---

[28] 類似的用語亦可參照保險法第22條第1項規定。

[29] 類似的規定，亦見之於勞保條例第29條第1項。

之同意，或保險契約載明允許轉讓者，不得將其利益轉讓他人。此一規定，亦係在避免引發道德危險。

（二）勞工保險

相對地，勞工保險條例並無要保人的規定。所以，即使與勞工具有緊密親屬關係之人或其他利害關係人，其得為死亡給付受益人。但其並不得擔任要保人為勞工（被保險人）投保勞工保險（假設勞工並無意願加保。這包括雇主不得強制為勞工參加勞工保險？這要看勞保條例第6條之強制對象為誰而定。由用語觀之，似為勞工）。如依勞保條例觀之，勞工保險的當事人為被保險人及保險人（勞保局[30]）。投保單位（雇主）及受益人固然為勞工保險的關係人。但是，投保單位（雇主）僅是負有勞保條例上的公法義務及勞動契約的附隨義務，為勞工辦理加退保勞工保險與各種手續的義務而已，其並非要保人的身分，所以，投保單位（雇主）並無為自己申請爭議審議的資格。對此，雖然學者間有持肯定見解者[31]，法院實務也有認為投保單位係雇主之情形時，地位等同於保險契約之要保人（保險法第3條參照），且其對保險標的自是具有保險利益，而非僅止於事實上之利害關係。即投保單位可提起爭議審議、訴願及行政訴訟，不受勞工保險爭議事項審議辦法第6條第2項「投保單位得依所屬被保險人、受益人或支出殯葬費之人之請求為其辦理申請手續，並不得違背其意思。」的限制[32]。

惟，本書以為上述法院的見解，係將商業保險的理論，運用到勞工保險，並不足取。解釋上，勞工保險的被保險人同時具有要保人的身分，兩者不得為不同的兩個人。（在社會保險法上，）勞工係以被保險人的身分繳交保險費。而且，原則上被保險人擁有保險給付請求權，所以，被保險人亦為受益人。例外地，勞保條例第62條以下規定之死亡給付受益人（這

---

30 目前，勞保條例並不允許地方政府或其他機構辦理勞工保險。

31 郭玲惠，勞工及就業保險法釋義，2017年12月，初版，頁56、58、61以下。

32 高雄高等行政法院105年度簡上字第6號判決參照。

表示被保險人死亡的給付利益，並非被保險人的遺產，而是直接為受益人的保險利益），具有一定之身分與條件為前提。至於第23條、第25條及第29條第1項、第2項等規定之受益人，或者為除死亡給付外的被保險人、或者為死亡給付之受益人。無論如何，此一受益人均為法定，為法律上基於政策上的考慮（例如依據勞保條例第63條第2項第5款規定，並不包括未受扶養之兄弟姊妹。惟這是否代表保險給付為被保險人的遺產，未受扶養之兄弟姊妹得依據民法第1138條第3款請求繼承？），並無可能由勞工保險當事人自由約定之。在內政部主管勞工事務時代，即已表示「為謀社會安定，保障被保險人及其親屬生活起見，根據社會保險一般原則，保險給付受益人，多係由法規明其順序，而少採由被保險人指定之方式。」[33]

只不過，在中央勞政機關的行政解釋中，卻隱藏著承認要約人之地位者。詳言之，在法無明定的情況下，中央勞政機關卻以函釋的方式，認為「產業工會得以負擔全部之職業災害保險保險費，為事業單位員工兼任工會理、監事者投保職業災害保險。」[34]「事業單位員工兼任各級總工會理、監事者，可適用本會前開令示，得由總工會投保勞保職業災害保險。至公教保險被保險人身兼國、公營事業工會之理、監事者，其有關問題，宜由相關之公教保險主管機關或其目的事業主管機關衡量研議。」[35]這表示：產業工會（即為現行工會法的企業工會）及總工會得以要保人的身分，為其理、監事投保職業災害保險。此一見解顯屬錯誤。蓋無論是企業工會或總工會的理、監事，其雇主始為投保單位。而在理、監事領取老年給付後，依據勞保條例第58條第6項規定，「被保險人已領取老年給付者，不得再行參加勞工保險。」解釋上，即連職業災害保險均不得經由事

---

33 內政部54年9月台內勞字第177004號函參照。再以軍人保險條例爲例，其受益人亦係在第6條予以明定，只是，配合軍人身分的特質，被保險人無前條親屬或前條親屬受地域環境限制，不能爲受益人時，轉經國防部核准得指定其他親友或公益法人爲受益人（第7條）。受益人因受地域環境限制無法通知者，其保險給付，俟受益人能申領時按核發時標準給付之（第9條）。

34 行政院勞工委員會93年3月3日勞保3字第0930010461號令參照。

35 行政院勞工委員會94年4月13日勞保3字第0940018540號函參照。

業單位或職業工會再參加勞工保險。只是，中央勞政機關早已解釋肯定退職勞工再從事工作者，投保單位得為其參加職業災害保險[36]。其係由投保單位決定是否加保。今再由工會以要保人的身分向勞保局申請加保，創造了社會保險法中少見的「要保人地位」，恐已破壞勞工保險的體制及牴觸勞保條例的規定，其合法性實屬可疑。

二、輔助人

勞工保險除了特約醫師外，並無保險輔助人〔例如目前法不允許保險代理人（俗稱的「勞保黃牛」）〕，至於勞工保險爭議會係審議勞工保險爭議案的政府機關，也不是輔助人。依據勞保條例第5條第1項上半句規定，「中央主管機關統籌全國勞工保險業務，設勞工保險局為保險人，辦理勞工保險業務。」為此，勞動部勞工保險局（簡稱勞保局）依據勞動部勞工保險局組織法第2條掌理勞工保險之加保、退保、投保薪資調整、查核、保險資料管理及其他承保業務（第2款）、勞工保險之給付審查及核付業務（第4款）。其並得依勞保條例第25條、第28條、第56條等規定，由特約醫師審查提供醫理見解，判讀相關文件，提供專業意見，以便保險人審核失能給付。特約醫師似為擔任輔助人的角色，法院間也有認為其具有行政助手的法律地位[37]，但多數法院並未採此說。

第四項　契約的成立與生效

一、契約屬性及救濟

勞工保險的保險人為行政機關（勞動部勞工保險局，簡稱勞保局），而被保險人為受僱勞工或自營作業者或無一定雇主勞工。雙方所簽訂之勞工保險屬於公法上契約，性質屬公法法律關係。參加勞工保險為公法上權

---

[36] 勞動部103年11月19日勞動保3字第1030140437號令參照。

[37] 台北高等行政法院104年度簡上字第64號判決參照。

利與義務（指強制保險部分），與商業保險（含責任保險）為私法契約不同[38]。前者發生爭議時，應採取公法上的救濟途經（爭議審議、訴願、行政訴訟）。所以，勞動法庭並無管轄權【案例1(3)】，這表示勞動事件法第2條第1項第1款之勞工法令並不包含勞工保險相關法令。不同的是，如是勞基法第14條第1項第6款勞工法令（含勞保法令）的爭議，勞動法庭即有管轄權。而有關商業保險的爭議，則是由民事法院管轄。

二、強制加保或自願加保

勞工保險與商業保險的差異，首先是出現在是否強制加保。原則上，前者為肯定[39]，後者為否定。正如俗語所謂：有工作加勞保／勞工保險（在職保險。含強制加入職業工會，勞保條例第6條第1項第7款參照）[40]，沒工作加國保／國民年金保險（國民年金法第1條參照）[41]。此一有工作者，包括我國人民在我國境內僱用、且在境內領薪，而在境外居住及工作（含以電傳工作的方式），並且有工作事實（含工作內容、工作地點、工作時間等）具體證據者[42]。無論勞工具有何種特殊狀況（例如卡債族為避免被強制執行、受家暴者不願洩漏行蹤，或偶爾打零工維生的社會邊緣人），勞雇雙方並不得合意不參加勞工保險[43]。至於商業保險，除了政策性的責任保險之外，係採取自願加保主義，即不問被保險人有無工作均可加保。但例外必須有工作者，例如勞保條例施行細則第40條第3項之員工誠實信用保證保險，係以員工事實上受僱工作為前提[44]。

---

38 大法官會議釋字第568號、第609號解釋參照。

39 即採取強制加保原則。例外是勞保條例第8條、第9條、第9條之1等自願／任意加保的情形。

40 其實，公保、軍保及農保也都是在職保險，必須有從事公教、軍事或國防及農業的工作，始得且必須加保。

41 但是，在台灣，國民年金保險並非是基礎年金的設計。

42 相關判決，請參閱台中高等行政法院105年度訴字第205號判決。

43 台灣高等法院台南分院105年度勞上字第5號民事判決參照。

44 解釋上，民法的人事保證亦以有工作爲前提。

對於兩者性質的不同，大法官會議釋字第609號解釋理由書謂：「勞工保險除自願參加保險者外，更具有強制性，凡符合一定條件之勞工均應全部參加該保險（同條例第六條、第八條、第七十一條、第七十二條參照），非如商業保險得依個人意願參加。是以各投保單位依勞工保險條例規定為其所屬勞工辦理投保時，勞工保險局對其危險之高低無須為評估之核保手續，更不能因危險過高而拒絕其投保，各投保單位所屬之勞工對於是否加入勞工保險亦無選擇之權，此類勞工應依法一律強制加入勞工保險，繳納保險費，分擔自己與其他加保勞工所生保險事故之危險，此均與商業保險有間。」

三、要式契約、要物契約？

（一）商業保險

商業保險要訂定保險契約（保險法第1條、第43條、第44條參照），並且記載基本條款（保險法第55條以下參照）。因此，多數保險法學者認為是要式契約，惟也有保險法學者[45]認為是非要式契約（蓋其究非如不動產之買賣或票據之作成）。保險單或暫保單的簽發，僅為保險契約之憑證，而非契約成立之要件。其僅為訓示規定，僅對保險人發生效力。另外，保險契約為諾成契約，不以繳交保費為生效要件（持反對說者認為保險法第21條為強制規定）。慣例上，保費均以金錢交付。但雙方亦得約定以票據、保單紅利抵繳、其他實物或服務等方式為之。以人壽保險而言，保險法第116條第1項規定，「人壽保險之保險費到期未交付者，除契約另有訂定外，經催告到達後屆三十日仍不交付時，保險契約之效力停止。」此一規定，傷害保險準用之（保險法第135條參照）。在保險費的返還部分，針對各種情形，保險法第23條至第28條有詳細的規定，且除了第24條第1項及第25條外，其他條文均為保險人應返還之規定。

---

45 江朝國，保險法基本理論，頁42以下。

（二）勞工保險

依據辦理「投保手續」（勞保條例第10條參照）、「列表通知」（勞保條例第11條參照）、「加保申報表送交或郵寄」（勞保條例施行細則第14條參照）等規定觀之，似應為要式契約，不允許以口頭方式通知[46]。勞保局對於申報加保，僅做書面形式審查（但勞保局對於實際是否符合規定，仍可再行調查認定。尤其是，在保險事故發生時，對於被保險人的給付申請，得進行實質的審查），而不做「核保」手續。蓋「勞工保險乃社會保險之一環，除本質不同於商業保險外，社會保險之總投保人數、審核人力、投保項目及強制投保與否，均與商業保險有重大差異，商業保險之保險人於投保時固有『據實查核』之能力，惟於社會保險，因行政機關現有之審核人力與勞工投保總人數相差懸殊，實無可能要求為保險人之行政機關於投保時均能『據實查核』，故於法制設計上，有關被保險人各項資料之登載乃採申報主義（勞保條例第11條規定參照），由投保單位於其所屬勞工到職、入會、到訓、離職、退會、結訓之當日，列表通知保險人，而保險人僅就投保單位所送加、退保表為書面形式審核，即各項資料之申報應以事實為依據，並以誠信為原則。是被保險人發生保險事故申請保險給付，必要時，保險人得依勞工保險條例第10條規定加以事後調查。」[47]此種事後的實質審查主義，乃得以適度防止掛名加保等非法加保的現象。而保險人事前的書面形式審查，事實上也在避免有進行核保程序的疑慮，蓋基於強制保險主義，勞工保險局對其危險之高低無須為評估之核保手續，更不能因危險過高而拒絕其投保，各投保單位所屬之勞工對於是否加入勞工保險亦無選擇之權【案例1(1)】。

---

[46] 最高行政法院106年度判字第648號判決參照。又例如依勞保條例施行細則第78條規定，依勞保條例「第五十八條規定請領老年給付者，應備下列書件：一、老年給付申請書及給付收據。」保險人只能針對所提出之申請書載明所擇取之給付項目而爲核定，無須別事探求，否則即爲違法的行政處分。

[47] 高雄高等行政法院105年度訴字第402號判決、台中高等行政法院105年度訴字第205號判決參照。

法院間尚有認為：「查農保係屬社會保險，農保之加保係採申報作業，即經農會審查通過其投保資格後並向被上訴人申報加保，如申報資料齊全，被上訴人即受理其加保，是被保險人發生保險事故申請保險給付，必要時，保險人得依農保條例第21條規定加以事後調查；且繼續繳納農保保險費並不表示其具備農保加保資格，設經查明其投保資格不符合規定者，仍應依農保條例第19條規定取消其被保險人資格。依此法理，尚難以被保險人繼續繳交保費即取得信賴保護之基礎，況上訴人亦未證明其因信賴基礎而有信賴表現，致生損害，故上訴人主張信賴保護原則，亦嫌無據。」最高行政法院97年度判字第349號判決著有明例，其雖係就農民健康保險條例為闡釋，但於勞工保險以職業工會為投保單位時，顯亦有相同之法理而應為相同解釋。蓋勞保亦屬社會保險，勞保之加保係採申報作業，即經職業工會審查通過其投保資格後並向上訴人申報加保，如申報資料齊全，上訴人即必須受理其加保，是被保險人發生保險事故申請保險給付，必要時，保險人得依勞工保險條例第10條規定加以事後調查；且繼續繳納勞保之保險費並不表示其具備勞保加保資格，設經查明其投保資格不符合規定者，仍應依勞工保險條例第24條規定取消其被保險人資格，被保險人雖繼續繳交保費，亦不因此取得信賴保護之基礎，其單純繳交保費，尚非信賴表現致生損害[48]。

又，依據勞保條例第16條規定，可知勞工保險契約也不是要物契約。至於保費交付之方式，依據第16條之扣、收繳規定，似乎限於金錢給付的方式。再依第17條第3項規定，未繳交保費及滯納金並不會導致保險契約無效。大法官會議釋字第568號解釋即認為舊勞保條例施行細則第18條（現行法第16條）之以被保險人未繳納保險費及滯納金而予以強制退保，與憲法第23條規定不符，應不予適用[49]。在保險費的返還部分，依據勞保條例第16條第2項規定，「勞工保險之保險費一經繳納，概不退還。但非歸責於投保單位或被保險人之事由所致者，不在此限。」

---

[48] 台北高等行政法院104年度簡上字第114號判決參照。

[49] 作者按：就業保險法第40條準用。

四、保險利益

有問題的是，在商業的人身保險，要保人對於特定之人具有保險利益（保險法第16條參照），得為之訂定保險契約。在企業實務上，一般認為雇主得以其經理人或工程師為被保險人，並以自己或被保險人為受益人，投保壽險。甚且，在經理人或工程師辭職或其他原因離開公司時，雇主仍得繼續繳交保險費，並於發生死亡事故後，受領保險金之給付。此是否適用於一般勞工身上？本書以為首先應視勞工與雇主是否存有密切關係而定。即其所擔任之職務，對於雇主具有相當程度的重要性者，以及勞雇雙方具有相當程度的信賴（例如家事勞工。又，此處的勞雇，解釋上包括要派機購與派遣勞工在內）。其次，應將受益人限定為勞工本身始可，雇主並不得為受益人，以免發生職場上的道德風險。

至於在勞工保險，並不要求投保單位對於被保險人有保險利益始能加保，蓋勞工保險為社會保險或社會安全的一環，目的在提供被保險人及其受益人基本生活的保障。

五、據實說明義務

在商業保險契約，要保人負有據實說明之義務（保險法第64條、第25條參照），蓋其為最大善意契約（Contract uberrimae fidei），是誠信原則的具體展現。不同的是，雖然誠信原則適用於所有法律領域，自然也適用於公法契約或勞工保險契約，或者法定的債務關係。此在行政程序法第8條即規定，「行政行為，應以誠實信用之方法為之，並應保護人民正當合理之信賴。」但是，被保險人即使隱瞞自己帶有惡性重疾（帶病加保），只要有工作事實或工作能力，仍然得請領勞保給付。保險人也不得依據勞保條例第24條取消被保險人的保險資格[50]。

50 大法官會議釋字第609號解釋參照。

六、保險費多寡之量定

在商業保險的保費，係以被保險人風險的高低，而收取不同的保費（保自己，強調「個人公平性」）（保險金額之高低，依保險契約之所定）。其遵循著損益均衡與市場運作原則。至於勞工保險則是以工資的高低計算投保薪資（保自己及其他受益人，強調「社會適當性」）（保險金額之高低，依勞保條例所授權訂定之「投保薪資分級表」而量定）。依據大法官會議釋字第609號解釋，勞工分擔之保險費係按投保勞工當月之月投保薪資一定比例計算（勞保條例第13條、第14條參照），與保險事故之危險間並非謹守對價原則，而是以量能負擔原則維持社會互助之功能。而職業災害保險則是按照行業別而不同，上下班災害費率則一致（0.07）。勞工保險職業災害保險適用行業別及費率表。另外，保費的繳交時期，商業保險（保險法第21條、第22條參照）與勞工保險（勞保條例第16條參照）亦不同。

七、其他差異

另外，商業保險可分為財產保險及人身保險（保險法第53條、第103條參照）。其中，人身上保險亦非可以金錢估計，人身保險也不在填補被保險人之損害，既不發生雙重受益之問題，從而並無所謂代位之問題。商業保險契約疑義應做被保險人有利解釋（保險法第54條第2項參照）。不同的是，勞工保險並無財產保險，也不得代位求償[51]、契約疑義不做被保險人有利解釋（按照最高行政法院95年度判字第232號判決，雖然勞工保險契約與商業保險契約一樣，均為附合契約，但應從實審認事故級別，公平核給）。兩者間仍存在保險契約顯失公平約定（保險法第54條之1參照）、危險增加通知義務（保險法第59條參照）、勞保基金投資標的與保險業資金之運用（保險法第146條以下參照）等不同規定。並且有自有的請求權消滅時效（勞保條例第30條vs.保險法第65條）。

---

[51] 倒是，依據大法官會議釋字第595號：勞保局得代位求償積欠工資。

有問題的是，在2009年1月1日勞工保險老年年金修正施行後，雖然勞保條例第58條第2項規定，「……除依前項規定請領老年給付外，亦得選擇一次請領老年給付，經保險人核付後，不得變更：……」但仍然有被保險人在申請單上勾選一次請領老年給付，而之後再以投保單位承辦人員未依被保險人意思勾選老年年金，基於意思表示內容錯誤而欲依民法第88條、第89條撤銷者。對此，雖然保險人及中央勞政機關、最高行政法院[52]採取否定的見解，但仍然不乏高等行政法院持肯定看法者，例如台北高等行政法院105年度訴字第195號判決、台北高等行政法院105年度訴字第689號判決。高等行政法院的理由，主要有：應探求老年給付的規範目的、保險人的社會保險角色、高齡勞工工作權與退休福祉之保障、勞保條例第58條第2項的合憲性解釋，以及保險人未有積極協助或釐清其意思表示之舉措等。

本書則以為高等行政法院的見解，是否可從「這也是勞工保險與商業保險的一個區分特徵」加以理解？也就是說，不拘泥於實定法的權威性，而從法律的理想及勞保條例老年給付的立法目的，從寬解釋意思表示錯誤撤銷的可能性。畢竟，依據行政程序法第149條規定，「行政契約，本法未規定者，準用民法相關之規定。」所謂的「準用」，即是不需全部照用民法的規定及其內容，而且也可以採取適合行政行為的詮釋方式。雖然如此，最高行政法院仍然採取固有的實定法的解釋方式，以尊重立法者的意志，並符合法治國家依法行政的要求。

第五項　保險契約之內容／條件

在此，商業保險係由當事人自由約定。而勞工保險雖為行政契約，但給付的條件及內容已由勞保條例相關法規所規定，當事人不得為不同的約定。

---

52 最高行政法院106年度判字第360號判決、最高行政法院106年度判字第648號判決參照。

第三節　行政法原則之適用

有關本案所涉及之勞保條例及行政法各種理論的問題，謹說明如下：

第一項　勞工保險條例的施行區域

首先，對於有涉外因素的勞工保險契約，必須遵守勞保條例施行區域的限制。依據勞保條例第78條規定，「本條例施行區域，由行政院以命令定之。」行政院遂在1979年6月29日發布（68）台勞字第6361號令：指定勞保條例的施行地點為台灣省、台北市、高雄市及福建省之金門、馬祖為施行區域。依據行政法院見解，勞工保險條例第78條及行政院68年6月29日（68）台勞字第6361號令均係規定勞工保險條例施行區域（即工作地域必須在此區域內），而非區隔兩岸人民之適用（即只排除持中國籍勞工之適用）[53]。

所以，原則上必須是住居在我國境內，且有工作能力與工作事實的人，始能加保勞工保險。例外地，被保險人具有勞保條例第9條第2款所規定之「派遣出國考察、研習或提供服務者」之條件，得繼續參加勞工保險。至於持中華民國護照入境，不論其是否取得在台居留證或是否於國內設籍，如其符合勞工保險條例第6條、第8條規定之要件，得依規定辦理參加勞工保險[54]。又，船公司或漁船主／船東所僱用之外國籍漁工，如非依據就業服務法的招募及僱用程序[55]，而是在境外僱用，並隨漁船於12浬外參與作業，其即非在勞工保險條例的施行區域內，不得參加勞工保險[56]。

在所設定的案例中，居住在中國經商，未在所屬工會組織區域

---

[53] 台北高等行政法院104年度簡上字第114號判決參照。

[54] 行政院勞工委員會90年12月12日（90）台勞保2字第0060818號函、91年1月11日九十保承字第6057260號函參照。

[55] 勞保條例施行細則第19條、行政院勞工委員會92年4月21日勞保2字第0920012264號函參照。

[56] 行政院勞工委員會91年5月7日勞保2字第0910022534號函參照。

（○○市、○○縣）內實際從業，即不得由該地區之職業工會加保【案例1(1)】。同樣地，在我國境內參加職業工會的職業工人，在境外（例如中國）某事業單位工作，於國內居留期間亦未實際從事本業工作，顯無於該工會組織區域（桃園市）內從事工作事實，其由該工會加保與規定不符。至於勞保條例施行細則第67條第1項第1款「被保險人於本條例施行區域外遭遇職業傷害或罹患職業病，必須於當地醫院或診所診療。」應是指境外出差或勞保條例第9條第2款之情形。惟行政法院認為勞保條例施行細則第67條第1項第1款，應依行政院勞工委員會97年7月2日勞保2字第0970013463號函，適用於境內僱用、境外工作之情形，只是必須具有僱傭關係，不及於職業工人[57]。

類似的案例是：我國人民長期居住於外國（先出國），甚至已移民者，可否（出國後返國）受僱於我國境內的事業單位、而在境內完成一小部分工作及境外完成大部分工作（包括以電傳工作方式）（例如繪製建築設計圖，並以網路傳輸設計資料），並且以受領薪資作為投保薪資參加勞工保險？對此，似應以其有無僱傭關係及工作事實為準，且應嚴格審查其工作內容與成果（例如提出具體事證而足可證明由被保險人所設計製作之設計圖資料或其他經手文件）、工作地點、工作時間等具體事證，而非以領有工資（提出薪資所得扣繳資料）為判斷標準[58]。

本案中，甲得否參加勞工保險，係以其有無工作能力或工作事實為準。換言之，即使帶病，仍然得加保勞工保險[59]。因此，此處應具體認定甲是否有從事工作的事實。即依據證據、收入憑證等認定之[60]。

第二項　平等原則

本來，行政程序法第4條以下之重要原理原則，包括平等原則均適用

---

57 台北高等行政法院104年度簡上字第114號判決參照。

58 台中高等行政法院105年度訴字第205號判決參照。

59 大法官會議釋字第609號解釋參照。

60 郭玲惠，勞工及就業保險法釋義，頁47以下。

於勞工保險。依據行政程序法第6條規定，「行政行為，非有正當理由，不得為差別待遇。」問題是，在何種情形下，勞工保險會違反平等原則？就個案而言，一、例如針對1992年5月8日制定公布之就業服務法第43條第5項，就外國人眷屬在勞工保險條例實施區域以外發生死亡事故者，限制其不得請領喪葬津貼。大法官會議釋字第560號解釋認為係為社會安全之考量所為之特別規定，屬立法裁量範圍，與憲法第7條、第15條規定意旨尚無違背。惟現行就業服務法及勞保條例已無排除喪葬津貼請領權。對於此類外國籍勞工之勞保給付，本書以為還要考量憲法第153條、第155條之勞工是否包括外國籍勞工，以及互惠主義。二、另一種可能違反平等原則的情形是：政府對於職業工人與受僱勞工保費補助違反平等原則：即前者補助40%，而後者只補助10%（勞保條例第15條第1款、第2款參照）。另外，自營作業而參加漁會之甲類會員（勞保條例第6條第1項第8款）與職業工人保費補助也差異甚大，也有違反平等原則之嫌，似應考慮將第6條第1項第7款與第8款之保費補助拉平，並且適度降低，以與受僱員工的保費補助取得平衡。

第三項　信賴保護原則

在本案中，甲以傷病未好為由申請繼續給付，勞保局卻以其在台無工作事實取消其資格，並且要求返還第一次的傷病給付。此涉及有無違反信賴保護原則之問題。

依據行政程序法第8條規定，「行政行為，應以誠實信用之方法為之，並應保護人民正當合理之信賴。」信賴保護原則的運用，往往係發生在撤銷行政處分之際[61]。也就是說，在依法行政原則之下，如何同時兼顧信賴保護原則。其法律規定在行政程序法第117條至第121條及第127條。實務上認定信賴保護須具備四個條件：一、受益人對系爭授益處分有實際

[61] 依據勞動部103年5月21日勞動保1字第1030140177號函：被保險人如未依就業保險法第31條、第32條之告知義務，即無信賴保護原則之適用。

信賴。二、受益人已有信賴行為，即受益人基於該信賴，已有處分行為，無法回復原狀或回復原狀將受期待不能之損失。三、受益人之信賴值得保護。四、信賴利益大於撤銷所欲維護之公益。是除了要有信賴基礎值得保護外，尚須維持被上訴人之投保資格之私益顯然大於上開勞工保險之所彰顯之公益，方得認定上訴人撤銷原核准加保之違法授益處分為違法。亦即就合乎勞保制度及財務之「公益」，與被保險人信賴授益處分之「信賴利益」（私益）加以衡量比較。如果信賴利益顯然大於撤銷所欲維護的公益，始可維持原違法核定之授益處分[62]。

對於被保險人有勞保條例第24條之故意違法加保，除了第16條第2項本文的適用外，保險人之追還保險給付，屬於將授益行政處分予以撤銷。依據法院見解，縱被保險人繼續繳交保費，亦不因此取得信賴保護之基礎，其單純繳交保費，尚非信賴表現致生損害。故而保險人雖先核付給付在案，但為達成勞工保險制度之健全運作，確保其發揮社會安全功能之目的，則保險人經事後調查發現被保險人有如上所述，未有於事業單位工作之具體情事，而取消被保險人投保資格，並就已繳之保險費不予退還，且要求退還已核付之保險給付銷帳，核無違誤[63]。

行政法院也有引用最高行政法院97年度判字第349號判決作為依據，認為該判決雖係就農民健康保險條例為闡釋，但於勞工保險以職業工會為投保單位時，顯亦有相同之法理而應為相同解釋。保險人依據勞保條例第10條規定，必要時得加以事後調查；且繼續繳納勞保之保險費並不表示其具備勞保加保資格。再觀最高行政法院97年度判字第349號判決，「查農保係屬社會保險，農保之加保係採申報作業，即經農會審查通過其投保資格後並向被上訴人申報加保，如申報資料齊全，被上訴人即受理其加保，是被保險人發生保險事故申請保險給付，必要時，保險人得依農保條例第

---

62 郝鳳鳴、郭信甫，故意將不合勞保條例規定之人員加入保險領取給付—最高行政法院88年判字第3449號判決，收錄於：勞工保險條例精選判決評釋，2016年8月，初版一刷，頁82以下、87以下、89。

63 高雄高等行政法院105年度訴字第402號判決參照。另請參照台中高等行政法院105年度訴字第222號判決。

21條規定加以事後調查；且繼續繳納農保保險費並不表示其具備農保加保資格，設經查明其投保資格不符合規定者，仍應依農保條例第19條規定取消其被保險人資格。依此法理，尚難以被保險人繼續繳交保費即取得信賴保護之基礎，況上訴人亦未證明其因信賴基礎而有信賴表現，致生損害，故上訴人主張信賴保護原則，亦嫌無據。」

但是，在個案中，由於保險人接受被保險人加保、且每月受領保險費（且繳費期間可能甚久），被保險人似可相信藉由保險體制而分散風險，似可主張信賴利益[64]。學者間也有主張應考量被保險人的個人情狀者，諸如經濟、學歷、社會閱歷，以及對於勞保法令的孰悉程度等[65]。惟司法實務上大多採取從嚴認定信賴原則的做法，並不肯定不合勞保條例加保人員之信賴利益，也就是說，否定被保險人之私益大於公益。並且溯及既往地取消保險資格[66]。亦有學者認為：保險人得依職權視個案情狀，衡酌勞保規範目的、體系與對被保險人利益之影響，依行政程序法第118條調控取消保險資格效力之範圍，非完全溯及至違法加保時失效，亦得另定保險效力失效時點[67]。果然依此說，本書以為或可自認定時嗣後失效。

第四項　比例原則

勞保條例第24條之投保單位故意為被保險人違法加保，大體上可以違反情節輕重而區分為二種情形：「有工作之事實，惟單純客觀上適用法規錯誤之加保錯誤」及「無工作之事實，主觀上為巧取保險給付之加保錯誤（掛名加保）」。如依比例原則之必要性原則及適當性原則，本案中似應

---

64 最高行政法院88年度判字第3449號判決參照。

65 林三欽，違法授益行政處分受益人之信賴保護—以金錢或可分物給付之授益行政處分爲中心，中研院法學期刊第9卷，2011年8月，頁15-18；陳敏，行政法總論，2011年9月，七版，頁455。

66 台北高等行政法院104年度簡上字第114號判決、94年度訴字第3060號判決參照。

67 郝鳳鳴、郭信甫，故意將不合勞保條例規定之人員加入保險領取給付—最高行政法院88年判字第3449號判決，收錄於：勞工保險條例精選判決評釋，頁89。

區分加保錯誤之類型或理由（亦即是否故意的違法掛名加保）而做不同的處分或對待[68]，而不得一律為取消投保資格之處置。這也是大法官會議釋字第568號解釋的要求。勞保條例第70條之「以詐欺或其他不正當行為領取保險給付或為虛偽之證明、報告、陳述及申報診療費用者」，即是以故意犯為前提，而做較嚴厲的制裁。

只不過，雖然法律規定或保險人的實務操作，對於加保錯誤者，有依據比例原則而做不同的處分，但似乎僅就客觀事實認定，而不及於（要求）查證被保險人或投保單位之加保錯誤是否具有可歸責性。以勞保條例施行細則第26條為例，對於實際從事工作而未於本業職業工會加保者，也僅要求保險人於知悉後應通知原投保單位轉知被保險人限期轉保。雖然如此，加保時如無從事本業工作，而僅嗣後臨時從事工作（本業或副業），亦不得享有勞工保險權利[69]。本書以為這是基於在職保險的理論而來，而與勞保條例施行細則第26條規定較無關係。

至於實務上較常出現的做法為：一、受僱於4人以下有一定雇主而於職業工會加保：承認其加保資格（勞保條例施行細則第26條第1款參照）。二、受僱於5人以上有一定雇主而於職業工會加保：自保險人查定之日起取消職業工會加保資格，並依第72條處罰雇主，通知雇主自查定之日起加保[70]。三、至於職業工會被保險人同時由公司、行號雙重加保：勞保局函知職業工會於10日內將職業工會加保被保險人辦理退保，又通知職業工會時，應同時通知被保險人及其受僱事業單位。（一）職業工會如於勞保局文到通知之10日內申報其退保，得追溯自受僱單位為其加保之前一日起退保，保險費不重複計收。（二）如逾10日始申報退保者，經查明被保險人確已非屬無一定雇主勞工或自營作業者，應改以自其由新投保單位再加保之前一日退保，並退還重複繳納之保險費[71]。

---

68 陳建文，職業災害保險中之雇主責任與雇主概念問題，兩岸職災保護制度之比較：雇主責任與社會保險研討會，政治大學法學院，2013年12月，頁30-32。

69 台中高等行政法院99年度訴字第357號判決參照。

70 行政院勞工委員會勞保2字第0970016076號函。

71 行政院勞工委員會88年6月30日（88）台勞保2字第019673號函參照。

第二章 勞工保險的原則，及與其他社會保險或領域之關聯

案例1

甲受僱於A公司擔任作業員，在2008年下半年因遭遇世界金融風暴，A面臨無訂單的情況下，A不得已資遣甲、乙及其他多名勞工。甲於次日即去作求職登記及申請失業給付，並且於14日後領取失業給付。只不過，甲發現勞保局所匯入的失業給付金額，比他過去在A所領取薪水的六成少了很多。另外，甲在領取1個月失業給付後，順利地在B公司找到工作，並且繼續工作下去。甲聽同事說可以領取提早就業獎助津貼，但不知其請領條件爲何。乙則是在被資遣後，隔幾日即前往就業服務站辦理求職登記，並且同意參加勞動力發展署所舉辦之電腦繪圖職訓課程。乙並且提出申請領取職業訓練生活津貼。問：

(1) 勞工同時或先後具備其他身分，除了勞工保險外，可否重複保險（參加公保、軍保、農保等）？
(2) 勞工保險與就業保險之關係爲何？
(3) 何謂積極的促進就業措施或積極的失業？
(4) 失業給付金額如何計算？
(5) 提早就業獎助津貼與期待可能條款間的關係爲何？
(6) 何謂閉鎖期？

第一節　勞工保險在社會保險中的地位及其意義

第一項　勞工保險在社會保險中的地位

勞工保險為社會保險之一環，提供受僱員工及自僱者各種事故的保障。在勞工同時或先後具備其他身分時，即會產生必須停止勞工保險，而轉依據公教人員保險法[1]、軍人保險條例、農民健康保險條例[2]，或國民年金法參加保險之問題（勞保條例第76條參照）[3]。如是在參加勞工保險期間，原則上即應依據就業保險法參加就業保險。除了勞工保險與就業保險原則上應同時參加外，並不得重複保險（例如農民健康保險條例第6條參照）。

本來，勞工保險與就業保險、公教保險、軍人保險、農民保險同屬社會保險的一環，係立法者有意透過組成同質性之風險共同體、大數法則之計算，以分攤典型的生活風險。立法者在決定施行特定社會保險種類時，必須納入由共同體成員繳納保費來支應財源、依循風險分攤及損益相抵原則來運作等基本思想[4]，此即為保險原則（Versicherungsprinzip）。並且，應該適時估算未來收支（例如少子化的時代，當然會影響保費的收支，也會連帶影響退休年齡的延後）及財務狀況，以作為調整費率、給付水準或撥補之政策參考依據。

另外，在廣義的社會安全法下，針對特定事項，勞工保險與勞工保護法也有密切關係，例如勞動基準法（退休、職災補償、積欠工資墊償基金）、勞工職業災害保險及保護法第四章、勞工退休金條例、職業安全衛生法（職業災害補償）、勞動基準法或性別工作平等法（生育給付）、民法（因職業災害的損害賠償及慰撫金）。在此，當發生法規競合，勞工可

1 另外，尚有退休人員保險辦法。

2 還有：農民職業災害保險試辦辦法、老年農民福利津貼暫行條例。

3 但並不禁止勞工保險被保險人同時參加商業保險（年金險、意外險）。

4 蔡維音，勞工保險中之「保險原則」—從勞保事故之認定談起，月旦法學教室第48期，2006年10月，頁95-101。

否同時或先後兼得其他的給付？這裡也會牽連到：確保所得中斷的第一層保障、第二層保障的意義及關係為何？

再一言者，勞保條例第76條所規定之勞工保險年資保留，實為勞工保險關係（保險年資）具有憲法第15條財產權保障的具體規定。一般係以「非少量之自己給付且係為確保其生存之用者」作為條件，但也要納入等待期（Wartezeit）及期待期間／期待權的考量[5]。

第二項　勞工保險之意義

勞工保險的意義可由勞保條例第6條規定尋繹之[6]：

一、勞工保險係「強制保險」

勞工保險為社會保險之一環，原則上採取強制加保主義。也就是說，如有受僱或自僱工作之事實，投保單位與勞工均不得單方拒絕加保或合意不參加勞工保險[7]。同樣地，保險人亦不得拒絕加保之申請。如此，始能落實「保障勞工生活，促進社會安全」之目的（勞保條例第1條參照）。雖然如此，由於採取申報主義[8]，而且，只要是社會保險，即會有保險必要性較弱者或基於個人因素（例如卡債族、家庭暴力受害人、社會邊緣人，以及欲節省保險費者）不願加入，因此，必須藉由國家或團體的「外塑」力量，使得受規範者「被動地」接受。

在落實強制加保的程序上，雇主、團體或機構應先依勞保條例第10條、勞保條例施行細則第12條、第13條向保險人申請設立投保單位，以便為勞工申報勞工保險。只是，如果雇主為地下（非法）工廠或公司、行

5 楊通軒，個別勞工法—理論與實務，2019年7月，六版，頁150；鍾秉正，勞工保險年資保留之爭議—最高行政法院92年度判字第267號判決，收錄於：勞工保險條例精選判決評釋，2016年8月，初版一刷，頁16。

6 行政院勞工委員會，勞工保險條例逐條釋義，2001年12月，初版，頁31以下。

7 高雄高等行政法院105年度訴字第402號判決參照。

8 台北高等行政法院106年度訴字第600號判決參照。

號，無法取得或未取得各目的事業主管機關核發之下列相關證件影本或無法檢附稅捐稽徵機關核發之扣繳單位設立（變更）登記申請書或使用統一發票購票證，即無法成立投保單位為勞工辦理投保手續[9]。一旦成立投保單位，即會永久性存在。除非被註銷或廢止。依據勞保條例施行細則第16條規定，「投保單位有歇業、解散、撤銷、廢止、受破產宣告等情事或經認定已無營業事實，且未僱用勞工者，保險人得逕予註銷或廢止該投保單位（第1項）。投保單位經依前項規定註銷或廢止者，其原僱用勞工未由投保單位依規定辦理退保者，由保險人逕予退保；其保險效力之停止、應繳保險費及應加徵滯納金之計算，以事實確定日為準，未能確定者，以保險人查定之日為準（第2項）。」不同的是，同法施行細則第17條只是申請變更投保單位事項。而第18條規定投保單位負責人變更或投保單位因合併而消滅時，未清繳之保險費或滯納金由新負責人連帶負責清償，或由合併後存續或另立之投保單位承受。

另外，此處的強制保險，尚包含另一層意義，亦即：在2022年5月1日勞工職業災害保險及保護法（簡稱「災保法」）施行前，被保險人及投保單位不得選擇只參加普通事故保險或職業災害保險，而是必須同時參加普通事故保險及職業災害保險[10]。庇護性就業者亦同。例外地，針對已領取勞工保險老年給付及年逾65歲已領取其他社會保險養老給付者再從事工作或於政府登記有案之職業訓練機構接受訓練者，投保單位得為其辦理參加職業災害保險[11]，而不得再參加普通事故保險。而在災保法施行後，由於並無類似就業保險法第6條的規定，所以，被保險人依據勞保條例及災保法的規定分開申報加保。災保法並無加保的最高年齡限制，且不問係首次申報加保或已經領取勞保老年給付或其他社會保險的老年給付後，再次申報加保。

---

9 行政院勞工委員會80年1月12日（80）台勞保2字第00813號函參照。

10 行政院勞工委員會94年4月18日勞保2字第0940014991號函參照。

11 勞動部103年11月19日勞動保3字第1030140437號令參照。所以，勞保條例第9條第4款「在職勞工，年逾六十五歲繼續工作者。」解釋上是指尚未領取老年給付者。

二、勞工保險係「在職保險」

勞工保險屬於職域保險之一種，與就業保險、公教保險、軍人保險、農民健康保險同屬在職保險。亦即具有工作能力及工作事實者始得加入、且即應加入，至於無業者或無工作者即不得參加（即不得掛名加保，雇主、團體或機構不得為無工作事實者加保），否則即會遭致取消保險資格及不予退還保險費的後果（勞保條例第24條、第16條第2項參照）。舉例而言：在個案中，被保險人洪○○於2014年3月26日加保後之次（4）月起迄至同年8月2日止，每月間隔2週接受化學治療（每次療程4日），則被保險人洪○○加保後是否仍具2014年3月間經醫師所述有正常活動能力，而得於○○當鋪從事工作，顯有疑義[12]。

目前，勞保條例第6條第3項「前二項所稱勞工，包括『在職』外國籍員工。」係明確表達在職保險原則之所在。惟同條第1項第1款至第8款之參加勞工保險，除了第6款外，也是以在職員（勞）工為前提。雖然如此，例外地，在自願繼續加保之情況，並非以勞工在職（受僱或自僱）為前提，包括勞保條例第9條第1款、第3款及第5款（解釋上，似乎包括被留職停薪者）、第9條之1、勞工職業災害保險及保護法第77條、性別工作平等法（簡稱性平法）第16條第2項等之被保險人。

三、勞工保險係「（職業）團體保險」

這是指：原則上保險人不接受個別勞工或自營作業者的申請參加勞工保險、且不針對個別勞工或自營作業者的薪資所得計收保險費（而是按照投保薪資分級表所訂的級距收取）。依據勞保條例第6條第1項，勞工「全部」參加勞工保險，即是團體主義之表現。惟這並非謂有被保險人退保時，所有的被保險人必須一起辦理退保。即使是勞保條例第8條第1項各款之自願加保對象，也應採取團體保險的做法。例外地，基於一定的政策目標，個別的被保險人得依據勞保條例第9條之1、勞工職業災害保險及保護

12 高雄高等行政法院105年度訴字第402號判決參照。另請參照台中高等行政法院105年度訴字第222號判決。

法第77條，繼續參加勞工保險。有問題的是，性平法第16條第2項之被保險人呢？解釋上亦應相同。

相對於團體保險，全民健康保險則是採取全民保險的模式，即全體人民均能受到醫療保險的保障。

四、勞工保險課雇主義務以保障僱傭關係下之勞工

雖然如此，勞保條例第6條第1項第7款之自營作業者（含自然承攬人）[13]與第8款之參加漁會之甲類會員並非受僱人、第6款之受訓者亦不是。該等人員係基於勞工保險政策的考量，而將之納入為強制加保對象。

（一）勞工

勞保條例第6條固然有勞工、受僱之員工、雇主、僱用等名詞，但本法及施行細則並未加以定義。這與勞動基準法第2條、職業安全衛生法第2條的立法方式不同。學者間有認為勞基法為勞工保護的基本規定，故勞保條例雇主應採勞基法定義[14]。也有認為「社會保險之僱用關係與民法之僱傭關係，勞動法之勞動關係是否相同，則不無疑問。」[15]所以，具有承攬性質之從屬性勞動及具有委任性質之從屬性勞動，均有可能被認定為勞動契約[16]。

本書則以為上述有關勞工、雇主等定義，會牽涉到強制及自願加保的勞工保險當事人及關係人的範圍。基於社會保險法與勞動保護法領域及性質的不同，再加上個別法主義的精神，勞保條例中之勞工等概念，本可具有獨立的法律性格，而無須跟隨勞基法或職業安全衛生法的定義而來。亦即只是大部分相同，而非完全相同[17]。緣社會保險法上之適用對象應為受

---

[13] 台中高等行政法院106年度訴字第52號判決參照。

[14] 郭玲惠，勞工及就業保險法釋義，2017年12月，初版，頁72以下。

[15] 李玉春，勞工保險之強制加保對象—最高行政法院99年度判字第1199號判決，收錄於：勞工保險條例精選判決評釋，2016年8月，初版一刷，頁56以下、62。

[16] 李玉春，勞工保險之強制加保對象—最高行政法院99年度判字第1199號判決，收錄於：勞工保險條例精選判決評釋，頁59以下。

[17] 楊通軒，個別勞工法—理論與實務，頁176以下。

僱人（者），其目的在給予提供勞務之弱勢的一方，透過保險的方式以集體的力量來提供個人遭遇保險事故的保護。惟近來亦有認為社會保險之重點應係在於重分配，亦即強令無保護必要之財富豐厚者多繳保費，以便照顧只有少許財富之人[18]。

上述擴大被保險人範圍的觀點，也為最高行政法院所採。在一件判決中[19]，法院對於原告之主張並不採納，似亦採取與本書相同之見解。在該案中，原告主張：依勞工保險條例所稱之被保險人於各該條文內均明示「勞工」而不稱「受僱人」，足證其稱「勞工」即明示與民法僱傭契約條文所稱「受僱人」有別，可知勞工保險條例之「雇主」與「勞工」之間之成立係以「勞動契約」為標準而非以「僱傭契約」為標準。而判斷是否為「勞工」，則應以勞僱間有無「從屬關係」為準。

再依據中央勞政機關的見解，「有關依勞工保險條例參加勞工保險者，是否應受勞動基準法之規範一節，查勞工保險條例與勞動基準法分屬不同法律規定，勞保被保險人如同時為勞動基準法適用行業之勞工，自應依勞動基準法相關規定辦理。」[20]可知勞保條例與勞基法中之勞工，基於個別法主義的精神，並非採取相同的定義。換言之，參加勞工保險之勞工，並不以受到勞基法適用為前提。

所以，勞保條例第6條所包含之對象，其範圍相當的廣，蓋係體現「保障勞工生活，促進社會安全」之故。其對象甚至包括自營作業者在內[21]。以第6條規定的「僱用」而言，實可將其認為民法第482條以下所採之僱傭關係。至於委任關係則依勞保條例第8條第1項第3款的規定處理。而居於承攬關係者，除非具有自營作業者的身分，否則，並非強制加保及

[18] Rieble, Die relative Verselbständigung von Arbeitnehmern-Bewegung in den Randzonen des Arbeitsrechts? ZfA 1998, 331 f.

[19] 最高行政法院87年度判字第338號判決參照。

[20] 行政院勞工委員會91年12月25日勞保2字第0910065006號函參照。

[21] 勞工保險條例第6條第1項第7款、第8款。依據勞工保險條例施行細則第11條第2項規定，所稱自營作業者，指獨立從事勞動或技藝工作，獲致報酬，且未僱用有酬人員幫同工作者。

自願加保的對象。

承上而來者，勞保條例第6條、第8條、第11條之勞工，包括正式僱用之勞工及試用期間勞工。不過，第9條、第9條之1有無可能也適用於試用期勞工？對此，首先，這與試用期勞動契約之終止是否受到勞基法第11條以下的規範，並無必然關聯[22]。換言之，第9條之1雖是涉及試用契約終止後的加保問題，但第9條各款情形則主要涉及試用契約之中止，尚未到達契約終止的地步。先就第9條之1第1項而言，「被保險人參加保險，年資合計滿十五年，被裁減資遣而自願繼續參加勞工保險者，……」可能係之前已在1位以上雇主處工作而有參加勞工保險或之前有以職業工人身分加保，而目前以試用勞工受僱於事業單位者。則其在被裁減資遣後得自願繼續參加勞工保險。在此，勞動契約法制或勞動保護法制並無給予高勞保年資者試用契約終止之特殊保護規定。

其次，就第9條觀之，各款的被保險人均包含試用期勞工，只是，所繼續參加的勞工保險可能因試用勞動契約終止而受影響而已。以第1款「應徵召服兵役者」而言，由於安定役男的國防政策及給予額外的勞保保障的立法用意，其試用期並不會在服兵役期間屆滿或由勞雇任何一方或由雙方合意終止之。至於第2款被「派遣出國考察、研習或提供服務者」如是試用期勞工，則在試用契約下或借調法律關係下，除非勞雇雙方另有約定，否則，勞動關係並不會延長或一變而為正式的勞動關係，而係隨試用期間屆滿或者勞雇任何一方或雙方合意終止之。在此種情形下，繼續加保亦應隨之停止，投保單位應辦理退保手續。

又，第3款試用期勞工如「因傷病請假致留職停薪，普通傷病未超過一年，職業災害未超過二年者」，試用期契約的終止因留職停薪而受到排除，而在回復勞動關係後繼續計算試用期間或在終局地無法回復勞動關係下（例如勞工在留職停薪期間自行離職）而結束。在此種情形下，繼續加保亦應隨之停止，投保單位應辦理退保手續。第4款之「在職勞工，年逾

---

[22] 本書以為試用期間勞動契約的終止應採「附解僱權保留」說。在此說下，原則上並無預告期間及資遣費之適用。

六十五歲繼續工作者」如是試用期勞工，則在試用契約結束或終止後，其繼續加保關係隨之停止。而第5款試用期勞工如「因案停職或被羈押，未經法院判決確定者」，配合勞基法第12條第1項第3款「受有期徒刑以上刑之宣告確定，而未諭知緩刑或未准易科罰金者。」雇主並不得行使立即解僱權，而是只能行使懲戒性的留職停薪權限，則在雇主對於勞工停職或法院對勞工羈押期間，試用勞動關係暫時停止進行，直至停職或羈押期間結束，試用勞動關係始回復進行。

另外，此處的勞工受僱從事2份以上工作之勞工，如其符合勞保條例第6條第1項第1款至第5款規定者，即應由所屬雇主分別為其辦理參加勞工保險[23]。此與就業保險法第5條第3項「受僱於二個以上雇主者，得擇一參加本保險。」的規範方式並不相同。依據文義解釋，從事2份以上工作者，不得每份工作都參加就業保險。而對於被保險人同時受僱於2個以上投保單位者，其普通事故保險給付之月投保薪資得合併計算，但不得超過投保薪資分級表最高一級（勞保條例第19條第2項參照）。

另外，第三階段研發替代役或產業訓儲替代役役男亦具有勞工身分。蓋依據替代役實施條例第6條之1第3項規定，「第三階段研發替代役或產業訓儲替代役役男與用人單位間具僱傭關係，有關勞動條件及保險事項，依勞動基準法、勞工退休金條例及勞工保險條例規定辦理，不適用本條例規定；其所需費用由用人單位負擔。」行政院人事行政局並且認為役男之保險事項，用人單位應依勞工保險條例規定辦理，並負擔該所需費用[24]。即其為勞保條例第6條之強制加保對象。依本書所見，第三階段研發替代役或產業訓儲替代役役男似乎為公務員兼具勞工身分者。另外，替代役實施條例第6條之1第3項亦可視為勞保條例第9條第1款之特別規定。

惟是否存在勞保條例第6條之僱傭關係，往往存在爭議。例如，為各級學校社團及課後輔導教師，其應依個案事實認定。如與學校有僱傭關

---

23 行政院勞工委員會80年9月19日勞保2字第24691號函、98年5月1日勞保2字第0980140222號令參照。

24 行政院人事行政局97年7月24日局力字第0970020332號函參照。

係，則應由各學校分別為其辦理參加勞工保險[25]。又，與店主以抽成分款方式取得收入之鐘錶眼鏡行之修理工人，其僱傭關係以從屬關係為準[26]。至於保險業務員與保險公司間究竟是僱傭關係或承攬關係，爭議尤烈[27]。

又，依據行政院勞工委員會90年5月9日（90）台勞保2字第0017758號函，「查依勞工保險條例第6條第1項第3款規定，年滿15歲以上，60歲（現提高為65歲）以下，受僱於僱用5人以上之新聞、文化、公益及合作事業之員工，應以其雇主或所屬團體為投保單位，全部參加勞工保險為被保險人。又依照內政部69年2月21日臺內社字第7838號函略以，僱用專任員工滿5人以上之私立醫療院所，如係為增進大眾共同利益，非以營利為目的，且經依法設立財團法人或社團法人登記者，應予強制參加勞工保險。有關財團法人恩主公醫院之主治醫師應否由該醫院辦理參加勞工保險，仍應視僱傭關係是否存在，依前揭規定辦理。至本案財團法人恩主公醫院與其主治醫師是否為僱傭關係，除依書面契約判斷外，仍應依其實際之工作型態予以認定。」本書以為應持肯定見解。

沒有爭議的是，法務部矯正署所屬機關與事業單位簽訂受刑人自主監外作業契約屬勞務承攬契約，受刑人之勞務作業，非屬私法上之自由契約，而是公法上必須接受之強制勞務作業。而受刑人與民間公司並無僱傭關係，非勞工保險及就業保險適用加保之對象[28]。

（二）技術生、建教生

另外，即使外國籍學生（不含大陸地區人民）來台就讀產學專班、建教合作班，如適用勞動基準法有關技術生之規定，得依勞動基準法所定技術生準用勞工保險條例之規定（第69條第1項參照），以技術生或建教生

---

[25] 行政院勞工委員會98年6月9日勞保2字第0980074961號函參照。

[26] 行政院勞工委員會87年3月13日（87）台勞保2字第010284號函參照。

[27] 大法官會議釋字第740號解釋、勞動部105年11月28日勞動關2字第1050128739號函、行政院勞工委員會83年8月5日（83）台勞保2字第50919號函參照。

[28] 法務部矯正署108年3月25日法矯署教字第10801024790號函略以，○○外役監獄與○○公司簽定契約書爲外役監僱工契約書，廠商爲定作人，監獄爲承攬人……，爰廠商與監獄應屬勞務承攬契約之關係。

之身分參加勞工保險[29]。

建教生於訓練期間準用勞工保險條例第6條、第8條及第11條規定參加勞工保險，雇主不依同條例規定辦理投保手續者，亦準用第72條規定處以罰鍰[30]。

（三）非勞工

監察人與公司之間為委任關係，而非勞保條例第6條之僱傭關係。同樣地，顧問亦為委任關係。有問題的是，上述的監察人、顧問是否可主張勞保條例第8條第1項第3款的自願加保？由於監察人與委任經理人的職權不同、顧問則為企業外提供專業意見者，應非實際從事勞動的雇主可言，所以應以否定說為宜。

又，未支領薪資之實習教師，非屬該校僱用之員工，不得由接受分發實習之學校辦理加保。實習教師並非屬勞工保險條例第6條第1項第4款規定之員工[31]。

另外，監獄受刑人自主監外作業係為監獄作業之範疇，在法定作業關係前提下，依受刑人監外作業實施辦法第4條規定，遴選符合條件及有意願者，由監獄指導下至監外廠商提供作業。受刑人之勞務作業，非屬私法上之自由契約，而是公法上必須接受之強制勞務作業。監獄作業因屬特殊勞務，受刑人之作業條件受到相關行刑法規之限制，此與勞動基準法係基於勞雇關係而訂之勞動條件顯有不同。一般民間公司（行、號、機構）與矯正機關簽訂之契約，係屬與合作廠商間的勞務承攬契約[32]，受刑人與民間公司並無僱傭關係[33]。

---

29 勞動部103年10月3日勞動保2字第1030140359號函參照。

30 行政院勞工委員會99年10月12日勞保1字第0990140433號函參照。

31 行政院勞工委員會91年1月17日勞保2字第0910000168號函參照。

32 法務部矯正署108年3月25日法矯署教字第10801024790號函略以，○○外役監獄與○○公司簽定契約書爲外役監僱工契約書，廠商爲定作人，監獄爲承攬人……，爰廠商與監獄應屬勞務承攬契約之關係。

33 法務部矯正署107年10月4日法矯署教決字第10700181610號書函研復意見及108年6月24日法矯署教字第10801690490號書函、勞動部108年7月31日勞動保2字第1080140367號書函參照。

再者，台德「雙軌訓練旗艦計畫」訓練生與事業單位並非簽訂勞動契約，故未有僱傭關係，雖然如此，針對事業單位所進行之工作崗位訓練，其仍然按月給付津貼，只是性質屬生活補助，與勞動基準法之工資內涵並不相同。經中央勞政機關依2005年12月14日「台德菁英計畫」法令諮詢會議結論，依勞保投保薪資分級表第一級（17,280元）（目前為23,100元）起，所適用之等級申報[34]。本書以為此一函釋的結論尚屬正確，但其並未正確說明「雙軌訓練旗艦計畫」訓練生參加勞工保險的依據。正確而言，蓋訓練生應係勞基法第64條第3項「其他與技術生性質相類之人」，故得準用技術生參加勞工保險之規定（第69條第1項參照）。

（四）特殊工作者是否具受僱勞工身分的疑義

1. 合作社社員

合作社社員與其所屬合作社是否具有僱傭關係而得參加勞工保險？中央勞政機關認為，「依勞工保險條例第6條規定，受僱於僱用員工5人以上之公、民營工廠、公司、行號、文化、公益及合作事業等員工、無一定雇主或自營作業而參加職業工會者，應以其所屬雇主或所屬團體或所屬機構為投保單位，參加勞工保險。另依合作社法第3條之1第2項第5款規定，勞動合作社、運輸合作社不得僱用非社員勞力。查本案依合作社法第3條之1規定及其契約所定，合作社社員如屬合作社所僱用，並受合作社管理監督從事工作及支付薪資等實質僱傭關係，則應依勞工保險條例相關規定辦理加保。」[35]

本書以為：本案首先涉及合作社的定義。依據合作社法第1條第2項規定，「本法所稱合作社，指依平等原則，在互助組織之基礎上，以共同經營方法，謀社員經濟之利益與生活之改善，而其社員人數及股金總額均可變動之團體。」第3條之1第2項也規定，「合作社經營之業務以提供社員使用為限。但政府、公益團體委託代辦及為合作社發展需要，得提供非

[34] 行政院勞工委員會99年3月2日勞保2字第0990140025號函參照。

[35] 行政院勞工委員會97年1月17日勞保2字第0970140019號函參照。

社員使用。」可知，以勞動合作社而言，其係屬於封閉性的團體，與公司行號係開放性的組織者，尚有不同。亦即：無論其係提供何種服務或勞務，均是以合作社之名與相對人簽約，而後交由社員完成。至於消費合作社，社員則可獲得所銷售的生活用品的折扣（第3條第1項第5款、第6款參照）。社員間屬於合同的法律關係（第8條、第9條參照）。合作社並且不得僱用非社員勞力，以執行業務。這是與公司行號差別之所在。

至於修正前之合作社法第3條之1第2項第5款規定，「勞動合作社、運輸合作社不得僱用非社員勞力。」雖不復見於現行法第3條之1第2項至第4項，惟第3條之1第2項但書「但政府、公益團體委託代辦及為合作社發展需要，得提供非社員使用。」可否解釋為得僱用非社員勞力？似乎有肯定的空間。只是，即使非社員與合作社間為僱傭關係，因此受到勞保條例第6條第1項第3款合作事業之員工之適用，也無法謂社員與合作社間也是僱傭關係。蓋相異於公司股東可同時為受僱勞工，基於合作社的本質，社員似無可能同時與合作社訂立僱傭契約。這就如同董事或委任經理人不得身兼勞工身分一樣。雖然如此，即使國外的合作社實務，仍然不乏社員兼具員工身分者，而且，其所獲勞務的對價及其他工作條件，往往優於單純受僱的員工。這或許也是社員願意參加合作社的原因之一（最主要是參與合作社的經營決策及獲得折扣等好處）。

所以，中央勞政機關認為，「本案依合作社法第3條之1規定及其契約所定，合作社社員如屬合作社所僱用，並受合作社管理監督從事工作及支付薪資等實質僱傭關係，則應依勞工保險條例相關規定辦理加保。」突顯出其欲從實質關係來認定僱傭關係，惟這也顯示出其不了解合作社法的立法精神與內涵，蓋合作社對於社員的規範或要求，究難謂等同於雇主對於勞工指示權的運用。惟，如社員與合作社已簽訂勞動契約，即應或得參加勞工保險。

亦即合作社與其社員間之關係，依（舊）合作社法第3條之1第2項第5款規定，勞動合作社、運輸合作社不得僱用非社員勞力。因此，合作社社員接受合作社指派，前往相對人提供勞務，雖須受合作社管理監督從事工作，並獲得一定的給付，究難謂雙方間成立僱傭關係。合作社並無須依勞工保險條例相關規定為社員辦理加保。

另外，其所謂的「依勞工保險條例第6條規定，受僱於僱用員工5人以上之公、民營工廠、公司、行號、文化、公益及合作事業等員工、無一定雇主或自營作業而參加職業工會者，應以其所屬雇主或所屬團體或所屬機構為投保單位，參加勞工保險。」也是語焉不詳。究竟合作社社員與合作社之間屬於勞保條例第6條第1項的哪一款？或者合作社社員為「無一定雇主或自營作業而參加職業工會者」？或者是勞保條例第8條第1項第1款之受僱於第6條第1項各款規定各業以外之員工？徒留下一連串疑問。依本書所見，應以受僱員工是否5人以上，而決定適用第6條第1項第3款或第8條第1項第2款。而非適用勞保條例第6條第1項第7款的職業工會或第8條第1項第1款。

2. 靠行司機

在此，應思考：靠行司機與車行間有無民法第482條的僱傭契約[36]？或者，這是無名契約？商務契約？配合交通法規要求之商業行為？屬於勞保條例第8條第1項第1款之「受僱於第六條第一項各款規定各業以外之員工」？或者靠行司機為勞保條例第6條第1項第7款之自營作業者？

法院實務上大多在討論侵權行為時（涉及第三人），認為車行與靠行者符合第188條的僱用關係。解釋上，民法第188條的僱用關係，其僱用人及受僱人的範圍大於民法第482條之僱傭關係。然而，車行（乙）是否應為靠行人（甲）投保勞工保險，似應以民法第482條的僱傭關係為準。惟法院實務並無民法第188條的傭用關係與第482條的僱傭關係，因為有無牽涉第三人，而應採取不同對待的看法。而是大多同樣採取以客觀的、形式的僱用外表為準，而非以實質的僱傭關係作為認定標準的做法。亦即從寬解釋的做法[37]。其並不考量汽車實際為靠行人所有，靠行人是為自己服務，自負經營風險的事實。

---

[36] 郭玲惠，勞工及就業保險法釋義，頁75以下。

[37] 同說，郭玲惠，勞工及就業保險法釋義，頁77。

有問題的是，上述之靠行人（甲）如聘有司機（丙）為其駕駛車輛，則究應由甲或乙為丙投保勞工保險？雖然勞保條例係採「單一雇主責任」，惟對此，有認為形式上的雇主（乙）亦為義務人。即兩人均為勞保條例第6條的雇主。任何一人未盡到義務者，其本身即應受到勞保條例第72條的制裁。雖然如此，本書以為仍應以實質上的雇主（甲）為義務人，以明確化誰應負擔勞動契約的照顧義務及其範圍[38]。蓋所謂「形式的雇主」僅是現象學的法律思想的運用，並非勞動法上精確的雇主的概念，容易引起不當擴大雇主範圍的弊病。這主要是丙同時有甲乙兩位雇主及甲乙究應分別負擔全部的雇主責任或連帶負責的問題。或者在責任的分擔上，採取如保證人（民法第739條以下）的做法。或者應區分勞工法上的義務與社會法上的義務而做不同的對待。凡此，均有待學者專家進一步探討。例如針對派遣勞工的工資、職業安全衛生的保護，勞動基準法及職業安全衛生法均有要派機構應該負責的規定，此即是正確的規範方式。

3. 外派工作者

這主要是原事業單位將勞工派至其他事業單位工作的情形（含由台灣母公司派至國外子公司工作），如此，原來的勞工保險是否停止？繼續下去？接受派來工作勞工的事業單位是否亦應負勞工保險的義務？對此，或有認為勞工與二雇主訂立勞動契約，理論上受僱於二雇主，因此，兩位雇主均負有照顧義務，即使母公司繼續給付全部或部分負擔工資，但由於母公司與子公司為各自獨立的權利義務主體，即應由二雇主各依薪資總額辦理勞工保險。

對此，針對派遣勞工至國外工作之情形，應先釐清其法律關係為借調、雙重僱傭關係、甚至勞動派遣之情形。而且，原則上應該依據勞工保險條例第9條第2款「派遣出國提供服務者」得繼續參加勞工保險的規定辦理。也就是說，假設係維持原勞動關係的借調或非營利性的勞動派遣（民法第484條參照）、雙重僱傭關係，則原事業單位繼續給付全部或部分的

---

38 有問題的是，甲得否成立投保單位？係依勞保條例第6條第1項或第8條第1項？

薪資，即應依勞工保險條例第9條第2款自願保險的規定辦理。一旦勞工自願繼續加保，即應按照原來薪資、或變動後在台灣給付的薪資額度，依據投保薪資分級表辦理。在此，勞保條例第19條第2項「被保險人同時受僱於二個以上投保單位者，其普通事故保險給付之月投保薪資得合併計算，不得超過勞工保險投保薪資分級表最高一級。」並不適用[39]。

至於針對在我國境內發生之雇主將勞工借調至其他關係企業工作之情形（民法第484條參照），除非勞雇雙方已約定終止勞動關係而由前往工作的事業單位投保勞工保險，否則，即應由原雇主繼續加保勞工保險。在此，基於各自為獨立法人的地位，並不宜引用「實質同一」雇主的觀念，而由後一雇主承繼投保單位的地位[40]。依據本書的見解，以借調關係處理勞保，始不會發生學者所主張的「跨國的外派為多重雇主，而在國內者為實質同一雇主」的理論不一致的情況。

五、勞工保險以全體勞工爲對象，不分本國籍或外國籍

此一本國籍勞工，包括我國人民在我國境內僱用、且在境內領薪、而在境外居住及工作，並且有工作事實證據者[41]。至於外國籍勞工應限於合法外籍勞工／移工[42]。依據現代法治國家的基本原理及社會上絕大多數人的看法（社會健全通念），解釋上，未依就業服務法及其他相關法規（例如外國專業人才延攬及僱用法）進用之非法／逃逸外勞，因為違反民法第71條強制禁止規定，其與我國人民所簽訂之勞務提供契約自始無效，因此，不受到勞工法令（含勞工職業災害保險及保護法第四章）及社會法令（含勞保條例、全民健康保險法）之適用。

---

[39] 反對說，郭玲惠，勞工及就業保險法釋義，頁79以下。

[40] 反對說，郭玲惠，勞工及就業保險法釋義，頁85。

[41] 相關判決，請參閱台中高等行政法院105年度訴字第205號判決。

[42] 行政院勞工委員會81年7月24日（81）台勞保2字第21868號函、91年5月7日勞保2字第0910022534號函、92年4月21日勞保2字第0920012264號函參照。

另外，勞保條例第6條第3項係以受僱的外國籍勞工為對象，因此，除非有例外的規定，否則外國籍自營作業者並不在保障之列。然而，基於提升國家競爭力的考量，依據外國專業人才延攬及僱用法第10條第1項規定，「外國專業人才為藝術工作者，得不經雇主申請，逕向勞動部申請許可，在我國從事藝術工作；其許可期間最長為三年，必要時得申請延期，每次最長為三年。」其既可「不經雇主申請」，表示其可親自申請工作許可，而在台灣獨立從事藝術工作。如此，也包括自營作業在內。並且可依勞保條例第6條第1項第7款參加勞工保險。另外，無國籍而獲准工作者或難民而獲准工作者得否參加勞工保險？目前並未見於函釋，但解釋上似應持肯定見解。與此不同的是，外國籍勞工並不得參加就業保險（就業保險法第5條第1項參照）。

有問題的是：本條是否不考慮國與國之間的互惠主義？憲法第153條、第155條之勞工是否包括外國籍勞工？雖然大法官會議釋字第560號排除外勞之社會扶助請求權。但現行就業服務法及勞保條例已無將之排除。該等法律也無互惠主義的要求。

至於中國籍的勞工呢？其是否為勞保條例第6條第3項之外國籍勞工？或者至少得否依據勞保條例第8條第1項第1款規定自願加保[43]？吾人如參照中央勞政機關的函釋，其應是採取否定的態度[44]。即使是跨國企業內部調動經許可來台服務之大陸地區人民，也尚不得參加勞工保險[45]。即可知我國政府的社會保險政策的立場。

---

43 另外，針對就業保險法第5條第1項第2款之大陸地區人民，請參照行政院勞工委員會88年8月13日（88）台勞職外字第0903458號函。依之，「依就業服務法第六十七條規定：『本法關於外國人之規定，無國籍人、中國人取得外國國籍而持外國護照入境或持中華民國護照而未在國內設籍，受聘僱從事工作者，準用之。』其所適用對象爲中國人兼具『雙重國籍』者，其持用外國護照入境或持中華民國護照入境而未在華（台）設籍者，必須準用外國人之規定，經申請許可始可在華（台）工作而言。」

44 例如行政院勞工委員會83年6月2日（83）台勞保2字第39223號函參照。

45 行政院勞工委員會97年12月3日勞保2字第09701405661號函參照。

第二節　勞工保險之重要原則／理論

第一項　實際提供勞務原則（在職保險）

無論是受僱勞工或自營作業者，必須確實從事具有經濟價值的生產活動[46]，始得申請參加勞工保險，此稱為實際提供勞務原則。勞工保險與公教保險、軍人保險及農民健康保險相同，均為在職保險。均禁止掛名加保。相對地，未從事生產活動者，僅能參加國民年金保險（國民年金法第1條參照）。中央勞政機關即認為：查就業保險、勞工保險及農民健康保險均屬職域保險，有實際從事工作者始得加保，旨揭對象既已加保於農民健康保險為被保險人，應得認定有實際從事工作，自不得繼續請領育嬰留職停薪津貼或辦理眷屬加發給付或津貼[47]。

基於在職保險，「符合第六條規定之勞工，各投保單位應於其所屬勞工到職、入會、到訓、離職、退會、結訓之當日，列表通知保險人；其保險效力之開始或停止，均自應為通知之當日起算。」（勞保條例第11條參照）。有問題的是，若非勞保條例第9條第3款所指之「因傷病請假致留職停薪，普通傷病未超過一年，職業災害未超過二年者。」之繼續參加勞工保險，而是其他個人因素（例如照顧家人、出國旅行或遊學等）之留職停薪，則投保單位是否應依勞保條例第11條予以退保？對此，雖然留職停薪或留職留薪與離職的性質不同，但是，此種勞動關係的暫時中止，實際上已無提供勞務之事實，應該類推適用勞保條例第11條的離職，以違反實際提供勞務原則而將之退保。其實，從勞保條例第9條第3款的反面解釋，也可推知其不得繼續加保。

第二項　強制納保原則

此在本章第一節第二項之一、「強制保險」即已略有說明，請參閱

---

46 即使勞保條例第6條第1項第3款受僱於公益事業的員工，亦同。

47 行政院勞工委員會101年11月27日勞保1字第1010140413號函參照。

之。緣強制納保原則是社會保險的共通原則，一體適用於勞工保險與公教保險、軍人保險及農民健康保險。即不問被保險人及投保單位的意思，一律加保。與此相對的，商業保險（營利保險）立基於私法自治，大多為任意保險[48]。經由此一強制加保，乃能極大化被保險人[49]及其受益人的人數，達到社會保險的目的。違反者，將會受到行政罰鍰的制裁（勞保條例第71條、第72條參照）。雖然如此，在勞工保險中，基於特定的保險政策，仍然設有自願／任意加保的規定，或者由被保險人、或者由投保單位決意是否（繼續）加保。一旦自願加保的對象參加勞工保險，所應遵循的程序規定（例如都是採取申報主義）及權利義務事項（例如繳納保險費、保險給付），即與強制加保相同。保險人也不得單方或與自願參加勞工保險的被保險人合意約定異於勞保條例的規定。

值得注意的是，自願／任意加保既是例外的情形，適用的對象即不應過多，而且也要有充分正當的理由始能納入。有者，甚至應隨著時代的演進而修正為強制加保的對象，例如勞保條例第8條第1項第2款「受僱於僱用未滿五人之第六條第一項第一款至第三款規定各業之員工。」得準用勞保條例之規定參加勞工保險。但依據2022年5月1日施行的勞工職業災害保險及保護法第6條第1項第1款規定，「年滿十五歲以上受僱於領有執業證照、依法已辦理登記、設有稅籍或經中央主管機關依法核發聘僱許可之雇主之勞工，應以其雇主為投保單位，參加本保險為被保險人。」即使受僱於僱用未滿5人之事業單位之員工，應已成為強制加保職業災害保險的對象。或許，在不久的將來，勞保條例第8條第1項第1款的員工也會被納入為強制加保的對象。

---

[48] 大法官會議釋字第609號解釋理由書參照。對於強制汽車責任保險是否可稱爲營利保險？劉宗榮持懷疑態度。劉宗榮，新保險法，2011年9月，二版，頁23。

[49] 尤其是勞保條例第6條第1項第7款、第8款之無一定雇主或自營作業而參加職業工會者、無一定雇主或自營作業而參加漁會之甲類會員。

第三項　社會適當性原則／社會保險適當保障原則

勞工保險僅在被保險人遭遇保險事故時，經由保險給付適度地緩和其經濟上的不利益，因此，必須遵守：

一、基本生活或最低生活維持原則

依據勞保條例第1條規定，「為保障勞工生活，促進社會安全，制定本條例；……。」就業保險法第1條更規定，「為提昇勞工就業技能，促進就業，保障勞工職業訓練及失業一定期間之基本生活，特制定本法；……。」此即為保險給付的「基本生活」（Grundsicherung）或「最低生活」維持原則，而非採「適足或充分生活」原則。這是為了有效發揮社會保險功效及有限資源起見[50]，故僅提供維持合乎人性尊嚴的生存保障，而非適當生活的享受或符合被保險人身分的給付保障。例如傷病給付、職業災害醫療給付、年金保險僅提供基本經濟安全，健康保險亦僅提供具有相同療效之藥品或醫療行為中選擇一般者[51]。只不過，此一基本生活的保障，將難免與社會救助的功能相混淆。即使勞保條例第65條之4規定，「本保險之年金給付金額，於中央主計機關發布之消費者物價指數累計成長率達正負百分之五時，即依該成長率調整之。」也是立基在基本生活保障之上。尤其是老年年金給付，如果有較長的等待期，則在被保險人長期繳交保險費後，卻只能獲得基本生活的保障，是否符合年金保險的設立目的？並非無疑。不過，吾人觀勞保條例第58條第1項之年齡及保險年資並不長，而且，第58條之1之所得替代率甚且遠高於先進國家，這或許與「基本生活的保障」也有一定的關聯，畢竟，保險年資長及年齡高所能領取的年金較高，也才能有助於「適足或充分生活」原則的實現。

---

50 最高行政法院95年度判字第48號判決參照。

51 鍾秉正，社會保險法論，2005年11月，初版一刷，頁130、133：基本生活保障；江朝國，保險法逐條釋義第一卷總則，2012年1月，初版，頁62。

二、節省經濟原則

所謂「節省經濟原則」，也可謂是「小損害免責」或「小損害不擔保」原則，以避免保險基金的不必要支出。此在勞保條例第33條及第34條之「自不能工作之第四日起」即隱含此意。這是因為在不問「損害原因」及「責任歸屬」（無過失責任主義）的制度下，容易發生道德危險及輕微傷病即來請領給付的行為。採取小病不保的原則，能夠避免保險財務的過大負擔或無法負擔，並將保險基金集中於重大損失的補償。這表示被保險人個人必須自行負擔較小的損失，或者以自有財力或者藉由商業保險轉嫁之。法院實務也認為「為有效發揮此社會保險功效及有限資源起見，保險給付應依勞工保險條例等相關法規規定核支，始符上開憲法保護勞工之本旨，以及社會保險原理、誠信原則。」[52]反面來講，如果要放寬給付的標準或提高給付水準，勢必要提高保費，造成雇主及勞工自由權與財產權侵害的過深疑慮。畢竟，在強制加保的要求下，必須受到憲法第23條比例原則的限制。

其實，在大法官會議釋字第560號解釋理由書中，針對外國籍職員得否依勞保條例第62條請領家屬死亡喪葬津貼，將其區分為被保險人的家屬有無居住在我國，而決定喪葬津貼之給付，即具有社會適當性之考量，所以，並無違反憲法第7條、第15條之規定意旨。

在就業保險上，社會保險適當保障原則也有其適用。例如依據就業保險法第11條第1項第1款規定，失業被保險人必須向公立就業服務機構辦理求職登記，而公立就業服務機構於14日內仍然無法安排職業訓練者，始得請領失業給付。反面言之，如果已經安排職業訓練，被保險人即應接受職業訓練，並且可以請領職業訓練生活津貼（就保法第19條參照）。依據就業保險法施行細則第16條規定，本法第11條第1項第3款所定之職業訓練，係指全日制職業訓練而言。基於職業訓練生活津貼既是跟隨全日制的職業訓練而來，則失業者於接受全日制職業訓練期間另有工作，則基於社會保

52 最高行政法院95年度判字第48號判決參照。

險適當保障原則及職業訓練生活津貼發放之立法目的，即應停發職業訓練生活津貼。

社會保險適當保障原則及社會保險不應重複保障之原則，也適用於被保險人已領取老年給付（老人年金）、失能給付（失能年金）者。以老年給付而言，失業給付與職業訓練生活津貼係為保障失業之被保險人，於失業期間或失業參加職訓期間之生活。是以，基於社會保險不應重複保障之原則，該等年滿60歲已領取老年給付者，亦不得再請領職業訓練生活津貼。即有關領取職訓生活津貼案，比照失業給付方式處理[53]。雖然如此，領取老年給付者不得再申領失業給付或職業訓練生活津貼，最主要的理由，係其已經喪失工作的意願所致。如果是從社會保險適當保障原則及社會保險不應重複保障原則的角度觀察，則先請領失業給付或職業訓練生活津貼者，亦將喪失老年給付請求權才是。

第四項　權利義務對等原則

所謂權利義務對等原則[54]，是指勞工保險係權利與義務對等之社會保險，被保險人應盡繳納保險費義務始能享有各種保險給付權利。換言之，有繳交保費始得享有保險給付。未繳清保險費及滯納金前，保險人暫行拒絕給付（勞保條例第17條第3項參照）（但不會被退保。只是，如被保險人在繳清欠費前死亡，投保單位即應申報退保，保險法律關係即告終止。勞保條例施行細則第22條第1項參照。其遺屬或支出殯葬費之人並不得向保險人請領喪葬津貼）。如果是第9條之1之被保險人，則可以退保論，並且追還所領取的保險給付（勞保條例第17條第5項參照）。

---

[53] 行政院勞工委員會92年10月15日勞保1字第0920049789號函、行政院勞工委員會92年10月28日勞保一字第0920057462號函、行政院勞工委員會93年11月3日勞保1字第0930054612號函。惟中央勞政機關也認爲基於行政經濟與保障被保險人給付權益之考量，如當月經核給職業訓練生活津貼，職業訓練生活津貼仍應核給，於次月始停止給付。

[54] 鍾秉正，社會保險法論，頁139：財務自給自足原則。

依據貢獻原則及權利義務對等原則[55]，被保險人保費繳交期間越長，傷病給付期間越長（勞保條例第35條、第36條參照）及老年給付額度越高（勞保條例第58條之1第1款、第59條參照）。至於與普通事故失能給付相較，職業災害失能給付較高，則與權利義務對等原則無關（勞保條例第54條第1項、第2項參照）。另外，就業保險法第16條第1項但書、第2項，以及第19條之1規定應該也與此原則無關，因其係基於中高齡者或身心障礙者求職的困難，以及家庭照顧政策的考量而為，並非基於繳交保費期間較長而來。

與此有關者，依勞保條例第19條，現金給付發給之保險給付金額，係以被保險人平均之月投保薪資乘以各類給付之給付標準所得之數額。其中「平均月投保薪資」依本條第3項之規定，但同時受僱於2個以上投保單位之被保險人，其普通事故保險給付之月投保薪資得合併計算，惟上限不得超過勞工保險投保薪資分級表最高一級，即被保險人在同一月份有2個以上月投保薪資時，於計算保險給付時，除依規定合併計算者外，應以最高者為準，與其他各月份之月投保薪資平均計算。另連續加保未滿30日者，不予合併計算。而「各類保險給付之給付標準」可分為按月計算者，如生育、老年及死亡等給付；按日計算者，如傷病、職災醫療及失能給付等。

需加以分辨者，為勞工保險所採的權利義務對等原則，與商業保險的「對價衡平原則／損益均衡原則」仍然稍有不同。前者（社會保險）雖也著重某種程度的對價平衡，但著重的是「整體收支的對價平衡」，即保險人所承擔的「整體」風險，需等於所有被保險人所應繳費的「整體」保費。蓋其是社會連帶主義的實現，帶有濃厚的「社會適當性」色彩，保費的高低係依被保險人「負擔能力」（薪資）高低而定，而非被保險人之風險。相對地，後者，指保險人承擔被保險人的危險，綜合考量被保險人危險發生之損害範圍及危險發生率，據以精算相對應之保費。簡言之，保費的高低與危險機率有關，高風險者高保費；反之，低風險者低保費。也就

---

55 楊通軒，就業安全法—理論與實務，2020年9月，三版，頁96。

是說，其著重個別被保險人之風險與其個人保費之對價平衡。

所以，依據大法官會議釋字第609號解釋理由書，勞工保險保費與危險分攤並無當然之對價關係：「依勞工保險條例之規定，勞工分擔之保險費係按投保勞工當月之月投保薪資一定比例計算（勞工保險條例第十三條、第十四條參照），與保險事故之危險間並非謹守對價原則，而是以量能負擔原則維持社會互助之功能。」也就是說，並非完全遵循損益均衡與市場運作原則。而是藉由法律訂定，以確保社會保險之保護功能獲得實現[56]。而在集合所有保費而成的勞工保險基金不足支付各種保險給付時（虧損），則在中央勞工保險局未成立前，由中央主管機關負擔撥補責任（勞保條例第69條參照）。而這也是權利義務對等原則實踐的最後的，甚至是最重要的輔助措施。

又，依據勞動部106年12月4日勞動保2字第1060140530號函：查勞工保險條例第17條第3項規定立法意旨，係以暫行拒絕給付機制，促使欠費投保單位或被保險人履行繳納保險費及滯納金之義務，並就不可歸責之受僱者訂有例外規定，俾保障其請領給付權益。據此，基於社會保險公益性及權利義務對等原則，請領給付之被保險人，如其仍任其他欠費投保單位負責人，或轉加保至其他無欠費之投保單位，惟其本身因投保單位欠費而受訴追或為受執行義務人者，在系爭保險費及滯納金未依法繳清前，保險人應依規定暫行拒絕給付。至於一般受僱勞工身分的被保險人，只要其自行負擔的保險費已扣、收繳於投保單位，即使投保單位發生欠費，只要請領給付時能提出已經繳納保險費的相關證明，請領給付的權益並不受影響。

倒是，最高行政法院91年度判字第156號判決、94年度判字第251號判決認為勞工保險係社會保險之一環，乃依據保險學理而設計，有其損益平衡之原則與危險分散、納費互助之精算基礎，故有一定之費率計算、給付標準暨加退保與保險事故之成立要件。本書以為其所謂「損益平衡之原

56 最高行政法院102年度判字第633號判決同意旨。蔡維音，勞工保險中之「保險原則」——從勞保事故之認定談起，月旦法學教室第48期，2006年10月，頁95。

則」（或稱損益相抵原則、收支相等原則），實為保險原則（Versicherungsprinzip）之表現，原本僅適用於商業保險[57]，而勞工保險帶有社會福利本質及社會政策的目的，並不能直接地、當然地適用此一原則[58]。

第五項　社會保險給付不重複保障原則

社會保險給付不重複保障原則係相當重要的勞工保險及就業保險給付的原則，舉凡被保險人或其受益人請領相關的給付時，均須受到此一原則的審查，以免其雙重得利。勞保條例第22條及第65條之3即其實定法的依據所在[59]。如上所述，此一原則與社會保險適當保障原則密切相連，在個案的判斷上，常難加以區分。有關此一原則，另請參閱本書第三章勞工保險之救濟（程序問題）第一節勞工保險給付之各種程序問題第四項保險給付不得重複申請給付（一事不再理）之說明，以下僅再做補充而已。

社會保險給付不重複保障原則，包含同一事故不得重複保障之原則（勞保條例第22條參照）及不同事故不得重複保障之原則（勞保條例第65條之3參照）[60]。如果被保險人或其受益人再度或另行請領給付，即應適用一事不再理原則處理。以勞保條例第65條之3規定而言，同時或先後符合失能年金及老年年金之被保險人，僅得擇一領取年金給付。如果被保險人在領取失能年金或老年年金期間死亡，其遺屬僅能領取遺屬年金，而不得兼領取失能年金或老年年金（勞保條例第63條之1第1項參照）。

---

57 柯木興，社會保險，2007年11月，修訂版，頁58以下、124以下、129、130。

58 楊通軒，就業安全法—理論與實務，頁93以下。

59 與此不可混淆的是，被保險人或其受益人在保險期間請領傷病給付，而後依勞保條例第20條第1項請領失能給付或死亡給付，與社會保險給付不重複保障原則並無關聯。

60 依據大法官會議釋字第310號解釋：傷病給付與老年給付性質相同，均爲未能取得原有薪資所爲之給付（傷病給付法定爲補助或補償），其請領老年給付者，自不應重複請領傷病給付。有問題的是，被保險人先領取傷病給付，而後請領老年給付，是否有理？本書以爲如中間間隔一段時間，恐怕難以禁止，但如果時間緊密前後相連，似應以社會保險給付不重複保障原則否認之。

同樣地，勞保條例第22條規定，「同一種保險給付，不得因同一事故而重複請領。」是基於避免被保險人或其受益人因保險事故請領保險給付有發生不當得利之情事及同一保險事故，不得重複給與之保險基本原理，故明定對於同一種類保險給付，不得因同一事故而重複請領。如果前順位之人已獲得給付者，則後順位之人當不得再申請給付；同理，如果是同一順位之一人已獲得給付者，他人即不得要求給付[61]。依本書所見，此一原則除了涉及勞保基金或就保基金的侷限性外，也與公平原則／平等原則有關，以避免或者獲得多重給付，或者卻只能請求一次給付的衝突現象。

在就業保險上，由於保險事故只有失業一項，所以，社會保險給付不重複保障原則係應用在就業保險失業給付與職業訓練生活津貼之間（兩者均為所得替代），或者失業給付、職業訓練生活津貼與勞工保險給付及其他社會給付之間，以避免被保險人雙重或多重得利。最明顯者為就業保險法第17條第2項規定，「領取勞工保險傷病給付、職業訓練生活津貼、臨時工作津貼、創業貸款利息補貼或其他促進就業相關津貼者，領取相關津貼期間，不得同時請領失業給付。」

對於避免雙重得利，中央勞政機關早就建立了社會保險適當保障原則及社會保險不應重複保障之原則，這不僅適用於職業訓練生活津貼與傷病給付[62]及就業促進津貼間[63]，而且也適用於職業訓練生活津貼與失業給付

---

61 勞工保險監理委員會，勞保爭議大觀園，2010年6月，頁27以下。

62 根據中央勞政機關的見解，由於職業訓練生活津貼與勞工保險傷病給付同屬薪資補償性質，基於社會保險不重複保障原則，被保險人於請領勞工保險傷病給付期間不得同時領取就業保險職業訓練生活津貼。行政院勞工委員會102年10月17日勞保1字第1020140562號函參照。

63 根據中央勞政機關的見解，就業促進津貼實施辦法第29條第1項規定所稱「政府機關其他同性質之津貼或補助」，指就業保險法所稱之職業訓練生活津貼。再依據就業促進津貼實施辦法第29條第1項規定，就業服務法第24條第1項各款所列之失業者，2年內合併領取職業訓練生活津貼及政府機關其他同性質之津貼或補助，最長以6個月爲限。申請人爲身心障礙者，最長以1年爲限。前項人員領取就業保險法之失業給付或職業訓練生活津貼期間，不得同時請領第18條之職業訓練生活津貼。行政院勞工委員會98年4月1日勞職訓字第0980503099號令及行政院勞工委員會97年11月5日勞保1字第0970081645號函參照。

的關係上。這是指領取職業訓練生活津貼者，不得兼得失業給付。惟由於就保法第17條第2項係規定「不得同時請領」，遂引起吾人得否「先後請領」的疑義。對此，實務上有認為依據行政院勞工委員會96年7月3日勞保1字第0960140216號函規定，基於社會保險適當保障原則，應合併原已領取之失業給付及職訓津貼，以6個月為限[64]。雖然如此，由於該函釋認為「基於社會保險適當保障原則，每一保險事故均有給付上限，職業訓練法第19條第1項『最長發給6個月』，係指被保險人因同一非自願離職之保險事故，經公立就業服務機構安排參加一次或多次之職業訓練，其請領職業訓練生活津貼之期間應合併計算，最長以發給6個月為限。」並無合併計算失業給付及職訓津貼為6個月之用語[65]。而且，吾人由就保法第28條規定觀之，似乎領取職業訓練生活津貼後，仍得請領失業給付，期間合計長達1年。況且，根據前面的說明，如果失業勞工先領取失業給付後再接受職業訓練，則合併領取職業訓練生活津貼的期間將長達1年。如果從此一角度觀之，即使將職業訓練生活津貼定位為薪資補償的性質，似乎也未違反社會保險適當保障原則及不應重複保障之原則。

另外一個問題是：保險人履行被保險人保險給付後，如侵權行為係第三人所為，則得否行使代位求償權？以免被保險人重複獲利？目前勞保條例並無規定。不同的是，依據全民健康保險法第95條規定，「保險對象因汽車交通事故，經本保險之保險人提供保險給付後，得向強制汽車責任保

64 勞工保險監理委員會，勞保爭議大觀園，頁241以下。根據德國就業保險法規定「繼續訓練中的失業給付」（Arbeitslosengeld bei beruflicher Weiterbildung），並且將職訓生活津貼刪除。Vgl. § 117 I Nr. 2 SGB III.

65 與此不同的是，針對被保險人於請領失業給付期間屆滿前再就業後，符合提早就業獎助津貼之請領要件，惟未申請，嗣再發生非自願離職事故，得否請領前次未領取之提早就業獎助津貼乙案。中央勞政機關認爲就業保險法並無限制多次非自願離職並再就業之被保險人，僅得請領當次之提早就業獎助津貼，旨揭被保險人領取該津貼如在請求權時效內，均得依規定提出申請，「惟合併原已領取之失業給付月數及提早就業獎助津貼，仍以發給本法第16條所定之給付期間爲限。」行政院勞工委員會101年1月13日勞保1字第1000140515號函參照。

險之保險人請求償付該項給付（第1項）。保險對象發生對第三人有損害賠償請求權之保險事故，本保險之保險人於提供保險給付後，得依下列規定，代位行使損害賠償請求權：一、公共安全事故：向第三人依法規應強制投保之責任保險保險人請求；未足額清償時，向第三人請求。二、其他重大之交通事故、公害或食品中毒事件：第三人已投保責任保險者，向其保險人請求；未足額清償或未投保者，向第三人請求（第2項）。」

假設依商業保險理論：若保險給付不具有損害賠償功能，則保險人為保險給付後，不得行使代位權。由於人身保險的給付（對於受益人而言）不具損害賠償功能，所以保險人無代位權。至於非純粹的人身保險給付（健康保險中的醫療給付、傷害【意外】保險中的醫療給付）則具有損害賠償的功能，因此有代位權[66]。

至於雇主有無代位權？勞基法同樣無規定。依勞基法第59條、第60條所採取之抵充做法，係針對雇主已為勞工投保勞工保險或商業保險之免於重複賠償／補償之規範，而不及於第三人所造成之損害。因此，解釋上勞工可同時兼得雇主之職災補償及第三人之損害賠償，雇主並無代位求償權。

又，依民法第487條之1第2項「前項損害之發生，如別有應負責任之人時，僱用人對於該應負責者，有求償權。」解釋上，所謂「求償權」，係指代位求償權而言。否則，「別有應負責任之人」將必須分別向受僱人及僱用人為損害賠償，造成一罪二罰的現象，這並不符損害賠償的法理。

綜上所言，勞工保險的職業災害給付、失能給付、老年給付、死亡給付，除職業災害醫療給付具有損害賠償功能外，職業災害傷病給付、失能給付、老年給付都具有所得損失補償功能（所得替代）。至於死亡給付的喪葬津貼具有社會扶助的功能，遺屬年金則非對繼承人的損害賠償，而是遺屬的照顧，也具有所得替代的性質。所以，似乎僅職業災害醫療給付有行使代位權的可能。

---

66 劉宗榮，新保險法，頁6。

第六項　權利義務衡平原則

權（利）義（務）衡平原則與被保險人之返還保險給付或貸款有關（勞保條例第29條第4項至第7項參照）。亦即：保險人基於權義衡平原則，對於受領保險給付的被保險人或其受益人，在其溢領給付時，得以其負有返還溢領給付之義務，而行使扣減之權。此一扣減係保險人行政權力的行使，與民法上的抵銷尚有不同[67]。公教人員保險法第37條也有扣抵的規定。另外，被保險人向勞工保險基金貸款之未償還本息部分，基於同一法理，保險人亦得於其本人或其受益人請領之給付中扣減之。而依勞保條例第29條第5項，中央勞政機關訂定「勞工保險未繳還之保險給付及貸款本息扣減辦法」，據以施行。

再依據勞保條例第65條之2規定，「被保險人或其遺屬請領年金給付時，保險人得予以查證，並得於查證期間停止發給，經查證符合給付條件者，應補發查證期間之給付，並依規定繼續發給（第1項）。領取年金給付者不符合給付條件或死亡時，本人或其法定繼承人應自事實發生之日起三十日內，檢具相關文件資料，通知保險人，自事實發生之次月起停止發給年金給付（第2項）。……領取年金給付者或其法定繼承人未依第二項規定通知保險人致溢領年金給付者，保險人應以書面命溢領人於三十日內繳還；保險人並得自匯發年金給付帳戶餘額中追回溢領之年金給付（第4項）。」

第三節　勞工保險與就業保險之關係

勞工保險與其他社會保險間具有前後或互補的連動關係，尤其是與就業保險最為密切。此從勞保條例第74條及就業保險法（簡稱就保法）第6

---

67 相關論述，請參閱徐婉寧，勞保給付受領權之保護—評最高法院90年台上字第1376號民事判決，收錄於：勞工保險條例精選判決評釋，2016年8月，初版一刷，頁92以下。該文主要在探討勞保條例第29條第1項～第3項規定之問題。

條規定即可知之。蓋兩者雖為不同的社會保險制度[68]，但就業保險法卻有不少準用勞保條例規定者，特別是就業保險費的計算、繳交有關者。而勞工保險的原理原則（例如社會保險給付不重複保障原則）也大多適用於就業保險【案例1(1)，(2)】。

第一項　就業保險法與勞工保險條例之法制連結

一、單一法制的形成

自1968年7月23日起，台灣勞保條例第2條規定即列有「失業給付」一項，且其第74條規定，有關失業保險的費率、實施地區、時間及辦法，由行政院以命令定之。1973年4月25日修正的勞保條例第85條甚且規定，「失業保險之保險費率，按被保險人當月之月投保薪資之百分之二至百分之三計算，……。」

之後，行政院於1998年12月28日以（87）台勞字第63669號令發布，自1999年1月1日起正式施行「勞工保險失業給付實施辦法」，提供失業勞工失業給付以維持其基本生活。在該時，失業給付仍然擺脫不了政治因素及意識形態的干擾。迫使國家只能防禦性地、小範圍地嘗試推動此一制度。

在2003年1月1日，就業保險法開始施行，將失業給付由勞保體制脫離，採取單一化的保險制度，但仍委任勞保局辦理、並由勞工保險監理委員會監理。其思想應是：對於勞工來講，失業是個意外事故，但是，對於國家社會來講，失業卻是一個常態或者說難以揮去／甩開的火藥（Dauerbrenner）（燙手山芋）。就業保險法的施行，其更重要的意義，是適度地加入預防失業的思想與做法[69]，彰顯出失業給付、職業訓練及就業服務整合的就業促進法制的時代來臨。其背後的政策思維脈絡，同於歐洲聯盟

---

[68] 行政院勞工委員會98年2月18日勞保1字第0970140697號函參照。

[69] 但是，並沒有僱用安定措施。

1997年所提出的「積極促進」（Activation）就業的要求[70]。

雖然，依據就業保險法第40條規定，勞保條例的部分規定（例如第17條第3項暫停給付）也被準用，尤其是社會保險的原理原則[71]。但是，也有不準用者，例如同一月份有二個以上投保薪資，其保險給付之月投保薪資不合併計算。蓋就業保險與勞工保險係兩個各自獨立的保險制度，保費計收、給付項目及請領條件各不相同。就業保險法並未明文規定被保險人同時受僱於二個以上投保單位時，其投保薪資得合併計算，且合併計算將致另一份工作未離職或屬自願離職者亦得請領給付，顯有違本法保障勞工於失業期間基本生活之立法意旨，亦恐導致勞工以本法第13條規定為由拒絕推介之工作，不利促進就業[72]。然而，中央勞政機關卻認為，「有關就業保險被保險人受僱於2個以上雇主，同時非自願離職，基於社會保險給付不重複保障原則，並考量就業保險立法目的及整體制度之衡平，不得分別核發失業給付。」（勞動部109年3月9日勞動保1字第1080140674號函參照）言下之意，被保險人得每份工作都參加就業保險，且在被其中任何一位雇主解僱時，請領失業給付。此一函釋恐已牴觸就業保險法第5條第3項而無效。

二、在職保險原則，並且採取申報制度

除了保險原則同時適用於勞工保險與就業保險外[73]，在職保險原則及採取申報制度也同有其適用。

社會保險與商業保險在成立、生效、內容及終止上雖不相同[74]。惟社會保險之制度設計仍不脫保險原理，故其運作亦遵守（互助自助性的）

---

70 李健鴻，「積極促進」治理下就業保險失業給付制度爲何就業成效不彰？發表於：第九屆海峽兩岸社會保障制度學術研討會，2010年10月15日。

71 行政院勞工委員會94年7月14日勞保1字第0940038802號函。

72 行政院勞工委員會98年2月18日勞保1字第0970140697號函。

73 楊通軒，就業安全法—理論與實務，頁93。

74 蔡維音，評釋字第578號解釋，月旦法學雜誌第111期，2004年8月，頁188。

「危險共同體」與「對價平衡」二大理念，此與私人保險之保險相對性倒是無何不同。另外，社會保險雖屬強制保險，具有法定身分之人均有權利，並且有義務加入保險，保險人並且不得無故拒保（早期，台灣勞工保險實務上，保險人曾經長期拒絕勞工「帶病投保」，惟目前已經揚棄此種做法）。但是，就勞工保險及就業保險而言，被保險人並非自動地取得社會保險的保障，而是須要完成加保的法定程序（勞保條例第11條、就業保險法第40條參照）。在此，投保單位並應誠信申報工資等資料。因此，社會保險雖為公法關係，但不能完全排除私人保險中應有要約與承諾之行為。解釋上，在投保單位（代要保人／被保險人）[75]將加保申報表送交保險人或郵寄之當日，要保人／被保險人已完成為加保勞工保險而要約的意思表示。而基於社會保險不須核保原則，在保險人未以特定理由拒絕加保時[76]，表示其已為承諾。雙方成立一行政契約關係[77]。所謂的申報主義，意指要保人／被保險人必須為加保的要約行為。此一申報主義與社會保險的強制加保主義似乎不合。惟不可否認地，以勞工保險及就業保險為例，仍然允許立法者基於立法形成自由、衡量我國的產業環境及勞資關係的現況，而未嚴格遵守強制加保（例如勞保條例第8條第1項第2款之受僱於未滿5人的事業單位）或甚至兼採商業保險的任意加保（例如勞保條例第8條第1項第1款、第3款參照）。另外，在申報主義下，並未允（默）許或鼓

---

75 雇主基於附隨義務，應爲勞工申報加保勞工保險，因此，其遂有爲勞工代收保費繳交保險人，以及代爲申請各種保險給付之義務。由此觀之，在勞工保險過程中，雇主／投保單位的義務對象是勞工／被保險人，而非保險人。

76 例如不具受僱人身分、或者依據勞保條例施行細則第16條規定，「投保單位有歇業、解散、撤銷、廢止、受破產宣告等情事或經認定已無營業事實，且未僱用勞工者，保險人得逕予註銷或廢止該投保單位（第1項）。投保單位經依前項規定註銷或廢止者，其原僱用勞工未由投保單位依規定辦理退保者，由保險人逕予退保；……（第2項）」解釋上，在投保單位有歇業、解散、撤銷、廢止、受破產宣告等情事或經認定已無營業事實等情事時，如其列冊向保險人加保，保險人即得拒絕承諾。

77 林明鏘認爲行政契約關係，比較吻合契約法制與現實上之彈性需求。林明鏘，行政契約與私法契約，收錄於氏著，行政契約法之研究，2006年，頁147以下。

勵勞雇雙方「以不加保勞工保險／就業保險」作為僱用條件[78]，違反者，雇主尚且會受到行政罰鍰的制裁（勞保條例第72條第1項參照）。再者，對於任意加保的對象（勞保條例第8條、第9條、第9條之1），採取申報主義尤具有法律上的意義，因被保險人擁有是否加保的最後決定權。至於一旦加入勞工保險，而投保單位高薪低報或低薪高報者，保險人即可自動調整投保薪資。

雖然如此，針對勞工保險條例第11條之申報主義，我國社會保險學者多有加以訾議者。其認為社會保險乃基於法律強制性而不須訂定契約，故被保險人與保險人間並無正式的契約關係存在。保險給付的條件與內容係由法令所訂，而非保險人與被保險人合意約定而來，故其為一法定的給付權利或法定債之關係（說）[79]。此一說法固有所見。惟以「保險給付的條件與內容係由法令所訂，而非由被保險人與保險人協商而定」，作為否定行政契約說之依據，仍非無疑。蓋行政契約與私法契約畢竟有其不同處，並非截然適用契約自由原則或債權平等原則，而是有其行政行為強制力的本質，故得適度地加入強制的規定與要求。這也是與強制加保主義相配合的。不如此，允許被保險人與保險人個案地、自由地協商及約定保險給付的條件與內容，則恐將影響社會保險的推動與落實。

三、強制加保主義的表現

就業保險與勞工保險相同，一方面採取強制加保主義，另一方面卻又採取申報主義。就前者而言，基於社會保險的連帶保障及風險分攤性質，被保險人與投保單位均為強制加保的義務人，雙方不得合意免除加保。惟如從就業保險與勞工保險係在職保險的角度看，具有法定身分之人實具有依法參加的公法上權利[80]。基於國家實現勞工保護（憲法第153條）

---

[78] 如果勞工具有強制加保的資格，此一約定也因違反民法第71條之強制禁止規定而無效。

[79] 柯木興，社會保險，頁59、127；孫迺翊，再探勞工保險之法律關係—以最高行政法院91年度判字第156號判決爲出發點，收錄於：勞工保險條例精選判決評釋，2016年8月，初版一刷，頁37以下。

[80] 大法官會議釋字第568號及第609號解釋參照。

及基本國策而建立之社會安全措施（憲法第155條、憲法增修條文第10條第8項）[81]，保險人並不得無故拒絕納保[82]，就業保險與勞工保險也不存在核保的問題。再者，就業保險法及其相關子法中已經明定保費的負擔比例[83]、各種給付的項目、條件與標準、保險人與被保險人，或者投保單位與被保險人間均無另行約定的自由，也就是採取「法定主義」，排除私法自治（含契約自由原則）之適用[84]，這都是與商業保險最大的差異所在，後者採取「任意主義」與「保險主義」。另一方面，由於採取申報主義，難免有勞工未加保就業保險的情況，至於未申報加保者，不問是可歸責於勞工或投保單位，於發生就業保險法中的給付事故時，即無請求給付的權利。尚且，勞工或投保單位並應受到罰款的制裁（就業保險法第37條、第38條參照）。就業保險，既是國家有意的政策性保險，但另一方面也要考慮大多數人的負擔能力。而且，在採取強制性保險的情形下，必然會侵害人民的自由權及財產權，所以必須接受憲法第23條「公益條款」、「法律保留原則」以及「比例原則」的檢驗[85]。

基於強制加保主義，只要受僱於1人以上事業單位的勞工（含農業勞工、定期契約工），均應自到職日起參加就業保險。依據就業保險法第5條第1項規定，所有中華民國籍的受僱勞工，如其年滿15歲以上，65歲以下，即應以其雇主或所屬機構為投保單位，參加就業保險為被保險人。此一受僱勞工，係採取社會保險法上的勞工概念，其範圍雖然與勞工法上的勞工概念大體上相符。但是，為使受僱勞工盡量納入社會保險的保障，其外延即可擴充至勞工概念之外。換言之，就業保險法上之受僱勞工（受

81 大法官會議釋字第549號解釋參照。

82 所以也無帶病加保之問題。只不過，就業保險也是在職保險，不得掛名加保，而且，無工作能力者或無工作事實者亦不得加保。大法官會議釋字第609號解釋參照。

83 與勞工個人發生風險的高低無關，而是按勞工薪資的一定比例負擔。與勞工保險保費的計算相同，具有所得重分配的效果。

84 台北高等行政法院100年度簡字第565號判決參照。

85 鍾秉正，社會保險法論，頁132。

僱人）概念，實應將其作為勞工法上勞工概念的上位概念看待[86]。其範圍並不限於適用勞動基準法之勞工，而是及於尚未被納入勞基法適用之勞工[87]。又，理論上，就業保險法上之受僱勞工，其範圍應同於勞工保險條例第6條之受僱勞工[88]。只不過，基於就業保險法的立法宗旨與勞工保險條例所定者殊異，勞工保險條例第6條第1項第7款及第8款之自營作業者，以及第6條第3項的外國籍員工（含外國籍委任經理人、外國籍家庭幫傭或看護工、外國籍漁補工作者），即不在就業保險法強制加保對象之列。吾人亦不得以就業保險法第40條有本保險「效力之開始及停止」準用勞工保險條例之規定，而認為勞工保險條例第6條第1項第7款與第8款、第3項亦在準用之列[89]。

四、免除加保

與勞保條例不同的是，就業保險法有免除加保之設計。本來，受僱者均應強制加保，但是，基於一定的原因，工作者卻可以無須加保或甚至不得加保[90]。按照就業保險法第5條第1項規定之「不得加保」者，包括自營作業者及不具中華民國國籍之受僱人。茲說明如下：

（一）職業工會會員（自營作業者）

職業工會所屬之會員，除受僱於依法免辦登記且無核定課稅或依法免辦登記且無統一發票購票證之雇主或機構者外，如有受僱之事實，於受僱

---

86 楊通軒，個別勞工法—理論與實務，頁175以下。

87 反對說，范瑋眞，我國就業保險制度法規範之研究，2005年6月，頁49；徐郁涵，我國就業保險法之研究—兼論南韓法制，國立中正大學勞工研究所碩士論文，2015年6月，頁65。

88 最高行政法院96年度判字第01162號判決參照。

89 否則，勞保條例第8條、第9條及第9條之1均可準用矣。

90 針對非適用就業保險法之勞工保險被保險人，其普通事故保險費率，應自就業保險法施行之日起，按被保險人當月之月投保薪資1%調降。行政院勞工委員會91年12月31日勞保1字第0910068404號函轉行政院91年12月27日院台勞字第0910061906號函參照。

期間，應以其雇主為投保單位辦理加保，以保障其就業安全。故此處非屬就業保險之適用對象，僅指自營作業者而言[91]。

針對勞工保險條例第6條第1項第7款及第8款規定之自營作業者，勞工保險條例施行細則第11條第2項予以明定為：「指獨立從事勞動或技藝工作，獲致報酬，且未僱用有酬人員幫同工作者。」雖然如此，「獨立」「從事勞動或技藝」工作的語意並非當然明確。可以確定的是，其係單純以從事勞動或技藝工作（例如磨刀業者、縫紉業從業者），獲致報酬者[92]，惟其報酬並非固定或可預期的，而是視各種狀況而定的浮動式的；其並不接受相對人的指揮命令，係獨自面對企業經營風險者（其與相對人間，或為承攬或為委任或為無特定對象的技藝表演者）；其既然不得僱用有酬人員幫同工作，則其並非微型廠場；其既有從事勞動或技藝工作的事實，有些自營作業者即會完成營業（利）登記或／及商業登記。再進一步言之。就「獨立」而言，係指「各自」或「個人」的意思，並不允許以合夥方式經營事業[93]。惟幫同工作的家屬如係無酬者，由於其間或者為家屬間的互相協助（家事勞動的一環）或者為無償委任，並非僱傭關係，故無損於其「獨立」的本質[94]。由於自營作業者有從事勞動或技藝工作的事實，往往會涉及營業（利）登記或／及商業登記的問題。此一登記行為，並不會影響其加保勞工保險的資格。有問題的是，從事的勞動如果係以買賣、銷售賺取利潤為目的或依法應辦理營業（利）登記者，除非是攤販或

91 行政院勞工委員會92年10月29日勞保1字第0920059120號函參照。

92 根據（已廢止的）行政院勞工委員會82年10月23日（82）台勞保2字第60111號函，針對以部分勞動或技藝爲手段，終以買賣、銷售爲目的賺取差價獲取利潤之事業者，不得由職業工會加保。同樣地，未從事勞動或技藝工作，僅以買賣、銷售爲目的賺取差價獲取利潤之事業者，亦不得由職業工會加保。例外地，售票員及攤販職業工會會員，如符合產、職業工會分業標準表之組織成員規定者，准由本業職業工會加保。

93 反對說，黃茂夫、張朝金，失業保險與就業服務實務，1999年，初版，頁314。

94 惟此處的僱用「有酬人員」幫同工作者，按照中央勞政機關之前的見解，並不包括隨同工作之配偶、直系血親、媳婦及入贅之女婿。換言之，這些人得與自營作業者申報加保同一職業工會。行政院勞工委員會82年10月23日（82）台勞保2字第60111號函、82年11月27日（82）台勞保1字第69830號函參照。此二號函釋均已廢止。

售票員，否則即不得以自營作業者身分加保[95]。針對自營作業者，因其非屬受僱者，難以認定其投保資格，也就是難以認定其就業或失業的狀況（失業是指失去從事一從屬性工作的機會）。主要是難以認定失業的狀況。而且，不會發生如同勞工丟掉工作後生活不保的情況，欠缺保護必要性。再者，其投保薪資的調整難以實施[96]，且於保費徵收、給付發放等行政管理較不易執行。

雖然如此，論者間也有認為不納入自營作業者，違反平等原則[97]，基於國家保護義務，自應將之納入就業保險法適用對象。再以育嬰留職停薪津貼而言，如將育嬰作為人口政策的一環，自應跳脫「受僱者」的窠臼，將自營作業者納進來。而在職業訓練（津貼）方面，如果論者認為自行辭職者也可請求，則自營作業者是否可作同樣的思考？

本書以為：1.由於自營作業者係個體工作者，必須面對企業經營的風險，其是否不會發生如同勞工丟掉工作後生活不保的情況，以至於欠缺保護必要性？並非無疑。又，考量勞動環境的變動，受僱者與自營作業者會加速輪動，國家應鼓勵非受僱者自行創業，走出自己的路。自營作業者實具有勞動市場調節的功能。為此，國家應該設計一定制度，給予自營作業者保障，例如我國勞工保險條例以保費補助的方式，已經給予自營作業者包括老年給付（年金）在內的保障。至於就業保險法的適用對象如欲擴大到自營作業者，除了應克服投保資格認定及投保薪資調整的程序問題之外，同樣地，也必須確定係以（強制？或自願／任意？）保險的方式或稅收的方式，來籌措就業保險各種給付的費用來源，在此，並不只是育嬰津貼可以考慮適用的問題，也就是，不單純只是由政府編列財源支應的問題。而是在就業保險已是獨立於勞工保險外的制度下，參考其他國家的做

---

95 爲此，行政院勞工委員會82年7月28日（82）台勞保2字第24213號函、82年10月23日（82）台勞保2字第60111號函特別彰明「自營作業職業工人加保認定原則」。此二號函釋均已廢止。

96 陳靖玟，我國自營作業者社會保險制度之研究，國立政治大學勞工研究所碩士論文，2011年，頁53以下。

97 范瑋眞，我國就業保險制度法規範之研究，頁15。

法，思考在就業保險法中，針對自營作業者設立獨立的體系與制度，舉凡不同的認定程序（投保資格及投保薪資調整）、薪資分級與費率、給付種類或內容等，以符合其特殊性質[98]。2.法理上較無問題的是，對於之前曾經有強制加保之勞工，之後成為自營作業者，可以考慮讓其自願申請繼續加保。但應設定一定的條件（例如要求其申請加保前已至少工作6個月。又例如德國社會法典第三部第28a條第1項第2款規定：每週至少自營作業15小時）。另外，在德國，自營作業者與任意加保的勞工，原則上由其自行負擔全部的保險費，政府無須編列預算補助。3.另外，有鑑於勞保條例關於職業工人加保的規定，再加上職業工會（人）在勞工保險實務的運作上，也已發生不少流弊或不合理之處（例如定率調整投薪資15%的做法），相較於產業勞工並不公平。因此，在思考讓自營作業者有限度地適用失業保險之際，應有必要一併調整勞保條例的規定及勞保實務的做法，讓自營作業者的加保回歸常態。

（二）外國籍勞工（含家庭幫傭及看護工）

外國籍員工得否主張社會基本權的保障，係屬於憲法基本權適用主體的問題。其係以權利性質作為外國籍員工（外國人）得否享有的判斷依據。如係作為人與生俱來之權利的基本人權，例如自由權（人身自由、信仰自由[99]等），其與本國人享有同等的保障。惟另一方面，由於憲法第7條及就業服務法第5條第1項均無「國籍」之規定，基於列舉規定「明示其一、排斥其他」之性質，顯然制憲者及立法者均有意將外國籍員工（外國人）排除在禁止歧視的適用對象之外，即國家及雇主得為合理的差別對待。此並無非法歧視可言。這是指與國家主權或與國家特定政治及經濟條件有關之基本權，例如參政權（含政治性的結社自由）、遷徙自由、工作權與社會權，外國人即不得主張享有之。緣社會權在本質上具有階段性，國家必須視本身的財政與經濟發展而逐漸拓展保障的範圍及提升保障的水

98 徐郁涵，我國就業保險法之研究—兼論南韓法制，頁85以下。

99 也就是說，外國籍員工也享有信仰宗教的自由，雇主不得任意予以限制或禁止。

準，假設給予外國人工作權或失（就）業保險的保障，則在面臨失業或甚至低薪的勞動環境下，將會侵害國人的工作權或就業保險基金所能提供的各種給付保障。

也是基於這樣的考量，所以，針對外國籍員工有無喪葬津貼給付的權利，大法官會議第560號解釋由社會安全制度之社會適當性角度，肯定立法者基於裁量而限制給付範圍，並不構成歧視。其解釋文曰：「依勞工保險條例規定，其給付主要係基於被保險人本身發生之事由而提供之醫療、傷殘、退休及死亡之給付。同條例第六十二條就被保險人之父母、配偶、子女死亡可請領喪葬津貼之規定，乃為減輕被保險人因至親遭逢變故所增加財務負擔而設，自有別於一般以被保險人本人發生保險事故之給付，兼具社會扶助之性質，應視發生保險事故者是否屬於社會安全制度所欲保障之範圍決定之。中華民國八十一年五月八日制定公布之就業服務法第四十三條第五項，就外國人眷屬在勞工保險條例實施區域以外發生死亡事故者，限制其不得請領喪葬津貼，係為社會安全之考量所為之特別規定，屬立法裁量範圍，與憲法第七條、第十五條規定意旨尚無違背。」其理由書亦提到：「就社會扶助之條件言，眷屬身居國外未與受聘僱外國人在條例實施區域內共同生活者，與我國勞工眷屬及身居條例實施區域內之受聘僱外國人眷屬，其生活上之經濟依賴程度不同，則基於該項給付之特殊性質，並按社會安全制度強調社會適當性，盱衡外國對我國勞工之保障程度，立法機關為撙節保險基金之支出，適當調整給付範圍乃屬必要，不生歧視問題。」

再觀勞工保險條例及就業保險法的規定。依據勞工保險條例第6條第3項規定，「前二項所稱勞工，包括在職外國籍員工。」由於第6條第1項之投保單位為事業單位（雇主）、團體或機構，可知此處之外國籍員工應是指產業外勞無疑。其為強制加保勞工保險的對象[100]。至於家庭幫傭及

100 依據就業服務法第61條規定，「外國人在受聘僱期間死亡，應由雇主代爲處理其有關喪葬事務。」其實，何止喪葬事務，雇主既爲外國籍員工的投保單位，即應依勞保條例的規定，代爲處理所有與勞工保險有關的事務。

看護工固非強制加保的對象，但是，實務上雇主多有以自然人身分任意為其加保勞保者[101]。至於在就業保險方面，一方面並無如勞保條例第6條第3項的相同規定，另一方面就業保險法第5條第1項第1款已經明定「具中華民國國籍者」[102]。這並非謂外國籍員工不會遭遇失業的命運，例如就業服務法第59條第1項第3款「雇主關廠、歇業或不依勞動契約給付工作報酬經終止勞動契約者」，即是失業的狀況。其在經中央主管機關核准轉換雇主或工作前，並無就業保險法的保障。由於就業保險法第5條第1項第1款已經明定立法者的意志，雇主遂不得以就業保險法第40條準用勞保條例之規定，繞道任意加保而為外國籍員工加保就業保險。

雖然如此，有鑑於外國籍勞工（含家庭幫傭及看護工）在台灣工作的期間越來越長，且在期間內也可能面臨失業的狀況（或者還要轉換雇主），則賦予其任意加保的權利或甚至採取與勞保條例第6條第3項相同的規定，似乎已漸有正當的理由，則修正或適度放寬就業保險法第5條第1項第1款「中華民國國籍」規定，並非絕對的禁忌。惟目前在未修法之前，所有外國籍的勞工（含委任經理人[103]、幫傭或看護工、漁捕工作者）均不得加入就業保險。

五、納入任意加保的設計？

就現行的就業保險法觀之，似乎只有強制加保及免除／不得加保的規定。然者，豈其然乎？如從就業保險的目的或本質觀之，是否亦有任意保險存在餘地？如同勞保條例第8條、第9條及第9條之1的設計？或者，更重要的是，依據就業保險法第40條準用勞工保險效力之開始及終止，解釋上

---

101 勞工保險局92年8月1日保承新字第09260043310號函則是針對本國籍幫傭、褓姆加保勞工保險的手續及提供相關證明的要求。

102 依據國籍法第2條第1項規定，有四款情形之一者，屬中華民國國籍。須注意者，依據國籍法第3條第1項規定，不具中華民國國籍者，實際上包括外國人及無國籍者兩類人員。至於無國籍人，依據國籍法施行細則第3條第1項規定，係「指任何國家依該國法律，認定不屬於該國國民者。」同條第2項並且列有三款無國籍人之情形。

103 行政院勞工委員會100年12月23日勞保1字第1000140449號函參照。

是否包括勞保條例第8條、第9條及第9條之1等規定？對此，中央勞政機關似有持肯定見解者。惟其見解似有進一步說明的必要，蓋勞工保險效力之開始及終止，原係指勞保條例第11條及勞保條例施行細則第16條之規定而言（大法官會議釋字第568號解釋參照），是否包括同條例第8條、第9條及第9條之1等規定？並非無疑。如從勞保條例規定的體例觀之，第8條、第9條及第9條之1都是「被保險人」任意加保規定，與勞工保險效力之開始及終止並無關聯。然而，進一步分析之，第8條之人員均係尚未加保者，至於第9條之1的人員則係已被裁減資遣者，兩者與第9條之五種在職人員的「繼續參加勞工保險」之本質尚有不同。所以，就業保險法第40條準用勞工保險效力之開始及終止，應該及於勞保條例第9條規定，但並不包括同條例第8條及第9條之1等規定之情形。惟勞保條例第9條規定之五種被保險人，其中第4款之年逾65歲的在職勞工，由於已經超過參加就業保險的年齡上限，所以應不在準用之內。如此的區隔對待，庶幾符合就業保險的目的或本質，也未違反法律保留原則。

至於其他人員的任意保險，則除非立法者修法增列任意保險規定，否則基於法律保留原則，行政機關並無權透過解釋的途徑創造任意保險的種類或對象。也就是說，就目前法制觀之，勞保條例第9條之1之被裁減資遣人員屬於免除／不得加保對象，而勞保條例第8條之人員或者已被納為強制加保就業保險的對象、或者被列為免除／不得加保對象，所以均不在討論對象之列。

至於準用勞保條例第9條第1款、第2款、第3款、第5款規定，以及一旦修法設立任意加保就業保險項目後，即會涉及到保費的負擔問題。理論上，既是任意加保，則其保險費理應全部由其自行負擔才對。這在德國，自營作業者與任意加保的勞工，即是原則上由其自行負擔全部的保險費。但是，在台灣，依據勞保條例第6條第1項第7款及第8款，自營作業者屬於強制加保的對象，而且，依據第15條第2款規定，（針對職業工會工人）政府還要補助40%的保險費。只不過，依據就業保險法第5條第1項「受僱勞工」的規定，自營作業者並不得加入就業保險。再依據勞保條例施行細則第35條規定，應徵召服役、留職停薪、因案停職或被羈押之被保險人繼續參加勞工保險期間，其保險費由投保單位負擔部分仍由投保單位負擔外，由本人負擔部分，有給與者於給與中扣除；無給與者，由投保單位墊繳後向被保險人收回。此一規定得否準用於就業保險，本書以為實有疑義。

第二項　就業保險法準用勞工保險條例規定的疑義

依據就業保險法第40條規定，「本保險保險效力之開始及停止、月投保薪資、投保薪資調整、保險費負擔、保險費繳納、保險費寬限期與滯納金之徵收及處理、基金之運用與管理，除本法另有規定外，準用勞工保險條例及其相關規定辦理。」可知，勞保條例的部分規定（例如第17條第3項暫停給付）也被準用，尤其是社會保險的原理原則[104]。但是，也有不準用者，例如同一月份有二個以上投保薪資，其保險給付之月投保薪資不合併計算。蓋就業保險與勞工保險係兩個各自獨立的保險制度，保費計收、給付項目及請領條件各不相同。就業保險法並未明文規定被保險人同時受僱於二個以上投保單位時，其投保薪資得合併計算，且合併計算將致另一份工作未離職或屬自願離職者亦得請領給付，顯有違本法保障勞工於失業期間基本生活之立法意旨，亦恐導致勞工以本法第13條規定為由拒絕推介之工作，不利促進就業[105]。

在準用的規定上，例如：原參加勞工保險及就業保險者，其轉投公教人員保險或軍人保險時，原投保之勞工保險及就業保險即應停止。並且應依就業保險法第40條準用勞工保險條例第76條，參加就業保險之年資應予保留。

至於不得準用者：除了上述不得以就業保險法第40條有本保險「效力之開始及停止」準用勞工保險條例之規定，而認為勞工保險條例第6條第1項第7款與第8款、第3項亦在準用之列[106]。同樣地，由於就業保險法第5

---

104 行政院勞工委員會94年7月14日勞保1字第0940038802號函參照。

105 行政院勞工委員會98年2月18日勞保1字第0970140697號函參照。

106 否則，勞保條例第8條、第9條及第9條之1均可準用矣。

條第1項第1款已經明定立法者的意志，雇主遂不得以就業保險法第40條準用勞保條例之規定，繞道任意加保而為外國籍員工加保就業保險。

第三項　積極的促進就業措施之實踐

一、積極的促進就業的意義

（一）意義

失業給付只是消極的暫時滿足被保險人的所得中斷，但是，就業保險法帶有先進國家就業促進法的本質，再以各種積極的促進就業措施，達到幫助失業者重回職場的目的【案例1(3)】。綜觀就業保險法的規定，約帶有以下幾個特色：

1. 結合就業服務及職業訓練而成的完密的就業安全網

也就是其內含消極的工資替代（passive Entgeltersatzleistungen）及積極的勞動市場給付（推介就業、職業訓練等）。而在（部分的）工資替代部分，除了傳統的失業保險金／失業給付（針對失業時及為促進就業的職業的繼續訓練）外，在2010年5月3日就業保險促進就業實施辦法發布施行後，也包括僱用安定薪資補貼（第9條規定）[107]不同的給付型態。另外，充電再出發訓練計畫第5點也是採取直接給予勞工薪資補貼的補助訓練津貼的做法，而且，訓練津貼補助數額與勞工參訓期間之勞工保險月投保薪資，合計不得超過前一年現職之事業單位投保期間最高6個月平均月投保薪資。但投保期間未達6個月或當年度進用之勞工，以現職單位實際投保期間平均月投保薪資計算。

2. 越來越強的預防失業思想

這意思是指失業保險的最重要預防措施是職業諮詢與介紹。與其在失業後提供失業給付／失業保險及其他積極的促進就業措施，如能在勞工

---

107 在德國，縮短工作時間補貼（Kurzarbeitergeld）是傳統的促進就業工具之一。

失業之前即提供各種輔助，包括進修訓練及繼續訓練，其效果可能更為有效，所支出的費用也可能較為節省。另外，在現時，充分就業的意義必須重新加以詮釋，所謂的零失業的情況已不在存在、也難以想像。即使在標榜具有中國特色的社會市場經濟的中國，其就業促進法第2條也只是標明國家把「擴大就業」放在經濟社會發展的突出位置，實施「積極的就業政策」。所謂的共產主義或社會主義國家不存在失業的神話，也已早就走入歷史。

（二）積極的失業，所以採失業給付最後手段原則

在積極的促進就業政策之下，失業也必須注入積極的因子，即失業給付僅是最後的、必要的手段[108]。雖然，失業保險之主要功能，是在失業給付（補償給付，Kompensationsleistung）。至於失業給付的目的，旨在促進遭遇非自願性失業之勞工盡速再就業，並保障其失業一定期間之基本生活（部分彌補損失的工資），並且維持失業者的購買力。依據論者的見解，所謂基本生活保障並非「最低收入」保障，而是指社會保險給付與當事人他項收入結合之後，還能維持「大多數人」的基本需求。至於「最低生活需求」的保障，係屬於社會救助領域的保障[109]。但是，此種「基本生活保障」的通說，卻為中央勞政機關新近的解釋令所推翻（至少是撼動）。依據行政院勞工委員會100年2月1日勞保1字第1000002306號函：勞工保險之各項保險給付旨在提供被保險人或受益人之「適當生活」保障，目前各項一次給付之給付標準，尚屬適當。另勞保年金之給付標準，係於立法院審議時，為兼顧勞工權益及勞保財務折衝之方案。按照本書的看法：失業給付的金額應低於其他給付，而且，社會保險必須遵守「基本生活保障原則」，不宜將「適當生活」等同「基本生活」看待。

至於在失業給付部分，依據就業保險法第16條規定，「失業給付按申請人離職辦理本保險退保之當月起前六個月平均月投保薪資百分之六十按

---

108 楊通軒，就業安全法—理論與實務，頁100。

109 鍾秉正，社會保險法論，頁133以下。

月發給，最長發給六個月。但申請人離職辦理本保險退保時已年滿四十五歲或領有社政主管機關核發之身心障礙證明者，最長發給九個月（第1項）。中央主管機關於經濟不景氣致大量失業或其他緊急情事時，於審酌失業率及其他情形後，得延長前項之給付期間最長至九個月，必要時得再延長之，但最長不得超過十二個月。但延長給付期間不適用第十三條及第十八條之規定（第2項）。」【案例1(4)】。

（三）閉鎖期與期待可能條款

1. 閉鎖期

就業保險法並無閉鎖期／禁止期的用語規定（第15條參照），惟一般認為這是指被保險人的行為違反就業保險法的規定，而被禁止請領失業給付。通常是指失業或職業的養成訓練解消係自己故意造成（即自行離職）或重大過失所引起（例如因為違反勞動契約之義務而被雇主解僱，勞基法第12條參照），故其應於一定失業期間期滿後始可請求給付【案例1(6)】[110]。

有關閉鎖期之適用類型，最主要是被保險人無正當理由拒絕推介就業、拒絕安排參加就業諮詢或職業訓練（就業保險法第13條至第15條規定）。這是基於積極的促進就業的思想而來。一旦有此情事，公立就業服務機構即應拒絕受理失業給付之申請。惟被保險人如回心轉意，即可再申請失業給付。至於所謂正當的理由，例如基於宗教信仰的理由而拒絕所推介的工作[111]；接受職業訓練有害於身體健康等。惟如果只因所推介的工作是罷工勞工所留下的工作時（罷工替代），即不在此限。

有問題的是，被保險人之拒絕推介就業、拒絕安排參加就業諮詢或職業訓練，都表示被保險人已經去向公立就業服務機構辦理求職登記。現在，如果被保險人根本未去做求職登記或晚去做求職登記，是否亦應該給

---

110 林更盛，台灣就業保險法的結構，問題與展望，發表於「二十一世紀勞動法的新發展」，2002年9月14/15日，頁14以下。

111 BSGE 51, 70.

予如同閉鎖期的效果？本書以為依據就保法第25條規定，失業勞工可以在2年內辦理求職登記而取得失業給付。此一期間顯然過長而未能達到催促勞工積極求職的目的。理論上其亦應受到閉鎖期的適用。

2. 期待可能條款

在積極的促進就業措施之下，失業的被保險人須遵守所謂期待可能條款。此一條款，係指要求失業者接受所推介的工作或自己找尋的工作，在客觀上，必須該工作對於失業者具有期待可能性。一般認為假設該工作的僱用條件違反法令的、團體協約的及企業協定的規定，即對於失業者無期待可能，失業者可以拒絕該工作【案例1(5)】。

在規範上，台灣期待可能條款，見之於就業保險法第13條規定。由其規定的語意，可以得出推介的工作，其工資低於被保險人每月得請領之失業給付或工作地點距離申請人日常居住處所30公里以上者，申請人得拒絕之，且仍得請領失業給付。

本來，較為重要的無期待可能，即是來自於個人的理由（personenbezogene Gründe）。這尤其是指失業者最後所得工資與如接受一個工作所得到工資的比較，低於一定成數而言。就業保險法第13條第1款規定，單純以失業給付數額為準，未考量失業期間的長短，難以搭配盡力找工作的要求。相對地，以德國就業保險法的規定而言，係採取以時間為準的分級表（zeitliche Staffelung），亦即自失業起3個月內受僱，減薪20%者為具期待可能；如失業4個月至6個月內受僱，減薪30%者為具期待可能；如自失業7個月內受僱，則將其淨工資減少到失業給付的水準時，仍然具有期待可能（§ 121 III 2 SGB III）。

依據就業保險法第13條第2款規定，工作地點距離申請人日常居住處所30公里以上者，申請人得拒絕之。此一規定以距離來算較不符合科學原理，相對地，德國法規定之從住居所地到工作場所來回的時間不超過2小時30分時，原則上仍具有期待可能[112]，較為可採。

---

[112] § 121 IV SGB III.

二、就業諮詢先行原則

依據就業保險法第12條規定，「公立就業服務機構為促進失業之被保險人再就業，得提供就業諮詢、推介就業或參加職業訓練（第1項）。前項業務得由主管機關或公立就業服務機構委任或委託其他機關（構）、學校、團體或法人辦理（第2項）。……第一項所稱就業諮詢，指提供選擇職業、轉業或職業訓練之資訊與服務、就業促進研習活動或協助工作適應之專業服務（第5項）。」

就業諮詢是一種職業導引，以提供有用資訊或意見的方式，協助求職者或失業人了解本身的專長、興趣與價值觀、激勵求職意願與信心[113]、傳授面談與職場經驗，以提升就業競爭力及找到合適的工作（人盡其才）。其包括一般性的諮詢、個別職業的諮詢、提供選擇職業、轉業或職業訓練的資訊與服務[114]。也包括提供就業促進研習活動或協助工作適應之專業服務[115]。理論上也應該包含勞動市場現況的介紹。

所謂就業諮詢先行原則，是指在辦理求職登記後，應先接受公立就服機構之安排，參加就業諮詢。失業勞工如無就保法第14條第1項第1款及第2款之情事而拒絕就業諮詢者，其申請失業給付會受到公立就服機構的拒絕受理（就保法第15條第2款規定：閉鎖期／禁止期）。惟其一旦回心轉意接受就業諮詢，即可申請。

---

113 一般認爲在不景氣時，「先求有，再求好」；在景氣時，「先卡位，以免錯失良機」。

114 在中央勞政機關於2012年11月全面推動「就業服務一案到底」模式後，其中也包括就業服務員所提供的就業諮詢，以達到更深化及全程的終身職涯服務。這表示就服員必須具備就業諮詢的專業知識與技能。

115 台灣就業服務法第17條規定，公立就業服務機構爲協助國民選擇職業或職業適應，應提供就業諮詢。2008年1月1日開始施行的中華人民共和國就業促進法第24條，也是就業諮詢的規定，惟其範圍較廣。依之，「地方各級人民政府和有關部門應當加強對失業人員從事個體經營的指導，提供政策諮詢、就業培訓和開業指導等服務。」

三、職業訓練／津貼先行原則

職業訓練的目的，是在經由各種訓練避免勞工陷入危機（krisensicher），並且增加其移動性及適應變化快速的職場環境。職業訓練並非僅是一「為開班而開班」的過程，而是除了必須與經濟現況、產業環境密切結合外，也必須為國家預計發展的重點產業儲備人才[116]。本來，就業服務法第20條即有如下之規定：「公立就業服務機構對申請勞工保險失業給付者，應推介其就業或參加職業訓練。」惟尚難窺知職業訓練先行原則。在積極的促進就業措施的思想下，始確定失業被保險人應先接受公立就服機構之安排，參加職業訓練[117]。失業勞工如無就保法第14條第1項第1款及第2款之情事而拒絕參加職業訓練者，其申請失業給付會受到公立就服機構的拒絕受理（就保法第15條第2款規定：閉鎖期／禁止期）。惟其一旦回心轉意接受就業諮詢，即可申請[118]。

依據就業保險法第11條第1項第3款規定，被保險人非自願離職，向公立就業服務機構辦理求職登記，經公立就業服務機構安排參加全日制職業訓練者，得請領職業訓練生活津貼。此一之職業訓練生活津貼，依據就業保險法第10條之規定，屬於就業保險給付之一種。問題是，其法律性質為何？對此，中央勞政機關先則認為：查就業保險法職業訓練生活津貼之發放，係提供失業勞工參加全日制職業訓練期間，因「所得中斷之基本生活保障」[119]。後又認為職業訓練生活津貼與勞工保險傷病給付，二者同屬「薪資補償性質」，基於社會保險不重複保障原則，不得同時請領[120]。雖然如此，本書以為可以確定的是：職訓生活津貼的目的，在鼓勵失業勞

---

[116] 所以，必須接受有系統的成本效益評估。

[117] 目前，其他以具有被保險人身分爲前提之職業訓練，較重要的有：就業保險之職業訓練及訓練經費運用管理辦法第2條第2款、產業人才投資方案計畫要點第2點、提升勞工自主學習計畫第4點、充電起飛計畫第6點、充電再出發訓練計畫第4點。

[118] 這裡會面臨的另一個問題是，參加職業訓練者，目的並不在藉由受訓提升再就業能力，而是在領取職業訓練生活津貼。如此，當會影響推介就業率的高低。

[119] 行政院勞工委員會100年1月13日勞保1字第0990029917號函參照。

[120] 行政院勞工委員會102年10月17日勞保1字第1020140562號函參照。

工參加職業訓練、增進職業技能，以促進就業。其具有安定失業勞工專心受訓的用意。但未繳交一定期間的保費，無期待期間之設計，即使只是短暫就業即被資遣者，亦得向公立就業服務機構辦理求職登記，經安排職業訓練後請領職業訓練生活津貼。故其應非屬薪資補償之性質，而屬於政府所為的津貼補助。而且，其目的既然是在鼓勵失業勞工參加職業訓練、增進職業技能，以促進就業，則其係以勞工尚有工作能力及工作意願為前提。所以，其係一身專屬權的性質。一旦失業勞工死亡，即無繼續受訓之可能，其繼承人當然亦無權繼續申請職訓生活津貼。惟對於已提出申請就業保險給付或津貼者，由於就業保險法並無針對被保險人之遺屬為相關規定，亦無準用勞工保險條例有關受益人之規定，如其經認定符合相關請領要件，但於保險人尚未核發前死亡，其給付或津貼得由其法定繼承人承領之，不因給付行政作業期間而影響權益[121]。這表示被保險人尚未提出申請或已經提出申請，但在保險人進行認定前即已死亡者，其繼承人即無權繼續原來的申請或自始提出申請[122]。

四、推介就業先行／強制推介原則

亦即在請領失業給付之前，應先接受公立就業服務機構的轉介工作（就業保險法第13條）。否則，其申請失業給付會受到公立就服機構的拒絕受理（就業保險法第15條第1款規定：閉鎖期／禁止期）。惟其一旦回心轉意接受推介就業，即可申請。

---

121 行政院勞工委員會98年2月4日勞保1字第0980060744號函參照。

122 這樣的處理方式，其實係與失能給付及老年給付同屬一身專屬權，被保險人生前未及提出申請給付，其家屬或受益人不得提出，否則即有「當事人不適格」的問題相同。蓋老年給付與失能給付均在確保勞工「未來」之生活，如勞工已經離世，即無給予其未來金錢支助之可言。勞工保險監理委員會，勞保爭議大觀園，頁24以下。

第四節　勞工保險與其他社會保險法規之關係

第一項　同時加保及併享保險權益之問題

勞工同時或先後具備其他非工作者或工作者身分，得否重複保險？這是因為在受僱工作之前後，其可能未從事任何工作或以非勞工的身分在其他領域工作，而受到其他社會保險法令的保障（對於在其他領域工作，但卻未依法加保者，則依各該法律規定處理，勞工保險並無溯及既往保障的可能）。前者，在2008年10月1日國民年金法施行後，屬於國民年金法適用的領域（國民年金法第7條參照），之前，則屬於無法律保障的狀態。後者，則依據農民健康保險條例、公教人員保險法、軍人保險條例處理其權義[123]。對此，勞保條例施行細則第25條明確規定，「同時具備參加勞工保險及公教人員保險條件者，僅得擇一參加之。」

所以，基於身分保障的不同、避免過度保障，以及國家財務負擔的考量，原則上應採否定說，亦即除（各保險）法律另有規定外，同一時點不得重複保險[124]。此係禁止規定，對於重複加保者，依據社會保險法律的規定，擇定其中之一為其保險保障。此大多由立法者強制規定，例外地，被保險人得選擇加保何種保險之權，例如依據農民健康保險條例第6條規定，「農民除應參加或已參加軍人保險、公教人員保險或勞工保險者外，應參加本保險為被保險人。但同時符合國民年金保險加保資格者，得選擇參加該保險，不受國民年金法第七條有關應參加或已參加本保險除外規定

---

123 依據國民年金法第6條第1款，相關社會保險，是指公教人員保險（含原公務人員保險與原私立學校教職員保險）、勞工保險、軍人保險及農民健康保險。

124 郭玲惠，勞工及就業保險法釋義，頁11。反對說，鍾秉正，勞工保險年資保留之爭議－最高行政法院92年度判字第267號判決，收錄於：勞工保險條例精選判決評釋，2016年8月，初版一刷，頁18：因爲各種老年安全制度皆係法定強制實施，因此，斷無不相往來之理，亦即各種社會保險年資應合計。惟，在我國未全面檢討、整合各種社會保險制度及法規之前，本書並不贊同此種見解。蓋這只是片面式或片段式的措施而已，對於健全社會保險法制助益有限。

之限制；其未參加本保險者，視為選擇參加國民年金保險（第1項）。已參加本保險者，再參加前項所列其他保險時，應自本保險退保。但僅再參加勞工保險職業災害保險或於農暇之餘從事非農業勞務工作再參加勞工保險者，不在此限（第2項）。依前項但書規定同時參加本保險及勞工保險或其職業災害保險者，發生同一保險事故而二保險皆得請領保險給付時，僅得擇一領取；其自本保險退保者，退還期前繳納之保險費，不受第十三條第二項規定限制（第3項）。第二項農暇之餘從事非農業勞務工作之認定標準，由中央主管機關定之（第4項）。」

惟在實務上，依據行政院勞工委員會87年6月10日（87）台勞保2字第020962號函，「有關勞保被保險人於同一單位轉任公務人員、私校教職員或軍職人員，若其因晉級或考試及格應參加公保、私校保（已修正為公教人員保險）或軍保已不屬勞工保險條例第6條規定之適用對象，重複加保部分應取消其被保險人資格，至重複加保期間已繳之勞保保險費，如非可歸責於投保單位或被保險人之事由，得予以退還。若其轉任公務人員、私校教職員或軍職人員仍兼具勞工身分，於選擇參加其他保險前仍具有勞保被保險人資格者，嗣因追溯轉投公保、私校保或軍保致重複加保，同意不取消其勞保被保險人資格，其保險年資亦得計算至投保單位申報勞保退保之日止。」

一、公教人員保險

首先，針對具有一定資格者，應參加公教人員保險（公教人員保險法第6條第1項參照）。以保障其失能、養老、死亡、眷屬喪葬、生育及育嬰留職停薪等六項事故（第3條）[125]。依據第6條規定，「被保險人不

125 但並無傷病項目。對此，針對職業傷病，似應區分教師與公務人員，而分別按照教師請假規則及公務人員請假規則處理。前者：第4條第1項第6款「因執行職務或上下班途中發生危險以致傷病，必須休養或療治，其期間在二年以內。」後者：第4條第5款「因執行職務或上下班途中發生危險以致傷病，必須休養或療治，其期間在二年以內者。」繼續給付薪資。至於普通傷病，也是分別按照教師請假規則第3條第1項第2款（二）及公務人員請假規則第3條第1項第2款由原教育單位或公務機關繼續給薪。並且由健保局依據全民健康保險法給予保險給付（醫療服務）。

得另行參加勞工保險、軍人保險、農民健康保險（以下簡稱其他職域社會保險）或國民年金保險。但本法另有規定者，不在此限（第4項）。被保險人重複參加其他職域社會保險或國民年金保險（以下簡稱重複加保）期間，發生第三條所列保險事故（以下簡稱保險事故），除本法另有規定外，不予給付；該段年資亦不予採認；其所繳之本保險保險費，概不退還。但非可歸責於服務機關（構）學校或被保險人之事由所致者，得退還其所繳之保險費（第5項）。」

較為特殊的是，「被保險人於本法中華民國一百零三年一月十四日修正施行後，依規定得另受僱於固定雇主，擔任具有固定工作及薪給且屬其他職域社會保險應加保對象之職務者（以下簡稱依規定得重複加保者），自參加其他職域社會保險之日起六十日內，得選擇溯自參加其他職域社會保險之日起退保；一經選定後，不得變更。逾期未選擇者或選擇不退保者，其重複加保期間如發生保險事故，除本法另有規定外，不予給付；該段年資亦不予採認（第8項）。前項人員之重複加保年資得併計成就請領本保險養老給付之條件，並依第十二條第二項規定計給養老給付（第9項）。」此一第8項之「依規定得重複加保」規定，似乎使得公教人員有重複加保的權利。然而，該項規定仍要求被保險人在60日內擇一保險。否則年資並不承認、事故也不予給付。只是，第9項卻在養老給付採認年資。

二、農民保險

其次，有關農民保險，實際上可區分為老年福利給與及健康保險給付兩部分。前者，依據老年農民福利津貼暫行條例第4條第7項，「已領取社會保險老年給付者，於本條例中華民國八十七年十一月十一日修正施行後再加入農民健康保險者或加入勞工保險之漁會甲類會員，不適用本條例之規定。」也就是說，已領取社會保險老年給付者雖得參加農民健康保險者，但並不得請領老年農民福利津貼。同條第8項，「不符本條例資格而領取福利津貼者，中央主管機關應以書面命本人或法定繼承人於三十日內繳還溢領之福利津貼。」雖然老年農民福利津貼並非社會保險的性質，但是，立法者並無意放寬領取的資格。

後者，針對農民健康保險。依據農民健康保險條例第2條規定，「農民健康保險（以下簡稱本保險）之保險事故，分為生育、傷害、疾病、身心障礙及死亡五種；並分別給與生育給付、醫療給付、身心障礙給付及喪葬津貼。」其並不區分普通事故或職業災害事故。但在農民職業災害保險試辦辦法施行後，可將之視為普通事故的保險。依據農民健康保險條例第6條規定，「農民除應參加或已參加軍人保險、公教人員保險或勞工保險者外，應參加本保險為被保險人。但同時符合國民年金保險加保資格者，得選擇參加該保險，不受國民年金法第七條有關應參加或已參加本保險除外規定之限制；其未參加本保險者，視為選擇參加國民年金保險（第1項）。已參加本保險者，再參加前項所列其他保險時，應自本保險退保。但僅再參加勞工保險職業災害保險或於農暇之餘從事非農業勞務工作再參加勞工保險者，不在此限（第2項）。依前項但書規定同時參加本保險及勞工保險或其職業災害保險者，發生同一保險事故而二保險皆得請領保險給付時，僅得擇一領取；其自本保險退保者，退還期前繳納之保險費，不受第十三條第二項規定限制（第3項）。」

所以，農民除非有農民健康保險條例第6條第2項但書「但僅再參加勞工保險職業災害保險或於農暇之餘從事非農業勞務工作再參加勞工保險者，不在此限。」之情形，得同時加保農民健康保險與勞工保險職業災害保險或勞工保險外，不得重複保險[126]。

立法者係在2008年11月26日修正施行農民健康保險條例第6條第2項。中央農業主管機關並且發布「農暇之餘從事非農業勞務工作認定標準」，依其第2條規定，「農民於農暇之餘從事非農業勞務工作再參加勞工保險者，其期間每年不得超過一百八十日。但參加政府基於公法救助或促進就業目的所辦理之短期就業措施或職業訓練期間再參加勞工保險者，不

126 相關案例，請參照高雄高等行政法院105年度訴字第402號判決。

受一百八十日之限制。」又依同標準第3條規定，「本標準自中華民國九十七年十一月二十八日施行。」是自2008年11月28日施行後，農保被保險人利用農暇之餘從事非農業勞務工作再參加勞工保險期間，每年（1月1日至12月31日）不超過180日者，其農保資格不受影響；如超過180日，則自重複參加勞保之第181日起取消其農保資格[127]。

中央勞政機關進一步認為農民健康保險之被保險人，於參加政府基於公法救助目的所辦理之短期就業輔導措施或職業訓練期間，得選擇參加勞工保險並退保農民健康保險，或繼續參加農民健康保險並僅參加勞工保險職業災害保險[128]。中央勞政機關並且表示：農保被保險人於參加政府基於公法救助目的所辦理之短期就業輔導措施或職業訓練「期間」，得選擇參加勞工保險並退保農民健康保險，或繼續參加農民健康保險並僅參加勞工保險職業災害保險之規定，不得追溯適用[129]。針對上述兩號函釋，本書以為並不可採，蓋若是公法救助關係，即非僱傭關係，農民並無權選擇參加勞工保險並退保農民健康保險，或繼續參加農民健康保險並僅參加勞工保險職業災害保險。中央勞政機關未能正確理解公法救助關係與僱傭關係間的差異。

同樣地，農民職業災害保險試辦辦法（2018年11月1日施行）係依據農民健康保險條例第44條之2第3項而訂定。依據農民職業災害保險試辦辦法第2條第1項規定，「農民職業災害保險（以下簡稱本職災保險）於試辦期間因職業傷害或職業病（以下簡稱職業傷病）之保險給付種類分為傷病給付、身心障礙給付、就醫津貼及喪葬津貼四種。」所以，農民之參加農民職業災害保險，解釋上並非農民健康保險條例第6條第2項本文所指之重複保險之情形。此從農民職業災害保險試辦辦法第4條第1項、第4項及第5項規定，即可知之。依之，「年滿十五歲以上，實際從事農業工作之農

---

[127] 行政院勞工委員會勞工保險局98年9月25日保承工字第09810345550號函、98年12月8日保承職字第09810453310號函參照。

[128] 行政院勞工委員會95年6月15日勞保3字第0950029626號令參照。

[129] 行政院勞工委員會98年4月3日勞保3字第0980066722號函參照。

民（以下簡稱農民）符合下列資格之一者，得申請參加本職災保險：一、農民健康保險（以下簡稱本保險）被保險人。二、前款以外之全民健康保險法第十條第一項第三款第一目被保險人，且已領取本條例施行細則第二十條之一第一項之相關社會保險老年給付。但被保險人為外國人、無國籍人、大陸地區人民、香港或澳門居民，尚未依戶籍法規定辦理初設戶籍登記前，不受已領取相關社會保險老年給付之限制。三、前二款以外具農業生產技術能力，且以區域性從事農業生產工作之國民（第1項）。……依第一項第二款或第三款規定參加本職災保險者，須未參加軍人保險、公教人員保險、就業保險、勞工保險或其職業災害保險。已參加本職災保險者，再參加前列保險時，應自本職災保險退保（第4項）。以第一項第三款資格申請參加本職災保險者，以未具同項第一款或第二款資格者為限（第5項）。」

三、軍人保險

相較於公教人員保險法及農民健康保險條例均有重複保險之規定，軍人保險條例則無類似的規定。這是否代表具軍人身分者，如有從事勞動之事實（例如在休假中受僱從事工作），得依勞保條例參加勞工保險？本書以為應採否定的見解。蓋公教人員保險法第6條及農民健康保險條例第6條之規定，無非是社會保險不得重複保險的具體表現，具軍人身分自無採取不同對待的理由。此或可從勞保條例第76條之勞保年資之保留，包括勞工後來改投軍人保險者，獲得間接印證。倒是，無論是公教人員保險法第6條或農民健康保險條例第6條，均有得重複加保的例外規定，此在軍人保險條例既無規定，遂也一併被排除。

第二項　保險年資保留及併計之法律問題

一、現行法令

有關勞工參加勞工保險與其之前或之後在其他社會保險領域所加保的

年資，可否併計的問題，以便被保險人較易達到領取老年給付的年資，現行法令規定並不一致。

（一）國民年金法

依據國民年金法第32條規定，「被保險人符合本保險及勞工保險老年給付請領資格者，得向任一保險人同時請領，並由受請求之保險人按其各該保險之年資，依規定分別計算後合併發給；屬他保險應負擔之部分，由其保險人撥還（第1項）。前項被保險人於各該保險之年資，未達請領老年年金給付之年限條件，而併計他保險之年資後已符合者，亦得請領老年年金給付；……。（第2項）」如依第2項規定，勞工保險年資得與國民年金年資併計，並不適用勞保條例第76條保留的規定。

相應於國民年金法第32條，勞工保險條例第74條之2也規定，「本條例中華民國九十七年七月十七日修正之條文施行後，被保險人符合本保險及國民年金保險老年給付請領資格者，得向任一保險人同時請領，並由受請求之保險人按其各該保險之年資，依規定分別計算後合併發給；屬他保險應負擔之部分，由其保險人撥還（第1項）。前項被保險人於各該保險之年資，未達請領老年年金給付之年限條件，而併計他保險之年資後已符合者，亦得請領老年年金給付（第2項）。」

（二）其他社會保險法

依據勞保條例第76條第1項規定，「被保險人於轉投軍人保險、公務人員保險或私立學校教職員保險時，不合請領老年給付條件者，其依本條例規定參加勞工保險之年資應予保留，於其年老依法退職時，得依本條例第五十九條規定標準請領老年給付。」可知其係採取「只保留、不併計」的規範方式（且保險職域並不包括參加農民健康保險者）。此一保留，係以退保當時的投保薪資計算，而非在向軍保或公保的機構請領老年給付時之投保薪資標準[130]，且因年資一般尚屬短暫，因此只能領一次性給付。

---

130 不同意見說，鍾秉正，勞工保險年資保留之爭議—最高行政法院92年度判字第267號判決，收錄於：勞工保險條例精選判決評釋，頁19以下：被保險人申請年資保留，僅在

由於已加以保留，而非予以取消，故並未違背憲法財產權的保障。依據勞保局實務的做法，在被保險人轉職而退保時，保險年資即逕予保留，無須被保險人提出辦理保留手續。

然而，上述勞保條例第76條第1項規定與公教人員保險法的規定，並不一致。如上所述，依據後者第6條第8項規定，被保險人得受僱於固定雇主並且重複加保，只是，其必須在60日內擇一保險。否則年資並不承認、事故也不予給付。只不過，第9項卻採取較寬鬆的處理，亦即「前項人員之重複加保年資得併計成就請領本保險養老給付之條件，並依第十二條第二項規定計給養老給付（第9項）。」即在養老給付採認年資。如此一來，形成「由勞保轉公保、年資保留」，而「由公保重複加保勞保、年資併計」，在規範上是否發生衝突？實不無可疑。

值得注意者，針對各種社會保險年資的併計，我國社會保險法學者有引用德國的年金制度整合及「補加保險」（Nachversicherung）機制以為佐證而採肯定見解者，其認為蓋因為各種老年安全制度皆係法定強制實施，因此，斷無不相往來之理，亦即各種社會保險年資應合計[131]。本書以為這或許是未來各國社會保險發展的趨勢，以確實保障老年得經濟安全，但現在不少社會福利國家，似乎仍然侷限於傳統社會保險領域區隔的理論，有待於進一步觀察。

二、勞工保險條例第74條之2修正草案

上述各種社會保險年資的併計問題，在勞動部2017年1月23日所啟動的勞保條例修正案中，已經修正增訂第74條之2第1項至第4項加以規範。依之，「第七十四條之二　本條例中華民國○年○月○日修正之條文施行後，被保險人之保險年資未達十五年，不符合第五十八條規定請領老年年

確認「老年給付期待權」之有無，該項權利仍需待當事人「年老退職」時方得依法申請給付，則整體程序尚未確定，依據程序從新之法理，亦無溯及既往之問題。

131 鍾秉正，勞工保險年資保留之爭議—最高行政法院92年度判字第267號判決，收錄於：勞工保險條例精選判決評釋，頁18。

金給付條件，在併計公教人員保險、軍人保險、農民健康保險（以下簡稱其他職域社會保險）或國民年金保險之保險年資後，滿十五年且年滿六十五歲，於各該保險均已退保者，得向保險人請領老年年金給付，並由保險人依第五十八條之一第二款規定發給。但參加其他職域社會保險或國民年金保險之保險年資，不計給本保險老年年金給付（第1項）。被保險人參加本保險或其他職域社會保險之保險年資有下列情形之一者，不予併計前項老年年金給付年資：一、已請領本保險老年給付。二、已請領公教人員保險或軍人保險之養老、退伍給付或退費。三、已請領本保險或其他職域社會保險年資之補償金。四、已請領老年農民福利津貼（第2項）。被保險人已依離退給與相關法令領取月退休（職、伍）給與者，不適用第一項併計年資之規定（第3項）。被保險人於本條例中華民國○年○月○日修正之條文施行前退保，於併計國民年金保險之保險年資後，符合第五十八條規定請領老年年金給付之條件者，其老年年金給付之給付標準，依本條例○年○月○日修正之條文施行前之規定辦理（第4項）。」

根據其立法總說明，為利被保險人於各社會保險間跨職域流動，保障其未來請領老年年金給付之權益，增訂老年年金給付之年資併計及年金分計機制。所以，除了國民年金已與勞工保險併計外，其適用對象並不拘泥於傳統的公教人員保險及軍人保險，而是擴張及於參加農民健康保險者。其立法理由並且謂：鑑於國家年金改革規劃各社會保險採年資併計、年金分計之政策方向，且本保險之被保險人可能於不同職域保險間互為流動，具有不同社會保險之年資，為保障是類人員未來年老退休時請領老年年金給付權益，增訂第1項。……考量社會保險保障適當性及公平性，爰增訂第2項定明被保險人於不同社會保險年資如有已領取老年給付、退伍給付等情形，其保險年資已結清，不得重複併計年資。又被保險人如已請領老年農民福利津貼者，其農保年資亦不得併計。

第五節　勞工保險與勞工保護法等法域之關係

依據勞保條例第1條規定，「為保障勞工生活，促進社會安全，制定本條例；本條例未規定者，適用其他有關法律。」其後段之「本條例未規定者，適用其他有關法律」，表示本法為基本法，應優先適用本條例之規定及概念。除非本法明定準用其他法律或本條例未規定者，始得適用其他有關法律（例如勞工職業災害保險及保護法第80條、第81條之照護補助）。即其他法律僅為補充規定而已。在此，例如民法之期日期間計算、投保薪資以勞基法之工資定義／概念、退保勞工保險之離職以勞基法之契約終止時點為準等。其中，有關期日期間計算，請參閱第三章第一節第一項之說明，此處不再贅述。

只不過，針對勞保條例已規定的特定給付或事項，不乏其他法律也有規定者，是否當然不得適用其他法律的規定？並非無疑。蓋這涉及到：確保所得中斷的第一層保障、第二層保障的意義為何？即在以各種勞保給付為基本保障（第一層保障），附加勞工保護法（勞基法、勞工職業災害保險及保護法第四章）及民法、保險法、性平法的保障（第二層保障），以兼得或抵充的法理，確保被保險人的退休、職業災害、普通傷病及生育的生活來源或工資替代。涉及的給付項目有老年給付、職業災害給付、普通傷病給付、生育給付等，其較上述勞保條例引用其他法律的規定或概念為準，似乎更具重要性。

第一項　第一層保障與第二層保障之設計

被保險人無論是退休、職業災害及普通傷病醫療期間均可能發生所得中斷的問題。因此，為了確保勞工在所得中斷時的生活來源，無論是台灣或歐洲國家均有第一層保障及第二層保障的設計，此即涉及社會法（尤其是社會保險法）與勞工法（尤其是勞工保護法）的關係與互動。立法者必須在綜合國內各種因素（例如財政狀況、是否賦予雇主較重的社會保險的角色）後，決定以何者為主（先）？何者為輔（後）？蓋雖然同樣是所得中斷，但其原因可能是退休、職業災害、普通傷病、或失業，在處理上並非採取同一方式不可[132]。如果僅以所謂「保護勞工之內容與方式應如何設計，屬於立法自由形成的範疇」一語帶過，似乎略顯單薄[133]。

實者，長久以來，勞工法與社會（保險）法即被視為屬於同一整體的、息息相關的法律領域。德國勞工法學者Hanau甚至稱之為「有如雙胞胎般的（siamesische Zwillinge）緊密相連，甚而無法分割」[134]。勞工法與社會法的基本問題，即在於決定那些族群應被納入強制保險的體系內，以提供其強制性的保護。由於兩者間的關係密切，社會保險法初期甚至被視為勞工保護法的一部分。之後，經過長期的演繹，學者間始逐漸認為公法的勞工保護法與社會保險法係不同的法律領域。在面對經濟成長快速，企業需求人力殷切之時，立法者即應思制定大量的勞工保護法、改善法定的社會保險的給付，並且開放其他的族群加入[135]。而在經濟成長遲滯，失

---

132 例如在勞工遭遇普通疾病的情形，依據勞工請假規則第4條第3項規定：「普通傷病假一年內未超過三十日部分，工資折半發給，其領有勞工保險普通給付未達工資半數者，由雇主補足之。」再參照勞工保險條例第35條，可知我國仍是由保險人（勞動部勞工保險局）負擔第一層保障責任（平均月投保薪資半數），且普通傷病補助費的給付期限可能長達一年。同樣地，大多數的歐洲國家係以社會保險給付的方式處理，唯有丹麥、英國及德國係要求雇主要繼續給付薪資給勞工。其中，德國係要求雇主先給付六個星期的工資後，如勞工尚未痊癒，再由社會保險承保機構（Sozialversicherungsträger）給付，相當程度地賦予雇主社會保險承保機構的角色與責任。

133 大法官會議釋字第578號及第596號解釋均有如斯之用語，請參照之。

134 Hanau/Peters-Lange, NZA 1998, 785.

135 通常是指非勞工而言，包括自營作業者、實際從事勞動的雇主等。其中，在修正前的勞工退休金條例第7條第2項，本已將實際從事勞動的雇主列爲自願提繳對象。而在2015年7月1日修正施行的第7條第2項，更是納入自營作業者及受委任工作者。如從委任經理人較實際從事勞動的雇主更需要保障的角度看，納入受委任工作者自屬正確之舉。然而，所謂的「受委任工作者」，其對象似乎已擴充及於所有委任契約下的（無酬及有酬的）受任人，例如受任律師、醫師、居間人等，果如此，恐怕已與傳統民法受任人、居間人的身分地位與權利義務分道揚鑣。這與人民的法律認知及法律感情恐不一致。所以，正確之舉，應將「受委任工作者」限縮解釋爲「受任的委任經理人」，以回歸法律常態與正途。

業人口不斷增加時，勞工法即會適度地走向鬆綁[136]，社會法也會提高領取給付的門檻或降低各種給付，同時也會要求勞工加強私人預護（透過儲蓄等途徑）。

此種隨著經濟成長或衰退，所作的勞工法與社會法上制度或規定的調整，實際上隱含著一項中心的思想，亦即：是擴大社會保險義務或是增加勞工法上的請求權，對於勞工的工作位置的危害可能較大？對此，德國學者早期是認為過度擴增勞工法上的請求權影響較大，但近時學者則認為如考慮與社會保險連動的薪資的附帶費用的急速增加[137]，則擴大社會保險義務顯然影響較大。此種前後態度的轉變，對於台灣執政者在選擇勞工所得中斷時的幫助措施時，或可提供一些啟示。無論如何，不能單純地想像「社會保險共同體要比個別雇主，較能承擔擴大社會保障所帶來的費用」，而一味地加重社會保險給付的責任。

上述以個別雇主或社會保險交錯使用的複雜性，也可以從與勞工失業有關的積欠工資、退休金或資遣費的清償上略知一二。此亦與確保勞工所得中斷有關。即其採取雇主連保的方式，由全體雇主按照當月僱用勞工投保薪資總額及規定之費率，繳納積欠工資墊償基金，作為墊償積欠工資、退休金或資遣費之用。一旦積欠工資墊償基金墊償後，雇主即應於規定期限內，將墊款償還積欠工資墊償基金（勞基法第28條參照）。依據大法官會議釋字第595號解釋，勞工保險局以墊償基金所墊償者，原係雇主對於勞工私法上之工資給付債務；其以墊償基金墊償後取得之代位求償權（即民法所稱之承受債權），乃基於法律規定之債權移轉，其私法債權之性質，並不因由國家機關行使而改變，勞工保險局與雇主間因歸墊債權所生之私法爭執，自應由普通法院行使審判權。

---

136 此包括勞工法的去規範化、放寬解僱保護的規定、增加訂定定期契約的可能性，以及取消普通疾病的薪資繼續給付的規定等做法。

137 有關德國薪資的附帶費用的一覽表，請參閱Boemke/Föhr, Arbeitsformen der Zukunft, 1999, 57。

第二項　老年給付與企業退休金或企業年金

無論是勞工保險的老年一次性給付或老年年金，其目的均是在於確保勞工無工作能力而所得中斷時，有一可以維持生活的經濟來源。而其中最主要的情形，是勞工退休離開職場（另一種可能情形為因失能而退出職場）。惟如要達到照顧退休勞工之生活，必須將老年年金的所得替代率確定在相當的程度始可[138]。即使如此，老年經濟的安全，一般並無法單靠社會保險給付即可達到（如果是部分時間工作者，則距離基本生活的需要更為遙遠）[139]。因此，適度地以勞工法的手段來處理社會法的問題或者賦予雇主社會保險承保機構的角色，補充照護落差（並避免過度照護[140]），應是必要的。而這也是標榜福利國及追求社會公平正義的台灣所應採者。正如學者所云，多重的社會安全網（雙軌制或多軌制的老年照護網絡）所提供的制度保護，毋寧是制度設計的常態，而且也與憲法無所牴觸[141]。也因此，德國的企業退休金遂成為德國社會給付制度不可分割之部分[142]。至於台灣的勞基法之退休金規定（確定給付制，Defined Benefit Plan, DB），強調「世代內移轉」，同樣也是取之於社會安全責任由雇主負擔之原意，雖然有一段期間的實施成效或有不如德國企業退休金

---

138 李偉鳳，我國勞工退休問題之研究，中國文化大學勞工研究所碩士論文，1985年7月，頁152以下，頁189：「一般而言，若能爲高薪資者約爲退休前薪資水準的50%～55%，低薪資者約爲退休前薪資水準的70%～75%，則可維持其退休後適當生活水準，平均水準約爲60%～65%則屬相當。」

139 但是，勞保條例第58條之1第1款之0.775%百分加計新臺幣3,000元或第2款之所得替代率1.55%，是否標準過高而不符合社會給付法理？實在值得探討。除非其隱含著雇主得適度降低企業退休金或企業年金的用意。蓋這裡還需要顧及避免過度照護或重複保障的現象出現。

140 這是指社會保險老年給付（或社會保險年金）與企業退休金（或企業年金）的總合，超過勞工最後由企業體所獲得的淨所得。

141 蔡維音，評釋字第578號，月旦法學雜誌第111期，2004年8月，頁187。

142 楊通軒，勞基法中退休與資遣法制之研究，勞資關係論叢第9期，1999年6月，頁47以下。

之處，但應無損於其制度設計的美意[143]。況且，在2015年2月4日勞基法第56條第1項及第2項修正施行之後，強化勞動檢查，提撥率已經大幅地改善。而勞工退休金條例的制定施行，體現世界各國職業退休金提撥的發展趨勢[144]，雖其理論（確定提撥制，Defined Contribution, DC）與勞基法退休金有所差異，但仍然是在補充勞保老年給付之不足。

無論如何，為使勞工法與社會法的交相作用，確能保障退休勞工的生活，而又不至於破壞社會法的補償的或所得中斷補充作用，正確的做法，應是令退休勞工離開原有的職場，專心地領取老年給付（或年金保險）與企業退休金。一個一面退休，一面卻在原職場繼續工作的勞工，不僅破壞了退休的意義、破壞了社會法的補償的或所得中斷補充作用，而且也會帶來災難[145]。另外，有關退休年齡與年資的量定，立法者並不得肆意為之[146]，尤其不應太早或太晚。在此，立法者尤應將勞工法與社會保險法的退休年齡與年資，採取一致性的規定[147]。而且，尤應注意各國法定退

143 如依據大法官會議釋字第578號解釋中大法官廖義男所引用的行政院勞工委員會的統計資料，「依勞工保險條例領取老年給付之退休勞工人數中，有40%以上比例之人數亦自事業單位勞工退休準備金專户領取退休金，顯示符合退休金請領資格之勞工人數仍有相當數目。」果如此，如過度地輕忽或藐視勞基法退休金規定的社會政策的功能，則顯然並不適當。

144 余雪明，於司法院大法官會議釋字第578號解釋之協同意見書。請參閱司法院公報，第46卷第6期，2004年6月，頁37以下。

145 由此觀之，勞工退休金條例第24條之1規定，「勞工於領取退休金後繼續工作者，其提繳年資重新計算，雇主仍應依本條例規定提繳勞工退休金；勞工領取年資重新計算之退休金及其收益次數，一年以一次爲限。」似乎是一個值得商榷的立法，恐會引發退休法理上的爭議。

146 再一次以「保護勞工之內容與方式應如何設計，屬於立法自由形成的範疇」自圓其說？

147 吾人如將2009年1月1日修正施行前的勞保條例第58條第1項第2款及第3款之規定與勞基法第53條之規定兩相對照，即可發現兩者的內容是一致的。然而，如將台灣的退休年齡（55歲）與德國的退休年齡（65歲）相較，台灣的退休年齡顯然年輕了不少。此種規定，恐將過度地加重社會保險基金及雇主的負擔能力，不利於社會安全制度長期的發展。吾人實不知當初的立法原意爲何？或許是直接引自舊法時代的「台灣省工廠工

休年齡提高的做法，並且配合我國就業服務法第5條年齡歧視的規定，從高齡勞工僱用政策的角度，融合退休政策與就業政策。例如將勞保條例第58條第1項、勞工退休金條例第24條第1項、勞基法第53條的退休年齡一率提高為65歲。並容許或鼓勵退休勞工或公職人員自願再度投入職場，以提供有用人力。如此，對於勞保基金與個別雇主退休金的負擔，以及我國人力資源的充分利用，應該都是有正面的助益。

再一言者，以德國的企業退休金或企業年金制度而言，其所謂企業退休金，係指基於勞動關係，而對於勞工所承諾的老年的、殘障的／失能的或遺屬照顧的所有給付[148]。因此，雇主必須於勞動關係存續中已對勞工承諾給予照顧，而於照顧情況（退休、殘障／失能或死亡）出現時，履行其給付。不同的是，在台灣，勞基法並無對於失能的勞工或其遺屬照顧的退休金規定。而勞工退休金條例也僅有遺屬的給付規定。依據勞工退休金條例第26條規定，「勞工於請領退休金前死亡者，應由其遺屬或指定請領人請領一次退休金（第1項）。已領取月退休金勞工，於未屆第二十三條第三項所定平均餘命或第二十四條之二第二項所定請領年限前死亡者，停止給付月退休金。其個人退休金專戶結算賸餘金額，由其遺屬或指定請領人領回（第2項）。」

人退休規則」第5條的規定？果如此，是否仍應說明舊法時代的理論背景可否適用於勞基法的退休金制度？不過，值得慶幸的是，勞工退休金條例第24條已將退休年齡提高到60歲，雖然仍然稍嫌早了一些，但較之於勞基法的55歲已有相當的改進。只是，美中不足的，卻又創造了修正前勞保條例第58條與勞退條例第24條退休年齡不一致的弊病。另一點值得肯定的是，勞保條例在2008年7月17日作了重大修正，其中，勞保條例第58條第1項第2款及第3款修正爲第58條第2項第2款及第3款，內容保持不變。更重要的是，新增的第1項已將退休年齡延至60歲，（配合第1項之）新增的第5項並將老年給付之請領年齡，從修正條文施行之日起，第十年提高一歲，其後每二年提高一歲，逐步調高至65歲爲止。

[148] § 1 Abs. 1 Satz 1 BetrAVG.

第三項　職業災害給付與職業災害補償或賠償

此處僅就勞工職業災害保險及保護法第四章「其他勞動保障」（第77條至第91條）之相關規定加以說明。至於在被保險人遭遇職業災害時，職業災害給付與職業災害補償及賠償之抵充、所涉及之勞保條例第34條以下與勞基法第59條，以及與民法第184條、第193條等規定，請參閱氏著「勞工保護法—理論與實務」第五章第三節第一項第三款[149]，及第二項第二款[150]之說明。

勞工職業災害保險及保護法第四章有關職業災害勞工的保護規定，因襲並修正、強化施行至2022年4月30日的職業災害勞工保護法（簡稱舊法）的相關規定。其仍然區分被保險人及未參加勞工保險之勞工，而異其保障。並且異其被請求的對象為保險人或雇主。所牽涉的法規主要有勞保條例及勞基法等。茲將相關規定分類如下：

一、以被保險人爲適用對象者

勞工職業災害保險及保護法有關以被保險人為適用對象者，有者係引用舊法的規定、有者係加以修正而來者、有者係新的規定者。依據第77條規定，「參加勞工保險之職業災害勞工，於職業災害醫療期間終止勞動契約並退保者，得以勞工團體或保險人委託之有關團體為投保單位，繼續參加勞工保險，至符合請領老年給付之日止，不受勞工保險條例第六條規定之限制（第1項）。前項勞工自願繼續參加勞工保險，其加保資格、投保手續、保險效力、投保薪資、保險費負擔及其補助、保險給付及其他應遵行事項之辦法，由中央主管機關定之（第2項）。」本條規定用語，幾乎與舊法第30條相同，僅在第2項新增「加保資格」並修正「保險費負擔及其補助」而已。

至於勞工職業災害保險及保護法有關以被保險人為適用對象的新增規

---

149 楊通軒，勞工保護法—理論與實務，2019年9月，頁378、381以下。

150 楊通軒，勞工保護法—理論與實務，頁393以下。

定，則是在第90條。依之，「遭遇職業傷病之被保險人於請領本法保險給付前，雇主已依勞動基準法第五十九條規定給與職業災害補償者，於被保險人請領保險給付後，得就同條規定之抵充金額請求其返還（第1項）。遭遇職業傷病而不適用勞動基準法之被保險人於請領給付前，雇主已給與賠償或補償金額者，於被保險人請領保險給付後，得主張抵充之，並請求其返還（第2項）。被保險人遭遇職業傷病致死亡或失能時，雇主已依本法規定投保及繳納保險費，並經保險人核定為本保險事故者，雇主依勞動基準法第五十九條規定應給予之補償，以勞工之平均工資與平均投保薪資之差額，依勞動基準法第五十九條第三款及第四款規定標準計算之（第3項）。」本條第1項係為因為勞基法第59條並未規定：職業災害勞工應先向保險人請領職業災害給付、而後向雇主請求職業災害補償？或者反之？以至於其先向雇主請求全額的職業災害補償，如此，則雇主在被保險人請領保險給付後，得向其主張抵充或請求其返還抵充金額。這也隱含著：當職業災害勞工先向保險人請領職業災害給付、而後向雇主請求職業災害補償時，雇主當即得主張抵充職業災害給付的金額，而僅補償超出抵充金額外的額度。

在第2項部分，係針對適用本法、但不適用勞基法的職業災害勞工，其並不得主張適用勞基法第59條抵充規定。則在其請求本法職業傷病給付前，雇主如已依民法規定給予損害賠償或補償金額者，在被保險人請領保險給付後，亦得主張抵充並請求其返還。經由此一規定，以往學者所主張之民法損害賠償得與勞工保險職業災害給付抵充之主張，得以獲得法律的依據。並且，也避免職業災害勞工獲得雙重給付的不當結果。

在第3項部分，係參照勞基法施行細則第34條之1規定而來，這是因為被保險人或受益人得領取之失能或遺屬年金總額無法估算，為明確雇主應負之補償標準，故以法律明定之。

除了以上所述之外，本法由舊法加以修正而來者較多，包括有：

（一）依據第78條規定，「被保險人從事第六十三條第二項所定有害作業，於退保後，經第七十三條第一項認可醫療機構之職業醫學科專科醫師診斷係因保險有效期間執行職務致罹患職業病者，得向保險人申請醫療補助、失能或死亡津貼（第1項）。前項補助與津貼發給之對象、認定程序、發給基準及其他應遵行事項之辦法，由中央主管機關定之（第2項）。第一項所定罹患職業病者，得依第七十九條及第八十條規定申請補助（第3項）。」本條第1項之失能津貼及死亡津貼，應是由舊法第8條第1項第1款的「生活津貼」及第6款的「給予其家屬必要之補助」修正而來。另外，本條也重申並強化勞保條例第20條之1規定。依之，「被保險人退保後，經診斷確定於保險有效期間罹患職業病者，得請領職業災害保險失能給付（第1項）。前項得請領失能給付之對象、職業病種類、認定程序及給付金額計算等事項之辦法，由中央主管機關定之（第2項）。」

（二）依據第79條規定，「被保險人遭遇職業傷病，經醫師診斷或其他專業人員評估必須使用輔助器具，且未依其他法令規定領取相同輔助器具項目之補助者，得向勞動部職業安全衛生署（以下簡稱職安署）申請器具補助。」本條修正舊法第8條第1項第4款的「器具補助」而來。

（三）依據第80條規定，「被保險人因職業傷病，有下列情形之一者，得向保險人申請照護補助：一、符合第四十二條第一項規定，且住院治療中。二、經評估為終身無工作能力，喪失全部或部分生活自理能力，經常需醫療護理及專人周密照護，或為維持生命必要之日常生活活動需他人扶助。」本條修正舊法第8條第1項第5款的「看護補助」而來。並且，增訂職業災害勞工不能工作，且在住院治療中者，亦得申請照護補助。其立法理由為「考量勞工遭遇職業傷病住院期間，會面臨需要照顧服務之處境，且其花費相當可觀，爰於第一款定明其住院治療期間可申請照護補助。」

二、以未參加勞工保險之勞工爲適用對象者

勞工職業災害保險及保護法僅有第81條以未參加勞工保險之勞工為適用對象。依之，「未加入本保險之勞工，於本法施行後，遭遇職業傷病致失能或死亡，得向保險人申請照護補助、失能補助或死亡補助（第1項）。前二條及前項補助之條件、基準、申請與核發程序及其他應遵行事

項之辦法，由中央主管機關定之（第2項）。」與舊法第9條第1項「未加入勞工保險之勞工，於本法施行後遭遇職業災害，符合前條第一項各款情形之一者，得申請補助。」相較，明確限縮為「遭遇職業傷病致失能或死亡，得向保險人申請照護補助、失能補助或死亡補助。」從第1項規定觀之，本條並無醫療補助（第78條第1項參照）或器具補助（第79條參照）。且既與失能津貼或死亡津貼用語不同，雖然同為補助的性質，但解釋上津貼的額度應較高始為合理。蓋勞工既未參加本保險，則其本應向雇主請求損害賠償。

三、不區分被保險人或未參加勞工保險之勞工一體適用者

此一部分的條文最多，且不少為舊法的規定。包括：第91條「勞工因職業災害所致之損害，雇主應負賠償責任。但雇主能證明無過失者，不在此限。」為舊法第7條規定；第83條「職業災害勞工經醫療終止後，主管機關發現其疑似有身心障礙情形者，應通知當地社政主管機關主動協助。」為舊法第22條規定；第87條「事業單位改組或轉讓後所留用之勞工，因職業災害致身心障礙、喪失部分或全部工作能力者，其依法令或勞動契約原有之權益，對新雇主繼續存在。」為舊法第28條規定。

但較多條文係修正舊法規定而來者。包括：

（一）依據第67條規定，「職業災害勞工經醫療終止後，雇主應依前條第一項所定復工計畫，並協助其恢復原工作；無法恢復原工作者，經勞雇雙方協議，應按其健康狀況及能力安置適當之工作（第1項）。為使職業災害勞工恢復原工作或安置於適當之工作，雇主應提供其從事工作必要之輔助設施，包括恢復、維持或強化就業能力之器具、工作環境、設備及機具之改善等（第2項）。前項輔助設施，雇主得向直轄市、縣（市）主管機關申請補助（第3項）。」與舊法第27條「職業災害勞工經醫療終止後，雇主應按其健康狀況及能力，安置適當之工作，並提供其從事工作必要之輔助設施。」相較，不僅增訂復工計畫，以協助其恢復原工作，並且將恢復原工作（即復職），置於雇主安置（調職）義務之前。並且擴大至

恢復、維持或強化就業能力之器具、工作環境、設備及機具之改善等。只是，何謂恢復、維持或強化就業能力之「工作環境」？是否包括工作條件或人際關係？恐怕過於空泛而致難以界定施行。

（二）依據第82條規定，「職業災害勞工請領第七十八條至第八十一條所定津貼或補助之請求權，自得請領之日起，因五年間不行使而消滅。」第81條所指者，為未加入勞工職業災害保險及保護法之勞工，因遭遇職業傷病致失能或死亡之照護補助、失能補助或死亡補助請求權。與第78條之醫療補助、失能或死亡津貼、第79條之器具補助及第80條之照護補助同為補助之性質，而非職業災害給付，故其立法理由為「其請求權時效，宜與本法保險給付為一致及公平之規範，爰參照第三十七條規定，定明因五年間不行使而消滅。」即依據本法第37條規定，「領取保險給付之請求權，自得請領之日起，因五年間不行使而消滅。」

（三）依據第84條規定，「非有下列情形之一者，雇主不得預告終止與職業災害勞工之勞動契約：一、歇業或重大虧損，報經主管機關核定。二、職業災害勞工經醫療終止後，經中央衛生福利主管機關醫院評鑑合格醫院認定身心障礙不堪勝任工作。三、因天災、事變或其他不可抗力因素，致事業不能繼續經營，報經主管機關核定（第1項）。雇主依前項規定預告終止勞動契約時，準用勞動基準法規定預告勞工（第2項）。」與舊法第23條相較，除了修正第2款「經中央衛生福利主管機關醫院評鑑合格醫院」外，另外增訂第2項終止契約的預告期間。

（四）依據第85條規定，「有下列情形之一者，職業災害勞工得終止勞動契約：一、經中央衛生福利主管機關醫院評鑑合格醫院認定身心障礙不堪勝任工作。二、事業單位改組或轉讓，致事業單位消滅。三、雇主未依第六十七條第一項規定協助勞工恢復原工作或安置適當之工作。四、對雇主依第六十七條第一項規定安置之工作未能達成協議（第1項）。職業災害勞工依前項第一款規定終止勞動契約時，準用勞動基準法規定預告雇主（第2項）。」與舊法第24條相較，除了修正條次為本法第67條之外，另增訂終止契約的預告期間。

（五）依據第86條規定，「雇主依第八十四條第一項第一款、第三款，或勞工依前條第一項第二款至第四款規定終止勞動契約者，雇主應按勞工工作年資，適用勞動基準法或勞工退休金條例規定，發給勞工資遣費。但勞工同時符合勞動基準法第五十三條規定時，雇主應依勞動基準法第五十五條及第八十四條之二規定發給勞工退休金（第1項）。雇主依第八十四條第一項第二款，或勞工依前條第一項第一款規定終止勞動契約者，雇主應按勞工工作年資，適用勞動基準法規定發給勞工退休金及適用勞工退休金條例規定發給勞工資遣費（第2項）。不適用勞動基準法之勞工依前條，或其雇主依第八十四條規定終止勞動契約者，雇主應以不低於勞工退休金條例規定之資遣費計算標準發給離職金，並應於終止勞動契約後三十日內發給。但已依其他法令發給資遣費、退休金或其他類似性質之給與者，不在此限（第3項）。」本條係由舊法第25條修正而來，依之，「雇主依第二十三條第一款、第三款，或勞工依第二十四條第二款至第四款規定終止勞動契約者，雇主應依勞動基準法之規定，發給勞工資遣費（第1項）。雇主依第二十三條第二款，或勞工依第二十四條第一款規定終止勞動契約者，雇主應依勞動基準法之規定，發給勞工退休金（第2項）。前二項請求權與勞動基準法規定之資遣費，退休金請求權，職業災害勞工應擇一行使（第3項）。」

兩相對照，即可知本法規定較為具體明確、但仍有疑義之處，另外，也增訂第3項規定。具體而言，在第1項本文部分，雇主發給勞工資遣費，以勞工係適用勞基法或勞退條例的退休（金）規定為準，而分別定其資遣費的基數。並且新增但書規定，以勞工如符合勞基法第53條的自願退休規定，即得按勞基法第55條及第84條之2規定請求退休金。值得注意者，本項增訂勞基法第84條之2之適用，以明確化事業單位納入勞基法適用行業的前後，受僱勞工退休金的不同計算標準。

在第2項部分，則是規定雇主應按照勞基法規定，以勞工的工作年資，發給退休金。並且，其規定「及適用勞工退休金條例規定發給勞工資遣費」。用語似乎表示除了退休金之外，雇主另應依勞退條例規定發給勞工資遣費。此在舊法第25條第2款僅是發給退休金的規定。立法者似乎有意在本法中增訂資遣費。從其立法理由「其退休金或資遣費發給之基準及適用之規定」並無法推出「及適用勞工退休金條例規定發給勞工資遣費」，是以不符合勞基法退休金規定者為前提。本書以為，退休金與資遣費的性質、功能相異，勞工原本只能擇一請求。然而，資遣費的性質應視雇主對於勞動契約之終止，有無可歸責事由（故意或過失）而定，無者為補償金性質（例如勞基法第11條、第17條），有者為損害賠償的性質（例如勞基法第14條）[151]。所以，似可將「及適用勞工退休金條例規定發給勞工資遣費」解釋為作為損害賠償之用。如此，職業災害勞工始可兼得退休金及資遣費。

在第3項部分，則是針對不適用勞動基準法之職業災害勞工，依本法第84條或第85條終止勞動契約時，得請求不低於勞退條例規定之資遣費計算標準之離職金。依據勞退條例第7條第1項第1款規定，本條例之適用對象為適用勞動基準法之本國籍勞工。所以，不適用勞動基準法之職業災害勞工，亦不得適用勞退條例的退休金及資遣費規定。只能請求發給離職金。只不過，第3項但書規定，「但已依其他法令發給資遣費、退休金或其他類似性質之給與者，不在此限。」此一「其他法令……其他類似性質之給與」，是否包括勞保條例的老年給付？蓋不適用勞動基準法之勞工，也可能受到勞保條例適用。雖然，由立法理由即可得知否定的見解，即「惟為避免重複保障，倘渠等人員已依學校法人及其所屬私立學校教職員退休撫卹離職資遣條例、各機關學校聘僱人員離職給與辦法等規定領有退休、資遣或離職之給與者，則不得請求發給離職金，爰為但書規定。」

（六）依據第88條規定，「職業災害未認定前，勞工得先請普通傷病假；普通傷病假期滿，申請留職停薪者，雇主應予留職停薪。經認定結果為職業災害者，再以公傷病假處理。」與舊法第29條相較，修正其用語為勞工「申請留職停薪者，雇主應予留職停薪」。即勞工如提出申請，雇主即負有准予留職停薪之義務。此一規定，應可視為雇主附隨義務的明確化。

（七）依據第89條規定，「事業單位以其事業招人承攬，就承攬人

---

151 楊通軒，個別勞工法—理論與實務，頁410以下。

於承攬部分所使用之勞工，應與承攬人連帶負職業災害補償之責任。再承攬者，亦同（第1項）。前項事業單位或承攬人，就其所補償之部分，對於職業災害勞工之雇主，有求償權（第2項）。前二項職業災害補償之標準，依勞動基準法之規定。同一事故，依本法或其他法令規定，已由僱用勞工之雇主支付費用者，得予抵充（第3項）。」與舊法第31條相較，僅做用語修正。

最後，原職業災害勞工保護法第32條之訴訟救助規定，在新的勞工職業災害保險及保護法第四章並未見規定。而是移至2020年1月1日施行的勞動事件法第14條第2項規定，依之，「勞工或其遺屬因職業災害提起勞動訴訟，法院應依其聲請，以裁定准予訴訟救助。但顯無勝訴之望者，不在此限。」其立法理由即謂「勞工發生職業災害時，多有因此不能繼續工作，造成其本人或遺屬生計困難之情形，為保障勞工訴訟權利，爰參考職業災害勞工保護法第三十二條第一項，於第二項明定法院於勞工或其遺屬因職業災害提起勞動訴訟時，除有顯無勝訴之望之情形外，應依其聲請准予訴訟救助。」

再觀勞動事件法，第2條第1項第1款之勞工法令，當然包括勞基法第59條職業災害補償，只是，是否包括勞工職業災害保險及保護法第四章則非無疑。這主要是涉及法律領域的問題。本來，勞工職業災害保險屬於社會保險法，規範保險人與被保險人、投保單位間的法律關係。但因立法過程加入性質屬於勞工法的「保護法」，雖然大多為被保險人或未參加職業災害保險勞工與保險人之法律關係，但仍免不了勞工與雇主因職業災害的權利義務問題（例如勞動契約終止、抵充等），因此，該法乃成為一個世界上少見的混合勞工保險與勞工保護的綜合性法律，也引發了法律體例的問題。也是因為如此，勞工職業災害保險及保護法第四章「其他勞動保障」中有關涉及勞工與雇主之條文，應可認定為勞工法令。

除了上述一般性的條文外，勞動事件法也有特別針對職業災害規定者。例如第2條第1項第3款規定，「本法所稱勞動事件，係指因……職業災害……所生之侵權行為爭議。」其立法理由指「勞工因遭遇職業災害而對第三人請求損害賠償」之爭議案件。依據第47條規定，「勞工就請求給付工資、職業災害補償或賠償、退休金或資遣費、勞工保險條例第七十二條第一項及第三項之賠償與確認僱傭關係存在事件，聲請假扣押、假處分或定暫時狀態之處分者，法院依民事訴訟法第五百二十六條第二項、第三項所命供擔保之金額，不得高於請求標的金額或價額之十分之一（第1項）。前項情形，勞工釋明提供擔保於其生計有重大困難者，法院不得命提供擔保（第2項）。」其立法理由為「一、為避免勞工因經濟上弱勢無力負擔高額擔保金，致難以經由保全程序保障其權利，爰參考民事訴訟法第五百二十六條第四項、職業災害勞工保護法第三十二條第二項，於第一項明定勞工就特定之請求聲請保全處分時，法院所命供擔保金額之上限。二、第一項情形，如經勞工釋明提供擔保於其生計有重大困難者，法院不得命提供擔保，爰設第二項規定，以減輕勞工之負擔。」

又，依據第48條規定，「勞工所提請求給付工資、職業災害補償或賠償、退休金或資遣費事件，法院發現進行訴訟造成其生計上之重大困難者，應闡明其得聲請命先為一定給付之定暫時狀態處分。」其立法理由為「勞工提起請求給付工資、職業災害補償或賠償、退休金或資遣費之訴，法院於審理中如發現勞工有因訴訟之進行而造成生計上重大困難之情形，為避免勞工因欠缺法律專業能力而不知行使其保全權利，爰設本條規定。又本條僅係規範法院闡明義務，勞工聲請定暫時狀態處分時，仍應適用本法及民事訴訟法之相關規定。」

第四項　其他法律關係

一、勞保條例明定準用其他法律者

依據勞保條例第14條第1項規定，「前條所稱月投保薪資，係指由投保單位按被保險人之月薪資總額，依投保薪資分級表之規定，向保險人申報之薪資；被保險人薪資以件計算者，其月投保薪資，以由投保單位比照同一工作等級勞工之月薪資總額，按分級表之規定申報者為準。」再依據依據勞保條例施行細則第27條第1項規定，「本條例第十四條第一項所稱月薪資總額，以勞動基準法第二條第三款規定之工資為準；其每月收入不固定者，以最近三個月收入之平均為準；實物給與按政府公布之價格折為現金計算。」

二、其他法律爲補充規定者

（一）期日期間計算

此一部分，請參閱第三章第一節第一項之說明，此處不再贅述。

（二）生育給付與產假工資

在被保險人生育時，除了勞保條例生育給付的規定外，勞工得依勞基法或性平法請求有薪的產假。依據勞保條例第31條規定，「被保險人合於左列情形之一者，得請領生育給付：一、參加保險滿二百八十日後分娩者。二、參加保險滿一百八十一日後早產者。三、參加保險滿八十四日後流產者（第1項）。被保險人之配偶分娩、早產或流產者，比照前項規定辦理（第2項）。」依據第32條規定，「生育給付標準，依下列各款辦理：一、被保險人或其配偶分娩或早產者，按被保險人平均月投保薪資一次給與分娩費三十日，流產者減半給付。二、被保險人分娩或早產者，除給與分娩費外，並按其平均月投保薪資一次給與生育補助費六十日。三、分娩或早產為雙生以上者，分娩費及生育補助費比例增給（第1項）。被保險人難產已申領住院診療給付者，不再給與分娩費（第2項）。被保險人同時符合相關社會保險生育給付或因軍公教身分請領國家給與之生育補助請領條件者，僅得擇一請領。但農民健康保險者，不在此限（第3項）。」

至於勞基法第50條則規定，「女工分娩前後，應停止工作，給予產假八星期；妊娠三個月以上流產者，應停止工作，給予產假四星期（第1項）。前項女工受僱工作在六個月以上者，停止工作期間工資照給；未滿六個月者減半發給（第2項）。」另外，性平法第15條規定，「雇主於女性受僱者分娩前後，應使其停止工作，給予產假八星期；妊娠三個月以上流產者，應使其停止工作，給予產假四星期；妊娠二個月以上未滿三個月流產者，應使其停止工作，給予產假一星期；妊娠未滿二個月流產者，應使其停止工作，給予產假五日（第1項）。產假期間薪資之計算，依相關法令之規定（第2項）。」

（三）普通傷病給付與工資

在被保險人普通傷病期間，如其為受到勞基法適用之勞工，則依據勞工請假規則第4條第3項規定，「普通傷病假一年內未超過三十日部分，工資折半發給，其領有勞工保險普通傷病給付未達工資半數者，由雇主補足之。」[152]所以，在30日內部分，固應同時兼適用勞保條例第33條、第35條規定，逾越30日之部分，更應依據勞保條例該等規定處理。

依據勞保條例第33條規定，「被保險人遭遇普通傷害或普通疾病住院診療，不能工作，以致未能取得原有薪資，正在治療中者，自不能工作之第四日起，發給普通傷害補助費或普通疾病補助費。」第35條規定，「普通傷害補助費及普通疾病補助費，均按被保險人平均月投保薪資半數發給，每半個月給付一次，以六個月為限。但傷病事故前參加保險之年資合計已滿一年者，增加給付六個月。」

---

152 相關說明，請參閱楊通軒，工資保護法—理論與實務，2021年9月，初版，頁209以下。

第三章 勞工保險之救濟（程序問題）——一事不再理（含請求權競合）等問題

案例1

原告甲爲實際從事工作的雇主[1]，其以自己任職之事業單位爲投保單位加入勞工保險[2]。甲於1995年2月11日因罹患腦血管病變及糖尿病住院，已向被告勞工保險局（乙）請領1995年2月14日至同年3月31日間之普通疾病傷病給付。嗣後甲於1997年8月23日以其於1995年1月25日於工作中猝發疾病，向乙申請按職業傷害之標準，給付1995年1月25日至1997年8月19日期間之傷病給付。惟乙否准所請。勞工保險監理委員會也審議駁回。訴願、再訴願亦遭致駁回。惟最高行政法院判決其爲有理（最高行政法院89年度判字第211號判決）。問：

(1) 實際從事勞動之雇主欲參加勞工保險，是否受到法律限制？

(2) 原告甲之再次提出職業災害給付，有無違反一事不再理原則（請求權競合）？

(3) 投保單位得否爲自己之利益而申請爭議審議？

1 勞保條例第8條第1項第3款參照。

2 一個問題：投保單位是要保人？包括爲實際從事勞動之雇主作爲要保人？

第一節　勞工保險給付之各種程序問題

從本案之事實觀之，首先，本案原告甲為實際從事勞動的雇主，依據勞保條例第8條第1項第3款，得準用本條例之規定，參加勞工保險【案例1(1)】。在此，同條第3項規定，「第一項第三款規定之雇主，應與其受僱員工，以同一投保單位參加勞工保險。」即其係以為自己所僱用員工加保為主要目的，附帶地，並為自己參加勞保。這意味著：甲不得成立投保單位，單純只為自己加保勞工保險。至於勞保條例第8條任意加保所應注意之事項，請參閱第六章第二節之說明。

其次，本案甲的再次申請職業災害給付，涉及有無違反一事不再理原則，為重要的程序事項。緣有關勞工保險給付之程序事項，主要是與給付有關之救濟程序，尤其是針對保險人所作成核定之爭議審議。其法律依據為勞保條例第5條第3項、勞工保險爭議事項審議辦法。特別是投保單位得否為自己之利益而申請爭議審議，雖為實務所否認，但仍然有探討的必要。惟在被保險人或受益人申請各種保險給付的過程中，實際上也必須遵守一定之程序，包括保險給付之繼承、代理、不得重複申請給付（一事不再理），以及其他的程序問題（例如在途期間）等，其法律依據為勞保條例第1條後段之「本法未規定者，適用其他有關法律」，例如民法（年齡、期日期間、繼承、代理、監護等）。以下即分別敘述之。

第一項　民法規定對於勞工保險之適用

依據勞保條例第1條規定，「為保障勞工生活，促進社會安全，制定本條例；本條例未規定者，適用其他有關法律。」其後段「其他有關法律」，指勞基法、職災勞工保護法、勞工職業災害保險及保護法，以及全民健保法等。至於民法亦在其內。

以民法而言。勞工保險條例中，不乏期間之規定者，例如一個月或每月、一年，不過，條例並未加以定義，所以，依據勞保條例施行細則第3條規定，「本條例有關保險期間之計算，除本條例另有規定外，依行政程序法之規定，行政程序法未規定者，依民法之規定（第1項）。被保險人及其眷屬年齡之計算，均依戶籍記載為準（第2項）。」其所謂「除本條例另有規定外」，例如同施行細則第45條規定，「本條例第十九條第四項所定保險年資未滿一年，依其實際加保月數按比例計算，計算至小數第二位，第三位四捨五入。」[3]此外，行政程序法並無一個月或每月、一年的定義。因此，應依民法第123條規定，「稱月或年者，依曆計算（第1項）。月或年非連續計算者，每月為三十日，每年為三百六十五日（第2項）。」又，針對生育給付參加保險滿280日或181日或84日之計算，包括閏年2月有29日之納入計算。

如再以請領老年給付為例。「按勞工保險條例第1條規定，本條例未規定者，適用其他有關法律。另依同條例施行細則第3條規定，本條例有關保險期間之計算，除本條例另有規定外，依民法之規定。又依民法第123條規定略以，稱年者，依曆計算；年，非連續計算者，1年為365日。又依勞工保險條例第59條末段規定之計算基準，被保險人保險年資合計滿半年者，以1年計。有關被保險人老年給付年資計算方法疑義，查勞工保險條例並無特別明定，惟揆諸勞工保險條例第1條及其施行細則第3條規定，因前開民法第123條已對連續或非連續期間之計算方法有所明定，自應適用該相關規定辦理。另被保險人老年給付年資因無法連續計算而須依前開規定以日數換算為年時，如其畸零日數正值閏年2月，且該月加保滿29日者，則其該月實際加保日數應計為29日，而非28日。」[4]

至於年齡的部分，例如被保險人參加勞工保險之「年滿15歲以上、65歲以下[5]」、申請老年給付之年滿55歲，則依據民法第124條規定，「年齡自出生之日起算（第1項）。出生之月、日無從確定時，推定其為七月一日出生。知其出生之月，而不知出生之日者，推定其為該月十五日出生

---

3 又，針對老年給付，依據勞保條例施行細則第79條第3項規定，「前二項期間未滿一年者，依其實際月數按比例計算，並準用第四十五條規定。」

4 行政院勞工委員會93年9月14日勞保2字第0930038457號函釋參照。

5 這表示被保險人「滿65歲」前應參加勞工保險。而在「年逾六十五歲繼續工作者」，轉爲得繼續參加勞工保險（勞保條例第9條第4款參照）。

（第2項）。」又，勞保條例第19條第5項（2021年4月30日公布之勞工職業災害保險及保護法第55條參照）被保險人遭遇意外事故之「失蹤」，亦應依民法第8條之失蹤定義。

另外，依據勞保條例第62條規定，「被保險人之父母、配偶或子女死亡時，依左列規定，請領喪葬津貼：……。」其所稱「父母」，係指己身所從出之生父母或依法收養並辦妥收養登記之養父母而言。若係繼父（母），依民法第969條規定，乃血親之配偶，係屬直系姻親關係，不屬該條規定之父母；惟1985年6月3日修正前之民法第1079條規定，「收養子女應以書面為之，但自幼撫養為子女者，不在此限。」其所謂「自幼」，依司法院31年院字第2332號解釋係指未滿7歲而言。

最後，對於保險給付得否由受扶養的遺屬（勞保條例第63條）繼承之問題，勞工保險條例及其相關法規並未對「扶養」一詞予以定義，是依勞工保險條例第1條規定，該條例未規定者，適用其他法律，故被告自得依民法第1117條第1項規定，「受扶養權利者，以不能維持生活而無謀生能力者為限。」判斷申請人是否具備受扶養之資格[6]。

第二項　勞工保險給付之繼承

被保險人參加勞工保險繳交保費一定期間後，即具有財產上的價值，並且受到憲法財產權的保障[7]。而在符合各種保險給付條件後，被保險人或受益人得向保險人請領保險給付。有問題的是，若在被保險人符合各種保險給付條件後，已向或尚未向保險人申請給付，而死亡時，其具有法定順序的繼承人得否繼承保險給付或以受益人身分請領？或者說，被保險人或受益人之身分得否為其繼承人所承繼？對此，有關勞工保險的實體法及程序法均有加以規定者。前者，為勞保條例第65條之2第3項規定；後者，為勞工保險爭議事項審議辦法第19條第1項規定。依據勞保條例第65條之2

6　台北高等行政法院105年度訴字第1052號判決參照。

7　楊通軒，個別勞工法—理論與實務，2019年7月，六版，頁150。

第3項規定，「領取年金給付者死亡，應發給之年金給付未及撥入其帳戶時，得由其法定繼承人檢附申請人死亡戶籍謄本及法定繼承人戶籍謄本請領之；法定繼承人有二人以上時，得檢附共同委任書及切結書，由其中一人請領。」本來，勞保條例第四章第八節「年金給付之申請及核發」，包括失能年金、老年年金、遺屬年金三種，蓋三者具有共同的特性，都是被保險人終局地退出勞動市場之所得替代，以滿足其本身及其家屬之基本生活所需。而本條則是對於正在「領取年金給付者死亡，應發給之年金給付未及撥入其帳戶時」，僅限於當月應發放的年金，完成其入帳的給付程序而已，而不及於之後各期的年金給付。從其立法理由觀之，本項目的在避免被保險人死亡除戶以至於年金給付無法入帳的情事發生，故規定得由法定繼承人領取之。其似乎肯定年金給付得為繼承之標的。有問題的是，此條之年金給付，解釋上是否也包括失能年金、老年年金及遺屬年金三者？對此，本書以為似應肯定之。只是，針對失能年金及老年年金，之後應依勞保條例第63條之1第1項規定處理，依之，「被保險人退保，於領取失能年金給付或老年年金給付期間死亡者，其符合前條第二項規定之遺屬，得請領遺屬年金給付。」但針對遺屬年金，則似應依勞保條例第65條第3項第1款「在請領遺屬年金給付期間死亡」，而第二順序之遺屬得請領遺屬年金給付。

再依據勞工保險爭議事項審議辦法第19條第1項規定，「申請人死亡者，由其繼承人或其他依法得繼受原核定所涉權利或利益之人，承受其申請審議。」第3項規定，「依前二項規定承受申請審議者，應於事實發生之日起三十日內，向勞保局或中央主管機關檢送因死亡繼受權利或合併事實之證明文件。」並且，在繼承人承受審議之前，暫停審議程序之進行[8]。由此觀之，繼承人得承受被保險人提起爭議審議之資格，而在審議結果認為有理由或合法妥當時，承受勞保局或審議會所作的核定或審定

---

8 惟此似非勞工保險爭議事項審議辦法第18條之情形。依之，「審議之決定須以其他法律關係是否成立爲準據者，於該法律關係尚未確定時，得依職權或申請人之申請暫停審議程序之進行，並通知申請人。」

（勞工保險爭議事項審議辦法第22條第3項），例如核定（提高）保險給付。解釋上，各項保險給付的核定或審定，應作為遺產之一部分，並按繼承的規定分配給各繼承人（民法第1138條、第1144條參照）。

一、老年給付或失能給付

所以，吾人可否由勞工保險爭議事項審議辦法第19條第1項、第3項與第22條第3項規定，而推認繼承人得向保險人主張繼承被保險人的保險給付？此在實務上原則上採取否定見解，蓋勞保給付具有一身專屬權的性格，與被繼承人之人格無法分離，為國家對於被保險人的公法上的特殊照顧，況且，勞保基金由投保單位（雇主）、被保險人所繳保險費及中央政府補助組合而成，並非被保險人的私有財產，不得作為繼承的標的。此與企業退休金（年金或一次金）（勞動基準法第55條、勞工退休金條例第24條參照）或職業災害補償（勞動基準法第59條、勞動基準法施行細則第10條第7款參照）得為繼承標的者，尚有不同。一身專屬權在老年給付及失能給付尤為明顯，兩者均係因被保險人未工作無收入後所為之金錢支助，係在確保其退出勞動市場後，能夠長期地維持基本生活，其目的在保障被保險人「未來的」生活而給付，並無確定的給付期限。因而，性質上與被保險人因傷病不能工作，以致未能取得原有薪資，保險人發與傷病補償費或補助費，以作為工資的替代者，應該尚有不同。雖然如此，大法官會議釋字第310號解釋認為，「勞工保險條例規定之傷病給付，乃對勞工因傷病不能工作，致未能取得原有薪資所為之補助，與老年給付係對勞工因退職未能獲取薪資所為之給付，兩者性質相同，其請領老年給付者，自不應重複請領傷病給付。內政部中華民國六十九年六月十三日台內社字第一七七三一號函示：『被保險人退職，依規定退保，並請領老年給付者，自不得再依勞工保險條例第二十條規定，請領傷病給付』，與上述意旨相符，尚不牴觸憲法。」本書以為：被保險人退保請領老年給付者，不得再請領傷病給付，並非是兩者給付的性質相同，而是社會保險給付不重複保障原則的要求。

對於被保險人已符合請領老年給付條件，而死亡之情形，中央勞政機關很早即認為，「勞保被保險人於保險有效期間因病死亡者，得依勞工保險條例第63條規定請領死亡給付。惟該等被保險人於死亡前，如已符合同條例第58條請領老年給付之年資或年齡條件，其當序受領人願意放棄請領死亡給付選擇請領老年給付，准依同條例有關老年給付規定辦理。」[9]其所謂「該等被保險人於死亡前，如已符合同條例第58條請領老年給付之年資或年齡條件」，應該包括「已提出請領、未審定核付」及「未提出請領」兩種情形。至於「其當序受領人願意放棄請領死亡給付選擇請領老年給付，准依同條例有關老年給付規定辦理」，應係指勞保條例第63條之當序受領人，依同條例有關老年給付規定辦理而言，解釋上，該請領本質仍是「死亡給付」，只是按老年給付之數額發給而已，故其本質為勞保給付之請領（受益人），而非依民法第1147條、第1148條所辦理的繼承。所以，勞保條例第63條之當序受領人，如果是第2項第5款的兄弟姊妹，必須是專受扶養之人始可[10]。

應做同樣的理解為：「勞工保險被保險人於申請老年給付期間，如發生本會87年4月30日（87）台勞保2字第017789號函釋規定之死亡事故，其受益人得擇領死亡給付。」[11]有問題者，（87）台勞保2字第017789號函釋已遭行政院勞工委員會民國98年3月20日勞保2字第0980140109號令廢止適用，並自民國98年3月20日失其效力。如此，是否會影響（90）台勞保2字第0042348號函的效力？對此，本書採否定見解，蓋本案的重點是「被保險人於申請老年給付期間，發生死亡事故」，而非勞保條例第20條第1項之情形也。

---

[9] 行政院勞工委員會77年12月15日（77）台勞保2字第28483號函參照。

[10] 最高行政法院103年度判字第73號判決、103年度裁字第1784號裁定、台北高等行政法院103年度訴更一字第29號判決參照。

[11] 行政院勞工委員會90年9月13日（90）台勞保2字第0042348號函參照。至於（87）台勞保2字第017789號函釋爲，「有關勞保被保險人於加保有效期間因傷病門診治療，於保險效力停止之日起1年內因同一傷病致殘廢或死亡，得依勞工保險條例第20條規定核發殘廢或死亡給付，並自函示之日起適用。」

又，同樣應做相同理解為：「有關勞保被保險人於民營之關係企業間加保滿25年而在職死亡，其最後服務單位承認各該關係企業服務年資，依退休金之標準發給死亡撫卹金者，其勞保年資視為同一投保單位之年資，其當序受領人准依勞工保險條例第58條第1項（現修正為第2項）第3款及本會77年12月15日台77勞保2字第28483號函規定請領老年給付。」[12]

上述之「死亡」，應該包括死亡宣告之情形。即對於失蹤之人，利害關係人或檢察官得向法院聲請，為死亡之宣告（民法第8條第1項、勞保條例第19條第5項、第6項參照）。而後由遺屬依據勞保條例第62條以下規定，申請死亡給付（喪葬津貼及遺屬津貼）。對此，中央勞政機關認為「查老年給付之請求權屬被保險人本人，由於本案係被保險人離家出走後未再與家人聯絡，其狀況未明，其家屬非為被保險人本人，自不得代為請領老年給付。」[13]雖屬正確，但似應指出得請領死亡給付。

上述函釋並未及於被保險人於死亡前，已符合失能給付條件之情形。惟之後中央勞政機關即認為，「有關被保險人死亡前請領失能或老年相關一次給付，經保險人審定應給付者，其給付得由符合勞工保險條例第63條第1項及第65條第1項、第2項所定之當序遺屬承領。」[14]其僅適用於「請領失能或老年相關一次給付」，而不及於請領失能年金或遺屬津貼之情形。並且，已將請領失能或老年相關一次給付，限縮於「經保險人審定應給付者」，即「已提出請領、並經審定核付者」，始可。至於「其給付得由符合勞工保險條例第63條第1項及第65條第1項、第2項所定之當序遺屬承領。」同樣係指其本質為勞保給付之請領（受益人），而非依民法第1147條、第1148條所辦理的繼承。在此，當序遺屬如果是兄弟姊妹，也必須是專受扶養之人始可[15]。此種不得繼承的態度，在2008年8月13日修正

---

[12] 行政院勞工委員會85年8月2日（85）台勞保2字第127134號函參照。

[13] 行政院勞工委員會92年3月26日勞保2字第0920016692號函參照。

[14] 行政院勞工委員會98年5月8日勞保2字第0980140254號函參照。

[15] 台灣台北地方法院102年度簡字第317號行政訴訟判決、台北高等行政法院105年度訴字第1052號判決參照。

公布廢止勞保條例第21條前，也為行政法院所採，依之，「勞工保險條例第二十一條第一項前段規定『被保險人死亡前請領殘廢給付或老年給付，經保險人審定應給付者，其給付得由被保險人之當序受領遺屬津貼人承領。』旨在保障被保險人因殘廢後減少或喪失勞動能力，予以生活上之補助，自應以被保險人本人為請領殘廢給付主體，且不得繼承。蓋本條文係特別立法規定，將殘廢給付請求權僅賦與勞工保險條例規定之特定範圍受益人享有，且此處受益人之範圍與順位又與民法繼承編規定之繼承人範圍及順序不一致，可知國家顯然在立法政策上，將該筆給付與被保險人之遺產繼承中區隔，另依勞工保險條例之規定來決定其權利人。否則，若解釋殘廢給付請求權為得適用民法承認繼承之規定，則勞工保險條例第二十一條即無規定之必要，可直接即依民法繼承之規定處理。足見勞工保險條例之規定，殘廢給付請求權係獨立發生的公法上請求權，不得繼承。」[16]

只是，上述針對被保險人於死亡前已符合請領老年給付條件之情形，行政法院的見解似與中央勞政機關不同[17]。即其係依繼承的規定處理。依之，「老年給付之目的，係照顧被保險人在退休後尚能維持基本生活為前提，並非補助其不能工作之損失，故應認為勞工保險之被保險人關於老年給付之請求權專屬於被保險人即被繼承人本身，且被保險人於未向主管機關提出申請前，尚未變為金錢債權，不得為繼承之標的。」言下之意，是在提出申請後即可作為繼承的標的。雖然如此，法院也認為「退步言，縱認被保險人生前已符合老年給付要件，其死亡後遺屬仍得領受老年給付，……。」似乎也承認得以受益人身分請領。

二、傷病給付

除了老年給付及失能給付之（以受益人身分）請領或繼承外，同樣

---

16 最高行政法院92年度判字第636號判決參照。同樣持不得繼承見解者，郭玲惠，勞工及就業保險法釋義，2017年12月，初版，頁214。

17 台北高等行政法院94年度訴字第347號判決、最高行政法院96年度裁字第1397號裁定參照。

有疑義的是：被保險人死亡前之普通或職業傷病給付得否為受益人所請領或為繼承之標的？對此，中央勞政機關採取肯定的見解，惟對於承領傷病給付之孫子女或兄弟、姊妹是否需以「專受扶養者」為限？前後函釋的見解正好相反。即依據行政院勞工委員會92年1月28日勞保2字第092005414號函釋：「被保險人遭遇傷病事故，符合勞工保險條例第三十三條、第三十四條規定，於死亡後始由受益人提出申請，或於申請傷病給付後死亡者，其承領傷病給付之孫子女或兄弟、姊妹仍需以『專受扶養者』為限，以落實社會保險提供生活保障之原則。」只是，之後，行政院勞工委員會94年4月22日勞保2字第0940019883號令已將92年1月28日勞保2字第0920005414號函停止適用。其見解為「勞工保險被保險人遭遇傷病，符合勞工保險條例第33條、第34條規定，於死亡後始由受益人提出申請傷病給付，或於被保險人申請傷病給付後死亡者，得由同條例第65條規定之當序受益人承領，其受益人如屬孫子女或兄弟姐妹者，不受『專受其扶養』之限制。」吾人由「得由同條例第65條規定之當序受益人承領」，可知其係指其本質為勞保給付之請領（受益人），而非依民法第1147條、第1148條所辦理的繼承。

上述普通或職業傷病給付得為受益人請領之見解，似乎不為行政法院所接受。在一件普通疾病補助費得否繼承的爭議案中[18]，法院認為普通疾病補助費係以每半個月一次之方式給付，恰與勞動基準法第23條第1項規定：「工資之給付，除當事人有特別約定或按月預付者外，每月至少定期發給二次……；按件計酬者亦同。」之精神相呼應，故性質上屬財產上之權利，而非身分上之專屬權利。並且，「勞工保險普通疾病補助費之受益人係被保險人本人，惟其因具填補薪資損失之財產上性質，故縱未於生前行使其請求權，亦得由繼承人承受行使。」「行政院勞工委員會九十二年一月二十八日勞保二字第〇九二〇〇五四一四號函釋誤認被保險人以外之他人為受益人，又將得為繼承之權利限制於『專受扶養者』，其見解尚

18 台北高等行政法院93年度簡字第956號判決參照。

非允當。」可知，繼承人並非以受益人的身分請領，而是按照民法第1147條、第1148條辦理繼承。解釋上，普通疾病補助費應作為遺產之一部分，並按繼承的規定分配給各繼承人。

三、就業保險給付及其他勞工保險給付

除了勞保條例中之老年給付、失能給付及傷病給付外，生育給付得否為被保險人的受益人請領或作為繼承標的？本書以為上述台北高等行政法院有關傷病給付繼承之見解，似可適用於生育給付。

至於就業保險給付，中央勞政機關也認為就業保險法「並無針對被保險人之遺屬為相關規定，亦無準用勞工保險條例有關受益人之規定，爰本案被保險人如已提出申請就業保險給付或津貼，並經認定符合相關請領要件，但於保險人尚未核發前死亡，其給付或津貼得由其法定繼承人承領之，不因給付行政作業期間而影響權益。」[19]其所謂「就業保險給付或津貼」，並不以失業給付為限，而是包括就業保險法第10條之五種給付。被保險人必須已提出申請，始得為承領之標的。在此，其似乎係採取繼承遺產之看法，而非由受益人請領就業保險給付或津貼。果如此，其與中央勞政機關針對老年給付、失能給付、傷病給付之由受益人承領之見解，並不一致。

四、本書見解

針對上述被保險人死亡前之老年給付、失能給付、傷病給付、就業保險給付，中央勞政機關都以為係依勞保條例之當序受益人請領勞保給付，而非依民法第1147條、第1148條所辦理的繼承。相反地，行政法院則是依繼承的規定處理。本書以為被保險人之繼承人不得以受益人的身分請領勞保給付，至於得否依據民法第1147條、第1148條請求？基於一身專屬權的性質，原則上亦應持否定見解。例外地，職業或普通傷病給付得為繼承的

---

[19] 行政院勞工委員會98年2月4日勞保1字第0980060744號函參照。

標的，這是指被保險人死亡前尚未支付之傷病給付，由保險人將現金給付匯入被保險人之金融機構戶頭。對此，行政法院的見解應屬可採。

而且，雖然案例事實不盡相同，但（77）台勞保2字第28483號函是否在勞工保險條例第65條之3施行後，即應停止適用？

第三項　請領勞工保險給付之代理

勞工保險給付之代理包括法定代理、輔助人及意定代理三種情況，前者，係指：一、被保險人已經死亡，但其受益人未達成年，需要指定監護人為其法定代理人，以便為其請領給付；或者二、被保險人雖尚生存，但「對於因精神障礙或其他心智缺陷，致不能為意思表示或受意思表示，或不能辨識其意思表示之效果者，……法院得……為監護之宣告。」並由監護人為其法定代理人，為其請領給付。而自2008年5月2日修正公布施行民法第15條之1及第15條之2之後，「對於因精神障礙或其他心智缺陷，致其為意思表示或受意思表示，或辨識其意思表示效果之能力，顯有不足者，法院得……，為輔助之宣告。」至於意定代理，則是針對無上述之事由，而被保險人無法親自辦理請領給付，而委託他人代理辦理請領給付者。實務上屢生爭議的勞保代理人，即是指這種狀況。

一、法定代理

依據勞保條例第54條之2第1項三請領失能年金給付之未成年子女、第63條請領遺屬津貼之未成年子女、受其扶養之未成年孫子女，其並不得自行向保險人請求給付或繼承，而是必須經由法定代理人為之。勞保條例施行細則第89條即規定，「依前四條規定請領給付之受益人為未成年者，其申請書及給付收據，應由法定代理人簽名或蓋章。」惟其只針對遺屬津貼，而不及於請領失能年金給付。至於勞保條例施行細則第87條規定，「依本條例第六十三條之一第二項規定，選擇一次請領失能給付扣除已領年金給付總額之差額者，……。」係指被保險人原本在領取失能給付期間死亡，而由其法定順序之受益人請領遺屬津貼應扣除已領年金給付總額之差額。在此，亦會發生未成年子女或未成年孫子女之問題。

針對未成年人，依據民法第12條規定，「滿十八歲為成年。」第13條規定，「未滿七歲之未成年人，無行為能力（第1項）。滿七歲以上之未成年人，有限制行為能力（第2項）。」至於法定代理人的代理權限，分別規定於民法總則編及親屬編。依據第76條規定，「無行為能力人由法定代理人代為意思表示，並代受意思表示。」第77條規定，「限制行為能力人為意思表示及受意思表示，應得法定代理人之允許。但純獲法律上利益，或依其年齡及身分、日常生活所必需者，不在此限。」如果是婚生子女，依據第1086條第1項規定，「父母為其未成年子女之法定代理人。」第1089條第1項規定，「對於未成年子女之權利義務，除法律另有規定外，由父母共同行使或負擔之。父母之一方不能行使權利時，由他方行使之。父母不能共同負擔義務時，由有能力者負擔之。」

如果是非婚生子女，依據民法第1065條第2項規定，「非婚生子女與其生母之關係，視為婚生子女，無須認領。」即其生母為法定代理人。而「非婚生子女經生父認領者，視為婚生子女。其經生父撫育者，視為認領。」（第1065條第1項參照）如此一來，「非婚生子女經認領者，關於未成年子女權利義務之行使或負擔，準用第一千零五十五條、第一千零五十五條之一及第一千零五十五條之二之規定。」（第1069條之1參照）即準用夫妻離婚時，對於未成年子女權利義務之行使或負擔之規定。而非依民法第1086條及第1089條規定處理之。對此，「……依協議由一方或雙方共同任之。未為協議或協議不成者，法院得依夫妻之一方、主管機關、社會福利機構或其他利害關係人之請求或依職權酌定之。」（第1055條第1項參照）

承上而來者，假設上述法定代理人死亡，或「未成年人無父母，或父母均不能行使、負擔對於其未成年子女之權利、義務時，應置監護人。」（第1091條參照）「最後行使、負擔對於未成年子女之權利、義務之父或母，得以遺囑指定監護人。」（第1093條第1項參照）「父母均不能行使、負擔對於未成年子女之權利義務或父母死亡而無遺囑指定監護人，或遺囑指定之監護人拒絕就職時，依下列順序定其監護人：一、與未成年人同居之祖父母。二、與未成年人同居之兄姊。三、不與未成年人同居之祖父母。」（第1094條第1項參照）「監護人於監護權限內，為受監護人之法定代理人。」（第1098條第1項參照）如此，即由監護人行使勞保條例施行細則第89條簽名或蓋章之權限。

值得一提者，針對法定代理人未能出面代為申請給付之特殊情事，勞保條例施行細則第92條設有特別規定，「被保險人死亡，其受益人為未成年且無法依第八十九條規定請領保險給付者，其所屬投保單位應即通知保險人，除喪葬津貼得依第八十四條規定辦理外，應由保險人計息存儲遺屬年金給付或遺屬津貼，俟其能請領時發給之。」[20]其所謂「俟其能請領時」，或者為父母已能行使法定代理權、或者已經指定監護人行使法定代理權、或者未成年人已經成年，並以自己名義向保險人請求給付。在此，「其所屬投保單位應即通知保險人」，應係以被保險人的法定順序受益人已委請向保險人先行計息存儲為前提。單純地經由投保單位向保險人申請遺屬給付，恐怕尚不符合此一要求。

至於針對成年人而有民法第14條之情形者，亦即「對於因精神障礙或其他心智缺陷，致不能為意思表示或受意思表示，或不能辨識其意思表示之效果者，法院得因本人、配偶、四親等內之親屬、最近一年有同居事實之其他親屬、檢察官、主管機關、社會福利機構、輔助人、意定監護受任人或其他利害關係人之聲請，為監護之宣告。」例如因傷病昏迷而陷入植物人狀態者，即屬之[21]。「受監護宣告之人，無行為能力。」（民法第15條）「無行為能力人由法定代理人代為意思表示，並代受意思表示。」（民法第76條）依據民法第1110條規定，「受監護宣告之人應置監護人。」第1111條第1項規定，「法院為監護之宣告時，應依職權就配偶、四親等內之親屬、最近一年有同居事實之其他親屬、主管機關、社會福利機構或其他適當之人選定一人或數人為監護人，並同時指定會同開具財產清冊之人。」第1111條之1規定，「法院選定監護人時，應依受監

---

20 勞工保險監理委員會，勞保爭議大觀園，2010年6月，頁13以下。

21 勞工保險監理委員會，勞保爭議大觀園，頁6以下。

護宣告之人之最佳利益，優先考量受監護宣告之人之意見，審酌一切情狀……。」所以，父母不一定是監護人。再依第1113條規定，「成年人之監護，除本節有規定者外，準用關於未成年人監護之規定。」即準用民法第1098條規定，由監護人為受監護人之法定代理人。

須注意者，上述因傷病昏迷而陷入植物人狀態者，已屬失能程度，本可在經治療後，症狀固定，再行治療仍不能期待其治療效果，經保險人自設或特約醫院診斷為永久失能，並符合失能給付標準規定者，得按其平均月投保薪資，依規定之給付標準，請領失能補助費或補償費。惟，只因其屬重度失能，本身已喪失行為能力，如何及由誰申請失能給付？勞保條例施行細則第68條以下並未規定。即並無類似施行細則第89條規定。故應按照民法選任監護人，而後由監護人擔任法定代理人，為其行使法律行為。

二、意定代理

除了法定代理之外，針對被保險人本人因事或因故無法親自辦理勞保給付之情形，得否委任代理人辦理請領手續、甚至提起爭議審議？例如被保險人身處國外或其全身幾乎癱瘓、無法言語且意識模糊、生活完全無法自理，但並無上述民法第14條之情形者[22]。對此，勞保條例並未就代理人加以規定。與民法有代理之一般規定（民法第103條第1項、第170條參照），而商業保險有保險代理人詳細的規定者（保險法第8條、第163條～第165條參照），尚有不同。實務上屢生爭議者，即為民法及保險法之代理人規定，得否適用或類推適用於勞工保險。尤其是勞保代理人（俗稱勞保黃牛）之合法性問題，最具爭議。

首先，針對被保險人精神上有重大缺陷，但未達民法第14條之程度者。依據民法第15條之1第1項規定，「對於因精神障礙或其他心智缺陷，致其為意思表示或受意思表示，或辨識其意思表示效果之能力，顯有不足者，法院得因本人、配偶、四親等內之親屬、最近一年有同居事實之其

22 不同說，勞工保險監理委員會，勞保爭議大觀園，頁16以下。

他親屬、檢察官、主管機關或社會福利機構之聲請，為輔助之宣告。」第15條之2第1項規定，「受輔助宣告之人為下列行為時，應經輔助人同意。但純獲法律上利益，或依其年齡及身分、日常生活所必需者，不在此限：……。」再依據民法第1113條之1第1項規定，「受輔助宣告之人，應置輔助人。」此一輔助人制度，應係在提供被輔助宣告之人各種協助之用，尤其是對於第15條之2第1項重要法律行為行使同意權。此一制度，與監護人制度形成並行的獨立制度，輔助人行使類似法定代理人的權限。解釋上，既有此一制度，即無須、且不得再依循傳統的監護人宣告制度[23]。所以，受輔助宣告之人向保險人請領勞保給付時，應得到輔助人的同意。並由輔助人轉交請領文件給保險人。而在保險人所為之核定發生爭議時，應由輔助人代理申請爭議審議（勞工保險爭議事項審議辦法第6條第1項參照）[24]。

其次，針對商業保險的代理人。依據保險法第8條規定，「本法所稱保險代理人，指根據代理契約或授權書，向保險人收取費用，並代理經營業務之人。」這是指保險人委任保險代理人為其經營業務而言，並由其支付相關費用。保險代理人必須經主管機關許可，繳存保證金並投保相關保險，領有執業證照後，始得經營或執行業務。至於其資格取得、申請許可應具備之條件等事項，應遵守主管機關所訂定的管理規則（保險法第163條第1項、第4項參照）。保險代理人違反法令或有礙健全經營之虞時，主管機關除得予以糾正或命其限期改善外，並得視情節之輕重為限制其經營或執行業務之範圍或其他必要之處置等處分（保險法第164條之1第1項參照）。保險代理人，應有固定業務處所，並專設帳簿記載業務收支。兼有保險代理人、經紀人、公證人資格者，僅得擇一申領執業證照（保險法第165條第1項、第2項參照）。

---

23 勞工保險監理委員會，勞保爭議大觀園，頁6以下。

24 相對地，受輔助宣告之人爲訴訟行爲時，只須獲得輔助人同意即可（民法第15條之2第1項第3款）。只是，解釋上仍應由輔助人代理提起訴訟，因爲受輔助宣告之人已無訴訟能力。

由上述保險法保險代理人的規定，可知其契約相對人為保險人而非要保人或被保險人。故其應由保險人獲取報酬。並且，其是採取許可的管制措施，必須遵守管理規則始能取得資格，在違法或違規時，並會受到限制經營業務等處罰。保險代理人並且不得兼具有經紀人、公證人的執業證照。這些規定都是在確保代理功能的發揮及促進商業保險的專業發展。只是，在勞保條例並無專業代理人規定的情況下，保險代理人得否兼營勞工保險的業務？雖然，此在實務上不乏見之，而勞工保險主管機關的杜絕措施並無法根除此一由來已久的社會現象。其做法為，保險代理人的契約相對人為被保險人或受益人，雙方簽訂一委任契約（委託契約書）。由代理人向保險人申請各種保險給付，事成後收取一定額度佣金。從委任契約的本質觀之，本為自然之事，但因不乏勞保代理人收取高額之佣金，嚴重侵蝕勞保給付之現金給付，並有因而引發被保險人或受益人拒絕給付佣金者，因此，坊間多有稱之為「勞保黃牛」，以示其高額利潤之不當。雖然如此，法院實務上多承認代理契約之效力，而否認代理人犯有刑事罪責，或者駁回撤銷委任契約之主張[25]。

所以，在勞保條例未有保險代理人應經許可取得證照，方能執業的規定下，即得推論出「法並無禁止」的結論。即其回歸到民法的代理規定，而非保險法的有關保險代理人的規定[26]。並無須專業證照，也無特殊的管制措施或處罰規定。換言之，被保險人或受益人並無須有特定的事由（例如人在國外或身患重大傷病行動不便），而是得任意委任第三人代理為其請領勞保給付，且代理人得為具有專業知識的律師、代書，也可以親戚好友或民間仲介機構[27]。解釋上，也包括商業保險的代理人。只要向保險人

---

[25] 台灣台中地方法院91年度中簡字第89號判決參照。有趣的是，本案的原告爲勞工保險局，其訴請撤銷被保險人與勞保代理人的委任契約。法院似未懷疑其具有訴訟之利益。

[26] 另外，保險法第54條第2項有利解釋原則不得適用於勞工保險，勞工保險適用覈實審核原則，主要是節省經濟原則的考量。

[27] 針對身處居住國的外籍勞工，其請領勞保給付，應依勞保條例施行細則第94條規定而爲。依之，「依本條例規定請領年金給付，未於國內設有户籍者，應檢附經第五十四條第一項所列單位驗證之身分或居住相關證明文件，並應每年重新檢送保險人查核。」解

出示書面的委任書或授權書即可[28]。至於報酬額度是否過高，應依民法的相關規定（例如第74條、第92條的詐欺）加以審查。吾人觀勞工保險爭議事項審議辦法第4條第1項本文「審議申請書應載明下列事項，由申請人或代理人簽名或蓋章：……。」相較於第6條第1項明定為「法定代理人」，前條解釋上包括法定代理人及意代／勞保代理人，即其得代理被保險人或受益人提出爭議審議的申請。

最後一言者，保險法第163條至第165條等管制規定畢竟是針對商業保險代理人，而商業保險與勞工保險的目的、性質、功能並不相同，限制的必要性、管制的措施及重點因而有異。再加上保險法第174條規定，「社會保險另以法律定之。」所以，解釋上社會保險代理人仍應回歸各社會保險法令規定，由其按照各社會保險目的之實現及代理人可以發揮的功能，裁量規範之。目前，勞保條例已加以投保單位辦理勞工保險的各種義務，如能完善化及專業化勞保業務的進行，再加上勞工保險主管機關所提供的各種服務，當能將保險專業代理人的需求降至最低。雖然如此，中央勞政機關仍應蒐集並了解先進國家社會保險專業代理人的辦理情況及其利弊得失，以為我國法制參考之用。如確定社會保險專業代理人確實能提升社會保險目的之實現及確保被保險人或受益人的給付利益，則方能進入法制化的階段。在此，立法上應可參考保險法第8條、第163條至第165條等相關規定，尤其可以思考的是：採取與保險法第8條相同的立法方式，將社會保險專業代理人之契約相對人，明定為保險人，並由保險人獲取（定額或不定額的）報酬。另外，在管制措施上，似乎也可以思考禁止或限制一人同時兼營商業保險代理及勞工保險代理的業務。

第四項　保險給付不得重複申請給付（一事不再理）

被保險人或受益人請領勞工保險給付，保險機關、爭議審議機關或法

釋上，其得親自辦理，亦得委託當地仲介機構辦理。

28 勞工保險監理委員會，勞保爭議大觀園，頁17以下。

院以當事人同一、訴訟標的相同、訴之聲明相同為由，在程序上為不受理之核／審／裁定，訴訟法上稱為「一事不再理」。此種以具有形式上及實質上確定力為由之不受理，係基於訴訟經濟及避免重複裁判發生矛盾的考量。至於實體法之勞保條例第22條之同一事故一次給付原則及第65條之3之社會保險給付不重複保障原則，目的在避免過度保障或不當得利，如果被保險人或受益人再度提出給付之請求，保險機關、爭議審議機關或法院或有以「一事不再理」不予受理者。但是，以勞保條例第22條而言，其規範重點似在「受益人有多人」，而多次申請給付之情形。只有在被保險人本人或同一受益人多次提出同種給付之情形下，才會發生一事不再理。這也包括第一次申請保險給付為保險人所拒絕，而後再次提出請領給付之情形，換言之，勞保條例第22條「同一種保險給付，不得因同一事故而重複請領」，並不以先提出申請者已經獲得給付為前提。

以勞保條例第63條所定法定順序的受益人申請死亡給付為例，如果保險人以特定理由而拒絕之，例如被保險人生前無工作能力或工作事實而取消其保險資格（勞保條例第24條、第16條第2項參照）、或請求保險給付已罹於5年的消滅時效（勞保條例第30條參照）[29]等。則在同一受益人或其他受益人再度提出死亡給付之請求時，即會被以同一事件（故）不得重複申請給付（勞保條例第22條參照）為由，而不予受理。在此，如係同一受益人的再度申請，即係一事不再理的表現[30]。此處的同一受益人，包括實質當事人同一或地位互換之情況，例如被保險人死亡，其父之死亡給付申請經保險人不予核付，而後其母再度提出申請給付[31]。

實務上爭議較大的是，何謂「同一事故」？本來，保險給付均係基於特定的保險事故而來，例如生育給付必須有生產之事實，老年給付必須有符合一定保險年資及生命週期（年齡）之條件，死亡給付則必須有事實死

---

29 惟，依據勞保條例第58條第4項規定，「被保險人請領老年給付者，不受第三十條規定之限制。」

30 台北高等行政法院97年度訴字第1778號判決參照。

31 勞工保險監理委員會，勞保爭議大觀園，頁27以下。

亡或死亡宣告之情況。所以，在被保險人或其受益人申請給付時，必須提出嬰兒出生證明書或死產證明書（勞保條例施行細則第56條第1項第2款參照）、必須在老年給付申請書填寫年齡及保險年資，以及必須提出死亡證明書、檢察官相驗屍體證明書或死亡宣告判決書及載有死亡登記之戶口名簿影本，及被保險人身分證或戶口名簿影本（勞保條例施行細則第82條第1項第2款、第3款、第84條參照）。之後，保險人始進行審核給付。

有問題的是，勞工傷病、失能或死亡，可能起因於工作，也可能與工作無關，此即會牽涉到得申請職業災害給付或僅得申請普通傷病給付、以及「得請領遺屬年金給付及按被保險人平均月投保薪資，一次發給十個月職業災害死亡補償一次金」（勞保條例第64條第1項參照）[32]。因此，對於先以普通事故獲得保險機關的傷病給付、失能給付或死亡給付者，可否再以起因於職業災害（職業傷害與職業病）為由，向保險人申請給付【案例1(2)】？其是否為同一事故？對此，根據勞保條例第2條規定，可知我國係採取綜合保險、而非單一保險。而且，區分為普通事故保險與職業災害保險兩個獨立的保險制度，由勞保局擔任保險人（排除其他機構或地方自治團體）。兩類保險的財務及給付各自獨立，並不存在競合關係。也並非「普通法」與「特別法」的關係。依法理而言，勞保局必須依法行政，按照保險事故係普通或職災，而依據勞保條例相關規定給付之。也就是說，現行勞保局基於便民的考量，將錯誤的給付申請，逕自改為正確項目而給付（普通改職災或職災改普通），在法律上並非沒有疑慮。而這也可能埋下導致（如同本案般的）是否一事不再理的爭議的引信。

所以，從實體法來看，勞工僅遭遇到一個傷病、失能或死亡的事實，但招致的緣由不同，保險保障的必要性遂有差異，勞保條例第2條將之區分成不同的保險分類，第13條並且規定不同的保險費率，第33條以下、第53條以下，以及第64條也有不同的給付條件[33]、標準與額度。可知，立法

---

[32] 而且，勞基法第59條第4款之喪葬費及死亡補償，也是以職業災害爲前提。

[33] 例如，普通傷病給付以被保險人「住院」爲條件，職業傷病給付則不需要。勞保條例第33條、第34條對照。倒是，勞工依據勞工請假規則第4條第3項請求普通傷病工資，並不需要以住院爲前提。

者係有意將之作為不同的事故對待。所以，同一事故／件，應係指同一事實+同一普通或職業給付而言。

只不過，從程序法來看，被保險人或受益人針對同一事實，先後以不同的起因／緣由而申請給付，例如「先普通、後職業」或者反之，是否當然得以不同事故而獲得受理審核、甚至審議或裁判？此似非無疑。蓋程序法上的一事不再理，重點應係在對於同一事故／件的事實及給付請求有無加以審查，而非在於有無核定給付。尤其是「先職業／普通，被駁回後，再次職業／普通」之申請，更有疑義。所以，解釋上，被保險人先向保險人請領普通傷病給付，之後，其以同一傷病事實轉而（再次）起訴主張是職業傷病給付，如前一法院已經就是否為職業災害事故加以審查，則後一法院當即應受一事不再理之拘束。

惟，在一件個案中，甲係以誤認為由，先請求普通傷病給付後，再次請求職業傷病給付。法院係以不同之保險事故為由，判准甲之請求[34]。惟是否為誤認或者是請領給付之策略運用【即故意】，法院並未加以置喙，本書以為此似應先由被保險人就誤認的事實加以舉證。而且，被保險人既然主張實際上為職業災害，則似應先歸還普通傷病給付，而在勝訴後再由勞保局為職業傷病給付，目前勞保局採取扣除普通傷病給付的方式只是便宜的做法，並不可採。尤其重要的是，應就審理過程中，被保險人與保險人有無就傷病的緣由及給付的種類（普通或職業災害）加以攻防或審認而定之。如有，即應以一事不再理不予受理。所以，如果先請求職業傷病給付，被勞保局以普通傷病給付後，可否再次請求職業傷病給付？或者，先請求職業傷病給付，被勞保局拒絕給付（例如無工作能力）後，可否再次請求普通傷病或職業傷病給付？都應該採取否定的見解。

上述之同一事故／件爭議，都是針對同一當事人而請求同一種或不同

---

34 最高行政法院89年度判字第211號判決參照。判斷該案被保險人是否爲職業災害，一項令人迷惑不清的事實是：被保險人是公司負責人，將公司營業處所設於私人的住處，這使得私人生活與工作根本分不開來，理論上，24小時都有職業災害保險的保障（主張隨時都在工作中）。

種保險給付之情形。惟勞保條例第22條「同一種保險給付，不得因同一事故而重複請領。」事實上較常是多位受益人同時或先後申請給付的狀況，例如針對勞保條例第62條、第63條及第63條之2第1項第1款之喪葬津貼，第63條之法定順序受益人都提出申請給付。如此一來，由於喪葬津貼係在補助／貼被保險人家屬辦理喪葬之用，具有社會扶助之功能，而且，第63條及第63條之2第1項第1款所指之喪葬津貼，同於第62條之喪葬津貼，雖然前者為「被保險人死亡喪葬津貼5個月」，而後者為「家屬死亡喪葬津貼3個月或2個月或1個半月」，但「二者無論從其名稱、用途、及保障之目的上觀察，尚無不同，應以請領一份為限。」[35]故應該避免社會資源浪費[36]。而且，應依第62條各款的標準，以請領人的平均月投保薪資為準，發給喪葬津貼。依據勞保條例第63條之3第2項規定，「本條例之喪葬津貼、遺屬年金給付及遺屬津貼[37]，以一人請領為限。符合請領條件者有二人以上時，應共同具領，未共同具領或保險人核定前如另有他人提出請領，保險人應通知各申請人協議其中一人代表請領，未能協議者，喪葬津貼應以其中核計之最高給付金額，遺屬津貼及遺屬年金給付按總給付金額平均發給各申請人。」所以，勞保局基於勞保條例第22條之同一事故一次給付原則，應不再給付。此處，似與一事不再理無直接關聯。

緊接著，與勞保條例第22條規定頗為類似的是，第65條之3規定，「被保險人或其受益人符合請領失能年金、老年年金或遺屬年金給付條件時，應擇一請領失能、老年給付或遺屬津貼。」後者，是社會保險給付不重複保障原則之表現，也是勞保給付應符合適當保障原則、節省經濟原則的要求[38]。蓋對於高齡或中高齡的被保險人而言，即有可能在符合請領老

---

35 最高行政法院93年度判字第1242號判決參照。勞工保險監理委員會，勞保爭議大觀園，頁118以下。

36 在實務做法上，已申領家屬死亡喪葬津貼者，得向勞保局說明並退回款項，並改選較爲有利的被保險人死亡喪葬津貼。

37 遺屬津貼或遺屬年金係供死亡者身後遺屬之基本生活之用，遺屬得擇一請領之。

38 與社會保險給付不重複保障原則類似、但性質上稍有不同的是「就業保險被保險人受僱於二個以上雇主，同時非自願離職，不得分別核發失業給付。」的問題。在此，如果受僱從事一全職工作，其他爲兼職（部分工時工作），則社會保險給付不重複保障原則應

年給付或失能給付的條件時，同時或在短暫時間內先後符合申請失能給付或老年給付的資格者。而在被保險人提出申請或正在領取中而死亡之情形，其受益人取得請領遺屬年金之資格，三種年金的給付種類不同，與第22條同一事故一次給付原則並不相同。尤其是受益人的遺屬年金資格，雖然是基於社會保險扶助的功能而來，並非基於本身的繳交保險費而得，但仍然無礙於其為獨立的給付種類。在此，本書前已述及：老年給付或失能給付並不得作為繼承標的，即被保險人的受益人只能請領死亡給付而已，因此，似無可能發生第65條之3擇一請領之情形[39]。進而，受益人之請領死亡給付，也與社會保險給付不重複保障原則無關。在此另需注意者，如果被保險人已經申請並且正在領取老年給付，其生前有傷病醫療、且符合失能給付條件者，仍需依第65條之3擇一請領規定處理，在有符合勞保條例第63條第2項規定之遺屬時，得請領遺屬年金給付（第63條之1第1項參照），而不得再請求失能給付[40]。最後，第65條之3「雖僅限於『年金』之不得重複請領，惟基於舉重明輕之法理，失能、老年一次給付如涉有重複保障，亦應如是解釋。」[41]

屬正確。惟如果2個以上全部是部分工時工作，則應係就業保險法第2條第3項擇一參加就業保險的問題，其係在避免部分失業的情形出現。就此觀之，中央勞政機關未區分上述二種不同情形，一律以社會保險給付不重複保障原則處理，似不盡正確。惟其所用理由「考量就業保險立法目的及整體制度之衡平」，則屬正確可行。勞動部109年3月9日勞動保1字第1080140674號函參照。

[39] 雖然如此，最高行政法院108年度裁字第1379號裁定卻是持肯定見解。在該案中，被保險人請領一等殘失能給付期間死亡，其受益人又申請死亡給付（中間間隔未足1個月時間），保險機關引用勞保條例第65條之3通知受益人擇一請領。而最高行政法院亦認同保險機關的做法。

[40] 最高行政法院95年度判字第1705號判決參照。

[41] 台北高等行政法院99年度簡字第568號判決參照。須注意者，針對勞保條例第20條第1項之「被保險人在保險有效期間發生傷病事故，於保險效力停止後一年內，得請領同一傷病及其引起之疾病之傷病給付、失能給付、死亡給付或職業災害醫療給付。」法條已明定保險效力「停止」，與本案被保險領取老年給付保險效力已「終止」，尚有不同。惟法院卻將本案作爲「停止」裁判，似有可議之處。

或許是如此，所以有認為第65條之3之「同時符合老年年金或失能年金的請領條件、而又符合請領遺屬年金條件」者，係指被保險人本人而言，而非指被保險人的受益人。也就是說，其情形是：被保險人正在受領老年年金或失能年金給付期間，而其又因親屬死亡而符合遺屬年金之請領資格者，由其判斷何者對其較為有利而擇一請領之[42]。經由此一規定，突顯出立法者落實社會保險給付不重複保障原則的用意。基於此，在受益人請領遺屬年金期間，本身又符合請領老年年金或失能年金之條件時，解釋上其亦只能擇一請領，不得兼得之。在此，本書以為：第65條之3「被保險人或其受益人符合請領失能年金、老年年金或遺屬年金給付條件」，並無須以被保險人正在受領老年年金或失能年金給付期間為限，而是包括尚未提出申請給付或已申請給付、但保險機關尚未核付之情形。換言之，保險機關發現此種情形，均得通知被保險人擇一請領。且其一旦擇一請領，解釋上，在經保險人核付後，即不得變更[43]。

在此，或可贅述一言者。被保險人符合請領老年年金及失能年金給付的條件，其會擇一請領者，大多係指符合領取一等殘、二等殘或三等殘者之失能年金者。即指「被保險人經評估為終身無工作能力，領取失能給付者，應由保險人逕予退保。」（勞保條例第57條參照）雖然如此，本書以為似乎不以此為限，蓋其重點是在擇一請領後，即排除其他的保險給付。所以，即使被保險人只有輕度失能，未達勞保條例第57條終身無工作能力之程度，但被保險人一旦擇領老年給付，其亦將喪失失能給付的請求權。

配合社會保險給付不重複保障原則者，依據勞保條例第63條之3第1項規定，「遺屬具有受領二個以上遺屬年金給付之資格時，應擇一請領。」表示有多位被保險人同時或先後死亡，而受益人因而同時或先後取得領取遺屬年金的資格。本來，其是屬於不同的給付事故，惟由於遺屬年金具有社會扶助的性格，基於社會資源分配之公平考量，受益人應擇一請領。只

42 行政院勞工委員會，勞工保險條例逐條釋義，2011年12月，頁685。

43 行政院勞工委員會99年5月7日勞保2字第0990066517號函參照。

不過，對於正在領取遺屬年金的受益人，如又發生受領遺屬年金給付之資格時，其擇一請領應如何處理？對此，本書以為得重新擇一所欲領取之遺屬年金，並以之作為年金給付停止發給的對象（勞保條例第63條之4參照）。

須注意者，上述之三種不同年金的擇一請領，是否應以被保險人或受益人均已符合申請資格、且已向保險人申請給付為前提？並非無疑。以實務上發生較多案例的失能年金與老年年金而言，似乎是如此。法院也認為「老年給付及殘發給付，二者之目的相同，均為保障勞工在脫離工作後之收入。」[44]惟是否當然如此？這主要是涉及被保險人有無申請老年年金之情形。此尤其是被保險人並無意願提出老年給付之申請者。緣對於符合勞保條例第58條第1項、第5項老年給付條件者，勞保條例並無強制退保之規定，所以，被保險人如未提出申請，當然得繼續累積其保險年資。只不過，一旦被保險人失能已達終身無工作能力之程度，且經全民健康保險特約醫院或診所診斷為實際永久失能者，即應以實際永久失能之當日為退保日期。被保險人無權主張領取較輕等級的失能給付而繼續參加勞工保險，而是強制予以退保。如此一來，即使其無意申請老年給付，亦不得不受到勞保條例第65條之3擇一請領規定之適用[45]。同理，如上所述，被保險人已申請給付、但保險機關尚未核付之情形，亦同受適用。

較為特殊的是，勞保條例第65條之3也包括被保險人依據勞保條例第58條之2第2項請領減額年金之情形。依之，「被保險人保險年資滿十五年，未符合第五十八條第一項及第五項所定請領年齡者，得提前五年請領老年年金給付，每提前一年，依前條規定計算之給付金額減給百分之四，最多減給百分之二十。」只是，與上述已符合請領老年給付的年資與年齡者不同的是，此處的被保險人必須提出申請減額年金的給付，保險機關始能令其擇一請領。

對於被保險人或受益人違反第65條之3擇一請領規定者，實務上，基

---

44 最高行政法院95年度判字第1705號判決參照。

45 連帶地，勞保條例第58條之2第1項增額年金之規定，亦將被排除適用。

於程序法上一事不再理原則，勞工保險局將會核定不予受理，如其提出爭議審議，勞保監理會得依勞工保險爭議事項審議辦法第17條第1項第6款「對已審定或已撤回之爭議案件重行申請審議。」為不受理之審定。而如果進入訴訟程序者，法院亦得為不受理之裁定。整體而言，勞工保險救濟程序之一事不再理，並不以同一當事人、同一訴訟標的及同一訴訟聲明為限，例如勞保條例第22條之同一事故多次請求給付或第65條之3之重複請求給付，當事人（被保險人及受益人）可能為多人、保險給付種類也可能多種。可以說，勞保條例第22條及第65條之3雖與程序法之一事不再理有重疊或關聯之處，但仍然有所不同。

最後，猶欲一言者。與勞保條例第65條之3擇一請領具有一定關聯者，係勞工因職業災害或普通事故而面臨失能、退休及死亡之補償或給與（包括撫卹金）問題。簡言之，勞工得否由雇主兼得企業退休金與失能補償／助／貼、並且其繼承人得要求雇主死亡補償／助／貼？或者，在此，勞基法、勞工職業災害保險及保護法及勞工退休金條例在法理上應採取雇主一次給付原則，以免雇主過度負擔並危及職業災害預防與重建的立法目標？

以普通事故而言，假設已符合退休條件的甲非因執行職務而重度失能，得否向雇主辦理退休取得退休金及要求給付失能補助／貼？如甲之後死亡，其繼承人得否再向雇主請求給付死亡補助／貼？對此，勞基法及勞工退休金條例僅有退休的強制規定，並無失能及死亡補助／貼的規定。雖然勞基法第70條第8款工作規則應訂立「災害傷病補償及撫卹」事項，而工作規則審核要點附表訂立事項八（二）也要求應具體、明確訂定「一般災害撫卹」。故解釋上，雇主應自行訂立失能及死亡的補償及撫卹事項，以確保勞工及其家屬的請領權益。並且，勞基法第79條第3項有「違反第七十條規定者，處新臺幣二萬元以上三十萬元以下罰鍰。」之規定。實務上即是依之處罰未訂立工作規則的雇主。只不過，該項有關違反第70條規定之制裁，似乎是以雇主違反工作規則所訂立之事項為前提，假設雇主並未訂立工作規則，似乎即無處罰的規定，勞工及其家屬亦無請求的依據。退而求其次，即使肯定未訂立工作規則的雇主處罰有據，只要雇主未訂立相關的規定，勞工及其家屬亦無法有所請求。所以，仍然需要仰賴勞雇雙方自由約定如何補助／貼而定[46]。而既然是由勞雇雙方自由約定失能或死亡的補助／貼，即是雇主自由意願所為，如其同意，即無過度保障或過度負擔的問題。這也表示：對於因普通事故所生之退休、失能、死亡，原則上係以退休金確保其經濟安全，但也可能附加失能或死亡的補助／貼。

再以職業災害事故而言，雖然勞基法之退休或職業災害部分及勞工退休金條例並無類似勞保條例第65條之3之規定，但是，考量勞基法第59條本文「勞工因遭遇職業災害而致死亡、失能、傷害或疾病時，雇主應依下列規定予以補償。但如同一事故，依勞工保險條例或其他法令規定，已由雇主支付費用補償者，雇主得予以抵充之：……。」因此，參加職業災害保險的勞工發生職業災害，其職業災害的給付或補償係由保險人及雇主取得，並且經由抵充的設計，達到適度分擔的效果。而且，基於抵充的法理，也可避免職業災害勞工的過度保障及雇主的過度負擔。如果配合2021年4月30日制定公布之勞工職業災害保險及保護法所強化的預防與重建，雇主必須再增加費用。因此，勞保條例第65條之3之社會保險給付不重複保障原則，似乎即有適用於雇主責任的合理性。這主要是職業災害勞工因重度失能及退休而離開職場，由雇主給予一份擇優的失能補償或退休金（也可由勞雇雙方合意約定），應已盡到勞工保護照顧的義務與責任矣。

值得一提者，對於不堪勝任工作的勞工，2021年4月30日制定公布之勞工職業災害保險及保護法的規定頗為特殊。依據該法第86條第2項規定，「雇主依第八十四條第一項第二款，或勞工依前條第一項第一款規定終止勞動契約者，雇主應按勞工工作年資，適用勞動基準法規定發給勞工退休金及適用勞工退休金條例規定發給勞工資遣費。」可知，「職業災害勞工經醫療終止後，經中央衛生福利主管機關醫院評鑑合格醫院認定身心障礙不堪勝任工作。」或「經中央衛生福利主管機關醫院評鑑合格醫院認定身心障礙不堪勝任工作。」者，雇主應「適用勞動基準法規定發給勞工

---

[46] 須注意者，依據勞動事件法第2條第1項第1款規定，基於工作規則所生民事上權利義務之爭議，為勞動事件，由勞動法庭處理之。

退休金及適用勞工退休金條例規定發給勞工資遣費。」亦即，其似乎係認為不論勞工係適用舊制的勞基法退休金或新制的勞工退休金條例的退休金，一律要求應「適用勞動基準法規定發給勞工退休金及適用勞工退休金條例規定發給勞工資遣費。」即勞工可以兼得退休金及資遣費。本書以為此一規定頗有疑義，並不可採，蓋資遣費的原意與適用對象限於與終止勞動契約有關者，不宜將之作為補償職災勞工退休金之用。基於特別法優於普通法的原理，解釋上，勞基法第54條第1項第2款的規定，已無適用餘地。至於職業災害補償部分，則依第90條第3項規定處理，即「被保險人遭遇職業傷病致死亡或失能時，雇主已依本法規定投保及繳納保險費，並經保險人核定為本保險事故者，雇主依勞動基準法第五十九條規定應給予之補償，以勞工之平均工資與平均投保薪資之差額，依勞動基準法第五十九條第三款及第四款規定標準計算之。」[47]此一規定，似乎僅在處理死亡或失能補償的抵充問題，而未及於是否兼得或擇一的問題。

對於上述退休金、失能補償及死亡補償或給與（包括撫卹金）之兼得或擇一問題，實際上中央勞政機關已有前後兩號見解剛好相反的函釋。依據早期的、目前已廢止的行政院勞工委員會民國77年1月28日（77）台勞動三字第01018號函：「勞工死亡時，如已同時符合支領退休金與職業災害補償費之要件，可擇領其中較優者。」可知，其係擇一取得的立場。與此見解相同者，「勞工在職期間因普通事故突然死亡，如其已符合自請退休條件，雇主仍宜發給退休金，惟其可領之撫卹金優於退休金時得擇領撫卹金。」[48]

相反地，依據目前適用的勞動部民國109年11月13日勞動條2字第1090131005號函：「查勞動基準法所定退休金與職業災害補償之請求權係為分別獨立，二者之給付標的及依據並不相同，不應有相互取代之關係，旨揭函釋【作者按：即行政院勞委會（77）台勞動三字第01018號函】與法令未符，爰自110年1月1日停止適用。」明顯地，其係以請求權分別獨

---

[47] 勞基法施行細則第34條之1有相同內容的規定。

[48] 行政院勞工委員會76年10月8日（76）台勞動字第5012號函參照。

立的立場，而認為應該兼得。其實，中央勞政機關早期即有採取兼得的見解者，依之，「勞工因職災經治療終止，對於所擔任之工作確不能勝任時，雇主得依勞動基準法第十一條第五款規定，預告勞工終止勞動契約，並依規定發給資遣費。惟勞工無法勝任工作若係殘廢所致，雇主終止勞動契約時，應依同法第五十四條第二款規定強制其退休，並依規定發給退休金。傷病給付或殘廢給付之請領，並不影響資遣費或退休金之取得。」[49]換言之，職災勞工依據勞基法第59條請領傷病給付（第2款）或失能或障害給付（第3款），並無礙於其取得退休金。所以，「勞工因職業災害治癒後，遺存殘障，致無法繼續擔任原來工作時，如適於勞動基準法第五十四條規定者，自可依勞動基準法第五十四條、第五十五條規定辦理強制退休。」[50]係以勞工能同時請領失能給付為前提。

至於死亡補償部分，中央勞政機關認為「依勞動基準法第五十九條第四款規定，勞工遭遇職業傷害或罹患職業病而死亡時，雇主應一次給與其遺屬四十個月平均工資之死亡補償。前項死亡補償係由該勞工之遺屬直接受領補償，而非勞工遺產之一部分，自無民法上有關繼承規定之適用。」[51]依此，在勞動關係存續中，勞工遭遇職業傷害或罹患職業病而立即或極短時間內死亡時，其本身並無可能向雇主請求失能補償或退休金，而是由其遺屬取得死亡補償請求權。不同的是，如果有較長時間的治療並且經醫師診斷症狀固定時，其即有可能取得失能補償或請求給付退休金。惟職災勞工一旦領取失能補償或退休金後死亡，除了勞工退休金條例中有遺屬年金可由遺屬繼續領取（第26條以下參照）外，由於勞動關係早已終止，其遺屬並無死亡補償請求權。所以，這應該是擇一取得的性質。換言之，無論職災勞工是立即或極短時間內死亡，或者經醫療後一段時間死亡，並不會發生職災勞工取得失能補償或退休金，而其遺屬取得死亡補償之兼得情況。

---

[49] 行政院勞工委員會79年3月16日（79）台勞動三字第05747號函參照。

[50] 內政部75年1月21日（75）台內勞字第374797號函參照。

[51] 行政院勞工委員會80年11月14日（80）台勞動三字第29808號函參照。

對於上述中央勞政機關正反兩說的見解，本書以為：一、假設勞工已符合勞基法第53條所定自請退休之要件，因普通事故死亡，雇主之給付責任為何？對此，中央勞政機關解釋雇主仍宜發給退休金。但其可領取的撫恤金優於退休金時，得擇領撫卹金。此一見解是退休金或撫恤金擇優請領的意思。本來，退休金係為照顧老年生活所用，今勞工已經死亡，並無法再依民法第94條或第95條為退休的意思表示，恐將淪為雇主「宜發給退休金」給遺屬之善意表示或者轉而依據撫恤金的規定或約定主張權利。惟此又可能面臨無撫恤金的規定或約定，或者撫卹金較死亡勞工原可請領之退休金數額低之窘狀。所以，正確的解決之道，係勞基法的退休金具有工資遞延的法律性質或工資遞延與雇主照護的雙重法律性質，性質上得由其遺屬繼承，向雇主主張給付退休金[52]。

二、在勞工死亡時，中央勞政機關早期認為如已同時符合支領退休金與職業災害補償費的要件，可擇領其中較優者。這是採取擇一、而非兼得的設計[53]。本書以為這應該是指勞基法第59條第4款而言，因第2款[54]及第3款應該是兼得，即勞工領取職災工資補償後終止契約，雇主仍應發給資遣費或退休金。只不過，基於雇主一次給付原則，避免雇主過度負擔並危及職業災害預防與重建的立法目標，以及確保職災勞工離開職場後的經濟安全目的相同，所以職災勞工只能擇一取得退休金或失能補償，勞動部民國109年11月13日勞動條2字第1090131005號函所持之見解並不可採。而在勞

52 果然如此，作者在所著「個別勞工法—理論與實務」第六版，頁473所言「蓋一方面勞工已經死亡，並無法再依民法第94條或第95條爲退休的意思表示，另一方面退休金係爲照顧老年生活所用，今勞工已經死亡，此一目的已不存在，何來『宜發給退休金』給遺屬之問題？因此，正確而言，應該是申請爲照顧遺屬之用的撫卹金。在此，由於勞基法的退休金具有工資遞延的法律性質或工資遞延與雇主照護的雙重法律性質，撫恤金的額度即應以此爲度。所以，即使雇主未單方或與勞工（家屬）合意撫恤金的給付，均無損於勞工遺屬的撫恤金請求權。這就有如勞工在未行使工資請求權而死亡，其遺屬得以繼承人的身分，在消滅時效內主張工資請求權一樣。」即應加以修正。

53 行政院勞工委員會77年1月28日（77）台勞動三字第01018號函參照。惟此號函釋已經廢止適用。

54 但書除外，因爲第59條但書有「且不合第三款之失能給付標準者」之規定。

工領取工資補償、失能補償或企業退休金後死亡者，由於勞動關係已經永久終結，其遺屬並不得再依據勞基法第59條第4款請求死亡補償。這與死亡補償為其獨立的權利者無關。

三、不同的是，已經符合退休條件的勞工發生職業災害，其後並死亡者，由於勞基法第59條第4款已明定由其遺屬主張喪葬費及死亡補償，自然應依法為之。也就是，勞基法第59條第4款規定之勞工，並不區分「已經符合」或「未符合」退休條件者，而是一體適用。雖然職業災害具有立即性，所以該款之「勞工遭遇職業災害而死亡時」，係在表明「立即死亡」的事實過程。但是，解釋上應該也包括發生重大職業災害而在相對短的期間內（在可以確定相當因果關係下）死亡之情形。因此，其遺屬似乎僅能請求死亡補償。雖然如此，本書以為或可將勞基法第59條第4款規定之勞工，限制在「未符合」退休條件者，而採取退休金請求權可以繼承的立場，並由遺屬「擇優領取」退休金或死亡補償[55]之做法。在此，如果有撫恤金的規定或約定，遺屬並得「擇優領取」之[56]。

第五項　其他的程序問題

一、與爭議審議有關者

勞工保險之爭議審議為一特別行政救濟程序，為訴願的前置程序，未經審議，被保險人不得聲請訴願。但其與一般所稱之訴願先行程序有所不同。後者，是指由原處分機關再次審核，以確定第一次核定是否合法或妥適。前者，則是由設在勞動部之爭議審議會（勞工保險爭議事項審議辦

---

55 這是指已經廢止的行政院勞工委員會77年1月28日（77）台勞動三字第01018號函。

56 就此看來，作者在所著「個別勞工法—理論與實務」第六版，頁473以下所言「（否則，如果距離死亡已經間隔一段期間，則職災勞工將可兼得勞基法第59條第2款、第3款，或請求退休金（行政院勞工委員會77年1月28日（77）台勞動三字第01018號函參照）。或者，如未退休而死亡，由其遺屬向雇主請求撫恤金」）。因此，法理上似無可能發生『擇優領取』之情形。所以，這是立法論的問題，而非解釋論的問題。各界如認爲職業災害死亡勞工的死亡補償過低，即應修法提高之。」並應修正之。

法第9條參照）審議，而非由原處分機關（勞工保險局）[57]審議。雖然如此，依據勞工保險爭議事項審議辦法第3條第1項規定，申請人申請審議，應經由勞保局向中央主管機關申請審議。而且，依據同辦法第5條第1項規定，「勞保局收到審議申請書後，應先行審查原核定是否合法妥當，其認為申請審議有理由者，得重新核定，並應通知申請人及副知中央主管機關。」一旦勞保局重新核定（撤銷或變更原核定），審議會即應依同辦法第17條第1項第5款「原核定已不存在。[58]」規定，為不受理之審定[59]。依第5條第1項規定，實際上與訴願先行程序已經無所分辨。與第5條第1項搭配使用者，為同辦法第17條第2項規定，「依前項第一款或第二款規定而為不受理審定者，原核定確屬違法或不當時，勞保局或中央主管機關得依職權撤銷或變更之。」即同屬特別行政救濟程序。

申請人之爭議審議，必須遵守爭議審議期間之規定。依據勞工保險爭議事項審議辦法第3條第1項規定，「申請人依前條規定申請審議時，應於接到勞保局核定通知文件之翌日起六十日內，填具勞工保險爭議事項審議申請書（以下簡稱審議申請書），並檢附有關證件經由勞保局向中央主管機關申請審議。其因不可歸責於己之事由致遲誤期間者，申請人應自其事由消滅之翌日起三十日內，以書面敘明遲誤原因申請審議。」此一60日為法定不變期間，而非訓示期間[60]，申請人或爭議審議機關均不得單方決意或雙方合意延長該期間。即使保險機關的處分書未載明如不服，應於60日法定期間內提起行政救濟，因其屬訓示規定，期間的進行不受影響[61]。一旦逾越60日期間，即會產生失權的效果，亦即爭議審議機關將會作不受理的審定（勞工保險爭議事項審議辦法第17條第1項第2款參照）。惟第3條

---

[57] 在最高行政法院92年度判字第446號判決中，原告將原處分機關誤認爲勞工保險監理委員會，而非勞工保險局，法院以當事人不適格予以駁回確定。

[58] 這會導致原爭議標的消失或變更的後果。另請參閱台灣台北地方法院102年度簡字第346號行政訴訟判決。

[59] 勞工保險監理委員會，勞保爭議大觀園，頁1以下。

[60] 勞工保險監理委員會，勞保爭議大觀園，頁32以下。

[61] 最高行政法院87年度判字第528號判決參照。

第1項但書為類似回復原狀之規定，申請人得以因不可歸責於己之事由致遲誤期間，申請審議。此處之「不可歸責於己之事由」，並不以天災、事變或其他不可抗力為限，而是在客觀上，以通常人之注意而不能預見或不可避免之事由。即與民法第225條第1項規定之「因不可歸責於債務人之事由」，係指債務人無故意或過失者，尚有不同。此處是以一般人的注意能力為準。所以，如果是申請人本身的傷病、文盲[62]、出外旅遊、睡過頭等事由，均不屬之。

雖然勞工保險爭議事項審議辦法第3條第1項之60日的爭議審議期間存在已久，然而，法院實務上卻有認為該60日的爭議審議期間，欠缺法律具體明確之授權，以行政命令定救濟期間，使人民喪失法律救濟之機會而拒絕適用[63]。即其認為：「『勞工保險爭議事項審議辦法，由中央主管機關擬訂，報請行政院核定』勞工保險條例第五條第三項固有明文規定，惟何謂『勞工保險爭議』、其審議程序如何、審議決定之性質如何，有無救濟途徑以及如何救濟，勞工保險條例均未設明文規定，而概括授權『由中央主管機關擬訂，報請行政院核定之』。惟依此種概括授權所訂定之命令，只能就執行母法有關之細節性及技術性事項加以規定，尚不得超越法律授權之外，逕行訂定涉及限制人民之自由權利之條款，司法院釋字第三六七號、第三九四號解釋足資參照。查勞工保險條例第五條第三項授權訂定之勞工保險爭議事項審議辦法第三條第一項前段規定：『申請人依前條規定申請審議時，應於接到勞保局核定通知文件之翌日起六十日內，填具勞工保險爭議審議申請書一式兩份，並檢附有關證件向勞工保險監理委員會申請審議，逾期申請者，不予受理』，使逾期申請者，喪失法律救濟之機會，顯然涉及限制人民權利之事項，而超越法律授權之外，與司法院釋字第三六七號、第三九四號解釋意旨不符，且違反中央法規標準法第五條第二款規定，應不予適用。」

只不過，在經過上述轉折之後，其後法院裁判又回到之前的見解。

---

62 勞工保險監理委員會，勞保爭議大觀園，頁35。

63 最高行政法院91年度裁字第1302號裁定參照。

「按『勞工保險爭議事項審議辦法，由中央主管機關擬訂，報請行政院核定之。』為勞工保險條例第五條第三項所明定，而勞工保險爭議事項審議辦法第一條亦表明：『本辦法依勞工保險條例第五條第三項規定訂定之』，參照司法院釋字第五三八號解釋以及釋字第三九四號解釋意旨，此項授權條款雖未就授權之內容與範圍為規定，惟依勞工保險條例之法律整體解釋，應可推知立法者有意授權主管機關，就有關勞工保險給付爭議事項之審查程序、申請審議所需備置之文書表件、審查機構之組織等事項，依其行政專業之考量，訂定法規命令，以資規範，就授權明確性而言尚無違背。是以勞工保險爭議事項審議辦法第三條第一項有關『六十天申請審議期間』之規定，仍屬於前述勞工保險給付爭議審查之程序事項，並未逾越勞工保險條例之授權範圍，自得作為本件審理之依據。」[64]自此而後，遂未再見有對於60日爭議審議期間質疑者。

與爭議審議期間略有關聯的是，爭議審議的暫時停止。這是指申請人在60日內申請爭議審議，而在爭議審議期間因故暫停而已。與勞工保險爭議事項審議辦法第3條第1項下半句的回復原狀，尚有不同。依據該辦法第19條第1項規定，「申請人死亡者，由其繼承人或其他依法得繼受原核定所涉權利或利益之人，承受其申請審議。」[65]第3項規定，「依前二項規定承受申請審議者，應於事實發生之日起三十日內，向勞保局或中央主管機關檢送因死亡繼受權利或合併事實之證明文件。」可知，暫停期間最長為30日。解釋上，暫停結束後，即回復爭議審議的進行。

而為了協助傷病及失能之審定，爭議審議會多年來經由指定專科醫師予以複查者。此在勞工保險爭議事項審議辦法第21條第1項已明定，「審議會對於審議事件，認為有複檢被保險人傷病或失能程度之必要時，得指定醫院之專科醫師予以複檢。被保險人無正當理由者，不得拒絕複檢。」此類特約專科醫師，在2015年6月24日廢止前的勞工保險監理委員會組織

---

64 最高行政法院92年度裁字第1554號裁定參照。另外，台灣台北地方法院101年度簡字第180號行政訴訟裁定參照。

65 最高行政法院91年度裁字第599號裁定參照。

條例並無規定，與勞工保險局組織條例第11條第2項有「本局得視業務需要聘用兼任醫師十二人至二十人及財務專業人員五人至十人。」者，尚有不同。實務上遂有當事人主張勞工保險監理委員會所聘特約醫師於法無據者。惟保險人則以勞保條例第28條已有勞工保險監理委員會為審核保險給付或爭議事項，得調查有關之文件、得另行指定醫院或醫師複檢、並得通知出具診斷書之醫院診所檢送必要之有關診療病歷等，並且，長久以來勞工保險爭議事項審議辦法第21條也有明文規定，故具有合法性。法院也同意保險人及勞工保險監理委員會的主張[66]。

而在審議會審議後，「審議結果應作成審定書，並於審定後十五日內分別送達申請人及勞保局。」（勞工保險爭議事項審議辦法第23條第1項），並且，審定書應載明「審定機關及其首長」（勞工保險爭議事項審議辦法第24條第4款）。故審定書僅載明為核定之主任委員姓名，並無程序不合法問題[67]。

與爭議審議有關者，尚有投保單位得否為自己之利益申請審議，由於常與被保險人的利益相反，牽涉複雜，將於以下「第二節」處加以說明。

二、其他救濟程序的事項

此處的其他救濟程序的事項，大多已脫離爭議審議，而進入訴願及行政訴訟程序。以下僅舉例說明之。

以與訴願有關者而言，被保險人有誤以為駁回訴願時之原處分機關為勞工保險監理委員會，經法院指正為勞工保險局，並以被告當事人不適格為由駁回原告（被保險人）之訴[68]。又，審議會對「審議結果應作成審定書，並於審定後十五日內分別送達申請人及勞保局。」「第一項審定書應附記，如不服審定結果，得於審定書送達之翌日起三十日內，繕具訴願書經由勞保局向中央主管機關提起訴願。」（勞工保險爭議事項審議辦法

66 最高行政法院93年度判字第18號判決、95年度判字第48號判決參照。

67 台北高等行政法院99年度訴字第1450號判決參照。

68 最高行政法院92年度判字第446號判決參照。

第23條第1項、第3項參照）而依據訴願法第52條第2項規定，「訴願審議委員會委員，由本機關高級職員及遴聘社會公正人士、學者、專家擔任之；其中社會公正人士、學者、專家人數不得少於二分之一。」實務上，被保險人有以中央勞工主管機關訴願會之組成，並不符合該條項後半句所規定「其中社會公正人士、學者、專家人數不得少於二分之一。」並經法院查證確實如此。法院認為依法應由合議作成之行政處分，合議機關之組成不合法，則其所作成之行政處分，構成撤銷原因。此訴願審議委員會組織是否合法，係屬行政法院應依職權調查事項，原審竟未予調查，於法有違[69]。

至於與行政訴訟有關者。如前所言，當事人必須先經爭議審議及訴願救濟程序後，始得提起行政訴訟。在實務上，即有當事人未先向保險人申請給付，而直接提起行政訴訟者。也有未向保險人請求老年給付，而直接以其任職的單位為被告，向行政法院提起給付之訴者。法院均裁定駁回其訴。另外，也有當事人因為逾越提起訴願的法定期間30日，因此被法院以行政訴訟法第107條第1項第10款「起訴不合程式或不備其他要件」裁定駁回之。在該案中，原告住所所在地在台北市，而訴願機關即勞動部之所在地亦在台北市，依「訴願扣除在途期間辦法」第2條規定，毋庸扣除在途期間。而且，依據訴願法第15條規定：「訴願人因天災或其他不應歸責於己之事由，致遲誤前條之訴願期間者，於其原因消滅後十日內，得以書面敘明理由向受理訴願機關申請回復原狀。但遲誤訴願期間已逾一年者，不得為之（第1項）。申請回復原狀，應同時補行期間內應為之訴願行為（第2項）。」所謂「不應歸責於己之事由」，雖不以天災以外之不可抗力為限，但總以事出意外，以通常人之注意不能預見或不可避免之事由，方足當之。原告上述情形，非屬因天災或其他不可抗力所致不能為訴願行為之事件，亦非事出意外，依客觀標準以通常人之注意而不能預見或不可避免之事由，尚不符申請回復原狀之要件[70]。

---

69 最高行政法院93年度判字第18號判決參照。

70 台灣台北地方法院104年度簡字第28號行政訴訟裁定參照。

第二節　特殊問題：投保單位之爭議審議等程序上資格

在勞工保險實務上，長久以來一直存在一個爭議，亦即：投保單位得否為自己之利益，而向勞工保險爭議委員會（爭議審議會）申請爭議審議，或向中央勞政機關提出訴願，以及向行政法院提出訴訟？對此，主要是牽涉到勞工保險爭議事項審議辦法第2條與第6條第2項規定的解釋。另外，也與第4條第1項第1款、第17條第1項第3款、第4款及勞工（就業）保險爭議事項審議申請書中的「投保單位」有關。

對於投保單位是否具有爭議審議的適格，勞動部勞工保險局、勞動部及多數法院採取否定的見解【案例1(3)】，其理由為投保單位僅具有事實上、經濟上的利益，而無法律上利益。具體言之，其是基於勞工保險爭議事項審議辦法第6條第2項「投保單位得依所屬被保險人、受益人或支出殯葬費之人之請求為其辦理申請手續，並不得違背其意思。」而認為投保單位並無爭議審議的適格。而保險人對於被保險人的保險給付係由勞工保險基金所支付，並非來自投保單位的資金，投保單位毋庸分擔，並無任何權利或法律上之利益受損，即使可能造成投保單位依勞動基準法第59條的職業災害補償，也僅是事實上、經濟上的利益關係而已，並非法律上利害關係。因此，投保單位如提出爭議審議的申請，勞工保險監理委員會即應依勞工保險爭議事項審議辦法第17條第1項規定，作成不受理之審定。法院實務也認為「因不服中央或地方機關之行政處分而循訴願或行政訴訟程序謀求救濟之人，依現有之解釋判例，固包括利害關係人而非專以受處分人為限，所謂利害關係乃指法律上之利害關係而言，不包括事實上之利害關係在內。」[71]由於投保單位並未因保險給付處分之作成，致其現已存在之權利或法律上之利益受影響，難認有何法律上之利害關係，其並無提起訴訟之權能。

至於所謂「法律上利害關係」之判斷，參酌實務暨學理之見解，係

---

[71] 最高行政法院75年判字第362號判例參照。

以「保護規範理論」為界定第三人範圍之基準，即須先認定行政處分所依據之法規範對該第三人而言係為「保護規範」，故若法律已明文規定利害關係人得提起行政爭訟，固無疑義，如法律雖係為公共利益或一般國民福祉而設之規定，但就法律之整體結構、適用對象、所欲產生之規範效果及社會發展因素等綜合判斷，可得知亦有保障特定人之意旨時，該非處分相對人亦得提起行政訴訟（大法官會議釋字第469號解釋理由書參照）。準此，非行政處分之相對人起訴主張其所受侵害者，若可藉由保護規範理論判斷為其法律上利益受損害，固可認為具有訴訟權能，而得透過行政訴訟請求救濟；反之，若非法律上利益，而僅係單純政治、經濟、感情上等事實上利益或反射利益受損害，則不許當事人訴請撤銷行政處分。次按當事人就其訴訟標的須有實施訴訟之權能，否則，其當事人為不適格。而提起行政訴訟之當事人不適格，為欠缺訴權之存在要件，應認其訴為無理由而以判決駁回之[72]。

雖然如此，也有少數的行政法院承認投保單位得提出爭議審議、訴願及行政訴訟者。例如，早期最高行政法院81年度判字第515號判決即認為投保單位具有法律上利害關係，得申請爭議審議。在該案中，「原告【作者按：被保險人】雖未依『台閩地區勞工保險爭議事項審議辦法』申請審議，然投保單位既已踐行此審議特別程序，而遭駁回之審定處分，依法原告與該投保單位，同為該審定處分有法律上之利害關係者，則原告對之表示不服，主張該審定違法致損害其權利，因而提起訴願及行政訴訟，即非法所不許，被告機關雖未就此爭議，仍併予敘明。」本書從判決內容觀之，法院是直接引用（現行適用的）第6條第2項予以裁定不受理，而非按第22條第1項無理由駁回。只不過，正確而言，應該是依勞工保險爭議事項審議辦法第17條裁定不受理，但是，究竟是哪一款？是否為第1項第4款？但這一款似乎只針對第6條第1項規定的情形。

晚近，高雄高等行政法院105年度簡上字第6號判決即詳細地論述如

---

72 台灣高雄地方法院104年度簡字第69號行政訴訟判決參照。

下：「按依勞工保險條例第5條第3項規定授權訂定之勞工保險爭議事項審議辦法第2條規定：『投保單位、被保險人、受益人、支出殯葬費之人或全民健康保險醫事服務機構（以下均稱申請人）對勞工保險局（以下簡稱勞保局）下列事項之核定發生爭議時，得依本辦法規定申請審議：一、有關被保險人、受益人資格及投保事項。二、有關被保險人投保薪資或年資事項。三、有關保險費或滯納金事項。四、有關保險給付事項。五、有關職業傷病事項。六、有關失能等級事項。七、有關職業災害診療費用事項。八、其他有關保險權益事項。』第19條規定：『（第1項）監理會應將審議結果作成審定書，提請監理會主任委員核定，並由監理會於審定後十五日內分別送達申請人、投保單位及勞保局。（第3項）第一項審定書應附記，如不服審定結果，得於審定書送達之翌日起三十日內，繕具訴願書經由勞保局向中央勞工行政主管機關提起訴願。』此即清楚說明投保單位對上開辦法第2條所列各款爭議事項均有利害相關，均得對該等爭議事項申請審議，如不服勞工保險監理委員會之審定，並得繼續對之提起行政爭訟途徑，則投保單位就上開辦法所列各款爭議事項（包含有關職業傷病事項），自是法律上之利害關係人。雖上開辦法第4條第2項規定：『投保單位得依所屬被保險人、受益人或支出殯葬費之人之請求為其辦理申請手續，並不得違背其意思。』其意僅係要求投保單位受被保險人或受益人之請求而受任[73]轉送申請文件時，不得違背委託人委任之本旨，但並未限縮投保單位本於其自身之利害關係就上開辦法第2條各款爭議事項為自己向勞工保險監理委員會申請審議，而保險人核給受僱之被保險人關於勞工保險第2條規定之各項保險給付或作成職業傷病等認定事項，均屬上開辦法第2條第4款、第5款之爭議事項，身為雇主之投保單位自得本於自己名義申請審議，則揆諸前揭行政訴訟法上利害關係之說明，身為雇主之投保單位對保險人前揭處分自屬法律上之利害關係人，自得對該處分提起行政爭訟。……，並無欠缺訴權之疑義。」本書以為類似此一判決之詳細說明，

73 投保單位係基於法定義務或勞動契約之附隨義務爲被保險人或受益人申請給付，而非基於委任契約。法院的見解似乎有誤。

實不多見，具有極高的學術及實務的價值。

針對上述正反兩說的見解，本書以為中央勞政機關及多數法院誤解第6條第2項「投保單位得依所屬被保險人、受益人或支出殯葬費之人之請求為其辦理申請手續，並不得違背其意思。」的原意[74]。蓋該條項實際上只是重述並延伸勞保條例第10條第1項及勞保條例施行細則第42條的規定而已。依據第10條第1項規定，「各投保單位應為其所屬勞工，辦理投保手續及其他有關保險事務，……。」依據第42條規定，「投保單位應為所屬被保險人、受益人或支出殯葬費之人辦理請領保險給付手續，不得收取任何費用。」亦即：原則上，被保險人、受益人或支出殯葬費之人必須經由投保單位向保險人申請給付，投保單位基於勞保條例所加以的法定義務及勞動契約的附隨義務，不得拒絕。而且，必須按照被保險人、受益人或支出殯葬費之人的意思為之，否則會有不利的法律後果。故此應是當然之事。

只是，勞工保險爭議事項審議辦法第6條第2項並未排除被保險人、受益人或支出殯葬費之人自行向保險人申請給付之權利。此從勞保條例施行細則第43條規定，「投保單位有歇業、解散、撤銷、廢止、受破產宣告或其他情事，未能為被保險人、受益人或支出殯葬費之人提出請領者，被保險人、受益人或支出殯葬費之人得自行請領（第1項）。依本條例第二十條、第三十一條第一項第一款、第二款或第六十二條規定請領保險給付者，得由被保險人、受益人或支出殯葬費之人自行請領（第2項）。」即可知之。從而，在其申請給付未果時，得自行申請審議。其實，依本書所見，申請勞工保險給付原則上應經由投保單位為之，與此不同的是，依據勞工保險爭議事項審議辦法第2條、第4條第1項第1款，以及勞工（就業）保險爭議事項審議申請書的填表須知二，解釋上，被保險人、受益人或支出殯葬費之人可自行決定是經由投保單位或自行申請爭議審議。

更為重要的是，勞工保險爭議事項審議辦法第6條第2項並未排除投

74 勞工保險監理委員會，勞保爭議大觀園，頁22。

保單位為自己利益申請爭議審議的權利。此從第2條所規定之爭議事項觀之，不乏與投保單位法律上直接利害相關，而與被保險人、受益人或支出殯葬費之人的利益卻僅有間接關聯者，例如第3款「有關保險費或滯納金事項。」即屬之。如果是投保單位依據勞保條例第15條第1款所負擔之70%的保險費發生爭議，為何投保單位不能為自己利益申請爭議審議？尤其是依據第17條第1項及第2項投保單位必須負起滯納金的責任，其具有法律上的利益更不言自明，而非只是經濟上的不利益而已。其應具有爭議審議的適格。所以，第6條第2項與第2條是兩個不同的事項或兩個獨立的請求權。此種爭議審議的適格，在學者間有認為勞工保險法律關係中，投保單位居於要保人的地位，更能獲得法理上的支持，而且，果如此，投保單位對於勞工保險爭議事項審議辦法第2條所規定的各款事項，恐怕能申請爭議審議的範圍更廣。

即使再以職業災害給付而言，中央勞政機關及多數行政法院認為投保單位僅有經濟上的、事實上的利害關係，而無法律上的利害關係。其理由在於：「保險人對於被保險人的保險給付係由勞工保險基金所支付，並非來自投保單位的資金，投保單位毋庸分擔，並無任何權利或法律上之利益受損，即使可能造成投保單位依勞動基準法第59條的職業災害補償，也僅是事實上、經濟上的利益關係而已，並非法律上利害關係。」本書以為似有再斟酌的必要。先就申請爭議審議而言，若被保險人經由投保單位提出，固應受到勞工保險爭議事項審議辦法第6條第2項的適用。但這並非謂投保單位即不得為自己之利益申請審議。此時，應可容許投保單位一方面為被保險人申請審議，另一方面又提出一個為本身利益的爭議審議申請，此兩者應無衝突。其次，投保單位為自己之利益申請審議，其主要是在爭執是普通傷病或職業傷病，以及職業災害的認定所導致的傷病給付或失能給付的有無或高低，不僅攸關勞基法第59條之職業災害補償，而且也會直接的或間接的影響民法損害賠償的有無或高低，有必要在勞保給付核定時即提出爭議，不應要求其等到勞工提出職業災害補償或損害賠償時，再來進行抗辯。再者，依據勞基法第59條但書規定，「但如同一事故，依勞工保險條例或其他法令規定，已由雇主支付費用補償者，雇主得予以抵充之：……」其所謂「依勞工保險條例已由雇主支付費用補償者」，實際上是指由雇主繳納保險費、而由勞工保險職業災害基金給付補償而言。而勞工保險基金有70%是來自雇主繳納、職業災害保險費率更是100%由雇主繳納，其收入與支出的多寡，會影響到行業別或全體行業的保險費率的調整。所以，實難謂投保單位僅有經濟上的、事實上的利害關係而已。

吾人再觀勞工保險爭議事項審議辦法第4條第1項第1款及第24條第1款，投保單位均具有獨立的地位，即為自己之利益申請爭議審議，並且在審定書上加以載明。此並不因（舊）勞工保險爭議事項審議辦法第19條第1項有「投保單位」[75]，而現行的第23條第1項，「前條審議結果應作成審定書，並於審定後十五日內分別送達申請人及勞保局。」已經將之刪除。而有不同結果。也就是說，解釋上「申請人」也包括投保單位在內（即使投保單位只能為所屬被保險人、受益人或支出殯葬費之人之利益申請審議）。

最後，就勞工保險爭議事項審議辦法第17條第1項第3款及第4款觀之，前者規定「申請人不符合第二條之規定」，似乎是指投保單位、被保險人、受益人、支出殯葬費之人或全民健康保險醫事服務機構以外之人申請審議（例如自救會）[76]，而非指投保單位當事人不適格之情形。後者規定「申請人不符合第六條規定，經通知限期補正，屆期未補正」，則似乎是指第6條第1項「申請人為無行為能力人、限制行為能力人或受輔助宣告者，應由其法定代理人或輔助人代理申請」之情形，而不及於第2項「投保單位得依所屬被保險人、受益人或支出殯葬費之人之請求為其辦理申請手續，並不得違背其意思」，蓋補正應限於程序事項，「違背其意思」如何能補正？

---

[75] 高雄高等行政法院105年度簡上字第6號判決所引用者。

[76] 行政院勞工委員會90年1月3日（89）臺勞保1字第0053847號函參照。

第四章 投保資格及保險費

案例1

上訴人（甲）爲自營作業之保險業從業人員，97年4月1日由「臺北縣工商服務業職業工會」申報加保，投保薪資申報爲新臺幣（下同）43,900元，即「勞工保險投保薪資分級表」之最高等級。案經被上訴人（保險人）（乙）審查，甲所申報之投保薪資與該會眾位數之投保薪資差距過大，乃以97年4月18日保承簡職字第09776132000號函逕予更正上訴人之加保投保薪資爲19,200元。甲不服，經向勞工保險監理委員會申請審議遭駁回後，向行政院勞工委員會提起訴願，經勞委會訴願決定「原審定及原處分均撤銷，由原處分機關於2個月內另爲適法之處分。」[1]問：

(1) 勞工保險法律關係之當事人爲誰？是否存在有要保人？

(2) 投保單位之法律地位爲何？其應爲被保險人加保勞工保險的理由爲何？

(3) 勞工保險投保薪資如何量定？

(4) 作爲計算月薪資總額之勞基法之工資，是否以經常性給與爲要件？

(5) 職業工人之勞工保險投保薪資如何量定？何謂特殊的投保薪資？

(6) 對於投保單位所申報之投保薪資，保險人是否有權逕行調整？

1 最高行政法院102年度判字第633號判決參照。

第一節 勞工保險之關係人（當事人／保險主體、關係人／輔助人）

勞工保險與商業保險的關係人有相當程度的差異。勞工保險係職業團體保險，原則上勞工不得單獨自行向勞保局申請加保。而須經投保單位整體申報加保。惟，所有的被保險人構成一危險的共同團體，為保險事故共同承擔風險，這又是與商業保險相同[2]。

第一項 當事人／保險主體

在商業保險中，當事人／主體是要保人及保險人。被保險人與受益人是關係人[3]。但勞工保險的主體是被保險人與保險人（勞動部勞工保險局，簡稱勞保局），勞保條例並無要保人的規定，勞保關係是否存在獨立的要保人實有疑義。一般是被保險人兼具有要保人的身分【案例1(1)】。只是，在法無明定的情況下，中央勞政機關卻以行政解釋的方式，認為「產業工會得以負擔全部之職業災害保險保險費，為事業單位員工兼任工會理、監事者投保職業災害保險。」[4]「事業單位員工兼任各級總工會理、監事者，可適用本會前開令示，得由總工會投保勞保職業災害保險。至公教保險被保險人身兼國、公營事業工會之理、監事者，其有關問題，宜由相關之公教保險主管機關或其目的事業主管機關衡量研議。」[5]這表示：產業工會（即為現行工會法的企業工會）及總工會得以要保人的身分，為其理、監事投保職業災害保險。此一見解似屬有誤。蓋無論是企業工會或總工會的理、監事，其雇主始為投保單位。而在理、監事領取老年給付後，依據勞保條例第58條第6項規定，「被保險人已領取老年給付

2 請參閱第一章有關勞工保險與商業保險異同之說明。

3 同說，郭玲惠，勞工及就業保險法釋義，2017年12月，初版，頁55。

4 行政院勞工委員會93年3月3日勞保3字第0930010461號令參照。

5 行政院勞工委員會94年4月13日勞保3字第0940018540號函參照。

者，不得再行參加勞工保險。」解釋上，即連職業災害保險均不得經由事業單位或職業工會再參加勞工保險。只是，中央勞政機關早已解釋肯定退休勞工再從事工作者，投保單位得為其參加職業災害保險[6]。其係由投保單位決定是否加保。今再由工會以要保人的身分向勞保局申請加保，創造了社會保險法中少見的「要保人地位」，恐已破壞勞工保險的體制及牴觸勞保條例的規定，其合法性實屬可疑。

至於總工會的理、監事如是職業工人的身分，則其應是依據勞保條例第6條第1項第7款參加勞工保險，且必須同時參加普通事故保險及職業災害保險。而在其領取老年給付後，如再從事工作者，亦得向職業工會表達參加職業災害保險的意願，並由職業工會自由決定是否為其加保。所以，並非如上述函釋所言「得由總工會投保勞保職業災害保險」。

在法院實務上也有認為投保單位為要保人身分者。依其見解：投保單位係雇主之情形時，地位等同於保險契約之要保人（參見保險法第3條規定），且其對保險標的自是具有保險利益，而非僅止於事實上之利害關係。即投保單位可提起爭議審議、訴願及行政訴訟，不受勞工保險爭議事項審議辦法第6條第2項「投保單位得依所屬被保險人、受益人或支出殯葬費之人之請求為其辦理申請手續，並不得違背其意思。」的限制[7]。惟，本書以為上述法院的見解，係將商業保險的理論，應用到勞工保險，並不足取。

學者間也有主張「勞工保險具有三方之法律關係」，分別是勞工保險局與投保單位間、投保單位與勞工間、勞工保險局與勞工間[8]。其並認為勞保局的契約相對人是雇主[9]：依據勞保條例第6條規定，雇主為投保單位，類似普通保險之要保人地位，勞工保險相似於普通保險中要保人為他

---

6 勞動部103年11月19日勞動保3字第1030140437號令參照。

7 高雄高等行政法院105年度簡上字第6號判決參照。

8 郭玲惠，勞工及就業保險法釋義，頁56以下。本書以爲此種勞工保險法律關係的主體包括保險人、被保險人及投保單位者之論，實不乏見之於社會各界的討論中。

9 郭玲惠，勞工及就業保險法釋義，頁56、64。

人利益投保之情形。勞工為被保險人。從第15條負擔部分保費的規定、及勞工必須透過投保單位申請加保[10]，實難說明其並非要保人或不具任何法律地位[11]。再者，若不認為勞保法律關係存在雇主與保險人間，將難以解釋何以勞基法第59條規定，雇主得以主張勞工保險的給付而抵充雇主應負擔之補償。雖然如此，對此，本書以為這是兩回事，勞基法第59條將勞保職業災害補償與商業保險意外險的保險金等同，重在勞工之完全補償，並不問雇主在勞工保險契約中的地位為何。

又，投保單位如為職業工會、漁會的情形，保險契約當事人同樣為被保險人與保險人。被保險人／職業工人（無一定雇主勞工、自營作業者）係以會員的身分參加勞工保險[12]。

一、被保險人之權利義務

原則上，勞工年滿15歲以上，65歲以下即具有參加勞工保險及就業保險之被保險人資格。也就是在法定的勞動年齡之內。這是基於將具有勞動能力的工作者集結而成危險共同體的思想而來。例外地，依據勞保條例第6條第2項加保之準童工，則無最低年齡之限制（例如童星可能只有5、6歲）。此一區間年齡的規定，對於首次參加勞工保險或就業保險者具有規整的作用。所以，首次加保者必須尚未逾65歲。如勞工已加保，而在其年滿65歲時並未申領老年給付，則投保單位或保險人並不得申請或逕將勞工保險或就業保險予以退保[13]。也就是說，其原來強制加保或自願加保的

---

[10] 然而，這應是誤會了。蓋這是職業團體保險的特色，不容許個人加保。何況投保單位包括雇主及職業工會，而職業工會並無須爲職業工人負擔保費。

[11] 蔡維音則批評這是以商業保險邏輯來規範社會保險法律關係，並不適宜。蔡維音，社會國之法理基礎，2001年，頁146以下。

[12] 不同意見說，郭玲惠認爲職業工人委任職業工會、漁會爲其投保勞工保險。郭玲惠，勞工及就業保險法釋義，頁58、65-68。

[13] 相關說明，請參閱楊通軒，就業安全法—理論與實務，2020年9月，三版一刷，頁161以下。

資格[14]，並未因年滿65歲而喪失。甚者，被保險人如非自願離職，其仍有請領失業給付、職業訓練生活津貼的資格。同樣地，對於年滿15歲後參加勞工保險或就業保險者，其後因故退出職場而致使保險效力停止，而在其重入職場時已年滿65歲，仍然有權加保。投保單位或保險人並不得予以拒絕。

勞工具有我國國籍者，除「境外僱用、境外工作」者外，即使在國內無戶籍，應該亦可在工作所在地申請參加保險。另外，如係外國籍勞工／移工，則必須是經過合法程序聘用者（境外僱用的漁工不在內、無須申請許可之商務人士／志工亦不在內）（勞保條例施行細則第19條、就業服務法第42條以下、外國專業人才延攬及僱用法參照）。

值得注意的是，在2022年5月1日施行的勞工職業災害保險及保護法第6條、第7條、第8條中，僅規定「年滿十五歲以上」參加本保險，而無65歲以下之限制。所以，解釋上，年滿65歲之人首次參加勞工職業災害保險者，亦屬合法。

上述勞工加保至年滿65歲而未申領老年給付，其仍具有參加就業保險的權利，亦可從就業保險法第5條第2項第2款「已領取勞工保險老年給付或公教人員保險養老給付」的反面解釋，推知之。換言之，立法意旨只在禁止「已領取勞工保險老年給付或公教人員保險養老給付」者參加就業保險。未在其內者，包括已領取勞基法退休金者、勞工退休金條例企業退休金者、或老農津貼者，均得繼續參加勞工保險及就業保險。此與社會保險不重複保障原則並無關聯。所以說，中央勞政機關認為「勞工如經雇主依勞動基準法第54條第1項第2款規定強制退休者，因核屬退休人員，尚非就業保險法所欲保障之對象。」此一見解尚屬可議[15]。依照本書的看法，也才能與「中高齡者及高齡者就業促進法」的立法意旨相符合。雖然，該法第1條第2項規定，「中高齡者及高齡者就業事項，依本法之規定；本法未規定者，適用勞動基準法、性別工作平等法、就業服務法、職業安全衛生

14 含勞保條例第7條繼續加保之資格。

15 行政院勞工委員會99年6月18日勞保1字第0990071949號函參照。

法、就業保險法、職業訓練法及其他相關法律之規定。」僅提及就業保險法，而未及於勞工保險條例，以至於未能給高齡者較佳的或特殊的待遇，但也未劣化高齡者參加勞工保險及就業保險的權利。

被保險人既係勞工保險的主體，在據實強制加保的要求下，其即負有公法上的義務及責任。雖然學者間均認為勞工基於雇主的照顧義務【案例1(2)】，得要求雇主為之加保勞工保險，而實務上亦多認為勞工參加勞工保險為其權利者。惟此似乎較符合勞工自願／任意加保（勞保條例施行細則第21條第1項[16]參照）及職業工人經職業工會參加勞工保險或甲類會員參加漁會之情形，而且，是針對勞工與雇主間，以及職業工人與職業工會間的關係而言。吾人如從強制加保（被保險人與保險人間的關係）的相關規定觀之，似乎係從勞工的義務面規範。雖然如此，無論是強制加保或自願／任意加保，對於具有保險資格者[17]，保險人並不得拒絕其加保，就此觀之，被保險人即具有保險請求權，而這在大法官會議釋字第568號及第609號中即是如此表示，「勞工依法參加勞工保險及因此所生之公法上權利，應受憲法保障。」只不過，保險人如違法拒絕接受保險（行政處分），勞保條例並無救濟程序的具體規定，而是在第5條第1項及第3項明訂按照勞工保險爭議事項審議辦法處理。亦即，被保險人或投保單位得先依勞工保險爭議事項審議辦法第2條第1款「投保事項」申請審議。而後循序進行訴願、行政訴訟。這與一般的行政救濟程序稍有不同。

同樣為其權利者，係被保險人退保後再參加保險時，其原有保險年資應予併計（勞保條例第12條參照）。亦即其勞保年資並不會因轉職而消滅，而是可以累積計算。而在其繳納保費時，亦得要求中央政府依法定比例補助（勞保條例第15條參照）。對其所繳納的保費，如非歸責於投保單位或被保險人之事由所致者，得要求退還（勞保條例第16條第2項但書參照）。又，被保險人發生保險事故，於其請領傷病給付或住院醫療給付未

[16] 依之，「本條例第九條及性別工作平等法第十六條第二項規定之被保險人願繼續加保時，投保單位不得拒絕。」

[17] 依據勞保條例第58條第6項規定，「被保險人已領取老年給付者，不得再行參加勞工保險。」

能領取薪資或喪失收入期間，得免繳被保險人負擔部分之保險費。前項免繳保險費期間之年資，應予承認（勞保條例第18條參照）。在保險效力期間、保險效力停止後一年內或被保險人退保後之保險給付請求權（勞保條例第19條、第20條、第20條之1參照）。在罹患傷病時，被保險人有自由選擇保險人自設或特約醫療院、所診療之權利，但有特殊規定者，從其規定（勞保條例第40條、第46條參照）。被保險人在保險有效期間領取醫療給付者，仍得享有其他保險給付之權利（勞保條例第48條參照）。

在義務面部分，首先，其負有參加勞工保險及辦理勞工保險手續義務，否則即會遭到行政制裁的不利（勞保條例第71條參照）；其次，其既然是保險當事人，當然負有繳納（自己所負擔的）保險費（勞保條例第15條、第16條、第17條第3項～第5項參照）之義務；又，領取年金給付者不符合給付條件或死亡時，本人或其法定繼承人負有通知保險人之義務（勞保條例第65條之2第2項參照）；再者，其負有以正當行為領取保險給付或不為虛偽之證明、報告、陳述及申報診療費用之義務（勞保條例第70條參照）。

二、保險人之權利義務

依據勞保條例第4條規定，「勞工保險之主管機關：在中央為勞動部；在直轄市為直轄市政府。」第5條規定，「中央主管機關統籌全國勞工保險業務，設勞工保險局為保險人，辦理勞工保險業務。為監督勞工保險業務及審議保險爭議事項，由有關政府代表、勞工代表、資方代表及專家各佔四分之一為原則，組織勞工保險監理委員會行之（第1項）。勞工保險局之組織及勞工保險監理委員會之組織，另以法律定之（第2項）。勞工保險爭議事項審議辦法，由中央主管機關擬訂，報請行政院核定之（第3項）。」所以，在台灣，保險人由行政機關的勞動部勞工保險局擔任，地方政府並無自設的社會保險機構。至於監理單位為勞工保險監理委員會，勞工保險爭議事項審議單位則為勞工保險爭議審議會。

有關保險人之權利義務簡單臚列如下：

（一）義務

1. 接受被保險人之加保申請

如前所述，被保險人有權（經由投保單位）向保險人申報加保。除非被保險人具有不得加保之情形或欠缺相關必要的資料（如勞保條例施行細則第15條第2項未填寫姓名及國民身分證統一編號）外，保險人即應受理加保，惟必要時得隨時要求投保單位補正相關資料。

2. 退還溢收的保費

被保險人所繳納的保費，如非歸責於投保單位或被保險人之事由所致者，應予退還（勞保條例第16條第2項但書參照）。

3. 依法給與保險給付

即依勞保條例第19條、第20條、第20條之1，以及包括傷病給付、失能給付、老年給付、死亡給付等各種規定，對於被保險人或受益人給與保險給付。

4. 辦理職業病預防

為維護被保險人健康，保險人應訂定辦法，辦理職業病預防（勞保條例第39條之1參照）。

（二）權利

1. 收取保險費及滯納金

依據勞保條例第16條第1項第1款～第3款規定，保險人得收取保險費。其對於未依限繳納保險費者，得加徵滯納金，依法訴追。保險人於訴追之日起，在保險費及滯納金未繳清前，暫行拒絕給付（勞保條例第17條第1項～第3項參照）。在被保險人為受僱勞工之情形，被收取保險費及滯納金的對象為投保單位（雇主）[18]。相對地，如果係職業工人加保之情

[18] 依據勞保條例施行細則第18條規定，「投保單位負責人有變更者，原負責人未清繳保險費或滯納金時，新負責人應負連帶清償責任（第1項）。投保單位因合併而消滅者，其未清繳之保險費或滯納金，應由合併後存續或另立之投保單位承受（第2項）。」

形，即應由被保險人將負擔之保險費，按期送交所屬投保單位彙繳。並由職業工會對於職業工人代為加收滯納金彙繳保險人；加徵滯納金15日後仍未繳納者，暫行拒絕給付（勞保條例第17條第4項參照）。

依據勞保條例第17條之1規定，勞工保險之保險費及滯納金，優先於普通債權受清償。本書由此一規定觀之，由於其僅「優先於普通債權受清償」，因此，是否較抵押權、質權、留置權先位，以及較勞工對於雇主之積欠工資債權（勞基法第28條第1項參照）先位？並非無疑。在此，由於我國採取如國際勞工組織（ILO）第173號公約第8條但書的規定，「國家法律或規章得將員工之給付請求權置於較大多數其他以特權方式保障之債權更高之順位，尤其應高於國家及社會安全制度給付請求權之順位。但是給付請求權已依本公約第三部分規定受擔保體制之保障者，受此保障之給付請求得低於國家及社會安全制度給付請求權之順位。」因此，解釋上保險人對於保險費及滯納金具有先於抵押權、質權、留置權獲得清償的法律地位。

2. 逕予退保及追還保險給付權

針對第9條之1規定之被保險人逾2個月未繳保險費者，以退保論。其於欠繳保險費期間發生事故所領取之保險給付，應依法追還（勞保條例第17條第5項參照）。另外，依據勞保條例第57條規定，被保險人經評估為終身無工作能力，領取失能給付者，應由保險人逕予退保。依據勞保條例施行細則第76條規定，被保險人經保險人依本條例第57條規定逕予退保者，其退保日期以全民健康保險特約醫院或診所診斷為實際永久失能之當日為準。又，依據勞保條例施行細則第81條規定，受益人或支出殯葬費之人請領死亡給付時，被保險人所屬投保單位未辦理退保手續者，由保險人逕予退保。

3. 查核權、要求報告或調閱權

依據勞保條例第10條第3項規定，「保險人為查核投保單位勞工人數、工作情況及薪資，必要時，得查對其員工或會員名冊、出勤工作紀錄及薪資帳冊。」再依第72條第4項規定，「投保單位於保險人依第十條第三項規定為查對時，拒不出示者，或違反同條第四項規定者，處新臺幣六千元以上一萬八千元以下罰鍰。」

又，依據勞保條例第28條規定，「保險人為審核保險給付或勞工保險監理委員會為審議爭議案件認有必要者，得向被保險人、受益人、投保單位、各該醫院、診所或領有執業執照之醫師、助產士等要求提出報告，或調閱各該醫院、診所及投保單位之病歷、薪資帳冊、檢查化驗紀錄或放射線診斷攝影片（X光照片）及其他有關文件，被保險人、受益人、投保單位、各該醫院、診所及領有執業執照之醫師或助產士等均不得拒絕。」依據勞保條例施行細則第6條第1項規定，「保險人或中央主管機關依本條例第二十八條規定派員調查有關勞工保險事項時，應出示其身分證明文件。」

4. 查證權

被保險人或其遺屬請領年金給付時，保險人得予以查證，並得於查證期間停止發給，經查證符合給付條件者，應補發查證期間之給付，並依規定繼續發給（勞保條例第65條之2第1項參照）。

5. 請求機關協助權

保險人或勞工保險監理委員會為處理本保險業務所需之必要資料，得洽請相關機關提供之，各該機關不得拒絕（勞保條例第65條之5第1項參照）。保險人或勞工保險監理委員會依規定所取得之資料，應盡善良管理人之注意義務，確實辦理資訊安全稽核作業，其保有、處理及利用，並應遵循電腦處理個人資料保護法之規定（勞保條例第65條之5第2項參照）。

6. 保險給付拒絕權

依據勞保條例第22條至第27條、第30條、第65條之3等規定，保險人在一定條件下得拒絕保險給付，包括：同一種保險給付，因同一事故而重複請領者（第22條）；被保險人或其受益人或其他利害關係人[19]，為領取

---

[19] 不過，其究竟指哪些人？投保單位？支出殯葬費之人？勞保條例第63條第2項第2款至第

保險給付，故意造成保險事故者（第23條）；投保單位故意為不合本條例規定之人員辦理參加保險手續，領取保險給付者（第24條）；被保險人無正當理由，不接受保險人特約醫療院、所之檢查或補具應繳之證件，或受益人不補具應繳之證件者（第25條）；因戰爭變亂或因被保險人或其父母、子女、配偶故意犯罪行為，以致發生保險事故者（第26條）；被保險人之養子女，其收養登記在保險事故發生時未滿6個月者（第27條）；領取保險給付之請求權，自得請領之日起，因5年間不行使而消滅者（第30條）[20]；不同種保險給付，因同一事故而重複請領者（第65條之3）。

與保險給付拒絕權不同的是「扣減權」，亦即依勞保條例第29條第4項「被保險人已領取之保險給付，經保險人撤銷或廢止，應繳還而未繳還者，保險人得以其本人或其受益人請領之保險給付扣減之。」第5項「被保險人有未償還第六十七條第一項第四款之貸款本息者，於被保險人或其受益人請領保險給付時逕予扣減之。」另外，同樣與保險給付拒絕權不同的是「繳還權、追回權」，亦即依勞保條例第65條之2第4項規定，「領取年金給付者或其法定繼承人未依第二項規定通知保險人致溢領年金給付者，保險人應以書面命溢領人於三十日內繳還；保險人並得自匯發年金給付帳戶餘額中追回溢領之年金給付。」

7. 逕予註銷或廢止投保單位、逕予退保權

依據勞保條例施行細則第16條規定，「投保單位有歇業、解散、撤銷、廢止、受破產宣告等情事或經認定已無營業事實，且未僱用勞工者，保險人得逕予註銷或廢止該投保單位（第1項）。投保單位經依前項規定註銷或廢止者，其原僱用勞工未由投保單位依規定辦理退保者，由保險人逕予退保；其保險效力之停止、應繳保險費及應加徵滯納金之計算，以事

5款之可能取得受益人身分之遺屬？與被保險人非法勾結之醫師、勞保黃牛？

[20] 但是，依據勞保條例第58條第4項規定，「被保險人請領老年給付者，不受第三十條規定之限制。」依據李建良見解，勞保條例第30條係採「原權利」消滅主義，而非「請求權」消滅抗辯主義。李建良，行政法上消滅時效之基礎理論初探—概念、客體、法效，東吳公法論叢第2卷，2008年11月，頁427。

實確定日為準，未能確定者，以保險人查定之日為準（第2項）。」

8. 行政制裁權

(1) 取消被保險人資格及不予返還保險費

依據勞保條例第24條規定，「投保單位故意為不合本條例規定之人員辦理參加保險手續，領取保險給付者，保險人應依法追還；並取消該被保險人之資格。」此處的取消，條文已明定「取消該被保險人之資格」，故非取消投保單位的投保資格自明。一旦取消，即使得保險效力溯及失效。並且，取消權的行使並無期間之限制[21]。勞保實務上，勞保局並且併同第16條第2項本文及第19條第1項規定而否准所請給付，或予以追還。

(2) 行政罰鍰

這主要係規定在勞保條例第70條～第73條。

第二項　關係人／輔助人

在勞工保險法律關係中，除了當事人／勞工保險主體外，存在一些輔助勞工保險推動的關係人，以促成社會安全目標的實現。這是指投保單位、受益人，及醫師／醫院等而言。以下即敘述之：

一、投保（義務）單位（之法律地位）

（一）投保單位之義務

有關投保單位之地位【案例1(2)】，有法院實務認為依勞保條例第1條規定可知，其立法目的乃為保障勞工生活，促進社會安全而制定。依同條例第19條第1項規定，被保險人或其受益人，於保險效力開始後，停止前發生保險事故者，得依條例規定，請領保險給付。可知，得請求保險給付之權利人乃為被保險人或其受益人，至投保單位並非保險給付之權利人至明，其並非保險給付關係之當事人。亦即勞保條例乃保障勞工生活為其

---

[21] 內政部台內社字第233512號函參照。

立法目的，主要係保障勞工即被保險人為目的；至投保單位是否因此在其他法律上須負擔何種責任，並非勞保條例兼具保護之規範目的[22]。

本來，雇主應成立投保單位為勞工參加勞工保險，係根據勞動契約的保護照顧義務（民法第482條參照）[23]及公法上的義務而來。依據勞工保險條例第23條規定，被保險人或其受益人或其他利害關係人，為領取保險給付，故意造成保險事故者，保險人除給與喪葬津貼外，不負發給其他保險給付之責任。其所謂「其他利害關係人」，究竟是指何者？即是指投保單位？支出殯葬費之人？勞保條例第63條第2項第2款至第5款之可能取得受益人身分之遺屬？與被保險人非法勾結之醫師、勞保黃牛等人？對此，本書以為並不以法律上利害關係為限，而是及於事實上、經濟上的利害關係。故解釋上包括投保單位、勞保條例第63條第2項第2款至第5款之可能取得受益人身分之遺屬，以及與被保險人非法勾結之醫師、勞保黃牛等。至於是否及於支出殯葬費之人？似非無疑，但本書肯定之。即將第23條「保險人除給與喪葬津貼外」，限縮解釋為不包括其係為自己領取喪葬津貼而造成保險事故之情形[24]。惟利害關係人似不應及於同事或不相干之第三人。此一受益人的順序，應依據勞保條例第63條第2項的規定。

如前所述，在勞工保險法律關係中，投保單位並非要保人的角色[25]。雖然，依據「身心障礙者參加社會保險保險費補助辦法」第3條規定，「一、社會保險：指依全民健康保險法、勞工保險條例、就業保險法、農民健康保險條例、公教人員保險法、軍人保險條例及退休人員保險辦法辦理之保險。二、保險人：指前款保險法規所定之保險人或承保機關。三、投保單位：指第一款保險法規所定之投保單位、要保機關或要保單位。」其第3款即有投保單位為「要保機關或要保單位」的規定。但是，其是針

---

22 台灣高雄地方法院104年度簡字第69號行政訴訟判決參照。

23 台灣高等法院106年度上訴字第2841號判決參照。

24 行政院勞工委員會，勞工保險條例逐條釋義，2011年12月，頁278。此一部分，請參閱本書第七章保險給付之說明。

25 同說，台北高等行政法院100年度訴字第1767號判決參照。

對退休人員保險辦法而言（第3條），而不及於全民健康保險法、勞工保險條例、就業保險法。較為特殊的是，公教人員保險法（第5條）及軍人保險條例（第10條）均只有承保機構之設計，而無要保機構。

基於保護照顧義務，在強制納保的規定下，一旦受僱勞工到職，雇主作為投保單位即應辦理投保手續（依據勞保條例施行細則第12條，申請投保之單位辦理投保手續時，應填具投保申請書及加保申報表各一份送交保險人。前項加保申報表應依戶籍資料或相關資料詳為記載），以團體保險的方式向勞保局列表通知，並且在發生保險事故時，辦理請領的相關手續（例如勞保條例第42條之申請住院診療，第42條之1之填發職業傷病醫療書單申請診療等），而在勞工離職時辦理退保手續。這些手續的進行，有者係雇主主動而為，有者係勞工向雇主表示希望其代為進行，惟此乃係代被保險人向保險人提出申請，該請領權利人仍係被保險人本身，兩者均有蓋章證明[26]。吾人實不得因勞工無從自行直接向勞保局申請加退保或給付[27]，或保險效力的開始或停止，雇主藉由申報的時間點，而具有一定的決定權，因此即謂其係處於消極地位，或甚至認為雇主／投保單位為保險契約當事人／主體。不可或忘的是，雇主如未依勞保條例第11條及勞保條例施行細則第14條的規定，在勞工到職或離職時列表通知加保或退保，即會受到行政罰鍰的制裁（勞保條例第72條參照）。因此，所謂「保險效力的開始或停止，雇主藉由申報的時間點，而具有一定的決定權」之說，並不正確。雇主為勞工辦理相關手續既係保護照顧義務的表現，自然無需再簽訂一委任契約[28]。惟如果是職業工人，因其與職業工會無勞動契約，有認為職業工會之代理其完成加保、退保、請領給付，其法律依據為委任契約，職業工會係職業工人參加勞工保險的履行輔助人[29]。然而，本書以為此一委任契約的見解同樣可疑，這也會牽涉雙方的權利義務，是否為工會

---

[26] 台灣高雄地方法院104年度簡字第69號行政訴訟判決參照。

[27] 這是團體保險的特色。

[28] 反對說，郭玲惠，勞工及就業保險法釋義，頁59。

[29] 郭玲惠，勞工及就業保險法釋義，頁58、65-68。

與會員間的社員關係，亦即，正確而言，職業工人係以會員的身分參加勞工保險。職業工會係基於公法上的義務，為其會員辦理勞工保險的相關手續而已。

針對雇主所應為的行為及其違反時的不利後果，勞保條例也予以具體規定。基此，雇主作為投保單位，必須盡到履行勞工保險福利措施／社會政策的義務，包括：1.依據勞保條例施行細則第13條繳交一定證件或提具稅籍或統一發票購票證，成立投保單位。這表示：如果雇主為地下（非法）工廠或公司、行號，無法取得或未取得各目的事業主管機關核發之下列相關證件影本或無法檢附稅捐稽徵機關核發之扣繳單位設立（變更）登記申請書或使用統一發票購票證，即無法成立投保單位，為勞工辦理投保手續[30]。

2.公法上的通知義務（勞保條例第11條、勞保條例施行細則第12條、第14條、第21條第4項參照[31]）或據實申報義務[32]／審核義務[33]、據實填具門診就診單或住院申請書義務（勞保條例第52條第1項參照）、給付義務（勞保條例第10條、第16條、第17條、勞保條例施行細則第10條[34]、第12條[35]參照），這是對保險人履行「行政作業」的協助／辦。只是在外表上，會出現雇主代勞工為加退保及辦理各種手續的意思表示與事實行為。

---

30 行政院勞工委員會80年1月12日（80）台勞保2字第00813號函參照。

31 依之，「性別工作平等法第十六條第二項規定之被保險人繼續加保時，其所屬投保單位應填具勞工保險被保險人育嬰留職停薪繼續投保申請書，通知保險人；……。」

32 台北高等行政法院103年度訴字第1405號判決參照。

33 最高行政法院95年度判字第1588號判決參照。這應是指要盡到逐案覈實審查之責任。又，高雄高等行政法院105年度訴字第402號判決：得參加勞工保險者，須以有實際從事工作而符合上開規定者爲限，投保單位對於該被保險人是否符合資格而得爲其投保勞工保險，負有審核義務。

34 依據勞保條例施行細則第10條第1項規定，「投保單位應置備僱用員工或會員名冊（卡）、出勤工作紀錄、薪資表及薪資帳冊。」

35 依據勞保條例施行細則第12條規定，「申請投保之單位辦理投保手續時，應填具投保申請書及加保申報表各一份送交保險人（第1項）。前項加保申報表應依户籍資料或相關資料詳爲記載（第2項）。」

3.負擔繳交七成保險費的義務（勞保條例第15條參照）。依據法務部行政執行署93年度署聲議字第377號決定書：保費繳款單為行政處分，勞保局得對投保單位為行政執行[36]。在大法官會議釋字第568號解釋中，大法官許宗力的協同意見書認為雇主純粹是「基於社會連帶關係」以及勞動僱傭關係對勞工的照護義務，所以負擔部分保費的義務。本書認為此一雇主「基於社會連帶關係」，應該是指與勞工間具有社會連帶關係，果爾，此一見解實屬有誤。

依據法院實務見解，勞保條例第6條第1項、第10條第1項規定雇主為投保單位，應為其所屬勞工，辦理投保手續及其他有關保險事務；而勞工月投保薪資之申報係屬有關勞工保險之事務，應由投保單位按勞工之月薪資總額，依投保薪資分級表之規定，向保險人覈實辦理，投保單位向保險人申報勞工之月投保薪資，係履行其公法上之義務，並無事先知會勞工之必要，亦無與勞工合意不據實申報之餘地，此觀同條例第14條第1項、第2項、第14條之1第1項規定之意旨自明。是投保單位縱與勞工合意將投保薪資金額以多報少或以少報多，仍應依法據實申報月投保薪資額，無從憑以解免其據實申報之義務，倘未據實申報，致勞工受有損害，因勞工對損失發生原因之月投保薪資之不實申報，並無從助成其發生或損害之擴大，其依勞保條例第72條第3項規定求償時，自無過失相抵原則之適用[37]。投保單位依勞保條例第10條第1項、勞保條例施行細則第12條第1項規定，負有製作通知表、投保薪資調整表、投保申請書、加保申報表等文書之義務，如其為虛偽製作，即應構成刑法第216條之行使業務登載不實文書罪。並且，由於投保單位以登載不實之業務上文書，向勞保局詐得少付勞保保險費之財產上不法利益，係一行為同時觸犯行使業務登載不實文書罪、詐欺得利罪，為異種想像競合犯，應從一重之刑法第339條第2項之詐欺得利罪處斷[38]。

---

[36] 台北高等行政法院100年度訴字第1767號判決參照。

[37] 最高法院107年度台上字第1854號判決參照。

[38] 台灣高等法院暨所屬法院84年度法律座談會刑事類第11號決議意旨、台灣高等法院106

針對雇主違反公法義務之制裁，主要係規定在勞保條例第72條。包括投保單位違反本條例規定，未為其所屬勞工辦理投保手續（第1項）；投保單位未依本條例之規定負擔被保險人之保險費（第2項）；投保單位違反本條例規定，將投保薪資金額以多報少或以少報多（第3項）；投保單位於保險人依第10條第3項規定為查對時，拒不出示者，或違反同條第4項規定者（第4項）。另外，對於投保單位未繳納保險費之滯納金處罰，勞保條例第17條第1項、第2項亦有規定。並且，「投保單位如無財產可供執行或其財產不足清償時，其主持人或負責人對逾期繳納有過失者，應負損害賠償責任。」

最後，依據行政院勞工委員會81年12月12日（81）台勞保2字第45118號函，關於因雇主行使勞動契約終止權所解僱之勞工，因勞雇關係已不存在，依勞工保險條例第11條規定，投保單位應於勞工離職之當日辦理退保；惟如法院判決確認僱傭關係存在，雇主因非法解僱勞工肇致其權益受損，依上開條例第72條及民法相關規定，勞工得請求損害賠償。

（二）職業工會為投保單位之地位

在此，應加區別者，係職業工會與職業工人間具有會員的關係，立法者創設此一專為參加勞保（與健保）的職業團體，並且加以公法上的義務。職業工人因此得經由職業工會加保。職業工會對於職業工人並無何照顧義務可言。

本書以為，投保單位雖負有公法上義務，但並非使其具有行政助手的地位。經由勞保條例所加以的權責，並非令其擔任要保人的角色或使其成為該保險之權利義務主體[39]。如依勞保條例第19條規定，被保險人或其受益人始有保險給付請求權。況且，雇主也僅負擔部分保費而已，被保險人本身也應繳交兩成的保費。

勞保條例中有關投保單位之權利與義務，原則上並不區分是受僱員工

年度上訴字第2841號判決參照。

39 高雄高等行政法院99年度訴字第431號判決參照。

的雇主、團體、機構，或者是職業工會、漁會，一體適用之。所以，以職業工人欲請領老年給付時，依據勞保條例第65條之1第1項、第2項規定：「被保險人或其受益人符合請領年金給付條件者，應填具申請書及檢附相關文件向保險人提出申請（第1項）。前項被保險人或其受益人，經保險人審核符合請領規定者，其年金給付自申請之當月起，按月發給，至應停止發給之當月止（第2項）。」此處之「應填具」申請書及檢附相關文件，應由職業工會（在受到職業工人請求後），按照勞保條例第10條規定填具之，而非由被保險人或其受益人親自填寫之[40]。

由於投保單位不是當事人／主體，所以，實務上一般認為不得為其本身利益申請爭議審議（勞工保險爭議事項審議辦法第6條第2項參照）。

（三）投保單位所生之爭議[41]

1. 得作爲投保單位之主體

(1) 強制加保

依據勞保條例第6條規定，得為投保單位者，分別為雇主、團體、機構。其中，其所稱雇主，係指第1項第1款至第3款之事業單位、第4款之政府機關及公私立學校。至於第5款之「受僱從事漁業生產之勞動者」，則係指僱用漁船員及其他採捕或養殖水產動植物之人之漁業人（漁業法第4條第2項）。其所稱團體，則是指第7款及第8款之職業工會與漁會。其所稱機構，則為第6款之職業訓練機構。依據中央勞政機關見解[42]，勞工保險條例第10條規定，投保單位得委託其所隸屬團體或勞工團體辦理投保手續及其他有關保險事務。其中「所隸屬團體」係指商業會、工業會及同業公會等職業團體。「勞工團體」則為總工會、職業工會及各業職業工會聯合會等團體。

---

40 不同意見說，請參閱最高行政法院106年度判字第360號判決。

41 此部分，可參閱郭玲惠，勞工及就業保險法釋義，頁87以下。

42 行政院勞工委員會83年10月22日（83）台勞保2字第88706號函參照。

中央勞政機關也認為[43]，貴部（法務部）部分監院所依據職業訓練法附設之技能訓練中心，如已報請政府登記在案者，即屬「在政府登記有案之職業訓練機構」，於該技能訓練中心參加職業訓練之收容人，應依勞工保險條例第6條第1項第6款規定辦理加保。至其保險費之負擔應依同條例第15條第1款規定辦理。

至於勞保條例第7條之投保單位，由於係跟隨第6條第1項第1款至第3款而來，因此，其僅指雇主而已，不及於團體及機構。

(2) 自願加保

吾人如觀勞保條例第8條第1項、第9條、第9條之1及勞工職業災害保險及保護法第77條第1項規定，其並非採取第6條之雇主、團體、機構三分法的投保機構設計，而是，大體上其投保單位以事業單位（雇主）為限，實難想像會及於團體或機構。較為突出的是，其以法律明定特殊的投保單位，也就是第8條第1項第4款之海員總工會或船長公會。雖然如此，仍應區分各條款之規定，而認定其投保單位之主體為誰。

① 勞保條例第8條第1項

以勞保條例第8條第1項而言，其第1款規定「受僱於第六條第一項各款規定各業以外之員工」，解釋上似乎包括第6條第1項第1款至第8款之各業以外的勞工。但是，除了第1款至第5款所列之行業外仍然存在不少行業，無法全部列舉外，是否在第6款「在政府登記有案之職業訓練機構」[44]外仍然存在特殊的訓練機構？並非無疑。至於第7款職業工會及第8款漁會外仍然存在一些人民團體（例如工商業團體、自由職業團體、農民團體、社會團體、政治團體等），則是較無爭議。這些人民團體也可以為其所僱員工參加勞工保險。

其次，勞保條例第8條第1項第2款規定「受僱於僱用未滿五人之第

---

43 行政院勞工委員會87年3月23日（87）台勞保2字第009935號函參照。

44 依據職業訓練法第5條規定，「職業訓練機構包括左列三類：一、政府機關設立者。二、事業機構、學校或社團法人等團體附設者。三、以財團法人設立者。」再依第6條第1項規定，「職業訓練機構之設立，應經中央主管機關登記或許可；……。」

六條第一項第一款至第三款規定各業之員工」，則是將僱用未滿5人之行業，明定為第6條第1項第1款至第3款之各業，而不及於第4款至第8款之雇主、團體或機構，所以不及於職業工會或漁會與其會員間之關係。

至於勞保條例第8條第1項第3款之「實際從事勞動之雇主」，則是以與其發生委任關係之事業單位為投保單位。

又，勞保條例第8條第1項第4款規定「參加海員總工會或船長公會為會員之外僱船員」，這是針對我國人民在境外受僱於外國籍船隻，所作之特殊的勞工保險保障規定。其或者以海員身分或者以船長身分受僱於設立外國的船舶公司。論者有以為不讓其參加勞保即有歧視之嫌疑，恐怕有所誤解[45]。在此，投保單位為我國之海員總工會或船長公會。至於外國的船舶公司有無按照當地法令為其參加勞工保險或社會保險，則不問。

② 勞保條例第9條

本條係屬不在職或逾法定保險年齡而仍得繼續加保之特殊規定。第9條繼續參加勞工保險之投保單位，則相對較為清楚。依據勞保條例施行細則第21條第1項規定，「本條例第九條……規定之被保險人願繼續加保時，投保單位不得拒絕。」顯然，係由原投保單位為之繼續加保。所以，同條第2項乃規定，「本條例第九條規定之被保險人繼續加保時，其所屬投保單位應繼續為其繳納保險費，……。」

③ 勞保條例第9條之1

依據勞保條例第9條之1第1項規定，「被保險人參加保險，年資合計滿十五年，被裁減資遣而自願繼續參加勞工保險者，由原投保單位為其辦理參加普通事故保險，至符合請領老年給付之日止。」即由原投保單位為之辦理繼續加保。

④ 勞工職業災害保險及保護法第77條第1項

除此之外，依據勞工職業災害保險及保護法第77條第1項規定，「參加勞工保險之職業災害勞工，於職業災害醫療期間終止勞動契約並退保

---

45 行政院勞工委員會，勞工保險條例逐條釋義，頁71。

者，得以勞工團體或保險人委託之有關團體為投保單位，繼續參加勞工保險，至符合請領老年給付之日止，不受勞工保險條例第六條規定之限制。」勞工團體或勞工保險局委託之有關團體亦得為投保單位。其所稱「勞工團體或勞工保險局委託之有關團體」，解釋上似乎不以工會為限。

⑤ 性別工作平等法第16條第2項

依據性別工作平等法第16條第2項規定，「受僱者於育嬰留職停薪期間，得繼續參加原有之社會保險，原由雇主負擔之保險費，免予繳納；原由受僱者負擔之保險費，得遞延三年繳納。」再依據勞保條例施行細則第21條第1項規定，「……性別工作平等法第十六條第二項規定之被保險人願繼續加保時，投保單位不得拒絕。」由此可知，係由原雇主作為投保單位，為勞工辦理繼續加保。

2. 投保單位之成立、變更、註銷或廢止

首先，是成立投保單位之程序。目前，勞保條例並未明定成立投保單位之程序為何。惟吾人觀勞保條例施行細則第13條第1項規定，「本條例第六條及第八條之勞工，其雇主、所屬團體或所屬機構申請投保時，……，應檢附負責人國民身分證正背面影本及各目的事業主管機關核發之下列相關證件影本。」因此，解釋上，在將工商登記的相關文件送至保險人處時，即已完成設立投保單位之程序。另外，依據同條第2項規定，「投保單位無法取得前項各款規定之證件者，應檢附稅捐稽徵機關核發之扣繳單位設立（變更）登記申請書或使用統一發票購票證，辦理投保手續。」可知，在其提具稅籍或統一發票購票證時，亦比照成立投保單位辦理加保手續。

所以，為落實雇主對勞工的保護照顧義務，(1)對於依法應辦理而尚未辦理工商登記之雇主，應由工商主管機關輔導辦理工商登記後，以事業單位為投保單位辦理加保。(2)而對於未辦理工商登記而於稅捐機關編有稅籍或有統一發票購票證之雇主，如願為其員工辦理參加勞工保險，得提具稅籍或統一發票購票證，以雇主為投保單位辦理加保，不得透過職業工會辦理加保。(3)再者，未辦理工商登記，且無統一發票購票證或未編列稅籍之雇主，及其所僱用之員工，不得由職業工會加保[46]。本書以為地下（非法）工廠應屬於(3)之情形。

其次，為投保單位因特定事項之變更。依據勞保條例施行細則第17條規定，「投保單位有下列各款情形之一者，應於三十日內填具投保單位變更事項申請書，連同有關證件送交保險人：一、投保單位之名稱、地址或其通訊地址之變更。二、投保單位負責人之變更。三、投保單位主要營業項目之變更（第1項）。投保單位未依前項規定辦理變更手續者，保險人得依相關機關登記之資料逕予變更（第2項）。」

三者，為投保單位負責人變更或合併，其積欠保險費或滯納金之處理。依據勞保條例施行細則第18條規定，「投保單位負責人有變更者，原負責人未清繳保險費或滯納金時，新負責人應負連帶清償責任（第1項）。投保單位因合併而消滅者，其未清繳之保險費或滯納金，應由合併後存續或另立之投保單位承受（第2項）。」

最後，為投保單位之註銷或廢止。依據勞保條例施行細則第16條規定，「投保單位有歇業、解散、撤銷、廢止、受破產宣告等情事或經認定已無營業事實，且未僱用勞工者，保險人得逕予註銷或廢止該投保單位（第1項）。投保單位經依前項規定註銷或廢止者，其原僱用勞工未由投保單位依規定辦理退保者，由保險人逕予退保；其保險效力之停止、應繳保險費及應加徵滯納金之計算，以事實確定日為準，未能確定者，以保險人查定之日為準（第2項）。」本條第2項之受僱勞工的退保規定，即為勞保條例第8條第2項之「依本條例中途退保之規定」。

3. 是否具有投保單位資格之爭議

我國投保單位資格之爭議，除了少數在勞保條例第6條第1項各款外，主要是集中在勞保條例第8條第1項第1款「受僱於第六條第一項各款規定各業以外之員工」。自願加保的行業。本來，依據勞保條例施行細則第8條規定，「本條例第八條第一項第一款所稱各業以外之員工，指中央

---

[46] 行政院勞工委員會80年1月12日（80）台勞保2字第00813號函參照。

主管機關核定准許投保之其他各業或人民團體之員工。」明定應以「核定准許」之其他各業或人民團體之員工為限。然而，我國中央勞政機關卻多以函釋解釋特定的行業或自然人是否得成立投保單位，為員工加保。只是，偶有以行政指導加以具體化者，例如「本國籍家庭幫傭、居家式托育服務提供者參加勞工保險審查作業注意事項」[47]。這是否符合勞保條例施行細則第8條「核定准許」之要求？並非無疑。依本書所見，如能採取如勞基法第30條或第30條之1有關變形工時之「公告指定」之方式，應該較能符合立法意旨，以及避免以函釋解釋所造成的凌亂，甚至違法的現象。

另外，基於工作的特殊性，中央勞政機關也有以函釋表示工作者可選擇以第6條職業工會會員的身分或第8條第1項第1款之身分參加勞工保險者。依據中央勞政機關的見解，「行政院77年8月9日台77專字第22687號函：靠行之職業汽車駕駛人及其所僱員工與受僱於僱用員工未滿5人公司、行號之職業汽車司機（含有僱傭關係之寄行車司機），如經依法取得職業工會會員資格者，前經本院68年12月8日臺68勞12364號函准以所屬職業工會為投保單位參加勞工保險；惟如該公司、行號願為靠行車主及其所僱員工申報加保時，依勞工保險條例第8條規定，得以自願加保方式辦理加保。」[48]對此，本書以為應先釐清靠行之職業汽車駕駛人與車行間究竟是僱傭關係或其他法律關係（例如委任關係或商務關係），而後判定應依第6條（第1款或第7款）或第8條（第1款或第2款）參加勞工保險，而非語焉不詳地說明如何加保。

上述「先以第6條的身分加保、（如不得，）後以第8條第1項的身分加保」的先後次序解釋，不乏見於中央勞政機關的函釋，也引發其是否混淆第6條第1項各款與第8條第1項第1款或第2款規範意旨的疑慮。諸如「已依法辦妥財團法人登記之寺廟者，依第6條第1項第3款加保；未辦妥財團

---

47 行政院勞工委員會92年7月24日勞保1字第0920035553號函同意備查、勞動部勞工保險局108年9月6日保納新字第10860317171號令發布。

48 行政院勞工委員會77年8月31日（77）台勞2字第24251號函參照。

法人登記之寺廟，可依同條例第8條規定，自願參加勞工保險。」[49]「國科會研究助理如係由國科會或學校或醫院等單位所聘僱，應依勞保條例第6條辦理加保；該等研究助理如係由研究計畫主持人所聘僱，同意得由研究計畫主持人申請成立投保單位，比照勞工保險條例第8條第1項第1款辦理參加勞工保險。」[50]前者，有無辦妥財團法人登記，涉及到公益事業身分之有無，與勞保條例第8條第1項第1款或第2款之情形皆不同？如何依同條例第8條規定加保呢？後者，針對國科會研究助理，本書以為應先釐清其雇主為誰，而後依勞保條例第6條或第8條參加勞工保險，而非不清不楚地說，「該等研究助理如係由研究計畫主持人所聘僱，同意得由研究計畫主持人申請成立投保單位，比照勞工保險條例第8條第1項第1款辦理參加勞工保險。」

同樣有問題的，是以工代賑臨時工與用人單位間之法律關係及參加勞工保險。依據中央勞政機關的見解，「查依勞工保險條例第6條第1項第4款規定，依法不得參加公務人員保險（已修正為公教人員保險）之政府機關之員工，應以其所屬機構為投保單位，參加勞工保險。該款適用對象為受僱於政府機關，但依法不得參加公務人員保險之勞工。次查，本會89年12月12日台89勞保1字第0054641號函曾針對受領臨時工作津貼者之勞工保險疑義函釋略以：臨時工作津貼之立法目的，係由政府提供金錢協助失業者暫時免除失業之生活困境，並得以迅速再就業，核屬公法救助性質，故其受領之津貼非屬工資性質，受領者與用人單位間非屬僱傭關係。本案以工代賑臨時工與市政府間如係『私法僱傭關係』，仍應依前揭第6條規定辦理參加勞保，惟如係『公法救助性質』之範疇，得准用同條例第8條規定之精神辦理加保。」[51]本書以為此號函釋之見解並不正確，蓋以工代賑臨時工與市政府間僅可能為公法救助關係，以符合盡量擴大救助人員之目的。

---

[49] 內政部71年11月3日台內社字第115931號函參照。

[50] 行政院勞工委員會92年10月27日勞保2字第0920053933號函參照。

[51] 行政院勞工委員會91年3月19日勞保2字第0910010668號函參照。

以下僅就中央勞政機關的函釋加以歸納整理：

(1) 不具投保單位資格者

依據中央勞政機關的見解，不具投保資格者有二：一者，「按勞工保險條例第6條及第8條所規定之投保單位，其屬事業單位者以僱有員工者為限，未僱用員工之事業負責人尚不得成立投保單位單獨辦理加保。」二者，「依汽車運輸業管理規則第95條規定，個人經營計程車客運業者，不得僱用他人。其即非勞工保險條例規定之投保單位，亦不得僱用員工，又非屬實際從事勞動之雇主，自不得成立投保單位單獨辦理加保。惟個人計程車若符合上開條例第6條第1項第7款規定，為無一定雇主或自營作業而參加職業工會者，應由職業工會辦理參加勞保。」[52]只不過，依據本書所見，前者，似乎只在禁止未僱用法定最低人數員工的事業單位「成立投保單位為事業負責單獨辦理加保」，而非禁止在此一階段成立投保單位；後者，則是基於交通法規的禁止僱用員工而來，以符合「個人計程車（行）」的規範原意。倒是，個人計程車（行）是否能符合勞保條例施行細則第11條第2項自營作業者之定義？似非無疑。

(2) 是否具第6條投保單位資格之爭議

① 公益事業

首先，公益事業係指凡裨益大眾之公共設施及增進共同利益，而非以營利為目的者，其範圍包括教育、衛生、社會福利等依法設立登記之財團法人、社團法人均屬之[53]。

A. 已辦財團法人登記之寺廟

依據中央勞政機關的見解，「寺廟如欲成立財團法人，應依民法及『內政業務財團法人監督準則』有關規定辦理。凡非以營利為目的，增進大眾共同利益且已依法辦妥財團法人登記之寺廟，依本部68年9月8日台內社字第28616號函示，應屬勞工保險條例第6條第1項第3款所稱『公益事業』範圍，其所僱員工應為勞工保險條例強制投保之對象；至未辦妥財團

52 行政院勞工委員會88年1月19日（88）台勞保2字第002704號函參照。

53 內政部68年9月8日台內社字第28616號函參照。

法人登記之寺廟，可依同條例第8條規定，自願參加勞工保險。」[54]

B. 托兒所、幼兒園

依據中央勞政機關的見解，「查所詢托兒所如係依兒童及少年福利法暨相關法規設立之兒童福利機構，其主管機關為社會行政機關，應為公益事業。」[55]

依據中央勞政機關的見解，「按幼兒為國家未來重要的人才資產，幼兒園係為照顧幼兒之教保服務機構，其為增進公共利益而設。為保障幼兒園員工之勞工保險權益，且幼托整合後，原托兒所已占幼兒園大多數，是以，幼兒園性質可歸屬公益事業，其僱用員工5人以上者，自應依勞工保險條例第6條規定辦理。」[56]

② 依法不得參加公務人員保險或私立學校教職員保險之政府機關及公、私立學校之員工

依據勞動部109年6月5日勞動保2字第1090140227號函，「旨揭所詢因涉私立學校法及其相關法規疑義，經教育主管機關教育部109年5月21日台教授國字第1090051663號函復，略以私立學校法雖經修正，尚不影響外僑學校為私立學校之性質，爰核准在台設立之外僑學校，係屬勞工保險條例第6條第1項第4款規定之私立學校。改制前行政院勞工委員會82年5月29日台82勞保2字第29248號函，自即日起停止適用。」

又，依據勞動部110年2月19日勞動保2字第1100140070號函，「查勞工保險及公教人員保險皆屬職域社會保險，依社會保險不重複保障原則，有關貴局來函所提考量行政法人之性質並兼顧相關人員保險權益之實務做法，與勞工保險條例第6條第1項第4款規定之意旨尚無不合。又政府機關及公、私立學校之員工借調至行政法人，於留職停薪期間，得選擇繼續參加公保者，依前開說明，非屬行政法人應強制辦理參加勞工保險之人員。」

---

54 內政部71年11月3日台內社字第115931號函參照。

55 行政院勞工委員會98年7月6日勞保2字第0980077367號函參照。

56 行政院勞工委員會102年6月27日勞保2字第1020140414號函參照。

③ 職業訓練機構

依據勞保條例第6條第1項第6款「在政府登記有案之職業訓練機構接受訓練者」，應參加勞工保險為被保險人。由其用語觀之，其適用對象似乎並不區分參加職前訓練之非在職勞工或參加進修訓練的在職人員。然而，吾人觀1979年2月19日增訂第6款時，其適用對象為「受訓技工」，即並非在職人員。因此，本書以為在職人員進修訓練，並無須或不得引用第6款參加勞工保險。中央勞政機關函釋認為「其係現為在職之勞工身分，且報到參訓時須檢具現職機構在職證明書或勞工保險被保險人投保證明資料，就其受訓性質及條件不同於參加職前訓練之非在職勞工，按上開規定之立法意旨，並考量渠等人員之參訓權益及保險費負擔等情形，本案得不由職訓機構再行辦理參加勞工保險。」[57]此一見解並不可採。

依據中央勞政機關的見解，「貴部（法務部）部分監院所依據職業訓練法附設之技能訓練中心，如已報請政府登記在案者，即屬「在政府登記有案之職業訓練機構」，於該技能訓練中心參加職業訓練之收容人應依勞工保險條例第6條第1項第6款規定辦理加保。至其保險費之負擔應依同條例第15條第1款規定辦理。」[58]

④ 職業工會

依據中央勞政機關的見解，「行政院77年8月9日台77專字第22687號函：靠行之職業汽車駕駛人及其所僱員工與受僱於僱用員工未滿5人公司、行號之職業汽車司機（含有僱傭關係之寄行車司機），如經依法取得職業工會會員資格者，前經本院68年12月8日台68勞字第12364號函准以所屬職業工會為投保單位參加勞工保險；惟如該公司、行號願為靠行車主及其所僱員工申報加保時，依勞工保險條例第8條規定，得以自願加保方式辦理加保。」[59]

---

[57] 行政院勞工委員會99年3月25日勞保2字第0990140031號函參照。

[58] 行政院勞工委員會87年3月23日（87）台勞保2字第009935號函參照。

[59] 行政院勞工委員會77年8月31日（77）台勞2字第24251號函參照。

(3) 是否具第8條投保單位資格之爭議

綜觀中央勞政機關的函釋，似乎均集中在第1款之行業。茲說明如下：

① 受僱於宗教團體之神職人員

依據中央勞政機關的見解，「依法登記持有證照之宗教團體，其所屬神職人員，如係受僱專任從事工作並支領報酬者，依照勞工保險條例第8條第1項第1款規定，得以該宗教團體為投保單位申報加保。至神職人員如僅義務從事教義宣揚，而非受僱專任從事工作並支領報酬者，非勞工保險條例適用之對象。」[60]對於此一函釋，本書以為可疑者有二，一者，為何宗教團體不屬於第6條第1項第3款之公益事業？二者，為何受僱人員必須以專任為限，而不及於兼職或部分工作時間的人員？

② 自然人僱用

A. 專門技術人員

依據中央勞政機關的見解，「查專門技術人員如律師、會計師、專利代理人、代客記帳業者等因執行職務需要設置之事務所，因非權利義務之主體，自不能為勞工保險條例第6條所定之投保單位，其所僱員工參加勞工保險仍應以該專門技術人員本人名義為投保單位辦理加保。」[61]

再依據中央勞政機關的看法，「對於以自然人為勞保投保單位者，其負責人變更時，不須另成立新投保單位之建議，查依本會92年5月19日勞保2字第0920023259號令規定：『查專門技術人員如律師、會計師、專利代理人、代客記帳業者等因執行職務需要設置之事務所，因非權利義務之主體，自不能為勞工保險條例第6條所定之投保單位，其所僱員工參加勞工保險，仍應以該專門技術人員本人名義為投保單位辦理加保。』是以該等單位負責人變更時，仍應依規定辦理員工退保，並另以新負責人為投保單位為員工辦理加保。」[62]

---

[60] 行政院勞工委員會77年9月1日（77）台勞保2字第18874號函參照。

[61] 行政院勞工委員會92年5月19日勞保2字第0920023259號令參照。

[62] 行政院勞工委員會95年2月10日勞保2字第0950003423號書函參照。

有問題的是，專門技術人員之事務所，因非權利義務之主體，而不能為勞工保險條例第6條所定之投保單位，則「其所僱員工參加勞工保險，仍應以該專門技術人員本人名義為投保單位辦理加保」的法律依據何在？解釋上，應係勞保條例第8條第1項第1款「受僱於第六條第一項各款規定各業以外之員工」。換言之，其所謂「第六條第一項各款規定各業以外」，並不以行業為限，而是包括自然人。

B. 研究計畫主持人

依據中央勞政機關的見解，「有關因執行國科會研究計畫所延聘之研究助理應如何辦理參加勞工保險一節，查勞工保險係在職保險，以僱傭關係為前提，依勞工保險條例規定，符合第6條規定之勞工，應以其雇主或所屬團體或所屬機構為投保單位辦理參加勞工保險，符合第8條規定之勞工，得準用本條例之規定參加勞工保險。是以本案研究助理如係由國科會或學校或醫院等單位所聘僱，應依前開規定由該單位為其辦理加保。另該等研究助理如係由研究計畫主持人所聘僱，因係接受政府委託之研究計畫，如研究計畫期程及經費明確，同意得由研究計畫主持人申請成立投保單位，比照勞工保險條例第8條第1項第1款之規定為所聘僱之研究助理辦理參加勞工保險。」[63]

吾人觀此號函釋，國科會研究助理參加勞工保險之方式總共有三種：一者，依據勞保條例第6條參加；二者，依據第8條準用勞保條例參加；三者，由研究計畫主持人所聘僱，並且由研究計畫主持人申請成立投保單位，比照勞工保險條例第8條第1項第1款之規定參加。本書以為此種多種管道加保的方式顯得雜亂無章，且誤解研究助理之僱用人為誰。也就是說，將研究計畫主持人解釋為雇主，實未能正解研究計畫主持人在計畫執行中，也只是其雇主或所屬團體或所屬機構的勞工而已。研究助理只能由其雇主或所屬團體或所屬機構，根據勞保條例第6條或第8條為其參加勞工保險。斷不能在其雇主或所屬團體或所屬機構拒絕時，再轉由研究計畫主

[63] 行政院勞工委員會92年10月27日勞保2字第0920053933號函參照。

持人擔任雇主為其加保。

C. 本國籍家庭幫傭、居家式托育服務提供者

針對本國籍家庭幫傭、居家式托育服務提供者之參加勞工保險，中央勞政機關於2003年7月24日發布一「本國籍家庭幫傭、居家式托育服務提供者參加勞工保險審查作業注意事項」[64]以為辦理依據。即其以行政指導的方式，提供家事工作者及其雇主參考之用。依之，「二、受僱於由雇主提供工作場所照顧同一雇主之嬰兒或單一嬰兒之居家式托育服務提供者或受僱於同一雇主從事家事服務、病患家事服務之家庭幫傭，其雇主願為其申報加保者，得比照勞工保險條例第八條之規定，以雇主（自然人）為投保單位辦理加保。……四、受僱勞工參加本保險後，非依勞工保險條例規定，不得中途退保，惟僱傭關係消滅時，雇主應於受僱勞工離職之當日申報退保。」本注意事項「得比照勞工保險條例第八條之規定」，可能指第8條第1項第1款或第2款的規定而言。

③ 外商辦事處或聯絡處

依據內政部71年7月14日台內社字第98515號函，「為外商經依法核准在我國境內所設代表人辦事處員工，本部同意以代表人為投保單位依勞工保險條例第8條規定自願參加勞工保險。」另外，依據行政院勞工委員會84年9月20日（84）台勞保3字第130948號函，「有關外國營利事業在我國境內設立之連絡處員工，得依勞工保險條例第8條規定以負責人為投保單位辦理參加勞工保險。」

再依據行政院勞工委員會94年9月2日勞保2字第0940045694號函，「有關外商公司在我國境內所設代表人辦事處或連絡處員工參加勞工保險一案，同意依貴局（勞保局）所擬以外商公司名稱並加註○○○代表人為投保單位，辦理加保。」雖然本號解釋未明言係依勞保條例第8條之自願加保而為，惟實應與上述內政部及行政院勞工委員會的函釋採取相同的解釋。

---

64 行政院勞工委員會92年7月24日勞保1字第0920035553號函同意備查參照。

④ 公寓大廈管理委員會

依據行政院勞工委員會92年7月15日勞保2字第0920034180號函，「公寓大廈管理委員會依『公寓大廈管理條例』而設立，且向主管機關報備有案者，得依同條例第8條第1項第1款規定為投保單位為其僱用之員工辦理加保。至前依『公寓大廈及社區安全管理辦法』而設立之公寓大廈管理委員會，如已成立投保單位，仍得比照該條例第8條第1項第1款規定為其僱用之員工辦理加保。」

有問題的是，勞動部103年8月4日勞動保2字第1030140263號函擴大解釋為，「未依公寓大廈管理條例成立或報備之大廈管理委員會，為保障其所僱員工之保險權益，得比照本部改制前之行政院勞工委員會92年7月15日勞保2字第0920034180號函示，依勞工保險條例施行細則第13條及就業保險法施行細則第8條規定，檢附政府機關核發之相關證明文件成立投保單位，為員工辦理參加勞工保險，及依就業保險法規定為員工辦理參加就業保險。」

⑤ 地方民意代表

依據行政院勞工委員會96年12月19日勞保2字第0960033846號函，「依本會81年10月19日台81勞保2字第35151號函示規定，有關地方民意機關預算編列內由民意代表自聘之助理，如專任受僱從事助理工作，並獲致報酬，得依勞工保險條例第8條第1項第1款規定，以地方民意代表（即雇主）為投保單位辦理加保，於地方民意代表卸任時辦理退保。另依同條例第8條第1項第3款及同條第3項規定，實際從事勞動之雇主得自願參加勞工保險，並應與其受僱員工以同一投保單位參加本保險。本案地方民意代表如為預算編列之自聘助理參加本保險者，得依上開法條規定，與其自聘之助理以同一投保單位，自願參加勞工保險，於其卸任時辦理退保。」

再依據行政院勞工委員會98年6月22日勞保2字第0980076239號函，「依內政部98年6月15日內授中民字第0980033395號書函略以：『地方民意代表費用支給及村里長事務費補助條例第6條修正條文於本（98）年5月27日公布施行後，……助理由議員聘用，依該法雙方訂立書面契約，雇主為議員；但所需之勞保費、健保費及勞工退休金等均由議會編列預算支應。』據此，本案地方民意代表之助理，如其雇主為地方民意代表，應以該地方民意代表為投保單位，辦理參加勞工保險，地方民意代表本人並得與其自聘助理以同一投保單位參加勞工保險。」

吾人觀上述函釋，可知地方民意代表與其助理雖係在從事一定的公共事務，但其係參加勞工保險，而非公務人員保險。而且，基於法令的規定，助理的雇主為民意代表，而非議會。民意代表得依勞保條例第8條第1項第1款成立投保單位，為助理參加勞工保險，並且根據同條項第3款（實際從事勞動之雇主）與其助理以同一投保單位加保。只不過，依據函釋，受僱專任的助理始得自願加保，兼職（任）助理並不在內。此一見解似有疑義。

⑥ 候選人或擬參選人

依據行政院勞工委員會99年10月1日勞保2字第0990140423號函，「依照『公職人員候選人僱用從事競選活動人員參加勞工保險及就業保險注意事項』第3點規定，受僱公職人員候選人從事競選活動並獲致報酬之工作人員，依勞工保險條例第8條第1項第1款及就業保險法第5條之規定，以候選人（自然人）為投保單位辦理參加勞工保險及就業保險。但公職人員候選人不得為其配偶、直系血親尊（卑）親屬、二親等內血親及姻親申報加保。」

再依據勞動部104年7月3日勞動保2字第1040140347號函，「公職人員擬參選人及候選人僱用從事競選活動工作人員參加勞工保險及就業保險注意事項第3點，受僱擬參選人或候選人從事競選活動並獲致報酬之工作人員，依勞工保險條例第8條第1項第1款及就業保險法第5條之規定，以擬參選人或候選人（自然人）為投保單位辦理參加勞工保險及就業保險。但擬參選人或候選人不得為其配偶、直系血親尊（卑）親屬、二親等內血親及姻親申報加保。」

⑦ 巷弄長照站

依據勞動部107年8月28日勞動保2字第1070140431號函，「為保障依『社區整體照顧服務體系計畫』成立巷弄長照站之村（里）辦公處所僱員工之勞保權益，同意貴局所擬，依前開計畫成立巷弄長照站之村（里）辦公處，得以村（里）長辦公處名稱並加註〔○○村（里）長〕為投保單位，為所屬員工申報加保。另有關就業保險部分，應依就業保險法第5條規定辦理加保。」

再依據勞動部108年3月14日勞動保2字第10801401501號函，「本案村（里）辦公處設置『社區照顧關懷據點』僱用之員工參加勞工保險、就業保險，以及提繳勞工退休金等事宜，比照本部107年8月28日勞動保2字第1070140431號函釋規定辦理。」

⑧ 自然人農民

依據勞動部109年11月24日勞動保2字第1090140555號函，「有關所報自然人農民檢附行政院農業委員會核發之農場經營事實證明文件，得否為僱用之勞工申報加保一案，依本部109年10月29日研商『農民僱用農業移工之勞保加保疑義』案會議結論，渠等業經行政院農業委員會認定屬農場，爰應依勞工保險條例及就業保險法，為所僱勞工辦理參加勞工保險及就業保險。」

二、受益人

勞保條例第23條、第25條、第28條及第29條等條文，均有受益人之規定。此處的受益人似乎包括各種給付的受益人。然而，勞保條例只有死亡給付有受益人的規定（第62條以下參照）。而且，勞工保險應無允許被保險人與保險人約定受益人的餘地。因此，殊難想像有其他保險給付種類的受益人。在內政部主管勞工事務時代，即已表示「為謀社會安定，保障被保險人及其親屬生活起見，根據社會保險一般原則，保險給付受益人，多係由法規明其順序，而少採由被保險人指定之方式。」[65]

另外，相異於商業保險的受益人，勞工保險的受益人也有其特殊性。例如，其所受領之喪葬津貼（勞保條例第63條第1項參照）及遺屬津貼（勞保條例第63條之2第1項第3款參照），有別於一般以被保險人本人發

[65] 內政部54年9月台內勞字第177004號函參照。

生事故之給付，均兼具社會扶助之性質[66]。又，依據第63條之1第1項規定，「被保險人退保，於領取失能年金給付或老年年金給付期間死亡者，其符合前條第二項規定之遺屬，得請領遺屬年金給付。」此一當序遺屬即為受益人。

三、關係人／輔助人

這主要是指勞保條例第25條及第28條之特約醫療院、所或醫師而言。依據勞保條例第25條規定，「被保險人無正當理由，不接受保險人特約醫療院、所之檢查或補具應繳之證件，或受益人不補具應繳之證件者，保險人不負發給保險給付之責任。」[67]第28條規定，「保險人為審核保險給付或勞工保險監理委員會為審議爭議案件認有必要者，得向被保險人、受益人、投保單位、各該醫院、診所或領有執業執照之醫師、助產士等要求提出報告，或調閱各該醫院、診所及投保單位之病歷、薪資帳冊、檢查化驗紀錄或放射線診斷攝影片（X光照片）及其他有關文件，被保險人、受益人、投保單位、各該醫院、診所及領有執業執照之醫師或助產士等均不得拒絕。」根據本條，勞工保險監理委員會及勞保局均設有特約醫師[68]。勞保局專科醫師得調閱醫院的診療紀錄，依據被保險人之看診資料以醫理直接認定其失能等級。尤其是精神疾病屬於漸進式疾病，須有完整的療程或漫長的治療，故究竟何時得以判斷為失能（勞保條例第53條、第54條），係屬醫學上專業問題[69]。法院實務上，一般法院認醫師所為醫藥方面之專業判斷，應採低密度之適法性審查。

惟對於醫師為輔助人之身分，亦有持質疑之態度者。其認為依據大法官會議釋字第535號解釋，必須具有法定職權者才能從事法定事項，勞保

66 大法官會議釋字第560號解釋參照。

67 由本條規定觀之，係被保險人或受益人補具資料，而非投保單位或要保人提供。

68 台北高等行政法院104年簡上字第64號判決：專科醫師就如同行政法上之行政助手。

69 劉士豪，勞工保險條例第19條有關保險給付—臺北高等行政法院100年度簡字第671號判決，收錄於：勞工保險條例精選判決評釋，2016年8月，初版一刷，頁50、52。

局的特約醫師既然不具備審核失能給付的法定職權，勞保局根據其見解來做審核的認定，根本就是違法的[70]。

第二節　勞工保險之法律關係

勞工保險之法律關係為何，主要有三種學說，以下即說明之[71]：

第一項　行政契約說

這是指被保險人與保險人間存在公法的契約關係而言。在此，並無須考量投保單位係雇主或職業工會、漁會。勞工保險係在促進社會安全，強制符合條件之勞工參加，無論是依照公私法區分理論中的主體說或新主體說，均屬於公法的範圍，當事人間存在行政契約關係。被保險人的保險給付請求權、給付條件及額度均依公法契約的內容而定[72]。另有認為被保險人與保險人的法律關係，比較合理的形成手段應為行政契約關係，較為吻合契約法制與現實上之彈性需求[73]。

雖然如此，所應知者，在行政契約下，勞工保險契約為要式契約，在投保單位列表通知或送交申報表時，視為參加勞工保險的要約或意思通知或觀念通知。即仍須獲得保險人的承諾。而在保險人未拒絕承保時，雙方即已成立契約關係。至於有關保險給付的相關事項大多已在勞工保險條例中明定，被保險人並無與保險人協商約定的餘地[74]。勞工保險契約並不

---

70 郝鳳鳴、謝宗穎，保險效力停止後得主張之權利—簡評最高行政法院93年度判字第1550號判決，收錄於：勞工保險條例精選判決評釋，2016年8月，初版一刷，頁73。

71 郭玲惠，勞工及就業保險法釋義，頁55-67論述非常詳細。

72 蔡維音，勞保給付無遲延問題？—評最高行政法院98年度判字第654號判決，台灣法學雜誌第141期，2009年12月，頁250。

73 林明鏘，行政契約與私法契約，收錄於：行政契約法之研究，2020年11月，二版，頁147以下。

74 即使勞保局爲因應武漢肺炎（新冠肺炎）所提出自2020年4月1日起的勞、就保保險費緩

得違反法令的規定。即使如此，依據大法官會議釋字第533號解釋，中央健保署與服務機構間之合約契約內容，即使服務機構無磋商空間，仍不失為行政契約。另一方面，即使是行政契約，也無妨於勞保局得行使逕行退保、暫停給付、調整投保薪資等權力。

在實務上，多採此一行政契約說。例如最高行政法院97年度判字第712號判決、台北高等行政法院95年度簡字第659號判決、各級行政法院92年度行政訴訟法律座談會法律問題第9則均採此說。即使法務部90年7月23日（90）法律字第000426號函也認為，「勞保法律關係之發生與終止，均繫於投保單位之通知，應屬行政契約性質。」雖然如此，法院實務上也有不採申報主義者[75]。學者間也有認為如果雇主並非當事人，而僅是基於照顧義務為勞工加保，則為何雇主未向勞工保險局投保，而向一般商業保險公司為勞工投保時，不屬已盡照護義務[76]。

對於上述學者的質疑，本書以為主要是因為勞工保險為強制納保，而商業保險為任意保險，如為落實照護義務，則以強制納保的勞保較易達到目的。此從勞工保險不問工作或職業的危險性，一律納入保險，而商業保險保險人可能因危險性太高，而拒絕加保，可以得知。何況，以職業災害而言，依據勞基法第59條係採取抵充主義，雇主得主張職業災害補償與本身所應負的職業災害補償抵充，而其本身所應負的職業災害補償責任則可透過參加商業保險意外險的方式轉嫁其風險。就這一點來看，投保商業保險意外險也屬盡到部分的照護義務。

第二項　公法上法定債之關係說

此說認為勞工保險關係為行政法上債之關係。依據此說，勞工保險法律關係之發生，係依法律規定直接成立，有實現法律之構成要件者，即直

繳協助措施，也是由保險人單方所爲，而非透過保險契約的約定而來。

75 台灣桃園地方法院103年度簡字第111號判決參照。

76 郭玲惠，勞工及就業保險法釋義，頁56、62以下、69。

接發生相關之法律效果（全民健康保險法第14條參照）[77]。相異於行政契約當事人得自由磋商，被保險人與保險人間欠缺行政契約雙方意思表示合致之要素，雙方毫無議定保險內容之空間，權利義務具體內容，依勞保條例及其相關規定定之。再加上社會保險強制投保原則，如容許雙方自由磋商，將破壞社會保險之強制社會連帶機制[78]。

所以，並非出於行政機關與之合意，亦無締結契約之書面或法定方式存在。換言之，如依此說，則只要具有法定事實、符合加保的條件，即由法律直接擬制成立／直接依據法律所產生之關係。並無行政契約說所主張之要約與承諾的過程。惟在公法上法定債之關係之下，當事人間仍是一行政契約關係[79]。

在此，需區分者，採取此說者，多數認為債的關係存在於被保險人與保險人間。惟少數認為存在投保單位（要保人）與保險人之間。如依後者，投保單位係基於要保人的地位，負擔繳納保險費之義務。一旦要保人未支付保險費時，則不存在法定債之關係[80]。對此，本書以為既然是依法律規定發生債的關係，有可能因未交保費，即無法律關係？

第三項　行政處分關係說

此說主張勞工保險之運作模式，較接近由主管機關依據法律作成行政處分而為給付。勞工保險之法定關係並非被保險人與保險人締結契約，而係以行政處分所建立之行政法律關係。依據此說，保險費之給付、給付之核定、受領資格之認定，乃至溢領給付之返還請求等，均由勞保機關以行

---

77 陳敏，行政法總論，2016年9月，九版，頁285；柯木興，社會保險，2007年11月，修訂版，頁127。

78 孫迺翊，再探勞工保險之法律關係—以最高行政法院91年度判字第156號判決爲出發點，收錄於：勞工保險條例精選判決評釋，2016年8月，初版一刷，頁37以下；大法官會議釋字第683號解釋，林錫堯協同意見書。郭玲惠，勞工及就業保險法釋義，頁63。

79 郭玲惠，勞工及就業保險法釋義，頁63、69。

80 郭玲惠，勞工及就業保險法釋義，頁64。

政處分單方決定[81]。行政法院並有認為保險人書面審查通過被保險人的加保申請，性質上為授益行政處分[82]。雖然如此，本書以為此說並不可採，蓋其並非在解釋申報主義下保險人之受領加保通知，是否為行政處分的性質。而是在強調給付之核定等保險人的個別行政行為屬行政處分的性質。如此，似有將勞工保險法律關係的成立與個別行政行為混淆之疑。蓋即使在行政契約說或公法上法定債之關係說之下，仍然會有給付之核定等個別的行政處分存在。

第三節　勞工保險契約之成立與生效：申報制主義

我國自推動勞工保險以來，實務界對於勞工保險契約的成立即採取申報制的做法，而且也為學者間通說所接受。亦即針對強制投保的對象採取當日申報主義（勞保條例第11條、勞保條例施行細則第14條參照），而對於自願加保及繼續加保的對象（勞保條例第8條、第9條、第9條之1，勞工職業災害保險及保護法第77條，性別工作平等法第16條第2項），則採取實際申報日主義。兩者的申報，均採取發信或送達主義。勞保局並無核保之權，但必要時得要求補正（要式行為）。一旦申報之後，即有勞保條例第19條第1項「請領給付保險有效原則（加保期間事故給付原則）」之適用[83]。以下即敘述之：

第一項　申報制即是行政契約說

「申報」或「通知」適用於勞工保險的加保、退保、投保薪資的調

---

81 大法官會議釋字第683號解釋，葉百修協同意見書參照。

82 台灣桃園地方法院103年度簡字第111號行政訴訟判決參照。

83 所以，劉士豪即將勞保條例第19條第1項規定看成是在職保險，觀念似非正確。劉士豪，勞工保險條例第19條有關保險給付—臺北高等行政法院100年度簡字第671號判決，收錄於：勞工保險條例精選判決評釋，2016年8月，初版一刷，頁48。

整，以及領取年金給付者不符合給付條件或死亡時，本人或其法定繼承人之通知保險人等四個項目[84]。惟「申報」或「通知」制度的功能，主要是發揮在勞工保險契約成立、投保薪資確立或調整的階段。避免在被保險人開始工作時，在未經通知保險人要參加勞工保險、投保薪資額度究竟為多少的情況下，保險效力即已自動發生。即未「申報」或「通知」，即無保險契約成立或投保薪資調整可言。惟即使「申報」或「通知」，也僅是被保險人的要約或意思通知或觀念通知而已，與保險人是否做書面形式審查或審查到何種程度並無直接關聯。雖然如此，在勞工保險實務上，卻常將申報主義作為保險人事後審查的合理化理由[85]。

在申報制下，勞工保險雖然是採取強制加保，但對於到職、入會、到訓的勞工，仍然需要經過投保單位的申報程序，投保單位應本於誠信原則，於員工到職當日申報加保[86]（雇主具有一定程度不加保的決定意志或者說會觀望）（勞保條例第6條、第11條參照）[87]。這使得勞工保險契約與勞動契約的生效日，有可能不相一致（連帶地，以老年保障而言，勞工保險的老年給付年資與企業年金或退休金的年資起算日，不相一致）。在此，既然是強制納保，則為求邏輯的一致性，勞保局即不能採取核保的程序（大法官會議釋字第609號解釋理由書）。而在強制加保的要求下，應視違反者係勞工／被保險人或雇主／投保單位，而依勞保條例第71條或第72條予以制裁。

所以，一旦申報，除非有特殊情形（勞保條例施行細則第15條第2項：姓名及國民身分證統一編號均未填者），否則即使要補正（勞保條例施行細則第15條第2項、第3項參照），也不影響保險契約之當日生效。

---

[84] 依據勞保條例第65條之2第2項規定，「領取年金給付者不符合給付條件或死亡時，本人或其法定繼承人應自事實發生之日起三十日內，檢具相關文件資料，通知保險人，自事實發生之次月起停止發給年金給付。」

[85] 台北高等行政法院104年度簡上字第114號判決參照。

[86] 高雄高等行政法院105年度訴字第402號判決參照。

[87] 郭玲惠，勞工及就業保險法釋義，頁3認爲強制性的保險，具備法定的保險條件時，即當然成爲被保險人。本書以爲此一見解似屬有誤。

勞保局不得進行核保，除非有無工作能力或無工作事實之情況外，被保險人得帶病申請加保。倒是，針對非受僱人（尤其是自然承攬人）之申報加保，保險人得不予核定[88]。不可誤會的是，此並非核保的性質。

惟觀我國勞保條例，實際上並無「申報主義」概念的直接明文規定。目前「申報」（表）之法律用語，係規定在勞保條例施行細則第12條（依據勞保條例施行細則第12條，申請投保之單位辦理投保手續時，應填具投保申請書及加保申報表各一份送交保險人。前項加保申報表應依戶籍資料或相關資料詳為記載）、第14條，至於勞保條例第11條則是用列表「通知」兩字。此應屬要式行為，不允許口頭方式通知。此處的「投保申請書」，似乎為被保險人訂定勞保契約的要約，而基於強制締約理論，保險人並不得拒絕訂約的要求。惟此一「投保申請書」，亦可解為意思通知或觀念通知，即依據勞保條例的要求，將參加勞工保險的意思通知保險人而已。

也就是說，被保險人經投保單位向勞保局申報（所以有兩個前提：一、勞工有加保意願。二、雇主有為勞工加保的意願），是否為民法契約中的要約？或只是類似而已？對此，如從勞保條例施行細則第12條之「投保申請書」觀之，似乎可解釋為要約。惟，如上所述，亦有可能為意思通知或觀念通知。至於一般商業保險契約，則視由何方表示簽約的意願，而定要約與承諾。

申報制的保險契約生效，係採送達、發信主義（勞保條例施行細則第14條第1項參照），如果是郵寄，則並不包括民間郵局、7-11宅急便等投遞業者的遞送[89]，與民法的了解（民法第94條）或達到主義（民法第95條）不同。體現出照顧勞工的福利政策的思想。在申報制下，除非有特殊情形，否則在送達或發信之後，保險人做書面審核後，基於強制締約或意思通知或觀念通知之理論，即與被保險人成立勞工保險契約（公法契約／行政契約）。

---

88 台中高等行政法院106年度訴字第52號判決參照。

89 行政院勞工委員會101年12月11日勞保2字第1010140508號函參照。

整體而言，保險人長久以來採申報制說（申報主義），其係基於人力、資源、行政經濟效率之考量。也就是說，勞保局在投保單位代勞工申報加保時，可能並無充分的人力進行承保工作，所以只做書面形式審查，而在給付申請時，才再行調查並做實質認定（所謂「事後審查主義」或「前形式、後實質」審查原則）。司法實務通說也接受申報主義理論，例如最高行政法院100年度判字第760號判決、台北高等行政法院103年度訴字第1405號判決、104年度訴字第111號判決、106年度訴字第600號判決參照。其中，台北高等行政法院103年度訴字第1405號判決認為投保單位有據實申報義務，並要盡到逐案覈實審查之責任。

在此，雖然是採申報制，而保險人也接受參加勞工保險的申請，但並非謂在發生保險事故時，保險人不得再進行嚴格的、實質的審查。蓋「勞工保險乃社會保險之一環，除本質不同於商業保險外，社會保險之總投保人數、審核人力、投保項目及強制投保與否，均與商業保險有重大差異，商業保險之保險人於投保時固有『據實查核』之能力，惟於社會保險，因行政機關現有之審核人力與勞工投保總人數相差懸殊，實無可能要求為保險人之行政機關於投保時均能『據實查核』，故於法制設計上，有關被保險人各項資料之登載乃採申報主義（勞工保險條例第11條規定參照），由投保單位於其所屬勞工到職、入會、到訓、離職、退會、結訓之當日，列表通知保險人，而保險人僅就投保單位所送加、退保表為書面形式審核，即各項資料之申報應以事實為依據，並以誠信為原則。是被保險人發生保險事故申請保險給付，必要時，保險人得依勞工保險條例第10條規定加以事後調查。」[90]保險人並有在訴訟中指稱「依勞工保險條例施行細則第11條第2項規定，且勞工保險係採申報制度，以誠信為原則，即各項資料之申報應以事實為依據，被告就所送表單予以書面審核後先予受理，並計收保險費，惟依勞工保險條例第28條規定，被告仍有事後實質審查權，如經審查有不符規定情事，自應依規定核處。」[91]所以，可以說我國是採取

[90] 高雄高等行政法院105年度訴字第402號判決參照。

[91] 台中高等行政法院105年度訴字第222號判決參照。

「先形式、後實質」的審查主義。勞保條例第14條第2項逕予調整投保薪資，也是此一主義的表現。

無論如何，在申報主義之下，申報制並不意味一定是書面形式審查，而是在現代，為避免申請給付時被以勞保條例第24條、第16條處置，以至於有違反信賴保護原則及比例原則之虞，保險人實應適度加重實質審查的密度與強度，以防範將來投保資格的爭議發生。

附帶一言者，勞動部勞工保險局自2020年1月1日起，為便利投保單位辦理勞工加保及退保作業，依據「勞工（就業）保險投保單位線上預辦加保及退保試辦作業要點」[92]試辦線上預辦加保及退保作業。對於使用勞保局e化服務系統之勞工（就業）保險投保單位，於確認勞工預定到職、入會、到訓或離職、退會、結（退）訓日後，得於上述期日起前10日內線上預辦加保或退保（第2點參照）。勞工果然於預告的日期到職或離職者，視同已列表通知勞保局，並且開始或停止保險效力（第4點參照）。惟投保單位預定之加保或退保日，與應為通知之當日不一致者，應依勞工保險條例及就業保險法規定，於應為通知之當日列表通知本局，或於應為通知之當日以前，線上更正預定之加保或退保日；應為通知之當日晚於原預定之加保或退保日者，應於原預定之加保或退保日以前線上更正（第5點參照）。

第二項　申報直接影響加、退保的效力

一般，勞保條例第11條之申報制是針對強制加保而言。但是，依據勞保條例施行細則第14條第7項規定，「本條例第八條第一項各款規定人員準用本條例規定參加勞工保險者，其保險效力之開始及停止，準用前六項規定。」這應該是以第8條第1項各款規定人員第一日上班，即經由投保單位申報參加勞工保險，或最後一日上班，經由投保單位申報退保為前提。

---

92 中華民國109年1月7日勞動部勞工保險局保納新字第10860481281號令發布，並溯及自109年1月1日施行。

有問題的是，勞保條例第9條、第9條之1的自願繼續加保生效日或停止日為何？又，性平法第16條第2項、勞工職業災害保險及保護法第77條呢？是否類推適用勞保條例施行細則第14條第7項規定？由於該等自願繼續加保的人員與第8條之自願加保人員，仍然有本質上的不同，恐怕無法類推適用勞保條例施行細則第14條第7項規定。

一、加／投保之效力

（一）通知之當日生效

如上所述，勞保條例第11條本文、勞保條例施行細則第14條係採申報／送達、發信主義。故投保單位應依照勞工保險條例第11條規定，為本國勞工及外國籍勞工辦理加、退保[93]。保險之效力自應為通知之當日起算，除了通知書未載明姓名或國民身分證統一編號自始未投保外，即使應補正應檢附之法定文件，並不影響申報日生效的法律效果（勞保條例施行細則第15條第1項～第3項參照）。

實務上較具爭議性者為：何謂「到職」？其是指實際到職（或可稱：實際工作說）？或勞動契約所載之報到日？對此，最高法院80年度台上字第74號判決採前說。最高行政法院79年度判字第291號判決亦同，其所言「……固得對其員工施以職前訓練，惟尚難謂逾其間並未到職。」是指報到後去職業訓練的情況，不宜將其誤解為「……前開預定到職前即於途中發生意外而未實際到職」。

同樣地，中央勞政機關長期以來亦採前說[94]，但行政院勞工委員會97年6月30日勞保3字第0970140259號令改採後說（或可稱：契約生效日說），針對符合第6條規定之勞工，將勞保生效日與契約生效日一致化。亦即勞工經事業單位通知前往辦理報到手續之應經途中發生事故而致傷害

[93] 行政院勞工委員會98年4月17日勞保2字第0980140210號函參照。

[94] 行政院勞工委員會91年1月4日（91）台勞保3字第0055531號函，「勞工經事業單位通知前往辦理報到手續途中發生事故，如未完成『到職』手續，則屬加保前事故，依規定不能請領保險給付。」本號函釋已遭97年6月30日勞保3字第0970140259號函廢止。

者，投保單位於當日列表通知保險人辦理加保，其保險效力之開始，自當日零時起算，該等勞工得依規定請領勞工保險職業災害保險給付。如此一來，將可能發生「先發生意外、後申報」的情況。惟勞保局得要求被保險人、投保單位提出證明（勞動契約、報到單）。之後，並將契約生效日說適用及於符合勞工保險條例第8條規定之受僱勞工[95]。依本書所見，由於限於「受僱勞工」，故不包括第6條第1項第7款之職業工人及第8款之參加漁會之甲類會員。並且，僅指第8條第1項第1款及第2款之勞工，而不包括第3款實際從事勞動之雇主及第4款外僱船員。而且，較大的問題是，第1款及第2款之勞工可能工作一段時間後才表示要加保（雇主並無義務詢問勞工是否要在到職當日申報加保）。則保險契約生效日並不會同於第6條勞工的契約生效日。

惟，為配合實際的需要，遂有當日申報的例外（勞保條例施行細則第14條第3項參照）：這是針對夜間到職（含三班制的小夜班與大夜班勞工）、例假日到職、投保單位所在地政府依規定發布停止上班（如颱風、特殊天候等）[96]。值得一提者，由於勞保條例施行細則第14條第3項係規定「投保單位所在地政府依規定發布停止上班」，所以，以颱風（假）而言，即與勞動部所發布之「天然災害發生事業單位勞工出勤管理及工資給付要點」第6點（二）「勞工工作所在地未經轄區首長依作業辦法規定通報停止辦公，惟勞工確因颱風、洪水、地震等因素阻塞交通致延遲到工或未能出勤時。」（三）「勞工工作所在地未經轄區首長依作業辦法規定通報停止辦公，惟其居住地區或其正常上（下）班必經地區，經該管轄區首長依作業辦法規定通報停止辦公，致未出勤時。」不相吻合。換言之，當日申報的例外並不適用於第6點（二）（三）之情形。

惟即使已完成申報的程序並且按時繳納保費，這並不表示其已具備合法加保的資格，事後如經勞保局查明並無投保資格，仍會被以勞保條例第24條取消其被保險人資格。例如申報加保時已無工作能力且無工作事實

95 行政院勞工委員會97年8月5日勞保3字第0970140335號令參照。

96 行政院勞工委員會97年4月15日勞保2字第0970140137號函參照。

（大法官會議釋字第609號解釋參照）。

附帶一言者，轉保的效力。依據勞保條例施行細則第23條規定，「被保險人在有同一隸屬關係之投保單位調動時，應由轉出單位填具轉保申報表轉出聯，逕送轉入單位，由轉入單位填具該表轉入聯一併送交保險人，其轉保效力自轉保申報表送交保險人之當日起算，郵寄者以原寄郵局郵戳為準。」這是指被保險人在有同一隸屬關係之投保單位調動的情況。轉保效力自轉保申報表送交保險人之當日零時起算，轉出單位保險效力同時停止[97]。

（二）通知之翌日生效

依據勞保條例第11條但書規定，「投保單位非於勞工到職、入會、到訓之當日列表通知保險人者，除依本條例第七十二條規定處罰外，其保險效力之開始，均自通知之翌日起算。」這是為了避免巧取保險給付（俟保險事故發生當日或之後特定日方加保）。由於是通知之翌日生效，所以與勞動契約之生效日並不相同。

舉例而言：針對市議員，其係勞保條例第8條第1項第3款實際從事勞動之雇主。本身為投保單位負責人，若未於實際從事勞動之日辦理加保，其保險效力之開始，應依同條例施行細則第14條第5項（修正後為第7項）準用同條第1項之規定辦理。亦即應適用勞工保險條例第11條但書規定改翌日生效[98]。在此，實際從事勞動之雇主雖表示自願加保，但仍需經事業單位同意為之加保。

二、退保之效力

（一）通知之當日生效

依據勞保條例第11條本文規定，「符合第六條規定之勞工，各投保單位應於其所屬勞工……離職、退會、結訓之當日，列表通知保險人；其保

---

97 行政院勞工委員會102年1月10日勞保2字第1010092727號函參照。

98 勞動部104年5月4日勞動保2字第1040140230號函參照。

險效力之……停止，均自應為通知之當日起算。」這也表示：雇主基於勞動契約而生之加保義務，至勞工離職之日即終止[99]。

1.依據勞保條例施行細則第14條第4項規定，「投保單位於其所屬勞工離職、退會、結（退）訓之當日辦理退保者，其保險效力於投保單位將退保申報表送交保險人或郵寄之當日二十四時停止。」據此，投保單位應向保險人提出「退保申報表」。此一離職，包括雇主所為非法終止契約之情形。有問題者，此處的「離職」是否包括勞雇雙方自願合意留職停薪之情況？學者間有採否定說者[100]。然而，勞工保險係在職保險，勞工既已不在職，當然不能繼續加保勞保，除非有諸如勞保條例第9條第3款特別規定的情況。從勞保條例第9條第3款的反面解釋，自應予以退保。以留職停薪期間雇主仍負有附隨義務，仍應為勞工繼續加保，此一理由似已違反在職原則而不足採。

另外，針對外國籍勞工，如經廢止聘僱許可，於轉換至新雇主前，依法不得從事工作，依規定不得參加勞工保險，其雇主應於收到廢止聘僱許可函後，向勞工保險局申報自廢止聘僱許可日退保[101]。

2.依據勞保條例施行細則第14條第5項但書規定，「但勞工未離職、退會、結（退）訓，投保單位辦理退保者，其保險效力於投保單位將退保申報表送交保險人或郵寄之當日二十四時停止。勞工因此所受之損失，依本條例第七十二條規定，應由投保單位負責賠償之。」如依此項但書規定，則在發生解僱是否有效的勞動爭議中，勞工依據勞動事件法第49條提起確認僱傭關係存在之訴，並且提出聲請為繼續僱用及給付工資之定暫時狀態處分時，保險效力是否仍將停止，即會發生疑義。對此，是否應將本項但書「勞工因此所受之損失，依本條例第七十二條規定，應由投保單位負責賠償之。」限縮解釋為被保險人未繼續為原雇主提供勞務之情形？並非無疑。這是涉及到：「為繼續僱用及給付工資之定暫時狀態處分」，

---

99 台灣高等法院高雄分院98年度勞上字第17號判決參照。

100 郭玲惠，勞工及就業保險法釋義，頁82以下。

101 勞動部103年8月12日勞動保1字第1030140283號函參照。

是否表示原來的勞動關係狀態繼續下去，勞工並且持續提供勞務？本書以為應持否定看法，蓋勞動事件法第49條繼續僱用之定暫時狀態處分，其性質為程序上的僱用而已。即僅為由法院裁定暫時的繼續僱用，而非原僱傭關係並未結束，所以，事業單位並無繼續給付工資等勞動條件及參加社會保險之義務[102]。因此，在職原則並不適用於此。原保險效力已經停止，被保險人及投保單位無繼續繳交保險費的義務。此並無違反勞工保險的法理。在此，勞動事件法第47條第1項之「勞工就……勞工保險條例第七十二條第一項及第三項之賠償……，聲請……假處分……者，法院依民事訴訟法第五百二十六條第二項、第三項所命供擔保之金額，不得高於請求標的金額或價額之十分之一」與勞工保險效力之繼續或停止並無關。

3.依據勞保條例施行細則第22條規定，「被保險人死亡、離職、退會、結（退）訓者，投保單位應於死亡、離職、退會、結（退）訓之當日填具退保申報表送交保險人（第1項）。被保險人因遭遇傷害或罹患疾病在請假期間者，不得退保（第2項）。」關於第1項被保險人離職，所稱離職之當日應與其勞動契約終止日相同，即在職最後一日[103]。至於第1項之「死亡」，雖未在本法第11條明定，但基於民法第6條規定「人之權利能力，始於出生，終於死亡。」故被保險人死亡時，即構成退保之事由，其應繳保費之計算至死亡之日止[104]。根據第2項，投保單位不得將傷病請假期間的被保險人予以退保。否則，將會受到勞保條例第72條第1項規定之制裁。其所謂「請假」，依勞工請假規則第5條包括病假、事假或特別休假。但不包括留職停薪。

同樣地，當日申報退保也有例外：即雇主於放假之日、退職日17時後至24時前，或政府機關停止上班日，無法向勞保局通知。可能造成多繳保費的結果，可依勞保條例第16條第2項但書請求退還（勞保條例施行細則第14條第3項參照）。

---

102 楊通軒，工資保護法—理論與實務，2021年9月，初版，頁178、180以下。

103 行政院勞工委員會80年10月12日（80）台勞保2字第14688號函參照。

104 行政院勞工委員會79年3月12日（79）台勞保1字第04930號函參照。

（二）實際離職、退會、結（退）訓之當日生效

依據勞保條例施行細則第14條第5項規定，「投保單位非於勞工離職、退會、結（退）訓之當日辦理退保者，其保險效力於離職、退會、結（退）訓之當日二十四時停止……。」這表示：雇主基於勞動契約而生之加保義務，至勞工離職之時即終止[105]。並不會因投保單位延後投保，而受到影響。

第三項　不在當日按照薪資總額申報的法律後果

在申報制之下，由於雇主可能未替勞工加保或勞工未能確實到職，致使勞工保險契約未能成立生效。這也使得勞保契約與勞動契約未能同（日）步生效（失效亦同）。此種不在當日為勞工加保，也包括雇主不遵照勞保條例施行細則第13條繳交一定證件或提具稅籍或統一發票購票證，成立投保單位，以至於未能辦理加保的情況。此時，應依勞保條例第72條第1項予以制裁[106]。

此一行政罰鍰的制裁，也適用於投保單位將被保險人非法申報退保之情形。依據勞保條例施行細則第22條，「被保險人死亡、離職、退會、結（退）訓者，投保單位應於死亡、離職、退會、結（退）訓之當日填具退保申報表送交保險人（第1項）。被保險人因遭遇傷害或罹患疾病在請假期間者，不得退保（第2項）。」根據第2項，投保單位不得將傷病請假期間的被保險人予以退保。否則，將會受到勞保條例第72條第1項規定之適用。在實務上，法院認為投保單位有據實申報義務，要盡到逐案覈實審查之責任。……（但）不論從文義解釋、論理解釋或體系解釋而言，均無從導出保險人有實質查明勞工是否遭投保單位未依法令規定申報退保之義務[107]。

---

105 台灣高等法院高雄分院98年度勞上字第17號判決參照。

106 司法院74年10月14日第7期司法業務研討會參照。

107 台灣高等法院台南分院103年度訴字第1405號判決參照。

又，此處的雇主未為勞工加保，除了勞工基於特殊理由（例如卡債族為避免被強制執行）而未加保外[108]，也包括被保險人受僱時尚未自職業工會退保，而雇主以部分工時勞工薪資為之加保[109]、雇主強行將勞工在職業工會加保[110]或勞雇雙方合意不在雇主的事業單位加保，而由勞工自行找尋職業工會加保的情形。在此種情形，不問雇主有無補貼勞工參加職業工會的保險費[111]，除了雇主違反公法義務及私法義務外，勞工的加保行為也可能被依違反勞保條例第24條及第16條第2項規定處理。不過，對於保險人此種處理方式，學者有批評背離社會保險的本旨，也背離社會保險互助與強制投保原則[112]。

勞保條例第72條第1項也適用於勞保條例第8條第1項第1款與第2款、第9條、第9條之1等自願加保情形。是以，針對勞保條例第8條第1項人員參加保險後，投保單位非有同條例第11條所定員工離職及其施行細則第16條所定歇業、解散、破產宣告等情事，不得將在職員工退保。投保單位如非依規定而將員工退保，當有同條例第72條罰鍰及賠償規定之適用[113]。

其中，雇主依第9條、第9條之1為被保險人辦理續保，並非是基於附隨義務而來。惟依據行政院勞工委員會80年7月30日（80）台勞保2字第18839號函，「另依『被裁減資遣被保險人繼續參加勞工保險及保險給付辦法』第3條規定，符合規定續保者，應於離職之當日由原投保單位辦理續保手續，係為免該等被保險人於停保期間發生事故，影響保險權益，故明定應於離職之當日辦理續保手續。至於原投保單位未於員工離職當日辦理續保，造成保險效力喪失，影響勞工權益之賠償問題，當屬民法侵權行

108 台灣高等法院台南分院105年度勞上字第5號民事判決參照。

109 台灣高等法院高雄分院107年度勞訴易字第1號判決參照。惟在該案中，法院認定被保險人係以部分工時人員身分受僱。

110 台灣高等法院106年度勞上易字第51號民事判決參照。

111 台灣高等法院107年度勞上易字第125號民事判決參照。

112 孫迺翊，再探勞工保險之法律關係—以最高行政法院91年度判字第156號判決爲出發點，收錄於：勞工保險條例精選判決評釋，頁39。

113 行政院勞工委員會84年8月14日（84）台勞保3字第127868號函參照。

為，仍應依民法規定辦理。」勞保條例第72條為民法第184條第2項的保護他人之法律。

另外，即使是建教生，其得依勞動基準法所定技術生準用勞工保險條例之規定（第69條第1項參照），參加勞工保險。其於訓練期間準用勞工保險條例第6條、第8條及第11條規定參加勞工保險，雇主不依同條例規定辦理投保手續者，亦準用第72條規定處以罰鍰[114]。

投保單位係因違反公法義務及附隨義務（民法第227條的不完全給付）而應受行政罰鍰的制裁及應負賠償責任，惟並非以要保人的身分受制裁[115]。有關該項賠償請求權之時效，應按民法第197條第1項規定處理[116]。而「勞工因雇主違反本條例所定應辦理加保或投保薪資以多報少等規定，致影響其保險給付所提起之訴訟，得向中央主管機關申請扶助。」（勞保條例施行細則第98條之1第1項參照）。

投保單位除應依勞保條例第72條第1項及第3項，對勞工負損害賠償責任外，依勞保條例施行細則第15條第6項規定，投保單位逾期補正或逾期不為補正，勞工因此所受之損失，應由投保單位負賠償之責。在此，即使針對勞工所提起之確認僱傭關係之訴，法院判決認定雇主係非法解僱及非法將勞工退保，勞保局亦不得據以註銷勞工退保紀錄[117]。這也表示在申報制度下，不得追溯加保，所以也不會發生原雇主得主張扣除中間收入後之實際給付薪資作為勞工保險及就業保險投保薪資之情況[118]。

再一言者，勞工保險條例第72條第1項、第2項規定，雇主違背該條例之規定，將投保薪資以多報少，勞工因此所致之損失，應依該條例規定之給付標準，由雇主賠償之。此項勞工之損害賠償請求權，係屬勞工保險給付之代替權利，本質上與勞工保險給付無殊，則其保險事故倘與勞工遭遇之職業災害同一，該項賠償自應依上開法條規定意旨，抵充勞工之職業

---

114 行政院勞工委員會99年10月12日勞保1字第0990140433號函參照。

115 台北高等行政法院103年度訴字第1405號判決參照。

116 內政部74年4月22日（74）台內社字第307950號函參照。

117 行政院勞工委員會100年10月5日勞保2字第1000140340號函參照。

118 行政院勞工委員會101年11月22日勞動4字第1010132917號函參照。

災害補償。申言之，勞工之（依勞基法第59條之）職業災害補償，與勞工遭遇同一職業災害，因雇主不依法辦理勞工保險，將投保薪資以多報少，雇主對勞工因此所致損失之賠償，給付目的相同，金額相等部分，勞工不得重複為請求（最高法院99年度台上字第178號判決意旨參照）。……勞保條例第72條第1項之損害賠償債權，本質上實為勞工保險失能補償之變形或替代，解釋上應認其與（勞保條例第54條之）保險失能補償之權利性質上相同[119]。本書以為，這實際上是肯定民法的損害賠償，得與勞基法第59條各款之職業災害補償抵充之意，法理上並無疑義。

在此，附帶一言者，無論是受僱於未滿5人或5人以上的事業單位，如果勞工要求雇主申報參加勞工保險而遭拒絕或者勞雇雙方自行合意，經由職業工會加保者，勞工因此所受支出勞保費差額之損失，依勞保條例第72條第1項規定，即應由雇主負賠償之責[120]。但是，假設原由雇主加保的受僱員工，退保後轉由職業工會加保，惟向職業工會申報之投保薪資，遠低於實領薪津，形成高薪低報的情況，即不存在勞保費差額的損失，不得向雇主求償[121]。

第四節　工資的定義及投保薪資

第一項　投保薪資分級表之擬定

被保險人所應繳交之保險費，係依被保險人當月投保薪資及保險費率計算而來（勞保條例第13條第1項參照）。而「所稱月投保薪資，係指由投保單位按被保險人之月薪資總額，依投保薪資分級表之規定，向保險人申報之薪資……。」（勞保條例第14條第1項參照）所以，投保單位向保險人所申報的薪資，為私法契約的一部分，屬於可變動者，惟其必須遵

---

119 台灣高等法院台南分院105年度勞上字第5號民事判決參照。

120 台灣高等法院107年度勞上易字第125號民事判決參照。

121 台灣高等法院105年度勞上字第125號民事判決參照。

照投保薪資分級表所列的級距。勞工的實際工資必須與投保薪資相符或相近[122]。勞雇雙方不得合意將投保薪資以多報少或以少報多[123]。投保薪資並且為計算保險費及核付現金給付之依據，其重要性不言可喻【案例1(3)】。而無論是保險費率或投保薪資分級表，都是由政府機關所制定，屬於公法規定，勞工團體及雇主團體並無權參與決定。

在此，保險費率表的訂／擬定，與投保薪資分級表的擬定過程並不相同。以普通事故保險費而言，基於財務自給自足原則及年金的開辦，經過立法者的考量後，決定採取彈性費率，並且增訂費率自動調整機制，在2008年7月17日勞保條例修正施行時，將保險費率訂為當月投保薪資7.5%，而後隨著年度及比例向上調整，預計在2027年調至13%為止（勞保條例第13條第2項參照）。自2021年1月1日起為11.5%（勞保10.5%、就保1%）。再依據勞保條例施行細則第26條之1規定，「保險人應至少每三年精算一次本條例第十三條所定之普通事故保險費率，每次精算五十年。」雖然如此，由於勞保條例第13條第2項但書規定，「但保險基金餘額足以支付未來二十年保險給付時，不予調高。」所以，在保險費率調高至13%之前，如果保險基金餘額已經夠用，中央勞政機關即可發布「不予調高」命令。

至於職業災害保險費率（含行業別災害費率及上、下班災害費率二種），則是採取經驗費率，由中央主管機關擬定，報請行政院核定，並送請立法院查照（勞保條例第13條第3項參照）。此處的經驗費率，是指依據過去數年職業災害給付發生率，透過精算方式釐訂現行適用行業分類之個別精算費率，危險性較高之行業，職災費率較高，反之則較低，且至少每3年調整一次，俾符合行業經濟活動現況及實施差別費率的公平原則[124]。職業災害保險費率係以行業類別為準[125]，與被保險人的當月投保

122 最高行政法院95年度判字第48號判決參照。

123 台灣高等法院台南分院107年度勞上易字第28號判決參照。

124 行政院勞工委員會，勞工保險條例逐條釋義，頁153以下。

125 在2022年勞工保險職業災害保險適用行業別及費率表總共有55個行業。

薪資無關。且職業災害保險費率行業別災害費率採實績費率制[126]，以鼓勵企業重視職災預防。至於上、下班災害事故，非屬雇主可控制的危險，故採單一費率，不納入行業別災害費率。

在投保薪資分級表方面，依據勞保條例第14條第3項規定，「第一項投保薪資分級表，由中央主管機關擬訂，報請行政院核定之。」其類似於職業災害保險費率的擬定，只是無須送請立法院查照而已。所謂「核定」，屬於行政處分的性質，具有使法律效力發生的效果。經核定的投保薪資分級表具有法律的拘束力（含「備註」所列之職業訓練機構受訓者、部分工時勞工保險被保險人及庇護性就業身心障礙者被保險人之月投保薪資級數[127]），勞工保險的被保險人、保險人及投保單位均應遵守，不得有異於投保薪資分級表所列級數及金額的約定。尤其是第一級及第十四級分別扮演「最低下限」及「最高上限」的角色，所以，因傷病住院之被保險人及依本條例第9條第1款、第3款、第5款、第9條之1或性別工作平等法第16條第2項規定繼續加保者，其投保薪資不得低於投保薪資分級表第一級之規定；投保薪資分級表第一級有修正時，由保險人逕予調整（勞保條例施行細則第27條第1項、第2項參照）。甚至，即使被保險人之實際工作所得未達基本工資者，其投保薪資仍應以基本工資數額申報[128]。

再就「備註」一言者，其所列舉之職業訓練機構受訓者、部分工時勞工保險被保險人及庇護性就業身心障礙者被保險人之月投保薪資級數，主要係以是否達基本工資作為區分界線。也就是說，此三類人員的月薪資總額如已達基本工資，則逕行適用投保薪資分級表的規定。如未達基本工資，始適用「備註」的規定。而且，以職業訓練機構受訓者所列之月投保薪資級數，作為其他二類人員比附援用的適用基準。就2022年1月1日起

126 勞工職業災害保險實績費率計算及調整辦法第2條參照。

127 此三類人員的投保薪資係列舉規定，且其級數及金額並不相同。不在此類人員之內者，例如「雙軌訓練旗艦計畫」訓練生之勞保投保薪，並不得主張類推適用。行政院勞工委員會99年3月2日勞保2字第0990140025號函參照。

128 內政部72年8月13日台內社字第175111號函參照。

適用的投保薪資分級表「備註」觀之，職業訓練機構受訓者之薪資報酬未達基本工資者，其月投保薪資分13,500元（13,500元以下者）、15,840元（13,501元至15,840元）、16,500元（15,841元至16,500元）、17,280元（16,501元至17,280元）、17,880元（17,281元至17,880元）、19,047元（17,881元至19,047元）、20,008元（19,048元至20,008元）、21,009元（20,009元至21,009元）、22,000元（21,010元至22,000元）、23,100元（22,001元至23,100元）及24,000元（23,101元至24,000元）十一級，其薪資總額超過24,000元而未達基本工資者，應依本表第一級申報。對照過去數年的投保薪資分級表，配合著月投保薪資的提升，其最高級數也不斷往上增加。

而部分工時勞工保險被保險人之薪資報酬未達基本工資者，其月投保薪資分11,100元（11,100元以下者）及12,540元（11,101元至12,540元）二級，其薪資總額超過12,540元者，應依職業訓練機構受訓者月投保薪資表覈實申報。至於庇護性就業身心障礙者被保險人之薪資報酬未達基本工資者，其月投保薪資分6,000元（6,000元以下）、7,500元（6,001元至7,500元）、8,700元（7,501元至8,700元）、9,900元（8,701元至9,900元）、11,100元（9,901元至11,100元）、12,540元（11,101元至12,540元），其薪資總額超過12,540元者，應依職業訓練機構受訓者月投保薪資表覈實申報。對照過去數年的投保薪資分級表「備註」，部分工時勞工保險被保險人及庇護性就業身心障礙者被保險人之月投保薪資（表）並未有所更動。惟中央勞政機關似應盱衡社會環境及勞動環境的變遷趨勢，擬定合宜的、合度的月投保薪資（表）。

所以，可知「備註」所列之職業訓練機構受訓者、部分工時勞工保險被保險人及庇護性就業身心障礙者被保險人，為列舉規定。基於投保薪資分級表法定程序的要求，此三種身分者及其薪資分級表，並不得類推適用於其他工作者。即使具低收入戶身分且收入低於基本工資之職業工人，亦然。因此，中央勞政機關認為「職業工人具低收入戶身分且收入低於基本工資者，其勞保投保薪資得比照職業訓練機構受訓者、童工及部分工時勞保被保險人所適用之等級覈實申報。」[129]在法理上實有疑義。

更有問題的是，無論在勞保條例施行細則或其他行政命令或行政規則，中央勞政機關並未發布投保薪資分級表（含「備註」）擬定的參考基準。尤其並無諸如「經由○○委員會在特定時間」檢討修正的機制的設計。雖然如此，投保薪資分級表的擬定，仍須秉持專業性與科學性而為[130]，故其應該受到諸如量能負擔原則、社會保險適當性原則、權利義務對等原則、公益性原則等社會保險原則，甚至比例原則（保險費負擔的考量）的規範，以提出溫和、適中、普遍共享的薪資等級與最低、最高投保薪資額度。在擬定的具體指標上，中央勞政機關應納入國內消費者物價指數、各業受僱勞工一般薪資水準、勞資雙方保費負擔能力、被保險人給付權益及勞工保險財務狀況等。只不過，此處並未納入中央政府的保費補助能力[131]、人口結構的變化（尤其是老年化與少子化）、勞動市場的演變（非典型僱用、平台經濟，或工業4.0）等因素的影響。

投保薪資分級表除了應維持相當程度的穩定性外，這些年來受到基本工資的調整，投保薪資分級表（第一級）也隨之變動，這顯示出其也具有可變動性。尤其是，中央勞政機關在綜合所有的參考因素的良性發展後，即應適時地、合理地與合度地將最高等級投保薪資向上調整。所以，在2016年5月，勞工保險投保薪資分級表最高級距已由43,900元，調高為45,800元。不如此做，則在基本工資調整所帶來的投保薪資分級表（第一級）向上調升、而投保薪資分級表最高等級不動的情況下，將會形成所分成的級數不斷減少的情況。此恐怕無法真實反映被保險人的確實收入，並且有違投保薪資分級表設立的目的。

[129] 行政院勞工委員會88年3月3日（88）台勞保2字第005873號函參照。

[130] 尤其不應受到政治、選舉（利多）的影響。

[131] 此與勞保條例第69條之中央主管機關的撥補，並無關聯。後者係以勞工保險基金的虧損爲前提。

第二項　投保薪資的確定與申報

依據勞保條例第14條第1項規定，「前條所稱月投保薪資，係指由投保單位按被保險人之月薪資總額，依投保薪資分級表之規定，向保險人申報之薪資；被保險人薪資以件計算者，其月投保薪資，以由投保單位比照同一工作等級勞工之月薪資總額，按分級表之規定申報者為準。」這是隨著被保險人薪資總額的升降而調整之「浮動的投保薪資」。此處係以每月薪資總額為準，不受勞基法第23條第1項工資之給付，「每月至少定期發給二次」之次數之影響【案例1(3)】。

不同的是，針對第8條第1項第3款之實際從事勞動的雇主，立法者採取「固定式的投保薪資」。依據勞保條例第14條之2規定，「依第八條第一項第三款規定加保，其所得未達投保薪資分級表最高一級者，得自行舉證申報其投保薪資。但最低不得低於所屬員工申報之最高投保薪資適用之等級。」解釋上，第14條之1之逕行調整投保薪資，亦適用於第14條之2的實際從事勞動的雇主身上。需注意的是，此處所申報的投保薪資的內涵，基於公平性及避免道德風險，應以其所獲報酬或經營事業所得為範圍，不僅以薪資所得為限[132]。

在此，除了以件計酬者外，「投保單位申報新進員工加保，其月薪資總額尚未確定者，以該投保單位同一工作等級員工之月薪資總額，依投保薪資分級表之規定申報。」（勞保條例施行細則第27條第2項參照）也就是說，勞保條例第14條第1項及勞保條例施行細則第27條第2項均有「同一工作等級勞／員工」的規定。有問題的是，其究係何意？對此，以前者而言，應係指（可供比較的、）同樣從事以件計酬勞工的工作頻率與狀況，而非指（可做對照的）「以時計酬」的勞工，或相同或類似職務的勞工。後者，則係指（可供比較的、）從事相同或類似職務的勞工。中央勞政機關即認為投保單位應以「排定相同或相近出勤時數之同一工作等級員

---

132 勞動部103年4月3日勞動保2字第1030140112號函、106年6月8日勞動保2字第1060140210號函參照。

工」之月薪資總額，據以申報該新進員工之月投保薪資[133]。此處，針對行政院勞工委員會102年10月18日勞保2字第1020140556號函，實際上是涉及按日計薪勞工之投保薪資的問題。由於我國並無「日投保薪資（分級表）」的設立，所以只能比照同一工作等級勞工之月薪資總額，按分級表之規定覈實申報。

至於在申報的頻率上，根據第14條第2項1988年2月3日修正的立法理由，「目前政府機關、公司行號之薪資，亦多每年調整一次，間亦有民營事業單位每半年調整一次者，故為減輕投保單位及保險人之作業，宜將投保薪資調整次數，明訂為一年二次，於當年二月至七月調整者，應於當年八月底前申報；於當年八月至次年一月調整者，應於次年二月底前申報。其調整均自通知之次月一日生效。」可知，立法者係「宜將投保薪資調整次數，明訂為一年二次」，以免頻繁地申報調整投保薪資，造成投保單位及保險人作業之人力、金錢支出。雖然立法理由使用「宜」字，惟解釋上其係強制性地統一申報時點（8月底前、2月底前）。所謂的「一年二次」，係指「至多」而言，而非「至少」的意思。如果事業單位未調薪，當然即無通知調整投保薪資可言。其係覈實申報的例外。惟，在申報的次數上，投保單位應可按（每）月或按（每）季申報調整[134]，只是，保險人仍應依第14條第2項統一辦理調整。即全面在8月底或2月底前整理統計後，「其調整均自通知之次月一日生效」，即在9月1日或3月1日生效[135]。

只不過，針對勞保條例第9條之1的被裁減資遣人員，「查基於投保薪資覈實申報之原則，如被保險人之實際薪資確有變動時，投保單位即應覈實申報調整投保薪資。為適當反映被保險人於被裁減資遣當時之實際薪

---

133 行政院勞工委員會102年10月18日勞保2字第1020140556號函、勞動部106年7月24日勞動保2字第1060140323號函參照。

134 行政院勞工委員會，勞工保險條例逐條釋義，頁163。

135 惟，依法務部72年9月9日（72）法律字第11417號函：「（月投保）薪資無論自動調整或保險人查核更正調整，皆應自保險人核定之日起始調整之。」本書以爲保險人應將「核定之日」，訂爲「通知之次月一日」，以免兩者不一致。

資所得水準，如投保單位為其所屬員工申報調整投保薪資後，於當月底前辦理被裁減資遣繼續參加勞工保險者，其申報調整之投保薪資，保險人仍應予受理並自申報調整之次月一日生效。」[136]這表示：被保險人薪資確有變動時，如其被裁減資遣，並於當月底前辦理被裁減資遣繼續參加勞工保險者，無論投保單位係在哪一月份申報調整，均自次月1日生效。不受「八月底或二月底申報，九月一日或三月一日生效」的限制。

又，依據勞基法第38條第4項規定，「勞工之特別休假，因年度終結或契約終止而未休之日數，雇主應發給工資。但年度終結未休之日數，經勞雇雙方協商遞延至次一年度實施者，於次一年度終結或契約終止仍未休之日數，雇主應發給工資。」依據勞基法施行細則第24條之1第2項第2款第1目規定，「發給工資之期限：年度終結：於契約約定之工資給付日發給或於年度終結後三十日內發給。」所以，在雇主或事業單位發給工資之當月，即應申報調整投保薪資。另依中央勞政機關見解，「雇主依上開規定發給之加班費、年度不休假加班費，自應計入勞工保險月投保薪資申報。」[137]因此，完全視雇主或事業單位在哪一個月發給不休假工資，即以該月申報調整。解釋上，亦應自次月1日生效。不受「八月底或二月底申報，九月一日或三月一日生效」的限制。只是，因其只是將不休假工資一次計算給付，並非經常性的給與【案例1(4)】，在給付後的次月又是回到原來約定的工資，投保單位理應再次申報調整投保薪資。並且也是自次月1日生效。

在投保薪資的申報上，首先應知者，為申報義務人為投保單位，而非被保險人。投保單位向保險人申報，並無須知會勞工或經其同意，此觀勞保條例第14條規定甚明，是薪資之申報與勞工無涉[138]。在此，針對受

---

136 行政院勞工委員會93年7月23日勞保2字第0930036194號函參照。

137 行政院勞工委員會96年10月9日勞保2字第0960140390號函參照。

138 最高法院107年度台上字第1854號判決、台灣高等法院台南分院107年度勞上易字第28號判決參照。並且，被保險人之薪資申報既與勞工無涉，難認勞工知悉低報勞保投保薪資數額，與損害之發生及擴大有相當因果關係，自無過失相抵原則之適用。

僱勞工，投保單位即以其月薪資總額，據實（謹守誠信原則）向保險人申報。勞雇雙方不得合意將投保薪資以多報少或以少報多，否則，其約定因違反強制規定而無效[139]。至於無一定雇主勞工及自營作業者，則應由其準備相關的工資收入、相關單據或資料，以佐證其月薪資總額，投保單位並應負有覈實查核後申報的義務。「保險人每月按投保單位申報之被保險人投保薪資金額，分別計算應繳之保險費，按期繕具載有計算說明之保險費繳款單，於次月二十五日前寄發或以電子資料傳輸方式遞送投保單位繳納。」（勞保條例施行細則第29條參照）保險人對於所申報的投保薪資，擁有最後認定的權限，其除了依勞保條例第14條之1逕予調整外[140]，並得依第72條第3項處以四倍行政罰鍰的制裁及追繳所溢領給付的金額。

由於申報義務人為投保單位，所以，「勞工保險條例第72條所訂投保單位未依規定為所屬員工辦理加保手續或投保薪資未覈實申報，應由投保單位負責賠償勞工因此所受之損失，有關該項賠償請求權之時效，應按民法第197條第1項規定處理。」[141]

在實際作業上，勞工保險旨在保障勞工基本生活，促進社會安全，被保險人之實際工作所得，縱未達基本工資，其投保薪資仍應以基本工資數額申報[142]。被保險人當月加班之加班費如未能於當月底前結算者，可併入次月之月薪資總額申報[143]。每月收入不固定之勞工保險被保險人，其最初3個月之投保薪資，可按其約定報酬及其他任何名義之固定津貼之

139 台灣高等法院台南分院107年度勞上易字第28號判決參照。勞工並得依據勞基法第14條第1項第6款「雇主違反勞動契約或勞工法令，致有損害勞工權益之虞者」，對雇主行使契約終止權。

140 最高行政法院95年度判字第48號判決參照。

141 內政部74年4月22日（74）台內社字第307950號函參照。另請參閱台灣高等法院台南分院107年度勞上易字第28號判決。

142 內政部72年8月13日台內社字第175111號函參照。本書以爲：這似乎係基於社會保險適當原則而來。

143 內政部70年12月22日台內社字第56276號函參照。

總額，依投保薪資分級表之規定申報[144]。即使被保險人各該月無薪資收入者，依上開規定仍應併入最近3個月收入平均之；平均計算後之月薪資總額未達投保薪資分級表所定第一等級者，仍應依該表所定之第一等級申報[145]。與雇主約定以日計薪，且月薪資總額尚未明確者，應以投保單位比照同一工作等級勞工之月薪資總額，按分級表之規定覈實申報[146]。

此一「每月收入不固定者，以最近三個月之收入平均為準」（勞保條例施行細則第27條第1項）與勞工到職當月未足月致實領薪資報酬較低者之情形有別，為增進渠等權益，該到職當月之薪資不宜併入最近3個月之收入平均申報月投保薪資。但該部分工時之新進勞工，如勞資雙方已約定固定時薪且預排出勤時數者，基於保障勞工權益及兼顧投保單位申報投保薪資作業之便利性，經參酌勞工保險條例施行細則第27條第2項規定及本部改制前行政院勞工委員會102年10月18日勞保2字第1020140556號函釋之精神，投保單位應以排定相同或相近出勤時數之同一工作等級員工之月薪資總額，據以申報該新進員工之月投保薪資[147]。

有問題的是，技術生如何申報其投保薪資？緣技術生依勞基法第69條第1項，得準用勞工保險規定。依2018年11月5日修正發布之勞工保險投保薪資分級表規定，勞工保險月投保薪資第一級為23,100元，及該表備註欄第2項規定，部分工時勞工保險被保險人之薪資報酬未達基本工資者，其月投保薪資分11,100元及12,540元二級，薪資總額超過12,540元者，應依第1項規定覈實申報。案詢疑義，應視個案工作時間及生活津貼等情形依上開規定辦理[148]。這也就是說，技術生不必然準用部分工時勞工的投保薪資，而是應視工作時間的多寡及生活津貼是否達基本工資以上而定。

最後，有關非對外代表公司之董事、非對外代表事業單位之合夥人或

---

144 台灣省政府71年11月25日府社5字第101348號函參照。

145 行政院勞工委員會96年6月12日勞保2字第0960140239號函參照。

146 行政院勞工委員會102年10月18日勞保2字第1020140556號函參照。

147 勞動部106年7月24日勞動保2字第1060140323號函參照。

148 勞動部108年1月31日勞動保2字第1080140012號書函參照。

依法委任之經理人，如係實際從事勞動，得比照勞工保險條例第8條規定參加勞工保險。前揭人員依同條例第14條規定應由投保單位申報月投保薪資；至其投保薪資之內涵，基於公平性及避免道德風險，應比照雇主以其所獲報酬或經營事業所得為範圍，不僅以薪資所得為限[149]。

第三項　投保薪資的爭議

首先，投保薪資以勞基法之工資為準？此應依勞保條例第14條第1項、勞保條例施行細則第27條規定。實務及學者通說均認定義相同[150]。中央勞政機關很早即認為，「勞工保險條例施行細則第32條（現修正為第27條）規定，月薪資總額應以勞動基準法第2條第3款規定之工資為準；其每月收入不固定者，以最近3個月收入之平均為準；實物給與按政府公布之價格折為現金計算。又勞動基準法中所稱工資，依該法第2條第3款規定，係指因工作而獲得之報酬及其他不論任何名義之經常性給與均屬之。」[151]

然而，後一條文僅說「本條例第十四條第一項所稱月薪資總額，以勞動基準法第二條第三款規定之工資為準」，而非說「工／薪資定義依勞動基準法第二條第三款規定之工資為準」。似乎僅為投保薪資總額計算上的方便。亦即具有固有意義的投保薪資定義，非必與勞基法工資之意義相同。只要符合「勞務對價」性質之工資，不論其名稱為何，均計入月薪資總額申報勞保投保薪資。至於勞動基準法施行細則第10條規定之獎金，倘係雇主所為經常性之給與，則計入月薪資總額[152]。具體的例子有：房

---

149 勞動部103年4月3日勞動保2字第1030140112號函、106年6月8日勞動保2字第1060140210號函參照。

150 楊通軒，個別勞工法—理論與實務，2019年7月，六版，頁154：勞工法的優先地位。

151 行政院勞工委員會78年10月3日（78）台勞保1字第24258號函參照。

152 行政院勞工委員會95年10月26日勞保2字第0950114071號令參照。

屋津貼[153]、任何名義之固定津貼[154]、勞工定期固定支領之伙（膳）食津貼[155]、全勤獎金與交通津貼[156]、台德「雙軌訓練旗艦計畫」訓練生之訓練津貼[157]。

在此，如果採取通說的見解，則又會陷入工資的爭議：是否需要為經常性地給與？是恩惠性、獎勵性給與？多數法院採取肯定見解[158]，少數法院[159]及勞保局原則上採取無須經常性給與的看法【案例1(4)】。例如輪班津貼或夜勤津貼[160]、延長工時工資、年度不休假加班費（勞基法第38條第4項參照）[161]、績效獎金等為工資，而值班費（值班津貼）、年終獎金與考核獎金、誤餐費、夜點費等為非工資。正確而言，值班費（值班津貼）[162]、年終獎金與考核獎金非勞務對價[163]，誤餐費為費用的償還，而夜點費則為福利。

勞動事件法第37條及最高法院100年度台上字第1256號判決尚採取第三個要件：一般社會通念。似乎是以社會大眾的認知為準。社會各界觀察的重點是：勞動事件法第37條有關工資之認定，對於勞基法之工資範圍會產生何種影響？

153 內政部70年5月27日台內社字第22582號函參照。

154 台灣省政府71年11月25日府社5字第101348號函參照。

155 台灣高等法院高雄分院107年度勞訴易字第1號判決、行政院勞工委員會76年10月16日（76）台勞動字第3932號函參照。

156 台灣高等法院107年度勞上易字第46號判決參照。

157 行政院勞工委員會99年3月2日勞保2字第0990140025號函參照。

158 最高行政法院100年度判字第270號判決參照。

159 最高法院79年度台上字第242號判決、最高行政法院93年度判字第1031號判決參照。侯岳宏，工資之定義與投保單位不依法辦理勞工保險之責任—最高行政法院93年度判字第1031號判決，收錄於：勞工保險條例精選判決評釋，2016年8月，初版一刷，頁194以下。

160 行政院勞工委員會94年6月20日勞動2字第0940032710號令參照。

161 行政院勞工委員會96年10月9日勞保2字第0960140390號函參照。

162 行政院勞工委員會97年3月10日勞動4字第0970005636號函參照。

163 行政院勞工委員會96年8月13日勞保2字第0960140337號函參照。

第四項　投保薪資之合併計算與調整

一、合併計算與平均月投保薪資

在被保險人（含無一定雇主勞工）僅受僱於一個雇主時，不論係全（專）職或兼職（部分時間）工作，即以其月薪資總額按投保薪資分級表（含「備註」）規定申報之薪資。

（一）合併計算

依據勞保條例第19條第2項規定，「……被保險人同時受僱於二個以上投保單位者，其普通事故保險給付之月投保薪資得合併計算，不得超過勞工保險投保薪資分級表最高一級。但連續加保未滿三十日者，不予合併計算。」此項規定的適用對象，限於受僱勞工，而不及於自營作業者或漁會甲類會員，也不及於一方面為職業工人，另一方面為部分工時勞工之重複保險之情形[164]。此從勞保條例施行細則第44條第1項，「本條例第十九條第二項所稱同時受僱於二個以上投保單位者，指同時依第六條第一項第一款至第五款、第八條第一項第一款及第二款規定於二個以上投保單位加保之被保險人。」亦可得知。此一受僱於二個以上投保單位的被保險人，有可能從事一個全（專）職工作，而再從事一個或二個以上的兼職（部分時間）工作，但也有可能同時從事二個以上的兼職（部分時間）工作。再依勞保條例施行細則第44條第3項規定，「被保險人在同一月份有二個以上月投保薪資時，於計算保險給付時，除依本條例第十九條第二項規定合併計算者外，應以最高者為準，與其他各月份之月投保薪資平均計算。」所以，如果二份工作有前有後時，只在重疊時間始有合併計算，其他時間為各自計算。

有問題的是，勞保條例第9條之自願加保對象，有無可能再受僱於第三人？對此，似應區別各款的情形而定。其中，第1款、第3款、第5款應採否定見解，蓋其係基於特定的勞工保險政策，而給予被保險人選擇繼

164 台灣高等法院高雄分院107年度勞訴易字第1號判決參照。

續參加勞工保險的機會，並且應考量避免紊亂勞工保險體制。惟第4款之「在職勞工，年逾六十五歲繼續工作者」，則應採肯定說，蓋其仍可受僱於第三人工作。

爭議較大者，為第2款之「派遣出國提供服務者」。對此，由於被外派至國外工作者，並非雙重雇主關係，而係借調至其他事業單位（尤其是關係企業）的關係，故並非勞保條例第19條第2項「被保險人同時受僱於二個以上投保單位者」之情況。至於在該期間可能獲得當地廠商的薪資或津貼，中央勞政機關及學者間有認為應併入計算申報勞工保險投保薪資[165]。

另需注意者，其係針對普通事故保險給付時，得將二個以上投保單位的月投保薪資合併計算，可知其並不適用於職業災害保險（按職災費率）所繳交的投保薪資[166]，惟似應由其中一個雇主統一合併申報月投保薪資。只是，對於原已參加勞工保險的受僱勞工，如其再從事任何工作之加保，則其「連續加保未滿三十日者，不予合併計算」，此或許係基於計算上的方便，減輕投保單位及保險人行政作業的人力成本的負擔。此一30日，係以至發生保險事故當日止來計算[167]。

再一言者，依據勞保條例施行細則第44條第1項規定，勞保條例第8條第1項第3款、第4款之當事人並不在適用之內。也就是說，即使其有同時受僱於二個以上投保單位之外觀，換言之，實際從事勞動的雇主同時受僱於其他事業單位[168]、參加海員總工會或船長公會為會員之外僱船員亦

---

165 行政院勞工委員會98年12月14日勞保2字第09801405911號函；郭玲惠，勞工及就業保險法釋義，頁82肯定說。

166 惟，其理由爲何？似乎爲普通事故保險與職業災害保險體系上的考量。另請參閱郭玲惠，勞工及就業保險釋義，頁142、143：職業災害若不得合併計算，對於被保險人之權益保障似有不足。……該等職業災害補償亦可能影響到勞基法第59條職業災害給付的抵充規定，……。

167 勞動部107年3月8日勞動保2字第1070140052號函參照。

168 這與在同一事業單位，實際從事勞動的雇主不得同時兼具勞工身分者，尚有不同。依本書所見，雇主不得同時兼具勞工的身分（校長不可兼撞鐘）。

同時在國內或國外的船公司工作，基於社會保險適當性原則及保護必要性的考量，其投保薪資並不得合併計算。這似乎表示：其只能選擇以實際從事勞動的雇主或其他受僱勞工的身分加保，以及以參加海員總工會或船長公會為會員之外僱船員或其他受僱國內或國外的船公司勞工的身分加保。而其一旦選擇以其他受僱勞工的身分或者以其他受僱國內或國外的船公司勞工的身分加保，則勞保條例第19條第2項「被保險人同時受僱於二個以上投保單位者」規定，即可再適用及之。

附帶一言者，就業保險被保險人同時受僱於二個以上投保單位，其非自願離職事故保險給付之平均月投保薪資不得合併計算，以貫徹就業保險法保障勞工於失業一定期間基本生活之意旨[169]。

（二）平均月投保薪資

平均月投保薪資係跟隨著月投保薪資而來。惟除了工資以外，也包括勞保條例第6條第1項第6款職業訓練機構所給付之職業訓練生活津貼[170]。這表示：在平均月投保薪資計算時，有可能參雜著工資與職業訓練生活津貼，或者只是單純的職業訓練生活津貼而已。另外，參加職業訓練單位安排實習之實習交通津貼也被計算在內[171]。只不過，依本書所見，為符合「投保薪資」之工資的要素，似乎應將非工資之給付（本案為職業訓練生活津貼）扣除在外。此一看法，在行政院勞工委員會96年2月5日勞保2字第0950114057號函也獲得印證。依之，「勞工保險條例第19條第2項但書有關老年給付平均月投保薪資之計算，被保險人於參加政府登記有案之職業訓練機構、受政府委託辦理職業訓練之單位或政府公法救助性質之就業方案、以工代賑等期間之勞工保險月投保薪資，得不列入老年給付平均月投保薪資計算。被保險人於中華民國96年2月5日以後請領老年給付者適用本解釋令。」

---

169 行政院勞工委員會98年2月18日勞保1字第0970140697號函參照。

170 行政院勞工委員會94年5月25日勞保2字第0940027944號函參照。

171 行政院勞工委員會95年7月14日勞保1字第0950114027號函參照。

又，平均月投保薪資限於與現金給付有關者，醫療給付不適用（第19條第2項）。後者，一般稱為實物給付。現金給付係在保險事故發生時，由保險人直接以現金的方式付予被保險人或第三人，填補並緩和保險事故所造成的經濟損失。因此，一般多用於因應有關「所得損失」的社會風險上（如失業給付、傷病補償／補助、失能年金、老年年金），以發揮「所得替代」的作用。而為了確實發揮「所得替代」的功能，現金給付常以保險事故發生前一定期間內的平均薪資，或逕以發生事故當時的薪資作為給付計算基準，以反映被保險人事故當時的所得水準。

而可以主張現金給付的權利人，包括被保險人、受益人或支出殯葬費之人。一旦保險人算定後，逕匯入被保險人、受益人或支出殯葬費之人指定之本人金融機構帳戶，並通知其投保單位。但有第43條自行請領保險給付之情事者，保險人得不通知其投保單位（勞保條例施行細則第48條第1項）。「被保險人、受益人或支出殯葬費之人申請現金給付手續完備經審查應予發給者，保險人應於收到申請書之日起十日內發給。」（勞保條例施行細則第49條）。此一規定，旨在促使勞工保險之保險人儘速完成勞工保險之現金給付，以保障被保險勞工或其受益人於保險事故發生後之生活，符合憲法保護勞工基本國策之本旨[172]。

1. 意義（計算方式）

如前所述，平均月投保薪資係跟隨著月投保薪資而來。所以，月投保薪資的變動，無論是經常性的或偶爾的，都會影響平均月投保薪資的計算。對於每月收入不固定者，不問是其工作的本質[173]、工資計算的方式（尤其是績效獎金[174]、生產效率獎金[175]的設計）或受到天災事變、經濟景氣的影響，將導致所申報的月投保薪資的上下移動。除此之外，投保單

---

172 大法官會議釋字第683號解釋參照。

173 台灣省政府71年11月25日府社5字第101348號函、行政院勞工委員會96年6月12日勞保2字第0960140239號函參照。

174 行政院勞工委員會77年6月2日（77）台勞動2字第10305號函參照。

175 行政院勞工委員會82年5月11日（82）台勞動2字第24899號函參照。

位或被保險人未遵照勞保條例規定進行申報者，同樣會影響平均月投保薪資的多寡。例如被保險人當月加班之加班費未在當月底前結算，而併入次月之月薪資總額申報[176]。

有問題者，相對於勞基法施行細則第2條有一系列計算平均工資時，各種特殊事由的期日或期間不計入的規定，惟在勞保條例、勞保條例施行細則等相關法規中，並無類似的規定。中央勞政機關也無函釋說明。這使得計算平均月投保薪資時，必須將未工作日或工資收入較少的工作日，一併納入計算，並導致保險給付減少的結果。

具體言之，針對所有種類的申請保險給付者，包括以加保期間最高60個月計算之年金給付、參加保險未滿5年者之申領老年一次金給付、選擇一次請領老年給付者，以及其他現金給付申請者、被保險人失蹤時之津貼、失蹤者死亡宣告之喪葬津貼等，都會因未將如勞基法施行細則第2條各種特殊事由的期日或期間扣除，加以規定，而在給付時受到不利影響。以加保期間最高60個月計算之年金給付而言，如果被保險人加保期間只有60個月或者只增加幾個月，則如勞基法施行細則第2條各種特殊事由的不扣除計算，當會不利於保險給付。

雖然如此，學者間有直接引用勞基法施行細則第2條規定，而謂「其期日或期間之工資日數均不列入計算」，其似乎主張可直接適用勞基法施行細則第2條者[177]。然而，本書以為其似已誤解勞保條例施行細則第27條第1項「月薪資總額，以勞動基準法第二條第三款規定之工資為準」的意義。蓋其是在界定薪資／工資的定義，而勞保條例第19條第3項卻是在規定薪資的計算。況且，社會保險給付的原理與勞基法的繼續給付工資原理並不相同。故其見解並不可採。因此，解決之道，似乎在於得否類推適用勞基法施行細則第2條規定？對此，本書亦採否定見解，因其規定過於廣泛，並不宜援用於勞工保險。如欲將該規定的部分事由適用於保險給付，亦應以（最起碼在勞保條例施行細則中的）修法的方式為之。再者，附帶

176 內政部70年12月22日台內社字第56276號函參照。

177 郭玲惠，勞工及就業保險釋義，頁143。

一提者，其實勞保條例施行細則第28條第1項之各種事由，「於加保期間不得調整投保薪資」，即是在對於平均月投保薪資之計算做較為有利的規定。

整體觀之，勞保條例對於平均月投保薪資採取多元計算方式，主要有以下幾種方式：

(1) 加保期間最高60個月之月投保薪資（勞保條例第19條第3項第1款）

針對年金給付及老年一次金給付之平均月投保薪資：按被保險人加保期間最高60個月之月投保薪資予以平均計算[178]。再依勞保條例施行細則第44條第2項第1款規定，「年金給付及老年一次金給付：按被保險人加保期間最高六十個月之月投保薪資合計額除以六十計算。」吾人觀2008年8月13日的修正理由，「（一）現行老年給付按被保險人退職前三年之平均月投保薪資計算，易產生被保險人平時將投保薪資以多報少，將屆請領老年給付前始大幅調高投保薪資或中高齡勞工再就業所得降低而影響老年給付金額等問題。為兼顧對全體被保險人之公平合理及健全保險財務，與維護因再就業致所得降低勞工之老年給付權益，乃參考其他國家年金給付平均月投保薪資計算之成例，於第一款規定計算年金給付及老年一次金給付之平均月投保薪資，按被保險人加保期間最高六十個月（五年）之月投保薪資予以平均計算，以反映被保險人保險費繳納對於保險財務之一定貢獻度及與給付相連結。」可知，此一修正乃是在呼應社會保險權利義務對等原則，也有助於中高齡勞工再就業時的所得維持。

有問題的是，此處的「年金給付」究竟所指為何？學者間有認為包括老年年金給付、失能年金給付、遺屬年金給付者[179]。本書以為此固有所見。但是，吾人觀2008年8月13日本條修正的立法理由，卻是圍繞在老年給付權益的保障，而不及於失能年金給付及遺屬年金給付。所以，能否採擴張解釋，並非無疑。

---

[178] 台北高等行政法院107年度訴更一字第4號判決參照。

[179] 郭玲惠，勞工及就業保險釋義，頁141。

另外也有關聯者，由於以現金發給之保險給付，其金額按被保險人平均月投保薪資及給付標準計算（勞保條例第19條第2項）。而其中年金給付及老年一次金給付，係按被保險人加保期間最高60個月之月投保薪資合計額除以60計算（勞保條例第19條第3項第1款、勞保條例施行細則第44條第2項第1款）。所以，被保險人及投保單位即可能以申請老年給付前的60個月，密集申報最高投保薪資，以滿足60個月的要求，而又能免除（較早之前）繳交較高保險費之義務。所以，多年來，我國勞工保險實務上，對於職業工會、漁會為其會員申報調整投保薪資，另外設立一最高比例調整的門檻，以漸進式逐年調整投保薪資的方式，減少屆齡退休前始大幅調薪之違法情形。自2003年1月起，針對職業工會、漁會採行1年內調整投保薪資幅度未超15%者，即先行逕予受理；超過15%者，則函請職業工會、漁會查證，並於20日內檢送其收入或報稅等相關具體資料憑核之投保薪資書面審核措施[180]。

只不過，這仍然產生職業工人、漁民被保險人申報加保時投保薪資無明確申報標準、長期以小幅度調高投保薪資，致老年給付平均薪資成長率較受僱勞工偏高及舉證申報無法定標準等爭議[181]。依本書所見，歸根結底之策，仍需遵循覈實申報原則，要求職業工人確實提出領薪的相關證明文件，職業工會、漁會並應盡到覈實審查的義務，並由保險人強化審查的程序，以遏止非法巧取老年給付的弊端。或者，應再以修法的方式，逐步將60個月月投保薪資延長或逕以其受僱期間或工作期間的實際投保年資之平均月投保薪資計算。

(2) 參加保險未滿5年：實際投保年資之平均月投保薪資（勞保條例第19條第3項第1款）

針對年金給付及老年一次金給付之平均月投保薪資：參加保險未滿5年者，按其實際投保年資之平均月投保薪資計算。此處的「實際投保年資

---

180 行政院勞工委員會96年10月2日勞保2字第0960140405號函釋，漁會甲類會員未能檢附魚貨交易所得之證明文件時，每年得依例於15%調整幅度內申報調整。

181 行政院勞工委員會，勞工保險條例逐條釋義，頁164以下。

之平均月投保薪資」，似應以「實際投保年資」中的實際工作月數，計算其平均月投保薪資。

(3) 退保當月起前3年／最近36個月：實際月投保薪資（勞保條例第19條第3項第1款）

針對依第58條第2項規定選擇一次請領老年給付者：按其退保之當月起前3年之實際月投保薪資平均計算。再依勞保條例施行細則第44條第2項第2款規定，「按被保險人退保之當月起最近三十六個月之月投保薪資合計額除以三十六計算。」值得注意者，勞保條例第19條第3項第1款係使用「三年、實際月投保薪資」一詞，但勞保條例施行細則第44條第2項第2款卻使用「最近三十六個月之月投保薪資」。後者似乎較為具體明確，尤其是將「實際月投保薪資」中之「實際」二字刪除，免除應以實際取得的工資作為投保薪資的疑慮。如此，應可省卻是否採取如勞基法施行細則第2條規定的解釋的爭議。

(4) 退保當月起未滿3年：實際投保年資之平均月投保薪資（勞保條例第19條第3項第1款）

針對依第58條第2項規定選擇一次請領老年給付者：參加保險未滿3年者，按其實際投保年資之平均月投保薪資計算。對此，勞保條例施行細則第44條並未進一步具體規定。

(5) 發生保險事故當月起前6個月／最近6個月：實際月投保薪資（勞保條例第19條第3項第2款）

針對其他現金給付，按被保險人發生保險事故之當月起前6個月之實際月投保薪資平均計算；其以日為給付單位者，以平均月投保薪資除以30計算。再依勞保條例施行細則第44條第2項第3款規定，「按被保險人發生保險事故之當月起最近六個月之月投保薪資合計額除以六計算；參加保險未滿六個月者，按其實際投保年資之平均月投保薪資計算。」兩條文的規定不盡一致。前者強調「實際月投保薪資」，另外有「其以日為給付單位者，以平均月投保薪資除以三十計算」。後者，除明確化「當月起最近六個月之月投保薪資合計額除以六計算」外，另規定「參加保險未滿六個月者，按其實際投保年資之平均月投保薪資計算」，此處，似乎強調「實際投保年資」。依法而言，本法有規定者，即應以此為準。惟施行細則得就本法未規定或規定不清者加以補充規定或解釋性規定。

此處的「其他現金給付」，實際上是勞保條例最主要的給付，包括生育給付、傷病給付、失能給付、老年給付、死亡給付等[182]。其中，按月計算者，有生育、老年及死亡給付等；按日計算者，如傷病、職災醫療及失能給付等[183]。以失能給付而言，依據勞工保險失能給付標準第5條第1項，明確規定按平均日投保薪資，從第一等級至第十五等級所應給付的日數。同條第2項並規定，「前項所定平均日投保薪資，依本條例第十九條第三項第二款規定之平均月投保薪資除以三十計算之。」只是，本條第1項之「平均日投保薪資」或日投保薪資，並未見於勞保條例及其相關法規中。徒然留下法律上的謎團，尤其是按日計算給付者（如傷病、職災醫療），是否亦應有日投保薪資及「平均日投保薪資」的立法設計？似乎值得思考。對此，由於按日計酬勞工得比照同一工作等級勞工之月薪資總額，按分級表之規定（相應級距之月投保薪資之額度）覈實申報[184]，其以日薪計酬之投保薪資計算方式，會比以月薪計酬之部分工時勞工為有利。學者間因而有持肯定見解者[185]，但也主張正本清源之計，應比照基本工資區分為時薪及月薪兩種計算方式，亦即以日為單位給付者，其給付應以日投保薪資計算；以月為單位給付者，方依月投保薪資計算[186]。

(6) 失蹤日起平均月投保薪資（勞保條例第19條第5項）

依據勞保條例第19條第5項規定，「被保險人如為漁業生產勞動者或航空、航海員工或坑內工，除依本條例規定請領保險給付外，於漁業、航

---

182 其實，還有勞保條例第19條第5項按季計算的失蹤津貼，惟一般文獻中均未將之列入討論。

183 行政院勞工委員會，勞工保險條例逐條釋義，頁246。惟郭玲惠認爲傷病給付爲按月計算者。郭玲惠，勞工及就業保險釋義，頁141。

184 行政院勞工委員會102年10月18日勞保2字第1020140556號函參照。

185 郭玲惠，勞工及就業保險釋義，頁140。

186 郭玲惠，勞工及就業保險釋義，頁142。本書以爲既謂「正本清源之計」，則似乎只能經過修法一途。

空、航海或坑內作業中，遭遇意外事故致失蹤時，自失蹤之日起，按其平均月投保薪資百分之七十，給付失蹤津貼；於每滿三個月之期末給付一次，至生還之前一日或失蹤滿一年之前一日或受死亡宣告判決確定死亡時之前一日止。」可知，在申請死亡給付前，其至多得申請1年的失蹤津貼，且按季給付一次。有問題的是，其僅謂「自失蹤之日起，按其平均月投保薪資百分之七十，給付失蹤津貼」，則究竟以最近幾年或幾個月實際月投保薪資為準？本書以為應採取如同實際投保年資之平均月投保薪資的解釋，以全部參加勞工保險的月投保薪資除以加保的月數，得出平均月投保薪資。

(7)（死亡宣告）判決當月起前6個月：平均月投保薪資（勞保條例施行細則第80條第1款）

除了本法之外，勞保條例施行細則也有平均月投保薪資的規定。第80條第1款規定，針對被保險人之父母、配偶或子女受死亡宣告者，以法院判決所確定死亡之時，為本條例第62條之死亡時；其喪葬津貼給付金額之計算，如死亡時與判決時均在被保險人投保期間內者，以判決之當月起前6個月之平均月投保薪資為準。

(8)（死亡宣告）退保當月起前6個月：平均月投保薪資（勞保條例施行細則第80條第2款）

承上。另外，如死亡時在被保險人投保期間內，而判決時已退保者，以退保之當月起前6個月之平均月投保薪資為準。

相較於勞保條例對於平均月投保薪資採取多元計算方式，就業保險法則是基於權利義務對等原則的考量，而採取單一計算方式。也就是說，以「退保之當月起前六個月」的平均月投保薪資，來計算各種就業保險法的給付，包括失業給付（第16條第1項）、職業訓練生活津貼（第19條第1項、第19條之1）。至於育嬰留職停薪津貼部分，雖然第19條之2規定以被保險人育嬰留職停薪之「當月起前六個月」平均月投保薪資60%計算，這是以受僱者於育嬰留職停薪期間，選擇繼續參加原有之勞工保險為前提。如果育嬰留職停薪未選擇繼續加保，則同樣係以「退保之當月起前六個月」的平均月投保薪資來計算。

在此，與育嬰留職停薪津貼有關者，依據中央勞政機關的見解，「查就業保險法第19條之2第1項規定，前開津貼以被保險人育嬰留職停薪之當月起前6個月平均月投保薪資60%計算。爰被保險人如非因提前復職或其他因素致中斷請領育嬰留職停薪津貼，而重新申請該項津貼者，其平均月投保薪資仍應以最初申請之當月起最近6個月之月投保薪資合計額除以六計算。」[187]雖然其認為「其平均月投保薪資仍應以最初申請之當月起最近6個月之月投保薪資合計額除以六計算」，但是，實際上第19條之1第1項的規定，為「退保之當月起前六個月」平均月投保薪資。

2. 給付標準

與勞保條例多元的平均月投保薪資計算方式相似者，保險給付標準似乎也有多種的規定與意義。首先，依據勞保條例第19條第4項規定，「第二項保險給付標準之計算，於保險年資未滿一年者，依其實際加保月數按比例計算；未滿三十日者，以一個月計算。」其所謂「第二項保險給付標準之計算」之「保險給付標準」，應係指第2項之「以現金發給之保險給付，其金額按被保險人平均月投保薪資及給付標準計算。」之「給付標準計算」之解釋性規定。相對於此，勞保條例施行細則第45條規定，「本條例第十九條第四項所定保險年資未滿一年，依其實際加保月數按比例計算，計算至小數第二位，第三位四捨五入。」依本書所見，兩條文均在確定年資計算標準（方式），而非給付標準。

不同的是，勞保條例第53條第1項與第2項、第54條第1項與第2項、第54條之1第1項、第55條第1項、第58條之1、第59條第1項，以及第63條之2等條文，全部是各種保險給付的標準。亦即：「被保險人遭遇普通傷害或罹患普通疾病，經治療後，症狀固定，再行治療仍不能期待其治療效果，經保險人自設或特約醫院診斷為永久失能，並符合失能給付標準規定者，得按其平均月投保薪資，依規定之給付標準，請領失能補助費。前項被保險人或被保險人為身心障礙者權益保障法所定之身心障礙者，經評估

---

187 行政院勞工委員會101年1月20日勞保1字第1000140511號函參照。

為終身無工作能力者，得請領失能年金給付。其給付標準，依被保險人之保險年資計算，每滿一年，發給其平均月投保薪資之百分之一點五五；金額不足新臺幣四千元者，按新臺幣四千元發給。」（第53條第1項與第2項）「被保險人遭遇職業傷害或罹患職業病，經治療後，症狀固定，再行治療仍不能期待其治療效果，經保險人自設或特約醫院診斷為永久失能，並符合失能給付標準規定發給一次金者，得按其平均月投保薪資，依規定之給付標準，增給百分之五十，請領失能補償費。前項被保險人經評估為終身無工作能力，並請領失能年金給付者，除依第五十三條規定發給年金外，另按其平均月投保薪資，一次發給二十個月職業傷病失能補償一次金。」（第54條第1項與第2項）中央主管機關依勞保條例第54條之1第1項發布勞工保險失能給付標準及勞工保險失能給付標準附表，明定各種等級的給付日數；「被保險人之身體原已局部失能，再因傷病致身體之同一部位失能程度加重或不同部位發生失能者，保險人應按其加重部分之失能程度，依失能給付標準計算發給失能給付。但合計不得超過第一等級之給付標準。」（第55條第1項）「老年年金給付，依下列方式擇優發給：一、保險年資合計每滿一年，按其平均月投保薪資之百分之零點七七五計算，並加計新臺幣三千元。二、保險年資合計每滿一年，按其平均月投保薪資之百分之一點五五計算。」（第58條之1）「依第五十八條第一項第二款請領老年一次金給付或同條第二項規定一次請領老年給付者，其保險年資合計每滿一年，按其平均月投保薪資發給一個月；其保險年資合計超過十五年者，超過部分，每滿一年發給二個月，最高以四十五個月為限。」（第59條第1項）針對第63條、第63條之1所定喪葬津貼、遺屬年金及遺屬津貼，第63條之2明定其給付標準。

3. 應用

平均月投保薪資在保險給付的實際應用，除了上述勞保條例第53條第1項與第2項、第54條第1項與第2項、第63條之2外，另外有：生育給付標準、普通傷病補助費、職業傷病補償費、喪葬津貼、職業災害致死亡遺屬年金給付及按被保險人平均月投保薪資，一次發給10個月職業災害死亡補償一次金。

另外，在就業保險法的各種給付，同樣是與平均月投保薪資掛鉤。包括失業給付（第16條第1項、第17條第1項）、職業訓練生活津貼（第19條、第19條之1）、育嬰留職停薪津貼（第19條之2）等。依據就業保險法第40條，雖有規定準用勞保條例「月投保薪資」，但卻未規定「平均月投保薪資」，解釋上，就業保險法有自己的計算方式。

二、調整

（一）自行申報調整

原則上，勞工保險月投保薪資的調整，係被保險人在工資有增減時，自行透過投保單位向保險人申請為之。本來，基於覈實申報原則，一旦被保險人的薪資更動，即應適時地向保險人申報調整，以據實地反映所應繳交的保險費及確保自己所能獲得的保險利益。如投保單位不確實申報調整投保薪資，即有可能受到行政罰鍰的制裁（勞保條例第72條第3項參照）。對於投保單位之申報調整被保險人之投保薪資，保險人得以因無法確認月薪資總額確實有變動，而不同意調整。

不過，依據勞保條例第14條第2項規定，「被保險人之薪資，如在當年二月至七月調整時，投保單位應於當年八月底前將調整後之月投保薪資通知保險人；如在當年八月至次年一月調整時，應於次年二月底前通知保險人。其調整均自通知之次月一日生效。」顯然，立法者將申報調整月投保薪資時間點，明定在8月底前及2月底前。即不問是受僱勞工、職業工人、漁會的甲類會員，每年均以申報調整二次為限。立法理由係單純從簡化申報調整程序考量，避免頻繁的申報調整造成投保單位及保險人人力及物力的浪費。所以，即使投保單位在8月底及2月底之前即已通知保險人，但保險人仍然以在8月底及2月底統計處理。此種未能隨時調整投保薪資的做法，對於被保險人保險給付的多寡及勞保基金的收入，當然會有所影響。

倒是，對於年金給付及老年一次金給付，係依被保險人加保期間最高60個月之月投保薪資合計額除以60計算（勞保條例第19條第3項第1款、勞保條例施行細則第44條第2項第1款）。所以，被保險人及投保單位即可能以申請老年給付前的60個月，集中申報最高投保薪資，以滿足60個月的要求，而又能免除（較早之前）繳交較高保險費之義務。此在我國勞工保險實務上，職業工會、漁會多有如此行事者。為此，中央勞政機關對於職業工會、漁會為其會員申報調整投保薪資，另外設立一最高比例調整的門檻，以為應對。此處，上述投保單位於當年8月底前或2月底前申報調整月投保薪資，對於違法巧取的遏止，其助益並不大。

（二）逕行調整

除了自行申報調整外，保險人基於公法契約所生之行政權力，亦得對於不實的投保薪資逕行調整[188]【案例1(6)】。依勞保條例第14條之1規定，「投保單位申報被保險人投保薪資不實者，由保險人按照同一行業相當等級之投保薪資額逕行調整通知投保單位，調整後之投保薪資與實際薪資不符時，應以實際薪資為準（第1項）。依前項規定逕行調整之投保薪資，自調整之次月一日生效（第2項）。」

本條投保薪資的申報義務人，同樣是投保單位。故在其投保薪資申報不實時，不問是否故意或過失，只要未盡到覈實審查的責任，保險人即逕予調整並通知之。此一通知的效力，也及於被保險人。在此，基於覈實申報原則，即使投保單位及被保險人均無故意或過失，仍應予以調整（含調高或調低）。至於投保單位發現申報不實，可能係保險人自行發掘，或者被保險人自行檢具薪資單主張，但也可能係因第三人的檢舉。為查核確實的投保薪資，依據勞保條例第10條第3項規定，「保險人為查核投保單位勞工人數、工作情況及薪資，必要時，得查對其員工或會員名冊、出勤工作紀錄及薪資帳冊。」即要求投保單位提供薪資帳冊及有關資料以便查稽。只是，在投保單位未提供薪資帳冊及有關資料憑稽時，保險人基於其職權，仍應按照同一行業相當等級之投保薪資額逕行調整。果如此，即可能發生保險人所調整的投保薪資，與實際薪資不符的情形。解決之道，即應以實際薪資為準。為達到證明實際薪資，投保單位負有提供薪資帳冊及

188 最高行政法院102年度判字第633號判決參照。

有關資料的責任。有問題的是，在投保單位有故意或過失時，是否即應依第72條第3項予以罰鍰制裁？本書持肯定的見解。

此處，保險人係按照同一行業相當等級之投保薪資額逕行調整，可知其係以「同一行業相當等級」之投保薪資額作為比照對象。只是，以被保險人與「同一行業」兩相比較，似嫌突兀。因此，應是指「同一行業相當等級」之受僱勞工或職業工人、漁會之甲類會員的投保薪資額而言。

相對於自行申報調整每年以二次為限（第14條第2項參照），針對逕行調整，由第14條之1第2項規定，「依前項規定逕行調整之投保薪資，自調整之次月一日生效。」即其並無調整次數的規定，所以，解釋上，逕行調整的次數，不受第14條第2項每年二次的限制。至於其所謂「次月一日」，也並不以9月1日或3月1日為限。

（三）禁止／不得調整

除了自行申報調整及逕行調整投保薪資外，勞工保險法令另外有禁止／不得調整投保薪資的規定，其目的除在防堵投保單位及被保險人的巧取保險給付的行為外，兼亦有維護被保險人投保薪資水準的利益。

依據勞保條例施行細則第28條第1項規定，「因傷病住院之被保險人及依本條例第九條第一款、第三款、第五款、第九條之一或性別工作平等法第十六條第二項規定繼續加保者，於加保期間不得調整投保薪資。」其理由無外乎自願加保的被保險人，在該項所列的（普通傷病或職業傷病的）傷病住院期間等情形，並未有提供勞務之情形，調升或調降工資並不符合常情或違反勞動契約或無所附麗（契約中止中並無法變動薪資或其他勞動條件），因此，投保薪資當然亦不得變動。在此，或可注意的是，從被保險人無提供勞務的事實來看，雇主欲調降工資的動機，應會較調升工資來得高。

就因傷病住院之被保險人而言，如此的不得調整投保薪資，如再配合適用勞保條例第18條「於其請領傷病給付或住院醫療給付未能領取薪資或喪失收入期間，得免繳被保險人負擔部分之保險費」，對於平均月投保薪資的計算應該較為有利。又，依據職業災害勞工醫療期間退保繼續參加勞工保險辦法第6條第1項規定，職業災害勞工加保期間亦不得申報調整投保薪資。

倒是，勞保條例第28條第1項並未規定被保險人在失蹤期間，不得調整投保薪資，所以，解釋上應該可以申報調整。有問題的是，「請假期間」是否亦不得調整？根據中央勞政機關的看法，「勞工保險被保險人因傷病住院或請假期間，未有薪資收入者，薪資總額既無變動，依勞工保險條例第14條規定應不得申報調整投保薪資。」[189]惟依本書所見，勞保條例施行細則第28條第1項並無「請假期間」的規定，所以，即使雇主在「請假期間」（限於事假）未給付工資，仍然得申報調整投保薪資。

本來，依據勞保條例第14條第2項及勞保條例施行細則第28條，被保險人及投保單位負有按照實際工資申報投保薪資之義務。投保單位基於投保薪資覈實申報之原則，在被保險人之實際薪資確有變動時，即應覈實申報調整投保薪資。所以，即使是被裁減資遣人員，為適當反映被保險人於被裁減資遣當時之實際薪資所得水準，如投保單位為其所屬員工申報調整投保薪資後，於當月底前辦理被裁減資遣繼續參加勞工保險者，其申報調整之投保薪資，保險人仍應予受理並自申報調整之次月1日生效[190]。

實務上屢屢發生爭議的是：因傷病（含普通及職業傷病）住院期間不得調整投保薪資[191]？對此，中央勞政機關似乎較傾向否定說。勞工保險被保險人因傷病住院或請假期間，未有薪資收入者，薪資總額既無變動，依勞工保險條例第14條規定應不得申報調整投保薪資。投保單位違背上開規定以少報多調整投保薪資者，仍不得排除同條例第72條第2項之適用[192]。但是，也有表示「按被保險人因傷病住院或因傷病請假期間，可能因此無薪資收入或薪資減少，為保障彼等被保險人之勞保權益，及避免

---

[189] 內政部70年9月26日台內社字第44941號函、行政院勞工委員會99年12月9日勞保2字第0990140479號函參照。

[190] 行政院勞工委員會93年7月23日勞保2字第0930036194號函參照。

[191] 反面解釋，如果未住院即不受此限制。

[192] 內政部70年9月26日台內社字第44941號函、行政院勞工委員會98年6月30日勞保2字第0980140330號函參照。

投保單位於該期間申報調高投保薪資巧取保險給付，依上開說明及相關規定，倘投保單位與被保險人原議定之月薪資總額並無變動，投保單位不得申報調整投保薪資。」[193]似乎也隱含配合薪資升降而調整投保薪資的可能。此似可解為肯定說。至於法院實務上，也有少數法院判決[194]採取肯定說者。

學者間有認為勞保條例施行細則第28條並無母法授權，單純係一防弊的程序規定，不得作為限制人民權利的依據。基於勞保條例第14條第1項覈實申報的要求，如果月投保薪資總額確實已經變動，投保單位當得申報調整投保薪資[195]。果然如此，則在雇主合法或非法調降工資時，被保險人將難免承受投保薪資不利變動的後果。不可不慎。

第五項　特殊的投保薪資爭議

職業工人的工資項目與受僱勞工不同，如何查證？投保單位查證不實應處罰？依據法院見解，投保單位（職業工會）有「如實申報」被保險人（會員）投保薪資之義務。而勞保條例第6條第1項第7款「無一定雇主或自營作業而參加職業工會」之被保險人（會員），並無如同條第1項第1款至第5款規定之勞工，有其出勤工作紀錄、薪資表及薪資帳冊等文件，然基於投保單位應「如實申報」被保險人「投保薪資」等資料，且「無一定雇主或自營作業參加職業工會」之被保險人，有關申報投保等資料，類皆發生該被保險之勞工所得支配之範圍，本諸誠實信用原則，該被保險人亦應提供投保單位得據以查核並如實申報其所主張之投保薪資（工資）係屬真實之資料，若該被保險人提供不正確之投保薪資資料或就其薪資為不完全之陳述，致投保單位依其提供之不正確資料或不完全陳述的不實薪資，申報辦理勞工保險，而保險人並依所申報之薪資計算該被保險人各月應繳

---

193 行政院勞工委員會99年12月9日勞保2字第0990140479號函參照。

194 例如最高行政法院93年度判字第1076號判決參照。

195 劉士豪，勞工保險條例第十四條月投保薪資之意義－最高行政法院93年度判字第1076號判決，收錄於：勞工保險條例精選判決評釋，2016年8月，初版一刷，頁42以下。

納之保險費，惟嗣經保險人查得該投保單位申報之被保險人薪資（工資）不實，予以調整，徵諸前揭本條例立法目的及行政程序法第119條規定意旨，即與信賴保護及誠實信用無違[196]。

另外，勞保條例第14條第1項規定，「……被保險人為第六條第一項第七款、第八款及第八條第一項第四款規定之勞工，其月投保薪資由保險人就投保薪資分級表範圍內擬訂，報請中央主管機關核定適用之。」勞保條例施行細則第27條第1項「其每月收入不固定者，以最近三個月收入之平均為準」，依據行政機關的見解，每月收入不固定之勞工保險被保險人，其最初3個月之投保薪資，可按其約定報酬及其他任何名義之固定津貼之總額，依投保薪資分級表之規定申報[197]。

在早期，中央勞政機關甚至認為，「按勞工保險條例第14條規定，職業工人之月投保薪資，由保險人就投保薪資分級表範圍內擬訂，報請中央主管機關核定適用之。為減輕職業工人具低收入戶身分且收入低於基本工資者之保費負擔，並兼顧其給付權益，其勞保投保薪資得比照勞工保險投保薪資分級表有關職業訓練機構受訓者、童工及部分工時勞保被保險人所適用之等級申報，前經本會函釋在案。」[198]

惟為配合基本工資調整，勞工保險投保薪資分級表第一級自2012年1月1日起修正為18,780元（2018年1月1日修正為22,000元），中央勞政機關核定職業工會被保險人之月投保薪資應依該表第一級起覈實申報[199]。也就是說，自2012年1月1日起，職業工會被保險人與受僱勞工被保險人的之月投保薪資，都是依該表第一級起覈實申報【案例1(5)】[200]。

---

[196] 最高行政法院102年度判字第633號判決參照。

[197] 台灣省政府71年11月25日府社5字第101348號函參照。

[198] 行政院勞工委員會88年3月3日（88）台勞保2字第005873號函參照。

[199] 行政院勞工委員會100年12月6日勞保2字第1000140436號函參照。

[200] 鍾秉正，勞工保險自營作業者之投保薪資爭議─最高行政法院102年度判字第633號判決，收錄於：勞工保險條例精選判決評釋，2016年8月，初版一刷，頁1以下。

第五節　保險費及保險基金的相關法律問題

勞工保險被保險人及投保單位自保險效力開始後停止前或終止前，負擔繳交保險費之義務[201]。違反者，投保單位（第17條第1項）或被保險人（第17條第4項）將會被課以滯納金及暫時拒絕保險給付（第17條第3項），甚至退保（第17條第5項）之對待。依勞保條例第11條後段規定，勞工保險效力自投保單位通知保險人之翌日起算，亦即申報之當日尚未參加勞工保險。則保險費也是從翌日開始繳納。如果是自願加保，則在勞工（被保險人）未決定申請（繼續）參加勞保前，並不負擔保費義務。另外，被保險人在失蹤中仍然負有繳交保費義務。

至於勞保條例第20條及第20條之1所規定之保險事故，或係發生在保險有效期間或與保險期間之工作具有相當因果關係，因此，賦予被保險人或其受益人保險給付請求權，其屬於勞工保險的延續效力，並不課被保險人「保險效力停止後一年內」或不定期間的保費給付義務。

第一項　勞工保險財務自給自足原則

勞工保險雖具有相當濃厚的福利內涵，但其仍與單純的福利有所不同，因為被保險人基於使用者付費之原理，必須繳交法定的保險費。這也是社會保險保險性的表現，希冀以被保險人與投保單位繳交的保險費所聚集的保險基金，作為補償保險事故之用。此即為保險原則。只不過，損益相抵原則（或稱損益平衡原則、收支相等原則）[202]之適用於社會保險，並非沒有爭議。正確而言。此處的自給自足，並不要求每一特定年度內收支平衡，也不要求個別被保險人的保費與保險給付間必須具有數理相對性，而是整體的保費收入與保險給付支出具有收支平衡即可。

另外，自給自足原則也不排除政府的補助。緣政府為促成社會保險

201 受益人並不負繳費之義務。

202 楊通軒，就業安全法—理論與實務，頁93以下。

的開辦，體現照顧人民的福利性質，乃編列預算補助行政費用[203]及法定補助的比例。在2011年4月27日勞保條例第15條修正施行前，原本直轄市亦應負擔補助之責，但因直轄市認為僅負擔設籍居民之勞工保險保險費補助款（即「戶籍地說」），拒還積欠勞工保險保險費，並相繼提起行政訴訟。司法院大法官會議遂於2002年10月4日作成釋字第550號解釋，確認直轄市政府負擔保險費補助款之合憲性[204]。此外，最高行政法院庭長法官聯席會議亦於2007年5月，就地方政府負擔全民健康保險（勞工保險）補助款之計算基礎作成決議，採投保單位說，即係以投保單位（營業登記所在地）在地方政府，作為地方政府應負擔全民健康保險費（勞工保險費）補助款之認定依據[205]。而政府「此項保險費補助款之負擔，乃屬公法關係所生之義務，……，故保險人請求省（市）政府撥付保險費補助款，係非屬私法上之權利，不得循民事訴訟程序請求給付。」[206]

雖然如此，基於勞工保險的實施已邁入成熟階段，符合請領老年年金條件者日益增多，以及新加入勞工保險的年輕被保險人有限，使得我國勞工保險財務自給自足原則面臨嚴重的挑戰。為此，似可參考世界各國所採取之如下的改革措施，以減緩年金財務之危機，包括降低給付水準、增加給付門檻，與提高保費與費率以平衡財務，另外亦採鼓勵延後退休、改變物價給付調整機制等等多重改革方案[207]。另外，尚可在保險基金的運用上，想辦法提高操作的績效，以增加收入。再以鼓勵延後退休為例，2019年12月4日公布的「中高齡者及高齡者就業促進法」是否能夠發揮如此的

---

203 大法官會議釋字第560號解釋參照。

204 其實，依據1991年5月17日的大法官會議第279號解釋，即已認爲：勞工保險條例第15條，有關各類勞工保險費由省（市）政府補助之規定，所稱「省（市）政府」，係指該省（市）有勞工爲同條第2款至第4款規定之被保險人者而言，與該省（市）政府是否直接設立勞工保險局無關。另請參閱台北高等行政法院96年度訴字第1496號判決。

205 行政院勞工委員會，勞工保險條例逐條釋義，頁193以下。另請參閱最高行政法院98年度判字第840號判決。

206 司法院秘書長82年8月14日（82）秘臺廳民1字第12471號函參照。

207 行政院勞工委員會，勞工保險條例逐條釋義，頁153。

效果？並非無疑，蓋其似將重點置於退休勞工的僱用（第五章支持退休後再就業參照），而非延後退休的補助。

有關勞工保險的保險費，首先繫之於保險財務所採取之制度為何，以下即分別敘述之：

一、儲金制

此又稱準備提存制（funding）。在此一制度下，保險人必須提存完全的或大量的責任準備金，以確保被保險人請領給付所需。此在商業保險即是如此[208]，足以滿足被保險人的安全感。至於在勞工保險，由於原則上為強制保險，有工作的人必須參加勞工保險，不斷加入的被保險人所繳交的保險費，累積成為數可觀的保險基金，因此，除了年金保險之外，並不須採取此種制度。惟我國勞工保險卻是採取儲金制，以反映財務的自給自足。儲金制的缺點，在於保險基金會面臨貨幣的貶值，管理運用（含投資）也不容易。在實際操作上，應在安全原則下追求利益（長線投資），避免高風險的投機行為（短線投機）。

二、賦課制

此又稱隨收隨付制（pay as you go）。根據此一制度，保險人並無須提存責任準備金，而是保險財務可以因應當期保險支出或平衡當期的收支狀況即可。一般而言，只要維持一至數個月的保險責任準備金，即足敷使用。保險人應將關注的重點置於費率的精算與調整（就業保險法第9條參照），而非保險基金的管理運用。短期性的就／失業保險及健康保險制度（全民健康保險法第78條參照[209]），即是採取隨收隨付制。隨收隨付制具有前後世代所得重分配的效果，學者間有認為如欲將賦課制適用於年金

---

[208] 保險法第143條之1參照。

[209] 依之，「本保險安全準備總額，以相當於最近精算一個月至三個月之保險給付支出爲原則。」

保險，則被保險人間須建立或強化世代契約的觀念[210]。

三、修正（部分）儲金制

上述的兩種財務制度各有利弊，也各有採取的國家，惟一般國家則是採取介於其間的折衷制度，此一制度也兼具世代移轉的效果。我國勞工保險係綜合保險，長久以來採取儲金制[211]，惟因低保費政策的推行，實際上所收取保費所形成的保險基金[212]，或許足敷支付（2008年8月13日公布施行前）勞工保險條例第58條一次性老年給付，但並無法滿足（2008年8月13日公布施行後）符合老年年金保險條件者同時提出請領給付的需求，所以，充其量只是修正的（部分的）儲金制而已。但是，依據勞保條例第13條第2項但書，「但保險基金餘額足以支付未來二十年保險給付時，不予調高」，此一「二十年」的提存準備，雖可達到適足的提存，惟是否太高而不符合部分儲金制的精神？似有討論的空間。

第二項　保險費的相關原則

一、社會連帶責任原則

社會保險係基於社會連帶責任的思想而來。社會連帶無非是強調團體成員個人與他人共同面臨相同的風險，必須發揮彼此互助、自助人助的精神，藉由履行自己的責任（主要是繳交保險費），以換取社會整體的保護。吾人如從勞保條例第15條雇主亦應負擔一定比例的保費觀之（例

---

[210] 鍾秉正，社會保險法論，2005年11月，初版一刷，頁141。

[211] 勞保條例第66條即有勞工保險基金的規定。

[212] 依據大法官會議釋字第549號解釋，「保險基金係由被保險人繳納之保險費、政府之補助及雇主之分擔額所形成，並非被保險人之私產。被保險人死亡，其遺屬所得領取之津貼，性質上係所得替代，用以避免遺屬生活無依，故應以遺屬需受扶養爲基礎，自有別於依法所得繼承之遺產。」

如第1款勞、雇、政保費負擔比例為2：7：1[213]），似乎亦在加以雇主社會連帶的責任。惟，實者，其是傳統「雇主責任」理念或附隨義務的實踐[214]。

與此一原則有密切關聯者，為社會適當性原則。其係在追求整體社會的公平，落實基本生活保障，並且達成所得重分配，因而適度地緩和保險原則所強調保費與給付間的對價性。並且也使得勞工保險具有濃厚的福利性格。此尤其是針對婦女、退休者給予較佳的社會保險保障。

其在勞工保險的具體實踐上，除了女性被保險人較早的老年給付年齡設計（勞保條例第58條第2項第2款參照）、被保險人之受益人得請領遺屬年金，以及已領取軍公教或勞保老年年金給付者，得再請求投保單位為之加保職業災害保險[215]外，主要是中央政府對於被保險人保費的補助（勞保條例第15條參照）及對於勞工保險虧損的撥補（勞保條例第69條參照）。其中，在勞工保險虧損時，表示勞工保險財務已無法自給自足，所以，本應以（修法）調高保費的方式因應，實不應以社會適當性原則為由而由政府撥補，或者以借貸方式維持財務，否則，將難免過低的保費導致財務危機、馴致人民不信賴勞工保險的惡性循環。所謂的「勞保會不會倒」的民間聲音，將伊於胡底。只不過，勞保條例第15條係保費固定原則，並無有授權中央勞政機關視保險財務狀況調整的機制，因此，並無法伺機調整，而只能經由修法途徑為之。

二、低保費原則（福利思想原則）

自勞工保險開辦起，即是採取勞工低負擔的政策，以減輕勞工的負擔。此種政策的推動，與勞工保險只提供被保險人基本生活保障及保險人

---

213 不同的是，依據全民健康保險法第27條第1項第1款第1目，勞、雇保費負擔比例爲3：7。

214 由勞基法施行細則第10條第8款「勞工保險及雇主以勞工爲被保險人加入商業保險支付之保險費」觀之，雇主爲被保險人所支付的保險費並非工資。不同說，社會保險學者柯木興則認爲社會保險保險費爲工資的一部分。柯木興，社會保險，頁332。

215 勞動部103年11月19日勞動保3字第1030140437號令參照。

不向被保險人及投保單位收取保險行政及人事費用也有關聯。另外，尤其與勞工保險採取強制保險原則具有關聯性。亦即既然有工作者應加入勞工保險，即應以其負擔保費的能力為計收基礎。如此，始能吸引有工作者主動參加勞工保險，形成源源不絕的被保險人、擴大危險共同體的規模，並且極大化保費所形成的保險基金，以為支付保險事故之用。

三、身分負擔原則（差別對待原則）

綜觀勞保條例第15條有關被保險人保險費之負擔，不問是普通事故或職業災害，並非採取相同的比例，而是按照被保險人的身分及所處的狀況，而做不同的待遇。亦即區分受僱勞工、職業工人、職業漁民、自願加保的工作者，而規定不同的繳費比例。這主要係考慮被保險人保費的負擔能力及加以保險保障的必要性。在此，係以被保險人個人為計費的單位，而非以被保險人的家庭為對象。即使勞保條例第63條的遺屬年金，似乎也未將被保險人的家庭作為計算保險費的基礎。

四、量能負擔原則

受僱勞工依勞保條例第6條及第11條規定，應強制參加勞工保險，並且繳納保險費，以分擔自己與其他加保勞工所生保險事故之危險。依勞工保險條例第15條規定，勞工保險保險費之負擔，係由投保單位、被保險人負擔及由政府予以補助。雖勞工分擔之保險費，係按投保勞工當月之月投保薪資一定比例計算，並且按照所符合的投保薪資分級表的級數繳交（勞工保險條例第13條、第14條參照[216]），與保險事故之危險間並非謹守對價原則，而是以量能負擔原則維持社會互助之功能，此與商業保險有間[217]。在量能負擔原則下，被保險人所得較高時，即應繳交較多的保

[216] 相同地，依據全民健康保險法第19條第1項規定，「第一類至第三類被保險人之投保金額，由主管機關擬訂分級表，報請行政院核定之。」

[217] 最高行政法院102年度判字第633號判決、台北高等行政法院104年度簡上字第114號判決、高雄高等行政法院105年度訴字第402號判決參照。

費，但卻只能獲得與繳交保費較少者之被保險人相同的保險給付。經由此種繳交保費的設計，乃可以達到所得重分配的效果。

針對「量能負擔原則」，法院也有認為：「現行勞工保險制度設計理念在以量能負擔原則維持社會互助之功能，依被保險人勞動能力[218]決定被保險人及投保單位所應負擔保險費之高低，充為勞工保險之重要財務來源，並以此填補勞工因保險事故發生所減損之勞動能力。其中勞動能力代表著繳納保費及繳納稅收之經濟能力，透過勞動能力之量化，由被保險人、雇主（投保單位）、中央政府或直轄市政府比例分擔勞工保險保險費，勞工、投保單位所分擔之保險費按投保勞工『當月之月投保薪資』一定比例計算（由職業工會加保之被保險人，其普通事故保險費及職業災害保險費，由被保險人負擔百分之六十，其餘百分之四十，由中央政府補助[219]），可知勞動力量化成經濟力後之部分保險費，乃透過納稅而由國家稅收負擔，此種由國家稅收補助之社會保險制度，所欲保障之勞動能力流失風險，自屬政府可取得稅收之勞動力，方符合勞保之『量能負擔原則』，是被上訴人自行前往大陸工作7年多之勞動力，其勞動力量化所轉換之經濟能力，並非國內所得，並未透過境外投保單位之負擔保費並向我國政府納稅而進入『量能負擔原則』之勞保共同體內[220]，自非勞工保險之保障範圍。」[221]

第三項　保險費繳納的相關規定

以下即針對保險費繳納的相關規定加以說明：

---

218 作者按：一般係更直接地以「工資高低」作爲量定負擔保險費高低的依據。

219 勞保條例第13條、第14條及第15條參照。

220 作者按：這裡其實是在講危險共同體。

221 台北高等行政法院104年度簡上字第114號判決參照。

一、保險費的負擔（含補助）

依據勞保條例第13條第1項規定，「本保險之保險費，依被保險人當月投保薪資及保險費率計算。」如前所述，我國普通事故保險係採取彈性費率，自2021年1月1日起為11.5%（勞保10.5%、就保1%）[222]。至於職業災害保險則採取經驗費率。所以，其究竟應繳交多少保險費，仍應視其所申報的月投保薪資而定。

有關勞工保險保險費的負擔義務人及其比例，係分散在不同的法規中，主要為勞保條例第15條，其中，第1款的被保險人對象最多，甚至包括自願加保的被保險人在內。至於第15條中雖無同法第7條被保險人、投保單位及中央政府所應分擔保費的規定，但因第7條係針對第6條第1項第1款至第3款的保險對象而來，因此，解釋上應繼續適用第15條第1款保險費的規定。

另外，勞保條例施行細則第21條及第35條為本法第9條之自願保險保險費的負擔規定，依之，「應徵召服兵役、留職停薪、因案停職或被羈押之被保險人繼續參加勞工保險期間，其保險費由投保單位負擔部分仍由投保單位負擔外，由本人負擔部分，有給與者於給與中扣繳；無給與者，由投保單位墊繳後向被保險人收回。」對於勞保條例第9條第2款「派遣出國考察、研習或提供服務者」及第4款「在職勞工，年逾六十五歲繼續工作者」，由於被保險人的僱傭關係並未中斷，因此，解釋上應繼續適用第15條第1款保險費的規定。

至於性別工作平等法第16條第2項有關於育嬰留職停薪者之保費負擔規定，職業災害勞工醫療期間退保繼續參加勞工保險辦法第5條則為職業災害勞工的保險費負擔規定。其中，除了職業災害勞工醫療期間退保繼續參加勞工保險辦法第5條有特殊的保險費規定外，勞保條例第9條之自願保

---

222 有關非適用就業保險法之勞工保險被保險人，其普通事故保險費率，應自就業保險法施行之日起，按被保險人當月之月投保薪資1%調降乙案，業奉行政院核定同意照辦。行政院勞工委員會91年12月31日勞保1字第0910068404號函轉行政院91年12月27日院台勞字第0910061906號函參照。

險保險費的負擔規定，與被保險人強制加保時並無不同。依據職業災害勞工醫療期間退保繼續參加勞工保險辦法第5條第1項規定，「繼續加保者，其保險費由被保險人負擔百分之五十，其餘由本法勞工職業災害保險基金（以下簡稱本保險基金）補助。但依本辦法初次辦理加保生效之日起二年內，其保險費由被保險人負擔百分之二十，其餘由本保險基金補助。」

另依性別工作平等法第16條第2項之自願保險保險費的負擔規定，「受僱者於育嬰留職停薪期間，得繼續參加原有之社會保險，原由雇主負擔之保險費，免予繳納；原由受僱者負擔之保險費，得遞延三年繳納。」針對雇主免繳之社會保險保險費，以政府機關、學校（即軍、公、教）之受僱員工（包括依法令約聘僱人員及技工、工友等）而言，92年度起，由各機關、學校年度預算人事費項下勻應[223]。至於育嬰留職停薪受僱者勞工部分，92年度起請（行政院勞工委員會）編列公務預算支應；另私校教職員部分，原由私立學校負擔之保險費是否一體適用本院91年8月間函示由各機關、學校年度預算人事費項下勻應辦理乙案，請俟92年度中央政府總預算案完成法定程序後，分別於勞工委員會、教育部年度預算相關科目項下勻應；至93年及以後年度則在本院核定該部（會）主管歲出概算額度範圍內檢討編列[224]。

再觀勞保條例第15條的保險費負擔規定，如上所言，不問是普通事故或職業災害，其係按照被保險人的身分及所處的狀況，而做不同的計算。以被保險人人數最眾的受僱勞工而言（勞保條例第6條第1項第1款至第5款），「其普通事故保險費由被保險人負擔百分之二十，投保單位負擔百分之七十，其餘百分之十，由中央政府補助；職業災害保險費全部由投保單位負擔」（勞保條例第15條第1款參照）。至於在政府登記有案之職業訓練機構接受訓練者，雖非受僱提供勞務，但基於人力資源訓練上的考量，也納入適用。而「受僱於第六條第一項各款規定各業以外之員工」（勞保條例第8條第1項第1款參照）及「受僱於僱用未滿五人之第六

---

223 行政院91年8月5日院授主忠4字第091005460號函參照。

224 行政院91年11月4日院授主忠4字第091007452號函參照。

條第一項第一款至第三款規定各業之員工」（勞保條例第8條第1項第2款參照），一旦參加勞工保險，由於具有受僱員工的身分，與勞保條例第6條第1項第1款至第5款的受僱勞工無殊，本應做相同的保費負擔規定。倒是，有問題的是，實際從事勞動之雇主是否應納入勞保條例第15條第1款之內？並非無疑，蓋其既非員工、保險保障必要性也較低，似應與勞保條例第8條第1項第4款的被保險人做相同的對待。

在保險費的負擔上，「無一定雇主或自營作業而參加職業工會者」及「無一定雇主或自營作業而參加漁會之甲類會員」係較為特殊的族群，與受僱勞工的負擔比例不同。以無一定雇主或自營作業而參加職業工會者而言，由於職業工人收入不穩定，因此，相較於受僱勞工，中央政府給予較高的保費補助。依據勞保條例第15條第2款規定，「第六條第一項第七款規定之被保險人，其普通事故保險費及職業災害保險費，由被保險人負擔百分之六十，其餘百分之四十，由中央政府補助。」依本書所見，相較於受僱勞工之10%政府補助，職業工人獲得40%政府補助，似有違反平等原則之嫌。至於無一定雇主或自營作業而參加漁會之甲類會員，由於漁民保險的歷史因素，因此，「其普通事故保險費及職業災害保險費，由被保險人負擔百分之二十，其餘百分之八十，由中央政府補助」（勞保條例第15條第3款參照），其保費負擔反而與受僱勞工相同，且遠優於職業工人。立法上是否應回歸「職業漁民」的身分，採取與職業工人相同的保費待遇？似有考量的空間。尤其是高達80%的中央政府補助，似乎已逾越補助的本意與界線，一躍而為幾近全然無須付費的單純福利措施矣。

同樣有疑義的是，針對「參加海員總工會或船長公會為會員之外僱船員」（勞保條例第8條第1項第4款參照），由於係純粹的境外僱用，與我國人民在境／國外受僱於外國事業單位無異，所以，「其普通事故保險費及職業災害保險費，由被保險人負擔百分之八十，其餘百分之二十，由中央政府補助」（勞保條例第15條第4款參照），似乎亦有再斟酌修正的餘地。

至於被裁減資遣而自願繼續參加勞工保險的被保險人，為了保障其普通保險事故，尤其是領取老年給付，因此，「其保險費由被保險人負擔百分之八十，其餘百分之二十，由中央政府補助。」本書以為保費的負擔尚屬公允，但似乎應將被保險人限制在高齡勞工（55歲以上），以免「年齡輕的高年資者」喪失再投入職場的意願，致使人力資源的浪費及勞動市場人力的不足。

除了上述法定的保險費負擔規定外，在實務上，中央勞政機關尚有以函釋放寬參加職業災害保險規定者，其同樣會涉及投保單位必須負擔保險費的結果。例如年逾65歲已領取公教人員保險養老給付、軍人保險退伍給付、老年農民福利津貼或國民年金保險老年年金給付者，如再從事工作或於政府登記有案之職業訓練機構接受訓練，投保單位亦得為其辦理僅參加職業災害保險[225]；農民健康保險之被保險人，於參加政府基於公法救助目的所辦理之短期就業輔導措施或職業訓練期間，得選擇參加勞工保險並退保農民健康保險，或繼續參加農民健康保險並僅參加勞工保險職業災害保險[226]；產業工會得以負擔全部之職業災害保險保險費，為事業單位員工兼任工會理、監事者投保職業災害保險[227]；事業單位員工兼任各級總工會理、監事，得由總工會投保勞保職業災害保險[228]。

二、保險費的繳納

其次，有關保險費的繳納，除了勞保條例第16條至第18條外，勞保條例施行細則也有詳細的規定（第29條至第41條）。以下說明之：

（一）繳納

我國保險費的繳納，原則上係採取按月繳納的設計，由投保單位對被保險人收取保險費後，連同本身所負擔的保險費，按月向保險人繳納。惟在繳納的時間點上，配合著保險人於次月25日前寄發或以電子資料傳輸方

---

[225] 勞動部103年11月19日勞動保3字第1030140437號令參照。

[226] 行政院勞工委員會95年6月15日勞保3字第0950029626號令參照。

[227] 行政院勞工委員會93年3月3日勞保3字第0930010461號令參照。

[228] 行政院勞工委員會94年4月13日勞保3字第0940018540號函參照。

式遞送投保單位之保險費繳款單（勞保條例施行細則第29條參照），原則上或者為次月底前（勞保條例第16條第1項第1款、第3款參照），或者為再次月底前（勞保條例第16條第1項第2款參照）。且保險費一經繳納，原則上概不退還。只是，「本條例第六條第一項第一款至第六款及第八條第一項第一款至第三款規定之被保險人所屬之投保單位，因故不及於本條例第十六條規定期限扣、收繳保險費時，應先行墊繳」（勞保條例施行細則第34條參照），這表示投保單位先行墊繳後，再向被保險人請求返還保險費[229]。

針對保險費的繳納，「投保單位接到保險人所寄載有計算說明之保險費繳款單後，應於繳納期限內向保險人指定之代收機構繳納，並領回收據聯作為繳納保險費之憑證。」（勞保條例施行細則第30條第1項參照）「投保單位對於載有計算說明之保險費繳款單所載金額有異議，應先照額繳納後，再向保險人提出異議理由，經保險人查明錯誤後，於計算次月份保險費時一併結算。」（勞保條例施行細則第31條參照）「保險人計算投保單位應繳納之保險費、滯納金總額以新臺幣元為單位，角以下四捨五入。」（勞保條例施行細則第33條參照）另外，保險費的計算與繳納，也包括職業災害保險費部分。所以，「投保單位應適用之職業災害保險行業別及費率，由保險人依據職業災害保險適用行業別及費率表之規定，依下列原則認定或調整後以書面通知投保單位：一、同一行業別適用同一職業災害保險費率。二、同一投保單位適用同一職業災害保險費率，其營業項目包括多種行業時，適用其最主要或最具代表性事業之職業災害保險費率（第1項）。投保單位對前項行業別及費率有異議時，得於接獲通知之翌日起十五日內檢附必要證件或資料，向保險人申請複核（第2項）。各投保單位應適用之職業災害保險行業別及費率，經確定後不得調整。但有因改業或主要營業項目變更者，不在此限（第3項）」（勞保條例施行細則第38條參照）。

---

229 只是，從保障必要性的角度看，似應將勞保條例第8條第1項第3款之實際從事勞動之雇主，排除在先行墊繳之列。

所以，如果投保單位在當月底已收到保險費繳款單，則保險費應按月繳納。亦即，原則上或者為次月底前（勞保條例第16條第1項第1款、第3款參照），或者為再次月底前（勞保條例第16條第1項第2款參照）繳納。前者為：「第六條第一項第一款至第六款及第八條第一項第一款至第三款規定之被保險人，其應自行負擔之保險費，由投保單位負責扣、收繳，並須於次月底前，連同投保單位負擔部分，一併向保險人繳納。」（勞保條例第16條第1項第1款參照）[230]同樣地，「第九條之一規定之被保險人，其應繳之保險費，應按月向其原投保單位或勞工團體繳納，由原投保單位或勞工團體於次月底前負責彙繳保險人。」（勞保條例第16條第1項第3款參照）而勞動部勞工保險局為了補助職業工會與漁會辦理勞工保險加、退保及催、收繳勞工保險費等業務，以提高勞保費收繳率，於2004年2月17日發布施行「職業工會漁會辦理勞工保險業務補助作業要點」[231]，並在2019年11月20日修正[232]，自2020年1月1日起，職業工會及漁會符合一定情事者，依其當月已繳納勞保費人數，補助每人每月新臺幣12元5角（第2點參照）。惟職業工會及漁會使用補助款，應符合第1點之補助目的，並運用於辦理勞保業務相關之人事費及業務費。未依規定用途支用者，應繳回該部分補助款（第5點第1項參照）。

後者為：「第六條第一項第七款、第八款及第八條第一項第四款規定之被保險人，其自行負擔之保險費，應按月向其所屬投保單位繳納，於次月底前繳清，所屬投保單位應於再次月底前，負責彙繳保險人。」（勞保條例第16條第1項第2款參照）而「本條例第六條第一項第七款、第八款及第八條第一項第四款規定之被保險人所屬之投保單位，得於金融機構設立

---

230 依據勞保條例施行細則第37條規定，「各投保單位之雇主或負責人，依本條例第十六條第一項第一款規定扣繳被保險人負擔之保險費時，應註明於被保險人薪資單（袋）上或掣發收據。」惟由於投保單位亦可以收繳保險費的方式爲之，則其在收繳時應給予被保險人收據。如此，也可避免面臨被拒絕保險給付的風險（勞保條例第17條第3項但書）。

231 行政院勞工委員會93年2月17日勞保1字第0930006589號函參照。

232 勞動部勞工保險局108年11月20日保費職字第10860271351號令參照。

勞工保險專戶，並轉知被保險人，以便被保險人繳納保險費。」（勞保條例施行細則第40條第1項參照）。

相對應於投保單位及被保險人繳納保險費的時間點，「中央政府依本條例第十五條規定，應補助之保險費，由保險人按月開具保險費繳款單，於次月底前送請中央政府依規定撥付（第1項）。前項政府應補助之保險費，經保險人查明有差額時，應於核計下次保險費時一併結算（第2項）。」（勞保條例施行細則第36條參照）至於假設投保單位未按時繳納保險費，則應依勞保條例第17條予以寬限期、處以滯納金，甚至暫時拒絕給付、退保（第5項）[233]等制裁。

有疑問的是，勞保條例第16條並未規定第7條、第9條、性別工作平等法第16條第2項，以及職業災害勞工醫療期間退保繼續參加勞工保險辦法第5條保險費的繳納時間。則在解釋上，如前所述，因第7條係針對第6條第1項第1款至第3款的保險對象，故應依勞保條例第16條第1項第1款繳納保險費。同樣地，無論是勞保條例施行細則第35條之「應徵召服兵役、留職停薪、因案停職或被羈押之被保險人繼續參加勞工保險期間，其保險費由投保單位負擔部分仍由投保單位負擔外，由本人負擔部分，有給與者於給與中扣繳；無給與者，由投保單位墊繳後向被保險人收回。」或勞保條例第9條第2款「派遣出國考察、研習或提供服務者」及第4款「在職勞工，年逾六十五歲繼續工作者」，其保險費的繳交亦應依勞保條例第16條第1項第1款的規定為之。

至於依性別工作平等法第16條第2項，「受僱者於育嬰留職停薪期間，得繼續參加原有之社會保險，原由雇主負擔之保險費，免予繳納；原由受僱者負擔之保險費，得遞延三年繳納。」再依性別工作平等法施行細則第10條規定，「依本法第十六條第二項規定繼續參加原有之社會保險者，其投保手續、投保金額、保險費繳納及保險給付等事項，依各該相關法令規定辦理。」其中，勞保條例施行細則第21條第4項、第28條第1項分

---

233 或許，從保障必要性來看，似乎也應將勞保條例第8條第1項第3款之實際從事勞動之雇主予以退保。

別有投保手續、投保金額的規定。只是，並無保險費繳納的特別規定，反而應依性別工作平等法第16條第2項的規定為準。解釋上，如果受僱者選擇遞延3年後繳納保險費，則屆時應可在按月繳納保險費時，與保險人達成一次或分期（次）補繳[234]。惟受僱者如選擇繼續繳納保險費，則解釋上應依勞保條例第16條第1項第1款的規定為之。又，職業災害勞工依據職業災害勞工醫療期間退保繼續參加勞工保險辦法繼續加保者，「應按月向其投保單位繳納保險費，由投保單位於次月底前負責彙繳保險人；繼續加保者逕向保險人申請續保者，應按月向保險人繳交保險費。」（第5條第2項參照）。

上述勞保條例第16條規定，原則上應由投保單位按月向保險人繳納保險費，惟例外地，勞工保險費最後繳納日期如為例假日，可以順延繳納[235]。又，被保險人得自行向保險人繳納，例如職業災害勞工依據職業災害勞工醫療期間退保繼續參加勞工保險辦法第5條第2項即是規定，「……；繼續加保者逕向保險人申請續保者，應按月向保險人繳交保險費。」

另一個例外是：保險費並非按月繳納。在此，首先，保險費「繳款單於保險人寄送之當月底仍未收到者，投保單位應於五日內通知保險人補發或上網下載繳款單，並於寬限期間十五日內繳納；其怠為通知者，視為已於次月二十五日前寄達」（勞保條例施行細則第30條第2項參照），亦即可參考勞保條例第17條第1項之15日寬限期順延繳納保險費。其次，更為重要的是，本條例第6條第1項第7款、第8款及第8條第1項第4款規定之「被保險人之投保單位，於徵得被保險人或會員代表大會同意後，得一次預收三個月或六個月保險費，並掣發收據，按月彙繳保險人；……。」（勞保條例施行細則第40條第2項參照）根據此一規定，職業工會及漁會乃得以「一次預收三個月或六個月保險費，而後按月彙繳保險人」。為免

---

234 在實務上，保險人會於遞延繳納期限屆滿時列印其個人保險費繳款單，按户籍地址寄發給被保險人。

235 台灣省政府72年10月24日（72）府社5字第102589號函參照。

挪用、侵吞公款[236]，因此，「其預收之保險費於未彙繳保險人以前，應於金融機構設立專戶儲存保管，所生孳息並以運用於本保險業務為限。」雖然如此，由於本法第16條已明定「按月繳納」，本書以為勞保條例施行細則第40條第2項已經逾越母法，增加人民義務或負擔，其法律效力實在堪疑，理應予以刪除或修正。

（二）保險費不退還原則

依據勞保條例第16條第2項規定，「勞工保險之保險費一經繳納，概不退還。但非歸責於投保單位或被保險人之事由所致者，不在此限。」此依規定，常與同法第24條連用，以防止掛名加保的情形[237]。但似乎不以此為限，例如將投保薪資以低報高者，也會有多交保險費的情形，一經查獲，其所繳納之保險費也不予以退還。

另外，依據勞保條例施行細則第14條第5項規定，「投保單位非於勞工離職、退會、結（退）訓之當日辦理退保者，其保險效力於離職、退會、結（退）訓之當日二十四時停止。」這表示保險效力並不會隨著延後辦理退保而繼續存在。所以，在延後退保期間所繳交的保費，也不得要求退還[238]。即使投保單位因經營不善而倒閉，其未處理員工退保事宜，以致衍生繼續繳交勞保費之情形，亦同[239]。至於被保險人得否向投保單位請求損害賠償？勞保條例第72條及勞保條例施行細則第14條第5項均無規定，解釋上應以投保單位有無違反附隨義務或有無侵權行為而定。

不同的是，如果是保險人保險費計收錯誤，投保單位及被保險人即得請求退還。這與勞保條例施行細則第31條規定之情形，尚有不同。後者規定，「投保單位對於載有計算說明之保險費繳款單所載金額有異議，應先照額繳納後，再向保險人提出異議理由，經保險人查明錯誤後，於計算次

---

[236] 相關判決，請參閱台灣台中地方法院98年度簡字第972號判決。

[237] 高雄高等行政法院105年度訴字第402號判決、台中高等行政法院105年度訴字第222號判決、台中高等行政法院105年度訴字第205號判決參照。

[238] 相關判決，請參閱台北高等行政法院97年度訴字第3015號判決。

[239] 台北高等行政法院96年度訴字第1210號判決參照。

月份保險費時一併結算。」

（三）停繳

依據勞保條例第18條規定，「被保險人發生保險事故，於其請領傷病給付或住院醫療給付未能領取薪資或喪失收入期間，得免繳被保險人負擔部分之保險費（第1項）。前項免繳保險費期間之年資，應予承認（第2項）。」再依據勞保條例施行細則第41條規定，「依本條例第十八條第一項規定得免繳被保險人負擔部分之保險費者，由保險人根據核發給付文件核計後，發給免繳保險費清單，在投保單位保險費總數內扣除之。」此處之「傷病給付」，包括勞工保險普通事故保險之傷病給付及職業災害保險之傷病給付。前者限於住院治療，後者則包括門診治療期間亦可請領。由於傷病給付的領取有3天的等待期，亦即自不能工作之第4日起，始可請領普通傷病補助費或職業傷病補償費（勞保條例第33條、第34條參照）。因此，被保險人在等待期間如未能領取薪資或喪失收入，可檢具住院相關資料及未能領取薪資或喪失收入證明辦理該期間自行負擔部分之保險費核退事宜[240]。

本條意在減輕被保險人住院醫療期間之保險費負擔，並且保障其保險年資繼續累積[241]。其是以被保險人未退保者為限，若保險效力已停止，依本條例第20條規定繼續請領給付者，即不在其列。在此，由於被保險人只是免繳本身保費，薪資並未有所變動，所以，對於平均月投保薪資之計算並無何影響。

不得停繳保費的是，「投保單位或被保險人因欠繳保險費及滯納金，經保險人依本條例第十七條第三項或第四項規定暫行拒絕給付者，暫行拒絕給付期間內之保險費仍應照計，被保險人應領之保險給付，俟欠費繳清後再補辦請領手續。」（勞保條例施行細則第32條參照）。再以外國籍勞工為例，如其經廢止聘僱許可，於安置或等待轉換至新雇主前，依法不得

---

240 行政院勞工委員會89年9月25日（89）台勞保1字第0041502號函參照。

241 而非（勞動基準法或勞工退休金條例中）計算企業退休金或企業年金之工作年資。

從事工作，依規定不得參加勞工保險，則自無繳交保費之義務[242]。

三、未繳交保險費及滯納金處分

如前所述，投保單位未按時繳納保險費時，應依勞保條例第17條予以寬限期、處以滯納金，甚至暫時拒絕給付、退保等制裁[243]。其寬限期、處以滯納金的對象或者為投保單位、或者為職業工人或職業漁民，至於暫時拒絕給付的對象為被保險人，而會面臨退保制裁者，唯有勞保條例第9條之1的被保險人。

先就寬限期及滯納金觀之，以一般投保單位而言，「投保單位對應繳納之保險費，未依前條第一項規定限期繳納者，得寬限十五日；如在寬限期間仍未向保險人繳納者，自寬限期滿之翌日起至完納前一日止，每逾一日加徵其應納費額百分之零點一滯納金；加徵之滯納金額，以至應納費額之百分之二十為限。」（勞保條例第17條第1項參照）「投保單位依本條例第十七條第一項應繳滯納金者，由保險人核計應加徵之金額，通知其向指定金融機構繳納。」（勞保條例施行細則第39條參照）可知，立法者加以投保單位限期繳納保險費及滯納金之公法上的給付義務（並非將投保單位作為勞工保險契約的當事人）[244]，而且，原則上不問被保險人有無被扣、收繳保費而有不同。本來，依據勞保條例施行細則第34條規定，「本條例第六條第一項第一款至第六款及第八條第一項第一款至第三款規定之被保險人所屬之投保單位，因故不及於本條例第十六條規定期限扣、收繳保險費時，應先行墊繳。」似乎不會發生未限期繳納保險費之情形。惟因該條文僅為行政命令之性質，要求投保單位先行為被保險人墊繳，似有逾越母法的疑慮。況且，其係以本身「因故」不及於規定期限扣、收繳保險

---

242 勞動部103年8月12日勞動保1字第1030140283號函參照。

243 依據勞動部勞工保險局2020年所開辦的勞工保險被保險人紓困貸款事項三（三），被保險人必須無欠繳勞工保險費及滯納金，始符合貸款的資格。

244 依據勞保條例施行細則第2條第2款規定，「保險人及勞動基金運用局辦理勞工保險所收保險費、滯納金，……，免納營業稅及所得稅。」

費，即以有可歸責事由（故意或過失）為前提，假設投保單位已依法嘗試扣、收繳而未果或者係可歸責於被保險人事由（例如拒絕收繳保費），即會出現本項之情形。

而在「加徵前項滯納金十五日後仍未繳納者，保險人應就其應繳之保險費及滯納金，依法訴追。投保單位如無財產可供執行或其財產不足清償時，其主持人或負責人對逾期繳納有過失者，應負損害賠償責任。」（勞保條例第17條第2項參照）此處的訴追，並非謂應提起行政訴訟。緣保險人依勞工保險條例之規定，作成行政處分，課予投保單位繳納保險費及滯納金之公法上金錢給付義務，並得以該處分為執行名義移送行政執行，無須經由訴訟途徑取得執行名義[245]。如果其仍然訴請給付者，應認係行政機關不當行使權利，不具形式上其他訴訟要件（即訴之成立要件），應依行政訴訟法第107條第1項第10款規定，以裁定駁回其訴，不涉憲法第16條所定訴訟程序權保障問題[246]。即使「關於滯納金部分，雖未再訂有履行期間，惟抗告人均已以書面限期繳納，該限期繳納之書面通知書，自已符合修正行政執行法第11條第1項第1款、第3款之規定。本件抗告人應可依修正行政執行法第11條第1項第1款、第3款規定，移送該管行政執行處逕為執行，無須向行政法院起訴請求判命相對人為給付，重新取得執行名義之必要，為本院最近之見解。」[247]附帶一言者，投保單位逾期未繳納保險費，除了滯納金之外，勞保實務上，尚須繳納遲延利息。故行政執行的標的也包括遲延利息在內。至於滯納金則無需再繳納遲延利息[248]。

依據勞保條例第17條之1規定，「勞工保險之保險費及滯納金，優先於普通債權受清償。」這表示一般投保單位（雇主）如果有普通債權人，則其受償順序會後於公法上的金錢債務（保險費、滯納金）。反面解釋，優先債權即會先於公法上的金錢債務受償。依據勞保條例第66條規定，

---

245 行政院90年9月10日（90）台勞字第053739號函參照。

246 最高行政法院90年8月份庭長法官聯席會議參照。

247 最高行政法院91年度裁字第606號裁定參照。

248 郭玲惠，勞工及就業保險法釋義，頁155。

保險費滯納金也是勞工保險基金來源之一，在保險事故發生時作為被保險人或其受益人所受領之保險給付。只是，如果是雇主積欠勞工的工資、資遣費及退休金，則其受償順序為何？亦即是先於或後於保險費及滯納金？對此，本書以為應該回歸勞基法第28條規定處理，如依該條第1項規定之「勞工之下列債權受償順序與第一順位抵押權、質權或留置權所擔保之債權相同」，可知只在處理私權上的順序，至於公法上的義務，包括稅捐、保險費及滯納金等，其受償順序仍然優先於私權（含工資、資遣費及退休金）。

在實務上發生爭議的是，個別被保險人之欠費請求權罹於時效，得否作為拒絕給付之對抗理由？蓋依行政程序法第131條規定，公法上之請求權，除法律有特別規定外，因5年間不行使而消滅。公法上之請求權，因時效完成而當然消滅。對此，法務部針對勞工保險條例第17條第4項規定，職業工會、漁會被保險人欠繳之保險費及滯納金，保險人如無任何中斷時效事由存在，其認保險費勞工保險條例第17條第4項似非行政程序法第131條消滅時效之特別規定，即勞工保險局對罹於時效之欠費，不得再行執行，亦不得再行加徵滯納金[249]。雖然如此，基於權利義務對等原則及對價衡平原則，保險人仍得拒絕給付。況且，不僅是勞保條例第17條第4項的被保險人，即使是同條第1項的被保險人，其公法上之請求權的消滅時效及保險人之拒絕給付，也應採取相同的處理，以免發生差別對待的問題。

另外，基於主持人或負責人為專門技術人員（如律師）或一般事業單位之代表人，應該盡力於公法義務的完成，如其對逾期繳納保險費及滯納金有過失者，即應課其負連帶損害賠償責任[250]。除此之外，依據勞保條例施行細則第18條規定，「投保單位負責人有變更者，原負責人未清繳保險費或滯納金時，新負責人應負連帶清償責任（第1項）。投保單位因合併而消滅者，其未清繳之保險費或滯納金，應由合併後存續或另立之投保

---

[249] 法務部99年2月2日法律字第0980051718號函參照。

[250] 台灣台北地方法院102年度簡字第238號行政訴訟判決參照。

單位承受（第2項）。」經由此一規定，固然確保公法上的債務的實現，免除人民以私法契約迴避保險費或滯納金義務的疑慮，然而，畢竟係加以人民義務的負擔，其立法方式似應採勞工退休金條例第56條的方式較妥[251]。況且，勞保條例施行細則第18條第2項僅規定合併，而不及於分割／立、轉讓或改組，則保險費或滯納金仍然有相當大的可能性無法實現。

在保險人進行訴追期間，一直到對投保單位或投保單位與其主持人或負責人完成行政執行前，勞工保險法律關係仍然存在，只是，基於權利義務對等原則，如果發生保險事故，保險人得暫行拒絕給付（勞保條例第17條第3項參照）。而在暫行拒絕給付期間內之保險費仍應照計，被保險人應領之保險給付，俟欠費繳清後再補辦請領手續（勞保條例施行細則第32條參照）。也就是說，暫行拒絕給付期間之保險費並未納入行政執行的對象，也不計算滯納金，但被保險人必須繳清保險費後，始得請領保險給付。此處之暫行拒絕給付，包括不得發給門、住診單以便其接受醫療服務[252]，蓋門、住診也是保險給付的一種。依據就業保險法第40條規定，「……、保險費寬限期與滯納金之徵收『及處理』……，除本法另有規定外，準用勞工保險條例及其相關規定辦理」，所以，就業保險法投保單位欠繳保險費及滯納金，保險人得依該法第40條規定準用勞工保險條例第17條第3項，暫行拒絕給付[253]。而「為維護社會保險納費互助、危險分擔之制度，漁會甲類會員之被保險人積欠保險費，其後雖由公司、行號、工會或其他漁會繼續加保，其請領保險給付前應先補繳積欠之保險費及滯納金，再依有關規定辦理請領手續；否則仍應依勞保條例第17條規定精神暫行拒絕給付。」[254]此處之「依勞保條例第17條規定精神」，係指類推適用之意。有問題的是，職業工人如果有同樣的情況，是否應比照處理？甚

---

251 依之，「事業單位因分割、合併或轉讓而消滅者，其積欠勞工之退休金，應由受讓之事業單位當然承受。」

252 行政院勞工委員會78年12月19日（78）台勞保2字第28646號函、77年10月12日（77）台勞保2字第23395號函參照。

253 行政院勞工委員會94年7月14日勞保1字第0940038802號函參照。

254 行政院勞工委員會79年7月9日（79）台勞保1字第15592號函參照。

至一般受僱勞工如果有同樣情形，在其轉由職業工會或漁會繼續加保時，亦應比照處理？本書持肯定見解。

而在暫行拒絕給付期間，即使被保險人或其受益人出具書面同意書，同意將個人應繳之保險費從給付中扣抵，但因勞工保險之被保險人須依法繳納保險費，方能請領法定各項給付，且同條例第29條規定，被保險人或其受益人領取各種保險給付之權利，不得讓與、抵銷、扣押或供擔保。所以，如投保單位欠繳保險費及滯納金，且被保險人應繳部分之保險費未扣繳或繳納於投保單位者，保險人即應暫行拒絕給付，且既已暫行拒絕給付自不得從給付中扣抵個人應繳之保險費[255]。

同樣與暫行拒絕給付有關，但語意不清的是，中央勞政機關認為，「勞保被保險人於投保單位經保險人暫行拒絕給付期間內退職、退保者，其請領老年給付之年資仍應依勞工保險條例第19條之規定計算至其退職、退保保險效力停止前，惟老年給付僅核發至其已扣繳保費之日止。」[256]這是否表示在暫行拒絕給付期間其勞保年資仍然照算，而在其符合請領老年給付條件時，即可提出申請，只須扣除未繳費期間即可？果如此，則此一見解似與勞保條例第17條第3項本文的「完全禁止各種保險給付」的原意不合。正確而言，保險年資雖然照算，但被保險人卻不得請領老年給付。

較為特殊的，是請領給付之被保險人為實際從事勞動的雇主，則其對於投保單位欠費及滯納金應負繳納之責，與投保單位欠費不可歸責勞工之情形不同，故雇主於暫行拒絕給付期間內退職、退保，必須繳清該投保單位之欠費及滯納金，始得享有請領老年給付之權益，至其年資及老年給付之核發，均計至退職、退保之日止[257]。進而言之，其固然符合勞保條例第17條第3項但書的條件，但其本身因投保單位欠費而受訴追或為受執行義務人者，或如其仍任其他欠費投保單位負責人，則基於社會保險公益性

---

[255] 行政院勞工委員會90年1月3日（89）台勞保1字第0053847號函參照。

[256] 行政院勞工委員會85年8月26日（85）台勞保2字第130053號函參照。

[257] 行政院勞工委員會91年10月1日勞保2字第0910045112號函參照。

及權利義務對等原則，在系爭保險費及滯納金未依法繳清前，保險人應依規定暫行拒絕給付[258]。

以上所述之寬限期、滯納金、暫行拒絕給付，係針對一般投保單位與受僱勞工（被保險人）而言。如係針對職業工會（投保單位）與職業工人，以及漁會（投保單位）與甲類會員，則勞保條例第17條第4項另有規定。其在寬限期部分，與勞保條例第17條第1項並無不同。惟在滯納金與暫行拒絕給付部分則有不同。也就是說，依據第17條第4項規定，「……。如逾寬限期間十五日而仍未送交者，其投保單位得適用第一項規定，代為加收滯納金彙繳保險人；加徵滯納金十五日後仍未繳納者，暫行拒絕給付。」這表示保險費與滯納金的義務對象為被保險人，而非投保單位，這亦可從勞保條例施行細則第34條「本條例第六條第一項第一款至第六款及第八條第一項第一款至第三款規定之被保險人所屬之投保單位，因故不及於本條例第十六條規定期限扣、收繳保險費時，應先行墊繳。」得知。而且，同施行細則第39條之通知向指定金融機構繳納，也僅針對勞保條例第17條第1項所規定的滯納金而已。

並且，滯納金係由職業工會或漁會代為加收，而後轉交保險人，並非由保險人自行收取。這亦係立法者加以職業工會或漁會的公法上義務，只是違反時無制裁而已。另外，在加徵滯納金15日後仍未繳納時，此處直接予以暫行拒絕給付，並無「依法訴追」的規定。此乃產生保險人得否將被保險人所積欠的保險費與滯納金，移送行政執行的疑義。對此，由於涉及人民的權利義務，加以法律上的責任，應以法律明定為宜。故應採否定的見解。

有問題的是，假設投保單位已依法嘗試扣、收繳而未果，或者係可歸責於被保險人事由（例如拒絕收繳保費），則在投保單位或投保單位與其主持人、負責人繳納保險費及滯納金後，固得向被保險人請求償還保險費。惟是否亦得請求賠償滯納金？此在勞保條例並未規定。本書持肯定的

---

258 勞動部106年12月4日勞動保2字第1060140530號函參照。

見解，蓋滯納金之繳納係起因於被保險人，此一金錢上的損害，投保單位應可依據民法侵權行為規定求償。而且，投保單位既已盡到附隨義務，實不應再課其因被保險人未繳納保險費以致所生之滯納金責任矣。

最後，在實務上屢屢發生爭議者，為退保的相關問題。依據勞保條例第17條第5項規定，「第九條之一規定之被保險人逾二個月未繳保險費者，以退保論。其於欠繳保險費期間發生事故所領取之保險給付，應依法追還。」可知退保的適用對象，僅有勞保條例第9條之1被裁減資遣而繼續參加勞工保險的被保險人。緣被裁減資遣之被保險人已不具在職勞工身分，本不得參加勞工保險，茲因考量其年資已長，故賦予其「自願」繼續參加勞工保險的權利，其保障的必要性自難與強制加保勞工相比擬。因此，一旦其自願加保，自需按時繳納保險費，以維持保險效力。且鑑於一般民營投保單位之人力有限，對續保人員不依規定繳納保險費者，無法時予催繳，故參照退休公務人員保險辦法規定，對逾2個月未繳保險費者，以退保論，保險效力因未盡繳費義務隨即停止[259]。值得一提者，所謂「以退保論」，意指視為退保，為立法者的擬制規定，本無須保險人「逕予退保」的行政處分，亦無需被保險人「申請退保」的作為，實務上向來採取「逕予退保」的作為，實不無疑義[260]。同樣有疑義的，是中央勞政機關認為「勞工保險之外僱及在岸候船會員，其欠繳保險費逾2個月者，准向臺閩地區勞工保險局申報退保」，其似乎係比照（類推適用）勞保條例第17條第5項規定而為。但是，無論是外僱或在岸候船會員，一旦其參加勞工保險，則非依本條例規定，不得中途退保（勞保條例第8條第3項參照）。這一般是指離職或無工作事實而停止保險效力。所以，假設外僱及在岸候船會員仍然有僱傭關係，則不得單憑其欠繳保險費逾2個月，而准其申報退保。

至於保險人或投保單位得否以投保單位積欠保險費及滯納金或其他理由，而將被保險人退保？對此，在舊勞保條例施行細則第18條固然規定，

259 行政院勞工委員會，勞工保險條例逐條釋義，頁219以下。

260 行政院勞工委員會99年10月25日勞保2字第0990140461號函參照。

「投保單位有歇業、解散、破產宣告情事或積欠保險費及滯納金經依法強制執行無效果者，保險人得以書面通知退保；投保單位積欠保險費及滯納金，經通知限期清償，逾期仍未清償，有事實足認顯無清償可能者，保險人得逕予退保。」但是，大法官會議釋字第568號解釋認為該規定增加勞工保險條例所未規定保險效力終止之事由，逾越該條例授權訂定施行細則之範圍，與憲法第23條規定之意旨未符，應不予適用。本書以為大法官會議釋字第568號解釋「不得逕予退保」的見解固屬正確，但是，其將離職退保誤解為保險效力「終止」之事由，實不可取。正確而言，離職退保只是保險效力「停止」的事由而已（勞保條例第19條第1項參照）。此從之後修正的勞保條例施行細則第16條第2項規定，「其保險效力之停止」，亦可得知。

依據勞保條例施行細則第16條規定，「投保單位有歇業、解散、撤銷、廢止、受破產宣告等情事或經認定已無營業事實，且未僱用勞工者，保險人得逕予註銷或廢止該投保單位（第1項）。投保單位經依前項規定註銷或廢止者，其原僱用勞工未由投保單位依規定辦理退保者，由保險人逕予退保；其保險效力之停止、應繳保險費及應加徵滯納金之計算，以事實確定日為準，未能確定者，以保險人查定之日為準（第2項）。」該條文已將積欠保險費及滯納金刪除，而將退保事由限制在有歇業、解散、撤銷、廢止、受破產宣告等情事。也就是說，當投保單位有歇業等情事時，表示勞雇雙方亦須終止勞動關係，被保險人已不再從事勞工工作，已不具有勞工身分，即不得繼續參加勞工保險，投保單位或保險人即得予以退保[261]。

至於一般投保單位（雇主）得否以勞工未繳納保險費而予以退保？此在勞保條例及勞保條例施行細則中均未有所規定。勞保條例第17條第1項、第2項之寬限期、滯納金追繳，以及訴追，係以投保單位為義務對象。勞保條例施行細則第34條甚且規定，「本條例第六條第一項第一款至第六款及第八條第一項第一款至第三款規定之被保險人所屬之投保單位，

---

261 最高行政法院94年度判字第1835號判決參照。

因故不及於本條例第十六條規定期限扣、收繳保險費時，應先行墊繳。」而在投保單位墊繳後，再向被保險人請求返還代為墊繳的保險費。而即使被保險人拒絕返還，投保單位也只能經由民事訴訟途徑解決而已，並不得將被保險人退保。

相對地，如果是職業工會或漁會與職業工人、甲類會員間的關係，勞保條例第17條第4項雖有寬限期、滯納金代收及暫行拒絕給付的規定，但同樣無逕予退保。但是，無論是職業工人或甲類會員，都是「屬於強制性投保對象。設若對拒繳保費之被保險人准予退保，則不僅對應予保障之對象無法悉予納入，難以促進社會安全，且必將產生健康者以拒繳保費為手段不參加保險，待其須要保險保障時再行加入，易造成巧取保險給付，有違社會保險納費互助、危險分擔之原則。」[262]

第四項　保險基金的相關法律問題

無論是被保險人或投保單位所繳納的保險費，或者是中央政府的補助，都是構成勞工保險基金的主要來源。惟基金的管理運用及虧損時如何處理、勞工保險機構辦理勞工保險所需之經費，以及勞工保險監理委員會的同意權行使等問題，均有必要加以探討。以下即說明之。

一、勞工保險基金之組成、運用及虧損之處理

（一）勞工保險基金之組成

勞工保險基金係在發生保險事故時，作為支付被保險人或其受益人或其他關係人（例如支出殯葬費者）保險給付（金錢或實物給付）之用。其主要係針對社會保險所聚積，例外地、在法有明文（勞保條例第62條之喪葬津貼[263]、第63條之2之遺屬津貼）時，始可將之用於社會扶助事件。

---

262 內政部73年7月2日台內社字第239387號函、75年4月3日台內社字第392224號函、行政院勞工委員會86年4月7日（86）台勞保1字第013581號函參照。

263 另請參閱大法官會議釋字第549號解釋。

依據勞保條例第66條規定，「勞工保險基金之來源如左：一、創立時政府一次撥付之金額。二、當年度保險費及其孳息之收入與保險給付支出之結餘。三、保險費滯納金。四、基金運用之收益。」依據大法官會議釋字第549號及第560號解釋也有同樣的解釋意旨。由於勞工保險基金有多元的來源，而被保險人所負擔的保險費僅是其中一（小）部分而已，因此，其並非被保險人之私有財產，而是所有被保險人所組成的危險共同體的共同財產，即公共財產[264]。所以，被保險人的繼承人（尤其是其未受扶養之兄弟姊妹或孫子女）不得主張繼承勞工保險基金中，被保險人所繳納的保險費部分[265]。這與「被保險人、受益人或支出殯葬費之人領取各種保險給付之權利，不得讓與、抵銷、扣押或供擔保」（勞保條例第29條第1項），係強調社會保險之專屬保障原則，在法律性質上尚有不同。

進一步言之。有關勞保基金來源「一、創立時政府一次撥付之金額」部分，依據1958年7月21日公布施行的勞保條例第77條規定，「勞工保險所需基金由省（市）政府一次撥付，基金額不得低於二個月之保險費總額。」由於勞工保險開辦時投保單位及被保險人數目有限，即使撥付，金額應該也不大。雖然此一「創立時政府一次撥付之金額」本質上也是政府補助，但一般所指的政府補助，卻只針對勞保條例第15條中央政府的補助而言。兩者的目的與功能尚有差異。

倒是，第66條勞工保險基金的來源並未規定中央政府的補助，這與大法官會議釋字第549號及第560號解釋有將「政府之補助」列入保險基金者，並不相同。雖然如此，由於勞保條例第15條規定，「勞工保險保險費之負擔，依下列規定計算之：……」已將中央政府的補助作為保險費的一部分看待，勞保條例施行細則第36條尚有保險人送請中央政府依規定撥付的規定，因此，第66條第2款之當年度「保險費」，解釋上即應包含中央

---

264 最高行政法院102年度判字第633號判決參照。

265 台北高等行政法院105年度訴字第671號判決參照。依據大法官會議釋字第549號解釋，「被保險人死亡，其遺屬所得領取之津貼，性質上係所得替代，用以避免遺屬生活無依，故應以遺屬需受扶養爲基礎，自有別於依法所得繼承之遺產。」

政府的補助在內。

再者，第66條第3款固然將「保險費滯納金」納入勞保基金。惟，如前所述者，在投保單位未依勞保條例第16條第1項第1款所定期限繳納保險費時，必須支付遲延利息。因此，由於遲延利息係跟隨保險費而來，故可將第66條第2款之「保險費」，擴大解釋為包括遲延利息。

最後，依據勞保條例第66條，勞工保險基金最後一項來源為「基金運用之收益」。即依第67條第1項第1款至第5款各種方式運用之收（獲）益。解釋上，被保險人依勞保條例第67條第1項第4款所獲得的紓困貸款，如「逾貸款期間未足額清償者，其利息以貸款期間內未清償之本金及利息總和單利計算，年利率為契約屆滿時之公告利率加百分之一點二五」（勞工保險未繳還之保險給付及貸款本息扣減辦法第9條第1項參照），此一利息亦應列入勞保條例第66條第4款基金運用之收益中。雖然如此，依據「勞工保險基金管理及運用辦法」第3條規定，保險基金來源包括「五、其他經核定之收入」。此一規定，似已逾越母法第66條之規定矣。蓋該辦法雖係依勞保條例第67條第2項訂定，惟其係針對管理運用而為，並不及於勞保基金的來源。如中央勞政機關確實認為有必要加以規定，則似應參考就業保險法第33條第1項第5款「其他有關收入」的立法方式，加以修正。如就實質內容來看，「其他經核定之收入」究竟所指為何？亦頗難理解，只能說其係針對第66條第1款至第4款以外之各種收入而言，或許例如中央勞政機關主動或受立法院要求被動編列之虧損撥補預算即屬之。

（二）勞工保險基金之運用

勞工保險基金之形成，主要是在備付保險給付之用，尤其是預作年金給付的準備，因此，在儲金制的保險制度下，我國的勞保基金累積有相當的數額。鑑於避免貨幣貶值及累積收益以確保保險給付能力，在安全性與收益性兼顧的前提下，立法者乃允許勞保基金可為一定項目的運用。之所以使用「運用」一語，似乎即不以「投資」為限，而是可及於其他必要的運用項目，只要經過立法者明定即可。

目前有關勞工保險基金運用的規範，主要係在勞保條例第67條及勞工保險基金管理及運用辦法。後者，除了具體化基金之投資運用管理計畫或規範之外，主要是依據勞保條例第67條第1項第5款「政府核准有利於本基金收入之投資」，擴大了基金的投資範圍（第5條至第9條參照）。然而，依據勞保條例第67條第2項規定，「勞工保險基金除作為前項運用及保險給付支出外，不得移作他用或轉移處分；……。」既已明定「除作為前項運用外」，則勞工保險基金管理及運用辦法第5條擴大的投資情形，似乎即有牴觸的嫌疑。果然確屬需要，以符合現代的投資環境及金融市場，則將之修正入勞保條例第67條第1項所定的前四種投資用途之下，並將第5款刪除，似乎較為可取。

同樣有問題的是，既然謂「不得移作他用或轉移處分」，且並無例外的設計，則在施行至2022年4月30日的職業災害勞工保護法第3條第1項[266]及就業保險法第33條第1項第1款所做的特別規定，是否當然具有合法性基礎，也並非無疑。這主要是基於勞保基金的隨時準備給付及其純粹性及不可逸失性的考量而來，並不允許以「後法優於前法」或「特別法優於普通法」的理論，而合法化。依據職業災害勞工保護法第3條第1項規定，「中央主管機關應自勞工保險基金職業災害保險收支結餘提撥專款，作為加強辦理職業災害預防及補助參加勞工保險而遭遇職業災害勞工之用，不受勞工保險條例第六十七條第二項規定之限制，其會計業務應單獨辦理。」至於就業保險法第33條第1項第1款則規定，「本保險開辦時，中央主管機關自勞工保險基金提撥之專款。」雖然如此，已在2009年3月31日修正第2項規定，「前項第一款所提撥之專款，應一次全數撥還勞工保險基金。」

至於所謂的「移作他用或轉移處分」，究竟何所指？對此，似應採嚴格的解釋，除了前述的職業災害勞工保護法第3條第1項及就業保險法第33條第1項第1款外，也包括禁止借貸（對於被保險人的貸款除外）、贈與，或設定擔保物權。尤其不可混淆的是，勞保基金既是專為保險給付之用，

---

[266] 在2022年5月1日施行的勞工職業災害保險及保護法第59條第2款「設立時由職業災害勞工保護專款一次撥入之款項」，似乎是由職業災害勞工保護法第3條第1項的專款而來。果如此，即有同樣的合法性疑義。

即不得將之用於（應以公務預算支應的）行政機關費用。這在勞保條例第68條及就業保險法第35條即可獲得明證。

亦即，依據勞保條例第68條規定，「勞工保險機構辦理本保險所需之經費，由保險人按編製預算之當年六月份應收保險費百分之五點五全年伸算數編列預算，經勞工保險監理委員會審議通過後，由中央主管機關撥付之。」此處的「勞工保險機構」，除了勞動部勞工保險局之外，尚包括勞動部勞工保險監理會，但不包括勞動力發展署或職業安全衛生署（雖其業務所需經費可能會與勞保基金有關）。本條的規定，係表示辦理勞工保險所需之全部經費，由保險人根據一定的標準編列預算後，由中央政府負擔撥付之。這是為了減輕投保單位及被保險人之負擔，以便勞工保險易於推動而來。同樣地，依據勞保條例第39條之1第1項規定，「為維護被保險人健康，保險人應訂定辦法，辦理職業病預防。」此一預防職業病的費用，亦應以公務預算支應。與勞工保險基金無所關聯，且規定較為清楚的是，依據職業災害勞工保護法第4條規定，「中央主管機關應編列專款預算，作為補助未加入勞工保險而遭遇職業災害勞工之用，其會計業務應單獨辦理（第1項）。依第三十三條及第三十四條所處之罰鍰，應撥入前項專款（第2項）。」[267]至於勞動部職業安全衛生署為辦理職業災害勞工保護法第10條規定，於2018年11月14日修正的「補助相關單位辦理職業災害預防及職業災害勞工職業重建事項作業要點」第3點，經費來源：補助總經費在年度預算相關經費項下支應。可知其亦是公務預算。

再觀勞保條例第67條第1項所定的5種運用，如前所述，其法律用語

---

[267] 在2022年5月1日施行的勞工職業災害保險及保護法已無類似規定，即已無專款補助預算。依據該法第105條規定，「未加入勞工保險之勞工於本法施行前遭遇職業傷病，應依本法施行前職業災害勞工保護法規定申請補助。」再依據第81條規定，「未加入本保險之勞工，於本法施行後，遭遇職業傷病致失能或死亡，得向保險人申請照護補助、失能補助或死亡補助（第1項）。前二條及前項補助之條件、基準、申請與核發程序及其他應遵行事項之辦法，由中央主管機關定之（第2項）。」本書以爲：依據第61條規定，「本保險基金除作爲……第六章保險給付及津貼、補助支出……。」由職業災害保險基金提供補助。

為「運用」，似乎不以「投資」為限，而是可及於其他必要的運用項目。其前四款具體地規定項目，顯示出其用途的保守性。第5款則是屬於概括的規定，授權政府核准有利於勞保基金收入之投資。根據此一概括規定，中央勞政機關已在勞工保險基金管理及運用辦法第5條，放寬規定11種投資項目，其中的第11款「其他經中央主管機關核准有利於本基金收益之運用項目」與勞保條例第67條第1項第5款「政府核准有利於本基金收入之投資」並無不同。在第5條第1項中，國內基金、境外基金投資、參與開發不動產、部分開放衍生性金融商品，均是配合國際投資機構的投資趨勢而為，在保守性中追求利益性的極大化。第6條至第9條並且有相關的配套規定。惟對於投資運用項目涉及大陸地區或香港、澳門者，應符合金融主管機關或其他有關機關所定相關法令之規定（第5條第2項參照）。而為了確保勞保基金的管理運用，勞動部勞動基金運用局應擬訂基金之投資運用管理計畫或規範，報請中央主管機關核定（第5條第2項參照）。並且，應擬訂投資政策書，於年度開始前擬編基金運用計畫，報請中央主管機關核定，並依一定程序辦理（第10條參照）。

觀察勞保條例第67條第1項所定的5種用途，第1款「對於公債、庫券及公司債之投資」、第2款「存放於公營銀行或中央主管機關指定之金融機構」及第5款「政府核准有利於本基金收入之投資」，本是屬於一般的投資管道，故無疑義。至於第3款「自設勞保醫院之投資及特約公立醫院勞保病房整修之貸款；其辦法，由中央主管機關定之。」施行細則第59條規定，職業災害保險醫療給付亦委託中央健康保險局辦理，被保險人遭遇職業傷害或罹患職業病應向全民健康保險特約醫事服務機構申請診療，故已無所謂勞保病房[268]。只不過，從規範的用意觀之，其目的是在為勞工保險被保險人設立專有的醫院，以突顯照顧被保險人健康之意，所以，設立勞保醫院與已有健保醫療院的存在似乎是兩回事。

最具爭議性的，應屬第4款「對於被保險人之貸款」。亦即其是否為

---

268 行政院勞工委員會，勞工保險條例逐條釋義，頁707。

正常投資獲利行為？或者與投資較無關，反而與照顧被保險人的生活較有關？被保險人有無資格之限制？凡此，均有賴於法令的進一步規定。因此，立法者在2003年1月20日修正勞保條例第29條及第67條第3項，依據後者，「第一項第四款對於被保險人之貸款資格、用途、額度、利率、期限及還款方式等事項，應由保險人報請中央主管機關公告之。」其立法理由，在於勞工面臨經濟景氣的低迷，遭遇緊急生活困難時，無法獲得直接貸款之機會，而且，農曆過年前有資金的需求，有必要給予一定額度的資金協助。中央勞政機關並在2003年1月22日訂定發布「勞工保險被保險人紓困貸款及本息抵銷辦法」，以為規範之用。而中央勞政機關自2003年公告被保險人貸款措施起，即將之限定在「生活困難需要紓困」（紓困貸款）者，以符合立法意旨。

除此之外，吾人觀中央勞政機關2019年12月16日的勞工保險被保險人紓困貸款公告，其「三、申請資格，被保險人必須同時符合下列各款條件者，始得申請本貸款：（一）生活困難需要紓困。（二）參加勞工保險年資滿15年（計算至2020年1月3日止）。（三）無欠繳勞工保險費及滯納金。（四）未曾借貸勞保紓困貸款，或曾借貸已繳清貸款本金及利息。」並且，已請領老年給付、終身無工作能力之失能給付或向其所屬機關請領勞工保險補償金者，不得申請。前二者為積極條件，（三）（四）及後一者為消極條件。只是，這些貸款的條件是否均有需要？會不會違反立法意旨？實際上並非無疑。如依本書所見，（一）（四）應有必要，但（二）（三）似可予以刪除。也就是說，勞保基金的貸款只是一個救急性措施，並非提供被保險人理財的管道，因此，其最重要的貸款條件即在於是否確有「生活困難需要紓困」。因此，需要設立一客觀的、明確的、具體的認定標準。現行的「生活困難需要紓困」的用語，相較於其他條件反而顯得模糊難定。至於已經借貸過者，其保障的必要性已相對較低，故排除之亦具有正當性。相對地，參加勞工保險年資是否已滿15年，與給予紓困貸款的關聯性似乎不高，考量的重點應是在被保險人有無資力（產）生活，而非其勞保年資長不長。至於欠繳勞工保險費及滯納金者，已有勞保條例第17條的處理或制裁措施，而且，會欠繳勞工保險費及滯納金，可能正是反映其生活上面臨困境，似乎不應將之排除。至少，應將未被「暫行拒絕給付」者納入適用對象。最後，對於「已請領老年給付、終身無工作能力之失能給付或向其所屬機關請領勞工保險補償金者」，似可做限縮解釋，而將「已請領老年給付、且再從事工作並參加職業災害保險者」納入適用對象。

另外一個問題是，上述三、申請資格固已設定一些貸款條件。但是，對於「被保險人」並未加以界定，因此，仍然會產生非立法者所欲保障對象的出現。也就是說，此處的「被保險人」，解釋上包括勞保條例第6條、第7條、第8條、第9條、第9條之1、性別工作平等法第16條第2項，以及勞工職業災害保險及保護法第77條（或職業災害勞工醫療期間退保繼續參加勞工保險）強制或自願（繼續）參加勞工保險的被保險人。惟這些被保險人是否均有紓困貸款的必要性與正當性？似非無疑。尤其是勞保條例第8條第1項第3款「實際從事勞動的雇主」、第4款的「外僱船員」及第9條之1「被裁減資遣而繼續參加勞工保險者」，似應予以排除，這是因為：前者本非勞工，並非2003年立法意旨所欲保障的對象。而外僱船員實際上係在境外的外國船公司上工作，本非勞保條例施行地域的適用對象；後者，其勞保年資已滿15年，正好為勞工保險被保險人紓困貸款公告，其三、申請資格（二）參加勞工保險年資滿15年所排除。因此，應將紓困貸款適用對象的被保險人，限制在勞保條例第6條、第7條、第8條第1項第1款、第2款、第9條、性別工作平等法第16條第2項，以及勞工職業災害保險及保護法第77條所指之對象。

而為了避免申請紓困貸款者未能依約定還本繳息，因此，中央勞政機關乃在2003年1月22日依勞保條例第29條第7項訂定發布「勞工保險被保險人紓困貸款及本息抵銷辦法」[269]，以為抵銷保險給付之用。其後，並在2009年12月25日修正為「勞工保險未繳還之保險給付及貸款本息扣減辦法」[270]，從法規名稱觀之，除了貸款本息外，也將「未繳還之保險給

[269] 行政院勞工委員會92年1月22日勞保1字第0920004226號令參照。

[270] 行政院勞工委員會98年12月25日勞保1字第0980140619號令參照。

付」作為抵扣對象。須注意者，此處所謂「扣減」，應是公法行政處分的性質，而非民法第343條以下之抵銷或勞基法第60條之抵充之私法上的效力。以下僅就勞保條例第29條對於勞保條例第67條第1項第4款「對於被保險人之貸款」之本息扣減規定及勞工保險未繳還之保險給付及貸款本息扣減辦法有關的規定說明之：

首先，由於社會保險給付具有一身專屬保障的原則，以確保基本生活，因此，「被保險人、受益人或支出殯葬費之人領取各種保險給付之權利，不得讓與、抵銷、扣押或供擔保」（勞保條例第29條第1項參照）。此處，並不問被保險人之權利人擁有權利的原因為何，其一概被禁止對保險給付行使取得等權利。惟此只針對私法上的權利行使而已，假設是與勞保給付有關的公法上權利義務，包括溢領給付的返還、紓困貸款本息的返還等，保險人即得本於公平原則、權利義務對等原則，主張行使扣減權，不受勞保條例第29條第1項規定的適用。只是，被保險人應返還被撤銷或廢止之保險給付為公法上的義務，而其應還本繳息之貸款契約是否為私法契約？或公法契約？並不清楚，依本書所見，由於勞工保險未繳還之保險給付及貸款本息扣減辦法中多為單方加以被保險人強制性的義務者，似應將之定位為公法契約為宜。果如此，兩者同屬公法上的行為也。

就勞保條例第29條有關被保險貸款的規定觀之，主要是在賦予保險人扣減權、明定貸款本息不受到消費者債務清理條例及破產法有關債務免責規定之影響，以及加以保險人一催告義務。其中，第5項規定，「被保險人有未償還第六十七條第一項第四款之貸款本息者，於被保險人或其受益人請領保險給付時逕予扣減之。」這使得未清償之貸款本息與未繳還之保險給付，同樣具有被扣減的資格。兩者均構成社會保險一身專屬保障原則的例外。此處所指之未清償貸款之本息，指於貸款契約期間內未依約定還本繳息、逾貸款期間未足額清償或遇有貸款視為全部到期者（勞工保險未繳還之保險給付及貸款本息扣減辦法第3條第2項參照）。其中，針對遇有貸款視為全部到期者，係指有「一、被保險人或其受益人請領老年給付、死亡給付或終身無工作能力之失能給付。二、被保險人向其所屬機關請領勞工保險補償金。」之情事者（第5條第1項參照）。這表示被保險人如只請領生育給付、傷病給付、失業給付即不在其中。被保險人辦理留職停薪者亦不屬之。其所謂的「請領老年給付」，解釋上包括在貸款期間轉投軍人保險、公務人員保險或私立學校教職員保險，而後依勞保條例第76條請領老年給付者。

至於「被保險人向其所屬機關請領勞工保險補償金」，係指公營事業之從業人員因移轉民營而領取公保、勞保補償金者，如再參加各該保險並請領養老或老年給付時，承保機構應代扣原請領之補償金。承保機構代扣之款項，應繳還原事業主管機關（公營事業移轉民營條例第10條參照）。有問題的是，被保險人如有請領國民年金保險之年金給付情事，是否亦應視為全部到期？對此，吾人觀勞工保險未繳還之保險給付及貸款本息扣減辦法第7條第2項，即應採取肯定的見解。

只是，在進行扣減時，由於被保險人保險給付的金額可能不足以清償未繳還之保險給付及未清償之本貸款本息，因此，即有可能出現呆帳的情形。為確保勞保基金資產能獲得最大程度的實現及被保險人保險給付保障必要性的考量，在扣減的順序上，應先扣減未繳還之保險給付，而後始及於未清償之本貸款本息（勞工保險未繳還之保險給付及貸款本息扣減辦法第10條第1款、第2款參照）。倒是，在扣減項目上，並且有「其他依法應代扣或償還之款項」（勞工保險未繳還之保險給付及貸款本息扣減辦法第10條第3款參照）。此誠令人不解。是否代表被保險人還有其他特定有損勞保基金之行為，而需要對於被保險人的保險給付行使扣減權？或者其所指者，並不以與勞保基金的借貸有關聯者為限？無論如何，此款規定似已逾越本辦法標題所欲扣減的範圍：未繳還之保險給付、貸款本息。保險人是否得行使扣減權？並非無疑。

未清償貸款本息扣減最大的問題，是在於可將那些保險給付列入扣減的對象？相較而言，其並非如勞工保險未繳還之保險給付及貸款本息扣減辦法第4條，清楚地規定勞保條例中之所有種類的保險給付，均可作為扣減的對象。有關未清償貸款本息的扣減，則係分散在勞工保險未繳還之保險給付及貸款本息扣減辦法第5條至第8條。其中，第5條明定老年給付、死亡給付或終身無工作能力之失能給付，以及勞工保險補償金為扣減對象。除此之外，第8條除醫療給付不予扣減外，「前條第一項以外之勞工保險給付」即可加以扣減，解釋上，其應是指勞工保險未繳還之保險給付及貸款本息扣減辦法第4條第1項第1款（生育給付）、第2款（傷病給付）及第6款（失蹤津貼）之給付而言。所以，未清償貸款本息扣減之對象，與未繳還之保險給付之扣減對象，並無不同。只在扣減額度上有所不同而已。

詳言之。依據勞工保險未繳還之保險給付及貸款本息扣減辦法第4條規定，「被保險人有未繳還之保險給付者，保險人得自被保險人或其受益人領取下列保險給付之金額，辦理扣減至足額清償為止：一、生育給付。二、傷病給付。三、失能給付。四、老年給付。五、死亡給付。六、失蹤津貼（第1項）。前項被保險人於請領國民年金保險之年金給付時，有併計勞工保險年資之情形，保險人得自被保險人或其受益人每次領取之保險給付中，將其依勞工保險年資所計年金給付金額，辦理扣減至足額清償為止（第2項）。」

相對地，被保險人有未清償之本貸款本息者[271]，保險人應自被保險人或其受益人得領取保險給付之金額，依第7條及第8條規定辦理扣減（第6條參照）。如其係第5條第1項第1款保險給付時，保險人應依下列方式辦理扣減至足額清償為止：1.為一次給付者，應全數扣減。但喪葬津貼，不予扣減。2.為年金給付者，應自每次得領取年金給付金額之三分之一，辦理扣減至足額清償為止。但被保險人於領取老年年金給付或失能年金給付期間死亡，其受益人選擇改領一次給付者，應全數扣減（第7條第1項參照）。如果係被保險人於請領國民年金保險之年金給付時，有併計勞工保險年資之情形，保險人應自被保險人或其受益人每次領取之保險給付中，將其依勞工保險年資所計年金給付金額之三分之一，辦理扣減至足額清償為止（第7條第2項參照）。依第1項第2款或前項規定扣減後之年金給付金額低於新臺幣3,000元者，保險人僅得就年金給付金額與3,000元之差額辦

---

[271] 此處的未清償之本貸款本息者，包括只清償一部分本息者。

理扣減（第7條第3項參照）。又，被保險人請領第7條第1項以外之勞工保險給付時，保險人應自其每次得領取保險給付金額扣減三分之一，至本貸款本息足額清償為止。但保險給付之金額未達新臺幣1萬元或為醫療給付者，不予扣減（第8條參照）。

另外，本貸款逾貸款期間未足額清償者，其利息以貸款期間內未清償之本金及利息總和單利計算，年利率為契約屆滿時之公告利率加1.25%。本貸款公告利率調整時，前項公告利率按調整後之利率機動調整。但不得逾契約屆滿時之公告利率（第9條參照）。

此處，保險人與被保險人所簽訂的紓困貸款契約，性質上既屬公法的性質，則未返還貸款本息的消滅時效，即不適用民法金錢債務的消滅時效。至於是否適用行政程序法第131條的5年消滅時效？亦不無疑問。吾人以為勞保條例第29條第6項第3款「其他法律有關請求權消滅時效規定」，似乎可將之解釋為包括公法上之請求權在內。如此，始能確保勞保基金的完整性，達到勞保基金永續經營的目的[272]。另外，勞保基金財務上安全所可能面臨的挑戰，還包括消費者債務清理條例有關債務免責之規定及破產法有關債務如免責之規定，這使得債權或請求權發生消滅的效果，故在第6項第1款、第2款予以排除適用，並溯自2003年1月22日施行。

最後，為使貸款人於貸款契約期間內依約定還本繳息，「保險人應每年書面通知有未償還第六十七條第一項第四款貸款本息之被保險人或其受益人之積欠金額，並請其依規定償還。」（勞保條例第29條第8項參照）。只是，其只規定「每年」書面通知，至於是哪一個月？日？並不清楚。可能要參考一般借貸契約的催告通知的期限，給予被保險人籌措返還本息的時間。不過，依據2020年紓困貸款公告，「八、還款方式：貸款期間三年，前六個月按月付息不還本，自第七個月起按月平均攤還本息。」

---

272 也是在勞保基金永續經營的目標上，多數的行政法院乃駁回被保險人「將勾選一次請領老年給付」的意思表示撤銷，而變更爲老年年金的保險給付申請。請參閱最高行政法院106年度判字第360號判決、最高行政法院106年度判字第648號判決、台北高等行政法院107年度訴更一字第4號判決。

似乎從貸款後第一個月起，被保險人即應開始還息，並自第七個月起按月平均攤還本息。所以，保險人應可在貸款契約將催告還款之意訂定之，而後在第二年、第三年於與第一年催告的時間相同之時，再次催告被保險人。保險人也可以為數次催告還款之行為，不以一次為限。只是，此一催告，只是公法上的自我義務，目的只在提醒貸款人按時清償本息，未催告者並不會發生無須還款或如民法第229條第2項不負遲延責任之後果。而除了此事前通知外，依據勞工保險未繳還之保險給付及貸款本息扣減辦法第11條規定，「保險人以被保險人或其受益人請領之保險給付扣減者，應於核發保險給付時，以書面通知之。」此即是事後的扣減通知。

（三）勞工保險監理委員會的同意權問題

附帶一言者，依據勞保條例規定，勞工保險基金之運用（第67條第1項）及勞工保險機構辦理本保險所需之經費（第68條），均應經勞工保險監理委員會審議通過[273]。即勞工保險監理委員會本身為參與機關／意思決定機關，具有同意權，未經其參與審議決定者，即不得為基金之運用及經費的編列[274]。此一權限的由來，似乎可從勞保條例第5條第1項獲得依據。在2015年6月24日廢止前的勞工保險監理委員會組織條例第5條第1項第3款，亦明定「保險基金保管之審核及其運用之審議事項」，為其所掌理事項。

只不過，配合2014年2月14日的行政院組織再造，行政院在2014年2月14日以院台規字第1030124618號公告第5條第1項（及就業保險法第3條第1項、第2項）、第67條、第68條所列屬「勞工保險監理委員會」之權責事項，自2014年2月17日起改由「勞動部」管轄。而且，總統府也在2015年6月24日公布廢止勞工保險監理委員會組織條例[275]。同時，勞動部並發

---

[273] 同樣地，針對就業保險基金之運用，依據就業保險法第34條第1項規定，應經勞工保險監理委員會之通過。

[274] 楊通軒，就業安全法—理論與實務，2017年9月，二版一刷，頁51。

[275] 104年6月24日總統華總一義字第10400073941號令參照。行政院勞工委員會已在103年2月14日勞人1字第1030100169號令發布廢止勞工保險監理委員會辦事細則。

布「勞動部勞工保險監理會設置要點」，賦予勞工保險監理會監督勞工保險及就業保險之保險業務（非屬基金投資之監理業務）[276]。此一切，似乎均為勞動部組織再造正確之舉。

惟，令人不解的是，在改制前後，勞保條例第5條第1項、第67條、第68條的條文用語並未有所修正。截至2022年3月，勞工保險條例及就業保險法的相關法律條文仍然保留「勞工保險監理委員會」一詞，並且仍然明定有審議通過之權。如此，形成組織再造與法律規定不一的怪異現象，實不足取。基於法治國家及依法行政之精神，正確而言，現行勞保條例第5條第1項、第67條、第68條及就業保險法第34條第1項所定之「勞工保險監理委員會」的同意權，並不會因勞動部組織再造發布一「勞動部勞工保險監理會設置要點」而受到影響。

---

276 具體言之，該會任務如下：1.勞工保險及就業保險年度工作計畫及成果報告之審議事項。2.勞工保險及就業保險年度預算、決算之審議事項。3.勞工保險及就業保險業務之檢查事項。4.勞工保險及就業保險財務帳務之檢查事項。5.勞工保險及就業保險重要業務之審議事項。6.其他有關勞工保險及就業保險業務監理事項。

第五章｜勞工保險強制加保之法律問題

案例1

在本案中，被上訴人（甲）受僱於上訴人（乙）擔任司機，在送貨途中，在台南市仁德區都會公園前台一線北上341.9公里處，未注意車前狀況，衝撞亦未做好警示措施之訴外人○○營造有限公司（丙）設置於該處之工地圍籬及工地內之怪手，致受有頸椎第一節至第四節脊髓完全損傷、創傷性血胸、急性呼吸急促、眼瞼及周圍皮膚裂傷[1]等傷害，其所受傷害係職業災害。按勞工保險條例第6條第1項規定，年滿15歲以上，65歲以下該條項各款所列勞工，應以其雇主或所屬團體或所屬機構爲投保單位，全部參加勞工保險爲被保險人。此項規定爲強制規定，雇主有爲勞工投保勞工保險之義務，雇主如未爲勞工辦理保險手續，致勞工於遭受職業災害時無法請領失能給付，自屬侵害保護他人爲目的之法律所規定之權利或利益。乙未依上開規定爲甲投保勞工保險，致甲不能領取勞工保險條例第54條第1項之失能補償金180萬元及第2項之失能補償一次金60萬元，應依民法第184條第2項規定，對被上訴人負賠償之責。法院認爲：雇主未爲勞工投保勞工保險，勞工依勞工保險條例第72條第1項、第2項規定所生之損害賠償請求權，係屬勞工保險給付之代替權利。故勞工基於同一職業災害得請求勞工之職業災害補償，與勞工得請求之上項損害，給付目的相同，金額相等部分，勞工自不得重複請求[2]。問：

(1) 訴訟中，乙主張甲因個人債務問題，哀求乙不要替甲投保以避免

---

1 此一部分，請參閱本書第一章小病不保原則的說明。

2 最高法院108年度台上字第1196號判決（前審爲台灣高等法院台南分院105年度勞上字第5號民事判決：大億寢具案）參照。

債權銀行日後強制執行，果如此，此一不參加勞工保險的約定，是否有效？

(2) 強制加保之義務對象爲何？

(3) 職業工人是否負有強制加保之義務？職業工會是否會受到勞保條例第72條第1項規定之制裁？

(4) 職業工人在從事非本業或與本業專長無關之工作，於工作場所因執行職務而致傷病者，得否請領職業災害保險給付？

第一節　勞工保險之種類

勞工保險為在職保險[3]，即使為無一定雇主或自營作業者、甲類會員，如有工作之事實，即應在加入職業工會、漁會後參加勞工保險（勞保條例第6條第1項第7款、第8款參照），此為「有工作加勞保」的要求，如其不參加保險，理論上應依勞保條例第71條予以制裁。但勞保條例第72條第1項為「按自僱用之日起」，故並不適用於職業工會及漁會【案例1(3)】。勞保條例第6條第1項的勞工，包括兼具有股東身分者[4]。相對地，在人民無從事生產性活動之事實時，「沒工作加國保」（國民年金法第1條參照）。

此處的勞工，可能以受僱勞工或自營作業者、無一定雇主勞工的身分，為相對人提供勞務。以保險業務員為例，依據行政院勞工委員會83年8月5日（83）台勞保2字第50919號函，「有關保險業務員招攬保險，其與保險業、保險代理人公司、保險經紀人公司等，是否有僱傭關係問題，應依雙方勞動關係之具體內容認定之。即僱傭關係存在與否應視勞動關係

---

3 同樣地，公保、軍保、農保也都是在職保險。必須有從事公職、軍職及農務的事實，始得參加。

4 行政院勞工委員會77年1月21日（77）台勞保2字第00551號函參照。

之內容及實質情形予以認定，報酬給付方式（有底薪制或佣金制）非為唯一考量之因素。故佣金制之保險業務員，如與受有底薪之業務員，同樣接受公司之管理、監督，並從事一定種類之勞務給付，似應視為有僱傭關係之存在。惟如雖實際從事保險業務招攬工作，按業績多寡支領報酬，但毋需接受公司之管理監督（公司亦無要求任何出勤打卡）則應視為承攬關係。」

勞工保險原則上為強制加保及停止保險（一時無工作者），例外為自願加保、繼續加保。勞工保險尚有不得／禁止加保者，例如無工作者或不得從事工作者（例如非法外勞），被保險人已領取老年給付者（勞保條例第58條第6項）[5]，年滿65歲首次申請加保者[6]，大陸地區人民以從事專業活動、商務活動名義來台或跨國企業內部調動經許可來台服務之大陸地區人民[7]。就業保險法則禁止外國籍勞工及自營作業者參加（就業保險法第5條第1項參照）。

依據行政院勞工委員會94年5月24日勞保2字第0940023979號函，判斷事業單位為強制投保對象或自願投保對象，應以事業單位之規模為依據，即僱用人數之計算應包含該單位僱用之所有員工，以保障勞工之生活安全。再依據行政院勞工委員會99年10月5日勞保2字第0990034564號函，「依照勞工保險條例第6條第1項第2款規定，年滿15歲以上，60歲（現提高為65歲）以下，受僱於僱用5人以上公司、行號之員工，應以其雇主為投保單位，全部參加勞工保險。又同條例施行細則第13條第1項第6款規定，公司、行號應檢附公司登記證明文件或商業登記證明文件。爰旨揭所詢之行號，應以附有商業登記證明文件為準，其僱用5人以上員工，即屬強制投保單位，未僱用員工5人者，即得依勞保條例第8條第1項第2款

5　這也包括已領取老年給付而欲退還給付給保險人之情況。依據內政部73年3月1日台內社字第214017號函：「被保險人已領取老年給付者，不得再行參加勞工保險，不可退還所領給付。」蓋保險人所爲的行政處分合法有效，已發生確定力與執行力，不容許被保險人再來主張撤銷。

6　行政院勞工委員會102年1月16日勞保2字第1020140029號函參照。

7　行政院勞工委員會97年12月3日勞保2字第09701405661號函參照。

規定，自願參加勞工保險。至於非屬前開範圍者，得依同條例施行細則第13條第1項第8款或第2項規定，檢附相關證件影本，依第8條第1項第1款規定，受僱於第6條第1項各款規定各業以外之員工，準用本條例之規定，參加勞工保險。」

而無論是強制加保、自願加保、繼續加保，「投保單位故意為不合本條例規定之人員辦理參加保險手續，領取保險給付者，保險人應依法追還；並取消該被保險人之資格」（勞保條例第24條參照）。此之「故意」，包括明知或可得而知[8]。此一取消行為，其行使並無期間之限制[9]。惟本書以為：此一取消行為由於不考慮被保險人加保時間的長短，以及被保險人的學經歷，以及其客觀上有無認識勞保相關規定的能力，因此，是否有違信賴保護原則？並非無疑。

第二節　強制加保之勞工

第一項　強制加保之義務對象

勞保條例之強制加保，牽涉到被保險人及投保單位兩個對象【案例1(2)】。因此，針對強制加保，首應明瞭被強制對象為誰？對此，勞保條例第6條之被強制對象為受僱勞工、受訓練人及職業工人、甲類會員（違反，依第71條制裁：罰鍰）。不同的是，勞保條例第11條之被強制對象為投保單位（違反，依第72條制裁：損害賠償請求、罰鍰）。前者，是在強制要求勞工必須參加勞工保險，以確保保險事故發生時之所得來源；後者，則係在課投保單位一系列公法上義務，以協助勞工／被保險人與保險人間之加退保及請領給付的相關手續。據此，勞工與雇主遂不得合意不參加勞工保險【案例1(1)】。

除此之外，如前所述，基於大法官會議釋字第568號及第609號解釋

8 最高行政法院82年度判字第2173號判決參照。

9 內政部73年6月13日台內社字第233512號函參照。

「勞工依法參加勞工保險及因此所生之公法上權利」，可知保險人必須接受符合強制加保及自願加保規定勞工／被保險人之加保勞工保險。因此，保險人亦為強制加保之義務對象。

第二項　強制加保之勞工

一、第6條之基本問題

依據勞保條例第6條第1項規定，「年滿十五歲以上，六十五歲以下之左列勞工，應以其雇主或所屬團體或所屬機構為投保單位，全部參加勞工保險為被保險人：……」此為強制加保原則的表現，在勞保條例中居於關鍵的地位，其加保的年齡（15歲至65歲）、勞工的概念與範圍（含部分工時勞工[10]、童工及在職外國籍員工）、職業團體加保主義、計算加保的人數基礎（5人以上）與適用的行業等，也為其他加保規定（第7條、第8條、第9條）所通用或可作為分界的標準（例如第8條第1項第1款、第2款的適用行業、加保的人數，正與第6條的規定構成互補）。

以加保的年齡（15歲至65歲）而言，其係以一般的勞動年齡為準。在此，除了勞保條例第6條第2項「未滿十五歲勞工」應參加勞工保險及第9條第4款「在職勞工，年逾六十五歲繼續工作者」得繼續參加勞工保險外，年逾65歲之在職勞工（指滿65歲前未曾工作者），並不得首次申請參加勞工保險（原本含不得只申請參加職業災害保險）。值得注意的是，在2019年11月15日立法通過的「中高齡者及高齡者就業促進法」中，並未針對逾65歲的高齡者（第3條第2款參照）工作時，首次申請參加勞工保險有所規定。即使其第1條第2項也明定「中高齡者及高齡者就業事項，依本法之規定；本法未規定者，適用……就業保險法……及其他相關法律之規定。」因此，並未改變逾65歲之人工作，不得首次申請參加勞工保險之狀況。如此一來，對於高齡者之就業促進應會有不利之影響。或許，在該

---

[10] 行政院勞工委員會80年9月19日勞保2字第24691號函、98年5月1日勞保2字第0980140222號令、98年6月9日勞保2字第0980074961號函參照。

法中至少應（修法）允許逾65歲之人首次申請參加職業災害保險。倒是，在2022年5月1日施行的勞工職業災害保險及保護法第6條、第7條及第8條中，只有加保最低年齡15歲的下限規定，而無最高年齡的上限。意即年逾65歲之勞工得首次申請參加職業災害保險。

（一）以概括規定為主、行業或職域為輔的立法體例

觀勞保條例第6條的立法體例，與職業安全衛生法第4條「本法適用於各業。但因事業規模、性質及風險等因素，中央主管機關得指定公告其適用本法之部分規定。」的規範方式殊異，也與勞動基準法第3條第1項「本法於左列各業適用之：……」及第3項「本法適用於一切勞雇關係。但因經營型態、管理制度及工作特性等因素適用本法確有窒礙難行者，並經中央主管機關指定公告之行業或工作者，不適用之。」有所不同。這主要肇因於其係歷年逐步納入並擴大適用的事業單位與勞動者，形成列舉規定與概括規定雜然並存的情況，何況，根據投保薪資分級表備註之職業訓練機構受訓者、部分工時勞工保險被保險人及庇護性就業身心障礙者被保險人等受僱勞工之薪資報酬未達基本工資者，也構成勞保條例第6條（尤其是第2項準童工）的補充規定。

在列舉規定部分，主要見於第6條第1項第1款、第3款、第4款、第5款及第6款。而概括規定部分，則在第6條第1項第2款、第7款及第8款、第2項及第3項。這是否表示第6條係以行業或職域為主，而置受僱勞工（被保險人）於規範邊緣位置？對此，本書以為並非如此。蓋第6條第1項各款的規定，主要是立法進程的表現，並無排列保險優先次序的用意。在運用上，勞工如同時具有第6條第1項第1款至第5款，以及第6款至第8款的資格時，固然應優先適用第6條第1項第1款至第5款的加保規定。惟對於第6條第1項第1款至第3款的規定，解釋上仍應以第2款「受僱於僱用五人以上公司、行號之員工」的概括規定，作為第6條強制加保的共通準則或規範價值，就如同職業安全衛生法第4條「本法適用於各業」及勞動基準法第3條第3項「本法適用於一切勞雇關係」一般。這也表示：第6條主要係以全部的受僱勞工為規範主體，而非以行業或職域為適用標準。

只不過，如對照勞保條例第8條第1項第1款「受僱於第六條第一項各款規定各業以外之員工」及勞保條例施行細則第8條規定，「本條例第八條第一項第一款所稱各業以外之員工，指中央主管機關核定准許投保之其他各業或人民團體之員工。」顯然，「各業以外」包括其他行業或非行業及人民團體，而非僅限於行業或非行業而已。所謂「人民團體」，應係指中華民國行業標準分類表中人民團體，包括工商業團體、自由職業團體、社會團體、政治團體／政黨等，但不包括職業工會外的勞工團體及漁會外的農民團體，因職業工會及漁會已分別在勞保條例第6條第1項第7款及第8款有所規定。此類人民團體（尤其是政黨、工會）殆皆具有公益性質（公益性的社團法人）[11]，不過，由於功能上的差異，與勞保條例第6條第1項第3款之公益事業，性質上仍然有所不同。再一言者，勞保條例第8條第1項第1款所適用的勞工團體，實際上包括企業工會、產業工會及職業工會，而且係侷限於該等工會與其所僱用的員工間參加勞保的關係，此與勞保條例第6條第1項第7款之職業工會係針對與其會員間的加保關係者，尚有不同。

至於此一「其他行業或非行業」，自然是指勞保條例第6條第1項第1款至第5款以外之行業，其與是否僱用5人以上並無必然關係。其中，最需要釐清的，係與第2款「公司、行號」概括規定的界線問題，也就是說，其必須是在營利性的各種公司組織（無限公司、兩合公司、有限公司、股份有限公司）及具有行號特質的獨資或合夥（商行、企業社與實業社）之外。理論上，既然是概括規定，則不在其內的行業即屬少數，或許，其重點是在「非行業」，例如自然人（律師、居家式托育服務或家事服務之雇主[12]等）之成立投保單位。在此，此一「非行業」（尤其是自然人）如欲

---

11 內政部92年7月11日台內民字第0920006325號函：「依人民團體法第44條、第45條規定，政黨係以推薦候選人參加公職人員選舉爲目的之政治團體，同法第46條之1第2項並規定，政黨法人之登記及其他事項，除本法另有規定外，準用民法關於公益社團之規定。是以，就所得稅法第11條第4項有關公益團體之定義觀之，政黨應屬該法所稱之公益團體。」

12 本國籍家庭幫傭、居家式托育服務提供者參加勞工保險審查作業注意事項參照。

成立投保單位，必須遵守勞保條例施行細則第13條第1項第8款「其他各業應檢附執業證照或有關登記、核定或備查證明文件」的要求。所以，即使是就業保險法第5條第2項第3款「受僱於依法免辦登記且無核定課稅或依法免辦登記且無統一發票購票證之雇主或機構」不得參加就業保險，如雇主或機構能符合勞保條例施行細則第13條第1項第1款至第8款的要求，其受僱勞工即得參加勞工保險。

此種以第6條第1項第2款作為參加勞工保險的指導原則，除了在第6條第1項第7款及第8款、第2項及第3項具體規定外，也見之於第8條第1項第1款（「受僱於第六條第一項各款規定各業以外之員工」）及勞保條例施行細則第13條第1項第8款（「其他各業應檢附執業證照或有關登記、核定或備查證明文件」）規定。整體地構成「以概括規定為主、以列舉規定為輔」的參加勞工保險原則。如此始能將勞工極大化地納入勞工保險。

（二）「僱用五人以上員工」之意義

在身為第6條第1項投保單位的雇主、團體、機構，主要係以其僱用的員工是否5人以上作為區別標準。其中，所謂的機構、團體，似乎以所列舉的第6款職業訓練機構、第7款職業工會、第8款的漁會為限。對此，實務有採肯定見解者，「依現行勞工保險條例第6條及同條例施行細則第10條（現修正為第11條）規定，人民團體應為所屬會員申報加保者，僅以區漁會所屬之甲類會員及職業工會所屬無一定雇主之會員為限。查土地登記專業代理人協會非屬上開規定之人民團體，所請以該會為投保單位為會員申報加保乙節未便同意。」[13]另外，也有認為產業工會（目前已修正為企業工會）「屬人民團體，其僱用專職人員得依同條例第8條第1項第1款規定以所屬產業工會為投保單位自願加保。」[14]本書以為，原則上，上述兩號函釋見解可採，即第6條第1項之團體，應以第7款職業工會、第8款的漁會為限，即其屬於中華民國行業標準分類表中人民團體之勞工團體、農

---

[13] 台灣省政府社會處75年4月28日社5字第19850號函參照。

[14] 行政院勞工委員會81年1月20日（81）台勞保2字第34454號函參照。

民團體。至於其他的人民團體（包括工商業團體、自由職業團體、社會團體、政治團體／政黨），解釋上應依勞保條例第8條第1項第1款自願參加勞工保險。只不過，依照大法官會議釋字第456號解釋，勞保條例之受僱勞工並不以專職為限，而是包括部分時間工作勞工。因此，行政院勞工委員會81年1月20日（81）台勞保2字第34454號函之專職人員見解，並不得繼續援用。

另一個問題是，第6條第1項的機構，是否限於第6款職業訓練機構？從立法理由觀之，似應持肯定見解。即使法院實務有認為第6條第1項的投保單位，包括中華民國籍之國民設立登記之法人機構或外國法人機構在我國境內所設立的外國法人機構[15]，但其所謂機構，應係採取中華民國行業標準分類表中的分類，包括民營事業單位、公務機構、國際機構等，其性質較近於第6條第1項第2款之公司行號及第8條第1項第1款之「第六條第一項各款規定以外之各業」。所以，並不會擴充第6條第1項機構的範圍。

由第6條第1項第1款至第3款與第8條第1項第2款的規定觀之，強制加保與自願加保的分界，主要繫之於僱用的人數是否為5人以上。中央勞政機關也認為，「判斷事業單位為強制投保對象或自願投保對象，應以事業單位之規模為依據，即僱用人數之計算應包含該單位僱用之所有員工，以保障勞工之生活安全。」[16]此一立法上的選擇，使得勞保條例異於勞動基準法、職業安全衛生法的規範，並非全部勞工均為強制適用對象。

惟，需要釐清的是，由於第6條第1項分別以勞工、員工、勞動者（第5款）指稱參加勞工保險者，是否其意義及組成人員的範圍有所不同？對此，本書以為第5款的勞動者與勞工的意義並無不同，均應採取如同民法第482條受僱人的概念，其適用的人員並無須如同勞基法上的勞工以具有從屬性為要[17]，以擴大適用範圍。有問題的是，第6條第1項第1款

---

15 最高行政法院98年度判字第861號判決參照。

16 行政院勞工委員會94年5月24日勞保2字第0940023979號函參照。

17 在此，勞保條例第6條第1項第1款之「受僱於僱用勞工五人以上之公、民營工廠、……。」其中「勞工」二字似爲贅語，應予以刪除。

至第3款之「受僱於僱用五人以上之員工」[18]，其所指稱之5人以上之「員工」，是否亦須與勞工作同樣的定義？這主要是該「五人以上之員工」似乎只是作為計算人員的基礎，雖其大多得參加勞工保險，但並不以其本身得參加勞工保險為要，所以，解釋上勞基法第84條之1第1項第1款「監督、管理人員」亦在其內。而按照勞基法施行細則第50條之1第1款規定，「監督、管理人員：係指受雇主僱用，負責事業之經營及管理工作，並對一般勞工之受僱、解僱或勞動條件具有決定權力之主管級人員。」則其似乎可包括委任經理人在內。吾人如觀中央勞政機關的見解，「至非對外代表公司之董事、商業登記之合夥人或依法委任之經理人，如係實際從事勞動者，為保障其工作及生活之安全，得比照同條例第8條規定，以該公司或單位為投保單位辦理加保，……。」亦可知其與第8條第1項第3款「實際從事勞動之雇主」的身分，仍然有別。故將之作為員工的一員計算，似乎具有合理性與正當性。

除了委任經理人之外，第三階段研發替代役或產業訓儲替代役役男亦屬之。緣依據替代役實施條例第6條之1第3項規定，「第三階段研發替代役或產業訓儲替代役役男與用人單位間具僱傭關係，有關勞動條件及保險事項，依勞動基準法、勞工退休金條例及勞工保險條例規定辦理，不適用本條例規定；其所需費用由用人單位負擔。」另外，此一5人以上的「員工」似乎會全面及於已經自願參加勞工保險的人員，包括第8條第1項第1款至第4款、第9條第1款至第5款、第9條之1之被保險人。同理，育嬰留職停薪期間及職業災害勞工繼續參加勞工保險者亦在其內。另外，依據農民健康保險條例第6條第2項但書之重複加保的農民[19]，也在其內。

有問題的是，下列人員是否應納入5人以上的「員工」計算，即有疑義：1.公法救助關係下晉用之人員或參加政府基於公法救助目的所辦理

---

[18] 此一5人以上的門檻，是1979年所修正而來，之前爲10人以上才強制納保。

[19] 行政院勞工委員會勞工保險局98年9月25日保承工字第09810345550號函、98年12月8日保承職字第09810453310號函參照。

之短期就業輔導措施或職業訓練期間，選擇參加勞工保險者[20]。2.已領取勞工保險老年給付及年逾65歲已領取其他社會保險養老給付者再從事工作，或於政府登記有案之職業訓練機構接受訓練，而僅參加職業災害保險者[21]。3.對於境內僱用、境外工作者，亦即勞工在國內簽訂勞動契約後，隨即被派至國外工作者，由於其與國內社會保險的連結不深，甚至是否與國內被保險人構成危險共同體亦屬可疑，故本書以為毋庸將其納入計算。相反地，對於跨國出差、被派遣出國提供服務者（勞保條例第9條第2款參照），仍應納入計算。

（三）準童工之參加勞工保險

依據勞保條例第6條第2項規定，「前項規定，於經主管機關認定其工作性質及環境無礙身心健康之未滿十五歲勞工亦適用之。」此一規定與勞基法第45條第1項「雇主不得僱用未滿十五歲之人從事工作。但國民中學畢業或經主管機關認定其工作性質及環境無礙其身心健康而許可者，不在此限。」有其類似之處，更確切地講，未滿15歲之人必須係勞基法第45條第1項但書經主管機關許可工作者，而後始有可能依勞保條例第6條第2項參加勞工保險。

吾人由勞保條例第6條第2項的反面解釋，可知童工及16歲至18歲的青年工受僱從事工作時[22]，其當然得參加勞工保險。針對童工及16歲至18歲的青年工，除了勞基法第44條第2項及職業安全衛生法第29條有特殊的保障規定外，勞工法令係將其與一般的成年勞工平等對待，在勞保條例中並無特殊的規定。此一童工及青年工與工讀生、具有學生身分之在學校的各種助理，有其重疊之處。

另外，相異於勞基法第五章（第49條至第52條）有女工的特別規

---

[20] 行政院勞工委員會95年6月15日勞保3字第0950029626號令、98年4月3日勞保3字第0980066722號函參照。

[21] 勞動部103年11月19日勞動保3字第1030140437號令參照。

[22] 依據勞基法第44條第2項規定，「童工及十六歲以上未滿十八歲之人，不得從事危險性或有害性之工作。」

定，勞保條例並無此種立法體例。這表示勞保條例之勞工，包括男性及女性的受僱人。雖然如此，仍然有條文區別男性被保險人及女性被保險人而做不同對待者，例如第58條第2項第1款規定，「一、參加保險之年資合計滿一年，年滿六十歲或女性被保險人年滿五十五歲退職者。」立法原意係給予女性被保險人較優的請領老年給付年齡規定。然而，隨著性別工作平等逐步落實於勞動法令及社會保險法令中，給予女性被保險人較低的請領老年給付年齡，不僅有歧視男性被保險人，甚至也有歧視女性被保險人的嫌疑[23]，是否仍有存在的價值或必要？並非無疑。

有問題的是，勞保條例第6條第2項係規定，「前項規定，於……未滿十五歲勞工亦適用之。」與勞基法第45條第2項「前項受僱之人，準用童工保護之規定。」比較，前者為「適用」、後者為「準用」，顯見準童工納入強制加保的必要性較高。然而，須注意者，如果準童工（未滿15歲者）準用童工，不得從事危險性或有害性之工作（勞基法第44條第2項參照）。且海上作業係繁重及危險性工作，童工不得為之。則準童工當不得受僱從事漁業生產（勞保條例第6條第1項第5款），即不得適用強制加保的規定。同理，準童工當也無適用第6條第1項第8款「無一定雇主或自營作業而參加漁會之甲類會員」之可能。

至於準童工得否以自營作業者身分加入職業工會後參加勞工保險（勞保條例第6條第1項第7款）？本書也以為有疑慮。這是因為對照勞基法第45條第2項「前項受僱之人，準用童工保護之規定。」可知其係以受僱勞工為對象。因此，解釋上，準童工只能以「無一定雇主」加入職業工會後參加勞工保險。

---

23 較早的退休年齡，可能導致較少老年給付，以至於影響老年經濟安全的後果。

二、第6條之個別問題

（一）事業單位

1. 第3款

依據第6條第1項第3款規定，受僱於僱用5人以上之新聞、文化、公益及合作事業之員工，應參加勞工保險。此類事業單位，性質上並非純以獲利為導向，而是帶有一定教育性的或公共利益的業務性質。其中，新聞事業對於民智的形成具有一定的作用，文化事業則是對於人類文明成果的保存及開展扮演重要的角色。在現代社會中，新聞報導的及時與確實、文化的保存與發展，屬於人民精神與物質層次滿足不可或缺的要素。給予受僱於新聞、文化事業員工勞動條件及社會保險的保障，有助於人類精神文化的累積與精進。

至於公益事業，如前所述，係指裨益大眾之公共設施及增進共同利益，而非以營利為目的者，其範圍包括教育、衛生、社會福利等依法設立登記之財團法人、社團法人均屬之[24]。其具體的事業有：已辦財團法人登記之寺廟[25]及托兒所[26]、幼兒園[27]等。

而在合作事業方面，其係指針對高度工業化所引起的社會弊端，作為補救或抗衡的力量，所成立的各種合作社組織。依據合作社法第1條第2項規定，「本法所稱合作社，指依平等原則，在互助組織之基礎上，以共同經營方法，謀社員經濟之利益與生活之改善，而其社員人數及股金總額均可變動之團體。」第3條規定，合作社得經營之業務，共有生產、運銷、供給、利用、勞動、消費、公用、運輸、信用、保險及其他經中央主管機關會商中央目的事業主管機關核定之業務。再依據第3條之1第2項與第4項規定，合作社經營之業務以提供社員使用為限。但政府、公益團體委託

---

24 內政部68年9月8日台內社字第28616號函參照。

25 內政部71年11月3日台內社字第115931號函參照。

26 行政院勞工委員會98年7月6日勞保2字第0980077367號函參照。

27 行政院勞工委員會102年6月27日勞保2字第1020140414號函參照。

代辦及為合作社發展需要，得提供非社員使用。如其提供非社員使用之收益，應提列為公積金及公益金，不得分配予社員。合作社員固然不能如公司股東般分配紅利，惟其能獲得合作社所提供的好處（尤其是折扣）、參與決定經營決策，且在身兼員工身分時，獲得較佳的勞務對價及其他工作條件。也就是說，優於其他只是單純受僱的員工。

如此看來，中央勞政機關認為，「查本案依合作社法第3-1條規定及其契約所定，合作社社員如屬合作社所僱用，並受合作社管理監督從事工作及支付薪資等實質僱傭關係，則應依勞工保險條例相關規定辦理加保。」似乎即有疑義[28]。

2. 第4款

此一「依法不得參加公務人員保險或私立學校教職員保險之政府機關及公、私立學校之員工」，係指學校的技工、工友、司機等。至於工讀生、勞僱型助理亦屬之。

針對已具有公保身分之兼任教師，是否應辦理或得參加勞保部分，依據勞工保險條例第6條第1項第4款規定，依法不得參加公教人員保險之政府機關及公、私立學校之員工，應以其所屬機關及學校為投保單位，參加勞工保險為被保險人。是以，公、私立學校之兼任教師如已參加公教人員保險，則非屬依法不得參加公教人員保險之政府機關及公、私立學校之員工，本不得再辦理參加勞工保險（即禁止加保）。中央勞政機關認為「不應」再辦理參加勞工保險[29]，似乎隱含得再參加勞工保險之意。其見解尚屬可議，蓋果如此，則會形成重複加保的情況。

3. 第5款

依據第6條第1項第5款規定，受僱從事漁業生產之勞動者，應參加勞工保險為被保險人。本款係以經營漁業之人及漁業從業人為規範對象，與

---

28 行政院勞工委員會97年1月17日勞保2字第0970140019號函參照。

29 行政院勞工委員會93年1月27日勞保2字第0980019664號函、98年7月30日勞保2字第0980019664號函參照。

勞保條例第8條第1項第4款之「參加海員總工會或船長公會為會員之外僱船員」以商船船員為對象者，尚有不同。因此，中央勞政機關以函釋所擴大解釋之受僱於國輪之商船船員，於返國下船上岸休假候船期間，如仍具有僱傭關係，仍應參加勞工保險普通事故保險及職業災害保險。惟如已終止僱傭關係並辦理退保者，上岸候船期間得由海員總工會或船長公會辦理參加勞工保險普通事故保險[30]。此一見解並非當然可適用於返國上岸候船之漁船船員[31]。

在此，須注意者，本款之漁業人並不以經營漁業之人為限，而是包括漁業權人、入漁權人（漁業法第4條第1項參照）。依據漁業法第15條第1項規定，漁業權包括定置漁業權、區劃漁業權、專用漁業權。依據同法第16條規定，本法所稱入漁權，係指在專用漁業權之範圍內經營漁業之權。至於漁業從業人亦並非僅限於漁船船員。蓋依據漁業法第4條第2項規定，本法所稱漁業從業人，係指漁船船員及其他為漁業人採捕或養殖水產動植物之人。所以，受僱從事採捕或養殖水產動植物之勞工，亦應依第6條第1項第5款參加勞工保險。

再以漁船主與漁船船員間所簽訂的勞動契約而言，是否得訂定定期契約？依據漁船船員管理規則第8條規定，「船員之僱用及待遇，得由直轄市或縣（市）主管機關依照當地習慣及生活情形訂定標準（第1項）。勞資雙方，得依前項標準訂定契約；其契約應載明下列事項：一、船員姓名、年齡、出生地、住址、國民身分證統一編號或其他身分證明。二、締約年月日及地點。三、服務之船舶名稱。四、作業漁場區域。五、擔任職務。六、待遇。七、給養。八、傷亡撫卹辦法。九、契約終止及其他條件。十、契約有效期間。十一、其他（第2項）。」契約期間得由勞雇雙方自由議定之。其中，更無參加勞工保險的要求。

然而，漁船船員之參加勞工保險，應該依據勞保條例第6條之規

---

30 行政院勞工委員會80年1月10日（80）台勞保2字第31527號函、93年4月2日勞保2字第0930013260號函參照。

31 反對說，郭玲惠，勞工及就業保險法釋義，2017年12月，初版，頁96。

定[32]，並非可以商業保險之「漁民團體平安保險」取代之。有問題的是，在漁業實務上，漁船主多有以漁獲量一定比例的分紅作為工資給付者，其在投保薪資的計算上如何量定？對此，雖然勞基法第22條有工資之一部以實物給付的限制。不過，本書認為應適當平衡考量漁業的慣例，將「一部實物」做較寬的解釋，即容許工資中實物占較高的比例。另外，針對漁船船員，勞保條例第19條第5項規定，於漁業作業中，遭遇意外事故致失蹤時，自失蹤之日起，得請領失蹤津貼。

最後，由勞動基準法第3條第1項第1款觀之，勞基法亦適用於漁業，所以，漁船員勞動契約受到勞基法的規範。也是在此基礎上，中央勞政機關在2019年5月23日公告漁船船員為勞基法第84條之1的特殊工作者。所以，歸根結底，還是牽涉到勞基法第9條第1項規定，「勞動契約，分為定期契約及不定期契約。臨時性、短期性、季節性及特定性工作得為定期契約；有繼續性工作應為不定期契約……。」則漁船船員契約是否符合定期契約之類型之一？尤其是短期性或季節性工作。對此，應該肯定勞雇雙方得以短期性或季節性工作為由，簽訂以每次／趟漁捕期間作為契約的期限。因此，應視雙方係訂定定期契約或不定期契約，而決定漁船船員在上岸候船期間，應否參加勞工保險。假設係定期勞動契約或契約已經終止，則漁船船員的保險效力隨之停止，應辦理退保。

（二）職業訓練機構

首先，監獄收容人在法務部部分監院所依據職業訓練法附設之技能訓練中心參加職業訓練者，如該訓練中心已報請政府登記在案者，即屬「在政府登記有案之職業訓練機構」，收容人應依勞工保險條例第6條第1項第6款規定辦理加保。至其保險費之負擔應依同條例第15條第1款規定辦理[33]。

另外，這也包括已領取勞工保險老年給付及年逾65歲已領取其他社會

[32] 最高法院81年度台上字第192號判決參照。

[33] 行政院勞工委員會87年3月23日（87）台勞保2字第009935號函參照。

保險養老給付者再從事工作，或於政府登記有案之職業訓練機構接受訓練者。果如此，投保單位得為其辦理僅參加職業災害保險[34]。

有問題者，針對目前在職的勞工，如其參加在職人員進修訓練，是否應或得由職訓機構再行辦理參加勞工保險？對此，中央勞政機關認為該等人員，「報到參訓時須檢具現職機構在職證明書或勞工保險被保險人投保證明資料，就其受訓性質及條件不同於參加職前訓練之非在職勞工，按上開規定之立法意旨，並考量渠等人員之參訓權益及保險費負擔等情形，本案得不由職訓機構再行辦理參加勞工保險。」[35]惟本書以為：基於「受僱優先於非受僱原則」，勞保條例第6條第1項第1款至第5款的規定，應優先於第6款至第8款適用。即勞工如已符合第1款至第5款的加保身分，即不得以第6款至第8款的身分參加勞工保險，且不得既以第1款至第5款參加勞保，又以第6款至第8款再行參加勞保。此與勞保條例第19條第2項之「被保險人同時受僱於二個以上投保單位者」的情況不同。因此，行政院勞工委員會勞工保險局認為教學支援工作人員如與學校間具有僱傭關係，則應由學校依規定申報加保，「又漁保係屬勞工保險範疇，若教學支援人員亦有實際從事漁撈作業，而屬無一定雇主或自營作業而參加漁會之甲類會員，則可同時由漁會申報加保。」[36]此一見解即有待斟酌。

所以，如係「65歲前曾參加勞工保險因離職退保未請領老年給付之勞工，年逾65歲再實際從事工作者，得繼續參加勞工保險。本案尚未領取勞工保險老年給付，年逾65歲再參加職訓局委託或補助辦理之失業者職業訓練，按職業訓練係為培養及增進工作技能而設，為保障其職業訓練期間之生活安全，得比照上開規定繼續參加勞工保險。」[37]本案即屬正確，因其並無再次加保的問題。

---

[34] 勞動部103年11月19日勞動保3字第1030140437號令參照。

[35] 行政院勞工委員會99年3月25日勞保2字第0990140031號函參照。

[36] 行政院勞工委員會勞工保險局98年12月8日保承職字第09810453310號函參照。

[37] 行政院勞工委員會102年8月14日勞保2字第1020074353號函參照。

（三）漁會

依據勞工保險條例第6條第1項第8款規定，無一定雇主或自營作業而參加漁會之甲類會員，應以所屬團體為投保單位，參加勞工保險為被保險人。再依據漁會法第15條第1項第1款，「甲類會員：（一）遠洋漁民。（二）近海漁民。（三）沿岸漁民。（四）淺海養殖漁民。（五）魚塭養殖漁民。（六）湖泊及河沼漁民。」

「另依據行政院農業委員會91年11月1日農授漁字第0911228736號函略以：臺灣省基層漁會會員資格審查及認定要點規定，沿岸漁民係指『實際從事沿岸漁業勞動者』，因沿岸漁業之周邊行業，除台端所述外，尚包括魚貨加工、運銷等，其範圍甚廣，故漁會法及其相關法規對沿岸漁業甲類會員從事漁業勞動工作之認定，係採狹義之解釋。準此，從事漁貨裝卸、整理漁貨、漁具、賣魚及漁船清艙工作者，因不符上開無一定雇主或自營作業而參加漁會之甲類會員之規定，不得由漁會辦理參加勞工保險。另所陳有關依勞工保險條例第24條之規定一節，查為避免被保險人掛名加保巧取保險給付，爰有勞工保險條例第24條之規定。」（行政院勞工委員會91年12月24日勞保2字第0910064256號函參照）再者，魚類商業同業公會所屬會員，如未實際從事沿岸漁業勞動，因不具漁會甲類會員資格，其雖從事漁業周邊行業，仍不符上開「無一定雇主或自營作業而參加漁會之甲類會員」之規定，尚不得由漁會辦理參加勞工保險[38]。

在法院實務上，針對以勞保條例第6條第1項第8款參加勞工保險者，多年來保險人即要求必須符合「提出海上勞動證明文件」「經漁會會員資格審查小組通過」之要件，以防範掛名加保的情況出現。而且，職業漁民必須於投保時及其後均實際從事本業工作者，始得依本款規定加入勞工保險，非謂一經加入勞工保險即可不論其嗣後是否在職均可受勞工保險照顧。所以，職業漁民應提出海巡總局漁船進出港紀錄，以及提出任何魚市場之漁貨交易明細或相關漁產運銷計價單、交易證明單等證據，以資佐證

---

[38] 行政院勞工委員會92年2月12日勞保1字第0920006320號函參照。

其確有從事漁業勞動的事實。綜合而言，原告於系爭十餘年期間係以從事葬儀社業務維生，僅於2003年7月27日、2003年12月14日及2006年5月7日等三次跟隨該船筏進出港捕魚，其顯非「無一定雇主或自營作業」之漁民，已甚明確[39]。

三、第7條之個別問題

依據第7條規定，「前條第一項第一款至第三款規定之勞工參加勞工保險後，其投保單位僱用勞工減至四人以下時，仍應繼續參加勞工保險。」本條係跟隨第6條第1項第1款至第3款規定而來，同樣係採取列舉規定（第1款與第3款）與概括（第2款）規定並列的規範模式，而其有關事業單位（廠場或事業單位）的範圍及員／勞工的概念（或5人員工的計算基礎），也應與第6條的規定做相同的解釋。

如前所述，第6條規範的重點，係勞工負有強制加保的義務。因此，即使投保單位僱用勞工減至4人以下時，勞工仍應繼續參加勞工保險。由於第6條第1項第4款至第8款規定並無最低僱用人數的要求，所以第7條也未提及。

第三節　職業工會加保之法律問題

第一項　勞保條例第6條第1項第7款職業工會與工會法第6條第1項第3款職業工會之差異

職業工人（即無一定雇主之勞工及自營作業者）與職業工會間的法律關係為何？繫之於此一職業工會的角色。首先，勞保條例第6條第1項第7款之職業工會與工會法第6條、第9條的職業工會，組成分子、組織目的、工會實質成立要件並不相同（學者及實務似乎均無此一認識）。勞保

39 高雄高等行政法院100年度訴字第627號判決參照。

條例第6條第1項第7款之職業工會是否必須為法人組織，似乎也有疑問。工會法中之職業工會，目的在追求勞動條件的改善，具有法人身分，係由相關職業技能的勞工結合而成，採取自由入會，工人並不會因不加入工會而不得執業。而勞保條例之職業工會則由自營作業者（部分具有資方的身分）、無一定雇主之勞工參加而成。主要目的在經由職業工會投保勞工保險及健康保險。因此，解釋上其並不受工會法第9條第2項單一職業工會的限制，其也不受工會實質成立要件的拘束。以勞保條例第6條第1項第7款之職業工會而言，其主要目的既然是在參加勞工保險，所以，在職業工人領取老年年金後，即應辦理退保（勞保條例第58條第3項參照），至於職業工會得否以「已領取老年給付」作為退會條件，只要未涉及歧視問題，似應持肯定的見解[40]。

雖然第6條係強制入會（有工作能力及工作事實者），但自營作業者、無一定雇主之勞工不加入工會，並無任何制裁，實質上等同自由入會【案例1(3)】。雖然實務上有認為職業工會未為職業工人加保者，應依第72條規定予以制裁[41]。但是，第72條明定「自僱用之日起」，可知其只適用於具有僱傭關係的投保單位，而不及於職業工會。這也是中央勞政機關的看法。

由此可知，勞保條例第6條第1項第7款之職業工會係立法者基於擴大勞保適用範圍的考量，所創設的特殊的人民團體制度。雖然如此，職業工人與職業工會間，仍然是會員關係，而非勞動關係或委任關係。職業工人經由職業工會投保勞工保險，或者退保、請領給付，並無須再訂定一委任契約，職業工會也並非職業工人參加勞工保險的履行輔助人[42]，也並非照

---

40 反對說，可參照台中高等行政法院105年度訴字第189號判決。該判決以爲勞工基於憲法第14條之結社自由、兩公約、工會法第4條第1項，即可不受任何限制地要求加入工會（所謂「職業工會不得拒絕具有會員資格者入會」）。此一見解似有疑問，蓋工會本得設定參加工會的資格或條件，只要不違反禁止歧視原則即可。見解同樣有疑義者，台北高等行政法院100年度訴字第174號判決。

41 最高行政法院102年度判字第633號判決參照。

42 反對說，郭玲惠，勞工及就業保險法釋義，頁58、65-68。

顧義務的表現，而是職業工會負有應為職業工人加保的公法義務。職業工人在完成入會手續後〔或者經理事會審查通過，或者經理事會審查通過後仍須辦妥入會手續，或者理事會授權理事長（常務理事）先行批可入會〕，即可參加勞工保險[43]。

對於已領取勞工保險老年給付及年逾65歲已領取其他社會保險養老給付者再從事工作，或於政府登記有案之職業訓練機構接受訓練者，投保單位（含職業工會）得為其辦理僅參加職業災害保險[44]。

第二項　勞保條例第6條第1項第7款職業工會屬強制加保之爭議

依勞保條例第6條第1項第7款規定，職業工人屬強制性投保對象。然而，無一定雇主的勞工或自營作業者之從事有經濟性價值的生產活動，並非以參加職業工會為前提，所以，也只在其有意願透過職業工會加保時，才會透過工會完成申報加保手續。可以說，職業工人擁有是否加保的決定權。學者間也有認為此一強制加保，只是開一方便門而已。自營作業者、無一定雇主之勞工得自行決定是否加保，即具有保險自由。只是，此係從職業團體保險轉向「全民保險」的重要環節設計[45]。在政策上自1979年開始將其納入勞工保險，從社會保險適當性原則觀之，其手段符合目的性[46]。本書則以為從給付內容觀之，已經超出醫療保險的給付，甚至及於年金保險，再加上非法留在職業工會者（即不參加國民年金保險者），使

43 內政部74年10月3日台內社字第3431137號函、75年10月30日台內社字第451509號函參照。

44 勞動部103年11月19日勞動保3字第1030140437號令參照。

45 可以思考的是，勞動部103年11月19日勞動保3字第1030140437號令是否也含有此種思想？

46 鍾秉正，勞工保險自營作業者之投保薪資爭議—最高行政法院102年度判字第633號判決，收錄於：勞工保險條例精選判決評釋，2016年8月，初版一刷，頁1以下。本書以爲，這畢竟與工會法第7條企業工會的強制入會不同。

得保險適當性受到動搖。這主要是保險資料（尤其是工作時間及薪資）查核上的困難（勞保條例第10條、勞保條例施行細則第10條第3項參照）。這也顯現出其所隱藏的道德風險，要高於一般的勞工。

至少，無一定雇主的勞工實際上為受僱勞工，本應以雇主為投保單位而強制加保，並且不准其任意退保。第7款准其經由職業工會加保，應是考量其經常轉換雇主，如頻繁加退保恐對生活造成困擾所致。但非謂其不得由雇主為之加保。又，即使是職業工人，對於拒繳保費之被保險人也不得准予退保，否則，不僅對應予保障之對象無法悉予納入，難以促進社會安全，且恐將產生健康者以拒繳保費為手段不參加保險，待其須要保險保障時再行加入，易造成巧取保險給付，有違社會保險納費互助、危險分擔之原則。因此，對於拒繳保費者，應依據勞工保險條例第17條第4項規定予以處理[47]。由於職業工人收入不穩定，因此，相較於受僱勞工，中央政府給予較高的保費補助。依據勞保條例第15條第2款規定，「第六條第一項第七款規定之被保險人，其普通事故保險費及職業災害保險費，由被保險人負擔百分之六十，其餘百分之四十，由中央政府補助。」依本書所見，相較於受僱勞工之10%補助，職業工人獲得40%補助，似有違反平等原則之嫌。

為配合基本工資調整，勞工保險投保薪資分級表第一級自2012年1月1日起修正為18,780元（2018年1月1日修正為22,000元），中央勞政機關核定職業工會被保險人之月投保薪資應依該表第一級起覈實申報[48]。也就是說，自2012年1月1日起，職業工會被保險人與受僱勞工被保險人的月投保薪資，都是依該表第一級起覈實申報。

其次，加保人為自營作業者、無一定雇主之勞工。所以，無工作者並不得參加，而應參加國民年金保險。依據勞保條例施行細則第11條第2項規定，「本條例第六條第一項第七款及第八款所稱自營作業者，指獨立從事勞動或技藝工作，獲致報酬，且未僱用有酬人員幫同工作者。」可知

47 內政部75年4月3日台內社字第392224號函參照。

48 行政院勞工委員會100年12月6日勞保2字第1000140436號函參照。

其係獨立從事勞動或技藝工作之人（例如攤販）。其需獨自面對企業經營的風險及社會風險，因此具有保障的必要性。依據中央勞政機關的見解，並不問自營作業者有無辦理營業（利）登記及有無領有統一發票購票證或稅籍編號[49]。而且，即使配偶、直系血親、媳婦及入贅女婿無償隨（幫）同工作，亦無損於其自營作業者（稱為「固有自營作業者」）的身分。配偶、直系血親、媳婦及入贅女婿（稱為「幫同自營作業者」）亦得以自營作業職業工人的身分參加勞工保險。依本書所見，自營作業者固然得在無酬人員幫同工作者參加勞工保險，但是，配偶、直系血親、媳婦及入贅女婿是否亦得參加勞工保險？並非無疑。尤其是自營作業者已經辦理營業（利）登記及領有統一發票購票證或稅籍編號之情況，無酬幫忙並非是當然之事（「幫同自營作業者」與「固有自營作業者」有簽訂僱傭契約、給付報酬？）。此處還須考慮此類人員投保薪資之計算問題，即其是否比照自營作業者的投保薪資？

依據汽車運輸業管理規則第95條第2項至第4項規定，個人經營計程車客運業者，不得僱用他人。其即非勞工保險條例規定之投保單位，亦不得僱用員工，又非屬實際從事勞動之雇主（勞保條例第8條第1項第3款參照），自不得成立投保單位單獨辦理加保。惟若符合上開條例第6條第1項第7款規定，為無一定雇主或自營作業而參加職業工會者，應由職業工會辦理參加勞保[50]。

第三項　職業工人以職業工會加保之問題

依據勞保條例施行細則第9條規定，「無一定雇主或自營作業而參加二個以上職業工會為會員之勞工，由其選擇主要工作之職業工會加保。」限制無一定雇主之勞工或自營作業者只能加入一個職業工會，並以其本業

49 勞動部105年6月27日勞動保2字第1050140323號令、行政院勞工委員會82年11月27日（82）台勞保1字第69830號函、85年7月4日（85）台勞保3字第123977號函參照。

50 行政院勞工委員會88年1月19日（88）台勞保2字第002704號函參照。

為準。無一定雇主之勞工或自營作業者僅在從事本業時發生意外，始為職業災害，反之，在從事副業時發生意外，則為普通災害[51]。

依據勞保條例施行細則第26條規定，在被保險人所屬投保單位非本業隸屬之職業工會、或本業改變而未轉投本業隸屬之職業工會時，保險人於知悉後應通知原投保單位轉知被保險人限期轉保。這表示：加保時如無從事本業工作，而僅嗣後臨時從事工作（本業或副業），亦不得享有勞工保險權利[52]。本書以為這是基於在職保險的理論而來，而與勞保條例施行細則第26條規定較無關係。

須注意者，部分職業工會之接受入會申請，係以具有一定的資格或專業證照為前提[53]，例如欲參加接骨服務職業工會者，依「國術損傷接骨技術員管理辦法」之規定，領有國術損傷接骨技術員登記證者始得加入工會。所以，接骨服務職業工會申報會員加保，仍應以確實領有國術損傷接骨技術員登記證，並實際從事本業工作之無一定雇主或自營作業之勞工為限[54]。依本書所見，雖然其需加入組織區域內〔直轄市或縣（市）〕的職業工會，但其執業並無須受到組織區域的限制，如此，如其因執行職務受傷，其職業災害的認定始不會受到影響。

第四項　職業工人認定職業災害之特殊問題

如上所述，職業工人雖應在所屬工會組織區域（○○市、○○縣）內實際從業，始得由該地區之職業工會加保[55]。但其職業災害發生地不以所參加之職業工會所在地為限，而是以其執行職務之地為準，甚至可及於境／國外（例如出差、派遣出國服務）。所以，相較於受僱於固定雇主的勞工，無一定雇主之勞工與自營作業者（含「固有自營作業者」及「幫同自

51 反對說，行政院勞工委員會97年10月20日勞保3字第0970079500號令參照。

52 台中高等行政法院99年度訴字第357號判決參照。

53 行政院勞工委員會85年7月4日（85）台勞保3字第123977號函參照。

54 行政院勞工委員會88年1月21日（88）台勞保2字第001444號函參照。

55 第一章案例1(1)說明參照。

營作業者」）具有變動中的工作與私人領域混合的特色，亦即：一、無固定工作時間。二、無固定工作地點（影響通勤地的區域路線），尤其是以移動勞動者（Mobile worker）的方式在移動職場到處工作者。三、甚至無固定的工作內容（從事不同的工作）。四、特定職業工人的就業場所與家庭等住居處所在同一地點，例如食品加工製造（豆類食品等）。這些都會影響職業傷病的發生率及認定的困難。

先就職業工人遭遇職業傷病的覈實審查而言。依據勞保條例第42條規定，「被保險人合於左列規定之一，經保險人自設或特約醫療院、所診斷必須住院治療者，由其投保單位申請住院診療。但緊急傷病，須直接住院診療者，不在此限。一、因職業傷害者。二、因罹患職業病者。三、因普通傷害者。四、因罹患普通疾病，於申請住院診療前參加保險之年資合計滿四十五日者。」第42條之1規定，「被保險人罹患職業傷病時，應由投保單位填發職業傷病門診單或住院申請書（以下簡稱職業傷病醫療書單）申請診療；投保單位未依規定填發者，被保險人得向保險人請領，經查明屬實後發給（第1項）。被保險人未檢具前項職業傷病醫療書單，經醫師診斷罹患職業病者，得由醫師開具職業病門診單；醫師開具資格之取得、喪失及門診單之申領、使用辦法，由保險人擬訂，報請中央主管機關核定發布（第2項）。」第52條第1項規定，「投保單位填具之門診就診單或住院申請書，不合保險給付、醫療給付、住院診療之規定，或虛偽不實或交非被保險人使用者，其全部診療費用應由投保單位負責償付。」所以，職業工會對於職業工人是否為職業傷病，負有覈實審查及據實填寫表格的義務。

在實務上，是否為從事職務的傷病，中央勞政機關認為，「本案職業工會會員裝修自有房屋，係為改善自有居住環境之私有行為，非受僱賺取工資，其於裝修自有房屋受傷，核與職災保險給付之規定不符。」[56]「有關木工業職業工人修繕自有房屋發生意外，因係為改善自有居住環境

[56] 行政院勞工委員會87年6月25日（87）台勞保3字第026298號函參照。

之私人行為，非受僱從事工作所致之傷害事故，核與勞工保險被保險人因執行職務而致傷病審查準則第3條第1項之規定不符，無法予以職災保險給付。」[57]「職業工人在家從事本身相關之行業（工作），如其勞務之提供並非為獲取工資或報酬，核屬私人行為，該等行為非屬執行職務，不符請領職災保險給付相關規定。」[58]

也是與是否從事職務而致的傷病有關，但較為複雜是：多重工作下職業災害歸屬與認定的困難，這是指在非所屬工會之專業領域工作之職業災害。對此，中央勞政機關認為，「無一定雇主之職業工人經由職業工會參加保險，其從事與本業專長性質相同之工作而致傷害，得視為職業傷害。」[59]「核釋勞工保險條例第2條第2款、第6條第7款及第8款規定，無一定雇主或自營作業而參加職業工會者、漁會之甲類會員，因從事非本業或與本業專長無關之工作，於工作場所因執行職務而致傷病者，得請領職業災害保險給付。」[60]本書以為後一號函釋的見解屬可疑。例如，參加木工業職業工會的工人在從事辦桌的外燴工作時受傷，實不得將之認為職業災害，而只是普通傷病而已【案例1(4)】。

倒是，中央勞政機關認為，「勞保被保險人因從事二份以上工作而往返就業場所間發生事故而致之傷害，得視為職業傷害。係指被保險人為執行職務，於前一就業場所逕赴另一就業場所之合理交通途徑而言，不因被保險人係一般受僱勞工或職、漁業工會會員而有所差別。另參加職業工會之被保險人於假日臨時從事非本業或與本業專長無關之工作，於往返日常居、住處所及就業場所應經途中之事故，非屬前開得請領職業災害保險給付之範圍。相關案件應依上開規定視個案事實認定。」[61]或許，這是在限縮上述函釋「因從事非本業或與本業專長無關之工作，……，得請領職業

---

[57] 行政院勞工委員會91年7月4日勞保3字第0910034305號函參照。

[58] 行政院勞工委員會101年6月13日勞保3字第1010140238號函參照。

[59] 行政院勞工委員會85年10月18日（85）台勞保3字第135973號函參照。

[60] 行政院勞工委員會97年10月20日勞保3字第0970079500號令參照。

[61] 行政院勞工委員會98年7月17日勞保3字第0980019382號函參照。

災害保險給付」的適用範圍。

再一言者，依據中央勞政機關的見解，「有關產業工會之職員，依現行工會法規定，係指經由工會法依法選任之理事、監事而言。因理、監事之職係兼任職務、非從事雇主交付之本職工作，故該等人員因辦理工會事務而發生意外事故時，其勞工保險給付之審核，仍應依『勞工保險因執行職務而致傷病審查準』有關規定，就個案發生之事實情況予以認，前經本會77年1月12日（77）台勞保2字第8053號函復台灣省政府社會處在案。」[62]又，「依據勞工安全衛生法第2條第4項所稱之職業災害，謂勞工就業場所之建築物、設備、原料、材料、化學物品、氣體、蒸氣、粉塵等或作業活動及其他職業上原因引起之勞工疾病、傷害、殘廢或死亡。故工會幹部執行各項會務發生事故，如與作業活動或執行事業單位之職務無關，不宜以職業災害論。」[63]此兩號函釋似乎都是針對企業工會幹部而為，即其若是因為執行工會會務而傷亡，則只是普通災害而已。

最後，依據中央勞政機關的見解，「依勞動基準法第59條第1項『勞工因遭遇職業災害而致死亡、殘廢、傷害或疾病時，雇主應依左列規定予以補償。但如同一事故，依勞工保險條例或其他法令規定，已由雇主支付費用補償者，雇主得予以抵充之。』之規定，本案雇主既未為勞工申報加保，而由職業工會加保，發生職業災害時，其所領之勞保職業災害給付，雇主自不得予以抵充。」[64]本書以為此一見解可採。

第五項　職業工人請領老年給付問題

這主要是涉及到勞保條例第58條之「同一投保單位」問題。本來，依據勞保條例施行細則第77條規定，「本條例第五十八條第二項第三款所稱在同一投保單位參加保險，指下列情形之一者：一、被保險人在有隸屬關

---

[62] 行政院勞工委員會77年6月13日（77）台勞保2字第11404號函參照。

[63] 行政院勞工委員會78年9月5日（78）台勞保2字第20863號函參照。

[64] 行政院勞工委員會78年9月26日（78）台勞動3字第23866號函參照。

係之雇主、機構或團體內加保。二、被保險人在依法令規定合併、分割、轉讓或改組前後之雇主、機構或團體加保。三、被保險人在依公營事業移轉民營條例規定移轉民營前後之雇主、機構或團體加保。」但是。不同職業工會間是否為「同一投保單位」，應該是指勞保條例施行細則第26條「本業隸屬之職業工會」而言。

對此，中央勞政機關認為，「被保險人於同一職業工會先後以會務人員及工會會員身分加入勞保，保險證號雖不同，仍可視為『同一投保單位』加保。」[65]至於「同一區域內之汽車駕駛員職業工會及計程車駕駛員職業工會分屬獨立之勞工團體核非同一投保單位。」[66]但是，「因82年修正產業工會、職業工會分業標準表致由汽車駕駛員職業工會轉投計程車駕駛員職業工會加保」，則為同一投保單位[67]。又，「被保險人在花蓮縣理燙髮美容業職業工會及花蓮縣男子髮藝造型職業工會加保之年資，得否認定為同一投保單位之保險年資案。查被保險人目前所參加保險之職業工會，如係原參加職業工會因職業分類漸趨專業化，而再細分之業類所成立者，依行政院勞工委員會90年5月24日函釋，其被保險人於前揭投保單位前後加保之年資，得視為同一投保單位之保險年資。」[68]

---

[65] 行政院勞工委員會85年10月14日（85）台勞保2字第137598號函參照。

[66] 行政院勞工委員會81年4月1日（81）台勞保2字第09297號函參照。

[67] 行政院勞工委員會90年5月24日（90）台勞保2字第0020859號函參照。

[68] 行政院勞工委員會94年11月23日勞保2字第0940059583號函參照。

第六章 勞工保險自願加保之法律問題（境外僱用等）

案例1

乙係一在中國境內設立有一關係企業（丙）的企業。由於業務聯繫上的需要，乃徵求一駐在當地工作的人員，並且定時及不定時地回台報告業務狀況。甲長期居住在中國境內，遂向乙應徵並獲得錄取，並隨即在當地工作（台北高等行政法院100年度訴字第1767號判決）。

(1) 甲係與乙或丙成立僱傭關係？或者係多重僱傭關係？如何判斷？

(2) 如甲係被乙借調或出差至中國工作者，其是否繼續適用台灣的勞工保險？

(3) 如甲係受丙僱用，則甲乙得否約定加保台灣的勞工保險？

(4) 假設（案外人）A係移居國外的無工作者，其得否加保我國相關的職業工會，以將其移民前的勞保年資接續下去？理由？

第一節 前言

勞工保險除了強制加保及不得／禁止加保（例如初次申請加保已逾65歲之勞工[1]）之外，基於一定政策的考量，勞保條例並且設有自願／任意加保（勞保條例第8條第1項）及繼續加保的規定（勞保條例第9條、第9條之1參照）。另外，性別工作平等法（第16條第2項參照）及勞工職業

1 行政院勞工委員會102年1月16日勞保2字第1020140029號函參照。

災害保險及保護法（第77條參照）也有自願繼續加保的規定。尚且，中央勞政機關透過函釋，將不同的案例解釋為勞保條例第8條第1項第1款所指之情形。這一切，似乎會造成自願加保欲大不小的結果。甚至，部分函釋認定的自願加保，似乎已逾越當初立法的目的。例如勞動部103年11月19日勞動保3字第1030140437號令所認定之自願加保（已領取勞工保險老年給付及年逾65歲已領取其他社會保險養老給付者再從事工作或於政府登記有案之職業訓練機構接受訓練者，投保單位得為其辦理僅參加職業災害保險），可謂係一獨立的自願加保類型。

以下，即將自願加保及繼續加保歸納為三個類型而說明之。須注意者，此處所指的自願加保／任意保險的種類，其自願加保者究係指勞工／被保險人或雇主／投保單位，應視每個條文的規定用意而定，並非全指勞工有權決定是否加保而言，有者為雇主有權不為勞工加保。區分自願加保的決定權者，始能確定勞保條例第72條有無適用的餘地。

依據中央勞政機關的見解[2]，依勞工保險條例第8條準用第6條之規定，雇主依第8條第1項第1款至第2款規定成立投保單位者，應為所僱用之全部員工辦理參加勞工保險，以保障渠等員工之勞保權益。這表示：在勞保條例第8條之情形，一旦雇主成立投保單位為第1項第1款、第2款的人員加保，其即已喪失自願為勞工加保的資格，而成為強制加保的身分矣。連帶所及者，如雇主未為嗣後所僱用之勞工參加勞工保險，即會受到勞保條例第72條第1項規定之制裁。依本書所見，針對第1款、第2款的工作者的要求加保，雇主基於勞動契約的保護照顧義務，並不得拒絕，必要時應先成立投保單位。一旦如此，第72條第1項即有適用餘地。相反地，上述之勞動部103年11月19日勞動保3字第1030140437號令既認為投保單位得決定是否為已退休者辦理僅參加職業災害保險，則在其決定不辦理加保時，自然無行政制裁可言。

---

2 勞動部103年6月27日勞動保2字第1030140226號函參照。

第二節　配合第6條強制加保的擴大被保險人範圍

這是指勞保條例第8條的自願加保而言。依據第8條規定，「左列人員得準用本條例之規定，參加勞工保險：一、受僱於第六條第一項各款規定各業以外之員工。二、受僱於僱用未滿五人之第六條第一項第一款至第三款規定各業之員工。三、實際從事勞動之雇主。四、參加海員總工會或船長公會為會員之外僱船員（第1項）。前項人員參加保險後，非依本條例規定，不得中途退保（第2項）。第一項第三款規定之雇主，應與其受僱員工，以同一投保單位參加勞工保險（第3項）。」

本條係在勞保條例第6條強制加保規定外，政策上基於擴大被保險人範圍的考量，所做的任意加保的特殊規定。依據第8條第1項本文規定，「左列人員得準用本條例之規定，參加勞工保險：……。」依據同條第2項規定，本條的自願加保對象雖得自主選擇是否投保，惟一旦投保即不得任意退保。

第一項　自願加保的主體（決定權人）

在此，應注意者，依據勞保條例第9條「被保險人……得繼續參加勞工保險」，明確地以被保險人為決定主體，再加上勞保條例施行細則第21條第1項規定，「本條例第九條及性別工作平等法第十六條第二項規定之被保險人願繼續加保時，投保單位不得拒絕。」相對地，第8條則顯得較為暗昧。也就是說，解釋上有可能第8條第1項各款之當事人向僱用單位或相對人表示欲加保時，僱用單位或相對人並不得拒絕；反之，另一種解釋為即使當事人向僱用單位或相對人表示欲加保時，僱用單位或相對人仍得予以拒絕。意即僱用單位或相對人為決定人。中央勞政機關已經廢止的函釋採取前說，惟目前已改採後說[3]。本書也以為第8條第1項各款仍應與第

3　勞動部103年6月27日勞動保2字第1030140226號函參照。台灣高等法院107年度勞上字第103號民事判決似乎也是採取此種看法。

9條各款有所區隔，蓋後者各款的被保險人已與投保單位具有參加勞工保險的關係，故令雇主負擔較重的義務。惟第8條第1項第1款、第2款的當事人與僱用單位或相對人尚無參加勞工保險的關係，而且，第3款為委任關係，第4款則是更為特殊的會員與海員總工會或船長公會的關係，似乎不宜加以僱用單位或相對人不得拒絕加保的義務。倒是，第8條第1項第1款、第2款、第3款、第4款人員表示自願加保的時點，都不限於進入事業單位時，而是可以在進入事業單位之際或者之後工作期間的任一個時點。但該等人員也可能自始至終均無參加勞工保險的意思表示。

雖然如此，仍應從第8條的立法方式思考其規範意旨。首先，本條的立法體例，係採取準用本條例之規定之方式。所謂「準用」，係法學方法之運用，指某事項所定之法規，於性質不相牴觸之範圍內適用於其他事項的意思，換言之，準用非完全適用所援引之法規，而僅在應予準用事項之性質所許可之範圍內，始能為類推適用而已[4]。其次，由於第8條第1項各款的立法選擇不同，第1款重在「行業」、第2款重在「僱用人數」、第3款重在「實際從事勞動的雇主的身分」、第4款則為「外僱船員」，因此，理論上有可能發生準用的解讀及其範圍不同的差異。

換言之，針對第1款及第2款之員工，應從員工的角度來解讀準用的意義。即該等人員雖非強制加保，但其如有參加勞工保險的意願，即應加以尊重，並課雇主給予如同第6條第1項第1款至第6款員工相同的加保的照顧義務。也就是說，一旦第1款及第2款之個別員工表示參加勞工保險的意願時，雇主即應為之加保，不得拒絕。在此，並不會使無意參加勞工保險的員工被強制加保，同樣地，即使事業單位已成立投保單位，也不會使後來新進的員工強制加保，而是新進員工仍得自行決定是否參加勞工保險[5]。所以，有可能發生部分員工未加保的現象。此處，相較於第1款，第2款規

4 行政院勞工委員會，勞工保險條例逐條釋義，2011年12月，頁70以下。

5 反對說，行政院勞工委員會80年9月19日勞保2字第24691號函，「受僱於僱用員工未滿5人之事業單位之部分工時人員得自願加保，惟該單位如已爲所屬員工申報加保者，其僱用之部分工時人員，亦應辦理加保。」

定具有明確性及具體性（只適用於受僱於僱用未滿5人之第6條第1項第1款至第3款規定各業之員工），因此，如一員工同時符合第1款及第2款的適用對象，則應優先適用第2款規定。

在具體的個案上，員工受僱於第1款及第2款的事業單位，如果已表示希望參加勞工保險的意願，雇主即應為之加保。同樣地，如果員工已向雇主詢問參加勞保的可能性或拒絕經由職業工會加保，亦應解釋為已表達參加勞工保險之意。不同的是，如果員工拒絕雇主為之加保的要求、表示先考慮看看後再決定是否要加保、未有加保的意思表示（默不作聲）、未詢問雇主加保的情事（含只向其他員工詢問）或已經由職業工會加保或表示欲經由職業工會加保者，均應將之解釋為無參加勞工保險的意願。果然如此，則法院實務有認為，「倘為受僱於未滿5人行號之員工，其員工雖亦『得』以行號為投保單位，參加勞工保險，惟法律並未規定應予強制投保，故倘雇主並未以行號為投保單位為其投保，縱勞工因此受有投保負擔差額之不利益，尚不得向雇主請求賠償。」[6]似乎即有不足之處。法院似應究明勞工到底有無參加勞工保險的意思表示或行為，而後再做定奪。

相反地，針對第3款實際從事勞動之雇主及第4款之外僱船員，係基於勞工保險政策上的特殊考量，而非出自於事業單位及海員總工會或船長公會為之加保的保護照顧義務，第3款及第4款人員需要納入勞工保險的必要性也不及於第1款及第2款之員工，因此，事業單位得基於本身利益的考量，拒絕實際從事勞動之雇主或外僱船員參加勞工保險的請求。這也與事業單位是否已成立投保單位無關。

附帶一提者，除了上述第8條第1項第1款、第2款與第3款、第4款不同的自願加保的模式外，是否尚有其他自願加保的案例？吾人如從中央勞政機關的函釋中，似乎可以發現有類推適用第8條第1項第3款、第4款之處理方式者，其合法性實令人懷疑。一者，針對靠行車主及其所僱員工之參加勞工保險，如該公司、行號願為靠行車主及其所僱員工申報加保時，

6　台灣高等法院107年度勞上字第103號民事判決參照。

依勞工保險條例第8條規定，得以自願加保方式辦理加保[7]。二者，針對年逾65歲已領取公教人員保險養老給付、軍人保險退伍給付、老年農民福利津貼或國民年金保險老年年金給付者，如再從事工作或於政府登記有案之職業訓練機構接受訓練，投保單位亦得為其辦理僅參加職業災害保險[8]。此一僅能請求投保單位辦理參加職業災害保險的法律狀態，並未因2019年11月15日三讀通過的「中高齡者及高齡者就業促進法」而有所改變，亦即該法並無中高齡者或高齡者參加勞工保險的特別規定。即使該法第1條第2項亦是規定，「中高齡者及高齡者就業事項，依本法之規定；本法未規定者，適用勞動基準法、性別工作平等法、就業服務法、職業安全衛生法、『就業保險法』、職業訓練法及其他相關法律之規定。」也就是說，就業保險法第5條第1項規定，「年滿十五歲以上，六十五歲以下之下列受僱勞工，應以其雇主或所屬機構為投保單位，參加本保險為被保險人：……。」此一「十五歲以上，六十五歲以下」的加保年齡，並未被「中高齡者及高齡者就業促進法」所修正。

第二項　「準用本條例之規定」之意義

其次，有問題的是，所準用之「本條例之規定」究竟有哪些？對此，關於勞保法令已有特別規定者，當然不在準用之列。例如第8條第2項「前項人員參加保險後，非依本條例規定，不得中途退保。」這表示：前項人員之退保，係直接適用本條例規定，包括勞保條例施行細則之規定。至於第3項「第一項第三款規定之雇主，應與其受僱員工，以同一投保單位參加勞工保險。」反面解釋，其退保只要依據第2項規定即可。另外，依據第15條第1款及第4款，已就第8條第1項第1款至第4款人員的保險費加以規定，故無準用的必要。再者，從第1項各款人員觀之，立法者已明確表達所擴大加保之對象，因此，未符合勞保條例第6條第1項參加勞工保險條件

7 行政院勞工委員會77年8月31日（77）台勞2字第24251號函參照。

8 勞動部103年11月19日勞動保3字第1030140437號令參照。

的外國籍勞工，並不得主張準用本條例規定。同樣地，在外國受僱的我國人民，也不得主張類推適用第8條第1項第4款規定。

依本書所見，「本條例之規定」應包括參加勞工保險的年齡、加退保的相關手續（勞保條例第10條）、退保後再參加保險時，其原有保險年資應予併計，以及保險給付之相關規定等。至於加退保的相關時間點則不準用勞保條例第11條規定，這是因為第8條第1項第1款至第4款之人員或許在進入事業單位一段期間後，方才表示要參加勞工保險。而在罰則部分，是否亦得準用？並非無疑。蓋根據依法行政原則，必須以法律明定行為人的法律制裁，而不得以準用或類推適用的方式為之。本來，如回歸任意加保之原旨，即使第8條第1項第1款至第4款之人員向事業單位或海員總工會或船長公會表示加保之意願時，事業單位或海員總工會或船長公會得為不同意之意思表示，如此，兩方當事人均不會受到勞保條例第70條至第73條之適用。然而，如依中央勞政機關之函釋，在事業單位成立投保單位為受僱勞工參加勞工保險後，即應依照強制加保的規定，為現在及未來進入事業單位的勞工辦理加退保（第3款之實際從事勞動之雇主及第4款之外僱船員不在適用之內），果如此，勞保條例第70條至第73條即有其適用之餘地。而依本書所見，由於第8條第1項第1款至第4款自願加保的決定權人不同，在第1款及第2款為受僱員工，在第3款及第4款為事業單位與海員總工會或船長公會，因此，勞保條例第70條至第73條對於第1款及第2款有其適用，對於第3款及第4款則無適用餘地。

第三項　第8條為第6條的補充規定的辯正

最後，從立法體例來看，自願加保與強制加保形成並立的態勢，共同構成參加勞工保險的入門閥，惟一旦參加勞工保險後，勞工保險當事人及關係人的權利義務並無不同。此種分別針對強制加保及自願加保規定其適用的行業、人員，並給予自願加保勞工選擇權的不同設計，係立法者基於比例原則的要求，考量勞工受到勞工保險保障的必要性及其繳交保費的負擔能力，所設計的相輔相成制度。兩者間各有其功能與任務，並無孰先孰後或優先選擇「第6條」、其次選擇「第8條」的排序問題。理論上，除了法定的強制加保及自願加保適用的行業、人員外，並不容許勞政機關以解釋的方式，以準用或類推適用的方法，將其他的行業或人員納入適用。就此觀之，中央勞政機關認為已依法辦妥財團法人登記之寺廟，依本部68年9月8日台內社字第28616號函釋，應屬勞工保險條例第6條第1項第3款所稱「公益事業」範圍，其所僱員工應為勞工保險條例強制投保之對象；至未辦妥財團法人登記之寺廟，可依同條例第8條規定，自願參加勞工保險[9]。其似將第8條作為「參加勞工保險的補充規定」，見解似不可採。依本書所見，第8條第1項第1款（及第2款）之各個行業，仍然係以完成登記者為限。否則，針對第6條第1項第1款、第2款及第5款之事業單位，是否亦可比照辦理？

另外，職工福利委員會經向主管機關依法申請設立，且屬公益團體者，其僱用人員逾5人以上，依上開規定應為其所屬員工申報加保；如僱用人員未滿5人得依同條例第8條第1項第2款自願加保；若非屬公益團體且未辦理法人登記者，得依同條例第8條第1項第1款自願加保[10]。其所謂「若非屬公益團體且未辦理法人登記者，得依同條例第8條第1項第1款自願加保」的見解，即屬可疑。

其次，其認為：以工代賑臨時工與市政府間如係「私法僱傭關係」，仍應依前揭第6條規定辦理參加勞保，惟如係「公法救助性質」之範疇，得準用同條例第8條規定之精神辦理加保[11]。其見解並不正確，蓋以工代賑臨時工為公法上救助關係，並非私法僱傭關係，而且，公法上救助關係並不得準用勞保條例第8條參加勞工保險，而是禁止加保的對象。

同樣有誤的是，中央勞政機關認為農民健康保險之被保險人，於參加政府基於公法救助目的所辦理之短期就業輔導措施或職業訓練期間，得選擇參加勞工保險並退保農民健康保險，或繼續參加農民健康保險並僅參加

---

9 內政部71年11月3日台內社字第115931號函參照。

10 行政院勞工委員會81年1月20日（81）台勞保2字第34454號函參照。

11 行政院勞工委員會91年3月19日勞保2字第0910010668號函參照。

勞工保險職業災害保險[12]。正確而言，公法救助關係並非勞動關係，並不得參加勞工保險。

同樣犯有錯誤者，針對「多元就業開發方案」等政府基於公法救助目的辦理之短期就業計畫，中央勞政機關認為，「政府基於公法救助目的辦理之短期就業計畫，進用人員於進用期間，進用單位應依上開規定為其辦理參加勞工保險，目的係藉由勞工保險體系保障其生活安全。原以職業工會或漁會為投保單位之無一定雇主或自營作業勞工，如參加前開短期就業計畫或另受僱於有一定雇主者，應由進用單位或雇主為其辦理參加勞工保險。又前開被保險人若仍從事其他工作並符合勞工保險條例第6條第1項第7款及第8款規定者，仍得由職業工會或漁會繼續辦理加保，惟因勞工保險屬綜合保險性質，依上開規定辦理加保者，不得僅單獨參加職業災害保險。」正確而言，公法救助關係既非勞動關係，原以職業工會或漁會為投保單位之無一定雇主或自營作業勞工，如參加前開短期就業計畫，並不得轉由晉用單位辦理參加勞工保險[13]。

第四項　第8條第1項各款的解析

一、受僱於第6條第1項各款規定各業以外之員工

首先，針對第8條第1項第1款「受僱於第六條第一項各款規定各業以外之員工」，依據勞保條例施行細則第8條規定，「本條例第八條第一項第一款所稱各業以外之員工，指中央主管機關核定准許投保之其他各業或人民團體之員工。」明定應以「核定准許」之其他各業或人民團體之員工為限。然而，我國中央勞政機關多以函釋解釋第1項第1款「受僱於第六條第一項各款規定各業以外之員工」之適用對象，但也有以行政指導加以具體化者，例如「本國籍家庭幫傭、居家式托育服務提供者參加勞工保險審

---

[12] 行政院勞工委員會95年6月15日勞保3字第0950029626號令、98年4月3日勞保3字第0980066722號函參照。

[13] 行政院勞工委員會95年9月14日勞保3字第0950114150號函參照。

查作業注意事項」[14]。這是否符合勞保條例施行細則第8條「核定准許」之要求？並非無疑。依本書所見，如能採取如勞基法第30條或第30條之1有關變形工時之「公告指定」之方式，應該較能符合立法意旨。

在此，須注意者，「各業以外」包括其他行業或非行業（即自然人）及人民團體，而非僅限於行業而已。所謂「人民團體」，應係指中華民國行業標準分類表中人民團體，包括工商業團體、自由職業團體、社會團體、政治團體／政黨等，但不包括職業工會外的勞工團體及漁會外的農民團體，因職業工會及漁會已分別在勞保條例第6條第1項第7款及第8款有所規定。至於此一「其他行業或非行業」，自然是指勞保條例第6條第1項第1款至第5款以外之行業，其與是否僱用5人以上並無必然關係。其中，最需要釐清的，係與第2款「公司、行號」概括規定的界線問題，也就是說，其必須是在營利性的各種公司組織（無限公司、兩合公司、有限公司、股份有限公司）及具有行號特質的獨資或合夥（商行、企業社與實業社）之外。理論上，既然是概括規定，則不在其內的行業即屬少數，或許，其重點是在「非行業」，例如自然人（律師、居家式托育服務或家事服務之雇主[15]等）之成立投保單位。在此，此一「非行業」（尤其是自然人）如欲成立投保單位，必須遵守勞保條例施行細則第13條第1項第8款「其他各業應檢附執業證照或有關登記、核定或備查證明文件。」的要求。所以，即使是就業保險法第5條第2項第3款「受僱於依法免辦登記且無核定課稅或依法免辦登記且無統一發票購票證之雇主或機構。」不得參加就業保險，如雇主或機構能符合勞保條例施行細則第13條第1項第1款至第8款的要求，其受僱勞工即得參加勞工保險。

就中央勞政機關有關勞保條例第8條第1項自願加保的函釋觀之，主要是集中在第1款之第6條第1項各款規定各業以外之「行業」及「自然人」。也就是說，該「行業」及「自然人」得否成立投保單位，為受僱

14 行政院勞工委員會92年7月24日勞保1字第0920035553號函同意備查、勞動部勞工保險局108年9月6日保納新字第10860317171號令發布。

15 本國籍家庭幫傭、居家式托育服務提供者參加勞工保險審查作業注意事項參照。

勞工參加勞工保險。包括受僱於宗教團體之神職人員[16]；企業工會為其秘書參加勞工保險者[17]；自然人僱用，有專門技術人員[18]、研究計畫主持人[19]、本國籍家庭幫傭、居家式托育服務提供者[20]等；外商辦事處或聯絡處[21]、公寓大廈管理委員會[22]、地方民意代表[23]、候選人或擬參選人[24]、巷弄長照站[25]等。

惟也有單純指出適用勞保條例第8條第1項，而本書以為應係第1款（及／或第2款）者，例如：未辦妥財團法人登記之寺廟[26]、受僱於僱用員工5人以上之短期補習班之員工[27]、公司、行號願為靠行車主及其所僱員工申報加保者[28]、未辦理工商登記，且無統一發票購票證或未編列稅籍

---

16 行政院勞工委員會77年9月1日（77）台勞保2字第18874號函參照。

17 依據行政院勞工委員會81年1月20日（81）台勞保2字第34454號函，「產業工會【作者按：目前已修正爲企業工會】屬人民團體，其僱用專職人員得依同條例第8條第1項第1款規定以所屬產業工會爲投保單位自願加保。」須注意者，企業工會之成立投保單位，係爲其所僱用的秘書，而非爲其會員辦理自願加保。依本書所見，如工會秘書未表示參加勞工保險之意，工會即無須成立投保單位。

18 行政院勞工委員會92年5月19日勞保2字第0920023259號令、95年2月10日勞保2字第0950003423號書函參照。

19 行政院勞工委員會92年10月27日勞保2字第0920053933號函參照。

20 行政院勞工委員會92年7月24日勞保1字第0920035553號函參照。

21 內政部71年7月14日台內社字第98515號函、行政院勞工委員會84年9月20日（84）台勞保3字第130948號、94年9月2日勞保2字第0940045694號函參照。

22 行政院勞工委員會92年7月15日勞保2字第0920034180號函、勞動部103年8月4日勞動保2字第1030140263號函參照。

23 行政院勞工委員會96年12月19日勞保2字第0960033846號函、98年6月22日勞保2字第0980076239號函參照。

24 行政院勞工委員會99年10月1日勞保2字第0990140423號函、勞動部104年7月3日勞動保2字第1040140347號函參照。

25 勞動部107年8月28日勞動保2字第1070140431號函、108年3月14日勞動保2字第10801401501號函參照。

26 內政部71年11月3日台內社字第115931號函參照。

27 內政部75年9月25日台內社字第441984號函參照。

28 行政院勞工委員會77年8月31日（77）台勞2字第24251號函參照。

之雇主[29]、以工代賑臨時工與用人單位間如係「公法救助性質」之範疇者[30]。

針對上述短期補習班員工之參加勞工保險，內政部75年9月25日台內社字第441984號函釋意旨略謂：「受僱於僱用員工5人以上之短期補習班之員工，因非屬勞工保險條例第6條第1項第1款至第3款規定之強制投保對象，故無上開條文之適用，惟該等人員如係該短期補習班之專任員工，仍可依同條例第8條有關自願加保規定，由該短期補習班為所屬全體員工申報加保。」目前仍然為行政機關及法院裁判所引用[31]。此類受僱員工僅應參加就業保險而已。雖然如此，本書以為時移勢遷，短期補習班也在提供一定的商業、文化及社會服務，實應探究短期補習班是否應歸納為勞保條例第6條第1項第3款之「文化、公益事業」或第2款之「公司、行號」，不宜不加分辨地「依同條例第八條有關自願加保規定申報加保」。所以說，本書以為此一函釋似有逾越母法的疑慮。

二、受僱於僱用未滿5人之第6條第1項第1款至第3款規定各業之員工

基於實際需要的考量，立法者在1988年2月3日修正增列本款。這形成與勞保條例第6條第1項第1款至第3款分立而治的態勢。立法者藉此給予微型的民營企業員工參加勞工保險的機會。只不過，相較於第6條第1項第4款至第6款並無僱用人數的限制，其在人數未滿5人時，仍應強制加保。而勞保條例最主要適用對象的民營企業，卻有最低門檻5人的限制，此種規範方式顯得體例的不一致及立法考量（實際需要？）的倚輕倚重，似有違反平等原則之嫌。這也可從第7款之職業工會及第8款之漁會，其會員亦

29 行政院勞工委員會80年1月12日（80）台勞保2字第00813號函參照。

30 行政院勞工委員會91年3月19日勞保2字第0910010668號函參照。

31 台灣高等法院106年度勞上易字第51號判決參照。在該案中，短期補習班之員工實際上是經由職業工會參加勞工保險。惟依本書所見，依勞保條例第6條第1項第7款「無一定雇主或自營作業者」始得參加職業工會而後加保，第8條第1項第1款至第4款員工，並不符合「無一定雇主或自營作業者」的身分。

無最低人數之限制[32]，獲得理論的印證。

所以，2022年5月1日施行的勞工職業災害保險及保護法第6條的適用對象並無人數的限制，也就是說，即使僱用員工只有1人，亦應強制加保，毋寧係一正確的立法方向。

對於第2款員工的自願加保，如本書前面所言，應與第1款之受僱員工採取相同的解釋，即在第1款及第2款受僱員工表示願意參加勞工保險時，雇主即應為之辦理加保的相關手續。必要時，事業單位應先成立投保單位，為個別（有意加保的）員工辦理加保。至於無意加保者，事業單位即不得強制為之加保，亦不必徵詢其有無參加勞工保險的意願。只是，事業單位仍應為員工申報參加就業保險，以保障員工權益[33]。

雖然如此，立法上也可考慮修正廢止第6條第1項第1款至第3款5人以上的人數限制，並將第8條第1項第2款予以刪除[34]。或者，退而求其次，如果確係考量微型企業負擔保險費成本的能力，則似可在勞保條例第15條給予特別的規範，例如降低雇主負擔的比例而提高政府補助的比例，或者給予雇主一定年限免繳保險費的待遇。另外，或者在投保薪資上，採取如投保薪資分級表備註欄中人員的特殊規範方式。

就目前實務的操作觀之，由於「僱用4人以下」者並無須強制加保，所以，除了事業單位成立投保單位為之加保外，此類微型企業的員工遂與第1款所指的各業員工經由職業工會參加勞工保險。而此一做法，其合法性也為中央勞政機關所認可。只是，其是否違反第8條自願加保的規範意旨？蓋如前所述，第8條第1項第1款或／及第2款之受僱員工，如有向雇主表示參加勞工保險者，雇主即負有為之加保的義務（必要時先成立投保單位）。而且，依據第6條第1項第7款規定，必須係無一定雇主的勞工或自

---

32 依據高雄高等行政法院100年度訴字第627號判決：漁民有雇主者，不論其雇主僱用人數若干，雇主均應負責爲漁民辦理加保。

33 行政院勞工委員會勞工保險局98年3月6日承保新字第09810062560號函參照。

34 採取同説者，李玉春，勞工保險之自願加保對象—最高行政法院87年度判字第675號判決，收錄於：勞工保險條例精選判決評釋，2016年8月，初版一刷，頁70：應盡速檢討第8條第1項第2款4人以下公司改爲強制加保。

營作業者始得參加職業工會。因此，第8條第1項第1款或／及第2款之受僱員工並不符合參加職業工會的資格。其加保並不合法。保險人似可依勞保條例第24條及第16條第2項取消其加保資格及不予退還保險費，並且依勞保條例第72條對於雇主加以制裁。惟由於其確有工作之事實，依照比例原則及信賴保護原則，保險人似宜要求受僱員工轉由雇主投保，並且限期自職業工會退保。如此，始能符合法制現況。

在此，附帶一言者，無論是受僱於未滿5人或5人以上的事業單位，如果勞工要求雇主申報參加勞工保險而遭拒絕，以至於經由職業工會加保者，勞工因此所受支出勞保費差額之損失，依勞保條例第72條第1項規定，即應由雇主負賠償之責[35]。

三、實際從事勞動之雇主

有關本款之說明，請見下面第五項。

四、參加海員總工會或船長公會爲會員之外僱船員

本款係在1988年2月3日修正增列，立法理由為基於實際需要的考量。此一規定可視為境外僱用的特殊規定，並不適用或準用於其他在外國受僱（從事非船員工作）的我國人民。對於此類外僱船員，依據勞保條例第15條第4款規定，其普通事故保險費及職業災害保險費，由被保險人負擔80%，其餘20%由中央政府補助。相較於職業工人的保險費，「其普通事故保險費及職業災害保險費，由被保險人負擔百分之六十，其餘百分之四十，由中央政府補助。」（勞保條例第15條第3款）顯然較差。這是因為其對我國經濟的貢獻度及稅捐的繳納而言，顯然不如職業工人使然。因此，本書以為勞保條例第15條第4款規定符合權利義務對等原則及公平原則。

此類外僱船員係在外國受僱，且在外國提供勞務，與勞保條例的適

---

35 台灣高等法院107年度勞上易字第125號民事判決參照。

用範圍並不相合。惟該懸掛外國國旗的船隻，仍然有可能進入我國港口停泊。經有關機關、團體多次會議研商後，准於上岸候船之一定期限內，自負全部保費自願辦理加保在案。中央勞政機關乃解釋認為，受僱於國輪之船員其工作性質及在岸候船情況與外僱船員相似，為保障其生活，其於上岸候船期間，宜比照外僱船員准予加保[36]。本書以為從照顧的必要性來看，應該是受僱國輪之船員要大於外僱船員才對，但似乎並非如此。這也造成受僱於國輪之船員要比照外僱船員在上岸候船期間准予加保的奇特現象。不過，無論如何，「上岸候船之一定期限內，自負全部保費自願辦理加保」，似乎已違反勞工保險在職保險的法理，勞保條例第15條也無「被保險人100%自負保險費」的規定。

再就受僱國輪之船員於上岸期間一言者，如其返國下船即「經雇主終止僱傭關係」，則應辦理退保；相反地，如其返國下船係「在岸休假候船」，則仍具有僱傭關係。前者，上岸候船期間既處於未在職從事工作之狀態，得由海員總工會或船長公會辦理參加勞工保險普通事故保險，並免計渠等之職業災害保險費。後者，惟如屬在岸休假候船仍具有僱傭關係者，仍應參加勞工保險普通事故保險及職業災害保險[37]。本書以為此一函釋同樣違反在職原則而不足採，蓋如果「經雇主終止僱傭關係」，如何「得由海員總工會或船長公會辦理參加勞工保險普通事故保險」？

承上而來者，（一）受僱外輪、國輪公司之船員，於上岸候船期間自願繼續加保者，須於輪船公司離職退保之當日起90日內，向所屬中華民國船長公會、中華海員總工會辦理加保。又上岸候船期間繼續加保期間仍以中華民國船長公會、中華海員總工會每3年理監事改選清查會籍日期為準。惟彼等續保人員於轉業之再僱用單位離職退保後，不得再參加上岸候船續保。（二）另有關受僱漁業公司之漁民，辦理上岸候船期間繼續加保辦理期限，勞保局建議放寬為90日[38]。

---

36 行政院勞工委員會80年1月10日（80）台勞保2字第31527號函參照。

37 行政院勞工委員會93年4月2日勞保2字第0930013260號函參照。

38 行政院勞工委員會86年7月4日（86）台勞保2字第025056號函參照。

進而，勞工保險之外僱及在岸候船會員，其欠繳保險費逾2個月者，准向台閩地區勞工保險局申報退保[39]。本書以為勞保條例第8條第1項第4款外僱船員之參加勞工保險，已屬特殊的個案考量，遠優於直接在境外受僱從事其他工作的人民。至於在岸候船會員之加保也有違反在職保險的疑慮。故不宜在其欠繳保險費逾2個月時，授權其決定是否申報退保，而是應比照勞保條例第17條第5項直接「以退保論」。

第五項　實際從事勞動雇主之加、退保問題

基於實際需要的考量，立法者在1988年2月3日修正勞保條例第8條，擴大自願加保對象至「實際從事勞動之雇主」（第1項第3款），以保障其本身所遭遇的風險。這無非是考量我國國情，雇主實際參與勞動工作者比比皆是，其僱用之員工，既已享有勞工保險之保障，而為其負擔70%保險費之雇主，如不同意其納保，顯失公允，故如有實際從事勞動之雇主，則可參加勞工保險。其規範目的並非在給予其所僱用的勞工發生保險事故時，提供保險給付之用。在此，其應與所受僱的員工，以同一投保單位加保[40]。所以，即使雇主未辦理工商登記，且無統一發票購票證或未編列稅籍之雇主（及其所僱用之員工），也不得由職業工會加保[41]。

一旦實際從事勞動之雇主加保，依據勞保條例第14條之2規定，「依第八條第一項第三款規定加保，其所得未達投保薪資分級表最高一級者，得自行舉證申報其投保薪資。但最低不得低於所屬員工申報之最高投保薪資適用之等級。」其立法意旨係為考量該雇主原則上非經濟上之弱者，其所獲報酬或經營事業所得，較高於受僱勞工之薪資報酬。

由於必須成立投保單位，雇主所屬的事業單位應辦理營業（利）登記。或者，至少在稅捐機關編有稅籍或有統一發票購票證（勞保條例施行

---

39 行政院勞工委員會80年5月28日（80）台勞保2字第12071號致中華海員總工會函參照。

40 行政院勞工委員會，勞工保險條例逐條釋義，頁69-71。與此不同的是，就業保險法第5條或其他條文並無實際從事勞動雇主得參加就業保險之規定。

41 行政院勞工委員會80年1月12日（80）台勞保2字第00813號函參照。

細則第13條第1項、第2項參照）[42]。所謂「雇主」，僅限於自然人，不包括公司法人。雇主必須實際從事勞動，而且獲得報酬或勞務之對價。因此，人民團體之無給職理事長並不屬之[43]。中央勞政機關也認為此一實際從事勞動之雇主，限於在公司、行號係指實際從事勞動對外代表公司或商業登記之負責人，不包括其他法律所定之負責人。「至非對外代表公司之董事、商業登記之合夥人或依法委任之經理人，如係實際從事勞動者，為保障其工作及生活之安全，得比照同條例第8條規定，以該公司或單位為投保單位辦理加保，並依同條例第14條規定，申報月投保薪資。」[44]

至於雇主所實際從事的「勞動」，只要具有以貨幣計價的經濟價值即可，並不需要從事勞動情況與一般受僱勞工無異[45]。而是包括從事監督管理職工作，一般是指對外代表公司或商業登記的負責人[46]。

對於實際從事勞動雇主之參加勞工保險，中央勞政機關認為應與其所僱員工一起加保。惟實務見解也有認為包括有僱用勞工及未僱用勞工而自己一手承擔勞務者（例如診所的負責人、提供技藝服務的一人公司）。如果是提供技藝服務之人成立一人公司後，得以該公司為投保單位加入勞工保險[47]。

在雇主加保後，依據勞保條例第8條第1項第3款、第2項規定，加保後非依勞工保險條例規定，不得中途退保。這是指已不再實際從事工作或已非負責人（但不包括死亡），或者實際從事勞動雇主有勞保條例施行細則第16條之歇業（含實際上已一定期間無營業之事實[48]）、解散、破產宣

42 勞保條例施行細則第13條同時適用於強制加保及任意加保。

43 行政院勞工委員會100年3月25日勞保2字第1000007115號函參照。

44 勞動部103年4月3日勞動保2字第1030140112號函參照。

45 反對說，李玉春，勞工保險之自願加保對象—最高行政法院87年度判字第675號判決，頁67。

46 勞動部103年4月3日勞動保2字第1030140112號函參照。

47 請參閱台北高等行政法院92年度訴字第3083號判決。李玉春，勞工保險之自願加保對象—最高行政法院87年度判字第675號判決，收錄於：勞工保險條例精選判決評釋，頁70採同說。

48 最高行政法院88年度判字第3449號判決參照。

告等情事。第8條第2項的立法意旨，在於防止巧領給付而參加保險之流弊[49]。而一旦因不再實際從事工作等原因而有效退保，即使退保後仍實際從事勞動，也難認退保無效。所以，勞工保險年資並不會繼續累積（而成就請領老年給付的條件）[50]。必須有重新加保之行為，始能受到勞工保險之適用。

實務上常發生雇主在加保後，曾經僱用的員工已全部離開事業單位，導致雇主得否繼續加保或可否要求退保之疑義。對此，中央勞政主管機關曾表示，「雇主與員工以同一投保單位參加勞工保險後，如員工均已離職並申報退保，僅餘雇主自營，該雇主准比照勞工保險條例第8條第1項第3款『實際從事勞動之雇主』之規定辦理，嗣後如再僱用員工時，其員工應一併申報加保。」[51]這似乎表示投保單位之員工退保後僅餘雇主自營，雇主仍得繼續加保。

惟中央勞政主管機關也曾有不同的意見，「有關實際從事勞動之雇主，與其受僱員工以同一投保單位參加勞工保險後，員工均已離職並申報退保，僅餘雇主自營，因已無僱用員工，即不再具備雇主之身分，核非勞工保險條例第8條第1項第3款規定之適用對象，其申報退保應予受理。」[52]本書以為此一函釋見解可採，上述78年8月12日（78）台勞保2字第18992號函應予以廢止。

針對勞工保險條例第33條、第34條規定之傷病給付，實際從事勞動之雇主參加勞工保險，因傷病不能工作在醫療期間，如其所獲報酬或經營事業所得確有喪失或短少時，基於權利義務對等原則，得核給傷病給付[53]。

---

49 台北高等行政法院91年度訴字第3063號判決參照。

50 台北高等行政法院106年度訴字第600號判決參照。

51 行政院勞工委員會78年8月12日（78）台勞保2字第18992號函參照。

52 行政院勞工委員會86年10月23日（86）台勞保2字第043532號函參照。

53 行政院勞工委員會79年8月8日（79）台勞保2字第17947號函參照。

第三節　基於勞保政策等考量的繼續加保

這是指勞保條例第9條的自願加保而言。本條屬於受僱的被保險人因不在職或逾法定保險年齡而仍得繼續加保之特殊規定，並不適用於經由職業工會加保勞工保險者。依據勞保條例第9條規定，「被保險人有左列情形之一者，得繼續參加勞工保險：……。」即已表明為繼續加保。其中，除了第4款外，被保險人均已經非自願離職（第1款、第3款）、不在我國境內工作（第2款），或暫時無法提供勞務，近似於留職停薪（第5款）。

須注意者，依據勞保條例施行細則第21條第1項規定，「本條例第九條規定之被保險人願繼續加保時，投保單位不得拒絕。」這表示：自願／任意加保之決定人為被保險人，而非投保單位，這與第8條第1項自願／任意加保之決定人應視第1款與第2款，或者第3款與第4款而定，而有所不同。依據中央勞政機關的見解，第9條的勞工如願續保，則投保單位必須為其申報繼續加保，此為強制投保單位承諾，係因勞工保險條例屬強制締約之類型。而且，如果勞動契約尚存在，投保單位即有承諾之義務，並有同條例第72條規定之適用[54]。

只是，除了第4款「在職勞工，年逾六十五歲繼續工作者」，如其在65歲前已在同一雇主處工作，因而無須再為繼續加保的意思表示外（不同的是，勞工甲在65歲前為乙雇主工作，離職後，在65歲之後為丙雇主工作，則甲若欲參加勞工保險，必須向丙為加保之意思表示），其他第1款、第2款、第3款、第5款之被保險人究應於何時為繼續加保的意思表示？對此，本書以為可以在各款情形（服兵役、出國考察、研習或提供服務、留職停薪、停職或被羈押）發生之前，或者在發生之後的特定時點。

另外，依勞保條例施行細則第21條規定，本條例第9條規定之被保險人繼續加保時，其所屬投保單位應繼續為其繳納保險費。這也表示雇主繼續負有保護照顧之義務。即使被保險人積欠保險費及滯納金者，仍得主張

54 行政院勞工委員會81年6月2日（81）台勞保2字第11604號函參照。

繼續加保[55]。再者，根據勞保條例施行細則第28條第1項規定，依本條例第9條第1款、第3款、第5款、第9條之1或性別工作平等法第16條第2項規定繼續加保者，於加保期間不得調整投保薪資。

第一項　基於國防政策的考量

依據第9條第1款規定，被保險人應徵召服兵役者，得繼續參加勞工保險。此一款係在1979年2月19日修正增列者。所謂服兵役者，指服義務役及替代役者，但不及於志願役者（職業軍人）。根據此一規定，服義務役及替代役者，除了依據軍人保險條例加保外，亦得繼續參加勞工保險，以累積其勞保年資。因服兵役為憲法所定國民義務之一，除有法定免役條件者外，任何人均不能規避，因此藉由此一規定以免其損失勞保年資。而對於服志願役者，即應依勞保條例第76條規定，轉依軍人保險條例加保，並且保留勞工保險之年資。至於因教召、典召而回營服役者，由於時間尚短，且不符合軍人保險條例第2條現役軍官、士官、士兵之身分，因此，並不納入軍人保險條例的適用對象，故其仍然參加其原本所參加的職種保險（勞工保險、公教人員保險、農民健康保險）。

有問題的是，由於服兵役者同時加入軍人保險及勞工保險，形成重複保險的現象。此乃引發保險事故發生時，服兵役者得否同時獲得軍人保險給付及勞工保險給付的疑慮。對此，立法者實應在軍人保險條例或勞工保險條例中予以明定。本書以為在修法前，解釋上應採否定見解，即服兵役者之繼續參加勞工保險，目的係在累積其勞保年資，以便其將來獲得較佳的老年年金給付。因此，應優先適用軍人保險條例之死亡、身心障礙、退伍、育嬰留職停薪及眷屬喪葬五項給付（第3條參照）。只不過，由於軍人保險條例中並無傷病給付的規定，是否可引用勞保條例之傷病給付規定？對此，本書亦以為應持否定見解，蓋在現役軍人傷病時，雖然無法獲得軍人保險給付，但其軍隊仍然會繼續給付薪餉。故亦不符合勞保條例第

---

55 行政院勞工委員會85年9月3日（85）台勞保3字第130705號函之反面解釋。

33條或第34條「未能取得原有薪資」之條件。

在此，第9條第1款之「被保險人」，解釋上包括第6條、第7條、第8條之被保險人。重點是，其在接獲服役通知時，其具有以第6條第1項各款之勞工、漁業生產勞動者、受訓者、職業工人或無一定雇主勞工、參加漁會之甲類會員身分；第7條所定勞工身分；以及第8條第1項各款之身分。也就是說，參加漁會之甲類會員服兵役時，如其表示願繼續加保時，漁會不得拒絕（勞保條例施行細則第21條第1項參照），而且，其會員身分並不會喪失[56]。

第二項　外派人力保險保護的考量

企業派遣被保險人出國考察、研習或提供服務，係屬於本身利益考量所為之特定經營目的之行為，惟相對地，卻可能影響被保險人僱傭關係的存續及其工作條件。所以，在此似應區分為：一、在出國考察或研習的情形，原則上，原僱傭關係的存續及工作條件並不會受到影響，但如延續一段時間，雙方亦可能暫時合意留職停薪。二、至於被保險人被派遣出國提供服務，如其僅是短暫地至他人（客戶）處從事商務行為或至原派遣公司之國外分公司或分廠工作，或者以借調的方式較長期地在國外分公司或分廠服務，則解釋上原僱傭關係仍然存續[57]。但如已轉受僱於他公司服務（含擔任委任經理人以上的職務），則原僱傭關係或者永久終止、或者暫時中止（留職停薪）。

當然，被保險人被派遣出國提供服務，解釋上也可能以雙重雇主的關係進行。果如此，其除原僱傭關係外，在外國也存在一勞務提供契約，並且獲得勞動報酬[58]。而無論是借調關係或雙重勞動關係，中央勞政機關認為，「勞保被保險人派遣出國提供服務繼續加保者，其於海外（國外）服

---

[56] 見解錯誤者，請參閱行政院勞工委員會78年5月31日（78）台勞保2字第10823號函。

[57] 行政院勞工委員會85年2月27日（85）台勞保3字第104703號函參照。

[58] 行政院勞工委員會86年5月7日（86）台勞保2字第017455號函參照。

務公司支領之薪資或津貼，併入勞保投保薪資申報疑義一案，仍請依本會89年2月15日（89）台勞保2字第0006121號函示[59]，海外（國外）公司發給之薪資或津貼如係勞工因提供勞務而獲得之報酬，自屬工資，應併入計算申報勞工保險投保薪資。」[60]

上述的出國考察、研習或提供服務，無論僱傭關係仍然存續或暫時中止（留職停薪）或已經永久終止或者雙重雇主關係，由於已非提供勞務或不在勞保條例適用領域之內，因此，基於在職原則或屬地主義，勞工保險效力本應停止。惟針對僱傭關係繼續存續者，雖然被保險人在境外提供勞務而具有涉外社會保險的因素，但基於外派人力保險保護的考量，乃例外地賦予自願繼續加保的權利。

也就是說，考量被保險人被派遣出國考察、研習或提供服務，或有時難免，且被保險人的勞動契約權益可能受到不利影響，所以不必然欣然就任，另一方面，雇主藉由派遣被保險人出國考察、研習或提供服務，卻能達成企業的經營計畫或取得經營利益。因此，在原僱傭關係仍然存續或雙重雇主關係的情形，要求雇主繼續履行保護照顧義務，給予被保險人自願繼續加保的選擇權，似乎為理所當然。再者，對於此種跨國人力流動或使用的方式，保險人亦應繼續以保險契約促成其實現。綜上，在職原則即應有所修正。至於被保險人以停薪留職派至國外關係企業單位服務，其實際未在原單位工作，且薪資報酬係由國外服務單位支給，所以不得繼續加保[61]。

有問題的是，第9條第2款之「被派遣出國提供服務」，是否包括勞工與事業單位在國內簽訂契約後（境內僱用），隨即被派至國外工作之「境外工作」之情形？對此，似乎不應遽然全部予以肯定，也就是說，雖然「被派遣出國提供服務」解釋上包括在國內服務一段期間後再出國，以

---

59 依之，「員工派駐海外子公司就職，海外子公司支付之海外任職薪資如係勞工因提供勞務而獲得之報酬，自屬工資，亦應併入計算申報勞保投保薪資。」

60 行政院勞工委員會98年12月14日勞保2字第09801405911號函參照。

61 行政院勞工委員會78年12月9日（78）台勞保2字第28645號函參照。

及僱用後立即出國服務之情形。只要雙方間之僱傭關係存續即可。但是，基於在職原則的要求，被保險人仍應在國內有工作的事實，而不得簽訂契約後，在未有工作事實的情況下即被外派至國外提供服務。只要有短暫的工作事實與證明，被保險人即不應被排除在自願加保或第6條強制加保之列。雖然如此，中央勞政機關已放寬此類「境內僱用、境外工作」者的加保資格[62]。此一部分，請參閱以下第五節第三項的說明。

比較沒有疑義的是，勞工係在外國簽訂契約，並且在外國提供勞務的「境外僱用」的情形，並非第9條第2款的適用案例。基於在職原則及屬地主義，即使勞工的勞動契約相對人，形式上為在我國境內的雇主，並且在我國給付工資及其他勞動條件，但其不得主張適用第6條或第9條的加保規定。

針對第9條第2款的規定，對於投保單位依法令規定派遣員工赴大陸考察、研習、提供服務者，亦准予比照適用[63]。

在法院實務上，針對一件投保單位因在菲律賓有轉投資之漁塭場，因養殖漁業的養殖工作及漁獲的販賣工作，而派遣被保險人長駐該地，擔任管理及開發業務主管，負責指揮調度及實際參與工作。投保單位在被保險人到職時，即為之申報參加勞工保險。惟在名義上，被保險人係與當地公司成立僱傭契約，受其指揮命令，並且由該公司受領工資。因被保險人罹患腦栓塞而向保險人請求職業災害補償，投保單位主張其與被保險人間無僱傭關係（但無提出直接證據證明何○○非受僱於投保單位），只是基於情誼同意其掛名加保而已，並且引用最高法院94年度台上字第1653號判決[64]作為依據。對此，地方法院行政法庭認為投保單位與被保險人間具有僱傭關係。

---

62 行政院勞工委員會97年7月2日勞保2字第0970013463號函參照。

63 行政院勞工委員會80年1月25日（80）台勞保2字第00474號函參照。

64 依據其見解，勞動契約究竟存於何者間，應推求當事人眞意及究係受何人指示而從屬服勞務，當事人間就勞動契約成立對象如有爭議，法院應綜合一切事證判斷，勞保之投保事業單位固爲重要參考依據，但並非唯一標準。

針對上述地方法院的判決，高等行政法院以為，「被保險人何〇〇自認未曾在上訴人／投保單位處提供勞務，其提供勞務之對象為位於菲律賓之瑞〇公司，且被保險人何〇〇在菲律賓之瑞〇公司工作時，對外皆自稱係瑞〇公司之人事經理，被保險人何〇〇之薪資亦係由菲律賓之瑞〇公司支給，由此觀之，被保險人何〇〇之雇主應係菲律賓之瑞〇公司。」[65]

對於高等行政法院的見解，本書以為尚有待斟酌。雖然案例事實並非清楚，但是，被保險人似乎係在台灣受僱後，派遣至由投保單位轉投資的菲律賓公司長駐工作。其間應具有僱傭關係。被保險人與投保單位間應為勞保條例第9條第2款之外派人力關係。至於其與菲律賓之瑞〇公司簽訂僱傭契約，向其提供勞務並受領工資，並不會影響被保險人與投保單位的原契約的存續，況且投保單位也持續為被保險人繳納保險費。在此種情形，法院或可探討投保單位與被保險人是否已終止或中止僱傭契約，否則，被保險人與投保單位及菲律賓之瑞〇公司間，似已成立雙重僱傭關係。

第三項　傷病勞工繼續醫療的考量

依據第9條第3款規定，被保險人因傷病請假致留職停薪，普通傷病未超過1年，職業災害未超過2年者，得繼續參加勞工保險。其所謂「因傷病請假致留職停薪」，對於普通傷病而言，應係指勞工請假規則第5條之「勞工普通傷病假超過前條第一項規定之期限，經以事假或特別休假抵充後仍未痊癒者，得予留職停薪。但留職停薪期間以一年為限。」如果仍在病假或以事假或特別休假醫療期間，勞雇雙方並不得約定留職停薪。至於職業傷病的留職停薪，勞工請假規則並未有所規定。但如對照勞基法第59條第2款「醫療期間屆滿二年仍未能痊癒」，雇主得繼續補償其原領工資或「一次給付四十個月之平均工資後，免除此項工資補償責任」，則在雇主選擇後者的情形下，解釋上，勞雇雙方即得約定留職停薪。

雖然勞保條例第11條之退保事由為離職、退會、結訓，而不及於留職

65 高雄高等行政法院105年度簡上字第6號判決參照。

停薪。而勞保條例施行細則第22條第1項也僅增加死亡一項而已，並無提及留職停薪。同條第2項之「被保險人因遭遇傷害或罹患疾病在請假期間者，不得退保。」其所謂「請假期間」，也不包括留職停薪在內。

但是，留職停薪期間勞動關係暫時中止，原則上勞雇雙方之權利義務亦暫時停止進行。影響所及，雇主基於保護照顧義務而生之參加勞工保險是否持續下去？並非無疑。本書以為基於在職原則，既無工作之事實，理當不得參加勞工保險，而應辦理退保手續。第9條第3款之反面解釋亦是如此。

所以，立法者基於被保險人繼續醫療的考量，配合勞工請假規則第5條及勞基法第59條第2款的期間規定，而給予被保險人在留職停薪期間，選擇自願加保的權利。一旦被保險人繼續加保，則依勞保條例施行細則第21條及第35條規定，投保單位負辦理續保之責任及扣、墊繳保險費之義務。所以，投保單位不得以無法扣收繳被保險人之保險費而辦理其退保[66]。

第四項　高齡勞工保險權益的考量

依據第9條第4款規定，「在職勞工，年逾六十五歲繼續工作者。」得繼續參加勞工保險。這表示：勞工保險並不存在強制退職退保的機制，雇主或保險人均不得要求被保險人提出領取老年給付的申請。是否提出申請老年給付，完全由被保險人自行決定。只是，如果被保險人依第58條第1項第2款請領老年一次金給付或同條第2項規定一次請領老年給付者，則依據勞保條例第59條第2項規定，「被保險人逾六十歲繼續工作者，其逾六十歲以後之保險年資，最多以五年計，合併六十歲以前之一次請領老年給付，最高以五十個月為限。」這樣看來，只有請領老年年金給付者，其依第58條之1的平均月投保薪資計算的標準，始能較為有利。

此一規定適用於在65歲前已參加勞工保險者，而不及於年逾65歲而

---

[66] 行政院勞工委員會95年1月27日勞保1字第0940068144號函參照。

首次參加勞工保險者[67]。即使因離職而停保，而停保期間已逾65歲，亦得於再就業後由新雇主申請繼續參加勞工保險。對於65歲前曾參加勞工保險因離職退保未請領老年給付之勞工，年逾65歲因失業再參加職訓局委託或補助辦理之失業者職業訓練，得比照上開規定繼續參加勞工保險[68]。

所以，被保險人逾65歲繼續工作，原意係被保險人並無意領取老年給付而退職，故其繼續履行勞務。在此，被保險人應無需向雇主表達續保的意思表示。而是，投保單位只需繼續扣繳保險費，即已完成續保的行為。只有在投保單位要求被保險人請領老年給付時，被保險人始需表達續保的意願。另外，第9條第4款應亦可適用於65歲前曾經工作且加保，而後離職停保，而在逾65歲後始重新覓得職位者。一旦其向投保單位表達續保的意願，投保單位即應承諾，因勞工保險條例屬強制締約之類型。如未為其繼續加保，依同條例第72條規定，處投保單位罰鍰，勞工因此所受之損失，並應由投保單位依本條例規定之給付標準賠償之[69]。

第五項　因案未能工作者保障的考量

依據第9條第5款規定，「因案停職或被羈押，未經法院判決確定者。」得繼續參加勞工保險。如從勞保條例第11條及勞保條例施行細則第22條第1項之退保事由觀之，僅有死亡、離職、退會、結訓，而不及於因案停職或被羈押。因此，在勞動契約存續的情況下，投保單位似不得將被保險人退保。只不過，依據在職原則，被保險人既已因案被停職或被羈押，顯然已無法提供勞務，所以，並不符合參加勞工保險的條件。投保單位應為之辦理退保手續。

在此，所謂因案「停職」，解釋上應該不是指公務員懲戒法第14條的休職，而是指勞動契約法上的暫停職務／停工而言。其係針對勞動關係，

---

67 行政院勞工委員會102年1月16日勞保2字第1020140029號函參照。

68 行政院勞工委員會102年8月14日勞保2字第1020074353號函參照。

69 行政院勞工委員會80年6月11日（80）台勞保2字第02535號函參照。

意為雇主所行使懲戒性的中止勞動關係，或者由勞雇雙方合意暫時停止提供勞務（留職停薪）。至於「被羈押」，則是刑事犯罪嫌疑人被羈押在看守所的司法行為。前者，勞雇雙方可能已有確認僱傭關係存在之訴等民事訴訟；後者，則有刑事訴訟的進行。兩者，均使得勞工無法提供勞務。惟從因案被停職或被羈押至經法院判決確定，可能歷時甚久。基於無罪推定的原則，似應在此階段給予一定程度的勞保保障。況且，如果最終判決勞工勝訴，民事法令及刑事法令雖都有相關的救濟規定，但雇主可能已將被保險人退保，而使得被保險人只能尋求勞保條例第72條的救濟。所以，如能給予被保險人續保的機會，被保險人的保險權益庶幾獲得較佳的保障。相較於其他因離職原因（含非法終止契約）而退保，本款為一特別規定。即其他因離職原因而退保的情形，被保險人並不得主張繼續參加勞工保險。

有問題的是，相較於勞基法第12條第1項第3款「受有期徒刑以上刑之宣告確定，而未諭知緩刑或未准易科罰金者。」之解僱規定，勞保條例第9條第5款僅規定「經法院判決確定者」顯得保障的程度有限。本書以為：解釋上，假設法院判決肯定雇主得為懲戒行為，但否定其得行使契約終止權，或者，法院雖已判決確定，但只為拘役、罰金或雖為有期徒刑以上刑之宣告，但諭知緩刑或准予易科罰金者，則雇主即不得終止契約，被保險人也可以恢復工作。隨之而來者，投保單位即不得將勞工退保。換言之，應將勞保條例第9條第5款之規定，採取如同勞基法第12條第1項第3款規定的解釋。

最後，中央勞政機關根據刑法第9條及臺灣地區與大陸地區人民關係條例第75條規定，認為應承認其裁判之效力，因此，勞保條例第9條第5款所稱「法院」應包括大陸地區及外國之法院[70]。雖然如此，此號函釋似乎集中在犯罪行為，至於「停職」所引起之民事爭議訴訟是否亦有適用？並非無疑。其實，本書以為勞保條例第9條第5款應與勞基法第12條第1項第3

---

[70] 行政院勞工委員會87年11月17日（87）台勞保2字第050311號函參照。

款採取一致性的處理，則將勞保條例第9條第5款所稱「法院」擴充至大陸地區及外國之法院，對於勞動關係的存續及勞工保險的維持，在時間上均將造成無法掌控的變數。因此，此一函釋並不足採，允宜予以廢除。

第四節　基於其他政策上考量的繼續加保

如上所述，勞保條例第9條係針對被保險人具有特定事由時，由其自行決定是否繼續加保。除此之外，基於保障高勞保年資者與職業災害勞工，以及促進性別平等等政策的考量，立法者分別在勞保條例（第9條之1）、勞工職業災害保險及保護法（第77條）及性別工作平等法（第16條第1項、第2項），給予被保險人繼續加保之權限。以下即分述之：

第一項　勞工保險年資已滿15年者

首先，立法者基於高勞保年資者保障的考量，在1988年2月3日修正增列勞保條例第9條之1規定，「被保險人參加保險，年資合計滿十五年，被裁減資遣而自願繼續參加勞工保險者，由原投保單位為其辦理參加普通事故保險，至符合請領老年給付之日止（第1項）。前項被保險人繼續參加勞工保險及保險給付辦法，由中央主管機關定之（第2項）。」為此，中央勞政機關依據第2項訂定「被裁減資遣被保險人繼續參加勞工保險及保險給付辦法」（以下簡稱「被裁減資遣續保辦法」，並以2022年4月21日修正前條文為說明），據以施行。由於係繼續參加普通事故保險（勞保條例第2條第1款參照），所以，理論上在保險有效期間發生的所有普通保險事故，均得向保險人請領給付。只是，依據「被裁減資遣續保辦法」第8條規定，「被裁減資遣之被保險人於保險有效期間發生保險事故，除不予傷病給付外，其他保險給付應依本條例規定辦理。」也就是說，排除被保險人請領傷病給付的權利。此種給付範圍的限縮，或許係因第9條之1的立法理由為滿足被保險人老年給付的條件。果如此，則生育給付亦應予以排除，只保留失能、老年及死亡給付即可。此從「被裁減資遣續保辦法」

第10條之1的規定，亦可獲得印證。

而為了促成第9條之1的實踐，勞保條例第15條第5款規定，「第九條之一規定之被保險人，其保險費由被保險人負擔百分之八十，其餘百分之二十，由中央政府補助。」至於其投保薪資，依據「被裁減資遣續保辦法」第6條規定，「被裁減資遣之被保險人續保時，其投保薪資以裁減資遣當時之投保薪資為準，但不得低於基本工資所適用之投保薪資等級。」所以，並非以被保險人實際上向投保單位或保險人表示加保意願之時間點，所獲得之薪資所得計算投保薪資。但是，假設被裁減資遣人員已經覓得新職，法理上已經喪失依第9條之1續保的資格，其即應以新職的薪資作為投保薪資。如其已轉任公務人員、私立學校教職員或軍人者，依據「被裁減資遣續保辦法」第5條第2項的法理，其同樣喪失以第9條之1續保的資格。

另外，依據第17條第5項規定，「第九條之一規定之被保險人逾二個月未繳保險費者，以退保論。其於欠繳保險費期間發生事故所領取之保險給付，應依法追還。」這表示在保險費的扣繳上，由於被保險人被裁減資遣的續保係一例外規定，其既自願加保，即不容逾2個月積欠保險費，否則即以退保論，亦即視同已退保，無須再經退保手續始完成退保[71]。因此，中央勞政機關認為修正前勞工保險條例施行細則第21條（現行細則已刪除）第2項規定投保單位積欠保險費及滯納金，保險人得對被保險人逕予退保規定，適用對象不及於勞保條例第9條之1的被保險人。依同條例第9條之1規定加保之被保險人，非屬前開規定退保之適用對象，仍應依法由原投保單位繼續加保至符合請領老年給付之日止[72]。此一見解可能只考慮到勞保條例第15條第5款規定，而未慮及第17條第5項規定，見解並不足採。

---

[71] 行政院勞工委員會89年8月4日（89）台勞保2字第0030985號函參照。語焉不詳者，行政院勞工委員會99年10月25日勞保2字第0990140461號函謂，「另依同條例第17條第5項規定，第9條之1規定之被保險人逾2個月未繳保險費者，以退保論。爰被保險人如未依上開規定期間繳納保險費至原投保單位，經原投保單位向保險人申報退保者，保險人得據以受理退保。」其所謂「申報退保者，保險人得據以受理退保」的見解，實不可採。

[72] 行政院勞工委員會85年9月3日（85）台勞保3字第130705號函參照。

觀第9條之1的立法理由：由於工業自動化及經濟循環，影響間有投保單位大批裁減資遣勞工，其中不乏中、高年齡者，於遽然離職後，因轉業困難，不僅無法繼續參加勞保，且未達老年給付條件，致老年生活無從保障，爰增訂本條第1項，俾利繼續加保至請領老年給付之日止。惟為防止浮濫，乃對續保資格加以限制，即規定保險年資滿15年者，始得由原投保單位辦理續保。又該等人員因已非在職勞工，故僅須參加普通事故保險即可。

由此可知，原本勞工保險係在職保險，有關勞保條例第9條之1規定被裁減資遣勞工得自願由原投保單位辦理繼續參加勞工保險，屬於在職保險之例外規定[73]。對於投保單位而言，其並非基於附隨義務而為被保險人辦理續保手續。本條的對象為被合法裁減資遣之保險年資滿15年的勞工。目的在確保其繼續加保至請領老年給付之日止，以保障被保險人的老年生活。經由此一繼續加保的管道，被裁減資遣者遂可決定不轉而投保國民年金保險。為此，「被裁減資遣續保辦法」並有詳細的規定。

在此，首應釐清被裁減資遣人員提出續保的時點為何？對此，勞保條例第9條之1第1項並未有所規定。「被裁減資遣續保辦法」第3條第1項、第2項規定，「被裁減資遣之被保險人自願續保者，應於離職退保之當日由原投保單位辦理續保手續。但投保單位未於離職退保當日為其辦理續保或依前條規定由有關團體代辦者，應於被保險人離職退保之當日起二年內辦理續保手續（第1項）。被裁減資遣之被保險人於離職退保之當日起二年內，有再受僱從事工作後又離職退保情形者，其續保規定如下：……（第2項）。」這表示：既然是自願繼續加保，被保險人當可自行決定係在離職之前或之後，始向投保單位或保險人[74]表達續保之意。在其表達續保之後，投保單位或保險人始為之辦理續保手續，保險年資始（往後）合

---

73 行政院勞工委員會99年10月25日勞保2字第0990140461號函參照。

74 依據行政院勞工委員會89年8月4日（89）台勞保2字第0030985號函，被裁減資遣繼續參加普通事故保險之被保險人，因原投保單位不存在，或其他原因無法在原投保單位繼續加保者，得由被保險人以個人爲單位逕向勞工保險局申請辦理繼續加保。

併計算[75]。而且，被保險人最遲應於離職退保之當日起2年內申請續保，否則即會喪失續保的權利。一旦被保險人在離職之前或之後表達續保的意願後，投保單位始有為之辦理續保手續的義務，也才有勞保條例第72條之適用。

就此觀之，中央勞政機關認為，「依據勞工保險條例第9條之1規定：『被保險人參加保險，年資合計滿十五年，被裁減資遣而自願繼續參加勞工保險者，由原投保單位為其辦理參加普通事故保險，至符合請領老年給付之日止。』法已明訂，原投保單位不得拒絕。另依『被裁減資遣被保險人繼續參加勞工保險及保險給付辦法』第3條規定，符合規定續保者，應於離職之當日由原投保單位辦理續保手續，係為免該等被保險人於停保期間發生事故，影響保險權益，故明定應於離職之當日辦理續保手續。至於原投保單位未於員工離職當日辦理續保，造成保險效力喪失，影響勞工權益之賠償問題，當屬民法侵權行為，仍應依民法規定辦理。」[76]直接認為被保險人無須表達自願加保的意願，投保單位即有續保的義務，此一見解應係錯誤。至於其所謂「至於原投保單位未於員工離職當日辦理續保，造成保險效力喪失，影響勞工權益之賠償問題，當屬民法侵權行為，仍應依民法規定辦理。」更令人產生為何不依勞保條例第72條處理的疑問。

其次，針對勞保條例第9條之1及「被裁減資遣續保辦法」的規定，均不免於立法政策上及規範上的疑義。前者，其問題為，其對續保資格的限制，僅限於「保險年資滿15年」一項，而未言及年齡，遂有可能未達中高齡門檻（滿45歲）（就業服務法第2項第4款參照）者亦在其中。此恐非立法的原意。如能增列高齡勞工（滿55歲以上）始為適用對象，應該更符立法意旨。況且，其既係因轉業困難而訂，即應以有循就業服務法及就業保

[75] 依據「被裁減資遣續保辦法」第3條第3項規定，「前二項保險效力之開始，自續保申請書送達保險人或郵寄之翌日起算。郵寄者，以原寄郵局郵戳爲準。」實際上即表示不溯及生效。

[76] 行政院勞工委員會80年7月30日（80）台勞保2字第18839號函參照。

險法推介就業與職業訓練等管道之「有工作能力及工作意願者」為前提，避免「保險年資滿15年」者單純地根據本條而加保，以至於造成富有工作經驗的人力資源的浪費。換言之，本書以為接受推介就業、職業訓練，而後請領失業給付應係適用勞保條例第9條之1的前提。而非如中央勞政機關所言的「上開人員經依規定請領失業給付期間，如仍符合『被裁減資遣續保辦法』規定，得繼續參加被裁減資遣續保，不因領取失業給付而受影響。」[77]蓋其似乎並不要求推介就業、職業訓練，而後請領失業給付的程序。也未釐清續保需在領取失業給付期間之後[78]。果如此，其也將難免與促進中高齡勞工就業的相關法令的用意背道而馳。

其實，「被裁減資遣續保辦法」第5條也有與再受僱或轉從事軍、公、教工作之保險銜接規定。依之，「被裁減資遣之被保險人續保後，……，應依本條例規定辦理退保及加保（第1項）。被裁減資遣之被保險人續保後，如再轉投公務人員保險、私立學校教職員保險或軍人保險者，應於轉保之前一日辦理退保，其保險效力至轉保之前一日止（第2項）。」只是，其係針對被裁減資遣之被保險人續保後，再受僱或轉職的規定，而非「續保前」。惟依據積極的勞動政策的要求，此一規定似乎無法否認被裁減資遣被保險人有先遵照就業保險法相關規定，先接受推介就業與職業訓練，而後始請領失業給付的程序要求。甚至，在續保期間，為了落實中高齡人力資源的有效利用，就業服務機構及職業訓練機構仍應對被保險人進行推介就業及職業訓練，並且類推適用就業保險法第13條至第15條規定，被保險人原則上不得拒絕。在此一積極性勞動政策的要求下，並且參照勞保條例第9條第2款只提供出國考察、研習或提供服務者繼續加保的權利，則針對移民他國者，似乎即無須給予適用勞保條例第9條之1繼續加保的權利[79]。

---

77 行政院勞工委員會88年3月31日（88）台勞保1字第013034號函參照。

78 依本書所見，被保險人如參加職業訓練而領取職業訓練生活津貼，其依勞保條例第9條之1的繼續加保，也必須在領取職業訓練生活津貼之後。

79 反對說，行政院勞工委員會84年6月22日（84）台勞保2字第118737號函參照。

目前有關與「被裁減資遣續保辦法」第5條的爭議案件，都是集中在續保期間從事各種職務或工作的情況。在此，首先令人疑惑者，「被裁減資遣續保辦法」第5條第1項雖限於第6條及第8條之投保單位，但似乎仍有缺漏之處。蓋第9條第4款似乎也有適用餘地，也就是說，對於一位滿65歲的高齡勞工，如其在65歲前被裁減資遣，而在之後受僱於另一雇主時，即應將第9條之1的續保辦理退保，而由新的投保單位加保。至於該條第2項的規定，並不及於轉投農民健康保險條例者，形成與勞保條例第76條轉投保的職域保險種類相同的現象。因此，解釋上應辦理保留勞工保險年資。

其次，就該條第1項觀之，其雖規定如再受僱於符合本條例「第六條[80]及第八條規定之投保單位」，究應如何解釋？在此，如再受僱於符合本條例「第六條規定之投保單位」，應係指第6條第1項第1款至第5款之事業單位而言，不僅不及於第7款之職業工會與第8款之漁會，也不及於第6款的職業訓練機構。蓋如前所述，本書認為被裁減資遣者應先遵照就業保險法之推介就業與職業訓練，而後始請領失業給付的程序規定。之後，始能要求參加續保。故不應將第6款解釋在內。至於如再受僱於符合本條例「第八條規定之投保單位」，是否即應依本條例規定辦理退保及加保，也並非無疑。這主要是第8條為自願加保的規定，應先視員工、實際從事勞動的雇主、外僱船員有無參加勞工保險的意願，而後才會有加保的問題。如依「被裁減資遣續保辦法」第5條第1項的規定，解釋上，第8條第1項第1款至第4款的人員即有可能無自行決定是否加保的權利，而事業單位也有陷入不得拒絕加保的困境，即雙方一變而為強制加保的對象矣。如此一來，此一規定即有違反母法之嫌。解決之道，本書以為基於在職原則，在被保險人同時符合第8條及第9條之1的規定時，應優先適用前者。至於第8條第1項第1款至第4款之人員，本書以為針對第3款及第4款，實際從事勞動的雇主及外僱船員表達參加勞工保險的意願後，事業單位及海員總工會或船長公會仍得拒絕加保。並不受到「被裁減資遣續保辦法」第5條第1項的拘束。如此一來，即有可能發生被保險人已依「被裁減資遣續保辦法」

---

80 至於第7條係跟隨第6條第1項第1款至第3款而來，也在適用之列。

第5條第1項退保，但卻未能依勞保條例第8條第1項第3款及第4款達到自願加保的尷尬情況。

因此，中央勞政機關認為，「被保險人如再受僱於符合本條例第8條規定之投保單位，即應依本條例規定辦理退保及加保。所以，被裁減資遣勞工嗣後再擔任原投保單位或其他投保單位之負責人，如符合勞工保險條例第8條第1項第3款規定實際從事勞動之雇主，其既已在職，並得依規定參加勞工保險，應不得以裁減資遣人員身分辦理續保；如已參加裁減資遣續保者應予以退保。至如不符實際從事勞動之雇主身分者，仍得依勞工保險條例第9條之1規定辦理續保[81]。」固有所見。但是，卻未論及可能無法達到勞保條例第8條第1項第3款自願加保的情況，是其不足之處。

倒是，勞工保險條例第8條第1項第2款之「受僱於僱用未滿五人之第六條第一項第一款至第三款規定各業之員工。」雖然僅是微型的事業單位。但是，依本書所見，一旦受僱員工表達參加勞工保險的意願，事業單位即應為之參加勞工保險。亦即事業單位不得主張其僅負有加保就業保險的義務，而欲免除第8條第1項第2款之為受僱員工參加勞工保險的責任。就此觀之，被保險人於續保期間如再受僱於僅參加就業保險單位，即不得以被裁減資遣人員身分繼續參加勞工保險[82]。

承上而來者，對於被保險人在續保期間所從事的各種職務或工作，中央勞政機關多有認為其所任職企業並非為符合勞保條例第6條及第8條規定之投保單位者。例如，受領臨時工作津貼者與用人單位間非屬僱傭關係[83]；失業者於參加「多元就業開發方案」計畫期間，其與計畫執行單位間為公法救助關係，與「永續就業工程計畫」並無二致[84]。被保險人所從事者，與被裁減資遣被保險人繼續參加勞工保險及保險給付辦法第5條第1項再受僱工作之情形不同，應保有其原被裁減資遣續保身分。

---

81 勞動部103年9月22日勞動保2字第1030140316號函參照。

82 行政院勞工委員會102年10月9日勞保2字第1020140518號函參照。

83 行政院勞工委員會90年2月16日（90）台勞保2字第0004672號函參照。

84 行政院勞工委員會91年11月5日勞職業字第0910207151號函參照。

除了立法政策外，在規範上，勞保條例第9條之1及「被裁減資遣續保辦法」，也存在一些疑義。其中，最關重要者，係「被裁減資遣」所涉及的勞動契約終止態樣究竟有哪些？或者說立法理由之遽然「離職」，是針對勞基法第11條？第12條？第14條？合意資遣（合意終止勞動契約）？雇主之非法終止契約？定期契約到期？留職停薪？以及其他牽涉契約終止之歇業、解散、破產宣告？停職或被羈押？甚至退休？對此，沒有爭議的是，如果尚未發生「裁減資遣」的事實，即無本條適用之餘地。例如被保險人被裁減資遣後，因處理事業單位善後事宜實際並未離職，仍繼續以臨時性質留任原單位工作並按月支薪，原單位即應為之繼續加保。在工作階段完成後始實際離職，其離職之原因係被裁減資遣且資遣費核發至離職當日者，始有勞工保險條例第9條之1之適用[85]。

在此，既然謂「被裁減資遣」，首先當然是指勞基法第11條及大量解僱勞工保護法第2條所規定之事由而言。基於在職原則的例外，本條並不宜做過寬的解釋。所以，應將之限於雇主基於企業經營上的原因，所為的合法解僱，被保險人因而被動地去職，而非雇主以懲戒性的原因將被保險人解僱或被保險人主動地表示離職。所以，勞工依據勞基法第14條第1項各款事由，主動終止契約，解釋上應在適用之列。另外，原投保單位歇業、解散、破產宣告或因其他原因結束營業，保險人固可依勞保條例施行細則第16條第2項將被保險人退保，但因非可歸責於被保險人，被保險人得依勞保條例第9條之1及「被裁減資遣續保辦法」申請繼續加保。中央勞政機關也認為，「勞工因投保單位歇業、解散、破產宣告或其他原因結束營業而遭解僱，縱未能取得裁減資遣證明文件，如該等勞工離職之原因確係因投保單位歇業、解散、破產宣告或其他原因結束營業者，並取得投保單位結束營業相關證明文件或經主管機關查證屬實，得准其辦理續保。」[86]

只不過，依據「被裁減資遣續保辦法」第2條第2款「勞資爭議者」

---

[85] 行政院勞工委員會83年10月18日（83）台勞保2字第88134號函參照。

[86] 行政院勞工委員會89年4月8日（89）台勞保2字第0011158號函參照。

觀之，似係承認因非法終止契約而生之爭議，也有本條之適用。在實務上，中央勞政機關也認為，「有關勞資爭議期間，勞雇雙方對是否為資遣之認定不一，基於保障被保險人權益之考量，准予該等勞工經地方主管機關認定或其他合法立案之勞資中介團體裁定結果為『資遣』者，即得以相關證明文件辦理加保。若嗣後經法院判決結果確定非屬資遣時，再予以退保。」[87]其所謂「若嗣後經法院判決結果確定非屬資遣時，再予以退保」，意指雇主所為屬非法解僱，故應回復原勞動關係，並將被裁減資遣的續保退保，回復原來所加保的勞工保險。此處，續保期間的年資並不取消。果然如此，即會形成勞工保險年資滿15年者依本條續保、而勞工保險年資未達15年之被保險人，應尋求行政救濟或司法裁判，以確認僱傭關係仍然存在，之後依勞保條例第72條第1項請求損害賠償，兩種不同的勞工保險年資的對待方式。本書以為此或有違反平等原則之嫌，並不足取。

在此，「被裁減資遣」所重者，為雇主所為合法終止契約之行為，至於被保險人是否獲得資遣費或其他補償金，並無關緊要[88]。同樣地，雇主即使給予被裁減資遣人員優惠資遣金或以退休金基數計算的資遣費[89]，亦非所問。倒是，基於例外規定應嚴格解釋的法理，如是出自於被保險人之自請離職、自請資遣[90]或依事業單位所訂「自動退職辦法」申請退職[91]，甚至合意資遣（合意終止勞動契約），無論其是因病、因事或生涯規劃等原因自請資遣而經投保單位核准，雖其肇致被資遣的結果相同，但與勞保條例第9條之1的立法原意並不相符，均不得依本條及「被裁減資遣續保辦法」繼續加保。上述中央勞政機關所做的放寬解釋，也不足採。

同樣不在適用之列者，為定期契約到期。蓋，例如卸任立法委員之公費助理離職係為定期契約屆滿，其於簽訂契約時已預知離職日期，非因驟

---

[87] 行政院勞工委員會89年4月8日（89）台勞保2字第0011158號函參照。

[88] 行政院勞工委員會79年7月30日（79）台勞保2字第17914號函參照。

[89] 行政院勞工委員會80年5月28日（80）台勞保2字第12688號函參照。

[90] 行政院勞工委員會79年8月4日（79）台勞保2字第17140號函參照。

[91] 行政院勞工委員會81年7月14日（81）台勞保2字第21075號函參照。

然被裁減資遣，不符本條續保規定之要件[92]。另外，留職停薪與停職或被羈押也不應納入適用。蓋此類的停止勞務，並非終止勞動契約。何況普通傷病或職業傷病的留職停薪，以及停職或被羈押的繼續加保，已經明定在勞保條例第9條中。而且，如本書前面所言，被保險人在依勞保條例第9條之1申請續保前，必須先依就業服務法及就業保險法的推介就業、職業訓練程序為之，以求被保險人回到職場從事工作。進而言之，即使在依本條續保期間，就業服務機構及職業訓練機構似應仍為被保險人推介工作，並且類推適用就業保險法第13條之規定，除非有該條的二種情形之一，否則被保險人不得拒絕所推介的工作。再者，對照勞保條例第9條第5款及勞基法第12條第1項第3款，對於勞工續保權益及工作權的保障，至多僅至「受有期徒刑以上刑之宣告確定，而未諭知緩刑或未准易科罰金者」而已。一旦入監服刑，即表示其惡性重大，不宜在社會保險法及勞動法中給予優待。此一基於比例原則而來之處置方式，亦應適用於勞保條例第9條之1的繼續加保。就此觀之，中央勞政機關認為，「上開規定立法意旨，係為保障被裁減資遣之中高齡勞工之老年給付權益，依該規定辦理續保之被保險人，如因案入監服刑者，得繼續於原投保單位辦理續保。」[93]似乎有再斟酌的必要。試想，一位重刑犯必須多年在監服刑，但另一方面卻有續保的優待，此係勞保條例第9條之1的立法原意嗎？

最後，有問題的是，如果被保險人已領取退休金，是否仍符合勞保條例第9條之1的繼續加保資格？對此，本書以為如是因被裁減資遣而領取退休金者，應持肯定的見解[94]。反之，如並未發生裁減資遣的情事，而是針對勞保年資滿15年以上者，事業單位訂定有自動退休辦法，被保險人依雇主所訂自動退休辦法退休並領得退休金者[95]，或者民營關係企業最後服務

---

[92] 行政院勞工委員會91年5月29日勞保2字第0910027017號函、94年9月9日勞保2字第0940050685號函參照。這表示立法委員的助理與地方民意代表的助理一樣，都是參加勞工保險，而非公務人員保險。

[93] 行政院勞工委員會91年5月23日勞保2字第0910025753號函參照。

[94] 行政院勞工委員會85年7月17日（85）台勞保3字第126066號函參照。

[95] 行政院勞工委員會85年12月3日（85）台勞保2字第143110號函參照。

單位承認關係企業之年資並給予退休金者[96]，即不應承認其得申請繼續加保。

第二項　職業災害勞工保險權益的考量

另外，基於職災勞工強化保障的考量，勞工職業災害保險及保護法第77條第1項亦規定，「參加勞工保險之職業災害勞工，於職業災害醫療期間終止勞動契約並退保者，得以勞工團體或保險人委託之有關團體為投保單位，繼續參加勞工保險，至符合請領老年給付之日止，不受勞工保險條例第六條規定之限制。」再觀勞基法第13條規定，「勞工在第五十九條規定之醫療期間，雇主不得終止契約。但雇主因天災、事變或其他不可抗力致事業不能繼續，經報主管機關核定者，不在此限。」所以，除非有但書之情形，為使雇主確實盡到保護照顧義務，雇主在勞工職業災害醫療期間並不得單方終止勞動契約。否則即為非法解僱。基於醫療期間必要性的要求，此處的「雇主不得終止契約」，解釋上應包括勞雇雙方不得合意終止契約之情形。

本來，依據勞工請假規則第6條規定，「勞工因職業災害而致失能、傷害或疾病者，其治療、休養期間，給予公傷病假。」只要是由醫療院所醫師所出具之必要之治療、休養期間，職災勞工即得請有薪的公傷病假，且無最長期間之限制。其目的即在賦予職災勞工最大回復其原來身心狀態的可能性。與對於職災勞工之重建，目的是在回復勞動能力及社會生活能力尚有不同。理論上，在經過該段治療、休養期間後即應進入有規劃性的重建階段。惟在與職業重建相關的期間，是否仍得要求雇主根據保護照顧義務繼續給薪？如按照職業災害救濟法理，似應肯定。惟本書以為重建並非單純雇主之責任，而應以雇主集體連帶責任的制度設計及政府共同協助的規範設計，以促成重建的功能發揮。因此，似乎可參考勞工請假規則第4條第3項的「半薪」設計，並加以重建期間為期的設計。為此，似乎即可

---

[96] 行政院勞工委員會85年8月29日（85）台勞保2字第126765號函參照。

考慮修正勞工請假規則的相關規定（例如在第6條加入第2項）。果如此，無論是現在的勞保條例或在勞工職業災害保險及保護法，均應修正加入重建期間保險給付的規定。雖然如此，勞基法第13條似乎並無禁止職災勞工自行離職。

由此觀之，此勞工職業災害保險及保護法第77條之繼續加保，即包含有勞基法第13條但書情形之合法終止及無該但書情形之非法終止（即雇主違反勞工法令之行為）。依據行政院勞工委員會88年4月13日（88）台勞保3字第015440號函，「查依勞工保險條例施行細則第26條（現修正為22條）第2項規定，被保險人因遭遇傷害或罹患疾病在請假期間者，不得退保。又依同條例第72條規定，投保單位不依規定辦理投保手續者，按自僱用之日起，至參加保險之日（現修正為前一日或勞工離職日）止應負擔之保險費金額，處以二倍（現提高為四倍）罰鍰。勞工因此所受損失，並應由投保單位依本條例規定之給付標準賠償之。有關勞工保險加、退保係採申報制度，勞工於職災持續醫療期間，所屬投保單位如未依規定辦理退保致生權益損害，依規定應由投保單位負責賠償，如有爭議，請向當地勞工行政主管機關請求協調或依民事訴訟途徑解決。」

所以，本來，針對雇主之非法終止契約，勞工得向雇主主張僱傭關係仍然存在，要求其受領勞務。並在雇主以契約已終止為由拒絕其工作時，提起確認僱傭關係存在之訴。而且，勞工得依據2020年1月1日施行的勞動事件法第47條，就確認僱傭關係存在事件聲請定暫時狀態處分。再依同法第49條第1項規定，「勞工提起確認僱傭關係存在之訴，法院認勞工有勝訴之望，且雇主繼續僱用非顯有重大困難者，得依勞工之聲請，為繼續僱用及給付工資之定暫時狀態處分。」本條為民法第487條之特別規定，應優先適用之。雖然如此，即使雇主係非法終止契約，但在其向保險人以勞工離職為由退保時，保險人仍應據以受理辦理。職災勞工僅在其僱傭關係存在之訴勝訴時，依據勞保條例第72條第1項下半句向雇主請求損害賠償。因此，職災勞工在提起確認僱傭關係存在之訴或聲請定暫時狀態處分時，即得以勞工團體或勞工保險局委託之有關團體為投保單位，繼續參加勞工保險普通事故保險，避免勞工保險中斷的情境。相對於其他被非法解僱的勞工，勞工職業災害保險及保護法第77條顯然係一較為優待的規定。而且，依據職業災害勞工醫療期間退保繼續參加勞工保險辦法第3條第1項規定，「申請繼續加保者，應於原發生職業災害單位離職退保之日起五年內辦理續保手續。」對於繼續加保時間也做較有利的規定。第2項尚且規定，「職業災害勞工於原發生職業災害單位退保之日起五年內，有再從事工作參加勞工保險後又退保情形者，仍得依前項規定辦理續保。」

有問題的是，職災勞工果然依勞工職業災害保險及保護法第77條規定繼續加保，而將來確認僱傭關係存在之訴勝訴時，得否依勞保條例第72條第1項下半句向雇主請求損害賠償？此似乎有問題，蓋其既無未加勞保的勞保年資中斷的損害，基於無損害無賠償之法理，當即不負賠償責任。惟保險人似仍得依勞保條例第72條第1項上半句對於雇主處四倍的罰鍰。這是因為職業災害勞工醫療期間退保繼續參加勞工保險辦法第5條規定，繼續加保之保險費係由被保險人與勞工職業災害保險及保護法第77條、第59條第2款之專款共同分擔之，原雇主並不為被保險人繳納保險費。

最後，職災勞工保護法第30條（作者按：目前為勞工職業災害保險及保護法第77條）繼續加保之規定，亦適用於雇主／任職單位未為勞工投保勞工保險，而轉由職業工會加保期間發生職業災害，嗣後雇主在醫療期間終止勞動契約並由職業工會退保之情形[97]。

第三項　促進性別平等的考量

依據性別工作平等法第16條規定，「受僱者任職滿六個月後，於每一子女滿三歲前，得申請育嬰留職停薪，期間至該子女滿三歲止，但不得逾二年。同時撫育子女二人以上者，其育嬰留職停薪期間應合併計算，最長以最幼子女受撫育二年為限（第1項）。受僱者於育嬰留職停薪期間，得繼續參加原有之社會保險，原由雇主負擔之保險費，免予繳納；原由受僱者負擔之保險費，得遞延三年繳納（第2項）。」

---

97 行政院勞工委員會100年5月31日勞保3字第1000140181號函參照。

觀2001年12月21日的立法理由，「一、我國托兒制度未臻完善，且保姆素質不齊，多數父母仍親自負擔養育幼兒的責任，故為同時保障父母之工作權益，使其得以同時兼顧工作與家庭之責任，乃有育嬰假之規定。二、留職停薪期間，其健保、勞保、公保等社會保險因而停止，對於無收入又在家庭照顧子女之受僱者甚為不利，為保障其繼續享有上開社會保險，乃規定雇主應負擔之保費免予繳納（因受僱者未工作）；受僱者應負擔之保費，准予遞延三年繳納，彼時受僱者已復職有收入，且因社會保險未中斷，投保年資得予併計，對其亦有利，故特此規定。」可知，為了給予無收入又在家庭照顧子女之受僱者投保年資的繼續，以便留職停薪育嬰目的之實現，乃有第16條第1項及第2項之制定。

在立法當時，為顧及雇主人力之調派，第1項明定僅適用於30人以上規模之事業單位。惟中央勞政機關基於平等原則，將該規定擴張解釋亦適用於受僱於僱用30人以下之事業單位[98]。之後，更在2007年12月21日修正時予以刪除人數限制。另外，在2014年11月21日修正時，將原先之「受僱者任職滿一年後」，縮短為「滿六個月後」，以擴大適用的對象。

上述立法者經由修法途徑逐步地降低人數及受僱時間，實係出自於友善家庭的育嬰政策目的，在法制手段上誠屬正確。有問題的是，中央勞政機關以函釋的方式，基於「雇主優於性別工作平等法第16條第1項規定」的說法，針對任職未滿6個月者、在不同雇主處年資的併計，以及受僱者同時撫育子女2人以上，其育嬰留職停薪期間不予合併計算者，除了承認受僱者得申請育嬰留職停薪外，並且認為該等人員有性別工作平等法第16條第2項的適用。此誠違反社會保險法定原則，實不足取。也就是說，社會保險的條件及資格（含自願加保），均必須以法律定之，且不容社會保險關係人約定改變之，否則，將會破壞社會保險的公平與適當原則、權利義務對等原則，並且不利於保險財務的維持。這是指：雇主固得與受僱人約定較佳的育嬰留職停薪條件，但不得改變性別工作平等法第16條第2項法定條件的適用。

[98] 行政院勞工委員會91年6月17日勞動3字第0910030950號令參照。

因此，本書認同「性別工作平等法第16條第l項規定為同條第2項規定之必要條件，故受僱者若於不符合性別工作平等法第16條第1項規定之情形（在職未滿1年）下，事業單位同意其申請育嬰留職停薪，該受僱者及其雇主仍無性別工作平等法第16條第2項規定之適用。受僱者留職停薪期間之社會保險事宜仍應依各該保險規定辦理。」[99]

相反地，所謂「雇主優於性別工作平等法第16條第1項規定，同意受僱者任職未滿6個月申請育嬰留職停薪者，該等人員育嬰留職停薪期間社會保險及原由雇主負擔之保險費，適用性別工作平等法第16條第2項之規定，本解釋令自即日生效。」[100]以及「雇主優於性別工作平等法第16條第1項後段規定，同意受僱者同時撫育子女2人以上，其育嬰留職停薪期間不予合併計算者，該等人員育嬰留職停薪期間社會保險及原由雇主負擔之保險費，適用本法第16條第2項之規定。」[101]均有違反社會保險法定原則之嫌，並不足取。

第五節　境外工作者之參加勞工保險問題

我國人民至海外工作，係具有涉外因素的社會保險的一種類型。其得否參加或繼續參加我國的勞工保險，或者應該參加工作地所在國家的勞工保險，繫之於其身分。至於出國前曾在國內工作，目前則住居在外國、甚至已歸化他國的人士（A），其未有工作事實或單純在當地外國公司受僱，則因未具有涉外因素而不得經由我國的事業單位或職業工會掛名加保【案例1(4)】。雖然如此，由於請領老年給付請求權已無消滅時效的問題，A得在其將來符合請領老年給付條件時（勞保條例第58條第1項、第2項參照），向保險人提出請領。

---

99 行政院勞工委員會97年4月11日勞動3字第0970130233號函參照。

100 勞動部104年4月27日勞動條4字第1040130693號令參照。另請參照行政院勞工委員會99年5月17日勞保1字第0990002973號函。

101 勞動部105年11月8日勞動條4字第1050132607號令參照。

第一項　境外工作者身分

在境外工作的人民，如果是直接在當地簽訂僱傭契約受僱工作者，無論該事業單位是由當地人民或具有我國國籍的人民開設，都為外國公司。甚至，該外國公司雖由我國境內的公司，出資所設立的公司或工廠或關係企業，亦同，即其只具有單純受僱於外國企業的身分【案例1(1)】。即使該境外僱用者應定時及不定時地回台報告業務狀況，其應係甲與丙所約定的從給付義務或附隨義務而已。尚難以此而認為與乙也成立一僱傭關係，而形成雙重契約關係。

至於勞工與雇主在境內簽訂僱傭契約後，被派赴海外工作（跨境／國工作）者，外表上首先會滿足調職之工作地點變動的條件。然而，勞基法第10條之1的調動，應該僅限於企業內調動之情形。亦即或者職務／位調整，或者在以廠場作為調職的基準的前提下，調往位於其他縣市或直轄市的（同一事業單位的）其他廠場工作的地點調動。換言之，不得是調往其他第三人事業單位或跨境的設立於海外的公司之情形。這並非調動的性質。同樣非調動者，為出差或派往其他第三人事業單位或跨境支援之情形。

也就是說，調職，乃是雇主變更員工之配置，通常伴隨著職務內容或工作場所之變更，而且變更需為相當長一段期間，以和企業內基於臨時性或特定性需要，雇主命令勞工暫時「支援」他單位或出差者有別。出差只是短暫地移地服務，並不會涉及職務調整的問題。至於出差或支援期間的長短，法令並未加以規定，似乎也難規定一致性的期限，而是應給予各個行／職業、依其特性自由地決定期限，只要不要「以出差或支援之名，達到調職之實」即可。現行勞工法令與出差有關者，是在勞基法施行細則第10條第9款規定之差旅費、差旅津貼，以及第18條工作時間之認定。另外，勞工在職涯中也會面臨出「公差」之情況，這是指短暫地提供與原勞動契約不同內容之勞務，通常是經由雇主指示權的行使而為。例如會計人員被指示購買餐飲。它不會涉及地點調動之問題。現行勞工法令及社會保險法令中，僅在勞工保險被保險人因執行職務而致傷病審查準則第9條有公差之規定。綜合支援、出差及公差，三者均無勞基法第10條之1調動原則之適用。法理上，支援、出差及公差均不會影響原來勞工保險的效力。

所以，被保險人越境工作，不問是當地第三人的公司或原雇主所設立海外工廠、公司，只有可能是單一契約關係（單純受僱於外國企業或本國事業單位）或雙重契約關係（同時受僱於本國事業單位及外國企業）。在此，本書以為原則上應係單一契約關係，例外地，在雙方有明確的約定下，始為多（雙）重僱傭關係。而且，在單一契約關係之下，除非被保險人與原雇主明示或默示終止僱傭關係，而由其與設立在境外的海外公司訂定另一僱傭契約，否則，原來僱傭關係的存續並不受影響[102]。

也因此，應釐清其間之關係究為借調、派遣或雙重僱傭關係。在借調或非營利性的勞動派遣關係下，勞工雖為第三人提供勞務，但勞工與原雇主的勞動關係並未終止或中斷，雙方的權利義務仍然存在。所謂「借調的勞動關係」，「乃勞動者在原雇主僱用下，在他企業從事相當期間工作之謂。」亦即勞工的編制、薪資請求權仍然存在與原雇主間，只不過其係在使用企業中工作[103]。一旦勞工的編制、薪資請求權已隨同移轉至後面之企業（例如關係企業），則應已非借調矣[104]。蓋原僱傭關係已終止，而與後面之企業成立一新的僱傭契約。

例外地，勞工與原雇主、受領勞務者（新雇主）明確約定同時成立勞動關係者，始為雙重僱傭關係。並且，原雇主與新雇主應明確約定對於勞

---

102 楊通軒，個別勞工法—理論與實務，2019年7月，六版，頁218。

103 行政院勞工委員會82年7月29日（82）台勞動3字第41107號函參照。最高法院93年度台上字第939號民事判決參照。又，行政院勞工委員會98年12月9日勞職許字第0980502205號函，「有關營造業雇主辦理重大工程國內招募所聘僱之本國勞工，得調派至同一核准地點之工程分包商從事分包工程工作，尚無違反就業服務法相關規定。」其本質上亦係借調的勞動關係。

104 行政院勞工委員會88年3月3日（88）台勞動3字第007091號函參照。Zöllner/ Loritz/ Hergenröder, Arbeitsrecht, 6. Aufl., 2008, 45：對於關係企業而言，在界定誰爲雇主時，往往會發生困難，特別是針對具有特殊技能之勞工（hochqualifizierte Arbeitnehmer），雖其被某一企業僱用，但卻巡迴於關係企業中的其他企業提供勞務。

工連帶地或各自地負擔何種義務（但不得違反我國及境外當地國的勞工及社會法令），尤其是工資的給付。此一工資，也牽涉到投保薪資的計算。

在一般所稱之調職，如其係指涉企業外調職（借調）或非營利性的勞動派遣，則依據公司法中關係企業章之規定，每一企業均為一個別獨立法人，故其屬於民法第484條勞務請求權讓與第三人之問題，應得勞工之同意，否則即為非法之調職[105]。這與企業內的調職並未涉及不同雇主間的轉換者，尚有不同。企業外調職（借調）已涉及不同的法人或雇主（多是關係企業間的調動），勞基法第10條之1調動原則並無法完善地保障被調動人的權益，雇主理應負擔較調動原則更重的義務與責任。在處理上，如雇主欲對勞工進行企業外調職時，必須在該特定時點獲得勞工明示的同意，而不可以在簽訂勞動契約時，即要求勞工事先同意。甚至，勞工得主張類推適用勞工退休金條例第11條第2項終止契約給予資遣費或退休金之規定，以補償勞工轉換至不同雇主處工作的損失或不利。不過，吾人觀法院實務的見解，似乎並無此種「企業內調職與企業外調職」不同的想法，而是以傳統的調動五原則加以審查[106]。

第二項　具有涉外因素的社會保險

就如同民事法律行為會有涉外的因素，社會保險也會出現具有涉外因素的情況。所不同者，前者有涉外民事法律適用法作為處理的準據（國際法律衝突）[107]；後者，除非我國有簽訂雙邊或多邊國際協定（議）以為適用的準據，否則，對於外國籍員工來台工作，即適用我國社會保險法（勞保條例、全民健保法）。而對於至海外其他國家工作者，即受到當地社會法令的規範。

---

105 行政院勞工委員會82年7月29日勞動3字第41107號函、84年6月14日勞動3字第119983號函、88年3月3日勞動3字第007091號函參照。劉志鵬，勞動法解讀，1999年7月，初版，頁78。Schaub/ Linck, Arbeitsrechts-Handbuch, § 45 Rn. 16b ff.; Zöllner/ Loritz/ Hergenröder, a.a.O., 149 f。

106 最高法院99年度台聲字第644號裁定參照。

107 楊通軒，個別勞工法—理論與實務，頁236以下。

一、具有涉外因素的類型或態樣

一般具有涉外因素的社會保險的類型或態樣，可區分為顯性的及隱性的兩個種類。在台灣，除了少數區域社會法的協議（區際法律衝突）之外，顯性的及隱性的具涉外因素的社會保險都是以國內法自行規範解決。

（一）隱性的具涉外因素的社會保險

此一隱性的部分常不為人所注意，例如勞保條例第8條第1項第4款「參加海員總工會或船長公會為會員之外僱船員」，即是針對在外國受僱於當地輪船公司之船員，提供其加保勞工保險的機會。其本應參加該外輪登記國的社會保險。現在以國內法給予保障，是否表示外輪登記國的社會保險即無適用的餘地？恐非如此。果如此，會不會發生社會保險法令適用衝突之問題？如何解決？

也是由勞保條例第8條第1項第4款規定而來者，中央勞政機關認為，「依照勞工保險條例第8條第1項第4款規定，參加海員總工會或船長公會為會員之外僱船員，得自願參加勞工保險為被保險人。又鑒於外僱船員之行業性質特殊，經有關機關、團體多次會議研商後，准於上岸候船之一定期限內，自負全部保費自願辦理加保在案，……。」[108]其後，再次放寬解釋的是，「受僱外輪、國輪公司之船員，於上岸候船期間自願繼續加保者，須於輪船公司離職退保之當日起90日內，向所屬中華民國船長公會、中華海員總工會辦理加保。」[109]

最後，「勞工保險之外僱及在岸候船會員，其欠繳保險費逾2個月者，准向臺閩地區勞工保險局申報退保。」本書以為此一函釋授予外僱船員是否退保的決定權並不正確，蓋准其在岸候船期間繼續加保已屬放寬解釋，不宜再度放寬，而是應比照勞保條例第17條第5項「以退保論」，直接視為退保。

倒是，在被保險人退休而在外國領取老年給付或被保險人被外國法院

---

[108] 行政院勞工委員會80年1月10日（80）台勞保2字第31527號函參照。

[109] 行政院勞工委員會86年7月4日（86）台勞保2字第025056號函參照。

羈押時，已無需再探討涉外因素的問題。「年金給付請領人未在國內設有戶籍及銀行帳戶，並向勞保局申請不按月核發者（含外國籍被保險人或本國籍被保險人日後移居國外），考量給付實務作業之一致性，同意按半年發給申請人，以免每月領取的年金金額因須負擔國際匯款等手續費用而減少。」[110]又，「查刑法第9條規定，同一行為雖經外國確定裁判，仍得依本法處斷。但在外國已受刑之全部或一部執行者，得免其刑之全部或一部之執行。上開規定業已明定我國承認外國裁判之效力。又查臺灣地區與大陸地區人民關係條例第75條中，亦針對臺灣地區人民在大陸地區犯罪者，與刑法第9條作類似規定。是以，勞工保險條例第9條第5款『未經法院判決確定者』之規定，所稱『法院』應包括大陸地區及外國之法院。」[111]

（二）顯性的具涉外因素的社會保險

具有涉外因素的社會保險的類型或態樣，一般都是顯性的。其中，以與國際社會法有關的較多，即本國人在外國受僱於（包括本國人開設的）外國公司、外國人在本國工作（勞保條例第6條第3項、第8條第1項第1款參照），以及外國籍員工（與我國籍員工）受僱於外商公司在我國境內設有代表人辦事處或聯絡處之情形。少數則是屬於區域社會法，即台灣與中國、港澳間勞動力的流動。

二、外國籍員工的參加勞工保險

依據勞保條例第6條第3項規定，「前二項所稱勞工，包括在職外國籍員工。」所以，強制納保的勞工，也包括外國籍員工。其對象包括外國籍成年工、童工及準童工（例如童星）在內。這是因為我國在1943年2月9日批准之國際勞工組織第19號「外國工人與本國工人災害賠償應受同等待遇公約」，並且在1964年10月8日批准國際勞工組織第118號「國民與非國民

---

110 行政院勞工委員會99年8月24日勞保2字第0990140334號函參照。這是表示申請人自己要負擔手續費。

111 行政院勞工委員會87年11月17日（87）台勞保2字第050311號函參照。

社會安全方面待遇平等公約」之規定。

由於勞工保險條例第6條第3項規定，「前二項所稱勞工，包括在職外國籍員工。」所以，外國籍員工亦係受僱於第1項第1款至第5款的事業單位，提供生產性的勞務。或者以自營作業者的身分參加職業工會（這是指依據外國專業人才延攬及僱用法第10條之藝術工作者[112]）。但其並不得以「無一定雇主」的身分獲得主管機關許可入境工作。另外，在法律上有疑義的是，外國籍員工似難以職前訓練者或失業者身分參加職業訓練，即其並無第1項第6款「在政府登記有案之職業訓練機構接受訓練者。」之適用。惟事業單位得將外國籍員工送至職業訓練機構接受專業訓練、進修訓練或第二專長訓練。再者，外國籍員工亦無法擁有漁會甲類會員之身分，因此，亦不得主張第1項第8款「無一定雇主或自營作業而參加漁會之甲類會員。」（漁會法第15條第1項第1款參照）之適用。

依勞工保險條例第6條第1項規定，受僱於5人以上工廠、公司、行號等勞工，雇主應為其辦理參加勞工保險；同條第3項規定，第1項所稱勞工，包括在職外國籍員工。又同條例施行細則第19條規定，外國籍員工如係依就業服務法或其他法規，經中央主管機關或相關目的事業主管機關核准從事工作者，應檢附相關機關核准從事工作之證明文件影本。查勞工保險係採申報制度，依同條例第11條規定，符合第6條規定之勞工，各投保單位應於其所屬勞工到職、離職之當日，列表通知保險人，其保險效力之開始或停止，均自應為通知之當日起算。爰本案外國籍勞工申報加、退保疑義，仍請依上開規定辦理[113]。並且，投保單位未於外國籍員工到職當

112 依據該條規定，「外國專業人才爲藝術工作者，得不經雇主申請，逕向勞動部申請許可，在我國從事藝術工作；其許可期間最長爲三年，必要時得申請延期，每次最長爲三年（第1項）。前項申請之工作資格、審查基準、申請許可、廢止許可、聘僱管理及其他相關事項之辦法，由勞動部會商文化部定之（第2項）。」

113 行政院勞工委員會98年4月17日勞保2字第0980140210號函參照。一個問題是，如果是事業單位或雇主通知外國籍勞工前往辦理報到手續之應經途中發生事故而致傷害者，是否得依規定請領勞工保險職業災害保險給付？尤其是由其所在國家搭乘飛機或船舶前往台灣的途中？也就是有無行政院勞工委員會97年6月30日勞保3字第0970140259號

日申報加保，應處以罰鍰，其罰鍰始期，以通知函送達當日為準[114]。

所以，針對外國籍員工，「依就業服務法規定，應申請工作許可始能在中華民國境內從事工作之各該人員，在該法公布施行前已准其參加勞工保險者，准予繼續加保至離職時止。原已加保，後經離職退保，於該法實施後再加保者或初次加保者，應依勞工保險條例施行細則第27條（現修正為第19條）規定於加保時檢附主管機關或目的事業主管機關核准從事工作之證明文件影本。」[115]

也就是說，「依據就業服務法第42條規定，外國人未經雇主申請許可，不得在中華民國境內工作，又依勞工保險條例施行細則第27條（現修正為第19條）規定，外國籍員工於加保時應檢附該事業主管機關核准從事工作之證明文件影本。另就業服務法第44條規定，雇主聘僱外國人從事第43條第1項第1款至第6款工作，應檢具有關文件向各『目的事業』主管機關申請許可。但中央政府、省（市）政府及其所屬學術研究機構聘請擔任顧問或研究工作者，不在此限。同法第45條亦規定，雇主聘僱外國人從事第43條第1項第7款至第9款工作，應檢具有關文件向中央主管機關申請許可。本案應依上開規定辦理，投保單位檢附直轄市或縣（市）政府同意備查函，不得受理加保。」〔再依據行政院勞工委員會83年6月2日（83）臺勞保2字第39223號函參照〕外國籍人士為自營作業者，依勞工保險條例第6條第1項規定，無一定雇主或自營作業而參加職業工會者，始得由職業工會為其辦理參加勞工保險[116]。

再一言者，外國籍勞工如其經廢止聘僱許可，其雇主應於收到廢止聘僱許可函後，向勞工保險局申報自廢止聘僱許可日退保，於安置或等待轉換至新雇主前，依法不得從事工作，依規定不得參加勞工保險，則自無繳

令或97年8月5日勞保3字第0970140335號令之適用？

114 行政院勞工委員會81年3月3日（81）台勞保1字第03861號函參照。

115 行政院勞工委員會81年7月24日（81）台勞保2字第21868號函參照。

116 行政院勞工委員會99年11月1日勞保2字第0990085565號函參照。

交保費之義務[117]。

至於針對外籍漁工，查依勞工保險條例第6條第1項第5款規定，受僱於從事漁業生產之勞動者，應以其雇主或所屬團體或所屬機構為投保單位參加勞工保險，同條第3項規定，前二項所稱勞工包括在職外國籍員工。另同條例施行細則第23條（現修正為19條）規定，本條例第6條第3項所稱外國籍員工，於加保時應檢附中央主管機關或相關目的事業主管機關核准從事工作之證明文件影本，本案外籍漁工如係漁船船主合法申請聘僱，並受僱從事漁業生產之勞動，應依上開規定辦理參加勞工保險[118]。亦即，如其係依就業服務法相關規定經核准來我國從事工作，並受僱於勞工保險條例第6條及第8條規定之「事業單位雇主」（船公司），得依規定辦理參加勞工保險。惟本案外國籍漁工係隨漁船於12浬外參與作業，與上開加保規定不符，故不得參加勞工保險[119]。本書以為其所謂「外國籍漁工係隨漁船於12浬外參與作業」，應係指境外僱用的漁船員而言。

三、國際社會法及區域社會法

（一）國際社會法

在上述三種與國際社會法有關的具有涉外因素的社會保險的類型或態樣，其實，也只有本國人在外國受僱於（包括本國人開設的）外國公司與社會保險法的選定適用有關。目前國際勞工公約並無要求一定要承認在他國工作的保險年資。其處理方式為簽訂雙邊（例如德中社會保險協定）或多邊國際協定（議）。主要是讓社會保險投保義務依據僱用地點所在國之法律規定（例如德中社會保險協定第3條）及社會保險的效力及於在外國工作的期間（例如德中社會保險協定第4條有48個月視為未出國的規定）[120]。社會安全制度或社會保險一般係以境內為適用範圍，這是因為

---

117 勞動部103年8月12日勞動保1字第1030140283號函參照。

118 行政院勞工委員會92年4月21日勞保2字第0920012264號函參照。

119 行政院勞工委員會91年5月7日勞保2字第0910022534號函參照。

120 孫迺翊，簡評行政法院有關勞工保險「境外僱用」之見解—以臺北高等行政法院100年

除了金錢給付外，實物給付或服務給付係以權利人在國內始能受領[121]。

其他兩者，我國都是以國內法的方式加以處理（屬地主義）。以外商公司在我國境內設有代表人辦事處或聯絡處而僱用員工之情形而言，中央勞政機關即先後認為，「為外商經依法核准在我國境內所設代表人辦事處員工，本部同意以代表人為投保單位依勞工保險條例第8條規定自願參加勞工保險。」[122]「有關外國營利事業在我國境內設立之連絡處員工，得依勞工保險條例第8條規定以負責人為投保單位辦理參加勞工保險。」[123]「有關外商公司在我國境內所設代表人辦事處或連絡處員工參加勞工保險一案，同意依貴局（勞保局）所擬以外商公司名稱並加註○○○代表人為投保單位，辦理加保。」[124]

再對外國籍勞工加入我國社會保險一言者，外國籍勞工係依據勞保條例第6條第3項（不包含非法外勞或境外僱用的漁工）、第8條第1項第1款強制或自願參加勞工保險。並依據全民健保法第9條第2款參加全民健康保險。只是，依據就業保險法第5條規定，並不得參加就業保險。至於（合法農業外勞）得否依據「農民職業災害保險試辦辦法」（2019年4月22日發布施行）參加保險，除了外國籍漁工應肯定外，則依開放農業外勞的類別而定。例如屠宰工早已在2015年底同意開放。

依據勞保條例第78條規定，「本條例施行區域，由行政院以命令定之。」而行政院在1979年6月29日發布台（68）勞字第6361號令，指定勞保條例的施行地點為台灣省、台北市、高雄市及福建省之金門、馬祖為施行區域。此即為屬地主義的表現。此與德國社會法典第四編第3條採僱傭地點所在國原則（Beschäftigungslandprinzip）相同，都是基於保險給付所得替代功能的考量，勞工保險關係應與薪資取得地點相互連結。屬地主義

度訴字第1767號判決爲例，收錄於：勞工保險條例精選判決評釋，2016年8月，初版一刷，頁22以下。

[121] 大法官會議釋字第549號解釋、最高行政法院102年度判字第633號判決參照。

[122] 內政部71年7月14日台內社字第98515號函參照。

[123] 行政院勞工委員會84年9月20日（84）台勞保3字第130948號函參照。

[124] 行政院勞工委員會94年9月2日勞保2字第0940045694號函參照。

具有界定社會風險分攤與社會重分配的正當性基礎，只有在同一地域共同生活、共同工作的人，才會有經濟依存關係，並面對共同的風險、藉由互助的機制，予以對抗的基礎。台北高等行政法院100年度訴字第1767號判決認為求就源量能扣繳[125]，要求勞工與雇主分擔保費，「勞動力須在本國實現或為本國利益所實現，以及最高行政法院93年度訴字第861號判決「勞工保險只適用於對於我國國計民生有貢獻」，皆符合屬地主義的意旨。

不過，台北高等行政法院100年度訴字第1767號判決認為「勞工保險保障範圍須與稅法所得稅課徵範圍有相當程度勾稽」，則有待釐清。一者，如謂有無繳稅與有無投保資格一致，即屬有誤。蓋有繳稅者，不當然有加保勞保的資格或義務；反之，未繳稅者，亦可能有加保勞保的資格或義務。所以，社會安全制度的社會互助團體的範圍與綜合所得稅之納稅義務人範圍，並非當然一致。社會保險法理上並無此要求。二者，如謂實務上為認定勞工有無工作事實及投保薪資的高低，而藉由國稅局的綜合所得稅綜合判斷之（社會保險行政便利之考量），則屬正確。

台灣勞工保險條例固然採屬地主義，但有鑑於國人至海外工作者日眾，因此，在一定條件下，勞工保險條例遂具有延伸至外國境內適用的效力，此即為屬地主義的例外：本國法發生域外效力。甚至，也可承認在一定條件下，令外國法發生域內效力（在我國境內生效）。這主要思想是將社會保險法律關係與僱傭契約保持一致，且僱傭契約成立地，較實際工作地點更具關鍵地位。例如勞保條例第9條第2款「派遣出國考察、研習或提供服務者」之自願繼續加保[126]、第8條第1項第4款「參加海員總工會或船長公會為會員之外僱船員」之自願加保。

另一項屬地主義的例外是，對於被短暫派至我國境內工作之人，例如出差或商務行為者，似乎無須受到社會保險法之適用。此在德國社會法典

---

125 郭玲惠，勞工及就業保險法釋義，2017年12月，初版，頁112註腳114：就源徵收及量能原則。

126 依據德國社會法典第四編第4條，此種外派人力仍屬強制加保的對象。

第四編第5條即有明定。我國勞保條例並無相類似的規定。不過，解釋上亦不適用，蓋其在台並無勞保條例第6條或第8條的雇主、機構或團體。

（二）區域社會法

具涉外因素的社會保險，也可適用於區域社會法的情形，即台灣與中國、港澳間勞動力的流動。對於此類特殊工作者，其法規依據為性質屬於國內法的臺灣地區及大陸地區人民關係條例、港澳人民關係條例。勞動部勞保局即有引用兩岸人民關係條例第2條第1款「臺灣地區」作為依據者[127]。此與區際法律衝突理論有無適用的餘地有關。

緣所謂區際法律衝突（interregional conflict of laws），係指在一個國家內部不同地區的法律彼此的衝突，亦可說是在一個國家內部不同屬地性法域之間的法律衝突。之所以會出現此種現象，係導因於種種歷史和現實以及外在和內在的原因，諸如：1.在「一國」內存在著數個具有不同法律制度的法域。2.各法域人民之間的交往導致產生眾多的涉外民事法律關係。3.各法域相互承認外法域人的民事法律地位。4.各法域相互承認外法域的法律在自己的區域內的域外效力[128]。

台灣現行之法律衝突規範有二，其中之一為傳統的「涉外民事法律適用法」，另一個為因應海峽兩邊數十年來分治的事實而訂定的「臺灣地區與大陸地區人民關係條例」（以下簡稱為兩岸人民關係條例）。

中華民國政府於1992年7月31日公布施行「兩岸人民關係條例」，以規範兩岸人民往來所生法律爭議之解決。該條例共內含總則（第1條～第8條）、行政（第9條～第40條之2）、民事（第41條～第74條）、刑事（第75條～第78條）、罰則（第79條～第94條）以及附則（第95條～第96條）等六章，共130條。其中有關行政、刑事、罰則的規定多屬實體性規定，而民事部分則採法律衝突理論，且係以涉外民事法律適用法之條文內容作為基礎，並參酌兩岸之情事設計而成。該條文中的法律衝突規範，

---

127 請參閱台北高等行政法院100年度訴字第1767號判決中，勞保局之陳述。

128 董立坤，香港法的理論與實踐，1994年4月，初版，頁300以下。

可視為台灣現行法上第一部區際衝突法規範[129]。至於社會法的部分，由於屬於特別行政法的範圍，所以仍然為國內法的立法方式解決。

之後，在1997年4月2日公布施行的香港澳門關係條例（全文共62條），以規範及促進與香港及澳門之經貿、文化及其他關係。其中，第38條規定，「民事事件，涉及香港或澳門者，類推適用涉外民事法律適用法。涉外民事法律適用法未規定者，適用與民事法律關係最重要牽連關係地法律。」亦是採取法律衝突理論。尤其與社會保險有關者，為第13條規定，「香港或澳門居民受聘僱在臺灣地區工作，準用就業服務法第五章至第七章有關外國人聘僱、管理及處罰之規定（第1項）。第四條第三項之香港或澳門居民受聘僱在臺灣地區工作，得予特別規定；其辦法由勞動部會同有關機關擬訂，報請行政院核定後發布之（第2項）。」再依據香港澳門關係條例施行細則第7條規定，「本條例第四條第三項所稱取得華僑身分者，係指取得僑務委員會核發之華僑身分證明書者（第1項）。香港或澳門居民主張其已取得前項華僑身分者，應提出前項華僑身分證明書，必要時，相關機關得向僑務委員會查證（第2項）。」第15條規定，「本條例施行前，經許可在臺灣地區居留之香港或澳門居民，除來臺就學者外，得視同本條例第四條第三項之香港或澳門居民，受聘僱在臺灣地區工作。」第16條規定，「本條例施行前，香港或澳門居民已在臺灣地區工作，無需許可，而依本條例第十三條，須經許可方得工作者，應於本條例施行之日起，六個月內依相關規定申請許可，逾期未辦理者，為未經許可（第1項）。相關機關處理前項申請許可，必要時，得會商主管機關提供意見（第2項）。」由這些規定觀之，可見香港或澳門居民在台工作，要較兩岸人民關係條例的規定寬鬆、具體、可行。其中一個原因是，在香港、葡萄牙治理香港、澳門期間，其人民享有自由民主國家的自由，且也有一定程度在台灣工作的自由，這與中國大陸人民仍有本質上的不同。

值得注意的是，依據2018年2月8日公布施行的外國專業人才延攬及

---

129 王志文，兩岸三地民事法律適用問題之研究，國際私法研究會叢書編輯委員會主編，國際私法論文集，1998年2月，頁297。

僱用法第24條規定，「香港或澳門居民在臺灣地區從事專業工作或尋職，準用第五條第一項至第四項、第六條、第七條第一項、第八條至第十一條、第十三條、第二十條及第二十一條規定；有關入境、停留及居留等事項，由內政部依香港澳門關係條例及其相關規定辦理。」此一規定，並不及於中國籍居民。據此，外國專業人才之進入我國工作，應優先準用本法之規定，如有未規定者，始準用就業服務法之相關規定。

上述，兩岸人民關係條例及香港澳門關係條例的公布施行，體現了解決法律衝突之必要性。在1987年之後，隨著海峽兩岸不相往來政策的鬆綁，台灣人民到中國大陸創業或工作的情況日多，兩岸人民之間通婚者也越來越多，連帶地也衍生許多法律糾紛。以勞務的提供為例，台灣人民無論是受僱於當地的台商或中國的廠商，均有可能發生勞動關係上的爭議。而台灣的法院與中國的法院在認事用法時，卻可能發生選法及適用法律的衝突。

亦即台灣的勞工在中國提供勞務（未來也有可能中國的勞工到台灣工作），有可能因兩邊政治分裂互不承認政府管轄權，而遭受到雙重法律制約的不利後果。由於兩岸之間彼此不承認他方的法律規範及法院管轄，台灣勞工的權利義務即會處於不確定的狀態，影響其權益至鉅。因此，兩邊彼此正視分裂的事實，將國家主權與管轄問題分別對待，甚至在互不承認政權的情況下，思索承認並執行他方的法律及判決，實係一可思採取之道。

雖然如此，觀察兩岸人民關係條例之規定，對於「中國」之涵義，台灣與中國大陸並不相同，所以「一個中國」的中央政府體制是虛無飄渺的，根本無法藉由兩岸人民關係條例的規定，適用區際法律衝突理論解決台灣與中國的民事糾紛[130]。否則即是太過於一廂情願。因此，欲對至中國工作的台灣勞工提供保護，並非經由各自制定其「以為」的準據法可以為功，而是藉由雙邊的協議或協定以保障勞工實體上或是衝突法上之權

130 王泰銓，當前兩岸法律問題分析，2000年9月，頁4以下。

益，係一更可行之道[131]。此種雙邊協議或協定的做法，除應運用於台灣與中國之外，也應擴張及於台灣與香港、台灣與澳門之間。這是從人員移動自由，以提升勞工福祉及產業競爭力的角度出發。所以，將難免逐步地觸及雙邊人員的往來。此種雙邊的協議或協定的做法，也可以避免「以國內法的立法方式、解決國際或區際間的勞工權益」的法律難題（勞保條例第6條第3項規定參照）及雙重成本的負擔（例如雙邊的提撥企業退休金或繳交社會保險費）或勞工雙邊得利或雙邊落空的不當現象。在做法上，似乎可從社會保險及企業退休金的互相承認（可攜帶性或通算Harmonization）做起[132]。然後，再思考擴充到其他領域。

惟至今為止，有關台灣與中國、港澳地區勞動力的往來，區域社會法對此類特殊工作者的影響實屬有限，且穩定度不高，易受國家政治議題的影響，甚至停滯不前。以下即敘述之：

1. 台灣與中國

台灣與中國在2009年12月22日「第四次江陳會談」簽署「海峽兩岸漁船船員勞務合作協議」（簡稱兩岸漁業協議），建立兩岸漁船船員勞務合作機制，維持「境外僱用、境外作業、過境暫置」政策。中國籍漁工並不適用勞保條例及全民健保法，由仲介單位為其投保商業保險。在2019年新冠肺炎（武漢肺炎）（COVID-19）發生後，台灣在2020年1月30日起暫緩受理僱用中國漁船員來台工作申請。無論如何，此一兩岸漁業協議係區域社會法的實際運用，或可再將之擴充至其他領域的勞動力合作。

只不過，即使針對跨國企業內部調動經許可來台服務之大陸地區人民，中央勞政機關認為，「鑑於目前大陸地區人民係以從事專業活動、商務活動名義來台，不宜同意該類人員以其他特殊型態參加勞工保險，以免

---

131 依據1993年12月24日大法官會議釋字第329號解釋理由書，「臺灣地區與大陸地區間訂定之協議，因非本解釋所稱之國際書面協定，應否送請立法院審議，不在本件解釋之範圍，併此說明。」

132 請參閱潘智茵，跨區移動勞工之退休保障可攜帶性之研究，國立政治大學勞工研究所碩士論文，2013年6月。

援引比照。是以，自不得依規定辦理參加勞工保險。」[133]亦即採取禁止加保的立場。其結果與境外僱用無殊。雖然如此，此類跨國企業內部調動經許可來台服務的中國籍人民，也可能與設立在國境內的跨國企業成立僱傭關係，如此，在其可以設立投保單位之情形下，禁止其加保是否確實有理？畢竟，其與中國人民以從事專業活動、商務活動名義來台，尚有不同。

比較沒有疑義的是：對於設籍未滿10年之大陸地區人民於公教或公營事業機關（構）工作，中央勞政機關函釋認為依勞工保險條例第6條及就業保險法第5條規定，依法規不得從事工作者，自不得參加勞工保險及就業保險，其等應受兩岸人民關係條例第21條規範限制（行政院勞工委員會100年4月6日勞保1字第1000140105號函參照）。至渠等若擔任無涉公權力行使及國家安全機密工作人員、短期促進就業人員、臨時工作津貼進用人員及其他公法救助人員，其與公務機關間未具有僱用關係，非屬兩岸人民關係條例第21條規範範圍[134]。

又，關於各機關（構）、學校之臨時人員，非屬臺灣地區與大陸地區人民關係條例第21條之規範範圍，不受在臺灣設有戶籍滿10年之限制。惟各用人機關（構）、學校於進用相關人員時，仍應遵守其他有關法令規定，並應審酌其機關性質及工作內容，審慎考量評估是否適宜進用[135]。

另外，對於大陸地區人民來台探親並欲就讀建教合作班，如未經相關單位依法核准從事工作，或依法規尚不符合在台工作之規定者，不得參加勞工保險[136]。

最後，上述台北高等行政法院100年度訴字第1767號判決所採的就源量能扣繳及最高行政法院93年度訴字第861號判決所採之屬地主義，實際

---

133 行政院勞工委員會97年12月3日勞保2字第09701405661號函參照。

134 行政院大陸委員會96年10月29日陸法字第0960018334號函、行政院勞工委員會100年12月8日勞保1字第1000095434號函參照。

135 行政院大陸委員會105年10月27日陸法字第1059909480號函參照。

136 行政院勞工委員會102年5月10日勞保2字第1020011749號函參照。

上都是涉及我國人民在中國境內受僱工作之事實。這也是實務上真正的案例所在。在台灣與中國無協議或協定的情況下，按照工作地國的屬地主義，僅能適用當地的社會法令。

2. 台灣與香港、澳門

除了上述香港澳門關係條例第13條、香港澳門關係條例施行細則第15條及第16條對於香港澳門居民在台工作有較寬鬆、具體的規定外，中央勞政機關對此也有進一步說明。

依之，「(1)依就業服務法第67條規定『本法關於外國人之規定，於無國籍人、中國人取得外國國籍而持外國護照入境或持中華民國護照而未在國內設籍，受聘僱從事工作者，準用之。』其所適用對象為中國人兼具雙重國籍者，其持用外國護照入境或持中華民國護照而未設籍者，必須準用外國人之規定，始可在華工作。準此，香港、澳門居民分別於民國86年7月1日、88年12月20日前，其未取得外國國籍，而持臺灣地區出入境證者或持臺灣地區居留證者，得免經許可在臺灣地區工作。但自民國86年7月1日起（行政院依香港澳門關係條例——下稱本條例——第62條規定，就本條例涉及香港部分，定於86年7月1日施行；澳門部分，行政院尚未定施行日期。）有關香港居民在臺工作問題，應依本條例第13條規定，須經『許可』方得在臺灣地區工作。(2)綜上所述，投保單位應檢附本會或目的事業主管機關核發之工作許可，為該香港居民辦理勞工保險；至於澳門在88年12月20日由葡萄牙結束治理前，有關澳門居民在臺灣地區工作參加勞保乙節，仍請依現行規定辦理。」[137]

又，「(1)就業服務法第48條所稱『外國人』一語，依同法第67條規定『本法關係『外國人』之規定，於無國籍人、中國人取得外國國籍而持外國護照入境或持中華民國護照而未在國內設籍，受聘僱從事工作者，準用之。』其所適用對象為中國人兼具雙重國籍者，其持用外國護照入境或持中華民國護照而未設籍者，必須準用外國人之規定，始可在華工作。準

[137] 行政院勞工委員會86年8月28日（86）台勞職外字第035427號函參照。

此，澳門居民於民國88年12月20日前，其未取得外國國籍，而持臺灣地區出入境證者或持臺灣地區居留證者，得免經許可在臺灣地區工作，其欲參加健保者可持上開居留證向中央健康保險局申請；若欲參加勞工保險者，需持上開居留證或出入境證向勞工保險局申請。(2)俟民國88年12月20日以後，澳門居民應依港澳關係條例第13條規定，須經『許可』方得在臺灣地區工作；至於申請『許可』之機關為何？視澳門居民有無取得華僑身分而不同：A.倘澳門居民於葡萄牙結束其治理前，未取得華僑身分而從事白領工作者，應由雇主檢具相關文件向各目的事業主管機關申請許可；如從事藍領工作者，則由雇主檢具相關文件向本會申請許可。B.倘澳門居民於葡萄牙結束其治理前，取得華僑身分或獲准在臺居留者，由雇主或本人檢具申請書（洽本會職訓局索取）、華僑身分證明書、臺灣地區居留證影本等文件向本會申請許可。」[138]

最後，再一言者，上述台北高等行政法院100年度訴字第1767號判決的就源量能扣繳，「勞動力須在本國實現或為本國利益所實現」及最高行政法院93年度訴字第861號判決「勞工保險只適用於對於我國國計民生有貢獻」，皆符合屬地主義的意旨。其亦對台灣人民在港澳地區受僱工作之社會法令有所適用。

第三項　境外工作的態樣及加保問題

如前所述，我國人民至境外工作者，可能基於出差、支援、借調或雙重／多重僱傭關係而為。其類型或態樣的不同，也會影響其加保或繼續加保我國社會保險的權利與義務。以下即說明之：

一、越境出（公）差或支援者

此是我國境內的雇主，短暫派遣勞工至國外完成特定任務者（例如商務人士）。其雇主並未變動，出差或支援時間一般相對短暫，但也有為期

---

[138] 行政院勞工委員會86年9月13日（86）台勞職外字第603466號書函參照。

甚久者（例如到數個國家為客戶提供服務者），勞工係提供契約上的專業勞務者，而在出差任務完成後，即回到原工作崗位繼續履行勞動契約者。所以與調動的性質不同【案例1(2)】。有關勞保條例施行細則第67條第1項第1款「被保險人於本條例施行區域外遭遇職業傷害或罹患職業病，必須於當地醫院或診所診療」應是指境外出差或勞保條例第9條第2款之情形。惟行政法院認為勞保條例施行細則第67條第1項第1款，應依行政院勞工委員會97年7月2日勞保2字第0970013463號函，適用於境內僱用、境外工作之情形，只是必須具有僱傭關係，不及於職業工人[139]。

二、派遣出國提供服／勞務者

此為勞保條例第9條第2款所規定之對象，其勞動關係仍然存在，只是，基於借調或非營利性的勞動派遣（民法第484條參照），勞工被派遣至第三人處提供勞務而已。所以，職業工人並非本款之對象。中央勞政機關即一再強調被保險人與原事業單位仍然存在僱傭關係的必要性。依之，「受僱勞工受派遣出國提供服務，得否繼續參加勞保，應依其個案事實加以認定其僱傭關係，如係轉受僱於他公司服務，則與原派遣公司之勞動關係即行終止，自不得於原公司繼續加保；如係借調他公司或至原派遣公司之國外分公司或分廠服務，則與原派遣公司仍有僱傭關係存在，得由原派遣公司依勞工保險條例第9條第2款及同條例施行細則第29條第1項（現修正為第21條第2項）規定繼續加保。」[140]同樣的意旨者，為「依勞工保險條例第9條第2款規定被保險人經派遣出國提供服務續保者，係以受僱員工為限。又查勞動契約之本質是當事人之一方對於他方，在從屬關係上，提供其職業上之勞動力，而他方給付報酬之契約。案內該公司與其調派至國外子公司工作之勞工之間，是否具有僱傭關係，端視是否符合上述條件而定，惟雙方當事人可對薪資給付方式另為約定。若該勞工係由臺灣總公司派遣至國外工作，與該總公司仍具有僱傭關係，即得依據上開規定繼續參

---

139 台北高等行政法院104年度簡上字第114號判決參照。

140 行政院勞工委員會85年2月27日（85）台勞保3字第104703號函參照。

加勞保。」[141]

所以，假設被保險人與原事業單位已「留職停薪」，即無勞保條例第9條第2款之適用。「依照勞保條例第9條第2款規定，被保險人派遣出國考察研習或提供服務者，得繼續參加勞保，係指受僱於該事業單位，並為執行事業單位業務，領有薪資者為限。又依同條例第6條規定，參加勞工保險，應以其雇主或所屬團體或所屬機構為投保單位。本案該等人員於出國期間，原單位予『留職停薪』，其實際未在原單位工作，且薪資報酬係由國外服務單位支給，該等人員雖辦理留職停薪，惟非因傷病所致，亦不得依上開規定申報加保。」[142]依本書所見，其實，不僅無勞保條例第9條第2款之適用，投保單位也必以在職保險原則，將被保險人申報退保。

本來，其勞動關係雖仍然存在，但受到勞保條例只適用在台、澎、金、馬地區的限制，本應將之排除適用。只不過，在不將勞工工作所在國社會保險法令管轄的情況下，立法者基於特殊保護的考量，遂將勞工保險效力延伸至境外（行政院勞工委員會98年12月14日勞保2字第09801405911號函參照）。所以，也可以說，基於勞保條例第9條第2款的反面解釋，境外從事勞動之國人已被排除勞工保險之適用。

這裡的境外，也包括中國及港澳地區。依據中央勞政機關的見解，「關於投保單位依法令規定派遣員工赴大陸考察、研習、提供服務者，准予比照勞工保險條例第9條第2款及其施行細則第29條（現修正為第21條）規定，得繼續參加勞工保險。」[143]

有關本款之說明，另請參閱上面第三節第二項處所敘述者。

三、境內僱用、境外工作者

顧名思義，此類人員係在我國境內受到僱用，隨後立即被派至境／國外工作者（反面言之，職業工人或漁會甲類會員並不在適用之內）。勞

141 行政院勞工委員會86年5月7日（86）台勞保2字第017455號函參照。

142 行政院勞工委員會78年12月9日（78）台勞保2字第28645號函參照。

143 行政院勞工委員會80年1月25日（80）台勞保2字第00474號函參照。

工在簽訂勞動契約時，即已明知工作地點不在境內，而係在境外。此類人員與勞保條例第9條第2款的外派人員（派遣出國提供服／勞務者）不同。由於其係在境外工作，已經不在勞保條例施行區域，故不得主張參加勞工保險。但是，依據中央勞政機關的見解，「查依勞工保險條例第6條、第8條規定，受僱於工廠、公司、行號等事業單位之員工，以其雇主為投保單位參加勞工保險。考量全球化經濟發展，企業海外投資日益增加，企業內人才派赴海外工作之機會亦隨之普遍，為保障該等人員參加勞工保險之權益，投保單位所聘於海外工作之本國籍員工，如與本條例施行區域內之投保單位具有僱傭關係，其到職地點雖在本條例施行區域外者，仍得依上開規定參加勞工保險。」[144]對此，本書以為：此類專為國外工作而僱用的人員[145]，其對於我國的國計民生是否有貢獻及其與在國內工作的勞工是否構成危險共同體，並非無疑。而且，如依中央勞政機關所見，此類人員得依勞保條例第6條或第8條參加勞工保險，則其相較於勞保條例第9條第2款外派人員只能自願加保，社會保險保障似乎較為完密，根據舉輕以明重的法理，其是否合乎勞工保險的法理與精神？亦屬可疑。退而求其次，如謂該等人員亦得參加勞工保險，則至多僅屬自願加保而已。

在法院實務上，針對一位職業工人，其在2005年1月4日出境，而在2005年1月5日在我國境內經由職業工會申請參加勞工保險，其後以在中國境內工作受傷而請領保險給付，高等行政法院所駁回的理由中，除了量能負擔原則外，還有危險共同體。其認為，「現行勞工保險制度設計理念在以量能負擔原則維持社會互助之功能，依被保險人勞動能力[146]決定被保險人及投保單位所應負擔保險費之高低，充為勞工保險之重要財務來源，並以此填補勞工因保險事故發生所減損之勞動能力。其中勞動能力代表著繳納保費及繳納稅收之經濟能力，透過勞動能力之量化，由被保險人、雇主（投保單位）、中央政府或直轄市政府比例分擔勞工保險保險費，勞

144 行政院勞工委員會97年7月2日勞保2字第0970013463號函參照。

145 即排除職業工人之適用。

146 作者按：一般係更直接地以「工資高低」作爲量定負擔保險費高低的依據。

工、投保單位所分擔之保險費按投保勞工『當月之月投保薪資』一定比例計算（由職業工會加保之被保險人，其普通事故保險費及職業災害保險費，由被保險人負擔百分之六十，其餘百分之四十，由中央政府補助，勞工保險條例第13條、第14條及第15條參照），可知勞動力量化成經濟力後之部分保險費，乃透過納稅而由國家稅收負擔，此種由國家稅收補助之社會保險制度，所欲保障之勞動能力流失風險，自屬政府可取得稅收之勞動力，方符合勞保之『量能負擔原則』，是被上訴人自行前往大陸工作7年多之勞動力，其勞動力量化所轉換之經濟能力，並非國內所得，並未透過境外投保單位之負擔保費並向我國政府納稅而進入『量能負擔原則』之勞保共同體內[147]，自非勞工保險之保障範圍。」[148]

四、境外僱用者

這是指我國人民在境外受僱於當地公司提供勞務者（不問是當地人民或我國籍人士所開設）。即勞動契約簽約地在境外，工作地也在境外。如果按照勞工保險採僱傭地點所在國原則（屬地主義），在無雙邊或多邊協議或協定的情況下，其即應受到當地國社會法令之管轄。

蓋此類人員係在國外受僱從事工作獲致工資者，與我國並無工作上的連結。此類人員可能為單純持外國護照者（含已歸化為外國人者）或仍持我國護照之雙重國籍者或單純仍持我國護照，而在當地合法應徵由外國或我國人民所開設之公司行號者。所以，其僱傭契約在國外完成，雖然其間可能經我國境內的母公司所知悉或同意。而在工資及福利方面，也有可能全部或部分在國內給付，所以，其也在我國繳交所得稅。但所得說得繳交與能否參加社會保險，應屬兩事。在實務上，也有我國人民先在國／境外受僱工作，而後回到我國境內加入職業工會，但並無在國內工作的事實，則其亦屬於境外僱用者的情形，不得參加職業工會。

對於此類境外僱用者，學者間有主張境外僱用之情形，如外商或我國

---

147 作者按：這裡其實是在講危險共同體。

148 台北高等行政法院104年度簡上字第114號判決參照。

之事業單位在我國境內之營業處所者，仍應允許其參加勞工保險[149]。雖然如此，由於屬地主義的要求，勞工保險條例適用區域僅為台、澎、金、馬地區，而不及於其他國家或區域。所以，其工作所在地國如未與我國簽訂社會保險互相承認條約或協定／議，本應依當地社會保險法令加保，以免違法而受罰。基於勞工保險風險的可預測性考量，以確保勞保基金的永續經營[150]；以及境外僱用者與我國境內勞工似乎難以構成危險共同體，即使境外僱用者在我國境內獲有工資的給付，也不得將之作為投保薪資看待[151]。境外僱用者也不得與我國境內的事業單位（例如總公司）約定適用我國的勞保條例規定【案例1(3)】。當然也不得約定在台灣加保，而由境外雇主為之繳納勞保條例第15條雇主所負擔的保險費。

149 郭玲惠，勞工及就業保險法釋義，頁113以下。

150 甚至勞工保險世代間正義的分配問題，也與此有關。

151 非依就業服務法僱用之境外外國籍漁工，不符合勞保條例第19條規定的要求，故不得參加勞工保險。行政院勞工委員會91年5月7日勞保2字第0910022534號函參照。其實，非我國領域之公海，也不在勞保條例適用地域之內。

第七章 保險給付——通則、失蹤津貼、生育給付

案例1

甲係某市清潔業職業工會的被保險人，其以因精神分裂症致中樞神經失能申請普通疾病失能給付。案經勞保局審查，甲在2004年10月22日醫院初診時症狀已經固定，其後，在2007年6月28日曾爲身心障礙類別及等級鑑定，鑑定結果爲慢性精神病患者類別之中度等級身心障礙。故甲在2009年2月13日再度加保後提出失能給付，勞保局以其爲加保前之停保期間之失能事故，應不予給付。又其在2010年11月29日診斷失能時之失能程度仍符合該等級，失能程度並未提高【即：未加重】，乃核定所請失能給付不予給付[1]。問：

(1) 保險人得否經特約專科醫師自行認定失能等級？若有，其法律規定爲何？

(2) 被保險人之精神分裂症致中樞神經失能，如係因使用毒品而致心智受損，是否符合勞保條例第23條或第26條「故意」之要件？

(3) 又，假設甲後來請領老年給付並且離職退保（2012年6月30日），醫院如繼續對甲進行治療，並且於2012年7月1日出具甲治療終止，審定其在2011年11月30日以較高等級失能成殘，則甲得否再請領失能給付？

(4) 本案，勞保局針對甲在2009年2月13日所提出之失能給付，得否以其早在2004年10月22日醫院初診時症狀已經固定（而非以2007年6月28日曾爲身心障礙類別及等級鑑定時爲準），已逾勞保條例第

---

1 台北高等行政法院100年度簡字第671號判決參照。

30條之2年請求權消滅時效[2]，而駁回之？（最高行政法院102年度判字第53號判決）

案例2

某甲未婚，在2018年3月14日受僱於乙而參加勞工保險。甲不久即懷孕，乙在同年6月13日以3個月試用期未通過爲由預告解僱甲。甲後來又到幾家公司工作而斷續加保。甲在2020年12月自丙公司離職後，曾經短暫2個月接受職業訓練領取生活津貼後就在家待產。後來順利以剖腹生產的方式生下雙胞胎。問：

(1) 未婚或試用期間懷孕的女性被保險人得否主張生育給付？

(2) 生育給付的月平均投保薪資的計算方式爲何？甲得否主張職業訓練生活津貼不納入計算？

(3) 甲生下雙胞胎，可否主張雙份的分娩費及生育補助費？假設甲的配偶丁受僱於其他公司且加保勞工保險，丁得否以自己月投保薪資的標準向保險人請領生育給付？

第一節　請領保險給付之共通原則

第一項　請領給付保險有效原則及其例外（保險效力之停止與終止）

一、原則

（一）請領給付保險有效原則（加保期間事故給付原則）

依據勞保條例第19條第1項規定，「被保險人於保險效力開始後停止

2 在2012年12月19日，勞工保險條例第30條修正公布消滅時效爲5年。

前，發生保險事故者，被保險人或其受益人得依本條例規定，請領保險給付。」此即為以保險期間為準的請領給付保險有效原則（加保期間事故給付原則）[3]，而非在職保險（勞保條例第11條參照）的表現[4]。這是請領保險給付之一般要件，與勞保條例有關請領各種給付所需遵守之特別要件相對。例如針對失能給付，勞保條例第53條、第54條有具體條件的規定，必須與第19條、第20條合併適用。本條對於被保險人及其受益人一體適用[5]。此並不因普通事故或職業災害事故而有不同，且必須以事故經審定或認定為前提，若是尚在持續中的傷病而保險效力停止者，保險給付係按照勞保條例第20條第1項而定。緣勞工保險係在確保勞工工作期間的生命身體健康的安全，其所納入保障的事故範圍，必須是尚未發生的，且無法預料何時發生的各種危險，如此，始能符合以保險費集合而成之基金分攤危險之目的[6]。對於保險效力開始前或停止後發生保險事故者，除了勞保條例第20條、第20條之1有特別規定外，即非保險事故可言。如此，始符合保險為最大善意契約或射倖契約的本質。

只是，對於保險有效期間發生保險事故，大法官會議釋字第609號解釋擴大解釋為保險效力開始前事故原因已發生，而在保險期間加重或導致其他保險事故者。除非被保險人於加保時已無工作能力，或以詐欺、其他不正當行為領取保險給付等情事，則屬應取消其被保險人之資格，或應受罰鍰處分，並負民、刑事責任之問題（同條例第24條、第70條參照）。否則，針對已罹患癌症等特定病症或其他傷病，而參加勞工保險者，於保險

---

3 郝鳳鳴、謝宗穎，稱之爲「保險權利之形成與效力同時存在原則（請領保險時保險有效原則）」。請參閱氏著，保險效力停止後得主張之權利—簡評最高行政法院93年判字第1550號判決，收錄於：勞工保險條例精選判決評釋，2016年8月，初版一刷，頁79以下。

4 劉士豪即將勞保條例第19條第1項看成是在職保險，觀念似非正確。劉士豪，勞工保險條例第19條有關保險給付—臺北高等行政法院100年度簡字第671號判決，收錄於：勞工保險條例精選判決評釋，2016年8月，初版一刷，頁48。

5 受益人所能請求者，爲被保險人死亡給付、失蹤津貼，及依勞保條例所能承領之相關保險給付。此處的受益人，並不包括支出殯葬費之人。

6 最高行政法院93年度判字第1483號判決參照。

有效期間死亡者，其受益人仍得請領死亡給付。本書以為此類爭議為過往「帶病加保」之問題，目前對於失能給付，已有勞保條例第55條規定，至於死亡給付雖無類似之規定，但似亦應做相同之解釋，如此，也才能突顯出與商業保險的不同。而對於保險效力開始前已有傷病事故，但在保險有效期間未加重者或未死亡者，則視為保險有效期間並無傷病事故。對於此類案件，保險人如為避免非法加保之情形，似應善用勞保條例第10條、第25條、第28條、第65條之2，以及勞保條例施行細則第52條、第53條等規定之查證權、查訪權，及要求醫療機構的輔助權【案例1(1)】。

勞保條例第19條第1項為社會保險的基本原則，其係基於勞保費率計算、財務健全的考量，以及權利義務對等原則而來。即使是第19條第5項之被保險人失蹤之情形（失蹤津貼），亦屬於第19條第1項之保險效力內之事故，而非保險效力停止後之請求權利。依據函釋，在申報制之下，勞保局不得主動予以退保[7]。只不過，本書以為是否仍應考量被保險人是否在職（即在職原則）？實際工作除了對於無工作能力人適用外，是否亦適用於失蹤人[8]？此在2021年4月30日制定公布（並在2022年5月1日施行）的勞工職業災害保險及保護法第55條規定，也會產生同樣的問題，所以，對於「作業中」遭遇意外事故致失蹤，仍應採取嚴格的解釋，將其限制在漁業生產勞動者或航空、航海員工或坑內工，於漁業、航空、航海或坑內作業中（勞保條例第19條第5項參照），而不及於其他的陸上勞工。

至於所謂保險效力開始，是指投保單位為強制加保或自願加保對象，列表通知保險人，「自投保單位將加保申報表送交保險人或郵寄之當日零時起算；投保單位非於勞工到職、入會、到訓之當日列表通知保險人者，其保險效力之開始，自投保單位將加保申報表送交保險人或郵寄之翌日零時起算」（勞保條例第11條、勞保條例施行細則第14條第1項參照）。至於保險效力停止，則是指投保單位為強制加保或自願加保對象，列表通知保險人，「投保單位於其所屬勞工離職、退會、結（退）訓之當日辦理

7 行政院勞工委員會97年10月1日勞保2字第0970140423號函參照。

8 相關討論，郝鳳鳴、謝宗穎，保險效力停止後得主張之權利—簡評最高行政法院93年判字第1550號判決，收錄於：勞工保險條例精選判決評釋，頁77。

退保者，其保險效力於投保單位將退保申報表送交保險人或郵寄之當日二十四時停止。投保單位非於勞工離職、退會、結（退）訓之當日辦理退保者，其保險效力於離職、退會、結（退）訓之當日二十四時停止。但勞工未離職、退會、結（退）訓，投保單位辦理退保者，其保險效力於投保單位將退保申報表送交保險人或郵寄之當日二十四時停止。勞工因此所受之損失，依本條例第七十二條規定，應由投保單位負責賠償之」（勞保條例第11條、勞保條例施行細則第14條第4項、第5項參照）。須注意者，針對各種自願加保的對象，由於或為被保險人自願，或為投保單位自願[9]參加勞工保險，都有可能發生拖延一段時間的情況，其並無法強制在到職、入會、到訓之當日即加保，也不可能事後加保而溯及自到職、入會、到訓之當日開始保險效力。惟其一旦加保，即不得以自願加保為由隨時退保，而是應適用強制加保者退保之相關規定，此從勞保條例第8條第2項「前項人員參加保險後，非依本條例規定，不得中途退保。」即可知之。只是，勞保條例第9條、第9條之1、性別工作平等法第16條第2項，及職業災害勞工醫療期間退保繼續參加勞工保險辦法等規定之自願繼續參加勞工保險者，也應有同樣的適用。

有問題者，上述保險效力停止之「離職」，是否包括所有被保險人停止工作的態樣？尤其是被保險人因領取失能給付或老年給付或因死亡而退出職場？在此，即會產生保險效力「停止」與「終止」的爭議。也就是說，固然勞保條例第11條及勞保條例施行細則第14條之「離職」，並不區分何種原因的離職，投保單位均應一律申報退保。然而，勞保條例第19條第1項及第20條之保險效力停止，卻只針對被保險人自行離職或被解僱（勞基法第11條、第12條、第13條），以及被保險人的失能未達喪失工作能力／終身無工作能力程度（即其為輕殘）而離職之情形。至於「被保險人經評估為終身無工作能力，領取失能給付者，應由保險人逕予退保」

[9] 本書以為勞保條例第8條第1項第3款、第4款，即是屬於投保單位自願加保的案例，亦即投保單位得自由決定是否為實際從事勞動之雇主及參加海員總工會或船長公會為會員之外僱船員，參加勞工保險。

（勞保條例第57條參照）、被保險人請領老年給付而應辦理離職退保（勞保條例第58條第3項參照），以及投保單位因被保險人死亡而申報退保（勞保條例施行細則第22條參照）或保險人逕予退保（勞保條例施行細則第81條參照），其所謂「退保」，係指永久退出職場之意，故伴隨著保險給付保險效力永久「終止」。被保險人或其受益人如未辦理退保手續，保險人均得逕予退保。嗣後之前被診斷為終身無工作能力的被保險人或領取老年給付的被保險人，如果再度進入職場，其保險關係或職業災害保險關係為重新起算或一個新的法律關係[10]。而非如保險效力之停止，而有勞保條例第12條第1項「被保險人退保後再參加保險時，其原有保險年資應予併計。」之適用。

在此，尚可一言者，保險效力之停止與終止，引起不同的法律效果，也涉及到風險的控管及保險財務的負擔，故均必須按照勞保條例及其施行細則而定。保險人與被保險人並不得自由約定之。停止，除了勞工離職或退會外，依照勞保條例施行細則第16條規定，限於投保單位有歇業、解散、撤銷、廢止、受破產宣告等情事或經認定已無營業事實，而被註銷或廢止者，如其原僱用勞工未由投保單位依規定辦理退保者，即由保險人逕予退保，保險效力隨之停止。所以，令人生疑者，大法官會議釋字第568號解釋針對舊勞保條例施行細則第18條（作者按：現為第16條）之歇業、解散、受破產宣告等情事之通知退保，卻認為是保險效力「終止」之事由。此一見解實屬有誤。

待釐清的是，勞保條例第20條之1第1項「被保險人退保後，經診斷確定於保險有效期間罹患職業病者，得請領職業災害保險失能給付。」其所稱「退保」，是否指上述之請領老年給付而退保之情形？對此，學者間有持肯定見解者，其認為係指領取老年給付後經診斷確定在保險有效期間罹患職業病者。惟本書並不贊同，而是應採體系解釋，將3個條文均作為「停止」解釋，蓋第20條之1第1項的「退保」與第19條第1項及第20條之

10 行政院勞工委員會94年1月3日勞保3字第0930065084號令參照。

「保險效力停止」，只是用語不同而已，前者實為「離職退保」之意。如此，也才能避免與第65條之3發生適用衝突的情形。換言之，如依前面學者所述，則被保險人將可兼得老年給付及失能給付。如依本書見解，第20條之1仍應受到第65條之3的拘束，被保險人只能擇一請領失能年金或老年年金。如其改領失能年金，則應將老年年金退還，保險人並有追還或扣減的權力（勞保條例第29條第4項參照）【案例1(3)】。而對於領取老年給付者，保險已告終止，自不得再申領傷病給付[11]。蓋「勞工保險條例規定之傷病給付，乃對勞工因傷病不能工作，致未能取得原有薪資所為之補助，與老年給付係對勞工因退職未能獲取薪資所為之給付，兩者性質相同，其請領老年給付者，自不應重複請領傷病給付。」

雖然勞保條例第20條第1項及第2項已明定「保險效力停止」，此也為通說所採，惟學者間仍有認為該項規定並未區分「暫時停止或終了停止」，因此，勞工請領老年給付後，於保險效力停止後1年內，仍得請領第20條所規定之各項給付[12]。但本書認為這恐怕有違反社會保險給付不重複保障原則。

附帶一言者，勞保條例第20條第1項雖為「保險效力停止」的規定，但被保險人在保險效力停止後1年內診斷為永久失能，經評估為終身無工作能力而領取失能給付者，保險效力即為「終止」[13]。因此，被保險人「一次請領失能給付或失能年金給付者，嗣後如死亡，其遺屬不得再依第63條規定請領死亡給付。但被保險人於領取失能年金給付期間死亡者，其遺屬得依第63條之1第1項或第2項規定選擇請領遺屬年金給付，或一次請領失能給付扣除已領年金給付總額之差額。被保險人在保險有效期間或保險效力停止後一年內診斷為永久失能，其失能程度未達終身無工作能力並領取失能一次金者，嗣於保險效力停止後1年內死亡，符合第20條第1項規定者，其遺屬得依第63條規定請領死亡給付，不須扣除已領取之失能一次

---

11 大法官會議釋字第310號解釋、內政部65年10月15日台內社字第704189號函參照。

12 郭玲惠，勞工及就業保險法釋義，2017年12月，初版，頁44以下。

13 至於被保險人在保險效力停止後1年內，如領取傷病給付，仍然只是保險效力的停止。

金。本解釋令自即日生效。廢止本會中華民國89年1月5日台89勞保2字第0000324號函及90年12月12日台90勞保2字第0055800號函等二則函釋，並自即日生效。」[14]其所謂「其遺屬不得再依第63條規定請領死亡給付」，係指即使死亡給付優於失能給付，其遺屬亦不得主張勞保條例第65條之3規定，將失能給付退回而改請領死亡給付。

承上，與「保險效力終止」有關者，「(1)依勞工保險條例第20條第1項規定，被保險人在保險有效期間發生傷病事故，於保險效力停止後1年內，得請領同一傷病及其引起之疾病之傷病給付、失能給付、死亡給付或職業災害醫療給付。另同條例施行細則第69條規定，請領失能給付者，以全民健康保險特約醫院或診所診斷為實際永久失能之當日為得請領之日。爰此，被保險人於退保後1年內診斷為非終身無工作能力，並領取失能給付者，其後請領老年給付時，仍應准予給付，不得將其原領失能給付收回。至領取老年給付後始請領失能給付者，其失能給付應不予給付。(2)本會89年12月30日台89勞保3字第0057597號書函，自即日起停止適用。」[15]

（二）保險給付法定原則（法律保留原則）

勞工保險係為因應被保險人所面臨的風險，藉由先行繳費的保險途徑，以危險共同體的方式，共同分攤風險，並達到社會安全的目的，故針對普通事故及職業災害事故的各種給付項目，給付計算方式或標準，給付時間、長度及間隔時期等，均為勞工保險條例及其施行細則所明定，並且部分經過解釋予以具體化，因此，雖然保險人與被保險人係簽訂行政契約規範其勞工保險法律關係，但雙方並不得自行做不同於法令之約定。而保險人也只能依勞保條例及其相關子法的規定，履行各種給付義務，其並

---

14 行政院勞工委員會99年10月5日勞保2字第0990140393號令參照。另外，行政院勞工委員會99年8月31日勞保2字第0990140337號函意旨相同。

15 行政院勞工委員會98年11月4日勞保2字第0980140438號函參照。

無相關之裁量餘地[16]。依據最高行政法院的見解，「由於勞工保險條例第20條規定係基於勞工保險為社會保險之特性，為給予在保險有效期間內罹患傷病，卻因斷續投保暫時喪失投保條件之被保險人延續性之保障所設之例外規定，本著重於給予被保險人一定程度之醫療保險照顧，惟被保險人罹患傷病亦有可能衍生殘廢或死亡之結果，方訂定同條第2項規定，以為保障。雖勞工保險條例未明文規定第20條應從寬解釋，惟被上訴人既是勞工保險給付之主管機關，本於其職掌，認為該條規定為例外規定，應從嚴解釋，於法並無不合。次按參照勞工保險條例條雖規定：『為保障勞工生活，促進社會安全，制定本條例；本條例未規定者，適用其他有關法律』，保險法第54條第2項亦規定：『保險契約之解釋，應探求契約當事人者為勞工保險條例之立法目的；後者則為保險契約解釋原則』。惟勞工保險為強制保險，係社會保險之一環，集資係勞工繳交之保險費及政府之補助而來，成立一有限之給付資源。主管機關於核發保險事故給付時，雖應注意上開立法目的及解釋原則，更應從實審認事故級別，公平核給。」[17]

法律保留原則也適用於保險給付原因的限制上。針對一件被保險人帶病參加勞工保險而後死亡的申請案，大法官會議釋字第609號解釋謂，「勞工依法參加勞工保險及因此所生之公法上權利，應受憲法保障。關於保險效力之開始、停止、終止、保險事故之種類及保險給付之履行等，攸關勞工或其受益人因保險關係所生之權利義務事項，或對其權利之限制，應以法律或法律明確授權之命令予以規範，且其立法之目的與手段，亦須符合憲法第二十三條之規定，始為憲法所許。中華民國八十四年二月二十八日修正之勞工保險條例第十九條第一項規定：『被保險人或其受益人，於保險效力開始後，停止前發生保險事故者，得依本條例規定，請領保險給付。』依同條例第六十二條至第六十四條之規定，死亡給付之保

---

16 台中高等行政法院100年度訴字第226號判決參照。

17 最高行政法院95年度判字第232號判決參照。惟行政法院也有主張從寬做有利於被保險人之認定者。高雄高等行政法院99年度訴字第638號判決。郭玲惠似乎即採此見解。郭玲惠，勞工及就業保險法釋義，頁219。

險事故，除法律有特別排除規定外（同條例第二十三條、第二十六條參照），係指被保險人或其父母、配偶、子女死亡而言，至其死亡之原因何時發生，應非所問。惟若被保險人於加保時已無工作能力，或以詐欺、其他不正當行為領取保險給付等情事，則屬應取消其被保險人之資格，或應受罰鍰處分，並負民、刑事責任之問題（同條例第二十四條、第七十條參照）。行政院勞工委員會七十七年四月十四日台七七勞保二字第六五三〇號函及七十九年三月十日台七九勞保三字第四四五一號函，就依法加保之勞工因罹患癌症等特定病症或其他傷病，於保險有效期間死亡者，以各該傷病須在保險有效期間發生為條件，其受益人始得請領死亡給付，乃對於受益人請領死亡保險給付之權利，增加勞工保險條例所無之限制，與憲法第二十三條所定法律保留原則有違，於此範圍內，應不再適用。」須注意者，本案被保險人既已帶病加保，如其針對該病請領傷病給付或失能給付，由於事故已發生，不符合保險針對未發生，且不可預料之危險（勞保條例第19條第1項參照），保險人自然不應給付。惟本案被保險人已因病死亡，其受益人請領死亡給付，應屬具有保險利益，於法有據。在此，由於該傷病直接導致失能，除非小傷病或因果關係尚遠，否則，仍應以危險已經發生而否認失能給付請求權，而非以勞保條例第53條或第54條之症狀尚未固定，而承認之[18]。此一見解，與大法官會議釋字第609號解釋並無相左。

本來，保險人在發予給付前，必須善盡其查核、查證等權責（勞保條例第25條、第28條、第65條之2第1項、勞保條例施行細則第52條、第53條參照），採取專業判斷及價值衡量兼行的態度，一切要在嚴謹的態度下從事，難謂得不受拘束地自行其事【案例1(1)】，如此，在確保勞保財務健全的前提下，始能落實保險給付所具有之所得重分配的用意與功能。只有在例外的情形下，例如台灣在2019年底起面臨新冠肺炎（武漢肺炎）的疫情，中央勞政機關依據「嚴重特殊傳染性肺炎防治及紓困振興特別條

[18] 不同意見說，行政勞工委員會95年8月1日保給老字第09560445630號函參照、劉士豪，勞工保險條例第19條有關保險給付—臺北高等行政法院100年度簡字第671號判決，收錄於：勞工保險條例精選判決評釋，頁54。

例」，針對具有一定條件之投保單位及職業勞工，允許其自2020年4月起至2021年11月止[19]，延後半年緩繳勞、就保保險費及勞工退休金，緩繳期間免徵滯納金。

也就是說，勞工保險與商業保險不同，其為公法的法律行為，並不適用保險法的規定。保險給付兼具干預行政與給付行政的效力，而保險給付並無必然損益均／平衡的考量[20]。包括勞工保險的對象[21]、保險財務、費率分擔、給付的種類（項目）與條件、保險給付可否扣減、給付標準之計算，以及各種給付間相互之關係（即兼得？或擇一？或抵充？）等，均涉及人民權利義務事項，應該受到法律保留原則之適用。以被保險人之兄弟姊妹申請遺屬年金而言，依據勞保條例第63條第2項第5款規定，必須專受扶養為前提，從保險基金並非可受繼承的私人財產及遺屬年金的照顧弱勢遺屬的目的而言，並無何不妥之處，且也符合法律保留原則。

所以，依據勞保條例第19條第1項規定，保險之給付依本條例規定請領。保險人不得自設給付項目（除非採取如職業災害勞工保護法第8條或勞工職業災害保險及保護法第78條至第81條之規定方式）或另增法律所無之限制。而關於給付之內涵及標準則依勞保條例第53條及第54條之1規定，授權由中央主管機關制定。

1. 現金給付計算方式

勞保條例在2008年8月13日修正公布施行第19條規定，其第2項為「以現金發給之保險給付，其金額按被保險人平均月投保薪資及給付標準計算。被保險人同時受僱於二個以上投保單位者，其普通事故保險給付之月投保薪資得合併計算，不得超過勞工保險投保薪資分級表最高一級。但連續加保未滿三十日者，不予合併計算。」而且，在其第3項規定（實際）「平均月投保薪資」的計算方式，以因應不同的現金給付項目。

---

19 勞動部2021年5月27日公告「因應嚴重特殊傳染性肺炎（COVID-19），勞保局提供勞、就保保險費及勞工退休金緩繳協助措施」。

20 反對說，最高行政法院91年度判字第156號判決參照。

21 所以，不能隨意解釋擴大自願加保對象。

(1) 平均月投保薪資

觀察勞保條例第19條第3項規定，可知其係區分「年金給付及老年一次金給付之平均月投保薪資」及「其他現金給付之平均月投保薪資」，而做不同的計算方式。前者，雖然謂「年金給付」，但其「加保期間最高六十個月之月投保薪資予以平均計算」，似乎只針對老年年金，而不及於失能年金及遺屬年金。後者，包括生育給付、傷病給付、失能給付，以及死亡給付等。再依據勞保條例第19條第4項規定，「第二項保險給付標準之計算，於保險年資未滿一年者，依其實際加保月數按比例計算；未滿三十日者，以一個月計算。」

需注意者，依據勞保條例第19條第3項本文規定，「前項平均月投保薪資之計算方式如下：……」無論是第1款或第2款的計算期間，均無類似勞基法施行細則第2條的規定，即並無不納入計算期間的規定。基於法律保留原則及社會保險給付法定原則，必須有類似的立法，始可扣除該期間（例如依性別工作平等法請生理假、產假、家庭照顧假或安胎休養，致減少工資者），而不得以類推適用的方式為之。依本書所見，由於其有一段6個月或3個月的平均計算期間，已經可以適度地緩衝薪資的波動，故無扣除規定並無何不妥。況且，勞基法施行細則第2條的各款，也都無職業訓練生活津貼不納入平均工資計算的規定。

所以，根據中央勞政機關的見解，「依勞工保險條例第19條第2項規定，以現金發給之保險給付，其金額按被保險人平均月投保薪資及給付標準計算；同條第3項第1款規定，依第58條第2項規定選擇一次請領老年給付者，按其退保之當月起前3年之實際月投保薪資平均計算；及第2款規定，其他現金給付之平均月投保薪資，按被保險人發生保險事故之當月起前6個月之實際月投保薪資平均計算。」也就是說，於職業訓練等期間之月投保薪資，仍應列入平均月投保薪資計算[22]【案例2(2)】。

也因此，依據勞保條例第19條第3項第2款規定，「其他現金給付之平均月投保薪資：按被保險人發生保險事故之當月起前六個月之實際月

[22] 行政院勞工委員會101年6月7日勞保2字第1010015273號函參照。

投保薪資平均計算；其以日為給付單位者，以平均月投保薪資除以三十計算。」在計算分娩費及生育補助費時，也不得扣除職業訓練生活津貼[23]。從社會保險財務負擔來看，以所支付之保險費與保險給付相應，保險基金之財務始能收支平衡[24]。

在實務上，確實時而會發生懷孕期間的被保險人被合法或非法解僱之情形。則無論依據就業保險法第11條第1項第1款、第2款或第23條，被保險人均得請領失業給付或接受職業訓練而請領職業訓練生活津貼。在此，即有可能發生失業給付或職業訓練生活津貼納入平均月投保薪資計算，而拉低給付金額的現象[25]。對此，如果被保險人依據就業保險法第25條第1項規定，在將近2年期限時，始向公立就業服務機構辦理求職登記，而先依據勞保條例第20條第2項請領生育給付，即可避免此種不利的現象[26]。

(2) 給付標準

依據勞保條例第19條第2項規定，「以現金發給之保險給付，其金額按被保險人平均月投保薪資及給付標準計算。……」至於所謂「給付標準」，依據第4項規定，「第二項保險給付標準之計算，於保險年資未滿一年者，依其實際加保月數按比例計算；未滿三十日者，以一個月計算。」再依勞保條例施行細則第45條規定，「本條例第十九條第四項所定保險年資未滿一年，依其實際加保月數按比例計算，計算至小數第二位，

---

23 相關討論，請參閱黃鼎佑，論勞工保險生育給付其平均月投保薪資之計算—以臺北高等行政法院100年簡字第170號判決為例，收錄於：勞工保險條例精選判決評釋，2016年8月，初版一刷，頁124以下。

24 台北高等行政法院100年度簡字第170號判決參照。有問題的是，該判決謂，「至於原告因失業所失之生活基本保障，另有就業保險法所規定之失業給付、職業訓練生活津貼予以補足，足以維持其基本生活及基本工作能力。是以，被告將原告受職業訓練時之薪資計入平均月投保薪資內，於勞工保險條例、就業保險法均無違背，……。」言下之意，被保險人似得同時領取職業訓練生活津貼及失業給付，此一見解實屬錯誤。

25 黃鼎佑認為僅因選擇不同，生育給付的金額出現高低的現象，恐有違憲法平等權保障之價值。對此，本書以為此一說法似嫌空泛，蓋平均投保薪資計算期間已達6個月，應已足夠平衡薪資波動的情況。況且，被保險人尚可循延後完成求職登記的方式為之。

26 黃鼎佑，論勞工保險生育給付其平均月投保薪資之計算—以臺北高等行政法院100年簡字第170號判決為例，收錄於：勞工保險條例精選判決評釋，頁131。

第三位四捨五入。」可知其係以年資為準的計算方式。對此，另請參閱第四章第四節有關給付標準之說明。

在勞保實務上，「各項保險給付之給付標準」可分為按月計算者，如生育、老年及死亡給付；按日計算者，如傷病、職災醫療及失能給付等[27]。這與其發放的週期並不相干。

2. 要式申請原則

被保險人、受益人或支出殯葬費之人請領保險給付，除了應遵守一般要件及消滅時效外，尚必須填具各種申請書及附上各種相關文件。即採取要式主義。依據勞保條例第65條之1第1項規定，「被保險人或其受益人符合請領年金給付條件者，應填具申請書及檢附相關文件向保險人提出申請。」實際上，不唯是年金，其他的保險給付，也必須填具申請書及檢附相關文件向保險人提出申請。被保險人或受益人也應向保險人繳交相關的證件（勞保條例第25條參照）。

在一般要件部分，依據勞保條例施行細則第52條規定，「各項給付申請書、收據、診斷書及證明書，被保險人、投保單位、醫院、診所或領有執業執照之醫師、助產人員應依式填送。」第53條規定，「請領各項保險給付之診斷書及出生證明書，除第六十八條、第六十九條另有規定外，應由醫院、診所或領有執業執照之醫師出具者，方為有效（第1項）。出生證明書由領有執業執照之助產人員出具者，效力亦同（第2項）。」第54條規定，「依本條例規定請領各項保險給付，所檢附之文件為我國政府機關（構）以外製作者，應經下列單位驗證：一、於國外製作者，應經我國駐外使領館、代表處或辦事處驗證；其在國內由外國駐臺使領館或授權機構製作者，應經外交部複驗。二、於大陸地區製作者，應經行政院設立或指定機構或委託之民間團體驗證。三、於香港或澳門製作者，應經行政院於香港或澳門設立或指定機構或委託之民間團體驗證（第1項）。前項文件為外文者，應檢附經前項各款所列單位驗證或國內公證人認證之中文譯本。但為英文者，除保險人認有需要外，得予免附（第2項）。」

[27] 行政院勞工委員會，勞工保險條例逐條釋義，2011年12月，頁246。

至於特別要件部分，主要係針對各種保險給付提出申請書及繳交書件，例如生育給付（勞保條例施行細則第56條參照）、傷病給付（勞保條例施行細則第57條參照）、職業災害保險醫療給付（勞保條例施行細則第67條第2項參照）、失能給付（勞保條例施行細則第68條參照）、老年給付（勞保條例施行細則第78條參照）、死亡給付（勞保條例施行細則第82條參照）。

3. 按時發給原則

有關以現金發給之保險給付，所應注意者為：(1)保險人於收到申請書後，多久之內應發給現金？(2)發放的週期為何？

首先，依據勞保條例施行細則第49條規定，「被保險人、受益人或支出殯葬費之人申請現金給付手續完備經審查應予發給者，保險人應於收到申請書之日起十日內發給。但年金給付至遲應於次月底前發給。」解釋上，在「手續完備經審查應予發給」後，保險人即應在收到申請書之日起10日內發給之。中央勞政機關也認為，「勞工保險條例施行細則第57條（現修正為第49條）有關應予核發勞工保險給付之申請案，保險人應於10日內發給之規定，於申請人之被保險人資格、請領要件證明文件有待查證，或須指定醫院、醫師複檢，或職業傷害、職業病有待鑑定等不可歸責於保險人之情事時，不適用之，其處理期間應依行政程序法第51條規定辦理。」[28]

在2012年11月20日，勞保條例增訂公布施行第29條之1，「依本條例以現金發給之保險給付，經保險人核定後，應在十五日內給付之；年金給付應於次月底前給付。如逾期給付可歸責於保險人者，其逾期部分應加給利息。」其立法理由為：「現行條文第十七條對於職業工會、漁會等所屬被保險人未依規定期限繳納保險費者，應加徵滯納金及暫行拒絕給付定有明文，但對於被保險人或其受益人，因可歸責任於保險人之遲延給付而受

[28] 行政院勞工委員會95年6月1日勞保2字第0950026877號函及同年月日勞保2字第0950026875號令參照。

有損害時，應如何救濟則無明文規定。爰參酌司法院釋字第六八三號解釋意旨及公教人員保險法第二十二條規定，增訂本條以明確規範保險人給付期間及逾期應加給利息。」根據此一規定，保險人給付期間係以「核定」為準，而非如勞保條例施行細則第49條「收到申請書之日起十日內發給」之用語模糊不清，解釋上，撇除子法是否為違反母法不論，勞保條例施行細則第49條已不得再適用，而應以勞保條例第29條之1為準。

依據勞保條例施行細則第48條規定，「本條例以現金發給之保險給付，保險人算定後，逕匯入被保險人、受益人或支出殯葬費之人指定之本人金融機構帳戶，並通知其投保單位。但有第四十三條自行請領保險給付之情事者，保險人得不通知其投保單位（第1項）。前項之金融機構帳戶在國外者，手續費用由請領保險給付之被保險人、受益人或支出殯葬費之人負擔（第2項）。」由本條第2項規定觀之，被保險人、受益人或支出殯葬費之人的金融機構帳戶在國外者，手續費用即由其自行負擔。在此，並不問其係外勞或本勞。由本條第2項規定的反面解釋，可知金融機構帳戶在國內者，手續費用即由保險人負擔（吸收）。

而配合大法官會議釋字第683號解釋及勞保條例第29條之1，勞保條例施行細則第49條之1乃規定，「本條例第二十九條之一所定逾期部分應加給之利息，以各該年一月一日之郵政儲金一年期定期存款固定利率為準，按日計算，並以新臺幣元為單位，角以下四捨五入（第1項）。前項所需費用，由保險人編列公務預算支應（第2項）。」

其次，有關現金給付的發放週期，主要係傷病給付及年金給付的不同。依據勞保條例第35條之普通傷害補助費及普通疾病補助費，及第36條之職業傷害補償費及職業病補償費，均是每半個月給付一次，至其領滿為止。至於失能年金、老年年金及遺屬年金，依據勞保條例第65條之1第2項規定，「前項被保險人或其受益人，經保險人審核符合請領規定者，其年金給付自申請之當月起，按月發給，至應停止發給之當月止。」亦即按月發放的方式。

惟，在實務上，針對外籍勞工的年金給付，中央勞政機關認為，「年金給付請領人未在國內設有戶籍及銀行帳戶，並向勞保局申請不按月核發者（含外國籍被保險人或本國籍被保險人日後移居國外），考量給付實務作業之一致性，同意按半年發給申請人，以免每月領取的年金金額因須負擔國際匯款等手續費用而減少。」[29]即採取按半年發放的方式。吾人由此號函釋，可知申請人必須自行負擔國際匯款等手續費用。這也與勞保條例施行細則第48條第2項規定一致。有問題的是，此一函釋之「按半年發放」，與勞保條例第65條之1第2項之「按月發給」有所牴觸，其是否有效？並非無疑。正確之道，係將之修訂於第65條之1或勞保條例施行細則第93條以下規定中。

二、例外

（一）傷病事故之延續效力

依據勞保條例第20條第1項規定，「被保險人在保險有效期間發生傷病事故，於保險效力停止後一年內，得請領同一傷病及其引起之疾病之傷病給付、失能給付、死亡給付或職業災害醫療給付。」此即為傷病事故之延續效力，學者間或有稱之為「保險的餘後效力規定」者[30]。使得在保險效力停止後一年內的法定不變期間，普通傷害與疾病，以及其所引起之疾病[31]仍能獲得特定保險給付的保障，包括傷病給付、失能給付、死亡給付或職業災害醫療給付[32]等。惟由於係與同一傷病及其引起之疾病相關，故保險人所得請領之保險給付，並不包括老年給付。而且，依據就業保險法第17條第2項規定，「領取勞工保險傷病給付……期間，不得同時請領失業給付。」解釋上也包括勞保條例第20條第1項在保險效力停止後一年內領取傷病給付之情形[33]。另外，因其明定「在保險有效期間發生傷病事

[29] 行政院勞工委員會99年8月24日勞保2字第0990140334號函參照。

[30] 郝鳳鳴、謝宗穎，保險效力停止後得主張之權利—簡評最高行政法院93年判字第1550號判決，收錄於：勞工保險條例精選判決評釋，頁75。本書以爲，此似可與「團體協約的餘後效力」差堪比擬。團體協約法第21條參照。

[31] 例如因傷病而引起精神疾病、精神官能症者。

[32] 行政院勞工委員會89年9月19日勞保3字第0041691號函參照。

[33] 行政院勞工委員會89年11月6日勞保1字第0046255號函參照。

故」，所以，並不包括大法官會議釋字第609號解釋所指之在保險效力開始前，已經發生的傷病事故。如果是在保險效力結束後，始發生的保險事故，例如自殺死亡，因其非起因於傷病，當然也不在第20條第1項適用之內。

緣依據勞保條例第19條第1項規定，勞工保險固應採請領給付保險有效原則（加保期間事故給付原則），然而，由於傷病係一種持續性之保險事故，往往需要一定的醫療期間，而被保險人卻可能因各種原因離職退保而使保險效力停止[34]。對於被保險人而言，無論已在領取傷病給付或尚未請領者，如無特別的規定，其給付請求權即會受到影響。勞保條例第20條第1項即為第19條第1項的例外規定，基於社會保護的政策性目的，立法者明定傷病事故之延續效力，將認定事故的時間延長，適度擴大保險事故的範圍。但另一方面，勞保條例第20條第1項、第2項既係例外規定，即應採從嚴解釋的態度[35]。所以，對於「保險效力停止一年內」，應以原被保險人未有重新或繼續參加勞工保險為前提，換言之，在新的或繼續的保險法律關係下所生之各種保險事故，被保險人應依正在適用中的保險法律關係請求傷病給付、失能給付、死亡給付或職業災害醫療給付，而不得主張舊的保險法律關係。果如此，被保險人所能請求之保險給付金額多少，即有可能因所申報的投保薪資高低的變動，而受到影響。倒是，針對被裁減資遣之被保險人，中央勞政機關認為，「被裁減資遣之被保險人於續保時適時住院診療中者，其傷病給付得依勞保條例第20條規定，被裁減資遣1年內仍可享有給付權利。」[36]此見解應屬可採，因被裁減資遣之被保險人並無受僱而有新的或繼續的保險法律關係。與此相同者，「……有關以被裁減資遣員工身分繼續參加勞工保險者，雖僅參加普通事故保險，惟該勞工所罹患之疾病，如係於原在職加保期間所致，於參加資遣續保期間，該病

---

[34] 雖然，依據勞保條例施行細則第22條第2項規定，「被保險人因遭遇傷害或罹患疾病在請假期間者，不得退保。」

[35] 郭玲惠，勞工及就業保險法釋義，頁43。

[36] 行政院勞工委員會79年8月21日勞保2字第18162號函參照。

情復發或加重並經診斷確定罹患職業病者，因係被保險人於保險有效期間發生之事故，准依前開規定請領職災保險相關給付。」[37]

同樣地，勞保條例第9條第1款、第3款及第5款之停職，均無受僱之新的或繼續的保險法律關係，故得適用勞保條例第20條第1項規定。

從法條結構來看，勞保條例第20條第1項的被保險人，與第19條第1項的被保險人並無不同，包括強制加保及各種自願加保的被保險人，當然也包含已領取年金再來參加職業災害保險者。如將兩個條文對照，勞保條例第19條第1項的權利主體為被保險人及其受益人，但是，勞保條例第20條第1項卻似乎只是被保險人。不過，由於請領傷病及其引起之疾病之……失能給付、死亡給付……，都會涉及受益人之請領給付權益，因此，解釋上，第20條第1項的權利主體也包括受益人。例如針對有關被保險人於加保期間罹患精神疾病、精神官能症門診或住院診療，於保險效力停止1年內因自殺死亡，受益人可否依勞工保險條例第20條請領其死亡給付疑義。中央勞政機關認為，「本案業經本會於94年4月4日邀請學者專家研商有關死亡給付之核發，請依下列原則辦理：(1)自殺行為是否與精神疾病有關，須經精神專業鑑定，故應以個案方式處理。(2)個案方式處理之原則，由貴局調閱個案生前就診病歷相關資料，送請精神專科醫師審查其就診紀錄、罹患精神疾病種類、病理（症狀）情形有無自殺傾向或自殺意念，是否導致自殺死亡，作為核發死亡給付與否之依據。」[38]

勞保條例第20條第1項保險效力停止後1年內死亡之死亡給付，也可能與國民年金保險之身心障礙年金給付發生關聯。中央勞政機關認為，「有關勞工保險被保險人在保險有效期間發生傷病事故，並於勞工保險退保後，參加國民年金保險有效期間請領身心障礙年金給付併計勞保年資，其復於勞工保險退保後一年內死亡，符合勞工保險條例第20條之規定者，於扣除上開併計勞工保險年資給付總額後發給死亡給付之差額，如已領取

[37] 行政院勞工委員會87年6月23日勞保3字第023893號函參照。惟本案所涉及者，實爲勞保條例第20條之1的適用問題。

[38] 行政院勞工委員會94年4月26日勞保2字第0940021205號函參照。

國民年金保險之喪葬給付，則僅發給遺屬津貼之差額。」[39]此與被保險人已重新或繼續勞工保險法律關係，而應依正在適用中的保險法律關係請求保險給付者，尚有不同。

又，第20條第1項之傷病事故，並不問被保險人是接受門診或住院診療。也不問正在治療或已經病癒或已無醫療效果。但是，被保險人必須尚未請領傷病給付或職業災害醫療給付。至於是否應附上診療紀錄？對此，中央勞政機關雖有採否定說（醫理見解）者，但主要是採肯定說。以否定說而言，「依本會95年10月27日勞訴字第0950035468號訴願決定撤銷原處分理由略以：『根據專科醫師醫理見解，莊君雖於退保後始因腹脹、噁心等症狀就醫，並死亡，可推斷其於退保前即已罹患肝硬化事實。是原處分僅以無與死因相關之就診紀錄憑核，即否准所請，容有再行斟酌之餘地，應予給付為宜。』參酌上開訴願決定意旨，雖被保險人無保險有效期間之就診紀錄，惟經醫師提出之醫理見解推斷其於保險效力停止後1年內之傷病係在保險有效期間即已發生者，仍得依勞工保險條例規定請領保險給付。相關案件，請依上開訴願決定之精神，就個案事實認定之。」[40]而否定說則認為，「有關勞保被保險人於保險效力停止之日起1年內因疾病導致住院診療，診斷殘廢或死亡者，不得僅依醫理見解判斷，仍應依保險有效期間因同一疾病或其相關疾病之診療紀錄，始得依勞工保險條例第20條規定核發相關保險給付。」[41]繼而，「勞工保險被保險人於保險效力停止後1年內，因疾病導致住院診療、診斷殘廢或死亡者，不宜僅依醫理見解判斷，仍應依保險有效期間因同一疾病或其相關疾症之診療紀錄，按規定核發相關保險給付。本部改制前之行政院勞工委員會95年12月5日勞保2字第0950114251號函僅係就個案情形予以說明。」[42]本書以為第20條第1項為第19條第1項的例外規定，本應採取嚴格解釋的態度，以免危險控管、財務負擔、權利義務對等原則受到危害或破壞。因此，肯定說應屬合

[39] 行政院勞工委員會99年6月23日勞保2字第0990140253號函參照。

[40] 行政院勞工委員會95年12月5日勞保2字第0950114251號函參照。

[41] 行政院勞工委員會94年12月6日勞保2字第0940068245號函參照。

[42] 勞動部105年8月18日勞動保2字第1050140456號函參照。

理可採。保險人並得按照勞保條例第25條、第28條、第65條之2等規定，藉由醫療機構的輔助，行使查證權及查核權【案例1(1)】。

（二）懷孕之延續效力

依據勞保條例第20條第2項規定，「被保險人在保險有效期間懷孕，且符合本條例第三十一條第一項第一款或第二款規定之參加保險日數，於保險效力停止後一年內，因同一懷孕事故而分娩或早產者，得請領生育給付。」此項的立法體例與第1項相同，均是將保險效力延續至退保後屆滿1年時止。惟，隨著懷孕女工的生產，此項規定的效力也隨之終止，至於被保險人的請領生育給付，係以生育時點為請求權消滅時效的起點，而非「屆滿1年時」。

本項係在2009年1月23日增訂公布施行，立法理由為保障弱勢的懷孕女工，尤其是在公司遭遇業務緊縮、關廠、歇業時遭到裁員，導致其因勞保斷保無法請領生育給付。此外，懷孕婦女遭遇非自願離職後，不容易獲得其他工作機會。因此，應賦予生育給付的權利。雖然如此，本書以為本項的適用對象，並不以非自願離職的被保險人為限，而是及於基於個人因素的自願離職者。至於停止執業或營業而退保的自營作業者，也在適用之內。體現出國家所欲實現的社會保險的保護目的，也及於性別平等、家庭及嬰兒照護政策。只不過，遭遇非自願離職的被保險人固然得受到解僱保護，但若不提起解僱保護之訴，而直接依據勞基法第50條或性別工作平等法第15條第1項、第2項向雇主請求產假工資，是否於法有據？並非無疑。惟其當可依據上述兩個法律及民法第184條，請求損害賠償。

觀察勞保條例第20條第2項規定，可知非在保險效力期間（即其係在保險效力開始前、停止後）懷孕者，並不在適用之內。且懷孕期間必須滿足勞保條例第31條第1項第1款或第2款規定之參加保險日數。再者，必須是因同一懷孕事故而分娩或早產者，始得請領生育給付。至於請領生育給付的項目及標準，即依第32條規定而定。尤其是第32條第1項第3款「分娩或早產為雙生以上者，分娩費及生育補助費比例增給。」倒是，有問題的是，如果懷孕被保險人係流產，是否得請領生育給付？此從第20條第2

項規定觀之，由於明定「符合本條例第三十一條第一項第一款或第二款規定」，故似為否定。只是，本書以為或可依據第20條第1項請領普通傷病給付，即將流產比照傷病事故。如此一來，被保險人因同一懷孕事故而分娩或早產或流產者，所引起之傷病、失能或死亡，即可請求傷病給付、失能給付，或死亡給付。

（三）職業病之延續效力

依據勞保條例第20條之1規定，「被保險人退保後，經診斷確定於保險有效期間罹患職業病者，得請領職業災害保險失能給付（第1項）。前項得請領失能給付之對象、職業病種類、認定程序及給付金額計算等事項之辦法，由中央主管機關定之（第2項）。」此即為「職業病之延續效力」。本條的立法體例同於第20條第1項，但並無保險效力延續至退保後1年內的限制。這主要是職業病的種類不同，潛伏期也隨之而異，有可能在退保多年後始發病。只要能通過「勞工保險被保險人退保後罹患職業病者請領職業災害保險失能給付辦法」所規定的職業病種類及認定程序（第2條參照）即可。

吾人由第20條之1的用語觀之，其僅適用於職業病，而不及於職業傷害。不過，職業傷害也屬於傷病事故之一，故職業傷害、普通傷病（普通傷害與普通疾病[43]）之延續效力，應依勞保條例第20條第1項規定處理之。至於所謂失能給付，包括一次領取失能給付及失能年金給付。

有問題的是，第20條之1之「被保險人退保」，其所謂「退保」究竟所指為何？對此，學者間有認為是領取老年給付後之退保而言。且依其意，被保險人得再請求領取失業給付[44]。惟本書並不贊同此說，蓋第20條之1之「被保險人退保」，應將之與第20條第1項的停止，做同樣的解釋，

43 例如針對肝硬化而死亡，其遺屬請領死亡給付，是否應出具就診紀錄？行政院勞工委員會95年12月5日勞保2字第0950114251號函採否定說，而勞動部105年8月18日勞動保2字第1050140456號函採肯定說。

44 郝鳳鳴、謝宗穎，保險效力停止後得主張之權利—簡評最高行政法院93年判字第1550號判決，收錄於：勞工保險條例精選判決評釋，頁76。

即採體系解釋法。或者，其所謂「退保」，包括一時性的離職的退保及終局地退出職場的退保（領取失能給付或老年給付）。在此，只是開啟其領取職業病失能給付的可能性，仍然應受到勞保條例第65條之3的適用。即被保險人如早已領取老年年金，得向保險人表示退還老年年金，而改領職業災害保險失能年金【案例1(3)】。

上述學者並且認為保險的餘後效力可適用於被保險人之保險年資已滿15年，如因離職退保而於等待請領老年給付之期間或其申請已經核定後死亡，則被保險人之特定遺屬得請領遺屬年金[45]（勞保條例第63條之1第3項、第4項參照）。對此，本書也以為等待請領老年給付之期間或其申請已經核定後死亡之情形，與勞保條例第20條之1似無關聯。前者，無論是請領老年給付或請領死亡給付，都是保險效力終止之問題，而第20條之1之退保，僅是保險效力停止之問題而已。

三、例外之例外（非停止亦非終止）

依據勞保條例第19條第5項規定，「被保險人如為漁業生產勞動者或航空、航海員工或坑內工，除依本條例規定請領保險給付外，於漁業、航空、航海或坑內作業中，遭遇意外事故致失蹤時，自失蹤之日起，按其平均月投保薪資百分之七十，給付失蹤津貼；於每滿三個月之期末給付一次，至生還之前一日或失蹤滿一年之前一日或受死亡宣告判決確定死亡時之前一日止。」第6項規定，「被保險人失蹤滿一年或受死亡宣告判決確定死亡時，得依第六十四條規定，請領死亡給付。」本條為列舉式的、針對特定勞動者作業中失蹤時，所給予之特殊額外保障，一般的陸上工作者並無請領此項失蹤津貼的權利（例如冷氣裝修工在往返客戶服務途中失蹤）。在保險事故的歸類上，勞保條例第2條之勞工保險之分類及其給付種類，並不包括失蹤及失蹤津貼一項。失蹤，與傷病、醫療、失能及死亡等事故亦不同。失蹤可能與死亡事故有前後關係（先失蹤津貼、後死亡給

---

45 郝鳳鳴、謝宗穎，保險效力停止後得主張之權利—簡評最高行政法院93年判字第1550號判決，收錄於：勞工保險條例精選判決評釋，頁77。

付），但也可能只有失蹤，但沒有死亡事故（即未宣告死亡，而是平安歸來並回復原職）。惟從第19條第5項規定「作業中……遭遇意外事故致失蹤」，應屬與執行職務有相當因果關係，故應屬個別的、具有特殊目的之社會扶助，與遺屬津貼具有相同的性質。

所以，針對有關勞工保險被保險人於加保期間失蹤後退保，嗣經法院宣告死亡，非屬勞工保險條例第19條第5項規定情形者，其遺屬得否請領死亡給付疑義。中央勞政機關認為，「被保險人在保險有效期間失蹤，嗣經法院宣告死亡，且宣告死亡事由（即被保險人事實上失蹤）係在保險有效期間內發生者，其遺屬得於被保險人受死亡宣告判決確定死亡之日起，按退保當時之保險年資及平均月投保薪資，依受死亡宣告判決確定死亡時之規定，請領死亡給付。惟基於社會保險給付不重複保障原則，相關案件仍應有勞工保險條例第74條之2第3項規定之適用。」[46]本書認為其所謂「非屬勞工保險條例第19條第5項規定情形者」，應係指非屬所列的特定勞動者（漁業生產勞動者或航空、航海員工或坑內工）而言。本號函釋似也承認其他的勞動者失蹤時，得合法退保。而且，函釋也僅在說明宣告死亡後得請領死亡給付，而非在說明死亡宣告前有無失蹤津貼請求權。

勞保條例第19條第5項之設計，係由於被保險人從事漁業生產、航海、航空及坑內工作，其工作較為變化多端且危險難測。因此，除了一般的職業災害外，在作業中更易遭遇意外事故而致失蹤的風險。在性質上，其應屬於民法第8條第3項規定，「失蹤人為遭遇特別災難者，得於特別災難終了滿一年後，為死亡之宣告。」之情況，而非第1項或第2項所指一般的失蹤。只不過，內政部針對漁船船員陳情於海上作業中落海失蹤，請全國地方法院應予視同「特別災難」，於失蹤滿1年後受理其家屬聲請死亡宣告及此項船員死亡給付之請領時效問題一案，內政部函釋認為由法院依個別案情而為不同年限之認定，並無統一標準可資遵循。這或許是因個案的工作環境、天候因素（例如是平靜無波？或驚滔駭浪？雷雨交

46 勞動部105年2月16日勞動保2字第1050140050號函參照。

作？）不同所致。另外，民用航空法第98條也有失蹤滿6個月，得宣告死亡之規定。「又依現行勞保條例第19條第3項、第4項（現修正為第5項、第6項）規定，漁民海上作業失蹤滿7年後法院始為死亡宣告之判決，其保險受益人於請領失蹤津貼至依法宣告死亡之前一日止（即領足7年之失蹤津貼），再請領死亡給付，於法均無不合。該死亡給付請求權時效，宜自『依法宣告死亡』之日起算。」[47]吾人觀第19條第5項「至生還之前一日或失蹤滿一年之前一日或受死亡宣告判決確定死亡時之前一日止」、第6項「失蹤滿一年或受死亡宣告判決確定死亡時」，似乎係採取內政部依個案而認定的見解。而「為免受益人延不聲請死亡宣告造成困擾，勞保局似可於被保險人失蹤滿1年後，依民法第8條規定請求檢察官聲請之。」[48]

在此，由於法條已明定「於作業中」，即實際從事本業工作中（即從事漁勞等漁捕活動、執行商船或空中飛行勞務，或服務、從事坑內生產工作等），而不及於作業前、作業之準備行為及收拾行為。更不及於通勤途中之失蹤事故。只不過，此處的「漁業生產勞動」，並不限於遠洋漁業，而是及於近海漁業、沿岸漁業。惟本書以為不應納入養殖漁業。這主要是基於生產環境的變化性及危險性的考量。有問題的是，雖然勞保條例第19條第5項已列舉出特定勞動者的種類，但仍然難免陸上勞動者處於相同的環境者，例如勞工出差搭乘飛機失事而失蹤，則其未在勞保條例第19條第5項勞動者之列而未能請領失蹤津貼，是否得謂之平？連帶地，中央勞政機關有關保險人不得將勞保條例第19條第5項所列勞動者退保之見解，恐怕亦無法適用於陸上勞動者。在此，雇主（投保單位）應可以其失蹤未工作，類推適用勞基法第11條第3款「不可抗力暫停工作在一個月以上時」，終止勞動契約，並且以無工作之事實而申報退保。

在此附帶一言者，在2021年4月30日公布，並於2022年5月1日施行之勞工職業災害保險及保護法第26條第5款，已將失蹤給付明定為職業災害保險給付種類之一。第55條也規定，「被保險人於作業中遭遇意外事故

---

47 內政部74年5月29日台內社字第316617號函參照。

48 內政部72年12月1日台內社字第198734號函參照。

致失蹤時，自失蹤之日起，發給失蹤給付（第1項）。前項失蹤給付，按被保險人平均月投保薪資百分之七十，於每滿三個月之期末給付一次，至生還之前一日、失蹤滿一年之前一日或受死亡宣告裁判確定死亡時之前一日止（第2項）。第一項被保險人失蹤滿一年或受死亡宣告裁判確定死亡時，其遺屬得依第四十九條規定，請領死亡給付（第3項）。」對此，本書以為失蹤給付的性質，仍然僅是個別的、具有特殊目的之社會扶助。至於第55條雖未列舉特定勞動者的種類，但「於作業中遭遇意外事故致失蹤」，是指因執行職務而起，不宜作過寬的解釋，要以有民法第8條第3項之「遭遇特別災難」為前提，且須提出「災難報告書或其他相關事故證明」（勞保條例施行細則第46條第1項第3款參照）。因此，除了漁業生產勞動者或航空、航海員工或坑內工外，應可將勞工出差搭乘飛機失事而失蹤，或其他因工作／業務需要，而至漁船、船舶、飛行器或礦坑停留之被保險人納入。至於其他的陸上勞動者，應不在適用之內。

至於所謂「失蹤」，應採取與民法第8條失蹤相同的定義，即被保險人行蹤不明且無法得知其生死狀況。在此並不問是否可歸責於失蹤人（自願或非自願）。有關失蹤人的權利義務，從其失蹤至死亡宣告之時，應依據民法第10條規定，「失蹤人失蹤後，未受死亡宣告前，其財產之管理，除其他法律另有規定者外，依家事事件法之規定。」此一規定亦適用於勞保條例第19條第5項所列之特定勞動者。至於其身分權並不受影響。倒是，被保險人在失蹤至宣告死亡之間，其保險法律關係為何？投保單位得否以失蹤人無工作之事實，向保險人申報退保？

對於被保險人失蹤期間的保險法律關係，勞保條例並無特別規定。勞保條例第11條「符合第六條規定之勞工，各投保單位應於其所屬勞工……離職、退會、結訓之當日，列表通知保險人」，以及勞保條例施行細則第22條第1項「被保險人死亡、離職、退會、結（退）訓者，投保單位應於死亡、離職、退會、結（退）訓之當日填具退保申報表送交保險人」，也無投保單位得以被保險人失蹤為由，申報退保的規定。雖然如此，台灣省政府函釋認為，「被保險人在保險有效期間失蹤者，於失蹤後未實際工作，且繼續繳納保險費亦有困難，應自其家屬辦理戶籍失蹤登記之翌日起退保。經辦理戶籍失蹤登記，投保單位不為其辦理退保時，勞工保險局得主動予以退保，自失蹤之翌日上午零時起停止其保險效力。」[49]惟中央勞政機關則認為，「由於失蹤人僅係行蹤不明，而其在法律上權利義務關係尚未消滅，另勞保採申報制度，故勞保局不得主動予以退保，因此台灣省政府65年5月31日府社5字第54861號函示應予停止適用，嗣後勞保局於受理民眾申請『失蹤津貼』時，不得主動予以退保。」[50]

本書以為中央勞政機關「勞保局於受理民眾申請『失蹤津貼』時，不得主動予以退保。」的見解實屬正確，但其係不贊同台灣省政府函釋「辦理戶籍失蹤登記，投保單位不為其辦理退保時，勞工保險局得主動予以退保」，而非否認「勞保採申報制度」。這似乎隱含著投保單位得主動申報退保之意。也就是說，投保單位／雇主應可類推適用勞基法第11條第3款「不可抗力暫停工作在一個月以上時」，終止勞動契約，並且以其無工作之事實而申報退保。

所以，真正的問題，應該是被保險人失蹤時，投保單位決意繼續為之加保。這是以雇主並未終止勞動關係，並且未中斷工資的給付為前提。投保單位並且按照勞保條例第16條第1項第1款扣、收繳保險費，並按期繳納給保險人[51]。惟這是否違反在職保險原則？對此，本書以為本屬肯定，但立法者鑑於特定勞動者工作環境的特殊性，而有此一得繼續加保、並請領失蹤津貼的決定。即在職保險原則的例外規定。其本質近於勞保條例第9條之自願加保。如此，即可解決原來的法律疑難：是否應思考勞動實務上之留職停薪或勞保條例第9條第3款之自願加保規定，適用於失蹤的被保險人？而由於失蹤人已不知去向，其家屬或其他第三人得否與雇主約定留職停薪或向投保單位表示自願參加勞工保險的意願？實有疑問。

而在被保險人失蹤時間及地點確定之時，尤其是災難報告書或其他

---

49 台灣省政府65年5月31日府社5字第54861號函釋參照。

50 行政院勞工委員會97年10月1日勞保2字第0970140423號函參照。

51 依據行政院勞工委員會97年10月1日勞保2字第0970140423號函：被保險人失蹤期間在實務作業上應不得申報調整投保薪資。

相關事故證明完成之時，投保單位即得向保險人申報退保。逾此一時間或被保險人的受益人或遺屬已申請失蹤津貼時，解釋上，投保單位已不得再申報退保，這就有如勞保條例第8條、第9條之被保險人自願加保後，「非依本條例規定，不得中途退保。」（勞保條例第8條第2項參照）一樣。至此，繼續加保的效力始告確定。投保單位如仍將被保險人退保，即會受到勞保條例第72條第1項規定之制裁，只是，除非失蹤的被保險人已出現，否則即應由其受益人或遺屬請求損害賠償。

所以，如果投保單位在時限之前申報退保，保險效力即會停止，直至被保險人死亡宣告之時，由其受益人或遺屬請領死亡給付，勞保效力始為終止。假設投保單位已經逾越得申報退保的時限，則原來的勞保法律關係將繼續有效。如此，即會出現保險效力既非停止，亦非終止的現象[52]，即仍屬於勞保條例第19條第1項加保期間事故原則的適用範圍。保險人即應依勞保條例第19條第5項「自失蹤之日起，按其平均月投保薪資百分之七十，給付失蹤津貼；於每滿三個月之期末給付一次，至生還之前一日或失蹤滿一年之前一日或受死亡宣告判決確定死亡時之前一日止。」或第6項「被保險人失蹤滿一年或受死亡宣告判決確定死亡時，得依第六十四條規定，請領死亡給付。」

依據勞保條例施行細則第46條第1項規定，受益人「依本條例第十九條第五項規定請領失蹤津貼者，應備下列書件：一、失蹤津貼申請書及給付收據。二、被保險人全戶戶籍謄本；受益人與被保險人非同一戶籍者，應同時提出各該戶籍謄本。三、災難報告書或其他相關事故證明。」中央勞政機關也認為，「勞工保險條例第19條第3項『戶籍登記失蹤』及其施行細則第53條第1項『全戶戶籍謄本（應載明失蹤日期）』之規定，於內政部廢除戶政機關核發戶籍謄本『失蹤註記』作業後，以經事實調查之災難報告、相關證明或透過戶役政資料電子閘門系統查詢之資料認定之。」[53]

---

52 郝鳳鳴、謝宗穎，保險效力停止後得主張之權利—簡評最高行政法院93年判字第1550號判決，收錄於：勞工保險條例精選判決評釋，頁77。

53 行政院勞工委員會92年10月1日勞保3字第0920054833號令參照。

並且，請領失蹤津貼時，「失蹤津貼之受益人及順序，準用本條例第六十三條第一項及第六十五條第一項、第二項規定。失蹤津貼之受益人為未成年者，其所具之失蹤津貼申請書及給付收據，應由法定代理人簽名或蓋章。失蹤津貼之受益人為被保險人之孫子女或兄弟、姊妹者，於請領時應檢附受被保險人扶養之相關證明文件。」（勞保條例施行細則第46條第2項、第3項、第4項參照）值得觀察的是，預計於2022年5月1日施行之勞工職業災害保險及保護法的施行細則，是否會有類似勞保條例施行細則第46條第2項、第3項、第4項的規定。

在實務上，中央勞政機關認為受益人溢領之失蹤津貼應予追還及將溢領之失蹤津貼金額移作死亡給付之一部分。前者，「關於勞工保險條例第19條第3項失蹤津貼之請領期限，應依本部72年12月1日臺內社字第198734號函釋，以給付至判決宣告死亡之前1日為止，推定死亡之日後，已領取之失蹤津貼應予追還，並改核發死亡給付。」[54]後者，「查勞保條例第29條：『被保險人或其受益人領取各種保險給付之權利，不得讓與、抵銷、扣押或供擔保。』之規定，揆諸法意係為保障被保險人或其受益人請領保險給付之權益，使不得讓與、抵銷、扣押或供擔保，此核與勞保局追還受益人溢領之失蹤津貼之情況有別，自無從發生上述條文之適用問題。該項失蹤津貼金額得移作死亡給付之一部分，並於其受益人請領死亡給付時，由勞保局核補死亡給付差額。」[55]

最後，比較特別的是，失蹤的被保險人生還的情形。勞保條例施行細則第47條規定，「受益人或支出殯葬費之人依本條例第十九條第六項規定領取死亡給付後，於被保險人死亡宣告被撤銷，並繳還所領死亡給付再參加勞工保險時，被保險人原有保險年資應予併計。」

第二項　社會保險給付不重複保障原則

有關社會保險給付不重複保障原則已在第二章第二節有所說明，以下

---

[54] 內政部73年9月7日台內社字第254623號函參照。

[55] 內政部76年3月25日（76）台內社字第480938號函參照。

僅略作補充：

緣此一原則適用於相同種類給付及不同種類而本質相同的給付。前者，依據勞保條例第22條規定，「同一種保險給付，不得因同一事故而重複請領。」後者，係經由大法官會議釋字第310號解釋所確立。依之，傷病給付為被保險人因傷未能取得原有薪資的補助，與老年給付係勞工因退職而未能獲取薪資之補助，兩者性質相同。勞工不得同時領取。而此種老年給付與傷病給付不得重複領取的原則，也適用於勞保條例第20條第1項保險效力停止後1年內領取傷病給付的情況。例如，「按被保險人於住院中經投保單位申報退保時，如已符合請領老年給付資格，依勞工保險條例第30條規定，其老年給付之請求權，自得請領之日起2年內均屬有效；又該等勞工於出院後亦可能繼續從事工作再予續保，故其於未請領老年給付之前，應可依同條例第20條規定請領傷病給付。惟勞工保險傷病給付與老年給付同為保障被保險人因傷病不能工作或老年未工作，收入短缺後之生活，被保險人退職依規定退保並請領老年給付者，自不得依同條例同條文規定請領傷病給付。」[56]

保險給付涉及公平性（individual equity）與適當性（social adequacy）[57]。所以，除了給付保障的適當性外，也必須避免過度的給付影響保險財務。畢竟，無論是老年給付或失能給付、死亡給付，均係一種所得替代，屬於具有薪資內涵的給付。被保險人只能擇一請領（勞保條例第65條之3）（雖然分屬不同種類的請領條件與不同的受益人）。

第三項　保險人之除外責任（保險給付惡意不保障原則）

一、故意非法加保

依據勞保條例第24條規定，「投保單位故意為不合本條例規定之人員辦理參加保險手續，領取保險給付者，保險人應依法追還；並取消該被保

[56] 行政院勞工委員會76年12月2日（76）台勞保字第4038號函參照。

[57] 即社會適當性原則。此尤其與職業工人的給付有關。

險人之資格。」本條係課投保單位之審核義務[58]，必須盡到逐案覈實審查之責任，而後才可以申報加保或退保。這也是團體保險的本質所致。其所謂「故意」，包括確定故意（明知）及不確定故意（可得而知）。無論是僱用人或職業工會均不得故意為其受僱人或會員非法向保險人辦理加保手續或不辦理退保手續[59]。此一故意違法加保，固應由保險人負舉證責任，惟故意與否實應綜合客觀事實判定之。而保險人故意違法加保之認定，由於涉及保險資格的取消及保險給付的追還（行政程序法第127條第1項參照），所以，似應隨著加保時間的拉長而逐漸趨嚴，即應遵守信賴保護原則及比例原則之要求，雖然，中央勞政機關並不採此看法，依之，「保險人依勞工保險條例第24條規定取消被保險人投保資格者，其行使應無期間之限制。」[60]

上述投保單位之故意，包括投保單位與被保險人合謀非法加保之情形。而且，既然「可得而知」，投保單位即應要求被保險人提出有實際從業之事實、工作所在地，以及為證明工作情況及薪資之出勤工作紀錄及薪資單據等，以便覈實審查。否則，即存在此一不確定故意。須注意者，在實務上，不乏被保險人故意致投保單位於錯誤而參加勞工保險者，可否以投保單位過失為由，而反面解釋為被保險人加保有效？對此，本書持否定見解，保險人仍然得以其不合本條例規定為由，不問其故意或過失，而取消其被保險人資格。否則，在職保險等勞工保險原則或理論，將會落空。蓋第24條僅在禁止投保單位之故意非法加保行為，而非在鼓勵或放寬被保險人的故意造假或過失加保行為。而一旦確定故意，投保單位、被保險人，甚至受益人均有可能受到勞保條例第70條規定之制裁。

在此，另外一言者，之所以會發生「投保單位故意為不合本條例規定之人員辦理參加保險手續」，往往係因本應合法加保之投保單位「故意不

---

58 最高行政法院95年度判字第1588號判決參照。另一方面，雇主負有爲勞工參加勞工保險之附隨義務。

59 内政部72年9月14日台内社字第183404號函參照。

60 内政部73年6月13日台内社字第233512號函參照。

為合於本條例規定之人員辦理參加保險手續」所致。這也是實務上很多案例的情況。如此，即會產生勞保條例第24條、第72條第1項（故意不為強制加保對象加保）之適用問題。另外，也引發被保險人之加保資格是否有效，以及應否轉保之問題。後者，即是被保險人資格是否取消的問題。對此，勞保條例第24條之「取消」，係立法者賦予保險人的行政權，只是，無論在行政法上、社會保險法上或民法上，實屬罕見。可以確定的是，其為行政處分的性質。且似可將其比照「撤銷」（行政程序法第117條參照）解釋，並且按照被保險人有無工作之事實，區分為溯及既往失效及往後繼續有效。僅在無工作能力或無工作之事實使得被保險人之資格溯及既往失效[61]。在有工作能力及有工作之事實時，對於其加保錯誤，則仍承認其保險資格，至多轉換投保單位並對故意非法加保之投保單位予以行政罰鍰之制裁。論者間也有認為：保險人得依職權視個案情狀，衡酌勞保規範目的、體系與對被保險人利益之影響，依行政程序法第118條調控取消保險資格效力之範圍，非完全溯及至違法加保時失效，亦得另定保險效力失效時點[62]。

同樣地，中央勞政機關也認為，「關於受僱於勞工保險條例第6條規定5人以上強制投保單位者，考量被保險人之勞保相關權益，自勞保局查定之日起取消其職業工會加保資格，並依第72條處罰雇主應加保之未加保責任，且通知雇主應為所屬員工自查定之日起辦理參加勞工保險。」[63]本案，勞保局係取消被保險人經職業工會參加勞保的資格，而非取消被保險人自始加保的資格，並且，按照第72條對雇主處以行政罰鍰，而不論被保險人是否有勞保條例第70條或第71條之責任，故對被保險人顯然較為有利。惟勞保局並不考量被保險人是否與雇主合意後經職業工會參加勞保，更重要者，也未對故意非法加保之職業工會予以行政制裁，故此似有違勞

61 內政部73年6月13日台內社字第233512號函即是採此見解。

62 郝鳳鳴、謝宗穎，故意將不合勞保條例規定之人員加入保險領取給付—最高行政法院88年判字第3449號判決，收錄於：勞工保險條例精選判決評釋，2016年8月，初版一刷，頁89。

63 行政院勞工委員會97年7月15日勞保2字第0970016076號函參照。

保條例第24條規定。

在實務上，對於有工作事實的被保險人，如其係受僱於4人以下有一定雇主而於職業工會加保，勞保局會繼續承認其加保資格。亦即並不強制轉由雇主加保，且不對雇主依第72條處以行政罰鍰，更不用說不會對職業工會予以行政制裁。換言之，即承認被保險人得依勞保條例第8條第1項第2款由雇主自願加保或經由職業工會自願加保。另外，針對職業工人，依據勞保條例施行細則第26條規定，「符合本條例第六條第一項第七款規定之被保險人，有下列情形之一者，保險人於知悉後應通知原投保單位轉知被保險人限期轉保：一、所屬投保單位非本業隸屬之職業工會。二、本業改變而未轉投本業隸屬之職業工會。」亦即，職業工人所加入者非本業隸屬之職業工會或其本業已改變而未轉投本業隸屬之職業工會者，保險人得限期其轉保。此處之「所屬投保單位非本業隸屬之職業工會」，解釋上也包括未遵守勞保條例施行細則第9條之未「選擇主要工作之職業工會加保」之情形。在此，既然是轉保，即表示其保險資格不會遭到取消（所謂「轉保優先於取消原則」），而是在轉保後保險年資合併計算。此對於故意選擇職業災害費率較低之工會加保者，例如營建工人參加藝文業職業工會，自是較為有利。且是保險人越晚知悉，對其越是有利。且保險人似不得要求其補繳保險費（不問故意或過失）。雖然如此，職業工人所加入者非本業隸屬之職業工會，則其在執行本業時發生職業災害，理論上似應僅以普通事故對待。另外，所不明者，原投保單位如為故意，是否應依勞保條例第24條予以制裁？此在勞保條例施行細則第26條並未規定，似應回歸本法的規定為準，即採取肯定說。

以上所述者，為實務上三種有工作事實的被保險人加保之情形，保險人並不取消其保險資格（往後繼續有效）。這也符合比例原則的要求。雖然如此，仍然難免違反勞保條例第8條第1項第2款[64]或第24條之疑慮，

64 這是指受僱於4人以下有一定雇主之勞工，由於不符合勞保條例第6條第1項第7款「無一定雇主或自營作業」而參加職業工會者之條件，故只能經由勞保條例第8條第1項第2款自願加保，而不得於職業工會加保。

似有再加斟酌的必要。至於無工作能力或無工作之事實者（例如加保時適值住院中之癌症末期者），主觀上為巧取保險給付之加保錯誤（掛名加保）[65]，無論基於勞保條例第24條或在職原則，保險人均應取消其保險資格。

至於本條之「不合本條例規定之人員辦理參加保險手續」，包括自始不具有參加勞工保險資格及嗣後喪失加保資格者。其適用對象包括不具備第6條、第8條、第9條、第9條之1[66]之加保資格者。其並不以掛名加保為限[67]。且參考勞保條例施行細則第21條第1項之「性別工作平等法第十六條第二項規定之被保險人」，亦應在適用之內。另外，解釋上，職業災害勞工醫療期間退保繼續參加勞工保險辦法之職業災害勞工，亦在其內[68]。即若不具備性別工作平等法及職業災害勞工醫療期間退保繼續參加勞工保險辦法之繼續加保資格者，不得參加勞工保險。由此觀之，本條之「不合本條例規定之人員辦理參加保險手續」，包括自始加保與繼續加保，以及因喪失加保資格而未退保等情況。

本條目的在遏止惡意不實之加保行為，對象應不限於投保單位，而是及於被保險人。例如重病無工作能力者住院期間參加勞工保險，或者，依據勞保條例施行細則第16條規定，「投保單位有歇業、解散、撤銷、廢止、受破產宣告等情事或經認定已無營業事實，且未僱用勞工者，保險人得逕予註銷或廢止該投保單位（第1項）。投保單位經依前項規定註銷或廢止者，其原僱用勞工未由投保單位依規定辦理退保者，由保險人逕予退保；其保險效力之停止、應繳保險費及應加徵滯納金之計算，以事實確定

---

65 郝鳳鳴、謝宗穎，故意將不合勞保條例規定之人員加入保險領取給付—最高行政法院88年判字第3449號判決，收錄於：勞工保險條例精選判決評釋，頁89以下。

66 只是，依據被裁減資遣被保險人繼續參加勞工保險及保險給付辦法第2條規定，為被保險人繼續加保者，係「保險人委託之有關團體」，而非原投保單位。

67 具有專業而受聘之顧問、公司監察人亦不得參加勞工保險。最高行政法院99年度判字第1199號判決參照。

68 同樣地，依據職業災害勞工醫療期間退保繼續參加勞工保險辦法第2條規定，為被保險人繼續加保者，得為勞工團體，或勞動部勞工保險局委託之有關團體，或逕向勞保局申報加保。

日為準，未能確定者，以保險人查定之日為準（第2項）。」在實務上，事業單位暫停營業者，無論是向經濟部、目的事業主管機關或稅捐單位申請停業，保險人均認為有勞保條例第24條之適用[69]。其似乎是將停業視同歇業[70]，是否得謂之當？

再一言者。保險人發現投保單位非法加保，可能在其申報加保時，也可能在保險關係進行中、也可能在申請保險給付時，所以，遂會衍生單純取消被保險人之資格、一併拒絕給付，以及追還已經支付之保險給付等三種情形。所謂「追還」，性質為將授益行政處分予以撤銷[71]。論者有認為應就合乎勞保制度及財務之「公益」，與被保險人信賴授益處分之「信賴利益」（私益）加以衡量比較。如果信賴利益顯然大於撤銷所欲維護的公益，始可維持原違法核定之授益處分[72]。至於追還已經支付之保險給付，包括受領人為被保險人或受益人之情形，但是否包括支出殯葬費之人？並非無疑。本來，第24條既言「取消該被保險人之資格」，似應以被保險人仍然生存為前提。但本書以為應擴張解釋包括被保險人死亡之情形，如此，即會包括支出殯葬費之人。

承上，在法律適用上，保險人係引用勞保條例第16條第2項本文「勞工保險之保險費一經繳納，概不退還。」並以其既經退保，故為加保前事故，不符合第19條第1項「保險效力開始後停止前發生保險事故」規定為由，而拒絕給付。也就是說，雖然第24條並無如第23條、第25條至第27條之不發給之保險給付之明文規定，但解釋上既已取消被保險人之資格，當然即無保險給付之問題。倒是，針對追還已經支付之保險給付之情形，如果是死亡給付，則得否類推適用第23條喪葬津貼而不追還？本書以為此處似不應以其有無工作之事實為準，而是以喪葬津貼為社會救助及救濟的性

---

69 最高行政法院88年度判字第3449號判決參照。

70 商業登記法第17條、第18條參照。

71 勞保條例第65條之2第4項下半句「保險人並得自匯發年金給付帳户餘額中追回溢領之年金給付」，其所謂「追回」，性質也是授益行政處分之撤銷。

72 郝鳳鳴、謝宗穎，故意將不合勞保條例規定之人員加入保險領取給付—最高行政法院88年判字第3449號判決，收錄於：勞工保險條例精選判決評釋，頁87以下。

質為重，故以不追還喪葬津貼為宜。

二、故意造成保險事故

依據勞保條例第23條規定，「被保險人或其受益人或其他利害關係人，為領取保險給付，故意造成保險事故者，保險人除給與喪葬津貼外，不負發給其他保險給付之責任。」本條係保險契約為射倖契約或最大善意契約的表現，基於危險共同體分散風險的制度要求，只對於事故之發生與否或發生之時機（如死亡）繫之於偶然者，發給保險給付。即使行為人具有過失或重大過失，並不喪失保險給付請求權，例如使用毒品而致心智受損者【案例1(2)】，而且，勞工保險契約不得約定排除之。至於道德的危險，如當事人故意促發保險事故，除喪葬津貼外，不得請求給付[73]。之所以仍發給喪葬津貼，係基於國情民俗之考量，以減輕辦理喪事的財務負擔。此處的故意，同於第24條之「故意」，兼指確定故意（明知）及不確定故意（可得而知）而言。即故意「直接引發保險事故」，以達領取保險給付之目的。其故意造成保險事故，是否構成故意犯罪行為，並不論。故與第26條之故意犯罪行為，以致「間接引發保險事故」者，尚有不同。

勞保條例第23條之行為人，並不以被保險人為限，而是及於被保險人的受益人或其他利害關係人。且數行為人間可能合意共同造成保險事故，例如被保險人與醫師勾結「假罹癌、真切除」子宮或切除腎臟，以謀領取失能給付。就各種保險給付而言，請領人或為被保險人本人（傷病給付、失能給付、老年給付、職業災害醫療給付），或為受益人（死亡給付、失蹤津貼），但不包括利害關係人在內。所以，此處的「為領取保險給付」，並不僅指為本身取得保險給付，而是包括為使被保險人或其受益人請領保險給付之情形。此等保險給付均會受到排除。

至於受益人，主要是指死亡給付之受益人。此一受益人及受益的順序均為法定，為法律上基於政策上的考慮（例如依據勞保條例第63條第2項

[73] 此處的故意，解釋上並不包括因精神疾病而故意促發保險事故之情形。類似的規定，也見於勞保條例第26條，另外，保險法第1條、第29條第2項、第109條。

第5款規定，並不包括未受扶養之兄弟姊妹），並無可能由勞工保險當事人自由約定之[74]。問題較大者，為本條所指之「其他利害關係人」，究竟是指何者？本書以為並不以法律上利害關係為限，而是及於事實上、經濟上的利害關係。故解釋上包括投保單位、勞保條例第63條第2項第2款至第5款之可能取得受益人身分之遺屬，以及與被保險人非法勾結之醫師、勞保黃牛等。至於是否及於支出殯葬費之人？似非無疑，但本書肯定之。即將第23條「保險人除給與喪葬津貼外」，限縮解釋為不包括其係為自己領取喪葬津貼而造成保險事故之情形[75]。惟利害關係人似不應及於同事或不相干之第三人。

在此，既係「為領取保險給付，故意造成保險事故者」，即必須有被「故意造成保險事故」之可能。所以，以生育給付而言，實難想像有所謂故意造成保險事故之故（惡）意而排除之。至於實務上最大的爭議，則是在於被保險人自殺之情形。對於被保險人自殺，如非故意犯罪所為，可否申請喪葬津貼，中央勞政機關認為，「查依勞保條例第26條規定『被保險人如因故意犯罪行為，以致發生事故者，概不給與保險給付』，故如被保險人非因故意犯罪行為而造成死亡事故，應可申請喪葬津貼。」[76]顯然，中央勞政機關是將被保險人自殺作為第26條之故意犯罪行為看待，本書以為此一見解實有疑義。蓋一個人剝奪自己生命之行為，係對於自己人格最嚴重的侵害，但在民法上實難構成對於自己之侵權行為（民法第195條、第184條第1項參照），在刑法上也無法構成殺人罪。否則，如果其自殺未遂，是否應依刑法第271條判處其殺人未遂罪？此理所不通也[77]。因此，除非被保險人的自殺是「為領取保險給付」，則應依第23條處理，不然，如是基於個人因素的自殺，則連第26條之故意犯罪行為均不構成，保險人應依第23條之反面解釋發給保險給付。至於可否申請喪葬津貼，即是按照

---

[74] 內政部54年9月台內勞字第177004號函參照。

[75] 行政院勞工委員會，勞工保險條例逐條釋義，頁278。

[76] 行政院勞工委員會77年6月7日（77）台勞保2字第11298號函參照。

[77] 即使欲依社會秩序維護法之有害公共秩序或社會安寧而予以行政制裁，亦屬於法不通。

第23條規定處理之。在此，或許可以想像的是，被保險人對於他人故意犯罪行為，例如擄人勒贖，卻造成自己死亡之結果，則其依第26條剝奪其保險給付請求權，即屬於法有據。又，假設被保險人是酒醉駕車肇事死亡，雖然為公共危險罪，但如僅為過失行為，則其亦可依第26條請領保險給付。同樣地，被保險人有勞工職業災害保險職業傷病審查準則第17條各款之情形，如觸犯刑事犯罪，仍可依第26條請領保險給付。

就此看來，法院以勞保條例第23條認定自殺被保險人之受益人有無死亡給付請領權利，即屬正確。在該案中，被保險人第一次自殺留下部分病徵，而在離職退保後第二次自殺身亡。其受益人依據勞保條例第20條第1項請領死亡給付。高等行政法院認為，「按有自殺傾向者雖多由於心理或心理疾病所致，而自殺行為亦會造成輕者身體受傷，重者身亡之結果，惟自殺本身並非傷病，自殺身亡者即非傷病及其引起之疾病所致。且查謝○○於八十八年間自殺未果，所受之傷害係『胸部、頸部、兩側上肢第二度燒傷約百分之陸體表面積』，此有亞東紀念醫院診斷證明書在卷可稽，而謝○○死亡之原因則係心肺衰竭，此復有前揭相驗屍體證明書可按，而上訴人亦主張謝○○係服毒而死，是謝○○之死亡更非前次『胸部、頸部、兩側上肢第二度燒傷約百分之陸體表面積』傷病所致。本件原處分就上訴人所申請之死亡給付（喪葬津貼及遺屬津貼）予以否准，認事用法並無違誤，爭議審定及訴願決定遞予維持，亦無不當。」其上級審之最高行政法院也認為，「按勞工保險條例第二十條有關保險效力停止後仍得請領死亡給付之規定，必須被保險人在保險有效期間所發生之傷病事故，於保險效力停止後，因同一傷病及其引起之疾病致死亡者為要件。所稱傷病事故，係指普通或職業傷害、疾病之事故，不包括自殺在內。上訴人主張被保險人謝○○前後二次自殺行為，係出自同樣的自殺意念，顯示異常行為傾向相同，是根源於同一心理或精神的傷病所致云云，殊無足採。本件依原判決所確定之事實，謝○○係在保險效力停止後即八十九年一月三日之後死亡，自與勞工保險條例第二十三條之規定無涉，尚無上訴人所指被上訴人罔顧法律規定，誤導為凡自殺死亡者，皆不給付遺屬津貼之情形。」[78]

三、故意犯罪行爲以致發生保險事故

相較於勞保條例第23條，雖然與第26條有其類似性，但社會各界關注的重點似乎都集中在後者。尤其是故意犯罪行為及是否得請領喪葬津貼的討論上。

依據勞保條例第26條規定，「因戰爭變亂或因被保險人或其父母、子女、配偶故意犯罪行為，以致發生保險事故者，概不給與保險給付。」由條文結構觀之，本條文實包括兩部分，一者為「因戰爭變亂，以致發生保險事故者。」另一者為「因被保險人或其父母、子女、配偶故意犯罪行為，以致發生保險事故者。」兩種事故保險人概不給與保險給付，且不分請領人是被保險人或其受益人，或甚至其他利害關係人（例如支出殯葬費之人）。吾人由「概不給與保險給付」，可知立法者的語氣堅定、立場強硬，似無轉圜之空間。而這也會影響中央勞政機關的行政解釋及行政裁量的餘地。尤其故意犯罪行為可能是所列人員之一所為，但其他人員是否得請領給付？

就第一部分而言，除外事故為「戰爭變亂」。此在勞工保險條例1958年7月21日制定施行時，即是如此規定。因其屬於人類的禍害行為，並不問是蓄意或偶發之行為，由於實際進入武力的交戰狀態或近似戰爭階段的社會政治動亂狀態，已逸出一般危險事故之外，動輒造成人員的大量傷亡，故連商業保險也將之排除在保險範圍之外。保險法第32條即有類似的規定，「保險人對於因戰爭所致之損害，除契約有相反之訂定外，應負賠償責任。」但不及於變亂。至於所謂的戰爭，並不分內戰或與他國交戰，且不分區域性戰爭或全面性戰爭。而所謂變亂，包括軍事政變及重大社會政治運動，例如2021年2月1日的緬甸軍事政變、2019年3月15日發動的香港反送中運動，均屬之。在此等事件中，都有可能造成被保險人的傷

---

[78] 最高行政法院93年度判字第791號判決參照。

亡。

有問題的是，勞保條例第26條所規定者為「戰爭變亂」，而不及於天然災害。雖然同屬不可抗力，但後者為「天災」，並非人力所能對抗。其所造成的保險事故，保險人是否仍負保險給付責任？此在勞保條例並無如保險法第29條第1項規定，「保險人對於由不可預料或不可抗力之事故所致之損害，負賠償責任。但保險契約內有明文限制者，不在此限。」[79]所以，似應持肯定見解。惟本書以為勞保條例第26條固無區分普通事故或職業災害事故，只是，按照勞工職業災害保險職業傷病審查準則第12條規定，「被保險人於執行職務時，因天然災害直接發生事故導致之傷害，不得視為職業傷害。但因天然災害間接導致之意外傷害或從事之業務遭受天然災害之危險性較高者，不在此限。」可知，保險人僅在但書情形始負職業傷害責任。而對於普通事故則無類似規定，所以，解釋上保險人即應負保險給付責任，例如被保險人在下班時間因颱風、地震、洪水等天然災害而致傷亡。

就第二部分而言，第26條的除外事故為「被保險人或其父母、子女、配偶故意犯罪行為，以致發生保險事故者」。所謂「故意犯罪行為」，以司法機關或軍事審判機關之確定判決為準（勞保條例施行細則第51條參照）。相較於「戰爭變亂」，此實為各界關注的焦點。本條與第23條規定有其類似之處，例如保險人原則上均不負保險給付責任，且均應由保險人對於被保險人的故意，負舉證之責任，但兩者卻有根本性的差異。以行為／犯罪主體而言，前者為「被保險人或其受益人或其他利害關係人」，後者為「被保險人或其父母、子女、配偶」，兩者均為列舉式規定；在造成保險事故上，前者為「為領取保險給付，故意造成保險事故者」，即直接引發保險事故，而後者為「故意犯罪行為，以致發生保險事故者」，即「間接引發保險事故」，至於所造成者是普通事故或職業災害事故，並不問，要在於有相當因果關係。而且，也不問被害人為何人。

---

79 郭玲惠，勞工及就業保險法釋義，頁195。

又，故意犯罪行為不以與非法加保有關為要，但必須造成保險事故，所以，如果被害人是被保險人，則以與傷害、失能、死亡有關的犯罪行為較有關聯。如果被害人是其他第三人，則可能及於各種刑事犯罪，甚至是得為易科罰金或緩起訴之行為[80]。至於勞工職業災害保險職業傷病審查準則第17條之重大違反交通法規行為（例如酒醉駕車），如未造成傷亡事故，即非犯罪行為可言。即使被保險人之精神分裂症致中樞神經失能，是因為使用毒品而致心智受損，也難謂為犯罪行為【案例1(2)】。

在給付範圍上，前者為「除給與喪葬津貼外，不負發給其他保險給付之責任。」後者為「概不給與保險給付。」所以，舉例而言，被保險人之自殺如是「為領取保險給付」，則屬第23條，如是基於個人因素的自殺，則似應依第26條處理。然而，被保險人基於個人因素的自殺，實難謂為犯罪行為，故其並不在第26條規定之內，而是應以第23條的反面解釋，令保險人發給保險給付。如保險人因酒醉駕車肇事致死，其勞保條例第63條、第65條所定之遺屬，得以受益人身分請領死亡給付。至於其父母、子女、配偶故意殺害被保險人，而目的非在「為領取保險給付」者，始受到第26條之適用。

所以，有問題的是，第23條規定之「概不給與保險給付」，是否表示若故意犯罪行為者為所列人員之一，但其他人員也同時失去保險給付請領權利？吾人觀其用語「因被保險人或其父母、子女、配偶故意犯罪行為，以致發生保險事故者，概不給與保險給付。」似因被保險人或其父母、子女、配偶關係密切，常處於同財共居的環境，思想行動也常密切連動，甚或有犯意聯絡，故欲全面排除保險人之給付責任。然而，學者間也有認為保險人除外責任者，限於犯罪行為人，而不及於其他受益人，即無失權的效果[81]。本書則以為應區分犯罪被害人為被保險人或其他第三人，而做不

80 郭玲惠，勞工及就業保險法釋義，頁199謂：易科罰金與緩起訴之可罰性較輕，若概不給予保險給付，考量社會保險之性質則有失衡之可能，故應可於因果關係之成立上嚴格認定。

81 郭玲惠，勞工及就業保險法釋義，頁200，201。

同的對待。若是前者，則父母、子女、配偶的犯意聯絡行為分擔可能性較高，且勞保基金的公益性高於其受益人領取保險給付之私益，若被保險人死亡，即全面免除保險人對於受益人之死亡給付責任。若被保險人未死亡之情形，則仍應保障被保險人之傷病、失能給付請領權利。反之，若是後者，被保險人、父母、子女、配偶故意對於第三人之犯罪行為，其彼此間的犯意聯絡行為分擔以致發生保險事故者，實屬個案的情形，故可採限縮解釋，只針對犯罪行為人產生失權效果，其他人仍得請領保險給付。以被保險人為行為人而言，若導致其本身傷病、失能或死亡結果，其本身並無傷病或失能給付請領權利，而且，其受益人亦無死亡給付請求權。若行為人為父母、子女、配偶，其對於第三人的犯罪行為造成被保險人的傷病、失能或死亡時，仍然應由被保險人請領傷病或失能給付，而由其他的受益人請領死亡給付。

只是，上述本書區別被害人為被保險人或其他第三人，以及被保險人死亡或仍生存，而異其保險給付的主張，似乎不為學者或中央勞政機關所考慮到。其雖同採限縮解釋，但僅籠統討論未涉案之當序受益人有無死亡給付請領權利。該學者認為其他受益人並不發生失權效果，主張仍有喪葬津貼請領權利。而中央勞政機關多數見解肯定可以兼得遺屬津貼（遺屬津貼之功能旨在保障被保險人遺屬之最低生活安全）及喪葬津貼[82]，少數見解只肯定喪葬津貼（喪葬津貼之功能旨在補助被保險人死亡時之埋葬等費用）[83]。至於對於被保險人自殺，中央勞政機關認為，「查依勞保條例第26條規定『被保險人如因故意犯罪行為，以致發生事故者，概不給與保險給付』，故如被保險人非因故意犯罪行為而造成死亡事故，應可申請喪葬津貼。」則似非正確，蓋被保險人自殺實難謂為故意犯罪行為，而是與第23條之「為領取保險給付，故意造成保險事故」直接關聯。而在「被保險人非因故意犯罪行為而造成死亡事故」，解釋上，應係指對於第三人之過

---

82 行政院勞工委員會79年1月12日（79）台勞保1字第31025號函、79年3月17日（79）台勞保1字第05039號函、85年12月27日（85）台勞保2字第146841號函參照。

83 行政院勞工委員會81年1月31日（81）台勞保2字第02316號函參照。

失犯罪行為，且導致其本身死亡之結果，其應非自殺可言。依據第23條之反面解釋，被保險人的當序受益人，應可請領遺屬津貼及喪葬津貼，而非只是可申請喪葬津貼而已。

四、拒絕協力義務

依據勞保條例第5條第1項上半句規定，「中央主管機關統籌全國勞工保險業務，設勞工保險局為保險人，辦理勞工保險業務。」為此，勞動部勞工保險局（簡稱勞保局）依據勞動部勞工保險局組織法第2條掌理勞工保險之加保、退保、投保薪資調整、查核、保險資料管理及其他承保業務（第2款）、勞工保險之給付審查及核付業務（第4款）。其並得依勞保條例第25條、第28條、第56條等規定，由特約醫師審查提供醫理見解，判讀相關文件，提供專業意見，以便保險人審核失能給付【案例1(1)】。依據勞保條例施行細則第6條第2項規定，「保險人為審核保險給付，得視業務需要委請相關科別之醫師或專家協助之。」特約醫師似為擔任輔助人的角色，應具有行政助手的法律地位。惟勞工保險除了特約醫師外，並無保險輔助人〔例如目前法不允許保險代理人（俗稱的「勞保黃牛」）〕，至於勞工保險爭議會係審議勞工保險爭議案的政府機關，也不是輔助人。

上述勞保條例第25條、第28條、第56條等規定，實係立法者為了保險人順利完成給付審查及核付業務，對於保險當事人、關係人及輔助人所要求之協力義務。具體言之，依據勞保條例第25條規定，「被保險人無正當理由，不接受保險人特約醫療院、所之檢查或補具應繳之證件，或受益人不補具應繳之證件者，保險人不負發給保險給付之責任。」亦即被保險人之接受檢查或補具證件及受益人之補具證件義務。違反時，保險人即得拒絕發給保險給付。此包括普通事故及職業災害事故之各種給付，連失蹤津貼雖為社會扶助之性質，也在其內。

再依據勞保條例第28條規定，「保險人為審核保險給付或勞工保險監理委員會為審議爭議案件認有必要者，得向被保險人、受益人、投保單位、各該醫院、診所或領有執業執照之醫師、助產士等要求提出報告，或調閱各該醫院、診所及投保單位之病歷、薪資帳冊、檢查化驗紀錄或放射線診斷攝影片（X光照片）及其他有關文件，被保險人、受益人、投保單位、各該醫院、診所及領有執業執照之醫師或助產士等均不得拒絕。」即相關人士負有提出報告及接受調閱之義務。而依據勞保條例施行細則第6條第1項規定，「保險人或中央主管機關依本條例第二十八條規定派員調查有關勞工保險事項時，應出示其身分證明文件。」此處的「派員調查」，似非本條例第28條之「提出報告」，而是較近於調閱相關文件，但似乎也及於勞保條例第10條第3項之查核。須注意者，對於醫療機構及醫師之診斷書或醫理見解，勞保局及爭議審議會並非絕對遵守不可，而是仍得依據其法律見解及價值判斷，而決定其取捨。

除此之外，為了認定是否為職業病，依據勞工職業災害保險職業傷病審查準則第18條規定，「被保險人因執行職務所患之疾病，符合下列情形之一者，為職業病：一、為勞工職業災害保險職業病種類表所列之疾病，如附表。二、經勞動部職業病鑑定會鑑定為職業病或工作相關疾病。」在2022年5月1日施行之勞工職業災害保險及保護法並且有職業病鑑定會之設計，以取代舊法時代之勞動部職業疾病鑑定委員會。依據其第75條規定，「保險人於審核職業病給付案件認有必要時，得向中央主管機關申請職業病鑑定（第1項）。被保險人對職業病給付案件有爭議，且曾經第七十三條第一項認可醫療機構之職業醫學科專科醫師診斷罹患職業病者，於依第五條規定申請審議時，得請保險人逕向中央主管機關申請職業病鑑定（第2項）。為辦理前二項職業病鑑定，中央主管機關應建置職業病鑑定專家名冊（以下簡稱專家名冊），並依疾病類型由專家名冊中遴聘委員組成職業病鑑定會（第3項）。前三項職業病鑑定之案件受理範圍、職業病鑑定會之組成、專家之資格、推薦、遴聘、選定、職業病鑑定程序、鑑定結果分析與揭露及其他相關事項之辦法，由中央主管機關定之（第4項）。」依據第76條規定，「職業病鑑定會認有必要時，得由中央主管機關會同職業病鑑定委員實施調查（第1項）。對前項之調查，雇主、雇主代理人、勞工及其他有關人員不得規避、妨礙或拒絕（第2項）。第一項之調查，必要時得通知當事人或相關人員參與（第3項）。」可知，職業病鑑定會也有調查權，以便認定是否為職業疾病。

又，依據勞保條例第56條第1項規定，「保險人於審核失能給付，認為有複檢必要時，得另行指定醫院或醫師複檢，其費用由保險基金負擔。」解釋上，勞保條例第28條、第56條第1項及勞工職業災害保險及保護法第75條、第76條職業病鑑定會之鑑定等規定，都是保險人及保險爭議會為完成給付審查及核付業務所需，應可將其視為勞保條例第25條之具體義務。違反時，保險人即得拒絕發給保險給付。

五、收養未滿6個月

依據勞保條例第27條規定，「被保險人之養子女，其收養登記在保險事故發生時未滿六個月者，不得享有領取保險給付之權利。」本條係在勞保條例1958年7月23日制定公布施行即已存在，可見自始立法者即在阻絕脫法行為，防止詐領保險給付，以確保勞保基金公益目的之實現。所以，是勞工保險制度對於被保險人之養子女領取保險給付所設之特別規定。而在1988年2月3日修正公布施行，將舊條文之「戶籍登記未滿六個月者」，修正為「收養登記在保險事故發生時未滿六個月者」，修正理由為將「戶籍登記」明文化為「收養登記」，而將「未滿六個月者」明文化為「在保險事故發生時未滿六個月者」，以資周全。即減少法律上的疑義。此一文字修正的理由，並無損當初防止詐領保險給付之目的。至於保險給付，並不問是一次性給付或年金給付（失能年金、老年年金、遺屬年金），一旦收養登記在保險事故發生時未滿6個月者，即不得請領。其係永久失權，並不會隨著時間的經過而治癒（得請領）[84]。

所以，本條首重者，係收養登記的時間，而非收養事實的真假。且係以「登記時間」為準，而非「收養時間」為準。依據戶籍法第8條第1項規定，「收養，應為收養登記。」第31條規定，「收養登記，以收養人或被

---

[84] 所以，中央勞政機關認爲收養關係達6個月後，於符合勞保條例第54條之2規定之條件時，即得請求加發眷屬補助，見解實有疑義。行政院勞工委員會99年8月31日勞保2字第0990140337號函參照。引自行政院勞工委員會，勞工保險條例逐條釋義，頁533以下。

收養人為申請人。」惟收養登記，係以收養符合民法有關收養之規定為前提，尤其是民法第1079條及第1079條之3規定。前者，「收養應以書面為之，並向法院聲請認可（第1項）。收養有無效、得撤銷之原因或違反其他法律規定者，法院應不予認可（第2項）。」後者，「收養自法院認可裁定確定時，溯及於收養契約成立時發生效力。但第三人已取得之權利，不受影響。」中央勞政機關也認為，「有關勞工保險條例第27條所稱收養登記，其法意原係以申請戶籍登記為準。惟民法親屬編於民國74年修正公布後，已將收養程序規定為『收養子女應以書面為之』及『收養子女應聲請法院認可』，較修正前僅須『由當事人書面為之』之規定嚴謹。故被保險人之收養關係經法院裁定收養之日（係指法院裁定確定之日期）起滿6個月後發生保險事故，且其收養之子女已辦妥戶籍登記者，亦准核給遺屬津貼。」[85]而既然是以收養登記日為準，則被保險人或養子女當然不得舉證收養的真實，而請領保險給付。

雖然如此，依據民法第1077條第1項規定，「養子女與養父母及其親屬間之關係，除法律另有規定外，與婚生子女同。」即對於養父母間的親屬關係，養子女與婚生子女間具有平等待遇原則之適用。特別是繼承權。只是，如前所述，勞保條例第27條是勞工保險制度對於被保險人之養子女領取保險給付所設之特別規定。並不受民法養子女平等待遇原則之拘束。惟除勞保條例第27條外，勞保條例中之子女，例如第54條之2、第62條、第63條、第63條之4及第65條，均不區分婚生子女或養子女。即在收養登記滿6個月之後，養子女請領保險給付的權利，與婚生子女並無不同。

其實，相對於收養，勞保條例對於婚姻關係也有特別規定。基於配偶真實原則，針對失能眷屬補助及遺屬年金，請領之配偶必須「年滿五十五歲且婚姻關係存續一年以上。但有下列情形之一者，不在此限：（一）無謀生能力。（二）扶養第三款規定之子女。」（第54條之2第1項第1款、第63條第2項第1款參照）或「配偶應年滿四十五歲且婚姻關係存續一年以

---

[85] 行政院勞工委員會78年5月27日（78）台勞保2字第10975號函、78年8月4日（78）台勞保2字第18917號函參照。

上，且每月工作收入未超過投保薪資分級表第一級。」（第54條之2第1項第2款、第63條第2項第1款參照）而且，勞保條例施行細則進一步規定，「本條例第五十四條之二第一項第一款及第二款所定婚姻關係存續一年以上，由申請之當日，往前連續推算之。」（第71條參照）、「依本條例第五十四條之二規定請領加發眷屬補助者，應備下列書件：……眷屬為配偶時，戶籍謄本應載有結婚日期。」（第73條第2款（一）參照）；「依本條例第六十三條第二項第一款規定請領遺屬年金給付者，其婚姻關係存續一年以上之計算，由被保險人死亡之當日，往前連續推算之。」（第83條第1項參照）、請領遺屬年金給付者為受益人時，應載有結婚日期（第85條第3款參照）。

值得注意者，大法官會議釋字第549號解釋認為為貫徹國家對人民無力生活者負扶助與救濟義務之憲法意旨，以收養子女經法院認可後，確有受被保險人生前扶養暨其本身無謀生能力之事實為請領遺屬津貼之要件，更能符合勞工保險條例關於遺屬津貼之制度設計。勞保條例第27條應在第549號解釋公布之日起2年內予以修正。換言之，大法官會議認為應以收養事實及受被保險人生前扶養暨其本身無謀生能力之事實，作為請領遺屬津貼之要件。而非以收養登記為準。但其只要求應在2年內修正勞保條例第27條，而非宣布其定期失效。以故，立法者既未遵守時限修法，使得與該條規定「不得享有領取保險給付之權利」有關之遺屬津貼，繼續被排除。

倒是，大法官會議釋字第549號解釋只針對遺屬津貼，而未言及喪葬津貼，因此，收養登記未滿6個月之養子女，是否得請領喪葬津貼？即生疑義。對此，勞保條例施行細則並無明文規定，但是，如對照勞保條例施行細則第85條第3款、第86條第3款，及第84條第4款，即可發現第84條第4款有關請領喪葬津貼所應備書件「支出殯葬費之證明文件。但支出殯葬費之人為當序受領遺屬年金或遺屬津貼者，得以切結書代替。」並無如第85條第3款請領遺屬年金及第86條第3款請領遺屬津貼所應備書件「受益人為養子女時，應載有收養及登記日期。」之明文要求。故解釋上，應可承認其得請領喪葬津貼。而且，喪葬津貼既在補助被保險人死亡時埋葬等費用，勞保條例第63條第1項且有支出殯葬費之人獨立請求權之規定，則顯然並不問其身分。不問養子女之收養登記是否滿6個月，皆在其內。學者即採此說[86]，本書也以為是。

最後，勞保條例第27條之「不得享有領取保險給付之權利」，除了涉及死亡給付（遺屬年金、遺屬津貼、喪葬津貼）爭議之外，解釋上也包括失蹤津貼。即收養登記未滿6個月之養子女，並無請領失蹤津貼的權利。只不過，勞保條例第27條所規範者，係被保險人發生死亡事故，其收養登記未滿6個月者並無遺屬年金或遺屬津貼請領權利，該條並不規定養子女為被保險人之情形。所以，收養登記未滿6個月之養子女發生保險事故，其養父母得以受益人的身分請領保險給付[87]。同樣地，養子女為被保險人而被「養父單獨收養者，其與收養者之配偶間，並無收養關係存在，其間僅發生姻親關係，故得請領其生母死亡之喪葬津貼。(2)另基於保障被保險人請領給付之權利，在不重複請領及無勞工保險條例第65條所規定之受益人前提下，被保險人被養父單獨收養後死亡，其生母得請領被保險人本人之遺屬津貼。本會84年10月11日台84勞保2字第131768號函示，停止適用。」[88]

六、請求權消滅時效

依據勞工保險條例第30條規定，「領取保險給付之請求權，自得請領之日起，因五年間不行使而消滅。」此一5年之消滅時效，是在2012年12月19日修正公布施行。依據其修正理由，「『公法上之請求權，除法律有特別規定外，因五年間不行使而消滅。公法上請求權，因時效完成而當然消滅。前項時效，因行政機關為實現該權利所作成之行政處分而中斷。』行政程序法規定之公法上之請求權，因五年間不行使而消滅之規定，基於行政法與社會保險法制間法律規範之一致，有將本條例請求權時效修正為五年之必要。」此一修正理由所未提及的社會現實是：在勞工保險實務

86 郭玲惠，勞工及就業保險法釋義，頁202。

87 內政部69年4月17日台內社字第54203號函參照。

88 行政院勞工委員會91年5月16日勞保2字第0910018630號函參照。

上，被保險人或受益人多有因不了解勞工保險法令及實務操作，而在較短的2年時效經過後喪失請求權，因此，有必要修法適度延長，提高其實現勞保給付的機會。尤其是在勞工保險實務上，針對聽覺失能、神經失能、腎臟失能等漸進式疾病或即時確定性疾病，往往會發生被保險人請求給付時，已經過消滅時效的問題。

只不過，此一修正理由雖乍似正當可採，但實隱藏著一個立法疏漏，即違反行政程序法第131條第1項規定。依之，「公法上之請求權，於請求權人為行政機關時，除法律另有規定外，因五年間不行使而消滅；於請求權人為人民時，除法律另有規定外，因十年間不行使而消滅。」從該項觀之，其實分兩部分，上半句是「請求權人為行政機關」，後半句是「請求權人為人民」。而勞工保險給付係「請求權人為人民」，本應按照下半句之「除法律另有規定外，因十年間不行使而消滅。」而非參採上半句「除法律另有規定外，因五年間不行使而消滅」。或許立法者以為該項只規定「請求權人為人民」。私心推論，或許這也為下一次的修法埋下伏筆。

面對著保險給付請求權時效由2年修正為5年之法律適用，中央勞政機關區分各種狀況而認為，「(1)依中央法規標準法第13條規定，法規明定自公布或發布日施行者，自公布或發布之日起算至第三日起發生效力。爰旨揭條文自101年12月21日起生效施行。(2)上開條文修正生效後發生之保險給付請求權，應依修正後之規定辦理，其請求權時效為5年，惟修正生效前已發生之保險給付請求權，其法律適用如下：A.上開條文修正生效前，保險給付請求權時效已逾2年未提出申請，或因罹於時效經保險人核定不予給付者，依法律不溯及既往原則，應依修正前之規定，其保險給付請求權因2年間不行使而當然消滅。B.因請求權時效逾2年經保險人不予給付而於行政救濟中之案件，保險人不撤銷或變更原處分，由訴願機關依規定為訴願決定。C.上開條文修正生效時，保險給付請求權時效尚未逾2年者，為保障請領人請領保險給付之權益，依修正後之規定，其請求權時效自得請領之日起因5年間不行使而消滅。」[89]

89 行政院勞工委員會101年12月26日勞保2字第1010140557號函參照。

只是，5年的請求權消滅時效並非適用於所有種類的勞保給付。依據勞保條例第58條第4項規定，「被保險人請領老年給付者，不受第三十條規定之限制。」亦即無請求權消滅時效的限制，而係一永恆的請求權。即被保險人離職退保後，得不立即或不在短暫時間內請領老年給付，而得在生存時間內任何時點行使請求權。解釋上，這也適用於展延老年年金的請領。此一無請求權消滅時效的規定，應該符合行政程序法第131條第1項下半句「於請求權人為人民時，除法律另有規定外，因十年間不行使而消滅。」突顯出國家對於老年生活的重視，不問被保險人未請領老年給付有無可歸責事由，均不使老年給付請求權因長期間不行使而歸於消滅。只不過，被保險人「得請領而未請領」老年給付，對於被保險人並非有利，基於「時效經過、請求權消滅」理論，以老年一次金及一次請領老年給付，其並不得要求補償利息，而以老年年金而言，恐更將喪失在該段未請領年金期間的年金損失，即其並不得要求補給該段期間的年金總額。

再一言者。勞工保險給付為公法上權利的性質，其請求權消滅時效的規定，就如同私法上權利設有時效期間，在促使權利人及時行使。並且，民法第128條之「消滅時效，自請求權可行使時起算。」在公法上權利行使同樣適用。依據勞工保險條例第30條規定，「自得請領之日起」，原則上為發生保險事故之日[90]，例如被保險人生育時，為生育（分娩或早產）或流產之日；被保險人在保險有效期間死亡時，為死亡日期；如受死亡宣告者，自死亡宣告判決確定之日。而依行政程序法第48條第2項規定，「期間以日、星期、月或年計算者，其始日不計算在內。」[91]倒是，中央勞政機關認為，「被保險人經法院宣告死亡，以判決書內所確定死亡之時，推定其為死亡，故死亡事故之發生原應以宣告死亡之日為準。惟為顧及受益人之權益，其死亡給付請求權之起算日，同意放寬以收到法院確定判決書之次日起為得請領死亡給付之始日。本會87年1月5日台86勞保3字

---

[90] 行政院勞工委員會99年9月30日勞保2字第0990140398號函參照。

[91] 行政院勞工委員會87年5月4日（87）台勞保3字第013683號函參照。

第050819號函停止適用。」[92]雖然其用心良苦、其情也可憫，但仍然難免違反母法之疑[93]。

須注意者，以「漁船船員在海上作業發生事故，各法院所為死亡宣告之判決，係依個別案情而為不同年限之認定，並無統一標準可資遵循。又依現行勞保條例第19條第3項、第4項（現修正為第5項、第6項）規定，漁民海上作業失蹤滿7年後法院始為死亡宣告之判決，其保險受益人於請領失蹤津貼至依法宣告死亡之前一日止（即領足7年之失蹤津貼），再請領死亡給付，於法均無不合。該死亡給付請求權時效，宜自『依法宣告死亡』之日起算。」[94]所以，其並非統一以遭遇特別災難滿1年為死亡之宣告（民法第8條第3項參照），其當會影響請求權消滅時效的起算。

另外，勞保條例及其施行細則對於失蹤津貼、傷病給付及失能給付之得請領之日，則有例外的特別規定。亦即失蹤津貼於每滿3個月之期末給付一次（勞保條例第19條第5項參照）[95]；被保險人請領傷病給付，以每滿15日為一期，於期末之翌日起請領；未滿15日者，以普通傷病出院或職業傷病治療終止之翌日起請領（勞保條例施行細則第58條參照）；至於失能給付，則「以全民健康保險特約醫院或診所診斷為實際永久失能之當日為本條例第三十條所定得請領之日。但被保險人於保險有效期間發生傷病事故，於保險效力停止後，符合勞工保險失能給付標準第三條附表規定之治療期限，經專科醫師診斷證明為永久失能，且其失能程度與保險效力停止後屆滿一年時之失能程度相當者，為症狀固定，得依本條例第二十

---

92 行政院勞工委員會87年5月4日（87）台勞保3字第013683號函參照。

93 同樣地，針對有關勞工保險被保險人因暴露石綿作業環境致罹患間皮細胞瘤，中央勞政機關認爲，「不受胸腹部臟器須經治療6個月以上始得認定之限制。」也有用心良苦、其情也可憫，但難免違反母法的疑慮。勞動部105年7月18日勞動保3字第10501404061號函參照。

94 內政部74年5月29日台太內社字第316617號函、74年9月19日台內社字第344635號函參照。

95 依據勞保條例施行細則第46條第2項規定，「失蹤津貼之受益人及順序，準用本條例第六十三條第一項及第六十五條第一項、第二項規定。」

條第一項請領失能給付，並以保險效力停止後屆滿一年之當日為得請領之日。」（勞保條例施行細則第69條第1項參照）

較為特別的是，被保險人退保後，經診斷確定於保險有效期間罹患職業病者，其請領職業災害保險失能給付之職業病診斷書，應由「勞工保險被保險人退保後罹患職業病者請領職業災害保險失能給付辦法」第2條第2項之醫師出具，除非其係同條第3項、第4項之離島地區或本條例施行區域外者之情形。只是，同樣地，應以職業病診斷書中診斷為實際永久失能之當日為本條例第30條所定得請領之日。

同樣特別的是，「有關勞工保險被保險人經保險人取消被保險人資格，如其於前一投保單位退保時已符合請領老年給付或殘廢（98年1月1日已修正為失能）給付規定者，其保險給付之請求權時效計算，自接到保險人核定取消被保險人資格通知函之翌日起算。本會80年3月5日台80勞保2字第03296號函同時停止適用。」[96]

更為特別的，是勞保條例施行細則第92條規定，「被保險人死亡，其受益人為未成年且無法依第八十九條規定請領保險給付者，其所屬投保單位應即通知保險人，除喪葬津貼得依第八十四條規定辦理外，應由保險人計息存儲遺屬年金給付或遺屬津貼，俟其能請領時發給之。」即以受益人成年之日為得請領之日。這是針對未成年人無監護人或法定代理人簽名或蓋章所設定的權宜做法。

由此觀來，勞保條例第30條之「領取保險給付之請求權」之主體，包括被保險人、受益人，及支出殯葬費之人。其法律依據為勞保條例第19條第1項、第20條第1項及第20條之1等及各項給付的特別規定。而其得請領之日則依各種給付的狀況而定。又，申請給付，當事人應主動行之，保險人毋庸通知被保險人或受益人或支出殯葬費之人提出請領。「另有關經辦人是否有通知家屬辦理請領手續之義務乙節，查依同條例第19條第1項規定『被保險人或其受益人，於保險事故發生後，得依本條例之規定，請領

[96] 行政院勞工委員會97年4月14日勞保2字第0970140133號函參照。

保險給付』又第30條規定『領取保險給付之請求權，自得請領之日起，因2年（2012年12月21日修正為5年）間不行使而消滅。』依上開兩條文法意，被保險人或受益人應為保險給付之主體，有關保險給付之請領程序，自應由被保險人或其受益人向投保單位提出請領給付保險之意思表示後檢附有關文件由投保單位依同條例第10條及施行細則第54條（現修正為第42條）規定應為辦理申請給付保險手續。」[97]

惟民法上請求權消滅時效分別為15年，5年，以及2年（民法第125條至第127條參照），而勞保給付請求權則一律為5年。即勞工保險條例第30條規定，「領取保險給付之請求權，自得請領之日起，因五年間不行使而消滅。」另一方面，雖然用語均為「請求權，因○年間不行使而消滅」，但民法第125條至第127條係採「請求權消滅抗辯」主義，即「抗辯模式」。而公法上請求權消滅時效，係採「請求權消滅」主義，此在行政程序法第131條第2項即規定，「公法上請求權，因時效完成而當然消滅。」亦即等同無請求權一般。就債權的本質為請求權而言，既無請求權，等同債權已消滅。因此，公法學者有稱之為「原權利消滅」主義，即「消滅模式」者[98]。行政法院亦有明確採此說者[99]。惟勞保局似乎未明確採取此說。本書以為「抗辯模式」與「消滅模式」的差別點，係在於在債務人未提出抗辯而給付時，事後得否以不當得利請求返還。前者為否定，而後者為肯定。

勞保條例第30條係針對不行使勞保給付請求權而言。與此不同的是，如係在請求權消滅時效未屆至前，勞保條例修正增訂年金給付者，則被保險人或其受益人改請領年金給付，於法本屬有據。中央勞政機關即認為，「被保險人於年金施行前死亡，迄至98年1月1日年金施行尚未逾2年請求權時效者，其受益人得依規定請領遺屬年金給付。又受益人如未於符

---

[97] 行政院勞工委員會77年6月7日（77）台勞保2字第11298號函參照。

[98] 李建良，行政法上消滅時效之基礎理論初探—概念、客體、法效，東吳公法論叢第2卷，2008年11月，頁408以下。

[99] 台中高等行政法院89年度訴字第45號判決參照。

合請領條件之當月提出申請者，其遺屬年金給付由勞保局依勞工保險條例第65條之1第3項規定辦理追溯補給。」[100]

在此一言者，當然消滅主義與除斥期間尚有不同。蓋既然為時效期間，即會有時效中斷及不完成之問題。即民法第129條時效中斷規定，解釋上亦適用於勞工保險給付。依之，「消滅時效，因左列事由而中斷：一、請求。二、承認。三、起訴（第1項）。左列事項，與起訴有同一效力：一、依督促程序，聲請發支付命令。二、聲請調解或提付仲裁。三、申報和解債權或破產債權。四、告知訴訟。五、開始執行行為或聲請強制執行（第2項）。」第137條規定，「時效中斷者，自中斷之事由終止時，重行起算（第1項）。因起訴而中斷之時效，自受確定判決，或因其他方法訴訟終結時，重行起算（第2項）。」然而，依據第139條規定，「時效之期間終止時，因天災或其他不可避之事變，致不能中斷其時效者，自其妨礙事由消滅時起，一個月內，其時效不完成。」其只針對「天災或其他不可避之事變」，而不及於一般的不可歸責於權利人的事由，這應該是考量時效時間的長度，足以為權利人所善加利用。所以，針對被保險人申領在大陸地區死亡之喪葬津貼，中央勞政機關認為，「惟本案因親屬關係驗證延誤，致逾期申領寮保給付，如能提出具體事實證明非歸責於被保險人之事由，經勞保局查核屬實者，同意核給喪葬津貼。」[101]此一見解即屬可疑。相對地，其在較早的函釋中並無此一不可歸責的驗證延誤，可以請領喪葬津貼的看法[102]，似乎較為正確可採。惟如果從時效可以中斷的角度來看，「有關勞工保險被保險人請領在大陸之父母、配偶、子女死亡喪葬津貼，為免逾2年（2012年12月21日修正為5年）請領給付時效，得先檢具家屬死亡給付申請書件送勞工保險局憑辦，以確保時效利益。」[103]亦屬可採。

---

[100] 行政院勞工委員會100年5月31日勞保2字第1000140173號函參照。

[101] 行政院勞工委員會84年9月4日（84）台勞保2字第130812號函參照。

[102] 行政院勞工委員會82年7月8日（82）台勞保2字第33593號函參照。

[103] 行政院勞工委員會85年2月26日（85）台勞保2字第104839號函參照。

從時效中斷的角度出發，而見解可採的是，「(1)依據勞工保險條例第30條規定，領取保險給付之請求權，自得請領之日起，因2年（2012年12月21日修正為5年）間不行使而消滅。本案當事人既於2年內行使給付之請求權，而勞保局亦已履行其義務而予以給付，則雙方之債權債務關係已經消滅，則已無時效中斷問題。況當事人對勞保局之核定，認為有損其保險權益時，應依臺閩地區勞工保險爭議事項審議辦法第3條規定，得於接到該局核定通知文件之日起60日內，填具勞工保險爭議審議申請書向臺閩地區勞工保險監理委員會申請爭議審議，其逾期未申請者，自視為同意該局之核定，從而即無所謂請求權時效問題（註：臺閩地區等字業已刪除）。(2)然前開辦法第3條第2項亦規定：『申請審議事件因遲誤前項期間不予受理時，如原核定確屬違法或不當者，勞保局或其上級主管機關得依職權或命令變更或撤銷之。』另訴願法第17條第2項（現已修正為第80條）亦規定：『訴願因逾越法定期間決定駁回時，若原行政處分顯屬違法或不當者，原行政處分機關或其上級機關得依職權變更或撤銷之。』本案究為普通死亡給付或職業災害死亡給付，得依前述規定之原則，由原處分機關或其上級機關予以核酌。」[104]

承上而得予以肯定者，「(1)受益人申請普通疾病死亡遺屬年金給付，經勞保局核付在案，且未於法定期間提出行政救濟，行政處分業已確定。嗣申請改以職業病補發10個月職業災害死亡補償一次金，因該一次金屬一次給付性質，距其給付請求權得行使之日，已逾本條例第30條所定時效（2012年12月21日修正為5年）。(2)另查勞工保險條例第65條之1第3項規定係指遺屬年金之受益人未於符合請領條件之當月提出申請者，得追溯補給其提出請領之日起前5年得領取之年金給付，與本案補發一次金給付之情形不同，不得援引前開規定作為本案給付之依據，併予敘明。」[105]

不過，觀念混淆而不足採的是，中央勞政機關認為，「被保險人或其受益人申請勞工保險給付案件，因手續不全，經正式通知日起，無正當

---

[104] 行政院勞工委員會83年5月4日（83）台勞保2字第29065號函參照。

[105] 行政院勞工委員會100年7月11日勞保3字第1000140222號函參照。

理由並申請延期辦理核准者逾2年（2012年12月21日修正為5年）仍未補正，得適用勞工保險條例第41條（現修正為第30條）規定辦理。」[106]其似乎誤解申請手續不全的補正與「得請領之日」之間的差異：一般而言，補正的時間短暫[107]，逾期即產生失權的效果，也不會有中斷或不完成的問題，難謂得適用請求權消滅時效的規定。

最後，在實務上爭議最大的，是依據勞保條例施行細則第69條第1項本文「依本條例第五十三條或第五十四條規定請領失能給付者，以全民健康保險特約醫院或診所診斷為實際永久失能之當日為本條例第三十條所定得請領之日。」究竟應如何解釋？失能起算日（失能時間點）是採「診斷確定說」（形式要件說）或「實際失能說」（客觀說），或甚至是被保險人知悉說（主觀說）？對此，依據勞保條例第53條及第54條規定用語，均為「經治療後，症狀固定，再行治療仍不能期待其治療效果，經保險人自設或特約醫院診斷為永久失能」，似乎形式要件說或客觀說均有可能，但無論如何並不問被保險人主觀上是否知悉享有請求權，即不採主觀說。

至於中央勞政機關認為，「勞工保險被保險人請領失能給付，以全民健康保險特約醫院或診所診斷為實際永久失能之當日為發生保險事故日期。」[108]似乎亦是在詮釋勞保條例施行細則第69條第1項本文，尤其是明文化「本條例第三十條所定得請領之日」為「發生保險事故日期」。但似乎無助於究竟採形式要件說或客觀說的釐清。只不過，其實務運作係採取客觀說理論。

在此一客觀說理論的基礎上，針對有關勞保被保險人於加保前或停保期間已因傷病行腎臟移植或切除一側腎臟或一側腎臟喪失功能，於加保後開始接受血液透析治療，其失能給付如何發給疑義。中央勞政機關認為，「(1)查勞工保險條例第19條規定：『被保險人或其受益人，於保險效力開始後，停止前發生保險事故者，得依本條例規定，請領保險給

---

106 內政部55年1月31日台內勞字第193508號函參照。

107 例如，依據勞保條例施行細則第15條第1項及第2項的補正時間爲10日。

108 行政院勞工委員會99年9月30日勞保2字第0990140398號函參照。

付。』（2009年1月1日已修正為『被保險人於保險效力開始後停止前，發生保險事故者，被保險人或其受益人得依本條例規定，請領保險給付。』），被保險人於加保前或停保期間已因傷病行腎臟移植或切除一側腎臟或一側腎臟喪失功能，依勞工保險殘廢給付標準表及本會86年12月19日台86勞保2字第053640號函（業經行政院勞工委員會98年4月10日勞保2字第0980140112號令廢止）規定，符合第48項（2009年1月1日已修正為第7-29項或第7-30項）第9等級殘廢項目，且屬加保前殘廢事故，依前開第19條規定，不得核發殘廢給付。(2)另查本會95年5月18日勞保2字第0950025649號令規定：『被保險人加保前之殘廢，於保險有效期間殘廢程度加重者，依殘廢給付標準表應核定之給付日數，應扣除加保前原已局部殘廢依殘廢給付標準表規定之給付日數』，故本案被保險人於加保後開始接受血液透析，申請殘廢給付者，其加保前原已局部殘廢之殘廢給付日數應予扣除，僅核發保險有效期間殘廢程度加重部分之殘廢給付（2009年1月1日起『殘廢給付』已修正為『失能給付』；『殘廢給付標準表』已修正為『失能給付標準附表』）。」[109]

在法院實務上，有認為醫師／醫院、診所不一定會做出「症狀固定」的診斷，另一方面，傷病是否「症狀固定」，涉及專業的醫藥知識，一般人並無力自行判斷，況且，是否能接觸或擁有診療的相關資料，也不確定。所以，只有經醫院／醫師診斷為永久失能，並出具失能診斷書之日（診斷確定說），才能起算請求權消滅時效[110]。但是，上級審法院似乎多數是採客觀說的見解，依之，「依勞工保險條例第53條規定之日請領殘廢補助費，應以身體遺存障害為要件。是請求權之行使應以身體遺存障害事實之日起算，而非依鑑定之日起算。」[111]所以，消滅時效應自實際失能日之翌日起算。採取此說，則被保險人對於勞工保險有關的權利義務之內

109 行政院勞工委員會95年5月18日勞保2字第0950026014號函參照。

110 台中高等行政法院100年度簡字第171號判決參照。

111 最高行政法院86年度判字第1342號判決參照。

容，應該有自行了解之義務[112]。至於權利不知悉或本身因疾病，或醫療機構有無主動或被動為其開立診斷證明書，俾其申請之用，皆屬其個人事實上之障礙，非屬法律障礙，要不中斷時效期間之進行[113]。只要行使請求權在法律上無障礙，即已符合民法第128條「自權利可行使時之」之起算條件。

本書也採取客觀說，所謂「得請領之日」，係指被保險人傷病之失能症狀固定，再行治療仍不能期待其效果，其行使請求權在法律上無障礙時而言。至於「診斷為實際永久失能之當日」（實際失能日），即「審定成殘日」【案例1(4)】。此處的「審定成殘日」，可能是診斷的當日認定成殘，但也可能是溯及認定之前的特定日期失能（包括保險人自設或特約醫院的認定）。此處的診斷，實際上是在認定或鑑定已經失能的狀態及日期，並且以實際失能日為準。若不此之圖，而以診斷確定說為準，則可能之前已經失能（包括加保前），但一經當日「診斷」確定，即可請求給付，即以診斷日為準或鑑定此日起算，此將有違勞工保險的本旨，並且造成反逆的現象，並不足採。無論如何，醫院／醫師是否應告知「症狀固定」或已「審定成殘」，使得被保險人提出失能給付請求，應視醫院／醫師與被保險人間的契約約定為準[114]。如無約定，而被保險人認為有此可能時，亦得向醫院／醫師提出開立診斷證明，以便請求之用。在實務上也不乏保險人以「症狀尚未固定」而駁回被保險人的請求者，這似乎意味被保險人可嘗試性地先行提出給付請求，最壞的狀況是被駁回，之後可以再次提出請求。

---

112 最高行政法院102年度判字第53號判決參照。

113 最高法院99年度台上字第1527號判決參照。

114 一直到勞保條例第28條之階段，醫師才是保險人的輔助人。惟其對於被保險人仍然不負告知義務。

第二節　故意違法參加勞工保險之法律後果

依據勞保條例第24條規定，「投保單位故意為不合本條例規定之人員辦理參加保險手續，領取保險給付者，保險人應依法追還；並取消該被保險人之資格。」所謂「不合本條例規定之人員」，係指不具備強制加保、自願加保，及自願繼續加保資格之人員。包括勞保條例第6條、第8條、第9條、第9條之1、性別工作平等法第16條第2項，以及勞工職業災害保險及保護法第77條等規定人員以外之人員。其中，也包括不具備職業工人或職業漁民身分之人員[115]。較為特殊的是，職業工人或職業漁民必須在其住居所地所在之直轄市或縣（市）內（一般稱為「組織區域內」），所設立的工會或漁會參加勞工保險，否則，亦為「不合本條例規定」之人員。凡此之人員，如投保單位為之加保或例外時自行向保險人加保而獲得加保，即為俗稱的「掛民加保」。此類人員均為不得／禁止參加勞工保險者。實務上，針對境內僱用、境外工作的勞工是否有參加勞工保險的資格？存在法理上的爭議，惟中央勞政機關持肯定見解[116]。至於單純境外僱用、境外工作者（含受僱勞工及職業工人），其為「不合本條例規定之人員」，應無何疑義。

上述不具備參加勞工保險之資格，一般是指其無工作之事實而言，亦即未具有在職之身分。但觀勞保條例第9條之1、性別工作平等法第16條第2項，以及職業災害勞工保護法第30條等規定人員，事實上並未在職，故其著重於特定身分保障，而非在職身分保障。再者，不符「在職保險」之人，指無工作之人／失去工作的人[117]。或者不符合「實際從事勞動之雇主」資格的人（歇業、解散、宣告破產、暫停營業等）。實務上，事業單

---

115 對於以勞保條例第6條第1項第8款參加勞工保險者，多年來保險人即要求必須符合「提出海上勞動證明文件」「經漁會會員資格審查小組通過」之要件，以防範掛名加保的情況出現。高雄高等行政法院100年度訴字第627號判決參照。

116 行政院勞工委員會97年7月2日勞保2字第0970013463號函參照。

117 但是，不包括失蹤人。勞保條例第19條第3項參照。

位向稅捐處「申請」暫停營業亦屬之[118]。

根據勞保條例第24條及第16條第2項規定，是在避免掛名加保，落實在職保險的精神。緣勞工保險因具社會保險之性質，立法機關斟酌勞工保險政策之目的、社會安全制度之妥適建立、勞工權益之保護、社會整體資源之分配及國家財政之負擔能力等因素，遂有勞工保險條例第24條規定。對於申報加保，勞保局僅做書面形式審查，但勞保局對於實際是否符合規定，仍可再行調查認定[119]。尤其是，在保險事故發生時，對於被保險人的給付申請，得進行實質的審查，並對於與勞保規定不合之申報，取消被保險人資格及保費不予退還。依據中央勞政機關的見解，保險人依勞工保險條例第24條規定取消被保險人投保資格者，其行使應無期間之限制[120]。一旦被保險人被取消資格，則其所發生的保險事故，已不符合勞保條例第19條第1項「於保險效力開始後停止前，發生保險事故者」之條件，故不得請領保險給付。

勞保條例第24條的規範對象為「投保單位」，這是因勞工保險為職業團體保險之故，原則上所有的被保險人均應透過投保單位與保險人建立勞工保險關係。而且，投保單位對於被保險人得否以其為投保單位，依勞保條例作為投保之對象，負有審核之義務[121]。此雖未在勞保條例明定，但一般認為這是公法上所加予的義務。所以，並不問被保險人是否了解參加勞工保險的相關法令。

勞保條例第24條所謂「故意」，包括明知或可得而知。但不及於「過失」。惟既謂「可得而知」，解釋上似應包括重大過失在內。實務上，在行政救濟時，保險人負有投保單位之故意的舉證責任。又，所稱「不合勞保條例規定之人員辦理加保」，通說均指為不符合勞保條例第6

---

118 只是，需要申請嗎？目的是在爲取得暫時免繳稅？爲何不是向經濟部或目的事業主管機關申請？

119 應是指在勞工保險關係中的任何時機而言。

120 內政部73年6月13日台內社字第233512號函參照。

121 最高行政法院95年度判字第1588號判決。

條或第8條之人員辦理加保。但如上所述，本書以為第9條、第9條之1、性別工作平等法第16條第2項及勞工職業災害保險及保護法第77條勞工之辦理加保，亦應有其適用。實務上，有認為被保險人在7年餘期間，均按期繳交保險費，且未曾申請過任何勞保給付，足認被保險人並非為圖領取勞保給付而刻意（惡意）投保[122]。惟此一見解為其上級審法院所不採[123]。本書以為勞保條例第24條係以投保單位的故意為制裁對象，被保險人即使有惡意行為或動機，但如未經投保單位顯現於參加勞工保險程序或請領保險給付時，即無可罰性可言。何況，該案中也有可能是在該期間沒有發生保險事故或者因他人身在境外（中國）工作，不利於保險給付的申請使然。

勞保條例第24條「領取保險給付者，保險人應依法追還」，返還義務人為誰？解釋上應係指被保險人及其受益人而言。蓋投保單位僅是代為辦理請領手續而已，現金給付係由被保險人直接領取。保險人應該撤銷被保險人已經領取的保險給付，將之歸入勞工保險基金。假使被保險人拒絕返還，保險人得引用勞保條例第29條第4項、第65條之2第4項、「勞工保險未繳還之保險給付及貸款本息扣減辦法」第4條，行使抵扣權或追回權。須注意者，此一追還，應係保險人將之前所作的保險給付的行政處分撤銷的性質，所以，在撤銷授益行政處分時，必須遵守依法行政原則、信賴保護原則、比例原則[124]。此亦可參閱以下第四節部分的說明。

因此，投保單位即使故意為不合勞保條例規定之人員辦理加保，而助其領取保險給付，但並不負返還責任。雖然如此，投保單位是否應負法律上責任？也就是說，勞保條例第70條規定，「……為虛偽之證明、報告、陳述、……，除按其領取之保險給付或診療費用處以二倍罰鍰外，並應依民法請求損害賠償；其涉及刑責者，移送司法機關辦理。」雖然主要是針

122 台灣桃園地方法院103年度簡字第111號行政訴訟判決參照。

123 台北高等行政法院104年度簡上字第114號判決參照。

124 郝鳳鳴、郭信甫，故意將不合勞保條例規定之人員加入保險領取給付─最高行政法院88年判字第3449號判決，收錄於：勞工保險條例精選判決評釋，2016年8月，初版一刷，頁82以下。

對被保險人而言，但是否亦有可能適用於投保單位？並非無疑。不如此解釋，勞保條例似乎即已無任何制裁規定矣。

第三節 保險給付受領權之保護

勞工保險為社會安全制度的一環，各種保險給付為公法的法律關係的對價給付，講求權利義務對價原則，但也兼具有社會扶助與照顧的性質，尤其是老年給付、失能給付及死亡給付。與一般私法權利有所不同，並不容許被保險人、受益人或支出殯葬費之人自由處分請領權，也禁止被保險人、受益人或支出殯葬費之人的債權人或相對人行使抵銷、扣押等行動。這與被保險人繳交一定的保費後及符合其他條件下，勞工保險給付請求權即具有憲法財產權之性質者，並無何牴觸。倒是，如果雙方僅是約定將來保險給付匯入專戶後，讓與款項，而無讓與的實際行動，則似乎仍為法所不禁。這是因為勞保條例第29條第3項並無禁止讓與之規定。

從立法沿革觀之，為了確保勞工保險給付受領權，立法者早在1958年7月21日制定公布施行勞工保險條例時，即已在其第39條有如下之規定，「被保險人或其受益人領取各種保險給付之權利，不得讓與抵銷或扣押。」即所謂「受領權之不可逸／滅失性」原則，以落實勞工生存權之保障，其雖言「領取各種保險給付之權利」，但似乎是以老年給付為重點。這表示為保障被保險人及其共同生活之親屬之生存權，其債權人債權的實現必須退讓。而隨著2014年1月8日及2021年4月28日勞保條例第29條兩度修正公布施行，「受領權之不可逸／滅失性」原則已達到絕對完密的地步，與勞基法及勞退條例企業退休金或企業年金規定方式、用語幾乎如出一轍，只是，一個是公法權利，另一個是私法權利，共同建構成被保險人老年基本經濟安全的防護網。假設勞工未參加勞工保險，則其僅能依靠勞基法或勞退條例企業退休金或企業年金照護規定矣。

依據勞工退休金條例第29條規定，「勞工之退休金及請領勞工退休金之權利，不得讓與、扣押、抵銷或供擔保（第1項）。勞工依本條例規定請領退休金者，得檢具勞保局出具之證明文件，於金融機構開立專戶，專供存入退休金之用（第2項）。前項專戶內之存款，不得作為抵銷、扣押、供擔保或強制執行之標的（第3項）。」其第1項為請領權利或請求權，第3項為實際匯入專戶的金錢／存款。其用語與勞保條例第29條第1項至第3項極為雷同。只是，其中一個為勞工保險專戶，另一個為勞工退休金專戶。兩個專戶是否可合而為一？並非無疑。同樣地，如下的勞基法第56條第1項也是專戶存儲，所以，再設第三個專戶？或者可以三合一？

再依據勞動基準法第56條第1項規定，「雇主應依勞工每月薪資總額百分之二至百分之十五範圍內，按月提撥勞工退休準備金，專戶存儲，並不得作為讓與、扣押、抵銷或擔保之標的；……。」第58條規定，「勞工請領退休金之權利，自退休之次月起，因五年間不行使而消滅（第1項）。勞工請領退休金之權利，不得讓與、抵銷、扣押或供擔保（第2項）。勞工依本法規定請領勞工退休金者，得檢具證明文件，於金融機構開立專戶，專供存入勞工退休金之用（第3項）。前項專戶內之存款，不得作為抵銷、扣押、供擔保或強制執行之標的（第4項）。」上述之第56條第1項，係從雇主的角度規範，禁止雇主將專戶內的勞工退休準備金讓與、扣押、抵銷或供擔保。因專戶內的勞工退休準備金仍為雇主所有，故第56條第1項禁止雇主處分本屬正確。至於第58條第2項至第4項，則是從勞工的角度，禁止其為處分行為，其是在2015年7月1日修正公布施行，可謂立意良善。只是，第2項規定有無疑義？就勞工來講，在其年齡及年資累積過程中，只有一個期待的權利。所以，應該只有在符合勞基法第53條或第54條之條件時，始有退休金請求權，斯時，始有債權人行使抵銷或扣押權可言。另一方面，勞工似乎得事先就將來得取得的退休金讓與或以之供擔保，故在此立法禁止之。此處的讓與，並不問其原因，包括作為買賣的價金、贈與或作為消費借貸的金錢。至於拋棄，本書以為也應在內。

依據勞保條例第29條規定，「被保險人、受益人或支出殯葬費之人領取各種保險給付之權利，不得讓與、抵銷、扣押或供擔保（第1項）。依本條例規定請領保險給付者，得檢具保險人出具之證明文件，於金融機構開立專戶，專供存入保險給付之用（第2項）。前項專戶內之存款，不得作為抵銷、扣押、供擔保或強制執行之標的（第3項）。被保險人已領取之保險給付，經保險人撤銷或廢止，應繳還而未繳還者，保險人得以其本人或其受益人請領之保險給付扣減之（第4項）。被保險人有未償還第六十七條第一項第四款之貸款本息者，於被保險人或其受益人請領保險給付時逕予扣減之（第5項）。前項未償還之貸款本息，不適用下列規定，並溯自中華民國九十二年一月二十二日施行：一、消費者債務清理條例有關債務免責之規定。二、破產法有關債務免責之規定。三、其他法律有關請求權消滅時效規定（第6項）。第四項及第五項有關扣減保險給付之種類、方式及金額等事項之辦法，由中央主管機關定之（第7項）。保險人應每年書面通知有未償還第六十七條第一項第四款貸款本息之被保險人或其受益人之積欠金額，並請其依規定償還（第8項）。」

承上，觀察勞保條例第29條的結構，實際上，僅有第1項至第3項之勞保給付的禁止處分，為保險給付受領權之保護（「受領權之不可逸／滅失性」原則）規定，以保障弱勢勞工或受益人之基本經濟安全。至於第4項至第8項之對保險給付的扣減，則是從保護保險人的觀點，為避免不法的保險給付及逾期的貸款本息侵蝕勞保基金的完整性而為。在被保險人、受益人或支出殯葬費之人有未繳還保險給付或未償還貸款本息，而被扣減之情形下，並無違反第1項受領權保護之規定可言。這主要是「扣減權」為行政處分的性質，為保險人行使公法上的抵銷權。這也表示：勞保基金的保護要優先於勞保給付的清償。立法思想同於勞保條例第17條之1規定。而在保險人行使扣減權後，如未能達到全額還款的目的，則解釋上其仍對行使求償權或提起給付之訴。

就勞保條例第29條第1項之讓與而言，解釋上並不包括繼承之狀況，這是指繼承人所繼承之被保險人死前未申請或已申請但未入戶頭之傷病給付。而且，繼承人尚得將該傷病給付讓與、抵銷、扣押或供擔保。另外，也不在其內者，「勞保被保險人於保險有效期間因病死亡者，得依勞工保險條例第63條規定請領死亡給付。惟該等被保險人於死亡前，如已符合同條例第58條請領老年給付之年資或年齡條件，其當序受領人願意放棄請領死亡給付選擇請領老年給付，准依同條例有關老年給付規定辦理。」[125]以及「查勞工保險為保障勞工老年生活及其遺屬之生活，乃分別規定於事故發生時給予老年給付或死亡給付，勞工保險被保險人於保險有效期間死亡，依勞工保險條例規定僅能請領死亡給付，本會77年12月15日臺77勞保2字第28483號函釋，係為考量被保險人死亡時之年齡及年資已符合老年給付之要件，乃准予依較高金額之老年給付核給其受益人，因本質上仍為死亡給付，故當序受益人已選擇請領較高金額之老年給付時其家屬不得再以被保險人身分請領家屬死亡喪葬津貼。」[126]

歷來有關勞保條例第29條的爭議，主要是集中在保險人若已將現金給付存入金融機構，則被保險人之債權人得否將存款作為抵銷、扣押、供擔保或強制執行之標的？這在2014年1月8日勞保條例第29條修正之前，由於僅有第1項規定「被保險人或其受益人領取各種保險給付之權利，不得讓與、抵銷、扣押或供擔保。」因此，我國多數法院見解認為僅限於該「權利」本身，若受領的金錢已存入金融機構，則該權利已不存在，其僅有存款人之權利（金錢債權），自得予以扣押[127]。惟少數法院則是採取否定說，例如最高法院90年度台上字第1376號判決認為勞保條例第29條有其社會安全制度予以保障之特別規範。基於「未受領不得扣押，領取後更不得扣押」的舉輕以明重的法理，只要能確定標的係勞工保險金的性質，當更不得予以扣押、讓與。之後，高等法院的更審判決，仍然採取實務通說的見解「不得扣押者，僅指被保險人或其受益人領取各種保險給付之權利（保險給付請領權）而言」。之後，更審判決並受到其上級審最高法院91年度台上字第235號裁定所支持。

之後，在2014年1月8日勞保條例第29條修正時，已經增列第2項、第3項，肯定存入金融機構專戶中的年金，不得作為抵銷、扣押、供擔保或

---

125 行政院勞工委員會77年12月15日（77）台勞保2字第28483號函參照。

126 行政院勞工委員會87年9月10日（87）台勞保2字第038180號函參照。

127 最高法院73年度台抗字第253號裁定、台灣高等法院87年度抗字第941號裁定參照。台灣高等法院暨所屬法院93年法律座談會民事執行類提案第37號審查意見亦相同。

強制執行之標的。故上述法院爭議已透過立法解決，類此案件在實務運用上的意義已不大。只是，勞保條例第29條第2項、第3項，只承認存入依第2項所開設之專戶的保險年金給付為不可扣押之標的，因此，當請領一次給付時，並無新法之適用。如此，其受保護的情形與修法前相同，法院實務仍堅持向來的見解[128]。

雖然如此，仍然令人懷疑：是否得因勞保給付方式之不同，而異其保護之強度？其是否違反生存權或社會安全保障之原意[129]？此一疑慮，終於在2021年4月28日修正公布施行的勞保條例第29條第2項，經由刪除年金的限制，而終局地掃除。依之，「依本條例規定請領保險給付者，得檢具保險人出具之證明文件，於金融機構開立專戶，專供存入保險給付之用。」[130]其所謂「保險給付」，包括年金給付及一次性給付。修正理由為，「二、惟禁止扣押專戶之保障不應只限於年金給付，弱勢勞工或受益人領取之一次金（如老年給付一次金），亦有保障之必要。再考量本條例所定其餘勞保給付，亦具有社會照顧性質，應准許其開立禁止扣押專戶，以保護弱勢勞工或受益人之基本經濟安全。爰參照就業保險法第二十二條規定，將本條例所定保險給付均得開立專戶存入，專戶內之存款並不得作為抵銷、扣押、供擔保或強制執行之標的。」

勞保條例第29條經由幾次的修正，逐步嚴格化保險給付受領權之保護，對於被保險人、受益人或支出殯葬費之人老年經濟安全之保障當有相當大的助益。雖然如此，就其規定仍可再作如下之說明。首先，就第1項與第3項比較觀之，前者是社會給付及扶助之專屬保障原則的表現，為公

---

128 例如台灣高等法院102年度抗字第1532號裁定（老年給付經轉入帳戶後，即非轉存前不得扣押之保險給付請求權，而係對銀行之一般存款債權，而得予以扣押）。台灣高等法院102年度抗字第1128號裁定、104年度抗字第199號裁定（援引台灣高等法院暨所屬法院93年法律座談會民事執行類提案第37號審查意見）、104年度抗字第21號裁定（援引最高法院73年度台抗字第253號裁定）。

129 徐婉寧，勞保給付受領權之保護—評最高法院90年度台上字第1376號判決，收錄於：勞工保險條例精選判決評釋，2016年8月，初版一刷，頁92以下。

130 類似的規定，也見於就業保險法第22條第2項。

法上請求權性質（無論是一次性給付或年金給付），且是一身專屬權，本不容許被保險人、受益人或支出殯葬費之人自由處分（相對地，繳交保險費也是被保險人一身專屬債務，不容許第三人代繳／債務承擔）。此處的保險給付，解釋上包括勞保條例第29條之1及勞保條例施行細則第49條之1保險人逾期所加給的利息。後者，一旦保險人將保險給付匯入被保險人、受益人或支出殯葬費之人指定之本人金融機構帳戶後，即已成為其所有的私有財產，其對於金融機構有一存款人的權利（金錢債權）。勞保條例施行細則第48條第1項所指之金融機構帳戶[131]，則是兼指一般帳戶及專戶而言，而非僅指一般帳戶或專戶。有問題的是，其設立專戶後，得否只用來匯入部分現金給付？即要求保險人只匯入部分款項，而將部分款項存入一般帳戶中，以作為讓與、抵銷、扣押或供擔保之用？對此，勞保條例第29條第2項僅規定「專供存入保險給付之用」，固未肯定之，從立法目的與行政成本考量，似應採否定見解。但如從被保險人得不設立專戶，而以一般的金融帳戶匯入現金給付，即應肯定之[132]。

進而言之，更重要的是，被保險人、受益人或支出殯葬費之人得否不設立專戶，而以一般的金融帳戶或勞基法或勞退條例之退休金專戶，作為匯入保險給付之用？此從勞基法或勞退條例之退休金專戶，似為否定，即不容許匯入其他款項。如此，以達專款專用之目的。但其專戶似乎只針對

---

131 依據勞保條例施行細則第48條第1項規定，「本條例以現金發給之保險給付，保險人算定後，逕匯入被保險人、受益人或支出殯葬費之人指定之本人金融機構帳户，並通知其投保單位。但有第四十三條自行請領保險給付之情事者，保險人得不通知其投保單位。」

132 在早期勞工保險給付實務中，針對被保險人或其受益人住所變遷或交通部變等原因，曾經允許投保單位先行墊付一部或全部現金給付，而後向保險人取得現金給付者。惟已遭中央勞政主管機關函釋廢止。相關函釋，請參閱行政院勞工委員會勞工保險監理委員會98年4月2日保監業字第0980060217號函、行政院勞工委員會98年3月12日勞保2字第0980140095號函、台灣省勞工保險監理委員會59年6月25日保監業字第1025號令、內政部59年1月8日台內社字第33793號函、73年9月1日台內社字第254612號函、行政院勞工委員會80年6月6日（80）台勞保2字第12888號函參照。引自行政院勞工委員會，勞工保險條例逐條釋義，頁306以下。

退休勞工而言。只是，從勞保條例第29條第2項規定，「……，得檢具保險人出具之證明文件，於金融機構開立專戶，專供存入保險給付之用。」似乎可得出肯定見解。即由其自行決定。畢竟，專戶的目的在保護弱勢勞工或受益人之基本經濟安全，如其不善用此一專戶保護，恐怕亦難加以苛責。此在一次性給付或請領喪葬津貼之情況，權利人即可能以金錢數額不大，而不開立專戶。尤其是被保險人、受益人或支出殯葬費之人為外籍勞工或外國人之狀況，其國內的金融機構是否有類似我國專戶的做法，或者同意外籍勞工「檢具保險人出具之證明文件，於金融機構開立專戶」？恐怕無法遽然肯定。連帶地，第29條第3項規定，「前項專戶內之存款，不得作為抵銷、扣押、供擔保或強制執行之標的。」恐怕也難以拘束其國內的債權人或行政機關、司法機關，而無法落實。

所以，無論是專戶或一般的金融帳戶，一旦保險人將現金給付全部或部分匯入，即已成為私有財產。只是，一般的金融帳戶的存款，權利人得自由使用、收益、處分。不同的是，依據勞保條例第29條第3項，「前項專戶內之存款，不得作為抵銷、扣押、供擔保或強制執行之標的。」其處分權即受到限制。在此，須注意者，第3項並無規定禁止「讓與」，與第1項尚有不同[133]。立法者似有意給予被保險人、受益人或支出殯葬費之人將全部或部分存款讓與他人的空間。如此，始能令其在市場經濟體系下，滿足自己的生活欲望，並且相對人也能獲得正常利潤，有助於整體經濟的提升。故其並非僅限於領出部分款項作為支付日常生活費之用。而是可以直接指定以專戶中的存款，做較大額度的讓與，最常見的，應是被保險人、受益人或支出殯葬費之人以存款中的一定數額，作為買賣對價或贈與第三人之用。只是，此處的讓與，限於自由意志下所為，而不及於同項因強制執行而行的金錢轉讓。

再以老年經濟安全之保障而言，應該是限於領取老年年金或失能年金之被保險人，以及領取遺屬年金之受益人，至於支出殯葬費之人只是領取

133 類似的規定，也見於就業保險法第22條第1項、第3項。

喪葬津貼，如何會影響到老年經濟安全？同樣地，生育給付、傷病給付、職業災害醫療給付、失蹤津貼應該也無關。至於發動讓與、抵銷、扣押或擔保之人，或者為被保險人、受益人或支出殯葬費之人之契約相對人（將保險給付請求權贈與第三人）或債權人（例如金融機構或一般的金錢貸與人行使抵銷權）或司法機關（扣押），或甚至被保險人、受益人或支出殯葬費之人主動讓與[134]或抵銷，或者為自己或第三人以保險給付請求權供擔保（質權）之用。惟解釋上，應該還包括司法機關之行使強制執行及沒收或沒入等。

其次，如上所述，勞保條例第29條結構的第二部分，係第4項至第8項之對保險給付的扣減，以避免不法的保險給付及逾期的貸款本息侵蝕勞保基金的完整性。第4項至第8項之扣減，性質並非私法行為的抵銷，故非第1項所欲禁止之法律行為。其顯示出：勞保基金的保護要優先於勞保給付的清償。立法思想同於勞保條例第17條之1規定。在此，「扣減權」的起因有二[135]：一者為未繳還之保險給付（第4項），另一者為未清償之貸款本息（第5項）。依據第7項規定，「第四項及第五項有關扣減保險給付之種類、方式及金額等事項之辦法，由中央主管機關定之。」為規範此一扣減權之行使，中央勞政機關制定施行「勞工保險未繳還之保險給付及貸款本息扣減辦法」[136]。值得注意的是，依據第10條規定，「保險人依下列順序辦理扣減：一、未繳還之保險給付。二、未清償之本貸款本息。三、其他依法應代扣或償還之款項。」此在保險給付不敷扣減時，顯示出未繳還之保險給付應優先獲得保障。但，不清楚的是，「三、其他依法應代扣或償還之款項」所指為何？本書以為至少應與勞保基金有關，在其他法令規定可代扣者。

---

134 包括向保險人表示拋棄保險給付請求權。此亦爲勞保條例第29條第1項所禁止。

135 其實，依據「勞工保險未繳還之保險給付及貸款本息扣減辦法」第10條第3款規定，保險人之扣減對象尚有「其他依法應代扣或償還之款項」。只是，所不清楚者，其所指爲何？例如勞保條例第17條第4項被保險人所積欠之保險費及滯納金？

136 勞動部104年2月5日勞動保1字第1040140069號令修正發布。

於此，先就未繳還之保險給付而言。依據勞保條例第29條第4項規定，「被保險人已領取之保險給付，經保險人撤銷或廢止，應繳還而未繳還者，保險人得以其本人或其受益人請領之保險給付扣減之。」「勞工保險未繳還之保險給付及貸款本息扣減辦法」第2條亦規定，「本辦法所稱未繳還之保險給付，指被保險人已領取之保險給付，經保險人撤銷或廢止，應繳還而未繳還者。」這是指保險人已為保險給付，但因該處分具有違法的情事，經依法予以撤銷而言，例如勞保條例第24條之非法給付之追還，另外，第65條之2第2項、第4項不符合給付條件年金之追回，亦應屬之。只是，依據第65條之2第4項下半句，「保險人並得自匯發年金給付帳戶餘額中追回溢領之年金給付」，亦即保險人得並用扣減權及追回權。

至於廢止，則是指原為合法之給付，因法令或事實變更或有其他法定事由，而廢止給付處分而言。由於保險給付係授予利益之合法行政處分，其廢止應遵守行政程序法第123條規定，「授予利益之合法行政處分，有下列各款情形之一者，得由原處分機關依職權為全部或一部之廢止：一、法規准許廢止者。二、原處分機關保留行政處分之廢止權者。三、附負擔之行政處分，受益人未履行該負擔者。四、行政處分所依據之法規或事實事後發生變更，致不廢止該處分對公益將有危害者。五、其他為防止或除去對公益之重大危害者。」其中，尤其是第4款及第5款與保險給付廢止有關。可知，廢止不得危害到公益。對此，保險人負有舉證責任。惟在變更法規之際，立法者也必受謹守公益原則，並且，不得侵害人民正當合理之信賴（信賴保護原則）（行政程序法第8條參照）。另外，依據行政程序法第125條規定，「合法行政處分經廢止後，自廢止時或自廢止機關所指定較後之日時起，失其效力。但受益人未履行負擔致行政處分受廢止者，得溯及既往失其效力。」由此看來，除了有但書之情形外，保險人僅得在廢止後停止保險給付，也是自此之後之保險給付，始有未繳還之保險給付可言。

依據行政程序法第127條規定，「授予利益之行政處分，其內容係提供一次或連續之金錢或可分物之給付者，經撤銷、廢止或條件成就而有溯及既往失效之情形時，受益人應返還因該處分所受領之給付。其行政處分經確認無效者，亦同（第1項）。前項返還範圍準用民法有關不當得利之規定（第2項）。」而在「原處分機關依第一百二十三條第四款、第五款規定廢止授予利益之合法行政處分者，對受益人因信賴該處分致遭受財產上之損失，應給予合理之補償。」（行政程序法第126條第1項參照）。

針對廢止，也包括變更的法令另規定其他較佳或較差處分之情形，果如此，即可將已給付的現金，折抵為給付的一部分。惟「勞保被保險人於保險有效期間因病死亡者，得依勞工保險條例第63條規定請領死亡給付。惟該等被保險人於死亡前，如已符合同條例第58條請領老年給付之年資或年齡條件，其當序受領人願意放棄請領死亡給付選擇請領老年給付，准依同條例有關老年給付規定辦理。」即與廢止無關，而是保險給付擇一請領之問題（勞保條例第65條之3參照）。

有問題的是，吾人觀勞保條例第29條第4項規定，扣減權之對象並不及於支出殯葬費之人，似乎係以殯葬費既已支出，從道德風險或人情的角度，即不應受到被保險人非法領取保險給付的影響。只不過，依據「勞工保險未繳還之保險給付及貸款本息扣減辦法」第4條第1項第5款規定，「被保險人有未繳還之保險給付者，保險人得自被保險人或其受益人領取下列保險給付之金額，辦理扣減至足額清償為止：……五、死亡給付。」[137]可見死亡給付得作為扣減項目，包括遺屬津貼及喪葬津貼在內。這與同辦法第7條第1項第1款之未清償之本貸款本息，其扣減對象排除喪葬津貼者，尚有不同（但第2款又無排除，怪哉！）。而且，也非如第7條第1項第2款、第2項、第8條自每次得領取保險給付金額扣減三分之一，而是採取全額扣除的做法。而如果第4條第1項「被保險人於請領國民年金保險之年金給付時，有併計勞工保險年資之情形，保險人得自被保險人或其受益人每次領取之保險給付中，將其依勞工保險年資所計年金給付金額，辦理扣減至足額清償為止。」（第2項參照）再依據同辦法第11條規定，「保險人以被保險人或其受益人請領之保險給付扣減者，應於核發

---

137 「勞工保險未繳還之保險給付及貸款本息扣減辦法」第4條第1項規定扣減的保險給付，並未包括職業災害醫療給付。

保險給付時，以書面通知之。」以便被保險人或其受益人了解保險給付短少或全部喪失的緣由。

以下再就未清償之貸款本息之扣減說明之。依據「勞工保險未繳還之保險給付及貸款本息扣減辦法」第3條規定，「本辦法所稱之貸款，指依本條例第六十七條第一項第四款規定，運用勞工保險基金對於被保險人之貸款（以下簡稱本貸款）（第1項）。本辦法所稱未清償之本貸款本息，指於貸款契約期間內未依約定還本繳息、逾貸款期間未足額清償或遇有貸款視為全部到期者（第2項）。本貸款得由保險人委託金融機構辦理（第3項）。」

至於所謂「貸款視為全部到期者」，依同辦法第5條規定，「本貸款契約未屆滿前，有下列情事之一者，貸款視為全部到期：一、被保險人或其受益人請領老年給付、死亡給付或終身無工作能力之失能給付。二、被保險人向其所屬機關請領勞工保險補償金（第1項）。前項第二款補償金之代扣減，保險人應就其未清償本息，以書面通知事業機關或其主管機關，代扣償還之。但請領之勞工保險補償金較未清償之本息餘額低時，僅代扣請領金額（第2項）。」其中，第1項第1款「被保險人或其受益人請領老年給付、死亡給付或終身無工作能力之失能給付」，因被保險人基於老年、死亡或重度傷殘而終身退出職場，故貸款應視為全部到期，並由老年給付、死亡給付或失能給付扣減之。至於其扣減的額度，應依第7條的規定為之。依之，「被保險人有未清償之本貸款本息者，被保險人或其受益人於請領第五條第一項第一款保險給付時，保險人應依下列方式辦理扣減至足額清償為止：一、為一次給付者，應全數扣減。但喪葬津貼，不予扣減。二、為年金給付者，應自每次得領取年金給付金額之三分之一，辦理扣減至足額清償為止。但被保險人於領取老年年金給付或失能年金給付期間死亡，其受益人選擇改領一次給付者，應全數扣減（第1項）。前項被保險人於請領國民年金保險之年金給付時，有併計勞工保險年資之情形，保險人應自被保險人或其受益人每次領取之保險給付中，將其依勞工保險年資所計年金給付金額之三分之一，辦理扣減至足額清償為止（第2項）。依第一項第二款或前項規定扣減後之年金給付金額低於新臺幣三千元者，保險人僅得就年金給付金額與三千元之差額辦理扣減（第3項）。」

如果是生育給付、傷病給付、失蹤津貼及職業災害醫療給付，則依據第8條規定扣減之。即「被保險人請領前條第一項以外之勞工保險給付時，保險人應自其每次得領取保險給付金額扣減三分之一，至本貸款本息足額清償為止。但保險給付之金額未達新臺幣一萬元或為醫療給付者，不予扣減。」本書以為未清償之貸款本息之扣減，並無須如第4條第1項排除職業災害醫療給付，亦即可對職業災害醫療給付行使之。

而在實行未清償之貸款本息之扣減時，「保險人應每年書面通知有未償還第六十七條第一項第四款貸款本息之被保險人或其受益人之積欠金額，並請其依規定償還。」（勞保條例第29條第8項參照）。此是課保險人催告之義務，性質應是不真正義務，即使保險人未遵守，被保險人或其受益人亦不得拒絕償還貸款本息。既曰「每年書面通知……被保險人或其受益人」，即不容許以口頭的形式或公告的方式行之。所不清楚者，保險人之通知係在繳納本息前幾個月行之？或者每年的哪一個月份？應進行幾次的通知？完全由保險人自行決定之。

而在貸款期間到期未足額清償時，如上所述，本書以為保險人得向被保險人或其受益人請求清償，亦得提起還款之訴，但亦得如辦法第9條規定，「本貸款逾貸款期間未足額清償者，其利息以貸款期間內未清償之本金及利息總和單利計算，年利率為契約屆滿時之公告利率加百分之一點二五（第1項）。本貸款公告利率調整時，前項公告利率按調整後之利率機動調整。但不得逾契約屆滿時之公告利率（第2項）。」

最後，扣減權的行使是否會因消滅時效等原因而受到排除？對此，依據勞保條例第29條第6項規定，「前項未償還之貸款本息，不適用下列規定，並溯自中華民國九十二年一月二十二日施行：一、消費者債務清理條例有關債務免責之規定。二、破產法有關債務免責之規定。三、其他法律有關請求權消滅時效規定。」此一規定，並不受「勞工保險未繳還之保險給付及貸款本息扣減辦法」所影響。依之，這是因為勞保基金為公共財產，貸款係由勞保基金而來，故貸款本息也應歸屬於勞保基金的一部分，為全體被保險人所共有之特殊專屬債權，而非被保險人之私產。所以，保險人對於被保險人之貸款本息請求權，並不適用一般債權請求權消滅時效之規定。也不適用「其他法律有關請求權消滅時效規定」。由於保險人係自被保險人或其受益人得領取保險給付之金額，扣減被保險人未清償之貸款本息，所以，只要被保險人或其受益人請領保險給付之權利存在，保險人即有扣減權，即無消滅時效可言。也就是說，勞保條例第30條及行政程序法第131條之消滅時效，並不適用於貸款本息。而且，消費者債務清理條例及破產法有關債務免責之規定，亦不適用於貸款本息，以免影響基金財務結構之安全性。

只不過，由勞保條例第29條第6項規定觀之，其僅適用於未償還之貸款本息，而不及於未繳還之保險給付。此是否有疑義？蓋對於溢領給付的返還固係基於授益行政處分的撤銷或廢止，而未償還之貸款本息則是基於公法借貸契約。但兩者均與權利義務對等原則密切相關，即使紓困貸款的數量較多，對於勞保基金的整體性影響較大，但是，從法理上來看，亦不應使不法取得勞工保險給付者，在勞保條例第29條第6項規定的情況下，仍然保有現金給付的權利。故本書以為此是立法疏漏，應類推適用該項規定。

第四節　生育給付

被保險人並不問其有無婚姻關係[138]【案例2(1)】，也無年齡的限制，要以有生育的事實為準（而非以懷孕為準），且並不區分自然生產或剖腹生產（分娩或早產為雙生以上者多為剖腹生產）。更不問是在全民健康保險特約醫院或診所或自己選定的處所生產。此從勞保條例施行細則第56條第2項「已辦理出生登記者，得免附前項第二款所定文件」，反面解釋可以得知。此處的生育，包括分娩、早產或流產的事實。其是以中華民國婦

[138] 勞工保險監理委員會，勞保爭議大觀園，頁132。

產科醫學會之定義為準。中央勞政機關也有相同的定義，例如分娩是指胎兒出生時，懷孕37週以上[139]。

被保險人之配偶分娩、早產或流產（死產）者，比照辦理。所謂「比照」，應是準用之意。如將第31條第1項與第2項對照，前者為女性被保險人本人，後者為男性被保險人，兩者為排斥關係，即女性被保險人依法必須按照自己的月平均投保薪資請領生育給付，不得以其配偶為請領人【案例2(3)】。在這裡，「其配偶」是指也具有被保險人身分，且其月投保薪資高於女性被保險人者，始有意義。

由第19條第1項及第20條第2項規定觀之，被保險人必須在加保期間懷孕，始符合請領生育給付。其必須符合最低加保期間（滿280日或181日或84日），但不要求連續保險的年資（即可以在不同投保單位斷續加保）[140]，也不以在職為要件，此從勞保條例施行細則第43條第2項規定，被保險人得自行請領本條例第31條第1項第1款、第2款給付，而知之。惟其似係針對本條例第20條第2項之情況而言。另外，解釋上，被保險人亦得自行請領本條例第31條第1項第3款之給付。

需注意者，根據勞保條例第20條第2項規定，「被保險人在保險有效期間懷孕，且符合本條例第三十一條第一項第一款或第二款規定之參加保險日數」，可知其仍須符合滿280日或181日之條件，只是其離職而已。

依據勞保條例第32條第1項第1款及第2款規定，生育給付包括分娩費及生育補助費兩部分，且係採比例增加原則。所謂分娩費，係指因分娩、早產或流產所支出之醫療費用，但依據勞保條例第32條第1項第1款「被保險人或其配偶分娩或早產者，按被保險人平均月投保薪資一次給與分娩費三十日，流產者減半給付」，似乎不包括流產之情形。由此款規定，似可知被保險人或其配偶均得請領分娩費。另外，依據同條例第32條第1項第3款規定，「分娩或早產為雙生以上者，分娩費及生育補助費比例增給」，亦即如為雙胞胎則給予2份，三胞胎則給3份，依次類推【案例2(3)】。惟

139 勞動部105年3月11日勞動保2字第1050140098號函參照。

140 即一段期間的投保單位爲雇主，另一段期間爲職業工會，亦無何不可。

此款並不包括流產之情況，雖然，死產兒也可能有2個以上。

再依據勞保條例第76條之1規定，「本條例……第三十一條、第三十二條……有關生育給付分娩費……部分，於全民健康保險施行後，停止適用。」可知已改由全民健保條例醫療給付之支付之，即採醫療服務方式辦理。勞保條例第32條第2項也規定，「被保險人難產已申領住院診療給付者，不再給與分娩費。」

與勞保條例第32條第1項第1款規定不同的是，依據勞保條例第32條第1項第2款「被保險人分娩或早產者，除給與分娩費外，並按其平均月投保薪資一次給與生育補助費六十日。」可知僅有被保險人本人始得請領生育補助費。即補助其工資的損失。也就是說，女性被保險人固然如此，如果是男性被保險人之配偶分娩或早產，也是由男性被保險人領取生育補助費。只不過，有問題的是，生育補助費既是為補償所得中斷的損失，而男性的被保險人並無分娩或早產之事實或可能，如何會有補償損失的必要呢？或者應將之解釋為其配偶工資損失的補償？

又，勞工保險被保險人可能同時符合其他社會保險生育給付的資格，如此一來，依據2014年5月28日增訂公布施行的勞保條例第32條第3項規定，「被保險人同時符合相關社會保險生育給付或因軍公教身分請領國家給與之生育補助請領條件者，僅得擇一請領。但農民健康保險者，不在此限。」亦即針對同時符合國民年金法、公教人員保險法、軍人保險條例等之生育給付者，由被保險人擇一或擇優請領。不同的是，「但農民健康保險者，不在此限」，言下之意，被保險人似乎可以兼得勞保條例及農民健康保險條例之生育給付，果如此，實令人難以理解其理由為何？也啟人獨厚於農民的疑竇。故正確之道，針對於農暇之餘從事非農業勞務工作再參加勞工保險者，仍應回歸農民健康保險條例第6條第3項規定，「依前項但書規定同時參加本保險及勞工保險或其職業災害保險者，發生同一保險事故而二保險皆得請領保險給付時，僅得擇一領取；……。」[141]

---

141 黃鼎佑，論勞工保險生育給付其平均月投保薪資之計算—以臺北高等行政法院100年簡字第170號判決爲例，收錄於：勞工保險條例精選判決評釋，頁129。

最後，被保險人或其配偶申請生育給付，必須遵守書面的要求。亦即依據勞保條例施行細則第56條規定，「依本條例第三十一條規定請領生育給付者，應備下列書件：一、生育給付申請書及給付收據。二、醫院、診所或領有執業執照之醫師、助產人員所出具之嬰兒出生證明書或死產證明書（第1項）。已辦理出生登記者，得免附前項第二款所定文件（第2項）。」

第八章 老年給付——基本問題、錯誤勾選一次請領老年給付之問題等

案例1

甲係板模工，自2000年起（40歲）即不斷地在不同的工地中轉換工作，一直到2005年6月受僱於丙爲止，始簽訂一不定期的僱傭契約。其間，受僱於乙2個月（2001/1～2001/2），雙方約定按照勞基法處理權利義務（含提撥退休金）。只不過，甲雖向提供工作的人（雇主）表示想參加勞保，但都被告知可自行參加職業工會（理由是臨時工或點工，加退保麻煩）。所以，甲自2000年工作起就參加當地的板模業職業工會，而且在2005年6月起轉由丙申請參加勞保。甲在2020年6月向丙表示，請代向勞保局申請老年給付，並且欲自2020年7月起退休。問：

(1) 請說明被保險人請領老年年金的條件。甲如符合請領老年年金的條件，可否決定選擇請領老年一次金？又，甲如果選擇請領老年給付，得否不退休而暫時不申請企業退休金？如果是甲向丙表示退休要求給與企業退休金，但表示暫且不向勞保局請領老年給付，有權否？
(2) 甲如欲請領老年年金，是否應親自填寫老年給付申請書？是否應親自向保險人提出申請？如其已移居外國或歸化爲外國人，是否喪失年金請求權？
(3) 甲有一段期間爲無一定雇主的勞工，那時的僱用人得否不（依勞基法）爲其提撥退休金？得否不爲其投保勞工保險？又，乙爲甲所提撥的2個月（2001/1～2001/2）退休金如何處理？

第一節 老年給付的基本問題

第一項 被保險人

我國勞工保險係採綜合保險（勞保條例第2條參照），除了已單獨立法的個別保險，例如就業保險法、勞工職業災害保險及保護法，其他的普通事故保險均一體適用勞工保險條例的規定。所以，除了有特別規定外，普通保險種類的被保險人，也包括老年給付保險的被保險人。對此，第二章第一節及第五章第二節有關勞保條例第6條被保險人之說明，亦適用於此。

勞保條例第6條、第7條的強制加保對象，係採取列舉式的立法，主要為基於僱傭契約或勞動契約、受僱提供具經濟價值的勞工[1]，但也不以此為限（例如在職業訓練機構接受訓練者）。應參加老年給付勞工保險者，包括在職的本國籍或外國籍員工（外籍勞工）。此處的勞工似不以具從屬性者為限，即不限於勞基法的勞工。例如職業工人（自營作業者及無一定雇主勞工【案例1(3)】）因為經濟能力較弱或收入的不穩定，而有受到社會安全保障的必要性，故將其納入為保險對象。但以其具有工作能力及工作事實，且已主動加入職業工會，並委請職業工會向保險人申報加保為前提。依據勞保條例施行細則第11條第2項規定，「本條例第六條第一項第七款及第八款所稱自營作業者，指獨立從事勞動或技藝工作，獲致報酬，且未僱用有酬人員幫同工作者。」其似乎不以有商業登記或營業登記者為限[2]。

---

1 所以，軍人、公務人員或私立學校教職員並不得參加勞工保險，此從勞保條例第76條的反面解釋也可得知。最高行政法院90年度判字第1139號判決參照。另外，農民亦不得參加勞工保險，這是依據農民健康保險條例第6條第1項本文的反面解釋而來。

2 依據德國社會法典第六部（SGB VI）的年金保險法（Rentenversicherungsgesetz）第4條規定，應參加年金保險的自營作業者，限於已完成營業登記者，例如照扶人員、助產士、藝文工作者、新聞工作者等。Raimund Waltermann, Sozialrecht, 8. Aufl., 2009, Rn. 335。

至於學習型的勞工能否參加老年給付保險？以技術生而言，得依勞動基準法所定技術生準用勞工保險條例之規定（勞基法第69條第1項參照）。甚至，即使外籍學生（不含大陸地區人民）來台就讀產學專班、建教合作班，如適用勞動基準法有關技術生之規定，得依勞動基準法所定技術生準用勞工保險條例之規定，以技術生或建教生之身分參加勞工保險[3]。至於事業單位之養成工、見習生、建教合作班之學生及其他與技術生性質相類之人，則是準用技術生參加勞工保險的規定（勞基法第65條第2項參照）。在此，學生依據教育規章必須接受一定期間的實習者，則非學習型的勞工，不得參加勞工保險。此並不因2020年1月1日施行的勞動事件法第2條立法說明「至於專科以上學校學生於實習機構實習，如從事學習訓練外，尚有勞務提供或工作之事實，而與實習機構間發生爭執者，屬第一項第一款所指因勞動關係所生民事權利義務爭議，附予敘明。」而受影響，蓋依該條僅在界定勞動事件而已，且依同法第3條立法說明「又本條關於勞工及雇主之定義，僅係為本法程式上適用所為，不涉及實體法律關係主體之意義，併為敘明。」故難謂實習生即為勞工身分。

倒是，針對建教合作生，中央勞政機關認為建教生於訓練期間準用勞工保險條例第6條、第8條及第11條規定參加勞工保險，雇主不依同條例規定辦理投保手續者，亦準用第72條規定處以罰鍰[4]。之後，依據2021年6月16日修正施行的高級中等學校建教合作實施及建教生權益保障法第21條第2項規定，「建教合作機構為建教生辦理參加勞工保險，其保險效力之開始及停止、月投保薪資、投保薪資之調整、保險費負擔、保險費繳納、保險費寬限期與滯納金之徵收及處理、保險給付之計算與發給及其他有關保險事項，準用勞工保險條例及其相關規定辦理。」所以，建教生已毋庸準用技術生有關參加勞工保險之規定。而且，由於準用規定的明確，建教生參加老年給付保險的保障，顯然優於技術生及其他學習型的勞工。而此一

3　勞動部103年10月3日勞動保2字第1030140359號函參照。

4　行政院勞工委員會99年10月12日勞保1字第0990140433號函參照。有問題的是，準用的範圍可及於行政罰鍰嗎？

參加勞工保險的準用規定，與勞動事件法第2條第1項第2款、第3條第1項第2款的技術生、建教生的勞動事件規定，形成互補的態勢。但與德國社會法典第六部（SGB VI）的年金保險法（Rentenversicherungsgesetz）第1條第1項第1款直接明定受訓者（Auszubildender）應參加年金保險的立法方式，尚有不同。

同樣地，勞保條例第8條、第9條、第9條之1的自願／任意加保，也是採取列舉式立法。因此，其他的族群或對象並不得主張類推適用。其中，第9條之1已經明定參加勞工保險「至符合請領老年給付之日止」，可知其係老年給付保險的一環。至於第9條的適用對象，應該主要也在促成其老年給付的實現，尤其是第1款的應徵召服兵役者。

至於以工代賑及政府公法救助性質之就業方案的人員，其並非僱傭關係，並不得參加勞工保險，連帶地，其所獲得之工資，並不列入老年給付平均月投保薪資計算。中央勞政機關函釋認為被保險人參加政府公法救助性質之就業方案、以工代賑等期間之勞工保險月投保薪資，「得不列入」老年給付平均月投保薪資計算。其用語曖昧，並不足採[5]。

第二項　老年給付保險法律關係之發生

所謂老年給付保險法律關係，指基於保險人與被保險人間公法的法律關係，所生之所有的權利義務關係。這是自勞工保險法律關係的成立起至停止或終止時，才會一時性的或永久性的結束。至於雙方的權利義務關係，除了繳交保險費及在等待期後取得老年給付資格外，被保險人負有提出證明的協力義務[6]，保險人則另外應負有解釋義務（Aufklärungspflicht）、提供資訊義務，以及接受被保險人諮詢的義務。只是，此在勞保條例中並未明定。相反地，德國社會法典第一部（SGB I）總則編

[5] 行政院勞工委員會96年2月5日勞保2字第0950114057號令參照。

[6] 例如針對勞保條例第76條之保留年資，依照勞保局網頁的介紹，被保險人並無須主動申請保留，而是在其請領軍公教老年給付時，將相關證明文件出示給勞保局，表示要請領老年給付即可。又，第65條之2第2項的通知義務，亦屬之。

（Allgemeiner Teil）的第13條至第15條已加以規定。另外，在特定的情況下，例如被保險人的勞工保險法律關係停止，而其尚未符合等待期或年齡條件者，得否要求保險人返還所繳交的保險費（Erstattung）？此在外國籍被保險人返回其母國或我國籍被保險人移居外國時，最具有實益。對此，德國年金保險法第210條對於外國籍被保險人固然有肯定的規定[7]，但我國勞保條例則無規定，解釋上，被保險人僅得依據勞保條例第58條第1項第2款或第2項規定，等到其符合年齡時，行使其老年給付請求權。如被保險人請領老年給付前已死亡者，依據勞保條例第63條之1第3項、第4項規定，「被保險人保險年資滿十五年，並符合第五十八條第二項各款所定之條件，於未領取老年給付前死亡者，其符合前條第二項規定之遺屬，得請領遺屬年金給付（第3項）。前項被保險人於本條例中華民國九十七年七月十七日修正之條文施行前有保險年資者，其遺屬除得依前項規定請領年金給付外，亦得選擇一次請領老年給付，不受前條第二項條件之限制，經保險人核付後，不得變更（第4項）。」

惟勞工保險關係成立於何時？此在我國採取申報制下，不問是受僱勞工或職業工人，也不問是強制加保或自願／任意加保，均以申報時（將加保申報表送交保險人或郵寄之當日零時。勞保條例施行細則第14條第1項參照）為成立時點，與繳費無關。此為台灣實務界及學術界的通說。至於停止或終止，亦是採申報制，且不問僱傭關係是否事實上仍然存在或被保險人申請勞保給付時，為保險人所暫時拒絕給付[8]。即使實際從事勞動之雇主自願參加勞工保險後，亦得依勞保條例規定退保，包括其不再實際從事工作或非負責人或者事業單位為歇業、停業登記等（勞保條例第8條第2項、勞保條例施行細則第16條第1項參照）。而且，不得以退保後仍實際從事勞動為由，而認退保無效，勞工保險效力不因退保而停止[9]。如果是

7 不過，德國人民居住在國外者，由於屬於自願參加年金保險者，其並無退還保費的適用。

8 郭玲惠，勞工及就業保險法釋義，2017年12月，初版，頁256。

9 台北高等行政法院106年度訴字第600號判決參照。

雇主將被保險人非法退保，其將會面臨勞保條例第72條第1項之行政罰鍰及損害賠償責任[10]。

相對於申報制，學說上另有採法定債之關係說（ipso iure）者，依之：從實際開始從事應強制加保的工作之時點，不問其有無意思表示、也不必等待保險承保機構的承保決定。在德國，年金保險法律關係的開始，係採取法定債之關係說[11]。本書以為根據此說，既然必須提供勞務，始發生年金保險關係，則第一日前往報到的通勤途中，似乎尚無保險關係。即其與勞動契約的生效時點不同。只有在勞工達到工作地實際工作，年金保險法律關係始會溯及當日零時生效，並與勞動契約生效時點一致。

在德國，屬於應加保的自營作者，係以其實際開始工作時，為年金保險生效之時。如果是需申請的強制加保（Pflichtversicherung auf Antrag, § 4 SGB VI），則係以申請書達到保險承保機構時生效。而自願加保則係以繳交保險費時，始發生老年給付保險法律關係。自願加保是指由雇主向保險人申請加保（§ 4 SGB VI）。依據本書的看法，我國勞保條例第8條第1項第1款至第4款同樣是由雇主或投保單位向保險人申請加保，只是，為達到自願／任意加保的立法目的及適當平衡勞資雙方的利益，解釋上，第1款、第2款的發動權應是在勞工。一旦勞工向雇主表示要參加勞工保險，雇主即不得拒絕。這與第3款及第4款雇主或投保單位有權決定是否加保者，尚有不同。

第三項　財務負擔

老年給付保險屬於長期保險（年金），具有「老有所養」及適度降低老年貧窮的作用。面臨老年化、少子化時代，出現「領取者多、繳費者

---

10 至於其損害賠償的消滅時效，以請領老年給付而言，係以退職／休時起算。最高法院85年度台上字第2770號判決參照。推而言之，如果是傷病給付，應以事實發生時起算。

11 Muckel/ Ogorek, Sozialrecht, 4. Aufl., 2011, S. 279, Rn. 11, 34。台灣社會法學者孫迺翊採之。孫迺翊，再探勞工保險之法律關係－以最高行政法院91年度判字第156號判決爲出發點，收錄於：勞工保險條例精選判決評釋，2016年8月，初版一刷，頁32以下。

少」的困境，勞保基金不足以支付勞保給付的困境早已形成[12]。而在所有的勞保給付中，相較於其他保險給付（包括其他的年金給付種類），老年給付所支付的現金給付遠遠超過之，所以，老年保險的財務實有必要另外檢討、設計。

傳統上，老年給付保險的財務支付方式有兩種：儲金制（Kapitaldeckung）／完全準備提存制及隨收隨付制（現收現付制）（Umlageverfahren）。前者，係將被保險人與投保單位所繳交的保險費，以及中央政府的補助（勞保條例第15條參照），聚集成保險基金，作為應付滿足等待期被保險人之用。此種制度會面臨無法隨著經濟成長而調整給付及物價膨脹的挑戰。以至於最終必須大幅度地增加基金規模的境地。惟此並非謂應發動勞保條例第69條的撥補程式，而是保險人應先試行向其他機關（構）或民間機構借貸款項以為支應[13]。

為了支應老年給付的現金，另一種財務支付方式為隨收隨付制。亦即以當年度的保費收入，作為老年給付之用。這是基於代間契約（Generationsvertrag）的思想而來。德國的年金保險財務負擔，已從儲金制改採隨收隨付制（現收現付制）。只是，此一制度係立基於強制加保原則而來，所以，會因任意加保制度而遭到破壞或動搖。不過，這要看任意加保人數的多寡而定[14]。而我國的社會保險財務處理模式係採部分準備提存制，已經兼具世代移轉的效果，並且在避免通貨膨脹[15]。但為達到適度的提存，仍然需要藉由定期的精算評估，劍及履及地調整修正保費的繳交費率。

我國勞工保險所採取的部分準備提存制，顯然並非針對老年給付而為，而是整體勞保財務的負擔考量，此從其存在於2009年1月1日各種勞保

---

12 幾次修正勞保條例第12條併計停保前之保險年資的規定，也增加勞保基金的支出。相關討論，請參閱鍾秉正，勞工保險年資保留之爭議—最高行政法院92年度判字第267號判決，收錄於：勞工保險條例精選判決評釋，2016年8月，初版一刷，頁12以下。最高行政法院92年度判字第267號判決參照。

13 依據德國年金保險法第214條規定，聯邦政府應提供無息的貸款，以爲清償的協助。

14 Muckel/ Ogorek, a.a.O., Rn. 19; Waltermann, a.a.O., Rn. 319, 323 ff., 328 ff.

15 行政院勞工委員會，勞工保險條例逐條釋義，2011年12月，頁150以下。

年金給付之前，即可知之。本來，對於勞保財務的負擔，論者間即有加以指出者，即國民年金所得替代率既為1.3%，則勞保被保險人因有實際工作故應得較高的老年年金者[16]。也有指出政府對於自營作業者之補助高於受僱者，不僅福利色彩過於濃厚，且有違平等待遇原則之嫌者[17]。

雖然，社會保險法的地位，如其植基於被保險人非少量的自己給付且係為確保其生存之用者，即享有所有權的保障。假設勞工經由繳交保費，符合等待期間及請領年齡者，即屬之[18]。但這並非謂立法者不得透過立法途徑予以調整或限制[19]。所以，以老年給付而言，對於只符合年齡或年資者，或兩者均尚未滿足者，立法者更有較強的形成權限，但仍需遵守比例原則。我國勞保條例第58條之2第2項之減額（早領）年金，被保險人「得提前五年請領老年年金給付，每提前一年，依前條規定計算之給付金額減給百分之四，最多減給百分之二十。」應該就是立法者行使限制性形成權限的表現。即一方面予以降低給付金額，另一方面仍然保障其給付請求權。

本書以為財務負擔的設計上，如果只是單純就勞工保險來看，仍然應回歸保險的本質，即由被保險人及投保單位平分秋色地分攤保險費，再輔以中央政府少量的補助，逐步地健全保險財務才是正途。在勞保基金無法或難以支應各種給付時，也應該思考先以向公民營機構借貸的管道，之後，才是尋求撥補的途徑。果如此，首先，中央勞政機關只需撥補行政事務費[20]，而後，才是撥補勞保基金。如此，才符合社會保險的原理。而在所得替代率部分（勞保條例第58條之1參照），並不宜違反年金保險的理論與實務，因此，如果國民年金的所得替代率過高而不合理，則正確之道是修法降低之，而非在勞保老年年金訂定更高的所得替代率，形成惡性循

---

16 行政院勞工委員會，勞工保險條例逐條釋義，頁591以下。

17 鍾秉正，勞工保險自營作業者之投保薪資爭議─最高行政法院102年度判字第633號判決，收錄於：勞工保險條例精選判決評釋，2016年8月，初版一刷，頁5-6。

18 楊通軒，個別勞工法─理論與實務，2019年7月，六版，頁150。

19 鍾秉正，勞工保險年資保留之爭議─最高行政法院92年度判字第267號判決，收錄於：勞工保險條例精選判決評釋，頁15-16。

20 柯木興，社會保險，2007年11月，修訂版，頁201。

環的現象[21]。如此，才是健康的永續經營之道。

其次，環視先進國家，不乏有年金保險法之制定者，即將失能、老年及遺屬年金綜合在統一法律中，以應付長期性的年金支出。台灣勞保條例自2009年1月1日公布施行的第四章第八節「年金給付之申請及核發」，即是針對失能年金、老年年金或遺屬年金給付的統一規定，其中，第65條之4即有年金給付金額隨消費者物價指數累計成長率調整之規定，但並無財務負擔的全盤性規劃。由於台灣已在2021年4月30日制定公布「勞工職業災害保險及保護法」，其中已有失能年金的規定（第43條以下），因此，恐怕只能思考單獨制定老年年金保險法之可能性，並且設立一可長可久的財務負擔制度。退而求其次，如果無法單獨立法，或許可以思考在勞保條例中將老年給付財務的獨立設計，即參考勞保條例第13條第6項「職業災害保險之會計，保險人應單獨辦理。」之立法方式。

第四項　通貨膨脹問題

如上所述，我國勞工保險所採取的部分準備提存制，已經兼採隨收隨付制，考慮到物價膨脹的問題[22]。但是，被保險人退休後固定金額的年金給付，恐怕仍難以或無法支應退休後各項費用支出的增加，對此，學者有主張按照物價指數或生活費指數或薪資指數等指數自動比率調整措施者[23]。此在德國的年金保險法已有規定（§ 68 V SGB VI）[24]，但台灣勞保條例第58條以下未規定處理方法。而是規定在第65條之4，「本保險之年金給付金額，於中央主計機關發布之消費者物價指數累計成長率達正負

---

21 這應該也會造成無工作者以自營作業者或無一定雇主勞工之名，掛名加保勞工保險，造成財務負擔漏洞之情形。即使爲合法加保，投保薪資的無法覈實申報，以致以高報低或以低報高的現象，也時常有之。這與社會適當性原則有違。

22 詳細論述，請參閱柯木興，社會保險，頁203以下。另外，楊通軒，個別勞工法—理論與實務，頁455註腳38參照。

23 柯木興，社會保險，頁198。

24 Muckel/ Ogorek, a.a.O., S. 324 ff., Rn. 131 ff.; Waltermann, a.a.O., Rn. 375 ff.

百分之五時，即依該成長率調整之。」

倒是，在法院實務上，被保險人有以通貨膨脹為由，要求保險人老年年金給付平均月投保薪資之計算應加計物價指數調整者，只是，法院以勞保條例並無規定而判決駁回之[25]。其語謂「有關勞工保險制度之建構，涉及保險專業之設計，原告主張比較月投保薪資之高低，應加計物價指數始具有公平之比較基礎，固非全然無見，然有關勞工保險各項給付及計算方式，涉及勞工、雇主及保險人三方關係，須為綜合考量，勞工保險條例之制定，既經立法衡酌，自無於個案再予變更法律規定之空間，是以被告依前述規定計算平均月投保薪資，並無不合，原告此部分之主張，尚難憑採。」這表示：必須如各國的立法例，在勞保條例中規定始可，否則，法官並不能從事法律續造。雖然，本案裁判日期為2010年11月11日，而上述勞保條例第65條之4係自2009年1月1日起公布施行，但因前者原告（被保險人）係要求老年年金給付平均月投保薪資之計算應加計物價指數調整，與第65條之4是在處理「年金給付金額隨消費者物價指數累計成長率調整」者，兩者尚有不同。故原告（被保險人）並未引用，而法院也未加以判決。

第五項　年金給付之申請及核發

如前所述，台灣勞保條例自2009年1月1日公布施行第四章第八節「年金給付之申請及核發」，以作為失能年金、老年年金及遺屬年金給付的統一規定，而且，失能年金及老年年金也包括併計國民年金保險年資的部分[26]。其中，第65條之3之擇一請領年金規定，為社會保險給付不重複保障的表現，已在第三章「勞工保險之救濟（程序問題）」有所介紹，故此處僅略加引述而已，至於第65條之5則似非請領年金給付之特有問題。

---

25 台北高等行政法院99年度訴字第1450號判決參照。

26 但是，依據勞保條例施行細則第97條規定，「依本條例第五十三條第三項及第七十四條之二第二項規定併計國民年金保險年資時，被保險人於其未繳清國民年金法規定之保險費及利息，並依該法規定暫行拒絕給付之年資不得併計。」

另勞保條例施行細則第93條至第97條是細部規定，一併加以說明之。

一、年金給付之申請及核發

依據勞保條例第65條之1第1項規定，「被保險人或其受益人符合請領年金給付條件者，應填具申請書及檢附相關文件向保險人提出申請。」可知，應由被保險人或其受益人親自填具申請書及檢附相關文件向保險人提出申請【案例1(2)】。其係採取書面的要式行為。此一規定，也明確化勞保條例第10條第1項及勞保條例施行細則第42條、第43條第1項的適用範圍。亦即，依據勞保條例第10條第1項規定，「各投保單位應為其所屬勞工，辦理投保手續及其他有關保險事務，並備僱用員工或會員名冊。」其所謂的「辦理投保手續及其他有關保險事務」，應係備置老年給付申請書及其他各種表格、文書等，並向保險人辦理各種程式。但是，其是否包括填具老年給付申請書之義務？則非無疑。同樣地，依據勞保條例施行細則第42條規定，「投保單位應為所屬被保險人、受益人或支出殯葬費之人辦理請領保險給付手續，不得收取任何費用。」這毋寧是大多數的情況。例外地，第43條第1項規定，「投保單位有歇業、解散、撤銷、廢止、受破產宣告或其他情事，未能為被保險人、受益人或支出殯葬費之人提出請領者，被保險人、受益人或支出殯葬費之人得自行請領。」只是，仍然不明的是，投保單位是否應代填具老年給付申請書[27]？

所以，經由勞保條例第65條之1第1項規定，即可釐清此一疑義。雖然如此，傳統上基於團體保險之性質，被保險人之加、退保及請領各項給付，原則上應統一由投保單位為之，不允許被保險人個別向保險人為之。所以，填具申請書固應由被保險人或其受益人為之，或者委任投保單位代理填具，但應由投保單位檢附相關文件向保險人提出申請。投保單位或其承辦人並非僅是傳達人或使者的角色而已。

---

[27] 即使依勞保條例施行細則第52條，也僅是規定，「各項給付申請書、收據、診斷書及證明書，被保險人、投保單位、醫院、診所或領有執業執照之醫師、助產人員應依式填送。」

勞保條例第65條之1第1項之「被保險人或其受益人」，也包括未在國內設有戶籍者，即外國籍勞工及我國籍勞工移居外國者。後者，並不問其是否已歸化為外國人【案例1(2)】。依據勞保條例施行細則第94條規定，「依本條例規定請領年金給付，未於國內設有戶籍者，應檢附經第五十四條第一項所列單位驗證之身分或居住相關證明文件，並應每年重新檢送保險人查核。」此處的年金，包括失能年金、老年年金及遺屬年金。除了應將身分或居住相關證明文件送請我國駐外單位驗證及應每年重新檢送保險人查核外，其他實體的（例如領取年金的要件）及程式上的要求，與居住於我國境內的年金受領人並無不同。只是，對於移居於外國的我國人，其有可能領取失能年金或老年年金或遺屬年金。但對於一位返回其所屬國家的外國人，其有可能領取失能年金，但老年年金部分，由於就業服務法第52條第4項但書規定，「但從事第四十六條第一項第八款至第十款規定工作之外國人，其在中華民國境內工作期間，累計不得逾十二年，且不適用前條第一項第二款之規定。」其似難成就保險年資「合計滿15年」的條件（勞保條例第58條第1項第1款參照），故應無領取之可能。至於該外國人「於領取失能年金給付或老年年金給付期間死亡者，其符合前條（勞保條例第63條）第二項規定之遺屬，得請領遺屬年金給付。」（勞保條例第63條之1第1項）「前項被保險人於本條例中華民國九十七年七月十七日修正之條文施行前有保險年資者，其遺屬除得依前項規定請領年金給付外，亦得選擇一次請領失能給付或老年給付，扣除已領年金給付總額之差額，不受前條第二項條件之限制，經保險人核付後，不得變更。」（勞保條例第63條之1第2項）。

再依據勞保條例第65條之1第2項規定，「前項被保險人或其受益人，經保險人審核符合請領規定者，其年金給付自申請之當月起，按月發給，至應停止發給之當月止。」第3項規定，「遺屬年金之受益人未於符合請領條件之當月提出申請者，其提出請領之日起前五年得領取之給付，由保險人依法追溯補給之。但已經其他受益人請領之部分，不適用之。」可知，年金給付期間係以月為單位計算（按月領），而非以「年」為期的發放，也不容許保險人與被保險人或受益人約定以半年、季，或週為發放期。雖然如此，依據中央勞政機關的見解，「年金給付請領人未在國內設有戶籍及銀行帳戶，並向勞保局申請不按月核發者（含外國籍被保險人或本國籍被保險人日後移居國外），考量給付實務作業之一致性，同意按半年發給申請人，以免每月領取的年金金額因須負擔國際匯款等手續費用而減少。」[28]此一函釋固然有其現實的考量及必要性，但仍不免牴觸第65條之1第2項的疑慮，正確之道，似應在該項為一例外規定或如勞保條例施行細則第94條的立法方式。

本條第2項、第3項，係規定年金給付的發放時期及可否追溯補發。依據第2項的「年金給付自申請之當月起」，表示係以申請日為準，無須擔心受到保險人審核期間的影響，另外，也表示年金給付請領人，應在符合請領條件時盡快提出申請，最好是在離職之當日提出，以便其申請之當月即獲得發給。否則，晚提出似乎即會有失權之效果。此與消滅時效不同。因為，與第3項對照，第2項的被保險人（失能年金、老年年金）或其受益人，並無追溯5年補給的權利。需注意者，依據勞保條例施行細則第49條規定，「被保險人、受益人或支出殯葬費之人申請現金給付手續完備經審查應予發給者，保險人應於收到申請書之日起十日內發給。但年金給付至遲應於次月底前發給。」但書既謂「年金給付至遲應於次月底前發給」，顯然即與本法之「年金給付自申請之當月起」按月發放有所牴觸而無效。至於所謂「保險人應於收到申請書之日起十日內發給」，「於申請人之被保險人資格、請領要件證明文件有待查證，或須指定醫院、醫師複檢，或職業傷害、職業病有待鑑定等不可歸責於保險人之情事時，不適用之，其處理期間應依行政程序法第51條規定辦理。」[29]

至於過早的提出，「（故）被保險人請領老年給付時，投保單位縱將申請書件提前郵寄勞保局，其保險效力之停止及老年給付之事故日。自

---

[28] 行政院勞工委員會99年8月24日勞保2字第0990140334號函參照。

[29] 行政院勞工委員會95年6月1日勞保2字第0950026877號函及同年月日勞保2字第0950026875號令參照。

仍應依退職日為準。」[30]此一「依退職日為準」，亦應適用於失能給付。又，在給付條件上，與死亡給付以「被保險人在保險有效期間死亡」（即在加保中）為前提，不同的是，老年給付的申請必須被保險人退職（即未加保），只需其申請時仍然生存為前提。而為了解決「被保險人在保險有效期間死亡，但已符合請領老年給付條件」之問題，中央勞政機關認為，「勞保被保險人於保險有效期間因病死亡者，得依勞工保險條例第63條規定請領死亡給付。惟該等被保險人於死亡前，如已符合同條例第58條請領老年給付之年資或年齡條件，其當序受領人願意放棄請領死亡給付選擇請領老年給付，准依同條例有關老年給付規定辦理。」[31]又，「關於勞保被保險人於保險有效期間因病死亡，其死亡前如已符合請領老年給付之年資暨年齡條件，其受益人如選擇請領老年給付，則其老年給付之保險事故日期，以該被保險人死亡之日為準。」[32]只是，隨著勞保條例在2009年1月1日公布施行第63條之1第3項及第4項，上述兩號函釋只能扮演輔助的角色而已。依之，「被保險人保險年資滿十五年，並符合第五十八條第二項各款所定之條件，於未領取老年給付前死亡者，其符合前條第二項規定之遺屬，得請領遺屬年金給付（第3項）。前項被保險人於本條例中華民國九十七年七月十七日修正之條文施行前有保險年資者，其遺屬除得依前項規定請領年金給付外，亦得選擇一次請領老年給付，不受前條第二項條件之限制，經保險人核付後，不得變更（第4項）。」

至於「本條例第六十五條之一第二項所定申請之當月，以原寄郵局郵戳或送交保險人之日期為準。」（勞保條例施行細則第93條第1項），而且，「被保險人於保險人依規定放假之日離職，其所屬投保單位至遲於次一上班日為其辦理退保及申請老年年金給付，並檢附被保險人同意追溯請領之文件者，被保險人老年年金給付申請之當月，以其離職之翌日為準（第2項）。被保險人於所屬投保單位所在地方政府依規定發布停止上班

30 行政院勞工委員會82年9月17日（82）台勞保2字第49766號函參照。

31 行政院勞工委員會77年12月15日（77）台勞保2字第28483號函參照。

32 行政院勞工委員會78年2月24日（78）台勞保2字第04098號函參照。

日離職，投保單位至遲於次一上班日為其辦理退保及申請老年年金給付，並檢附被保險人同意追溯請領之文件者，被保險人老年年金給付申請之當月，以其離職之翌日為準（第3項）。」本條第2項、第3項正可補充勞保條例施行細則第14條規範不足之處，因前者第2項、第3項只規定勞工到職之日為「保險人依規定放假之日」、「到職當日十七時後至二十四時前」及「地方政府依規定發布停止上班日到職」時，如至遲於次一上班日加保，則應自勞工到職之當日零時起算，作為其保險效力之開始。本條第2項、第3項較特殊之處，係被保險人應檢附同意追溯請領之文件。反面解釋為，如未檢附此一文件，則其申請之當月，似乎即應以原寄郵局郵戳或送交保險人之日期為準（勞保條例施行細則第93條第1項參照）。

有問題的是，何謂「應停止發給之當月」？對此，應是指其嗣後喪失請領資格而言。依據勞保條例施行細則第95條規定，「依本條例第五十四條之二第三項第一款、第二款及第六十三條之四第一款、第二款規定停止發給年金給付者，除配偶再婚外，於停止發給原因消滅後，請領人得重新向保險人提出申請，並由保險人依本條例第六十五條之一第二項規定發給；遺屬年金依本條例第六十五條之一第三項規定發給（第1項）。依本條例第五十四條之二第三項第三款、第四款及第六十三條之四第三款規定停止發給年金給付者，自政府機關媒體異動資料送保險人之當月起停止發給（第2項）。」由此一規定，可以推知是指勞保條例第54條之2第3項第1款至第4款及第63條之4第1款、第2款，及第3款等情形，而不及於其他情形[33]。前者是請領失能年金者的加給眷屬補助停止給付，而非請領失能年金者受到停止給付，後者則為遺屬年金之停止給付。而針對被保險人之入獄服刑、因案羈押或拘禁，以及失蹤，必須以政府機關媒體異動資料為準，故以資料送達保險人之當月起停止發給。

由勞保條例施行細則第95條第1項規定，「……，除配偶再婚外，於停止發給原因消滅後，請領人得重新向保險人提出申請」，可知除配偶再

---

[33] 例如被保險人或受益人移居國外或歸化外國者。

婚外，其他情形具有暫停給付之意。配合此一規定，「前項所定停止發給原因消滅後，請領人得檢具證明其停止發給原因消滅之文件向保險人申請，並由保險人依本條例第六十五條之一第二項規定發給；遺屬年金依本條例第六十五條之一第三項規定發給（第3項）。未依前項規定檢附證明文件向保險人申請者，自政府機關媒體異動資料送保險人之當月起恢復發給（第4項）。」

再一言者，如將第2項、第3項規定對照，既然第3項係針對遺屬年金之受益人放寬到5年的追溯期，則第2項的「年金給付自申請之當月起」，似乎即不應包括「受益人」，即其為贅文。或者，應將第2項之受益人，限縮解釋為並無遲誤申請遺屬年金給付者。此從第3項規定，「遺屬年金之受益人未於符合請領條件之當月提出申請者，其提出請領之日起前五年得領取之給付，由保險人依法追溯補給之。但已經其他受益人請領之部分，不適用之。」其中「未於符合請領條件之當月提出申請者」的反面解釋，即可知之。之所以「其提出請領之日起前五年得領取之給付，由保險人依法追溯補給之」，是因為遺屬多為經濟弱勢、年邁或年幼者，且因資訊不清而未提出申請[34]。此處並不問其是否具有可歸責性。需注意者，「其提出請領之日起前五年得領取之給付，由保險人依法追溯補給之。」應是指至多5年可追溯至其符合申請資格時點。若其提出請領之日與其符合申請資格之日不足5年，則以實際的年月追溯補給。這也可以看得出來，此一5年的追溯期與保險給付5年的消滅時效（勞保條例第30條參照），本質上應有所不同。

二、年金給付之停發及繼承

年金給付為長期性的、繼續性的、按月的定期給付，就如同其他繼續性的法律關係，會受到主、客觀的內、外在環境的影響。最主要的是「不符合給付條件或死亡」，這是屬於（領取失能年金或老年年金）被保險人

---

34 問題是，請領失能年金者不也是弱勢？只能領取少量老年年金者？

本身的因素。其中，「不符合給付條件」態樣較多，且多涉及非法的領取或巧取，尤為保險人查證的重點所在。惟其因素也有來自保險人（誤發、計算錯誤）[35]，甚至其他利害關係人者。只是，勞保條例第23條之「被保險人或其受益人或其他利害關係人，為領取保險給付，故意造成保險事故者，保險人除給與喪葬津貼外，不負發給其他保險給付之責任」，性質上為保險人的保險給付拒絕權，是否亦屬於「不符合給付條件」之一？本書持肯定見解。

而為避免此種狀況發生，即應課被保險人及其受益人通知義務[36]，賦予保險人查證權及通知繳還與追回權。其實，保險人為確實有效地執行勞工保險的權責，除了勞保條例第65條之2的查證權及通知繳還與追回權外，尚有查核權（勞保條例第10條第3項參照）、請求機關協助權（勞保條例第65條之5參照）等行政權限。

依據勞保條例第65條之2第1項規定，「被保險人或其遺屬請領年金給付時，保險人得予以查證，並得於查證期間停止發給，經查證符合給付條件者，應補發查證期間之給付，並依規定繼續發給。」本項是保險人查證權之所在。所謂的「查證」，係查核證實之意。其發動的時機為「被保險人或其遺屬請領年金給付時」，解釋上包括審核發給年金給付之前及發給期間，惟因「並得於查證期間停止發給」，可知其主要係發給期間的查證，但不包括尚未提出請領年金給付之前。在斯時，保險人只能行使勞保條例第10條第3項之查核權。其發動的原因，或者為保險人自覺有必要而為，或者為被保險人自動的通知，或者為第三人的檢舉而起疑。其並非一定要有違法之嫌疑，而是即使本人或其法定繼承人自行通知領取年金給付者不符合給付條件或死亡時（勞保條例第65條之2第2項參照），保險人亦可查證之，以確認無訛。實務上，不乏本人或其法定繼承人係在不符合給付條件或死亡後一段期間，始向保險人通知者。果如此，停止發給年金給

35 但不包括虧損或破產。

36 在保險給付期間，原投保單位似已因爲被保險人或其受益人辦理請領手續後，已自勞工保險法律關係脫離，而不再負通知義務。

付係自事實發生之次月起，而非通知後次月起。而且，保險人得於查證期間停止發給年金給付。

至於查證對象為「給付條件」及被保險人是否「死亡」。所謂的「給付條件」，分別因失能年金、老年年金或遺屬年金而有不同（例如失能年金為永久失能、符合失能給付標準規定；老年年金為保險年資、給付年齡及退職退保），至於不符合「給付條件」，或者為自始不具備，或者為起先具備，而後條件喪失者。如是自始不具備，也有可能是保險人的核定過程發生錯誤所致，在事後發現時，即可以查證而校正之。所以，經過查證後所調整的給付條件，即有可能與先前的給付條件不同，而非必然是完全取消年金給付。如此一來，勞保條例第65條之2第1項之「應補發查證期間之給付，並依規定繼續發給」，即是指經調整後的年金給付金額。

依據勞保條例第65條之2第2項規定，「領取年金給付者不符合給付條件或死亡時，本人或其法定繼承人應自事實發生之日起三十日內，檢具相關文件資料，通知保險人，自事實發生之次月起停止發給年金給付。」據此，本人或其法定繼承人乃負有一通知義務，違反時，其或有可能負以不正當行為領取保險給付之責任（勞保條例第70條參照）。此項的法定繼承人，即第1項的遺屬，均係指勞保條例第63條及第65條之一系列遺屬。在領取年金之後，其為受益人的身分，而在領取年金之前，其為遺屬或繼承人的身分。

再依據勞保條例第65條之2第4項規定，「領取年金給付者或其法定繼承人未依第二項規定通知保險人致溢領年金給付者，保險人應以書面命溢領人於三十日內繳還；保險人並得自匯發年金給付帳戶餘額中追回溢領之年金給付。」本條係保險人因領取年金給付者或其法定繼承人未通知或延遲通知，致其在不知情的情況下繼續發給年金，依法「自事實發生之次月起停止發給年金給付」，因而，保險人得對溢領年金給付部分行使繳還權及追回權。為此，保險人得先以書面命令溢領人於30日內繳還，也得同時或直接自匯發年金給付帳戶餘額中追回溢領之年金給付。本來，依據勞保條例第24條規定，「投保單位故意為不合本條例規定之人員辦理參加保險手續，領取保險給付者，保險人應依法追還；並取消該被保險人之資格。」即保險人對於非法或無權領取保險給付者，會做出取消保險資格及繳回所領金額的處分。在此，針對年金給付，立法者再加入繳還權及追回權，以避免違反勞保條例第29條第1項、第3項的疑慮。所謂「追回」，顧名思義是將已經匯發的溢領的年金給付直接取回，性質上為強制執行，無須再取得執行名義。有問題的是，此一追回的金額，可能已不足以彌補所溢領的金額，果如此，保險人即可再以書面命令溢領人於30日內繳還，或者援引第24條依法追還，或者另依照勞保條例第29條第4項行使扣減權。需分辨者，此一追回權，與勞保條例第29條第4項的扣減權並不相同。後者，「被保險人已領取之保險給付，經保險人撤銷或廢止，應繳還而未繳還者，保險人得以其本人或其受益人請領之保險給付扣減之。」可知兩者的構成事實及可執行的保險給付種類並不相同。

最後，依據勞保條例第65條之2第3項規定，「領取年金給付者死亡，應發給之年金給付未及撥入其帳戶時，得由其法定繼承人檢附申請人死亡戶籍謄本及法定繼承人戶籍謄本請領之；法定繼承人有二人以上時，得檢附共同委任書及切結書，由其中一人請領。」[37]本來，勞保條例第四章第八節「年金給付之申請及核發」，包括失能年金、老年年金、遺屬年金三種，蓋三者具有共同的特性，都是被保險人終局地退出勞動市場之所得替代，以滿足其本身及其家屬之基本生活所需。而本條則是對於正在「領取年金給付者死亡，應發給之年金給付未及撥入其帳戶時」，僅限於當月應發放的年金，完成其入帳的給付程序而已，而不及於之後各期的年金給付。從其立法理由觀之，本項目的在避免被保險人死亡除戶以至於年金給付無法入帳的情事發生，故規定得由法定繼承人領取之。其似乎肯定年金給付得為繼承之標的。有問題的是，此條之年金給付，解釋上是否也包括失能年金、老年年金及遺屬年金三者？對此，本書以為似應肯定之。只是，針對失能年金及老年年金，之後應依勞保條例第63條之1第1項規定

[37] 依據勞保條例施行細則第95條之1規定，「本條例第六十五條之二第三項所定應檢附之戶籍謄本，得以載有領取年金給付者死亡日期之戶口名簿影本及其法定繼承人戶口名簿影本代之。」

處理，依之，「被保險人退保，於領取失能年金給付或老年年金給付期間死亡者，其符合前條第二項規定之遺屬，得請領遺屬年金給付。」但針對遺屬年金，則似應依勞保條例第65條第3項第1款「在請領遺屬年金給付期間死亡」，而第二順序之遺屬得請領遺屬年金給付。

三、年金給付之擇一請領

依據勞保條例第65條之3規定，「被保險人或其受益人符合請領失能年金、老年年金或遺屬年金給付條件時，應擇一請領失能、老年給付或遺屬津貼。」本條為擇一請領年金規定，為社會保險給付不重複保障的表現，也是勞保給付應符合適當保障原則、節省經濟原則的要求。蓋對於高齡或中高齡的被保險人而言，即有可能在符合請領老年給付或失能給付的條件時，同時或在短暫時間內先後符合申請失能給付或老年給付的資格者。而在被保險人提出申請或正在領取中而死亡之情形，其受益人取得請領遺屬年金之資格，三種年金的給付種類不同，與第22條同一事故一次給付原則並不相同。尤其是受益人的遺屬年金資格，雖然是基於社會保險扶助的功能而來，並非基於本身的繳交保險費而得，但仍然無礙於其為獨立的給付種類。在此，本書以為：老年給付或失能給付並不得作為繼承標的，即被保險人的受益人只能請領死亡給付而已，因此，似無可能發生第65條之3擇一請領之情形[38]。進而，受益人之請領死亡給付，也與社會保險給付不重複保障原則無關。在此另需注意者，如果被保險人已經申請並且正在領取老年給付，其生前有傷病醫療，且符合失能給付條件者，仍需依第65條之3擇一請領規定處理，在有符合勞保條例第63條第2項規定之遺屬時，得請領遺屬年金給付（勞保條例第63條之1第1項參照），而不得

[38] 雖然如此，最高行政法院108年度裁字第1379號裁定卻是持肯定見解。在該案中，被保險人請領一等殘失能給付期間死亡，其受益人又申請死亡給付（中間間隔未足1個月時間），保險機關引用勞保條例第65條之3通知受益人擇一請領。而最高行政法院亦認同保險機關的做法。

再請求失能給付[39]。最後，第65條之3「雖僅限於『年金』之不得重複請領，惟基於舉重明輕之法理，失能、老年一次給付如涉有重複保障，亦應如是解釋。」[40]

或許是如此，所以有認為第65條之3之「同時符合老年年金或失能年金的請領條件，而又符合請領遺屬年金條件」者，係指被保險人本人而言，而非指被保險人的受益人。也就是說，其情形是：被保險人正在受領老年年金或失能年金給付期間，而其又因親屬死亡而符合遺屬年金之請領資格者，由其判斷何者對其較為有利而擇一請領之[41]。經由此一規定，突顯出立法者落實社會保險給付不重複保障原則的用意。基於此，在受益人請領遺屬年金期間，本身又符合請領老年年金或失能年金之條件時，解釋上其亦只能擇一請領，不得兼得之。在此，本書以為：第65條之3「被保險人或其受益人符合請領失能年金、老年年金或遺屬年金給付條件」，並無須以被保險人正在受領老年年金或失能年金給付期間為限，而是包括尚未提出申請給付或已申請給付，但保險機關尚未核付之情形。換言之，保險機關發現此種情形，均得通知被保險人擇一請領。且其一旦擇一請領，解釋上，在經保險人核付後，即不得變更[42]。

在此，或可贅述一言者。被保險人符合請領老年年金及失能年金給付的條件，其會擇一請領者，大多係指符合領取一等殘、二等殘或三等殘之失能年金者。即指「被保險人經評估為終身無工作能力，領取失能給付者，應由保險人逕予退保。」（勞保條例第57條參照）。雖然如此，本書以為似乎不以此為限，蓋其重點是在擇一請領後，即排除其他的保險給

39 最高行政法院95年度判字第1705號判決參照。

40 台北高等行政法院99年度簡字第568號判決參照。須注意者，針對勞保條例第20條第1項之「被保險人在保險有效期間發生傷病事故，於保險效力停止後一年內，得請領同一傷病及其引起之疾病之傷病給付、失能給付、死亡給付或職業災害醫療給付。」法條已明定保險效力「停止」，與本案被保險領取老年給付保險效力已「終止」，尚有不同。惟法院卻將本案作爲「停止」裁判，似有可議之處。

41 行政院勞工委員會，勞工保險條例逐條釋義，頁685。

42 行政院勞工委員會99年5月7日勞保2字第0990066517號函參照。

付。所以，即使被保險人只有輕度失能，未達勞保條例第57條終身無工作能力之程度，但被保險人一旦擇領老年給付，其亦將喪失失能給付的請求權。

配合社會保險給付不重複保障原則，依據勞保條例第63條之3第1項規定，「遺屬具有受領二個以上遺屬年金給付之資格時，應擇一請領。」表示有多位被保險人同時或先後死亡，而受益人因而同時或先後取得領取遺屬年金的資格。本來，其是屬於不同的給付事故，惟由於遺屬年金具有社會扶助的性格，基於社會資源分配之公平考量，受益人應擇一請領。只不過，對於正在領取遺屬年金的受益人，如又發生受領遺屬年金給付之資格時，其擇一請領應如何處理？對此，本書以為得重新擇一所欲領取之遺屬年金，並以之作為年金給付停止發給的對象（勞保條例第63條之4參照）。

須注意者，上述之三種不同年金的擇一請領，是否應以被保險人或受益人均已符合申請資格，且已向保險人申請給付為前提？並非無疑。以實務上發生較多案例的失能年金與老年年金而言，似乎是如此。法院也認為，「老年給付及殘發給付，二者之目的相同，均為保障勞工在脫離工作後之收入。」[43]惟是否當然如此？這主要是涉及被保險人有無申請老年年金之情形。此尤其是被保險人並無意願提出老年給付之申請者。緣對於符合勞保條例第58條第1項、第5項老年給付條件者，勞保條例並無強制退保之規定，所以，被保險人如未提出申請，當然得繼續累積其保險年資。只不過，一旦被保險人失能已達終身無工作能力之程度，且經全民健康保險特約醫院或診所診斷為實際永久失能者，即應以實際永久失能之當日為退保日期。被保險人無權主張領取較輕等級的失能給付而繼續參加勞工保險，而是強制予以退保。如此一來，即使其無意申請老年給付，亦不得不受到勞保條例第65條之3擇一請領規定之適用[44]。同理，如上所述，被保險人已申請給付，但保險機關尚未核付之情形，亦同受適用。

[43] 最高行政法院95年度判字第1705號判決參照。

[44] 連帶地，勞保條例第58條之2第1項增額年金之規定，亦將被排除適用。

較為特殊的是，勞保條例第65條之3也包括被保險人依據勞保條例第58條之2第2項請領減額年金之情形。依之，「被保險人保險年資滿十五年，未符合第五十八條第一項及第五項所定請領年齡者，得提前五年請領老年年金給付，每提前一年，依前條規定計算之給付金額減給百分之四，最多減給百分之二十。」只是，與上述已符合請領老年給付的年資與年齡者不同的是，此處的被保險人必須提出申請減額年金的給付，保險機關始能令其擇一請領。

對於被保險人或受益人違反第65條之3擇一請領規定者，實務上，基於程序法上一事不再理原則，勞工保險局將會核定不予受理，如其提出爭議審議，勞保監理會得依勞工保險爭議事項審議辦法第17條第1項第6款「對已審定之爭議案件重行申請審議」，為不受理之審定。而如果進入訴訟程序者，法院亦得為不受理之裁定。整體而言，勞工保險救濟程序之一事不再理，並不以同一當事人、同一訴訟標的及同一訴訟聲明為限，例如勞保條例第22條之同一事故多次請求給付或第65條之3之重複請求給付，當事人（被保險人及受益人）可能為多人、保險給付種類也可能為多種。可以說，勞保條例第22條及第65條之3雖與程序法之一事不再理有重疊或關聯之處，但仍然有所不同。

四、年金給付之隨消費者物價指數調整

依據勞保條例第65條之4規定，「本保險之年金給付金額，於中央主計機關發布之消費者物價指數累計成長率達正負百分之五時，即依該成長率調整之。」本條係為確保年金給付之實質購買力而設。採取年金自動比例調整措施來對抗通貨膨脹。基於法律不溯及既往原則，本條自2009年1月1日起施行。惟至2021年似尚無確實適用的案例。

如前所述，我國勞工保險所採取的部分準備提存制，雖已考慮到物價膨脹的問題。但被保險人所領取之固定金額的年金給付，恐怕仍無法或難以支應退休後各項費用支出的增加，因此，遂有主張按照物價指數或生活

費指數或薪資指數等指數自動比率調整措施者[45]。勞保條例第65條之4係採取「年金給付金額隨消費者物價指數累計成長率調整」者，即以消費者物價指數為準。此一消費者物價指數為衡量通貨膨脹的主要指標之一，一般定義超過3%為通貨膨脹，超過5%則是較嚴重的通貨膨脹。固定的年金給付金額若未隨之調整，原來的年金價值必定受到侵蝕，其購買力勢必降低，無法達到保障被保險人及其受益人的基本生活的目標[46]。

或許值得一提者，依據勞保條例第65條之4的自動比例調整，實際上是指消費者物價指數累計成長率達正「負」5%時。也就是說，除了通貨膨脹之外，也考慮到「通貨緊縮」的情況，並隨著該成長率調整之。只是，各界似乎都將其焦點置於「正」5%上。

針對年金給付之隨消費者物價指數調整，勞保條例施行細則第96條有相當詳細的規定。依之，「本條例第六十五條之四所定消費者物價指數累計成長率，以中央主計機關發布之年度消費者物價指數累計平均計算，計算至小數第二位，第三位四捨五入（第1項）。本條例中華民國九十七年七月十七日修正之條文施行第二年起，前項消費者物價指數累計成長率達正負百分之五時，保險人應於當年五月底前報請中央主管機關核定公告，並自當年五月開始調整年金給付金額（第2項）。前項年金給付金額調整之對象，指正在領取年金給付，且自其請領年度開始計算之消費者物價指數累計成長率達正負百分之五者。不同年度請領年金給付，同時符合應調整年金給付金額者，分別依其累計之消費者物價指數成長率調整之（第3項）。第二項所定之消費者物價指數累計成長率達百分之五後，保險人應自翌年開始重新起算（第4項）。」

五、相關機關之協助辦理勞保業務之義務

依據勞保條例第65條之5規定，「保險人或勞工保險監理委員會為處理本保險業務所需之必要資料，得洽請相關機關提供之，各該機關不得拒

[45] 柯木興，社會保險，頁198。

[46] 行政院勞工委員會，勞工保險條例逐條釋義，頁688以下。

絕（第1項）。保險人或勞工保險監理委員會依規定所取得之資料，應盡善良管理人之注意義務，確實辦理資訊安全稽核作業，其保有、處理及利用，並應遵循電腦處理個人資料保護法之規定（第2項）。」根據此一條文，保險人或勞工保險監理委員會遂有請求相關機關協助之權（或謂相關機關的協力義務），並應遵行善良管理人之注意義務及電腦處理個人資料保護法之規定。

從體例格式來看，本條與勞保條例第28條近似。兩者都是涉及保險給付的審核及其他業務的需要。而且，權責機關都是保險人或勞工保險監理委員會。只是，本條權責機關的相對人是其他機關，第28條則是被保險人、受益人、投保單位、各該醫院、診所或領有執業執照之醫師、助產士等。依據第28條規定，「保險人為審核保險給付或勞工保險監理委員會為審議爭議案件認有必要者，得向被保險人、受益人、投保單位、各該醫院、診所或領有執業執照之醫師、助產士等要求提出報告，或調閱各該醫院、診所及投保單位之病歷、薪資帳冊、檢查化驗紀錄或放射線診斷攝影片（X光照片）及其他有關文件，被保險人、受益人、投保單位、各該醫院、診所及領有執業執照之醫師或助產士等均不得拒絕。」再依據勞保條例施行細則第6條第1項規定，「保險人或中央主管機關依本條例第二十八條規定派員調查有關勞工保險事項時，應出示其身分證明文件。」

除了上述兩條文外，依據勞保條例第10條第3項規定，「保險人為查核投保單位勞工人數、工作情況及薪資，必要時，得查對其員工或會員名冊、出勤工作紀錄及薪資帳冊。」再依第72條第4項規定，「投保單位於保險人依第十條第三項規定為查對時，拒不出示者，或違反同條第四項規定者，處新臺幣六千元以上一萬八千元以下罰鍰。」據此，保險人尚有一查核權，以利其保險業務之推行[47]。

所以，既然其體例格式與第28條、第10條相近或有關聯，則將其置於第八節「年金給付之申請及核發」，即顯得有些唐突，蓋其並非專門與

[47] 另外，爭議審議會依據勞工保險爭議事項審議辦法第20條第1項規定，「審議事件，必要時得送請專家審查、鑑定後，提審議會審議。」

年金給付有關也。雖然如此，根據勞保條例施行細則第95條之基於本法第54條之2第3項第1款至第4款及第63條之4第1款至第3款之停止發給年金給付，包括加給眷屬補助[48]及遺屬年金的停止，其所涉及的眷屬或領取遺屬年金者的入獄服刑、因案羈押或拘禁、失蹤，往往需要法務部、內政部相關單位的協助。基於此種原因，其置於第八節遂具有必要性。只不過，其他保險給付及業務的推動，保險人或勞工保險監理委員會仍然不乏需要其他機關協助者，勞保條例第65條之5規定應仍有適用之餘地，相關機關並不得以其只針對年金給付為由而拒絕協助。

第二節　老年給付的個別問題

第一項　一般請領問題

老年保險兼具保險與儲蓄雙重意義。依據權利義務對等原則，被保險人之請領給付，必須先繳交保險費（先行給付），包括被保險人及投保單位各自負擔的保險費。否則，如欠繳保險費及滯納金，保險人即得暫時拒絕勞保條例所規定之各種給付。一俟投保單位或被保險人繳清保費後，保險人始給付之。依據勞保條例施行細則第32條規定，「投保單位或被保險人因欠繳保險費及滯納金，經保險人依本條例第十七條第三項或第四項規定暫行拒絕給付者，暫行拒絕給付期間內之保險費仍應照計，被保險人應領之保險給付，俟欠費繳清後再補辦請領手續。」這表示：在被保險人繳交暫行拒絕給付期間內之保險費後，該段期間也是保險年資的一部分。附帶一提者，按照勞保條例施行細則第97條規定，「依本條例第五十三條第三項及第七十四條之二第二項規定併計國民年金保險年資時，被保險人於其未繳清國民年金法規定之保險費及利息，並依該法規定暫行拒絕給付之年資不得併計。」反面解釋，一旦其繳清國民年金法規定之保險費及利

[48] 依據勞動部勞工保險局2021年8月3日公告，自2021年7月28日起，被保險人可線上申辦勞保普通失能給付及勞保失能年金加發眷屬補助。

息，依國民年金法規定暫行拒絕給付之年資得以與失能年金、老年年金年資併計。

依據勞保條例第17條第3項規定，「保險人於訴追之日起[49]，在保險費及滯納金未繳清前，暫行拒絕給付。但被保險人應繳部分之保險費已扣繳或繳納於投保單位者，不在此限。」第4項規定，「第六條第一項第七款、第八款及第八條第一項第四款規定之被保險人，依第十五條規定負擔之保險費，應按期送交所屬投保單位彙繳。如逾寬限期間十五日而仍未送交者，其投保單位得適用第一項規定，代為加收滯納金彙繳保險人；加徵滯納金十五日後仍未繳納者，暫行拒絕給付。」本條第3項與第4項拒絕給付之對象為被保險人，惟前者負有繳清保險費及滯納金者，卻為投保單位，後者為被保險人。依據勞保條例施行細則第34條規定，「本條例第六條第一項第一款至第六款及第八條第一項第一款至第三款規定之被保險人所屬之投保單位，因故不及於本條例第十六條規定期限扣、收繳保險費時，應先行墊繳。」可知，即使被保險人未按時繳納保險費給投保單位，投保單位仍應按時彙繳保費給保險人，也就是必須先行墊繳，否則，即會受到保險費及滯納金責任之追究。

因此，假設「被保險人應繳部分之保險費已扣繳或繳納於投保單位者」，保險人即不得拒絕給付（勞保條例第17條第3項但書參照）。「先行給付」保險費的要求，即被打破[50]。只不過，被保險人是否已被扣繳保險費，在個案的認定上可能會發生疑義。中央勞政機關即曾認為，「有關投保單位積欠員工薪資，故公司已無發放薪資，投保單位出具之扣繳保險費薪資袋或掣發之收據，其是否為虛偽之證明，勞工保險條例第70條規定『以詐欺或其他不正當行為領取保險給付或為虛偽之證明……除按其領取之保險給付……處以二倍罰鍰外，並應依民法請求損害賠償；其涉及刑責者，移送司法機關辦理。』勞工保險局應詳查後，再審核該公司員工是否

49 此處的訴追，是指保險人直接移送法務部行政執行署執行欠費及滯納金，而非提起行政給付訴訟。

50 楊通軒，個別勞工法—理論與實務，頁454註腳34參照。

有同條例第17條第3項但書之適用。」「據此，如投保單位欠繳保險費及滯納金，且被保險人應繳部分之保險費未扣繳或繳納於投保單位者，保險人即應暫行拒絕給付，且既已暫行拒絕給付自不得從給付中扣抵個人應繳之保險費。」[51]

另外，第17條第3項但書之被保險人並不包括實際從事勞動之雇主而參加勞工保險者。中央勞政機關認為，「查勞工保險條例第17條第3項規定立法意旨，係以暫行拒絕給付機制，促使欠費投保單位或被保險人履行繳納保險費及滯納金之義務，並就不可歸責之受僱者訂有例外規定，俾保障其請領給付權益。據此，基於社會保險公益性及權利義務對等原則，請領給付之被保險人，如其仍任其他欠費投保單位負責人，或本身因投保單位欠費而受訴追或為受執行義務人者，在系爭保險費及滯納金未依法繳清前，保險人應依規定暫行拒絕給付。」[52]

上述中央勞政機關的見解，也被法院所採[53]。其理由為：實際從事勞動雇主如參加勞工保險者，對投保單位是否按時繳納保險費有監督之責。故所加保之投保單位積欠保費及滯納金時，即具有可歸責事由，此與被保險人已繳交保費（給投保單位者）後即不具有可歸責性者，尚有不同；以暫行拒絕請領保險給付作為促使繳清保險費及滯納金之手段，因非終局的拒絕給付，手段尚符比例原則，並無違勞保條例第17條第3項但書規定之意旨；並且，勞保條例施行細則第32條係基於勞保條例之授權就該條例第17條第3項、第4項規定之適用，所為細節性之規定，亦未逾越母法之授權。並無增加法律所無之限制，以致違反憲法第23條法律保留原則之問題；最後，保險人之暫行拒絕給付應支付予上訴人之老年一次金給付，非屬勞保條例第29條所定被保險人、受益人或支出殯葬費之人領取各種保險給付之權利之讓與、抵銷、扣押或供擔保之情形。

---

51 行政院勞工委員會90年1月3日（89）臺勞保1字第0053847號函參照。

52 勞動部106年12月4日勞動保2字第1060140530號函參照。另外，見解相同者，行政院勞工委員會91年10月1日勞保2字第0910045112號函。

53 最高行政法院109年度判字第257號判決參照。

本書以為中央勞政機關及法院的見解為正確可採，即應將勞保條例第17條第3項但書限縮解釋為受僱勞工為被保險人之情形。蓋同條例第8條第1項既然只是給予實際從事勞動之雇主自願參加勞保的權利，與受僱勞工強制加保之權利，保障強度自然不同。參諸同條例第17條第2項主持人或負責人對逾期繳納保險費及滯納金有過失者，應負損害賠償責任之法理，暫時拒絕勞保給付應屬有理。至於本案實際從事勞動雇主擔任負責人之職業工會，雖然已經解散註銷，應該無礙於其向保險人繳清保險費及滯納金之行為。也只有在其繳清保險費及滯納金之後，保險人才會履行其老年給付。此處之老年給付，並不分老年年金、老年一次金或一次請領老年給付，均會受到暫時拒絕給付之適用。

而假設「勞保被保險人於投保單位經保險人暫行拒絕給付期間內退職、退保者，其請領老年給付之年資仍應依勞工保險條例第19條之規定計算至其退職、退保保險效力停止前，惟老年給付僅核發至其已扣繳保費之日止。」[54]

再一言者，老年、失能及死亡等三種保險事故，具有其共同的特性，即一旦事故發生，被保險人的經濟活動及其家屬所賴以維生者，即會戛然而止[55]。故應由保險人提供老年、失能及死亡給付，以維持被保險人或其遺屬的基本生活。此三種給付的本質相同。

所以，領取老年給付後，不得再申請失能給付。因「老年給付」與「失能給付」同為保障被保險人未工作或收入短缺後之金錢支助，不得重複領取。此在行政院勞工委員會民國98年11月4日勞保2字第0980140438號函即謂，「領取老年給付後始請領失能給付者，其失能給付則應不予給付。」目前，勞保條例第65條之3亦規定，「被保險人或其受益人符合請領失能年金、老年年金或遺屬年金給付條件時，應擇一請領失能、老年給付或遺屬津貼。」只不過，上述勞委會第0980140438號函也認為，「被保

---

54 行政院勞工委員會85年8月26日（85）台勞保2字第130053號函參照。

55 柯木興，社會保險，頁147。

險人於退保後1年內診斷為非終身無工作能力[56]，並領取失能給付者，其後請領老年給付時，仍應准予給付，不得將其原領失能給付收回。」

同樣地，請領老年給付後不得再請領失業給付[57]。依據中央勞政機關的見解，「至該等勞工如已領取勞工保險老年給付或年滿60歲得領取老年給付者，因核屬退休人員或依法得強制退休人員，基於社會保險不重複保障原則，即不得核給失業給付。另如該等勞工於請領失業給付期間復請領老年給付者，即不得再核給失業給付。」[58]其實，領取老年給付者不得再請領失業給付，主要還是在於領取失業給付者，必須「具有工作能力及繼續工作意願」（就業保險法第11條第1項第1款參照），被保險人既已請領老年給付，即已表示其無繼續工作意願矣。在實務上，基於上述函釋的反面解釋，被保險人得先請領完失業給付，而後再申請取得老年給付。由於在其領取失業給付期間，尚無法判斷其無繼續工作意願，因此，其領取失業給付並無問題。至於領取老年給付，勞保條例第58條並無排除請領權的相關規定，因此，無論被保險人已領取失業給付或正在領取中，或正在接受職業訓練生活津貼，或正在領取育嬰留職停薪津貼，均無礙於被保險人的請領老年給付。只是，一旦保險人核付老年給付，正在領取中的失業給付或職業訓練生活津貼隨即停止。至於正在領取的育嬰留職停薪津貼是否亦應停止？雖然此種父老子幼的情形可能不多見，但是，由於既已退休領取老年給付，當然即無育嬰留職停薪的必要，所以，自應隨即停止。

有問題的是，中央勞政機關認為被保險人喪失失業給付請求權之情形，尚包括被雇主以勞基法第54條第2項擔任具有危險、堅強體力等特殊性質之工作，由事業單位報請中央主管機關予以調整，並予以強制退休之情形。即「依據就業保險法第11條及勞動基準法第53條、第54條，擔任具有危險、堅強體力等特殊性質之工作者，得由事業單位報請中央主管機關予以調整，強制退休，不符合非自願離職之範疇，故未具失業給付請領條

---

56 指輕度及中度失能而言。

57 勞工保險監理委員會，勞保爭議大觀園，2010年6月，頁234-238參照。

58 行政院勞工委員會92年8月29日勞保1字第0920039348號函參照。

件。」[59]此似有誤解。本書以為強制退休與請領老年給付係兩回事，除非勞工／被保險人同意，否則，雇主應無權在將勞工強制退休時，即代為向保險人請領老年給付。換言之，勞工被強制退休後，仍然得再度進入職場工作或不再工作而伺機向保險人請領老年給付。

此處之老年給付，並不問是老年年金、老年一次金、一次請領老年給付、展延（增額）年金，或減額（早領）年金。所以，就業保險法第16條第1項之年滿45歲以上之中高齡失業勞工，可請領之失業給付自6個月延長至9個月。其請領失業給付，尤其會受到勞保條例第58條第2項各款之55歲、50歲，或甚至更低年齡（例如45歲）的影響。一旦被保險人申請一次請領老年給付，年滿45歲以上被保險人之失業給付即自動停止。

依據就業保險法第5條加保年齡的規定，被保險人年滿65歲者，勞保局逕予退保就業保險。惟勞工保險與就業保險屬於兩個各自獨立的保險制度[60]，被保險人參加勞工保險的資格及權利義務並不受影響。對照勞保條例第58條第1項之60歲，表示被保險人自61歲起至65歲滿之5年期間，如未申請老年給付而被裁減資遣時，得申請失業給付。解釋上，如果失業已近65歲，在領取失業給付期間滿65歲，即使保險人逕予退保，仍不影響其失業給付之領取（這是指未請領老年給付之情形）。

第二項　老年給付之相關問題

一、請領條件與給付標準

保險人之支付老年給付（不分老年年金、老年一次金或一次請領老年給付），以被保險人經由投保單位或本身提出申請為前提。保險人審查是否存在一老年給付保險法律關係、有無被暫時拒絕給付、被保險人是否已達一定年齡及是否符合最低保險年資（等待期Wartezeit）【案例1(1)】。在此，並無如就業保險法第17條第1項「另有工作收入」的消極條件，換

[59] 行政院勞工委員會職業訓練局96年9月4日職業字第0960033999號函要旨參照。

[60] 行政院勞工委員會98年2月18日勞保1字第0970140697號函參照。

言之，即使被保險人另有工作收入或營業收入，不問其額度的高低，均無礙於其申請老年給付。

在被保險人符合老年給付的條件後，保險人始審查現金給付的額度。

（一）請領條件

1. 給付年齡

請領老年給付之年齡，稱為給付年齡，以與勞基法或勞退條例之退休年齡相區隔。即在老年給付保險法律關係下，被保險人符合請領老年給付的最低年齡。此為法律所定，保險人不得與被保險人或投保單位約定不同的年齡[61]。即勞保條例第58條第1項之年滿60歲、第2項第1款之年滿60歲或年滿55歲、第2款之年滿55歲、第4款之年滿50歲、第5款之年滿55歲，均為法定的強制規定，不容保險人與被保險人或投保單位做不同年齡的約定。同樣地，第1項與第2項各款的保險年資，亦不得約定更改。至於退休年齡則是法定的，勞工與其雇主終局地結束私的勞動關係，並且取得退休金（一次金、年金）的最低年齡。由於給付年齡與退休年齡的目的功能不同，所以，立法者固然應參考退休法規或甚至其他公法關係（軍、公、教）的退休規定，擬定老年保險的請領年齡，但仍然得設定不同的年齡界線。也因此，兩者或者相同，或者相近，不應該發生差距過大的現象。論者認為在設計上，給付年齡應低於退休年齡始有意義[62]。而在調整降低退休年齡時，也應該考慮到給付年齡，以免影響年金成本及財務負擔的增加。

相同地，立法者在修正老年給付年齡時，也應該考慮到退休年齡，以免調整降低給付年齡也造成退休年齡的降低，而使得雇主的退休成本增加或不利於中高齡勞工的就業。畢竟，勞雇雙方均有可能將給付年齡誤解為

---

[61] 如果被保險人請領老年給付後更正年齡，以至於不符合勞保條例第58條請領減額老年給付之要件者，即應返還老年給付金額給保險人。行政院勞工委員會77年1月26日（77）台勞保2字第00785號函參照。

[62] 柯木興，社會保險，頁195。

退休年齡，或者反之。在勞退條例施行後至今，各界一直有將其與勞工保險的老年給付相混淆者，即屬其例。況且，依據勞保條例第58條第3項規定，「依前二項規定請領老年給付者，應辦理離職退保。」[63]所謂「離職退保」，係採取廣義職場之意，而非限於「原職」或「原業務」[64]。即永久終止勞動生涯及營業活動之意。故解釋上包括自行離職、被裁減資遣、被解僱（勞基法第12條參照），以及辦理退休等原因而退保。但也包括停止營業活動（職業工人或漁會之甲類會員[65]、實際從事勞動的雇主[66]）。雖然如此，主要是勞工辦理退休的情形。果如此，被保險人即須先辦理退休，而後提出退休證明向保險人申請老年給付。這表示，辦理退休與請領老年給付的時點相同或相近【案例1(1)】。在此，退休勞工似乎得請領老年給付，而不請求企業退休金，即只要在退休後5年內，向原雇主為請求退休金的意思表示即可（勞基法第58條第1項參照）。

另一方面，勞工／被保險人如果只是請求退休結束勞動關係，但並未向保險人請領老年給付而結束勞保關係，則其退休而離職，仍然只是勞保條例第11條之離職，其保險效力停止而已，將來繼續工作時，仍然得參加勞工保險，並伺機申請老年給付【案例1(1)】。惟其依勞基法第53條、第54條或勞退條例第24條退休，本質上並非就業保險法第11條第3項[67]所規定的各種非自願離職（雖然強制退休帶有非自願的特質），並且已顯示出其並無繼續工作的意願，因此，並無失業給付請求權[68]。這一點與被保險人請領老年給付即不得再請領失業給付者，並無不同。

附帶一言者，勞工保險條例係在2008年7月17日修正增訂第58條第3

63 勞保條例第58條第7項也有離職退保的規定。該項也是在2008年7月17日修正增訂。

64 行政院勞工委員會，勞工保險條例逐條釋義，頁563。

65 勞保條例第6條第1項第7款、第8款參照。

66 勞保條例第8條第1項第3款參照。

67 依之，「本法所稱非自願離職，指被保險人因投保單位關廠、遷廠、休業、解散、破產宣告離職；或因勞動基準法第十一條、第十三條但書、第十四條及第二十條規定各款情事之一離職。」

68 行政院勞工委員會職業訓練局96年9月4日職業字第0960033999號函參照。

項規定，原因是被保險人已有老年給付保障其退職後的生活。若將此一規定與勞退條例第24條之1相對照，依據後者，「勞工領取退休金後繼續工作者，其提繳年資重新計算，雇主仍應依本條例規定提繳勞工退休金；勞工領取年資重新計算之退休金及其收益次數，一年以一次為限。」可知雇主對於辦理退休並繼續工作的原勞工，仍負有提繳勞工退休金的義務。這似乎表示：對於已請領老年給付而繼續工作者，其工作期間所累積的老年經濟安全，即完全由雇主的企業退休金所承擔。

理論上，勞基法僅規定最低的勞動條件，傳統見解認為較低的退休年齡為較佳的勞動條件，因此，關於自請退休，勞雇雙方似乎得約定較低的退休年齡。雖然如此，本書以為退休年齡（與勞工保險給付年齡）係國家整體人力配置及運用的考量設計，透過總體經濟的角度及勞動市場人力的調查，希望能為國家提出一合乎市場需要及人性化勞力供給的供需藍圖。故其並非最低勞動條件的適用標的，不容當事人約定較勞基法第53條第1款（年滿55歲）或第3款（年滿60歲）所定年齡較低的年齡。也就是說：這是因為企業退休金為社會安全制度的一環，必須考慮雇主的財務負擔能力、各企業間勞工退休年齡的一視同仁，以及避免年齡歧視的嫌疑等理由。其實，最關重要者，係究竟符合退休的老年年齡為何？這應該有一共通的現代的國際標準及具有主流意識的多數國家的共同界線可供依循，對此，勞雇雙方如約定50歲或甚至45歲為退休年齡，似乎即與「老年」的界線距離尚遠，也與主流國家的退休年齡背道而馳。倒是，勞雇雙方得約定較勞基法第53條第1款（工作15年以上）、第2款（工作25年以上）、第3款（工作10年以上）短的工作年資，作為其退休的條件。雖然，較短的工作年資對於國家整體人力的運用是不利的。

同樣地，按照勞退條例第24條第1項規定，「勞工年滿六十歲，得依下列規定之方式請領退休金：……」勞雇雙方亦不得約定較60歲為低的年齡。在此，由於立法者係以工作年資是否滿15年為得請領月退金或僅得請領一次退休金的條件，立法形式與勞保條例第58條第1項第1款、第2款類似。因此，本書以為勞雇雙方不得任意約定工作年資的年限，作為得否領取月退金的條件。也就是說，不得約定工作年資未滿15年者，得請領月退休金。

(1) 一般年齡

勞工保險條例在2008年7月17日修正增訂第58條第1項規定，並且自2009年1月1日起施行，開啟了我國勞保年金時代的來臨。依據勞保條例第58條第1項規定，「年滿六十歲有保險年資者，得依下列規定請領老年給付：……」可知，正常法定老年給付年齡為60歲。這是就請領老年年金及老年一次金的被保險人而言。我國並未就特殊身分者（例如身障者）有較低年齡的規定[69]。

依據勞保條例第58條第5項規定，「第一項老年給付之請領年齡，於本條例中華民國九十七年七月十七日修正之條文施行之日起，第十年提高一歲，其後每二年提高一歲，以提高至六十五歲為限。」此一規定，係立法者為因應人口老化，參考先進國家多的立法例，在2008年7月17日修正增訂者。據此，請領老年年金及老年一次金的一般年齡，會逐步地提高，而至65歲為止。經由此一緩步提升的規定，乃得以兼顧促使勞工多領取年金及適度降低提升給付年齡所帶來的衝擊。此一一般年齡的提升，也會影響展延年金及減額年金的給付年齡。

(2) 特殊年齡

所謂特殊年齡，係指特定的被保險人基於特定的原因，得請領老年給付的年齡。其並不分老年年金、老年一次金或一次請領老年給付，均有適用。這是老年給付彈性化的表現，也有助於職業生涯過渡到退休生活。其年齡並不單以60歲為準，而是可以50歲或55歲或沒有年齡的要求。至於展延年金及減額（早領）年金的年齡，前者為超過60歲或按照2009年1月1日起逐步提高的年齡；後者為不滿60歲或按照2009年1月1日起逐步提高的年齡[70]。

① 展延（加給）年金

依據勞保條例第58條之2第1項規定，「符合第五十八條第一項第一

---

[69] Waltermann, a.a.O., Rn. 364.

[70] 勞工保險監理委員會，勞保爭議大觀園，許淑華製表，頁214參照。

款及第五項所定請領老年年金給付條件而延後請領者，於請領時應發給展延老年年金給付。每延後一年，依前條規定計算之給付金額增給百分之四，最多增給百分之二十。」可知被保險人的年齡係以第58條第1項或第5項的請領年齡計算而得。如是在2009年1月1日起至2017年12月31日止，其請領年齡60歲。之後，第10年提高1歲，其後每2年提高1歲，在2018年為61歲，2020年為62歲，2022年為63歲，2024年為64歲，2026年起為65歲。所以，在2021年為62歲。因此，被保險人得請領老年年金的最晚年齡為幾歲？視其係依據第58條第1項或第5項的請領年齡計算而定。與本條第2項已明定「得提前五年請領」不同的是，第1項並無「得延後五年請領」的規定，但從其「每延後一年，依前條規定計算之給付金額增給百分之四，最多增給百分之二十。」應可推知其為「得延後五年請領」無疑。因此，似可認其為法律漏洞而應修正之。理論上，如按其最晚為可延後5年請領老年年金給付計算，最早為滿70歲。但如以2021年的62歲計算，應為67歲。而在2009年1月1日起至2017年12月31日止，其請領年齡60歲，故展延年金年齡應為65歲。

例如，假設被保險人保險年資合計滿15年，其得請領老年年金之年齡為60歲，俟於年滿65歲請領老年年金時，雖當年度法定請領年金之年齡提高為62歲，仍應增給20%[71]。

須注意者，依據勞保條例第58條之2第1項規定，「符合第五十八條第一項第一款及第五項所定請領老年年金給付條件而延後請領者，於請領時應發給展延老年年金給付。……」可知必須同時符合保險年資及年齡，始有展延年金。即必須保險年資滿15年，再加上請領的最低給付年齡。所以，假設被保險人滿60歲時，只有13年的保險年資，則必須在62歲以後始有展延年金。而且，基於展延年金目的在鼓勵被保險人繼續工作延後退休，因此，其「延後請領者」，應限於仍然在職者[72]。不應容許符合給付年齡者辦理離職後數年，始提出展延年金的申請，果如此，此應係勞保條

---

[71] 行政院勞工委員會98年3月9日勞保2字第0980140139號函參照。

[72] 見解似有不同者，勞工保險監理委員會，勞保爭議大觀園，頁211。

例第58條第3項之請領老年年金或一次金或一次請領老年給付之問題。

須注意者，針對領取國民年金保險身心障礙年金給付併計勞保年資者（國民年金法第34條第5項參照），「關於其65歲欲請領勞保老年年金給付時，得否再增給20%展延老年年金部分，因其併計勞保年資，有提早領取老年年金給付之性質，嗣後再請領勞保老年年金給付時，自不得再增給展延老年年金。」[73]

② 減額（早領）年金

依據勞保條例第58條之2第2項規定，「被保險人保險年資滿十五年，未符合第五十八條第一項及第五項所定請領年齡者，得提前五年請領老年年金給付，每提前一年，依前條規定計算之給付金額減給百分之四，最多減給百分之二十。」可知被保險人的年齡係以第58條第1項或第5項的請領年齡計算而得。如是在2009年1月1日起至2017年12月31日止，其請領年齡60歲。之後，第10年提高1歲，其後每2年提高1歲，在2018年為61歲，2020年為62歲，2022年為63歲，2024年為64歲，2026年起為65歲。所以，在2021年為62歲。因此，被保險人得請領老年年金的最早年齡為幾歲？視其係依據第58條第1項或第5項的請領年齡計算而定。理論上，如按其最早可提前5年請領老年年金給付計算，最早為滿55歲。但如以2021年的62歲計算，應為57歲。而在2026年的65歲，應該為60歲[74]。

例如，針對1960年出生者，於2020年時年滿60歲，尚未達法定請領年金之年齡，須俟2023年滿63歲時，始符合老年年金請領年齡。故其於2018年年滿58歲時，始得依規定提前請領老年年金，而2015年時年滿55歲，尚未符合提前請領年金之規定，不得提前請領老年年金給付[75]。

需注意者，此一減額年金之給付，並不以被保險人明知自己的請領年齡未符合第58條第1項或第5項所定請領年齡者為前提，而是包括被保險人誤認或計算錯誤之情形。也就是說，被保險人以符合第58條第1項第1款之

---

73 行政院勞工委員會99年9月30日勞保2字第0990140407號函參照。

74 相關說明，柯木興，社會保險，頁196。

75 行政院勞工委員會98年3月4日勞保2字第0980140117號函參照。

請領年齡而申請老年年金，經保險人審查後僅符合減額（早領）年金之年齡者，得核給減額年金[76]。在此，保險人並不得核給一次請領老年給付。

針對減額年金，雖然能夠適時滿足被保險人的財務需求，但是，會立即造成保險基金應付保險給付支出的壓力，而且，由於年金的金額減少，終究不利於退休人的老年經濟安全。只是，此種勞保基金的財務壓力及不利於老年經濟安全，似乎並未發生在1979年1月17日修正增訂，但在1988年1月15日刪除的第58條第2項，「被保險人年滿五十五歲，或女性被保險人年滿五十歲，參加保險之年資合計滿十年者，於退職時得請領減額之老年給付。」換言之，自1988年1月15日刪除第58條第2項後，至2009年1月1日前，台灣只有全額的老年給付。自2009年1月1日起，始有減額年金。

③ 一次請領老年給付

被保險人依據第58條第2項一次請領老年給付之給付年齡，其年齡並不單以60歲為準，而是按照各種狀況而為50歲或55歲或沒有年齡的要求。其中，第1款之男性被保險人必須年滿60歲、女性被保險人年滿55歲，第2款之被保險人必須年滿55歲，第3款則無年齡的要求，第4款之被保險人必須年滿50歲，第5款之被保險人必須年滿55歲。在實務上，曾有被保險人保險年資為23年96日，年齡為46歲，不符合第4款之請領年齡。在其死亡時，被保險人之配偶依第4款一次請領老年給付，但為保險人所駁回[77]。

2. 保險年資（等待期）

亦即最低的保險期間。這是為了保護危險共同體免於受到不正當請求的損害。由於老年給付保險並無核保的手續，這與私法的保險契約不同，所以，一定長度的等待期，也才能排除短暫受僱的人在短暫加保後，即能獲得老年給付的不正當現象。而且，保險年資越長，其能請領的老年給付越多，此從勞保條例第58條第1項第1款與第2款、第58條之1，以及第59條

[76] 最高行政法院102年度判字第237號判決參照。

[77] 台北高等行政法院106年度訴字第600號判決參照。然而，由於死亡給付並無年齡及保險年資的要求，因此，被保險人的配偶得依勞保條例第63條第2項第1款、第3項、第63條之2第1項第2款第1目請領遺屬年金。

等規定即可知之。此種年資越長給付越多的現象，也適用於勞保條例所規定之醫療給付（第42條第4款）、失能給付（第53條第2項），以及死亡給付（第63條之2第1項第2款、第3款），但不適用於生育給付。也不適用於就業保險法中之失業給付等各種保險給付。只是，被保險人必須至少有1年的保險年資，始得請領失業給付及育嬰留職停薪津貼（就業保險法第11條第1項第1款、第4款參照）。

依據勞保條例第11條上半句規定，「符合第六條規定之勞工，各投保單位應於其所屬勞工到職、入會、到訓、離職、退會、結訓之當日，列表通知保險人；其保險效力之開始或停止，均自應為通知之當日起算。……」這是申報制的表現，自通知保險人起，勞工保險契約即成立，而保險年資也開始起算。至於保費的繳交，則是在次月底前或再次月底前（勞保條例第16條第1項第1款、第2款、第3款參照）。勞保條例第12條第1項規定，可知斷續加保的被保險人，其保險年資得予以併計。

雖然如此，計入保險年資的期間，一般是指繳交保費的期間，以符合權利義務平衡原則，此也包括原本「於本條例六十八年二月二十一日修正前停保滿二年或七十七年二月五日修正前停保滿六年者」，而因「被保險人於八十八年十二月九日以後退職」者，而被併計之年資（勞保條例第12條第2項參照），因被保險人本有繳交保險費。而且，假設「前項被保險人已領取老年給付者，得於本條施行後二年內申請補發併計年資後老年給付之差額。」（勞保條例第12條第3項參照）依據第2項規定，自1988年2月5日後，保險年資均得合併計算，不會受到年資中斷的限制。之前，保險年資因「退職」只併計未滿2年或未滿6年的時間，其所謂「退職」，解釋上包括被保險人離職退保、退會或其他因素（例如事業單位歇業解散或註銷登記）的保險效力的停止[78]，其並不考慮被保險人是否具有可歸責事由。所以，中央勞政機關認為勞工應徵召服兵役及志願留營，為不可歸責

[78] 如果是勞保條例第57條，「被保險人經評估爲終身無工作能力，領取失能給付者，應由保險人逕予退保。」爲保險效力的終止，即不在此列。最高行政法院96年度判字第01181號判決參照。

事由，所以年資不中斷，其見解實屬錯誤[79]。同樣錯誤者，為勞工轉保軍公教保險時，其一方面認為「勞工保險與公務人員保險係屬二種不同保險體系，其立法依據、保險對象以及保險給付等均不盡相同，財務亦各自獨立，故二者年資無法併計。」但另一方面卻又認為「其參加公保期間不列入勞保中斷期間」[80]，言下之意為併計，此誠令人難以理解。蓋其與勞保條例第76條之年資保留規定相牴觸也。

同樣令人費解且不足取者，為「若其轉任公務人員、私校教職員或軍職人員仍兼具勞工身分，於選擇參加其他保險前仍具有勞保被保險人資格者，嗣因追溯轉投公保、私校保或軍保致重複加保，同意不取消勞保被保險人資格，其保險年資亦得計算至投保單位申報勞保退保之日止。」[81]這表示：被保險人得同時具有雙重加保資格，且可兼得二個社會保險給付，違反社會保險法理不言自明。正確之道，應係如公務員兼具勞工身分者，只得參加公務人員保險而已。

附帶一言者，上述「其參加公保期間不列入勞保中斷期間」，或許是在解決職域保險的問題。亦即：勞保被保險人轉投軍人保險、公務人員保險或私立學校教職員保險時，不合請領老年給付條件者，其依本條例規定參加勞工保險之年資應予保留，於其年老依法退職時，得依本條例第59條規定標準請領老年給付（勞保條例第76條第1項參照）。有問題的是，其轉投軍人保險、公務人員保險或私立學校教職員保險後，是否當然能獲取該等職域保險的給付？解釋上，如其未能滿足領取該等職域保險給付的條件（保險年資及年齡）而離職時，設其再度受僱工作，應能再度申報參加勞工保險，以便成就老年給付的條件。從比較法來看，德國年金保險法第8條第2項允許此類人員以嗣後加保（Nachversicherung）的方式自願參加保險，即以補繳保費的方式，將年金保險的時期回溯至在擔任軍、公、教

---

[79] 行政院勞工委員會84年7月10日（84）台勞保2字第1231678號函參照。

[80] 行政院勞工委員會84年12月11日（84）台勞保2字第144535號函參照。

[81] 行政院勞工委員會87年6月10日（87）台勞保2字第020963號函參照。

職務之時[82]。

與此也有關的是，第76條規定被保險人在保險有效期間，於轉任公務人員保險時，其原有勞保年資應予保留，係勞保條例1979年2月21日始增訂公布施行。「基於法律不溯及既往原則，上開規定應於該條例修正後始有其適用。故於68年以前已由勞保轉投公保者，依當時所適用之勞工保險條例尚無保留原有勞保年資之規定，格於法令限制無法申請保留年資之給付。惟如日後再實際從事工作，依規定參加勞工保險為被保險人，於退保時如符合老年給付請領要件，以往勞保年資即可依規定合併計算請領老年給付。」[83]學者間有認為保留年資屬一事實行為，於被保險人轉投其他保險時，請領給付之權利既尚未發生，其年資應如何計算，即應以被保險人請領老年給付時之法律規定為準，若請領時之法律已修正，自應依新法辦理，方屬適當[84]。雖然如此，本書以為能否保留年資，係立法者綜合各種因素（保險年資的保障、勞保基金的財務負擔能力等）後裁量之立法行為，目的在改善之前無保留年資之對於被保險人不利的現象，故具有區隔立法前後能否受到適用的效果，除非立法者明定溯及適用，否則，應無適用的餘地。

又，根據第12條之立法理由，保險年資之長短攸關老年給付的金額，為增進被保險人之權益，乃有第2項之增訂[85]。又為了避免補發差額的期限過度放寬，影響勞保財務及資料保存限制等行政作業考量，乃增訂第3項。因此，被保險人欲申請補發老年給付之差額，必須已經領取老年

82 Muckel/ Ogorek, Rn. 31; Waltermann, a.a.O., Rn. 340 f. 鍾秉正，勞工保險年資保留之爭議—最高行政法院92年度判字第267號判決，收錄於：勞工保險條例精選判決評釋，頁17。

83 行政院勞工委員會90年12月17日（90）台勞保2字第0060164號書函參照。

84 郭玲惠，勞工及就業保險法釋義，頁188、193。

85 只是，第2項係規定「保險年資」，與第3項有明定老年給付者不同。所以，第2項保險年資似可解釋爲適用於失能年金（勞保條例第53條第2項參照）。雖然如此，隨著2021年4月30日制定公布「勞工職業災害保險及保護法」，失能年金已經移至第43條以下規定，故勞保條例第12條第2項之保險年資，已可將之限縮解釋爲只針對第3項之老年給付（老年年金、老年一次金、一次請領老年給付）矣。

給付，否則，只有將原有保險年資併計入退保後再參加保險的年資。此處的2年期限，性質為法定不變期間，而非消滅時效，目的在使補發事件早日確定。這是基於法律穩定性的考量。

另外，這也包括投保單位或被保險人因欠繳保險費及滯納金，經保險人依勞保條例第17條第3項或第4項規定暫行拒絕給付期間，而繼續繳納保險費之期間（勞保條例施行細則第32條參照）。但例外地，被保險人即使未繳交保費的期間，也被納入計算，例如勞保條例第18條規定，「被保險人發生保險事故，於其請領傷病給付或住院醫療給付未能領取薪資或喪失收入期間，得免繳被保險人負擔部分之保險費（第1項）。前項免繳保險費期間之年資，應予承認（第2項）。」[86]這是因為其具有不可歸責之事由所致，且勞動關係仍然存續。惟受僱者於育嬰留職停薪期間，得繼續參加原有之老年給付保險，只是，並未免予繳納，而是得遞延3年繳納而已（性別工作平等法第16條第2項參照）。問題是，如果受僱者選擇繼續參加原有之老年給付保險，並且遞延3年繳納保費，如其於育嬰留職停薪期間離職或結束後復職在遞延3年期間屆至前（且未補繳完保費）離職，自離職時間起，是否仍有繼續參加原有老年給付保險的保障？對此，本書持否定的見解，主要是雇主已無為其繳納保費的義務。而且，被保險人在育嬰留職停薪期間離職，中央主管機關也將停止發給育嬰留職停薪津貼[87]。

至於繳交保險費既係依被保險人當月投保薪資及保險費率計算，故其期間似應為按曆月計算的時間（民法第123條第1項「稱月或年者，依曆計算」），但勞保條例施行細則第28條之1第1項規定，「本條例第十三條第一項所定保險費，每月以三十日計算。」並未採曆月計算。

由勞保條例第58條、第58條之2，及第59條規定觀之，保險年資因老

---

[86] 依據勞保條例施行細則第41條規定，「依本條例第十八條第一項規定得免繳被保險人負擔部分之保險費者，由保險人根據核發給付文件核計後，發給免繳保險費清單，在投保單位保險費總數內扣除之。」這表示：投保單位所負擔的保險費並不免除。解釋上，同樣地，中央政府的補助亦不免除。

[87] 行政院勞工委員會98年10月8日勞動3字第0980130753號函、98年10月28日勞保1字第0980140524號函參照。

年年金（含擔任具有危險、堅強體力等特殊性質之工作）、老年一次金、展延年金、減額年金、一次請領老年給付而有不同。

(1) 老年年金

依據勞保條例第58條第1項第1款規定，「保險年資合計滿十五年者，請領老年年金給付。」可知，欲請領老年年金給付者，必須符合最低保險年資15年的條件。此一保險年資並不以在同一雇主或投保單位處向保險人申報加保的期間為限，而是包括在不同的雇主或投保單位處參加老年給付保險，加總而得之期間。只要是在保險的開始至老年給付事故發生時點，所經過的時間均總合納入計算。在此，並不問保險的開始至老年給付事故發生，到底經過多久的時間（例如被保險人24歲加保，在同一雇主處工作至39歲即已符合15年的保險年資，但也可能在不同雇主處斷續工作至75歲始符合15年的年資）。即年金給付年資不受60歲以後加保僅能以5年計算之限制（勞保條例第59條第2項參照）。只要是老年年金，可以加保至8、90歲，再選擇最高60個月投保薪資為計算標準。只是，因其年齡已在第58條第1項第1款及第5項之後，故應以展延年金的表準給付[88]。此一保險年資，也不以直接在老年給付事故前完成時間者為限，而是被保險人得在符合保險年資後，經過一段期間始提出請領老年年金。

只不過，此一常態的15年的保險年資似乎太短，對照勞保條例第58條第5項的逐漸提高年齡，似乎也有必要適度地延長一定年限的保險年資。

(2) 老年一次金

依據勞保條例第58條第1項第2款規定，「保險年資合計未滿十五年者，請領老年一次金給付。」可知，請領老年一次金給付的對象，限於保險年資未滿15年者【案例1(1)】。這主要是考量被保險人保險年資不長，其所領之年金額度有限，如以月退金的方式發放，只會徒增行政成本而已。

---

88 台北高等行政法院99年度訴字第1450號判決參照。

(3) 展延（加給）年金

與請領老年年金一樣，被保險人必須符合保險年資及請領年齡兩個條件，而後才有「加給／增額」之問題。即其必須符合最低15年的保險年資。之所以「每延後一年，依前條規定計算之給付金額增給百分之四，最多增給百分之二十」，係因其延後請領致請領期間較正常年齡請領者短而給予之補償。無論是增給或減給老年年金的比率，都是按精算等價而設計[89]。

在此，被保險人之請領展延年金，係以其客觀上符合勞保條例第58條之2第1項的條件為準，即使被保險人只是請領一般的老年年金，但保險人審查符合展延年金之條件者，即應給付之。此與請領減額年金也是以客觀條件為準者，並無不同。至於其年金給付的計算方式，也是按照勞保條例第58條之1兩種方式之一擇優發給。其所謂「擇優發給」似係由保險人計算後擇定之，而非由被保險人擇一計算領取，保險人似無須詢問被保險人之意見，也不受其意見之拘束。

(4) 減額（早領）年金

依據勞保條例第58條之2第2項規定，「被保險人保險年資滿十五年，未符合第五十八條第一項及第五項所定請領年齡者，得提前五年請領老年年金給付，每提前一年，依前條規定計算之給付金額減給百分之四，最多減給百分之二十。」可知被保險人的保險年資必須「滿十五年」，始可在較第58條第1項及第5項所定請領年齡年輕5年的前提下，申請減額（早領）年金。所以，其保險年資與展延年金的保險年資並無不同。

然而，針對擔任具有危險、堅強體力等特殊性質之工作者，依據勞保條例第58條第7項規定，「被保險人擔任具有危險、堅強體力等特殊性質之工作合計滿十五年，年滿五十五歲，並辦理離職退保者，得請領老年年金給付，且不適用第五項及第五十八條之二規定。」已將其排除在展延年金及減額年金適用對象之外。即保險年資及給付年齡並無較短或較低的規定。

---

89 行政院勞工委員會，勞工保險條例逐條釋義，頁595。台北高等行政法院99年度訴字第1450號判決參照。

(5) 一次請領老年給付

依據勞保條例第58條第2項規定，「本條例中華民國九十七年七月十七日修正之條文施行前有保險年資者，於符合下列規定之一時，除依前項規定請領老年給付外，亦得選擇一次請領老年給付，經保險人核付後，不得變更：一、參加保險之年資合計滿一年，年滿六十歲或女性被保險人年滿五十五歲退職者。二、參加保險之年資合計滿十五年，年滿五十五歲退職者。三、在同一投保單位參加保險之年資合計滿二十五年退職者。四、參加保險之年資合計滿二十五年，年滿五十歲退職者。五、擔任具有危險、堅強體力等特殊性質之工作合計滿五年，年滿五十五歲退職者。」可知得一次請領老年給付者，係依其不同的身分資格而異其保險年資。此一請領老年給付的種類，係基於保障被保險人修法前的期待利益而來，雖無日落條款的設計，但理論上終究會有無需或不得再適用之日。第1款至第5款各有其立法理由，第1款在促成老年被保險人及女性被保險人老年給付的實現，提供其一基礎的老年經濟安全。第2款、第3款及第5款則是配合勞基法第53條、第54條的施行而增訂。第4款則是為修正第3款「同一投保單位」之限制。第5款則是給予擔任具有危險、堅強體力等特殊性質之工作者，較優的年資待遇。

3. 事先或同時辦理退職退保

依據勞保條例第58條第3項規定，「依前二項規定請領老年給付者，應辦理離職退保。」一般認為這是請領老年給付的條件，而非結果。也就是說，被保險人必須先離職並退保，始得向保險人申領老年給付[90]。這表示：被保險人或者退職當日或者間隔一段時日後，檢據向保險人請領老年給付。例外地，「投保單位為被保險人申領老年給付或死亡給付時，如未同時辦理退保者，得由保險人逕予退保。」[91]這似乎是強制退保的意義。

---

[90] 只是，依據勞保條例施行細則第78條第1項規定，被保險人請領老年給付所應備之書件，並不包括離職證明書或服務證明書。

[91] 內政部65年8月30日臺內社字第692668號函參照。本書以爲失能給付則是依勞保條例第57條處理。

又，被保險人請領老年給付時，投保單位縱將申請書件提前郵寄勞保局，其保險效力之停止及老年給付之事故日，自仍應依退職日為準[92]。

「實務上考量投保單位及被保險人申辦退保及申請老年給付之便利，投保單位於其勞工離職當日辦理退保，同時為被保險人申請老年年金給付者，應由保險人依法審核後，自其離職退保翌日之當月起，按月發給老年年金給付，如其離職退保日為該月最後一日者，應自次月起，按月發給。」[93]

此一必須先離職並退保，不僅適用於老年年金、老年一次金及一次請領老年給付，也包括展延年金及減額年金。根據中央勞政機關的見解，「有關已符合勞工保險條例第58條規定年齡及年資之勞工保險被保險人，如其於原投保單位退出勞保時，即轉由原單位投保軍、公教保險，因其尚未離職，不符合上開條例第58條第3項規定，自不得請領勞保老年給付。至於渠等人員如於原單位離職退出勞保，未立即轉投軍、公教保險，或嗣後轉任它單位時，仍得依上開條例相關規定請領老年給付。」[94]據此，所謂「離職」，也包括從軍、公、教單位退職之情形[95]。

依據勞保條例施行細則第14條第4項規定，「投保單位於其所屬勞工離職、退會、結（退）訓之當日辦理退保者，其保險效力於投保單位將退保申報表送交保險人或郵寄之當日二十四時停止。」所以，至當日24時停止時，尚不符已離職退保而得請領老年給付要件。實務上考量投保單位及被保險人申辦退保及申請老年給付之便利，投保單位於其勞工離職當日辦理退保，同時為被保險人申請老年年金給付者，應由保險人依法審核後，自其離職退保翌日之當月起，按月發給老年年金給付，如其離職退保日為該月最後一日者，應自次月起，按月發給[96]。

---

92 行政院勞工委員會82年9月17日（82）臺勞保2字第49766號函參照。

93 行政院勞工委員會101年6月4日勞保2字第1010140200號函參照。

94 行政院勞工委員會99年12月30日勞保2字第0990140518號函參照。

95 相關函釋，請參閱行政院勞工委員會99年7月28日勞保2字第0990077450號函。

96 行政院勞工委員會101年6月4日勞保2字第1010140200號函參照。倒是，被保險人之離職退保，並無類似勞保條例施行細則第14條第2項、第3項的規定，似有不足之處，故學者此處的「離職」，並不以被保險人目前在職，為了請領老年給付而離職，而是包括之前受僱工作、距今申請老年給付已間隔一段時間者而言（含失業者），只要其申請老年給付時並未死亡即可[97]。又，此處的離職，並不以受僱勞工為限，而是及於自營作業者，這是指其停止營業行為而有證明者，即似應完成歇業登記（商業登記法第18條參照）[98]，而非只是暫停營業之停業登記（商業登記法第17條參照）而已[99]。惟似乎不以此為限，而是包括被所在地主管機關撤銷或廢止其商業登記者（商業登記法第29條參照）。另外，破產登記似乎亦屬之（破產法第66條參照）。

依據勞保條例第58條第4項規定，對於目前在職的受僱勞工，公法的勞工保險關係的結束與私法的勞動契約的結束，遂具有一定的連結。固然雇主不得以勞工已達請領老年給付的年資及年齡，或者向其表達代為申請老年給付，即以此為由而加以解僱[100]。但是，勞工應遵照勞保條例第58條第4項規定離職，並由投保單位辦理退保。此處的離職，係公法上的強制要求，勞工似無須遵循勞基法中預告期間的規定。雇主也不得以勞工違反勞動契約為由，拒絕其離職。

所以，投保單位應於被保險人退職當日為其申報退保，否則，若「未於退職當日申報退保者，應以退職當日為退保日，並據以核算保險費及老年給付。」而且，投保單位為被保險人申領老年給付或死亡給付時，如未

有主張應修正者。郭玲惠，勞工及就業保險法釋義，頁247。

97 這與遺屬年金的請領條件不同，蓋依據勞保條例第63條第1項規定，「被保險人在保險有效期間死亡時，……遺有配偶、子女、父母、祖父母、受其扶養之孫子女或受其扶養之兄弟、姊妹，得請領遺屬年金給付。」亦即：目前無勞工保險法律關係者，即使之前有參加勞工保險，其一旦死亡，其繼承人並無死亡給付請求權。

98 解釋上，此處也包括事實上歇業。最高行政法院99年度裁字第989號裁定參照。

99 例如，台北高等行政法院106年度訴字第600號判決之被保險人，僅是停業而已。但該案勞保局同意事業單位以停業爲由，申報實際從事勞動的雇主與全體員工辦理退保，且申報退保時不符合一次請領老年給付的年齡，故駁回其申請。反面解釋，如停業時已符合年齡及年資，即可依勞保條例第58條第2項請求給付。

100 Muckel/ Ogorek, Sozialrecht, 4. Aufl., 2011, Rn. 89.

同時辦理退保者，得由保險人逕予退保[101]。

（二）給付標準

老年給付係採取所得比例給付制，而非定額給付制（即被保險人的保險給付額度相同）[102]。這是以被保險人薪資，按照投保薪資分級表而計算其保險費。而老年給付的額度，即是根據月投保薪資的計算而來。如果覈實申報，則薪資高者繳交保費多，將來的老年給付自然較高。在此，並無最低金額及配偶子女加給的規定，只在達成基本生活的保障而已。

依據勞保條例第19條第2項規定，「以現金發給之保險給付，其金額按被保險人平均月投保薪資及給付標準計算。被保險人同時受僱於二個以上投保單位者，其普通事故保險給付之月投保薪資得合併計算，不得超過勞工保險投保薪資分級表最高一級。但連續加保未滿三十日者，不予合併計算。」只是，依據勞保條例施行細則第44條第1項的反面解釋，實際從事勞動之雇主並不得將在他處工作之薪資，與本身在投保單位之收入合併計算。

再依據勞保條例第19條第4項規定，「第二項保險給付標準之計算，於保險年資未滿一年者，依其實際加保月數按比例計算；未滿三十日者，以一個月計算。」而依據勞保條例施行細則第45條規定，「本條例第十九條第四項所定保險年資未滿一年，依其實際加保月數按比例計算，計算至小數第二位，第三位四捨五入。」此兩條規定符合繳費與權利公平，為權利義務對等原則的表現。

又，「按勞工保險條例第1條規定，本條例未規定者，適用其他有關法律。另依同條例施行細則第3條規定，本條例有關保險期間之計算，除本條例另有規定外，依民法之規定。又依民法第123條規定略以，稱年者，依曆計算；年，非連續計算者，1年為365日。又依勞工保險條例第59條末段規定之計算基準，被保險人保險年資合計滿半年者，以1年計。有

---

[101] 內政部65年8月30日台內社字第692668號函參照。

[102] 柯木興，社會保險，頁196以下。

關被保險人老年給付年資計算方法疑義，查勞工保險條例並無特別明定，惟揆諸勞工保險條例第1條及其施行細則第3條規定，因前開民法第123條已對連續或非連續期間之計算方法有所明定，自應適用該相關規定辦理。另被保險人老年給付年資因無法連續計算而須依前開規定以日數換算為年時，如其畸零日數正值閏年2月，且該月加保滿29日者，則其該月實際加保日數應計為29日，而非28日。」[103]

1. 老年年金

依據勞保條例第19條第3項第1款規定，「年金給付及老年一次金給付之平均月投保薪資：按被保險人加保期間最高六十個月之月投保薪資予以平均計算；參加保險未滿五年者，按其實際投保年資之平均月投保薪資計算。……」可知，其係以最高60個月的平均投保薪資計算，而非最後60個月的薪資計算方式，亦非以整個職業生涯的月數計算而得。

至於其實際的計算方式，依據2008年7月17日新增訂的勞保條例第58條之1規定，「老年年金給付，依下列方式擇優發給：一、保險年資合計每滿一年，按其平均月投保薪資之百分之零點七七五計算，並加計新臺幣三千元。二、保險年資合計每滿一年，按其平均月投保薪資之百分之一點五五計算。」[104]其立法理由為，「為保障年資較短或投保薪資較低之弱勢勞工基本老年生活」[105]，故有此兩種較為有利的老年年金給付標準的計算方式。但實際上，其施行對象一視同仁，並不分年資的長短及工資的高低。依規定，本條並不適用於老年一次金及一次請領老年給付。而且，本條兩種給付標準，哪一種較為有利，由保險人逕行選擇之，被保險人或受益人並無決定權。

在立法過程中，由於參考國民年金老年年金給付的月投保金額0.65所加乘的金額或所得替代率1.3%（國民年金法第30條第1項參照），立法者

---

103 行政院勞工委員會93年9月14日勞保2字第0930038457號函釋參照。

104 台北高等行政法院99年度訴字第1450號判決參照。

105 行政院勞工委員會，勞工保險條例逐條釋義，頁590-593。

認為有工作者對於國家的貢獻及保險屬性的儲蓄性格，理應給予較高的比例加乘金額或所得替代率，故有勞保條例第58條之1之0.775所加乘的金額或所得替代率1.55%的規定。如此，也才能達到促進就業及人才留用的目的。雖然如此，一個好的年金制度，應該是一個可以永續經營、依照有實際工作而繳納保險費所計算而得的老年年金制度。並且應該納入健全財務負擔的設計。所以，在適當的時機考量將勞保條例第58條之1及國民年金法第30條修正，朝向更公平合理的年金給付，應該不是一個不得碰觸的禁忌話題（Tabu）。

2. 老年一次金

如前所述，依據勞保條例第19條第3項第1款規定，老年一次金也是以最高60個月的平均投保薪資計算。惟其給付標準並非依勞保條例第58條之1，而是第59條第1項而定。即「……其保險年資合計每滿一年，按其平均月投保薪資發給一個月；其保險年資合計超過十五年者，超過部分，每滿一年發給二個月，最高以四十五個月為限。」

3. 一次請領老年給付

依據勞保條例第19條第3項第1款但書規定，「但依第五十八條第二項規定選擇一次請領老年給付者，按其退保之當月起前三年之實際月投保薪資平均計算；參加保險未滿三年者，按其實際投保年資之平均月投保薪資計算。」至於其給付標準，同樣並非依勞保條例第58條之1，而是第59條第1項而定。即「……其保險年資合計每滿一年，按其平均月投保薪資發給一個月；其保險年資合計超過十五年者，超過部分，每滿一年發給二個月，最高以四十五個月為限。」

惟，相對於老年一次金，依據第59條第2項規定，「被保險人逾六十歲繼續工作者，其逾六十歲以後之保險年資，最多以五年計，合併六十歲以前之一次請領老年給付，最高以五十個月為限。」這表示：被保險人工作至逾65歲之後，如繼續加保，保險年資即不會再累積，只是，普通事故及職業災害事故保險保障仍在。對於未離職退保並請領老年給付者，繼續參加勞工保險應該還是利大於弊。

二、特別年金保險制度

所謂特別年金保險制度，是指針對特定的對象，在請領年齡或保險年資上有特別規定者，以促成其滿足一次請領老年給付（勞保條例第58條第2項參照）或老年年金（勞保條例第58條第7項參照）的條件。依據勞保條例第58條第2項規定，「本條例中華民國九十七年七月十七日修正之條文施行前有保險年資者，於符合下列規定之一時，除依前項規定請領老年給付外，亦得選擇一次請領老年給付，經保險人核付後，不得變更：……」可知，此類特定的對象，必須在勞保條例2008年7月17日修正之條文施行前有保險年資者，始有適用。這是為保障其期待利益而為[106]。但並非謂其已符合年齡及年資的條件，而是只要有部分的年齡及年資即可，換言之，只要在之前已加保勞工保險者即可，不問其年齡多高及年資多長。另外，此類特定的對象只是「得選擇一次請領老年給付」而已，其亦得依據同條第1項主張老年年金或老年一次金，但仍應符合第1項規定之要件，此乃法律解釋之當然結果[107]。第1項與第2項所規定的請領條件並不相同，但由於其年齡及年資都只是最低條件，所以，被保險人提出請領老年給付時，可能剛好符合第1項與第2項的條件。此時，被選擇人即有選擇權。這表示：同條第1項年金的適用對象，有可能是在勞保條例2008年7月17日修正之條文施行前已經符合請領年齡及保險年資者。且不問其在2009年1月1日後是否繼續工作[108]。只是，其不得罹於消滅時效（勞保條例第30條參照）。

依據勞保條例第58條第2項規定的反面解釋，在勞保條例2008年7月17日修正之條文施行後始參加勞工保險者，即必須適用第1項老年年金或老年一次金給付之規定。本項各款中的退職，係採廣義職場之意，而非限於「原職」或「原業務」。

---

106 行政院勞工委員會101年9月18日勞保2字第1010140378號函參照。

107 最高行政法院99年度裁字第989號裁定參照。

108 不同意見說，郭玲惠，勞工及就業保險法釋義，頁242認爲如未繼續工作，僅得依據勞保條例第58條第2項規定一次請領老年給付。

（一）第1款規定

依據勞保條例第58條第2項第1款規定，「參加保險之年資合計滿一年，年滿六十歲或女性被保險人年滿五十五歲退職者。」得一次請領老年給付。此一「女性被保險人年滿五十五歲退職者」，係於1979年1月17日修正時增訂，並於2月19日公布施行。所謂退職，也是採廣義職場之意，而非限於「原職」或「原業務」。本款的目的，在給予高齡男性及女性被保險人最低限度的老年經濟安全保障，並且考量到女性被保險人負擔工作及家庭勞務的雙重負擔，給予較佳的給付年齡條件。

由該款規定觀之，相較於男性被保險人需年滿60歲，女性被保險人只須年滿55歲退職即可。似乎與憲法第7條之男女平等原則有違，即有歧視男性被保險人的嫌疑。對此，立法原意是在適當補償女性被保險人身負工作與家庭的雙重壓力，且傳統上女性被保險人較難符合請領老年給付的年資與年齡，故有此一優待的規定[109]。雖然如此，在現代，女性被保險人較低的給付年齡及保險年資，除了引起對於男性被保險人保險地位的歧視的疑義外，也會引起女性被保險人自覺受到（雇主得要求其離職的）間接歧視的疑慮。無論如何，本款並無促進中高齡勞工就業的想法。不妨將之視為「引蛇出洞」的規定，蓋理性的被保險人應該不會在年滿59歲或54歲時進入職場，而在滿60歲或55歲（女性被保險人）即離職退保一次請領老年給付，而是會繼續留在職場數年或甚至更長的期間。

（二）第2款規定

首先，現行的第2款、第3款及第5款，是在1988年1月15日修正增訂。依據其立法理由，「有關請領老年給付之條件，配合勞基法第53條及第54條規定，增訂」該等規定。並且，凡符合修正條文第1項規定條件者，均可請領全額之老年給付，故將原第2項有關減額給付之規定宜予刪除。本書以為：這是將給付年齡與退休年齡調整為一致的做法，惟如前所述，此兩者並非當然相同不可，而是給付年齡得（略）低於退休年齡。

---

[109] Muckel/ Ogorek, a.a.O., Rn. 94.

觀察第2款規定，「參加保險之年資合計滿十五年，年滿五十五歲退職者。」其與勞基法第53條第1款「工作十五年以上年滿五十五歲者」，恰巧形成對比，都是對於中高齡進入職場者有利規定，或者說具有促進就業的功能。本款也適用於同一投保單位，有時引用第2款也較第3款有利，因為保險年資較低。對於一位在民營之關係企業間調動，勞保年資滿15年未達25年，且未年滿55歲的被保險人，如最後服務單位承認各該關係企業之年資發給退休金或資遣費，「衡酌彼等多為高齡或不適任之勞工，為保障其勞保老年給付權益，准其依勞工保險條例第9條之1及相關規定之精神繼續參加勞保普通事故保險至符合請領老年給付之日止。」[110]其實，被保險人如依勞工保險條例第9條之1辦理續保，其並不以關係企業或同一投保單位為前提。

（三）第3款規定

如上所述，第58條第2項第3款係在1988年1月15日修正增訂。該次增訂之「在同一投保單位參加保險之年資合計滿二十五年退職者。」係參考勞基法第53條第2款「工作二十五年以上者」而來。後者，指在同一雇主處之工作年資之義，雖然可解釋為包括借調（勞基法第57條、第84條之2、勞基法施行細則第5條參照）[111]、實體同一性的雇主，但是否與勞保條例施行細則第77條同一投保單位相同意義？並非無疑。甚且，中央勞政機關的函釋不斷擴張同一投保單位的範圍，更是與勞基法第53條第2款的同一雇主意義漸行漸遠。

本款之增訂，目的在給予在同一投保單位工作的被保險人，可以免予考量年齡，而單就保險年資「合計滿25年」作為一次請領老年給付的要件。如此，對於提早進入職場工作者即能獲得優待。即相較於第4款被保險人之年滿50歲，此類被保險人的年齡要較50歲為低，始具有鼓勵的意義。否則，解釋上被保險人依據第4款一次請領老年給付即可，何必援引

110 行政院勞工委員會85年8月29日（85）台勞保2字第126765號函參照。

111 行政院勞工委員會82年7月29日（82）台勞動3字第41107號函參照。

第3款規定？然而，何謂同一投保單位？其範圍到底有多廣？

依據勞保條例施行細則第77條規定，「本條例第五十八條第二項第三款所稱在同一投保單位參加保險，指下列情形之一者：一、被保險人在有隸屬關係之雇主、機構或團體內加保。二、被保險人在依法令規定合併、分割[112]、轉讓或改組前後之雇主、機構或團體加保[113]。三、被保險人在依公營事業移轉民營條例規定移轉民營前後之雇主、機構或團體加保。」觀此條之三種雇主，似乎均是指實體同一性的雇主或借調的情形，但不及於「同一雇主」之情形，故與勞基法第53條第2款主要是指同一雇主，尚有不同。然而，實務上也有認為在「同一雇主」處工作之年資，即為「同一投保單位」者[114]，本書以為並不符合勞保條例施行細則第77條規定。即其應依勞保條例第58條第2項之第2款或第4款處理，始為正確。

觀實務上的爭議，主要是圍繞在第1款的情形。換言之，綜觀中央勞政機關有關同一投保單位的函釋，並無及於勞保條例施行細則第77條第3款者，也僅有兩個函釋涉及第2款的分割、轉讓者，幾乎所有的函釋都集中在第1款，但也有少數的同一投保單位不在勞保條例施行細則第77條所列的三種情形之內。而在解釋的過程中，中央勞政機關似乎是採取擴大解釋「得視為」、「准予比照」同一投保單位範圍的態度。以下即區分為幾種類別加以介紹：

1. 與職業工會有關者

(1) 非同一投保單位

汽車駕駛員職業工會與計程車駕駛員職業工會非同一投保單位，因其分屬獨立之勞工團體。依據中央勞政機關的見解，「依據現行勞工保險條例第58條第1項第3款規定，在同一投保單位參加保險之年資滿25年退職者得請領老年給付。同條例施行細則第83條規定所稱在同一投保單位參加勞保，係指被保險人在有隸屬之雇主、機構、團體內加保，或在依法令規定

---

112 行政院勞工委員會93年2月18日勞保2字第0930006121號函參照。

113 行政院勞工委員會77年11月14日（77）台勞保2字第25109號函有同樣內容之解釋。

114 最高法院85年度台上字第2770號判決參照。

合併或改組前後之雇主、機構或團體加保而言，本案同一區域內之汽車駕駛員職業工會及計程車駕駛員職業工會分屬獨立之勞工團體核非同一投保單位，自無前開規定之適用。惟本會目前送請立法院審議之勞工保險條例部分條文修正草案擬將現行同條例第58條第1項第3款修正為『參加保險之年資合計滿二十五年，年滿五十歲退職者』，俟該修正法案通過後即可付諸實行。」[115]

本書以為此一函釋「非同一投保單位」的結論固屬正確，但法條引用似為錯誤：亦即，當時勞保條例施行細則第83條的同一投保單位必須是「有隸屬之雇主、機構、團體」，工會性質上應歸類為團體。本案汽車駕駛員職業工會與計程車駕駛員職業工會並無此一隸屬關係，而是不同的相關職業技能之勞工所結合之職業工會（工會法第6條第1項第3款參照）。至於引用「在依法令規定合併或改組前後之雇主、機構或團體加保」，更是不知所云。其次，其所引用之第58條第1項第3款修正為「參加保險之年資合計滿二十五年，年滿五十歲退職者」，似乎為現行法之第58條第2項第4款，果如此，其又混淆了同一投保單位與非同一投保單位（第4款）的界線。

(2) 同一投保單位

與上述非同一投保單位結論正確，但理由有誤相類似者，為被保險人所參加之職業工會，因產業工會、職業工會分業標準表修正或職業工會細分而新成立，以至於改隸屬該工會者。即原於汽車駕駛員職業工會加保，因1993年修正產業工會、職業工會分業標準表，後轉投計程車駕駛員職業工會，該段轉投前後之加保年資得視為同一投保單位保險年資[116]。

另外，「花蓮縣理燙髮美容業職業工會與花蓮縣男子髮藝造型職業工會，因職業分類漸趨專業化，而再細分之業類所成立者，依行政院勞工委員會90年5月24日函釋，其被保險人於前揭投保單位前後加保之年資，得

---

115 行政院勞工委員會81年4月1日（81）台勞保2字第09297號函參照。

116 行政院勞工委員會90年5月24日（90）台勞保2字第0020859號函參照。

視為同一投保單位之保險年資。」[117]

又，中央勞政機關認為，「查宜蘭縣汽車駕駛員職業工會廖女士前以該工會會務人員加保，嗣後以工會會員加保，加保身分雖有不同，惟皆屬同一職業工會為投保單位，依勞工保險條例第58條第1項（現修正為第2項）第3款之規定，仍視為[118]『同一投保單位』加保。」[119]

本書以為前兩者之改隸工會，應可視為同一投保單位，其為國家法令的變更，所導致的職業工會的分立，應可解釋為勞保條例施行細則第77條第2款「被保險人在依法令規定改組前後之團體加保」之情形，以確保被保險人的保險年資[120]。倒是，被保險人先後以會務人員及工會會員身分加入勞保，雖然在同一職業工會，但前者的法律依據為勞保條例第8條第1項第1款，後者的法律依據為勞保條例第6條第1項第7款，而且保險證號不同，況且也並非勞保條例施行細則第77條所規定三種情況之一。因此，應不得視為同一投保單位。

2. 與公務機構之不同單位有關者

中央勞政機關的函釋中，不乏涉及公務機構之不同單位者，其應屬與勞保條例施行細則第77條第1款之「被保險人在有隸屬關係之雇主、機構或團體內加保」有關者。

首先，「勞工保險被保險人在政府機關、單位或公立機構之不同單位參加保險之年資合計滿25年，並於其最後服務單位發給滿25年工作年資之退休金者，得依勞工保險條例第58條第1項（現修正為第2項）第3款規定，請領老年給付。」[121]其次，「在軍事機構之不同單位參加勞工保險之年資滿25年，並於最後服務單位發給滿25年工作年資之退休金者，得依

---

117 行政院勞工委員會94年11月23日勞保2字第0940059583號函參照。

118 此一「仍視為」的用語，顯示出中央勞政機關的立場堅定。

119 行政院勞工委員會85年10月14日（85）台勞保2字第137598號函參照。

120 在此，與雇主、機構不同的是，不用考慮到有無給與退休金或資遣費的問題，蓋工會不會有此種問題。

121 行政院勞工委員會81年8月21日（81）台勞保2字第25613號函參照。

勞工保險條例第58條第1項（編按：現修正為第2項）第3款規定，請領老年給付。」[122]此兩號函釋均認為最後服務單位應發給退休金，此應屬正確。

惟，之後中央勞政機關已不再要求最後服務單位應發給退休金。例如，「勞工保險被保險人先後於軍事機構或政府機關、單位或公立機構之不同單位間加保，如最後服務單位承認其前各服務單位之年資並給予退休金者，視為符合勞工保險條例第58條第1項（現修正為第2項）第3款規定之同一投保單位。至於各單位依比率分攤發給退休金者，亦得視為同一投保單位。」[123]進而，「有關勞保被保險人於軍事機構之不同單位加保之年資可否視為同一投保單位之年資一案，本會曾於81年11月13日以台81勞保2字第38653號函，允許於軍事機構之不同單位加保者之投保年資得視為同一投保單位年資合併計算。本案聯勤各兵工廠如為軍事機構，則其僱用員工之投保年資得依上開規定視為同一投保單位之年資。」[124]「查本會83年3月8日台83勞保2字第14829號函釋，對於於軍事機構之不同單位加保者之投保年資得視為同一投保單位之年資，已無最後服務單位發給滿25年工作年資之退休金者，始得請領老年給付之限制。」[125]

本書觀上述之函釋，其爭點主要是集中在：最後服務單位承認其前各服務單位之年資並給予退休金。其趨勢為逐步放寬而終至無此要求，即最後服務單位承認其前各服務單位之年資並由各單位依比例分攤發給退休金，或者最後服務單位無須發給滿25年工作之退休金，即得請領老年給付。此種由肯定→放寬→否定的發展趨勢，也見於民營事業單位的同一投保單位的爭議中。本來，在勞保條例第58條第2項第3款或勞保條例施行細則第77條中即無此一「承認工作年資發給退休金」的要求。但是，這是依據勞基法第57條、第84條之2、勞基法施行細則第5條的解釋而來。至於

---

[122] 行政院勞工委員會78年10月12日（78）台勞保2字第24477號函參照。

[123] 行政院勞工委員會85年1月22日（85）台勞保2字第101467號函參照。

[124] 行政院勞工委員會83年3月8日（83）台勞保2字第14829號函參照。

[125] 行政院勞工委員會83年3月25日（83）台勞保2字第20840號函參照。

勞退條例則無此一要求，而是最後服務單位與之前各服務單位各自提繳退休金即可。因此，本書以為應視公務機構適用勞基法或勞退條例而定。如其適用勞退條例，則無最後服務單位承認25年工作年資及發給退休金之問題。反之，如適用勞基法，則仍然應由最後服務單位承認25年工作年資及發給退休金，最起碼應由最後服務單位與之前各服務單位依比例分攤發給退休金，始可視為同一投保單位，並一次請領老年給付。

3. 民營企業實體同一性之雇主

中央勞政機關有關同一投保單位之函釋，主要是集中在民營關係企業或民營有關企業中。

(1) 分割、改組或轉讓

依之，「關於事業單位改組或轉讓，新舊雇主商定留用勞工之勞保年資，可視為勞保條例第58條第1項（作者按：現修正為第2項）第3款『同一投保單位』之保險年資。」[126]另外，「勞工保險被保險人在依企業併購法規定分割前後之公司加保者，得視為勞保條例第58條第1項（作者按：現修正為第2項）第3款規定之『同一投保單位參加保險』而據以請領老年給付。」[127]

本書以為此兩號解釋係依據勞保條例施行細則第77條第2款，「被保險人在依法令規定合併、分割、轉讓或改組前後之雇主、機構或團體加保。」而來，即雇主具有實體同一性，因此，應無爭議。

(2) 借調或關係企業

爭議較多的，是有關關係企業或借調所引起之同一投保單位的認定問題。在發展歷程上，從最後服務單位承認其前各服務單位之年資並給予退休金、資遣費、依比例分攤退休金或資遣費，而至無須給付資遣費或退休金之情況，而得認定為同一投保單位。首先，無爭議的是，「勞工保險被保險人於民營之關係企業調動，並於最後服務單位發給滿25年年資之退

[126] 行政院勞工委員會77年11月14日（77）台勞保2字第25109號函參照。

[127] 行政院勞工委員會93年2月18日勞保2字第0930006121號函參照。

休金者，視為符合勞工保險條例第58條第1項（現修正為第2項）第3款之規定。」[128]中央勞政機關並且認為，「本會83年4月28日臺83勞保2字第24449號函示係闡明法規原意之補充性解釋，應溯及勞保條例生效之日適用。」[129]

其後，即發展出替代發給退休金的各種變異態樣，其呈現者配合實務個案的需求一路放寬，並且混淆與第4款界線的走向。例如，「有關勞保被保險人於民營之關係企業間加保滿25年而在職死亡，其最後服務單位承認各該關係企業服務年資，依退休金之標準發給死亡撫卹金者，其勞保年資視為同一投保單位之年資，其當序受領人准依勞工保險條例第58條第1項（現修正為第2項）第3款及本會77年12月15日（77）台勞保2字第28483號函規定請領老年給付。」[130]本案牽涉到被保險人已經符合25年保險年資而在職死亡，並且由最後服務單位依退休金之標準發給死亡撫卹金者，當序受領人是否以繼承人的資格，擇優請領老年給付或遺屬津貼。若以目前法制現況，似應依勞保條例第63條之1第3項、第4項、第65條之3規定處理。

而後，有數號與資遣費有關的函釋。①「(1)勞保被保險人於民營之關係企業之勞保年資滿15年未達25年，而最後服務單位承認關係企業之年資並給予退休金者，衡酌彼等多為高齡或不適任之勞工，為保障其勞保老年給付權益，准其依勞工保險條例第9條之1及相關規定之精神繼續參加勞保普通事故保險至符合請領老年給付之日止。(2)另對於被保險人於民營之關係企業調動，於最後服務單位遭資遣，並承認各該關係企業服務年資發給資遣費，其依前開規定續保年資合計滿25年者，得比照同條例第58條第1項（現修正為第2項）第3款規定請領老年給付；本案函釋前已依規定辦理資遣續保者，亦得准其續保至年滿55歲止。」[131]本案實際上為兩種

---

128 行政院勞工委員會83年4月28日（83）台勞保2字第24449號函參照。

129 行政院勞工委員會84年12月1日（84）台勞保2字第144755號函參照。

130 行政院勞工委員會85年8月2日（85）台勞保2字第127134號函參照。

131 行政院勞工委員會85年8月29日（85）台勞保2字第126765號函參照。

情況：A.為最後服務單位承認關係企業之年資並給予退休金，但因勞保年資未達25年，因此以勞保條例第9條之1由原雇主或受託團體續保者。果如此，似乎即已與同一投保單位無關矣。B.為放寬最後服務單位承認關係企業之年資並給予資遣費，而非退休金。這或許是因為最後服務單位拒絕發予退休金所致，但是，如前所述，事業單位如係適用勞基法，則仍然應要求最後服務單位承認25年工作年資及發給退休金。故此一解釋似有疑義，正確而言，應由被保險人向最後服務單位請求給付退休金，最起碼也應取得法院所發予的債權證明始可。

繼而，②「有關勞保被保險人於民營之關係企業調動，其在各關係企業間之保險年資已滿25年，嗣後遭資遣並於最後服務單位發給滿25年年資之資遣費者，准依本會85年8月29日臺（85）勞保2字第126765號函釋，比照勞工保險條例第58條第1項（現修正為第2項）第3款規定請領老年給付。」[132]「勞工在各關係企業間調動，係配合雇主經營策略調整之需要，為顧及其權益，如各關係企業在資遣員工時，依其服務年資分別發給資遣費，且最後服務單位願意出具證明，其在各關係企業之保險年資合計滿25年者，准予比照勞工保險條例第58條第1項（現修正為第2項）第3款規定請領老年給付。」[133]本書以為同一投保單位係以最後服務單位發給退休金，或者與前各關係企業依比例發給退休金為前提，如前所述，此兩號函釋並不足採。

繼而，③「(1)本會83年4月28日台83勞保2字第24449號函及相關釋示略以被保險人在『民營之關係企業間調動』，最後服務單位發給其滿25年年資之退休金或資遣費者，得視為同一投保單位請領老年給付在案。茲因公司法業於86年6月25日修正施行，就『關係企業』之定義及認定標準已

---

[132] 行政院勞工委員會85年11月15日（85）台勞保2字第140738號函參照。在個案上：聲○股份有限公司員工辦理退休後再轉至關係企業服務，且取得最後服務單位之該項證明，其在各關係企業之保險年資合計滿25年並給予退休金或資遣費者，准予比照第3款。行政院勞工委員會88年12月24日（88）台勞保2字第0053741號函參照。

[133] 行政院勞工委員會88年3月11日（88）台勞保2字第008739號函參照。

有明定，為避免執行上查證、認定困難、混淆並產生爭議，故前開函示中『民營之關係企業間調動』一詞，同意貴局（勞工保險局）所擬處理意見改為『民營企業間調動』。(2)另考量投保單位因財務困難或其他原因致未能發給退休金或資遣費，而影響被保險人請領老年給付權益，故如最後投保單位承認被保險人於各有關企業間之服務年資，而被保險人於退職當時，該投保單位有前開情形，經勞工行政主管機關協調，由被保險人依強制執行法第4條第1項規定取得執行名義者，得依上開函示規定視為同一投保單位請領老年給付。並請就實務執行層面研提有無其他具體可行之認證方式送會核參，以保障彼等勞工之老年給付請領權益。」[134]本案實際上也是兩種情況：A.中央勞政機關同意勞保局將之前函釋中之「民營之關係企業間調動」一詞，改為「民營企業間調動」。這是否表示：不需要關係企業了？不相干的民營企業間也可以？或者是不問是借調或成立新的勞動關係？果如此，如何與第4款做區隔？依本書所見，為免徒增爭議，仍宜使用「關係企業」一詞。B.最後投保單位因財務困難或其他原因致未能發給退休金或資遣費，如其承認被保險人於各有關企業間之服務年資，由被保險人依強制執行法第4條第1項規定取得執行名義者。這是「其他具體可行之認證方式」之一。在此，本書以為仍應限於退休金，依強制執行法第4條第1項規定取得執行名義者，也是限於退休金。而且，「其他具體可行之認證方式」不宜做過寬解釋。

繼而，④「有關貴局（勞工保險局）陳報投保單位因故未能一次發給被保險人在各有關企業服務滿25年年資之退休金或資遣費，致被保險人無法適用同一投保單位請領老年給付者，其他具體可行之認證方式一案，本會同意貴局研提意見辦理。另依據勞工保險條例第9條之1參加被裁減資遣續保，因故未能取得資遣費者，得比照辦理。」[135]另，「勞工保險局研提意見內容如下：被保險人在有關企業之保險年資合計滿25年，其最後服務單位雖承認其於各有關企業服務滿25年，惟因故未能一次發給退休金

134 行政院勞工委員會87年3月23日（87）台勞保2字第007671號函參照。

135 行政院勞工委員會87年5月6日（87）台勞保2字第014992號函參照。

（或資遣費）而有左列情事之一並取得相關證明者，擬視為符合勞工保險條例第58條第1項（現修正為第2項）第3款規定，得請領老年給付：(1)被保險人經地方勞工行政主管機關協調而取得雇主承諾之債權證明者。(2)被保險人不經地方勞工行政主管機關協調，逕依強制執行法第4條第1項規定向雇主取得執行名義者。」本書以為資遣費並不適用，且以「取得雇主承諾之債權證明者」作為屬於「其他具體可行之認證方式」之一，並不洽當。因其並無執行名義可言。又，被裁減資遣續保之被保險人，自此而後，似乎即已與同一投保單位無關矣。況且，其並未符合退休金的資格，其因故未能取得資遣費者，實難以比照辦理，更不應將其作為屬於「其他具體可行之認證方式」之一。

再者，⑤「有關勞工保險被保險人於民營企業間調動，如最後投保單位因財務困難而於重整程式中無法發放勞工退休金或資遣費，而被保險人於各有關企業之保險年資已滿25年，並取得最後投保單位出具之服務年資證明者，視為勞工保險條例第58條第1項（現修正為第2項）第3款規定之『同一投保單位』而據以請領老年給付。」[136]本書以為民營有關企業限於關係企業而言；無法發放資遣費並不符合同一投保單位的條件，而且，單純「出具服務年資證明」因不具有強制執行的名義，也不應該解釋為屬於「其他具體可行之認證方式」之一。

最後，⑥「有關勞工保險被保險人於民營企業間調動，於退職時請領老年給付疑義一案，依勞工保險條例第58條第1項（現修正為第2項）第3款規定，在同一投保單位參加保險之年資合計滿25年退職者，得請領老年給付。查勞工保險被保險人於民營企業間調動，如於最後服務單位出具各該企業服務滿25年年資之相關證明文件者，得依上開規定請領老年給付。」[137]本書以為此一函釋的疑義如下：一路放寬至此，所謂「最後服務單位出具相關證明文件」，是否表示無須給付退休金或資遣費了？也不用問按比例分攤給付或重整程式等變異態樣了？甚至，也不用問是否同一

---

[136] 行政院勞工委員會92年6月3日勞保2字第0920032050號令參照。

[137] 行政院勞工委員會97年1月16日勞保2字第0970140034號函參照。

投保單位？此混淆了第3款與第4款的界線。

4. 並非實體同一性之雇主

上述之函釋，均圍繞在實體同一性的雇主。惟被保險人也有在非關係企業間移轉，而被解釋為同一投保單位者。①「二公司（非關係企業）以上依協議移轉員工，彼此承認該員工於該公司之服務年資，並發給25年年資退休金。得視為同一投保單位加保請領老年給付。」[138]②「查勞工保險條例第9條之1規定，被裁減資遣續保之被保險人應由『原投保單位』辦理加保。又為解決原投保單位因故未能辦理續保等相關問題，乃於被裁減資遣被保險人繼續參加勞工保險及保險給付辦法第2條規定得由『委託團體』辦理加保，該委託團體自應視為原投保單位。是被裁減資遣續保被保險人於原投保單位及委託團體辦理加保之勞保年資合計滿25年者，得依勞工保險條例第58條第1項（現修正為第2項）第3款規定向勞工保險局請領老年給付。」[139]本書以為二公司（非關係企業）以上依協議移轉員工，彼此承認該員工於該公司之服務年資，並不符合勞保條例施行細則第77條的三種情形。至於被裁減資遣續保之被保險人，其於原投保單位及受託團體辦理加保，應該依照第9條之1請領，而非第58條第2項第3款。這是立法者適度引入商業保險的做法，以保障被保險人的老年經濟安全，與同一投保單位無關。

5. 小結

如上所述，針對同一投保單位，立法原意係希望給予在同一投保單位工作的被保險人較佳的老年給付保障，並且在勞保條例施行細則第77條加以定義性解釋。然而，隨著實務個案的發展，中央勞政機關的函釋不斷地放寬同一投保單位的範圍，尤其是經由「其他具體可行之認證方式」，將各種態樣納入。甚至於將並非實體同一性之雇主，也解釋為同一投保單位，混淆了第3款與第4款的界線，也減損了第4款的任務功能。

---

[138] 行政院勞工委員會84年10月23日（84）台勞保2字第136611號函參照。

[139] 行政院勞工委員會86年9月8日（86）台勞保2字第036652號函參照。

（四）第4款規定

在2001年12月6日，勞保條例增訂第58條第2項第4款規定。至此，第2項第1款至第5款乃粲然大備。依之，「參加保險之年資合計滿二十五年，年滿五十歲退職者。」其立法理由為，「鑑於本條例第五十八條第一項第三款，關於勞工老年給付，限於在『同一投保單位』投保始得累計年資，但現行產業結構變化快速，勞工變換工作實為常態，且勞工以勞工保險局為投保單位，變換工作並不影響其投保一貫性，爰增列第四款，勞工只要投保年資滿二十五年，且年滿五十歲，即可申請老年給付，不限於同一投保單位。」可知，其係在修正第3款有同一投保單位之限制，希望提供被保險人較佳的請求權依據。

只是，第3款並未被廢止。而是仍與第4款併行適用。因此，解釋上，即使在同一投保單位工作，如果被保險人的年齡未低於年滿50歲，則其引用第4款請領老年給付即可。甚且，第2款「參加保險之年資合計滿十五年，年滿五十五歲退職者」也適用於同一投保單位。對於中高齡進入職場者，引用第2款似乎也較第3款有利。整體來看，由於保險年資並不以在同一投保單位為限，而是得在不同投保單位間併計，在不同事業單位間工作的借調關係，也不以關係企業為限。所以，除非有明確的、必要的政策目標，並且有較低的保險年資及給付年齡規定，否則，似可檢討第3款的存廢。

（五）第5款規定

最後，如前所述，現行的第5款係在1988年1月15日修正增訂。其立法理由為，「有關請領老年給付之條件，配合勞基法第53條及第54條規定，增訂」該等規定。正確而言，係參考勞基法第54條第2項，「前項第一款所規定之年齡，對於擔任具有危險、堅強體力等特殊性質之工作者，得由事業單位報請中央主管機關予以調整。但不得少於五十五歲。」而訂定。只是，依據此項規定，「得由事業單位報請中央主管機關予以調整」，似乎是由事業單位根據個別工作的危險性及耗體力性，而向中央主管機關申請調整[140]，而非中央主管機關公告指定特定工作為具有危險、堅強體力等特殊性質之工作。參照中央主管機關以目前函釋[141]所廢止之以往函釋，以下工作並不屬之：潛水工[142]、駕駛員與捆工[143]等。

惟被廢止函釋中具有危險、堅強體力等特殊性質之工作，也有未提及勞基法第54條第2項，而是直接引用勞保條例第58條第2項第5款者。依之，「勞保條例第五十八條第一項第四款規定『擔任經中央主管機關核定具有危險、堅強體力等特殊性質之工作合計滿五年，年滿五十五歲退職者，得請領老年給付。』本案賴君在高樓建築從事板模工作，核屬危險、堅強體力等特殊性質之工作，其如從事該項工作合計滿五年，年滿五十五歲，得依上開規定請領老年給付。」[144]同樣地，「關於高樓建築之泥水工、範本工、建築鋼筋工及建築鷹架工，核屬危險、堅強體力等特殊性質之工作，該等被保險人於從事該項工作離職時，依勞工保險條例第五十八條第一項第四款規定請領老年給付。」[145]或許，由於勞保條例第58條第2項第5款之立法理由，只是「配合」勞基法第54條增訂，並非謂必然應完全一致，故有此不同法律之適用。

不過，隨著2008年7月17日勞保條例第58條修正增訂第7項及第8項，有關具有危險、堅強體力等特殊性質之工作，似乎已與勞基法第54條第2項脫鉤處理。依之，「被保險人擔任具有危險、堅強體力等特殊性質之工作合計滿十五年，年滿五十五歲，並辦理離職退保者，得請領老年年金給付，且不適用第五項及第五十八條之二規定（第7項）。第二項第五款及前項具有危險、堅強體力等特殊性質之工作，由中央主管機關定之（第8項）。」此第8項「由中央主管機關定之」規定，與勞基法第54條第2項「得由事業單位報請中央主管機關予以調整」顯有不同。可惜的是，其立

---

140 行政院勞工委員會職業訓練局96年9月4日職業字第0960033999號函參照。

141 行政院勞工委員會98年2月11日勞保2字第0980140051號令參照。

142 （廢）行政院勞工委員會78年12月30日（78）台勞保一字第31462號函參照。

143 （廢）行政院勞工委員會79年1月17日（79）台勞保一字第32005號函參照。

144 （廢）行政院勞工委員會80年8月24日（80）台勞保二字第20079號函參照。

145 （廢）行政院勞工委員會84年5月25日（84）台勞保二字第115586號函參照。

法理由為「照黨團協商條文通過」，並未列出具體事由，推測係因此類工作需要堅強的體力及注意力，對於逾55歲的中高齡勞工，恐怕難以或無法勝任，且容易造成職業災害。雖然其所規範者，為原本第2項第5款的特殊工作者，但似乎可將之視為新增訂的特別年金保險制度的適用對象，對於擔任此類工作者尤具意義，如參考以往所廢止的函釋的歷程及工作者，中央主管機關似不宜採取從寬規定的立場。

對此，中央勞政機關訂定「異常氣壓危害預防標準」，認為從事符合異常氣壓危害預防標準規定之下列工作：1.高壓室內作業。2.潛水作業，自2009年1月1日生效[146]。並且，有關其工作證明文件如下：1.從事符合異常氣壓危害預防標準所定高壓室內作業者：離職退保前依該標準第28條規定作成之紀錄等文件，且經雇主或投保單位蓋章證明。2.從事符合異常氣壓危害預防標準所定潛水作業之工作者：離職退保前依該標準第37條及第43條至第47條規定從事職業潛水作業之資格、紀錄等文件，且經雇主或投保單位蓋章證明。同樣自2009年1月1日生效[147]。除此之外，似乎未再有其他工作列入。

有問題的是，第58條第7項危險性行業是否包括坑內工？這是因為在1988年1月15日修正刪除的第60條規定，「被保險人如係坑內工作之勞工，並在坑內工作合計滿五年，於年滿五十五歲退職者，即可依前條第一項規定，請領老年給付。」其刪除理由為，「本條有關坑內工請領老年給付之特別規定，於修正條文第五十八條第一項第四款可涵蓋適用，爰予刪除。」[148]這表示：坑內工為具有危險、堅強體力等特殊性質之工作，並且依據當時的第58條第1項第4款為特別年金保險制度的適用對象。不過，隨著坑內工作的消失，坑內工的實際意義已不大，雖然職業安全衛生法第29條第1項第1款及第30條第1項第1款仍然將其列為危險性或有害性工作之一，其目的只在禁止未滿18歲勞工及妊娠中之女性勞工從事之，而非禁止

146 行政院勞工委員會97年12月25日勞保2字第0970140623號令參照。

147 行政院勞工委員會98年1月8日勞保2字第0970140691號令參照。

148 行政院勞工委員會，勞工保險條例逐條釋義，頁604。

所有的勞工為之。因此，中央勞政機關如欲將之列入特別年金保險制度的適用對象，仍應在相關子法中訂定之。

最後，隨著2008年7月17日的修正增訂第58條第7項，形成了與第2項第5款併行的現象。理論上，第2項雖無日落條款的設計，但終會隨「本條例中華民國九十七年七月十七日修正之條文施行前有保險年資者」之人請領完老年給付，而劃下休止符。惟在這時間到來之前，仍值得一提的是：首先，兩者雖然都只言「擔任具有危險、堅強體力等特殊性質之工作」，與第2項其他各款為「保險之年資」者不同，但仍應將之做「保險之年資」解釋，而非指事實上有工作，而不問其有無參加老年保險。其次，對於「本條例中華民國九十七年七月十七日修正之條文施行前有保險年資者」，其繼續工作所累積之保險年資，使其得以一次請領老年給付或請領老年年金或老年一次金。相對地，對於2008年7月17日之後進入職場起算保險年資者，只能依據第58條第7項規定，請領老年年金給付，而不得一次請領老年給付。三者，依據第58條第7項規定，「不適用第五項及第五十八條之二規定」，請領年齡被固定在年滿60歲，且無展延年金及減額年金之適用。相對地，依據第58條第2項第5款之特殊性質工作者仍然有同條第5項及第58條之2的適用。

三、老年給付之種類

（一）老年年金

社會保險年金給付制係現代社會福利國家的表徵，也是多數國家所採取之制度。台灣自2009年1月1日起開始實施老年年金制，惟對於保險年資合計未滿15年者，仍然只允許其請領老年一次金給付。而對於之前已參加勞工保險者，則是保留其選擇一次請領老年給付的權利。

社會保險年金給付制為一種長期的、定期性的現金給付，與傷病給付為短期的定期性的現金給付（勞保條例第35條、第36條參照）或其他保險給付（例如生育給付）為一次性給付，不同。老年年金為一生存的、永續的年金，一直給付至被保險人死亡時為止。其並不以按年發放為限，而是包括年、半年、季、月、週給付均可。此應由立法者予以明定[149]。目前，針對外籍勞工及本國籍被保險人日後移居國外之年金給付，中央勞政機關允許其按半年發給一次，以免多次負擔國際匯款等手續費，而致年金金額減少[150]。

因此，自2009年1月1日起參加勞工保險者，視其是符合第58條第1項第1款或第2款的條件，由保險人給予老年年金或老年一次金給付。在此，不僅只符合第2款條件者不得主張適用第1款，同樣地，符合第1款條件者只能請領老年年金，而不得主張適用第2款老年一次金。當時，根據勞保局統計，被保險人若領取年金超過8年，大概就超過請領一次金的金額。而且，其並無領取年齡的上限，與勞工退休金條例之退休年金會受到年金生命表內所載對應之平均餘命的限制[151]，尚有不同。誠然為「活到老、領到老」，甚至（不避諱的話）「領到死」。

除了第58條第1項第1款之「年滿六十歲、保險年資滿十五年」之外，如上所述，老年年金的適用對象，還包括「擔任具有危險、堅強體力等特殊性質之工作合計滿十五年，年滿五十五歲，並辦理離職退保者」（勞保條例第58條第7項參照）。只不過，與第1項第1款的一般老年年金適用者不同的是：此類「擔任具有危險、堅強體力等特殊性質之工作」者並不得主張適用第58條之2展延年金或減額年金之適用。又，除了上述的適用對象外，依據國民年金法第32條規定，「被保險人符合本保險及勞工保險老年給付請領資格者，得向任一保險人同時請領，並由受請求之保險人按其各該保險之年資，依規定分別計算後合併發給；屬他保險應負擔之部分，由其保險人撥還（第1項）。前項被保險人於各該保險之年資，未達請領老年年金給付之年限條件，而併計他保險之年資後已符合者，亦得請領老年年金給付；……（第2項）。」這表示：勞工保險年資雖未滿15

---

[149] 柯木興，社會保險，頁172、179以下。

[150] 行政院勞工委員會99年8月24日勞保2字第0990140334號函參照。

[151] 以60歲爲例，2020年公告的年金生命表內所載對應之平均餘命是24歲，所以得領到84歲。

年，但併計國民年金保險已達15年者，於其年滿65歲時，即得請領勞工保險老年年金及國民年金給付。在此，亦適用第1項的「分別計算後合併發給」規定[152]。

同樣地，在勞保條例2009年1月1日修正施行後，針對勞工保險與國民年金保險老年給付之併計，已有加以規定。依據勞保條例第74條之2規定，「本條例中華民國九十七年七月十七日修正之條文施行後，被保險人符合本保險及國民年金保險老年給付請領資格者，得向任一保險人同時請領，並由受請求之保險人按其各該保險之年資，依規定分別計算後合併發給；屬他保險應負擔之部分，由其保險人撥還（第1項）。前項被保險人於各該保險之年資，未達請領老年年金給付之年限條件，而併計他保險之年資後已符合者，亦得請領老年年金給付（第2項）。被保險人發生失能或死亡保險事故，被保險人或其遺屬同時符合國民年金保險給付條件時，僅得擇一請領（第3項）。」

又，依據國民年金法第34條第5項規定，「被保險人具有勞工保險年資者，得於第一項之保險年資予以併計；其所需金額，由勞工保險保險人撥還。」即國民年金被保險人得併計勞工保險年資[153]，以領取身心障礙年金給付。而勞保年資部分，應按老年給付的標準計給。不過，由於法條明定「得於第一項之保險年資予以併計」，所以，「(1)勞保局基於對人民有利及簡政便民之考量，主動併計其勞保年資，被保險人如無意願併計其勞保年資，仍得提出不併計勞保年資之請求。是以，未來貴局於受理國民年金被保險人請領身心障礙年金給付時，應徵詢當事人是否併計勞保年資之意願。復為維持法律秩序之安定性，經保險人核付後，不得變更。(2)被保險人領取國保身心障礙年金給付，如選擇併計勞保年資者，因其具有提早領取老年年金給付之性質，嗣後符合勞保老年給付條件時，僅得轉銜請領老年年金給付，不得一次請領老年給付。(3)關於其65歲欲請領

152 有關勞保老年年金與國民年金的關係，請參閱柯木興，社會保險，頁170、189。

153 有關勞保年金與國民年金的銜接機制，請參閱鍾秉正，勞工保險年資保留之爭議—最高行政法院92年度判字第267號判決，收錄於：勞工保險條例精選判決評釋，頁16以下。

勞保老年年金給付時，得否再增給20%展延老年年金部分，因其併計勞保年資，有提早領取老年年金給付之性質，嗣後再請領勞保老年年金給付時，自不得再增給展延老年年金。(4)另按被保險人領取國保身心障礙年金給付併計勞保年資者，嗣後如符合勞保老年給付條件時，僅得轉銜請領老年年金給付，是以，如其於領取老年年金期間死亡，因被保險人本人不得一次請領老年給付，故其遺屬僅得請領遺屬年金給付，不得一次請領老年給付之差額。(5)又關於被保險人領取國保身心障礙年金給付併計勞保年資者，嗣後死亡，其遺屬得否請領勞保給付部分，查勞工保險條例第63條之1第3項、第4項之規定，係為考量被保險人離職退保時已達一定年資及年齡條件，於未領取勞保老年給付前死亡之遺屬生活保障。按領取國民年金保險身心障礙年金給付併計勞保年資者，有提早領取老年年金給付之性質，故無上開條文之適用。併予敘明。」[154]本書以為此一函釋的見解可採，只是，「經保險人核付後，不得變更」，似宜在第34條第5項予以明定，以免滋生法律上的疑義，畢竟，能否變更選擇攸關被保險人的權益至鉅。

（二）老年一次性給付

環觀世界各國社會安全制度的演進，都是由社會保險一次給付制發展成社會保險年金給付制，我國也是如此。只是，目前勞保條例仍然保留老年一次性給付，即老年一次金及一次請領老年給付。依據勞保條例第19條第2項前段規定，「以現金發給之保險給付，其金額按被保險人平均月投保薪資及給付標準計算。」老年一次金及一次請領老年給付的給付標準相同，但平均月投保薪資則不同。依據勞保條例第19條第3項第1款規定，「年金給付及老年一次金給付之平均月投保薪資：按被保險人加保期間最高六十個月之月投保薪資予以平均計算；參加保險未滿五年者，按其實際投保年資之平均月投保薪資計算。但依第五十八條第二項規定選擇一次請領老年給付者，按其退保之當月起前三年之實際月投保薪資平均計算；參

154 行政院勞工委員會99年9月30日勞保2字第0990140407號函參照。

加保險未滿三年者，按其實際投保年資之平均月投保薪資計算。」

至於兩者的給付標準，規定在勞保條例第59條第1項。依之，「……其保險年資合計每滿一年，按其平均月投保薪資發給一個月；其保險年資合計超過十五年者，超過部分，每滿一年發給二個月，最高以四十五個月為限。」將超過15年保險年資部分，計給2個月，目的在促進年長被保險人留在職場或投入職場工作，故給予優待。此種以15年保險年資為分界點，前15年為1個月基數，15年後為2個月基數，剛好與勞基法第55條之退休金標準「前15年為2個月基數，15年後為1個月基數」相反，形成互補的現象。後者在促進年輕勞工進入職場及避免年資短的勞工任意離職，故給予較佳待遇。兩者的優惠待遇不同，顯示出老年給付保險與雇主退休金責任考慮重點不同。由於其係以保險年資或工作年資為準，故雖有歧視其中一個族群的疑慮，但尚未達違反平等原則的地步。

在此，先附帶一言者，依據勞保條例第76條第1項規定，「被保險人於轉投軍人保險、公務人員保險或私立學校教職員保險時，不合請領老年給付條件者，其依本條例規定參加勞工保險之年資應予保留，於其年老依法退職時，得依本條例第五十九條規定標準請領老年給付。」可知，針對保留的年資[155]，係以老年一次性給付的標準給付，並不區分是老年一次金或一次請領老年給付。在此，其係請求轉保軍公教保險前保留的年資，解釋上應以「退保當年」的投保薪資計算。在做法上，「於其依公教人員保險法請領養老給付或依軍人保險條例請領退伍給付時，得依本條例第59條規定標準請領老年給付。」[156]

又，勞保條例第58條第1項、第2項的各款，或第7項的被保險人的給付年齡，解釋上並不包括因轉保軍公教保險而保留年資的情形。亦即，社會保險的本質在確保被保險人的基本生活，在轉保軍公教保險後，如其仍在職，雖然已符合上述勞保條例第58條的年齡，由於其每月的俸給收入足

---

[155] 惟依照勞保局網頁的介紹，被保險人並無須申請保留勞保年資，而是在其請領軍公教老年給付時，將相關證明文件出示給勞保局，表示要請領老年給付即可。

[156] 行政院勞工委員會96年12月18日勞保2字第0960140488號令參照。

以維持其家庭生活，故其請領老年給付，仍應依照勞保條例第76條第1項規定[157]。

惟，誠如學者所言者，勞保條例第59條第1項的適用對象包括依第58條第1項第2款之請領老年一次金者，但因其為「保險年資合計未滿十五年者」。則何來第59條第1項後半段「其保險年資合計超過十五年者，超過部分，每滿一年發給二個月，最高以四十五個月為限」？法條文字互有矛盾[158]。而且，被保險人的年資既未滿15年，則乘上平均月投保薪資發給1個月，根本不可能達到45個月。本書以為2008年7月17日修正前之條文只適用於一次請領老年給付者，本屬正確。故應將之修正為如同第59條第2項的規定。亦即：第59條第2項只適用於一次請領老年給付，即被保險人逾60歲後繼續工作者，保險年資最多加給5年及一次請領老年給付最高以50個月為限。其目的重在增進被保險人權益[159]，與是否鼓勵高齡被保險人留在職場較無關聯。在此，被保險人逾60歲後繼續工作者，保險年資最多加給5年，至於其給付標準，端視被保險人保險年資是否合計超過15年而定，未超過者，「其保險年資合計每滿一年，按其平均月投保薪資發給一個月」；超過者，每滿1年發給2個月，總數最高為50個月。

所以，由於領取老年一次金者，必須符合「年滿六十歲有保險年資者」的最低條件限制，而無最高年齡的限制，因此，第59條第2項並無將之納入適用的必要[160]。即對於此類高齡被保險人，其保險給付的標準，仍然是同條第1項前半段的「其保險年資合計每滿一年，按其平均月投保薪資發給一個月」，根本不可能達到45個月，遑論50個月。

另外，依據勞保條例第74條之1規定，「被保險人於本條例中華民國九十七年七月十七日修正之條文施行前發生失能、老年或死亡保險事故，其本人或其受益人領取保險給付之請求權未超過第三十條所定之時效者，

---

157 行政院勞工委員會，勞工保險條例逐條釋義，頁562。

158 郭玲惠，勞工及就業保險法釋義，頁245以下。

159 1988年1月1日勞保條例第61條修正理由參照。

160 反對說，郭玲惠，勞工及就業保險法釋義，頁247以下。

得選擇適用保險事故發生時或請領保險給付時之規定辦理。」所以，在2009年1月1日勞保條例修正施行前，一次請領老年給付如已罹於消滅時效，則基於法律不溯及既往原則，勞保條例第58條第4項規定，「被保險人請領老年給付者，不受第三十條規定之限制。」即不適用之[161]。相反地，老年一次金係在2009年1月1日後始適用，自然有勞保條例第58條第4項之適用。

最後，如前所述之職域保險的問題：勞保被保險人轉投軍人保險、公務人員保險或私立學校教職員保險時，不合請領老年給付條件者，其依本條例規定參加勞工保險之年資應予保留，於其年老依法退職時，得依本條例第59條規定標準請領老年給付（勞保條例第76條第1項）。惟，其轉投軍人保險、公務人員保險或私立學校教職員保險後，並非當然能獲取該等職域保險的給付。解釋上，如其未能滿足領取該等職域保險給付的條件（保險年資及年齡）而離職時，設其再度受僱工作，應能再度申報參加勞工保險，以便成就老年給付的條件。從比較法來看，德國年金保險法第8條第2項允許此類人員以嗣後加保（Nachversicherung）的方式自願參加保險，即以補繳保費的方式，將年金保險的時期回溯至在擔任軍、公、教職務之時[162]。

以下，再就老年一次性給付的個別問題補充說明：

1. 老年一次金

如上所述，雖然老年年金係一時代趨勢，但我國仍然存在老年一次金的給付種類。其理由，應該是被保險人的保險年資未達15年，如以月退金給付，金額有限，而且，又增加行政費用。所以，立法者係以較一次請領老年給付較優的規定，給予被保險人保障。

2. 一次請領老年給付

如前所述，一次請領老年給付係規定在勞保條例第58條第2項所列的

---

161 行政院勞工委員會98年4月23日勞保2字第0980009133號函參照。

162 Muckel/ Ogorek, Rn. 31. 鍾秉正，勞工保險年資保留之爭議－最高行政法院92年度判字第267號判決，收錄於：勞工保險條例精選判決評釋，頁17。

特定對象。惟此類特定的對象只是「得選擇一次請領老年給付」，其仍得依據同條第1項主張老年年金或老年一次金。但是，假設其一次請領老年給付已經罹於消滅時效[163]，則當然不得（轉而）再主張老年年金或老年一次金。而如其選擇一次請領老年給付，即無同條例第58條之2展延年金或減額年金之適用。

此一一次請領老年給付，也會影響遺屬之請領遺屬年金。依據勞保條例第63條之1規定，「被保險人退保，於領取失能年金給付或老年年金給付期間死亡者，其符合前條第二項規定之遺屬，得請領遺屬年金給付（第1項）。前項被保險人於本條例中華民國九十七年七月十七日修正之條文施行前有保險年資者，其遺屬除得依前項規定請領年金給付外，亦得選擇一次請領失能給付或老年給付，扣除已領年金給付總額之差額，不受前條第二項條件之限制，經保險人核付後，不得變更（第2項）。被保險人保險年資滿十五年，並符合第五十八條第二項各款所定之條件，於未領取老年給付前死亡者，其符合前條第二項規定之遺屬，得請領遺屬年金給付（第3項）。前項被保險人於本條例中華民國九十七年七月十七日修正之條文施行前有保險年資者，其遺屬除得依前項規定請領年金給付外，亦得選擇一次請領老年給付，不受前條第二項條件之限制，經保險人核付後，不得變更（第4項）。」但是，假設被保險人如不符同條例第58條第2項各款規定得一次請領老年給付之條件者，其遺屬自不得選擇一次請領老年給付，扣除已領年金給付總額之差額，僅得依同條例第63條之1第1項規定請領遺屬年金[164]。

又，針對「關於被保險人領取國保身心障礙年金給付併計勞保年資者，嗣後死亡，其遺屬得否請領勞保給付部分，查勞工保險條例第63條

---

[163] 依據行政院勞工委員會98年4月23日勞保2字第0980009133號函，「依勞工保險條例第30條規定，領取保險給付之請求權，自得請領之日起，因2年間不行使而消滅。同條例第58條第4項規定，被保險人請領老年給付者，不受第30條規定之限制，並於98年1月1日施行。按法律不溯及既往原則，被保險人於該條文生效前已罹於時效之一次請領老年給付案件，自不得追溯適用。」

[164] 行政院勞工委員會101年9月18日勞保2字第1010140378號函參照。

之1第3項、第4項之規定，係為考量被保險人離職退保時已達一定年資及年齡條件，於未領取勞保老年給付前死亡之遺屬生活保障。按領取國民年金保險身心障礙年金給付併計勞保年資者，有提早領取老年年金給付之性質，故無上開條文之適用。」[165]

有問題的是，上述遺屬依勞保條例第63條之1第4項規定一次請領老年給付，是否有消滅時效之限制？對此，勞保條例第58條第4項固然有「被保險人請領老年給付者，不受第三十條規定之限制」之規定。惟勞保條例第63條之1則無類似規定。由於勞保條例第63條之1第4項之一次請領老年給付，只是在給予遺屬較佳給付的便宜性做法，其本質上仍為遺屬年金，故似應回歸遺屬年金的消滅時效較為合理，亦即應受到勞保條例第30條5年消滅時效之適用[166]。

附帶一提者，一次請領老年給付並不適用於領取國民年金保險身心障礙年金給付併計勞保年資者。亦即：依據國民年金法第34條第5項規定，「被保險人具有勞工保險年資者，得於第一項之保險年資予以併計；其所需金額，由勞工保險保險人撥還。」「被保險人領取國保身心障礙年金給付，如選擇併計勞保年資者，因其具有提早領取老年年金給付之性質，嗣後符合勞保老年給付條件時，僅得轉銜請領老年年金給付，不得一次請領老年給付。」「另按被保險人領取國保身心障礙年金給付併計勞保年資者，嗣後如符合勞保老年給付條件時，僅得轉銜請領老年年金給付，是以，如其於領取老年年金期間死亡，因被保險人本人不得一次請領老年給付，故其遺屬僅得請領遺屬年金給付，不得一次請領老年給付之差額。」[167]

3. 錯誤勾選一次請領老年給付之問題

由於老年給付的種類有老年年金、老年一次金及一次請領老年給付

---

165 行政院勞工委員會99年9月30日勞保2字第0990140407號函參照。

166 不同意見說，郭玲惠，勞工及就業保險法釋義，頁244。

167 行政院勞工委員會99年9月30日勞保2字第0990140407號函參照。

三種，對於被保險人在2008年7月17日修正之條文施行前有保險年資者，除了得依法請領老年年金或老年一次金外，亦得選擇一次請領老年給付。因此，遂有可能發生被保險人選擇一次請領老年給付，而後要求更改為老年年金或老年一次金，或者反之的情形。其理由，可能是被保險人思慮不周、反悔、意思表示錯誤或傳達錯誤等，不一而足。立法者對於此種要求變更或重新申請的情形可謂了然於胸，乃事先在勞保條例第58條第2項明定「經保險人核付（款項匯入帳戶內）後，不得變更」，以保險人行政處分已經完成，且無撤銷或無效的原因，明定不得變更，以預先免除要求重新選擇的爭議。這主要是基於法律秩序的安定性[168]及明確性的要求。畢竟，法律具有普遍性、確定性、穩定性及妥當姓，不宜因個人的見解或利益考量而隨意更動。而此種是否要給予被保險人重新選擇的猶豫期設計，也經過立法者的討論後不採，所以也無法律漏洞或立法疏漏可言。

其實，觀察勞保條例有關勞保給付之變更，除了老年給付之外，尚有失能給付及遺屬年金等三種。這三種給付具有共同的特性，都是在保險事故發生後，可以長期性地確保被保險人及其遺屬之基本生活。也因此，勞保條例第65條之3規定，「被保險人或其受益人符合請領失能年金、老年年金或遺屬年金給付條件時，應擇一請領失能、老年給付或遺屬津貼。」甚至，國民年金被保險人請求身心障礙年金給付，如其具有勞工保險年資者，得於第1項之保險年資予以併計（國民年金法第34條第5項參照），經保險人核付後，不得變更[169]。

依據勞保條例第53條規定，「被保險人遭遇普通傷害或罹患普通疾病，經治療後，症狀固定，再行治療仍不能期待其治療效果，經保險人自設或特約醫院診斷為永久失能，並符合失能給付標準規定者，得按其平均月投保薪資，依規定之給付標準，請領失能補助費（第1項）。前項被保險人或被保險人為身心障礙者權益保障法所定之身心障礙者，經評估為終身無工作能力者，得請領失能年金給付。其給付標準，依被保險人之保險

168 行政院勞工委員會99年9月30日勞保2字第0990140407號函參照。

169 行政院勞工委員會99年9月30日勞保2字第0990140407號函參照。

年資計算，每滿一年，發給其平均月投保薪資之百分之一點五五；金額不足新臺幣四千元者，按新臺幣四千元發給（第2項）。前項被保險人具有國民年金保險年資者，得依各保險規定分別核計相關之年金給付，並由保險人合併發給，其所需經費由各保險分別支應（第3項）。本條例中華民國九十七年七月十七日修正之條文施行前有保險年資者，於符合第二項規定條件時，除依前二項規定請領年金給付外，亦得選擇一次請領失能給付，經保險人核付後，不得變更（第4項）。」[170]

再依據勞保條例第63條之1規定，「被保險人退保，於領取失能年金給付或老年年金給付期間死亡者，其符合前條第二項規定之遺屬，得請領遺屬年金給付（第1項）。前項被保險人於本條例中華民國九十七年七月十七日修正之條文施行前有保險年資者，其遺屬除得依前項規定請領年金給付外，亦得選擇一次請領失能給付或老年給付，扣除已領年金給付總額之差額，不受前條第二項條件之限制，經保險人核付後，不得變更（第2項）。被保險人保險年資滿十五年，並符合第五十八條第二項各款所定之條件，於未領取老年給付前死亡者，其符合前條第二項規定之遺屬，得請領遺屬年金給付（第3項）。前項被保險人於本條例中華民國九十七年七月十七日修正之條文施行前有保險年資者，其遺屬除得依前項規定請領年金給付外，亦得選擇一次請領老年給付，不受前條第二項條件之限制，經保險人核付後，不得變更（第4項）。」

上述失能給付、老年給付及遺屬年金等三種勞保給付之變更，實務上大多集中在老年給付的爭議，而且是先選擇一次請領老年給付，而後要求更改為老年年金。惟，本書以為「經保險人核付後，不得變更」，也包括先選擇一次請領老年給付，而後要求更改為老年一次金，以及先選擇老年年金或老年一次金，而後要求變更為一次請領老年給付之情形，蓋這些案例皆有法律安定性及明確性的需要。至於失能給付及遺屬年金應該要做相同的解釋及適用。所以，立法者或行政機關、司法機關之同意變更或更

---

[170] 勞工保險監理委員會，勞保爭議大觀園，頁204-208。

改，無論是基於何種理由，似乎均應做整體的考量，不宜選擇性地處理或貿然行事。

在法院實務上，對於被保險人要求更改給付方式或種類，雖然部分高等行政法院有肯定被保險人得以錯誤為由，更改為年金者。但最高行政法院及部分高等行政法院毋寧是採取否定見解。在此，首應說明者，申請給付項目欄勾選項目為「一次老年給付」，似無由被保險人親自所為者，而是由投保單位承辦人或會務人員或甚至保險人的業務人員所勾選者。也就是說，被保險人口頭委託承辦人或會務人員代為填寫老年給付申請書及勾選一次老年給付。由於是投保單位的經辦人員所為，而非保險代理人（勞保黃牛），所以保險人並未要求書面的授權書或委任書。而在保險人按照申請書所勾選擇的一次老年給付核付後，被保險人隨即以意思表示錯誤或傳達不實，申請爭議審議並再度提出老年年金申請書者。

(1) 肯定說

法院持肯定說的理由，大體上係認為被保險人真意在請領老年年金，但受託代為填寫老年給付申請書及勾選一次老年給付者卻違背其本意，勾選一次老年給付。因此，一方面為無權代理（但被保險人未承認），另一方面則發生意思表示錯誤或意思表示傳達不實，為民法第88條、第89條、第90條得撤銷之情形，與勞保條例第58條第2項「經保險人核付後，不得變更」為撤回或變更性質者，尚有不同。在這些案例中，幾乎所有的投保單位或其經辦人員、會務人員均承認本身犯下錯誤。

法院認為從一次請領老年給付變更為老年年金，只要將領取的金錢透過會算程式處理，對於個案而言，行政成本耗費有限。且勞工保險為社會保險，依勞工保險條例第1條規定，本以保障勞工生活，促進社會安全為其宗旨。與私法上保險契約關係，保險人與被保險人居於商業上之對立關係截然不同。保險人應協助被保險人欲請求老年年金的真意實現，善盡國家對於高齡工人之照顧義務。是以，基於憲法對於高齡工人工作權之保障及基本國策扶助老年人之立場，在解釋論上對於勞工保險條例第58條第2項「經保險人核付後，不得變更」之規定，自應採取合乎憲法意旨的解釋，至少在該核付處分之法定救濟期間內（即處分尚未確定時），於意思表示錯誤或傳達不一致之撤銷，或是申請人更正其申請給付項目，均應容許之。再者，對於被保險人老年給付種類之選擇，保險人負有說明義務及照顧義務或調查及闡明義務，應給予積極協助或釐清其意思表示，而非僅是消極以申請書上固定格式之印刷文字為提醒。保險人所為之簡訊通知，也是自2005年6月起啟動，對於一些被保險人的老年給付申請已晚了一步。其作成原處分未能善盡其說明與照顧義務，而作成處分後，卻引用勞工保險條例第58條第2項拒絕被上訴人更正之申請，與勞保條例第1條之立法意旨相違，且與法治國、福利國之本旨不合。所以，應容許在該核付處分救濟期間內（處分尚未確定），予以更正[171]。

(2) 否定說

持否定說者，主要是上級審法院，但也有一些下級審法院。上級審法院是在保險人上訴後，做出與高等行政法院不同的判決，而將原判決廢棄。其理由約有：勞工保險條例第58條第2項規定，「……除依前項規定請領老年給付外，亦得選擇一次請領老年給付，經保險人核付後，不得變更：……。」其限制勞工不得變更已經核定之老年年金給付方式，係基於申請給付案件眾多，為避免於核付後申請人改變心意另為選擇，致生無謂之行政作業成本等因素考量。其並非僅是個案的銷帳繳回款項及另行撥款的問題，而是涉及行政主管機關及財政主管機關對於申請案之審核、撥付、會計科目編列及年度預算之編列等諸多耗費人力、物力之成本事項。倘任由申請人任意變更，一旦申請變更請領方式之人數過多，其所造成之成本勢將過鉅，對於勞工保險基金之永續經營，以及其他尚未領取保險給付之勞工權益，亦將產生不公平及排擠效應。是以，於考量勞工保險條例第58條第2項規定時，自不宜僅以單一個案之權益為考量，尚須以整體制度之設立目的以及整體制度之公平性綜合權衡[172]。

至於從解釋論的立場，認為基於憲法對於高齡工人工作權之保障及

---

[171] 台北高等行政法院99年度訴字第224號判決、100年度訴字第1812號判決、105年度訴字第195號判決、105年度訴字第689號判決參照。

[172] 最高行政法院106年度判字第360號判決參照。

基本國策扶助老年人之立場，應容許意思表示錯誤或傳達不一致之撤銷，或是申請人更正其申請給付項目，否則，即與「保障勞工生活，促進社會安全」之立法目的有違，且與憲法保障人民之精神有悖，恐非的論。蓋不論係按月給付抑或一次性給付，其目的均係為「保障勞工生活，促進社會安全」。行政法院基於權力分立之原則，僅能審查行政機關之決定是否合法，而不能審查行政機關如何決定始更符合行政目的，否則無異於以行政法院取代行政機關行使其職權。此參照行政訴訟法第4條第1項之規定，人民僅得對於違法行政處分提起行政訴訟，即臻顯灼[173]。

又，按勞工保險條例第65條之1第1項規定，「被保險人或其受益人符合請領年金給付條件者，應填具申請書及檢附相關文件向保險人提出申請。」惟保險人係按照老年給付申請書核付，對於被保險人或受益人有無委任他人代為申請，非其所得置喙。如果老年給付申請書無委託人或代理人之填載，則申請書形式上即應推定係被上訴人所填載。假設被保險人與投保單位承辦人已有口頭委託，並提交個人身分證、印章及合作金庫綜合存款存摺予承辦人，而成立民法委任法律關係，承辦人即為代理人身分，而非傳達人（使者）[174]。

依據勞保條例施行細則第78條第1項規定，「依本條例第五十八條規定請領老年給付者，應備下列書件：一、老年給付申請書及給付收據。二、符合本條例第五十八條第二項第五款或第七項者，檢附工作證明文件。」亦足見申請勞工保險老年給付係屬書面之要式行為，如被保險人提出之申請書業已明確載明所擇取之給付項目，無須別事探求者，上訴人即應以該申請書面所表示之意思為基礎為核定，無從反其文字記載之意思而為核定[175]。所以，在保險人審核申請人所附文件符合規定後，即有依申請人於申請書所選擇之方式核付年金之義務，不得擅自更改，此為法律對

173 最高行政法院101年度判字第605號判決參照。

174 最高行政法院100年度判字第1111號判決參照。

175 最高行政法院101年度判字第605號判決、106年度判字第648號判決、台灣台北地方法院102年度簡字第275號行政訴訟判決參照。

保險人所加諸之限制，倘其不依申請人所選擇之請領方式核付，即屬違背法令之行為。

本案被保險人於勞保老年給付申請書清晰勾選「申請一次給付」之選項，且於被保險人確認無訛欄位，蓋用其印章為證[176]。其於用印前，自負有審閱申請書之義務，尤其確定勾選項目，以維自身權益。一旦已核付老年給付（將保險給付金額匯入被上訴人指定之銀行帳戶內），即不得再任由申請人申請變更，此一限制與核定處分之法定救濟期間有別，質言之，縱於核定處分之法定救濟期間內，依法申請人仍不得就保險人已經核付後之老年年金申請變更請領方式。

而被保險人所主張之勾選錯誤，其所生之爭議係存在於被保險人與受託人之間，而非與保險人之間。蓋公法行為具公益性，固非當然可適用私法之法理，但私法規定之表現一般法理者，如與公法之性質具共通性者，亦可適用於公法關係（本院52年判字第345號判例意旨參照）。上訴人核定保險給付申請案件應以申請人之真正意思表示為基礎，如申請人之意思表示有錯誤之情形，因現行行政法規並無特別規定，自許類推適用民法第88條、第89條及第105條等有關規定。第105條規定：「代理人之意思表示，因其意思欠缺、被詐欺、被脅迫，或明知其事情或可得而知其事情，致其效力受影響時，其事實之有無，應就代理人決之。但代理人之代理權係以法律行為授與者，其意思表示，如依照本人所指示之意思而為時，其事實之有無，應就本人決之。」足知代理人之意思表示，因其意思除依照本人所指示之意思而為時，其事實之有無應就本人決之外，關於其意思表示有無錯誤，致其效力受影響之情形，應就代理人決之。即關於本件申請之意思表示有無錯誤及可否行使撤銷權，悉應就承辦人決之[177]。

又，有關保險人基於說明與照顧義務所導出之查證義務，其法律依據為何？並不明確，本案勞工保險老年給付申請書及給付收據正面已註記教

---

[176] 最高行政法院107年度裁字第1129號裁定參照。

[177] 最高行政法院106年度判字第648號判決、台北高等行政法院100年度訴字第745號判決參照。

示文字：依照勞工保險條例第58條第2項規定，被上訴人選擇「一次請領老年給付」，並經上訴人核付後即不得再變更。則被上訴人之代理人代為辦理時，就其勾選一次給付選項之法律效果，自難諉為不知，縱使確有不知之情事，亦足認係由於未詳閱申請書上之註記及相關說明所致，自屬有過失，被上訴人仍不得以意思表示有錯誤為由行使撤銷權，自無從據以申請變更給付項目為老年年金給付。況且，即使以簡訊通知申請人，也僅屬保險人善盡其照顧勞工之較周全做法，亦無法杜絕主張因通訊故障未曾收受通知而申請變更給付內容之情形。

所以，保險人依據勞工保險條例第58條第2項規定，否准被上訴人於年金給付核定後之變更申請，乃屬依法有據之行政處分，原判決以原處分與本條例立法目的及法治國、福利國之本旨不合為由撤銷原處分，似謂不論係採一次性給付或按月給付，倘不合申請人之意思，即違背法治國與福利國之原則，亦與本條例立法目的不符，當非的論。

總結而言，原判決對於所謂法治國、福利國之判斷，僅以個別申請人之利益為判斷依據，忽視整體勞工未來受領給付權益之維持，以及勞工保險條例所定各種給付方式，本質上均屬符合法治國、福利國之憲法目的以及「保障勞工生活，促進社會安全」立法目的之措施，上訴人（保險人）依據法律規定所為之處分，自無違背法令情形。即其僅考量單一個人之權益，而未慮及相關法律已規範甚明及整體制度之設立目的、公平性綜合之權衡[178]。

(3) 本書見解

對於被保險人得否以錯誤勾選為由行使撤銷權，並且再重新出具一份新的申請書更改給付方式或種類，本書贊同上述否定說的見解。就法治國、福利國而言，對於高齡勞工的扶助，固然為憲法基本國策章第153條及第155條之要求，但勞保條例實際上即是其具體化規定，有關勞保條例第58條第2項「經保險人核付後，不得變更」規定，屬於立法形成自由，考量整體勞保被保險人的公平利益及勞保基金的行政成本與財務負擔，難

---

[178] 最高行政法院106年度判字第648號判決參照。

謂有違反第1條之立法宗旨。法院基於權力分立原則，應該尊重行政機關如何決定老年給付的種類或方式。

對於被保險人主張民法錯誤的撤銷權，而非勞保條例第58條第2項的變更或撤回，最高行政法院也同意民法第88條、第90條得類推適用於行政契約，本書也以為可採。因行政程序法只規定行政處分之瑕疵（無效或撤銷）而已。對於行政處分相對人的意思表示錯誤並無規範。然而，被保險人係與投保單位，而非與承辦人成立委任關係，並由投保單位代理填寫及提出申請，承辦人只是投保單位之履行輔助人而已，依據民法第224條本文規定，「債務人之代理人或使用人，關於債之履行有故意或過失時，債務人應與自己之故意或過失負同一責任。」故依民法第105條規定，有關意思表示之錯誤，應以代理人為準，而非被保險人。即關於本件申請之意思表示有無錯誤及可否行使撤銷權，悉應就承辦人決之。由於承辦人對於教示文字未能注意，致生勾選錯誤，實具有過失，因此不得主張撤銷。果然被保險人因代理人之過失而生損害，則其可循債務不履行或侵權行為，向其代理人請求損害賠償，而非向保險人主張撤銷行政處分。

在此，再一言者，依據勞保條例第10條第1項規定，「各投保單位應為其所屬勞工，辦理投保手續及其他有關保險事務，並備僱用員工或會員名冊。」其所謂的「辦理投保手續及其他有關保險事務」，應係備置老年給付申請書及其他各種表格、文書等，並向保險人辦理各種程式。但是，是否包括填具老年給付申請書之義務？並非無疑。而這會牽涉到勾選錯誤究為投保單位之錯誤？或被保險人之錯誤？對此，依據勞保條例第65條之1第1項規定，「被保險人或其受益人符合請領年金給付條件者，應填具申請書及檢附相關文件向保險人提出申請。」可知，本應由被保險人或其受益人親自填具申請書及檢附相關文件向保險人提出申請。但是，傳統上基於團體保險之性質，被保險人之加、退保及請領各項給付，原則上應統一由投保單位為之，不允許被保險人個別向保險人為之。所以，填具申請書固應由被保險人或受益人為之，或者委任投保單位代理填具，但應由投保單位檢附相關文件向保險人提出申請。投保單位或其承辦人並非僅是傳達人或使者的角色而已。

基於勞工保險法律關係為公法關係，被保險人與保險人成立一行政契約，在被保險人填具老年給付申請書並提出申請時，如經保險人核付，授益行政處分已經完成，除非有無效（行政程序法第111條以下參照）或撤銷（行政程序法第117條參照）的事由，否則行政處分已具有其執行力。且不因訴願（訴願法第93條第1項參照）或行政訴訟（行政訴訟法第116條第1項參照）而停止。任意變更行政處分，也會失信於民。而勞保條例第58條第2項「經保險人核付後，不得變更」，意在盡早確定法律關係，故無猶豫期的設計，不問被保險人是錯誤、反悔（改變心意）均不得要求更動。即使在爭議審議、訴願或行政訴訟期間，亦不得要求變更或重新申請老年年金的給付。此種禁止變更的規定，也在避免可能產生的行政成本及勞保基金的財務負擔，甚至可能產生的一連串周邊效應，包括會不會有第三次的變更或撤銷？失能給付、遺屬年金、國民年金，甚至勞退條例中之企業年金或退休金的要求變更或撤銷，果然有如此的發展，勞保基金如何因應？國家如何因應？這是現實上的考量，也是最實際的考量。

所以，學者間雖有認為因被保險人以意思表示行使選擇權後，選擇之債已成為特定之債，債之標的即為確定，不得再為更改[179]。果依此說，被保險人似乎仍得依民法之意思表示錯誤，主張撤銷。此亦係被保險人在訴訟上所主張的權利依據。雖然如此，本書以為此並非私法關係的選擇權行使，而是公法的勞工保險法律關係選擇權行使（被保險人的協力行為），選擇權雖係形成權，但仍需經保險人的行政處分加以決（核）定。其一旦核定，保險人即受到本身行政處分的拘束，不得任意變更，否則即會有法律責任，甚至政治責任（例如監察委員的約談）。果然欲達到變更或重新核定老年年金的給付，恐怕只能經由修法的途徑為之，這是立法論的問題，而非只是以解釋論或合乎憲法意旨的解釋，認為不如此做，即違背憲法老年照顧扶助的基本國策。

最後，欲就一個特殊問題加以說明：針對符合請領老年年金或減額

---

179 郭玲惠，勞工及就業保險法釋義，頁248。

年金之被保險人，如其遭遇職業災害後，經評估為終身無工作能力者，得請領失能年金給付。假設其在勞保條例2008年7月17日修正條文施行前有保險年資者，於符合第53條第2項規定條件時，除依第3項、第4項規定請領年金給付外，亦得選擇一次請領失能給付，經保險人核付後，不得變更（勞保條例第53條第4項參照）。在此，被保險人選擇一次請領失能給付，固然不得變更。只不過，被保險人已符合請領減額年金或老年年金之被保險人，則其得否再依勞保條例第58條第1項或第2項請領老年給付，或者依第58條之2第2項請領減額年金？也就是說，其得依第58條第1項第1款取得老年年金或第58條之2第2項取得減額年金？對此，似應依勞保條例第65條之3規定，由被保險人擇一請領失能給付或老年給付。即在其一次請領失能給付並被勞保局逕予退保的短暫時間內，做出是否選擇請領老年給付的決定[180]。如其選擇老年給付，包括老年年金、老年一次金、一次請領老年給付，或減額年金，則勞保局一次請領失能給付的決定即應撤銷，金額並返還勞保局銷帳。依據勞保條例第58條第2項規定，被保險人「選擇一次請領老年給付，經保險人核付後，不得變更」。雖然，依本書所見，解釋上，被保險人選擇「老年年金、老年一次金，或減額年金」，經保險人核付後，亦不得變更。

第三項　請領老年給付者之再就業

依據勞保條例第58條第3項規定，「依前二項規定請領老年給付者，應辦理離職退保。」第6項規定，「被保險人已領取老年給付者，不得再行參加勞工保險。」顯示先離開原先職務（受僱勞工、實際從事勞動之雇主）及離開職場（尤其是職業工人），並辦理退保，係請領老年給付的前提。此一老年給付，係所得替代，目的在保障被保險人離職後的基本生活。其實，自1979年1月17日勞保條例修正時，即已增訂「被保險人已領取老年給付者，不得再行參加勞工保險。」此一規定，目的也是在被保險

180 勞工保險監理委員會，勞保爭議大觀園，頁208參照。

人的永久「離職」，即不得再進入勞動市場而參加普通事故保險及職業災害保險。勞保條例施行細則也並無其再進入勞動市場得參加職業災害保險的例外規定。

雖然如此，中央勞政機關的函釋很早即已承認已領取老年給付者，其再進入職場時（受僱、自營作業、實際從事勞動的雇主），投保單位得為其辦理僅參加職業災害保險。其法令依據也是「勞工保險條例第58條第6項規定」，此實令人難以理解。苟欲達到促進中高齡者及高齡者重新就業之目的，則似應修正勞工保險條例第58條第6項規定或中高齡者及高齡者就業促進法之相關規定，明定，「逾六十五歲者或已領取勞工保險老年給付及年逾六十五歲已領取其他社會保險養老給付者再從事工作或於政府登記有案之職業訓練機構接受訓練者，投保單位得為其辦理僅參加職業災害保險。」如此，始能袪除法律上的疑義。

中央勞政機關就有關已領取老年給付者，再進入職場而再次申請參加職業災害保險，曾有數號函釋，但都已經被廢止。以（廢）行政院勞工委員會87年3月31日（87）台勞保3字第012789號函而言，其主要是認為投保單位為勞工辦理參加職業災害保險時，應全體參加，不得選擇性辦理。如發生職業災害保險事故，請領殘廢給付或死亡給付時，無須扣除已領取老年給付的月數。之後，（廢）行政院勞工委員會97年1月10日勞保3字第0970140011號令則是認為投保單位得個別辦理參加職業災害保險。如發生職業災害保險事故，請領殘廢給付或死亡給付時，無須扣除已領取老年給付的月數。

在此之後，依據（廢）行政院勞工委員會102年5月14日勞保3字第1020140110號令，「核釋勞工保險條例第6條第1項及第58條第6項規定，有關65歲以下已領取勞工保險老年給付，再受僱從事工作或於政府登記有案之職業訓練機構接受訓練者，投保單位得為其辦理參加職業災害保險。該等被保險人於保險有效期間發生保險事故者，得依勞工保險條例規定請領職業災害保險相關給付。請領職業災害失能或死亡給付者，不須扣除已領取老年給付之月數，並自即日生效。」

目前，依據有效施行的勞動部103年11月19日勞動保3字第

1030140437號令，「核釋勞工保險條例第58條第6項規定，已領取勞工保險老年給付再從事工作或於政府登記有案之職業訓練機構接受訓練者，投保單位得為其辦理僅參加職業災害保險。該等被保險人於保險有效期間發生保險事故者，得依勞工保險條例規定請領職業災害保險相關給付。請領職業災害保險失能給付或死亡給付者，不須扣除已領取勞工保險老年給付。至於年逾65歲已領取公教人員保險養老給付、軍人保險退伍給付、老年農民福利津貼或國民年金保險老年年金給付者，如再從事工作或於政府登記有案之職業訓練機構接受訓練，投保單位亦得為其辦理僅參加職業災害保險，並自中華民國104年1月1日生效。」

本書綜合以上述號函釋，可知已領取勞工保險老年給付及年逾65歲已領取其他社會保險養老給付者再從事工作或於政府登記有案之職業訓練機構接受訓練者，固然得向投保單位表達參加職業災害保險之意，但投保單位有權決定是否為其辦理僅參加職業災害保險。即投保單位任意決定是否加保。此一任意／自願加保，係獨立於勞保條例第8條、第9條、第9條之1，以及職業災害勞工醫療期間退保繼續參加勞工保險外之任意／自願加保類型。在此，係個別辦理參加，而非全體參加。而在參加職業災害保險期間，如發生職業災害保險事故，請領失能給付或死亡給付時，無須扣除已領取老年給付的月數[181]。

惟，依據就業保險法第5條第2項第2款規定，「已領取勞工保險老年給付或公教人員保險養老給付。」不得再參加就業保險。在此，並不問其是否已逾65歲。

另外，依據勞退條例第24條之1規定，「勞工領取退休金後繼續工作者，其提繳年資重新計算，雇主仍應依本條例規定提繳勞工退休金；勞工

181 相類似者爲：「有關終身無工作能力之勞保被保險人一次請領失能給付並逕予退保，嗣於98年後再從事工作加保，係屬新的保險關係，如發生勞工保險事故時，僅得請領年金給付。」即不得依照勞工保險條例第53條第4項、第58條第2項、第63條第3項規定，一次請領失能、老年或死亡給付。勞動部104年7月9日勞動保2字第1040140352號函參照。

領取年資重新計算之退休金及其收益次數，一年以一次為限。」可知，勞工辦理退休後再度受僱工作（重新簽訂僱傭契約，而非原僱傭契約繼續），無論是否請領老年給付，雇主均應依勞退條例規定提繳勞工退休金。即依勞退條例第14條第1項規定，「雇主應為第七條第一項規定之勞工負擔提繳之退休金，不得低於勞工每月工資百分之六。」並且按照同條第3項規定，「第七條規定之人員，得在其每月工資百分之六範圍內，自願提繳退休金；其自願提繳之退休金，不計入提繳年度薪資所得課稅。」雖然如此，從勞工法與社會法的交互作用以確保退休勞工的生活來看，勞退條例第24條之1規定似已破壞社會法的補償或所得中斷補充作用，理應思考其法理的正確性[182]。

最後，吾人觀中高齡者及高齡者就業促進法，並無針對已退休領取企業退休金或已領取老年給付者，再度進入職場工作時，雇主或投保單位應否為之提繳勞工退休金或參加勞工保險或職業災害保險的特別規定。而依據中高齡者及高齡者就業促進法第1條第2項規定，「中高齡者及高齡者就業事項，依本法之規定；本法未規定者，適用勞動基準法、性別工作平等法、就業服務法、職業安全衛生法、就業保險法、職業訓練法及其他相關法律之規定。」所以，雇主不得主張免提勞工退休金，即應遵行勞退條例第24條之1規定。

第四項　老年給付與企業退休金的關係

本書在前面的老年給付請領條件處之「給付年齡」，已就給付年齡與退休年齡之關聯性加以說明，尤其是給付年齡得低於退休年齡或與之一致，其量定，立法者並不得肆意為之。並應注意各國法定年金年齡或退休年齡提高的做法，在避免違反禁止年齡歧視（就業服務法第5條第1項參照）的前提下[183]，如在調整提高其中一個年齡時，另一個年齡即應考慮

[182] 楊通軒，個別勞工法—理論與實務，頁155、156。

[183] 這裡的問題是：勞保條例第58條各項各款之各種年齡規定，是否違反禁止年齡歧視的

連動。並且區分勞基法與勞退條例分析勞雇雙方得否約定較低的工作年資，以為其退休條件。以下擬再做一些補充。

首先，老年給付與企業退休金都是社會給付制度的一環，屬於「兼得設計」，兩者的共同目標，是在確保退休人員的老年經濟安全，希望促成其享有適當生活的水準。蓋在制度設計上，老年給付保險的所得替代率僅足以提供被保險人基本生活保障，必須加上雇主的社會安全保障，始會達到較為豐裕的適當生活的水準。如此，即會形成多軌制的老年照護制度[184]。

所以，現代國家對於退休勞工的經濟安全，一般有第一層保障（老年年金）與第二層保障（企業年金或企業退休金）的設計，形成「以勞工保險老年給付為主、雇主企業退休金為輔」的雙重經濟保障模式：前者在講求個體與總體間的正義，一般稱為分配正義，後者則是個體與個體間的正義，即勞工與雇主對於勞工老年安全所應分擔的責任，一般稱為交換正義[185]。此一以企業退休金補充老年給付不足之合憲性，也為大法官會議釋字第578號解釋所肯定[186]。在規範上，勞工退休金的法令，甚至得允許勞雇雙方得約定將一定數額工資現金轉換為企業退休金的一部分，或者勞工得自行提撥一定額度的退休金。我國勞退條例第14條第3項即規定，「第七條規定之人員，得在其每月工資百分之六範圍內，自願提繳退休金；其自願提繳之退休金，不計入提繳年度薪資所得課稅。」但不允許雙方合意將部分工資轉換成退休金。

有關企業退休金的法令規範，先則有勞基法，後者為勞退條例。兩者都在補充老年給付不足以維持退休生活的照護落差，但並無人事政策目的之意義。前者為確定給付制（Defined Benefit, DB），後者為確定提撥

要求？

184 楊通軒，個別勞工法—理論與實務，頁445以下。

185 類似的表達，鍾秉正，社會保險法論，頁177-178。

186 但在大法官會議釋字第578號解釋中，大法官余雪明也指出了一個問題：由於確定給付制係「世代內移轉」，亦即換工作之年輕員工及因需離職照顧家庭之女性勞工補貼久任之勞工，因此有可能牴觸憲法上的平等原則。

制（Defined Contribution, DC）。世界各國的職業退休金發展趨勢，大多由確定給付走向確定提撥。兩者的適用對象不盡相同，但都未提供給所有的勞動者退休金的保障。兩者退休金的性質並不相同，勞基法的退休金係以勞工自始至終在同一雇主處工作至符合自願退休（勞基法第53條參照）或強制退休（勞基法第54條參照）的年資與年齡【案例1(3)】，故具有照扶性質與薪資性質之雙重性格[187]，至於勞退條例之退休金，則是可攜帶式的，其係雇主單純為勞工強制儲蓄的工資，以便其將來退休生活之用[188]。此並不因其係按月提繳退休金或為勞工提繳年金保險費，而有不同[189]。由於自1995年6月30日起進入職場者，大多被強制適用勞退條例，因此，可以預測的是，勞基法的退休金制度終將為勞退條例的退休金制度所取代。在勞基法與勞退條例並行適用的時代，依據勞退條例第7條第2項第4款規定，「不適用勞動基準法之勞工。」可知勞退條例還有補充勞基法的功能。這裡所謂的「不適用勞動基準法之勞工」，是指尚未被中央主管機關依勞基法第3條第1項第8款指定之事業，或第3項但書所指之「因經營型態、管理制度及工作特性等因素適用勞基法確有窒礙難行者，經中央主管機關指定公告之行業或工作者。」

較重要的是，如上所述，無論是勞基法或勞退條例的退休金保障，都未涵蓋所有的勞動者。即使依據勞退條例第7條第2項規定，實際從事勞動之雇主、自營作業者、受委任工作者、不適用勞動基準法之勞工得自願提繳退休金。但因其為任意性質，故此類人員可能未選擇提繳，形成其可能只有老年給付保險的保障，甚至（除自營作業者外）連老年給付保險均無的狀況。果如此，所謂第一層保障與第二層保障所欲達成之老年經濟安全，乃會完全落空。

---

187 楊通軒，個別勞工法—理論與實務，頁460。但通說認爲是遞延工資。柯木興，社會保險，頁166以下。

188 楊通軒，個別勞工法—理論與實務，頁499。

189 令人懷疑的是，學者間有認爲勞退條例之退休金應屬保險法之保險金之性質者。郭玲惠，勞工及就業保險法釋義，頁244。

最後，本書尤欲一言者。大法官會議釋字第578號解釋也提醒立法者，在考量「社會資源之分配、國家財政負擔能力等全民之整體利益」下，應該通盤檢討「既有勞工退休制度及社會保險制度，應否予以整合」。畢竟，提供退休勞工適當的退休所得，以維持其適當的生活水準，係兼得設計之中心思想。應該將有限的資源做最有效的利用。因此，究不宜過度地加重社會保險基金及雇主個人的負擔能力，甚而危害到未來其他退休勞工的退休給付，以免社會保險基金及雇主的財源加速枯竭、耗盡。換言之，應該盡量避免社會保險老年給付（或社會保險年金）與企業退休金（或企業年金）的總合，甚至再加上團體協約法第12條第1項第1款團體協約所約定的退休金，超過勞工最後由企業體所獲得的淨所得，以免形成過度照護的現象。此亦為多年來德國學術界及實務界共同的看法[190]。果如此，即應該思考修法降低所得替代率或提撥／繳比率（勞基法第56條第1項之2%～15%、勞退條例第14條第1項之6%），或者適度鬆綁勞基法及勞退條例的強制性，引入一些自願性的規定。

假設沒有此一過度照護的結果，那麼，即使面臨或正在進行破產程式（經濟上的困境）的雇主，也不得主張其企業經營權（das Recht am eingerichteten und ausgeübten Gewerbebetrieb）受到侵害，而獲得憲法上的救濟。蓋只有一個金錢給付義務通常會導致企業經營的不可能時，憲法第14條所保障的企業經營權才會受到侵害，而企業年金的給付，通常不會導致事業單位財務給付的不能[191]。

---

190 德國聯邦勞工法院認爲雇主與員工代表會重新簽訂企業協定，以降低過度照護，係一有效的約定。BAG NZA 1991, 730; zu Tarifverträgen, BAG NZA 1994, 807.

191 BVerfG v. 29.2.2012, NZA 2012, 768 ff. 憲法法院認爲自1999年1月1日起修正施行的破產程序，不僅是在清算支付能力不足的事業單位，也在清算及確保工作位置。因此，相較於修正前的法律，具有更爲重要的地位。

第九章 死亡給付——死亡給付之法理、死亡給付與失能給付及老年給付的連動關係等

案例1

A公司之被保險人甲因胸腹部臟器機能遺存顯著障害審定成殘，於2001年4月30日申請殘廢給付。經勞保局於2001年6月15日按勞工保險殘廢給付標準表第46項第三等級核發其普通疾病殘廢給付840日，並以被保險人甲因殘廢不能繼續從事工作，自同年6月13日逕予退保在案。嗣被保險人甲在2001年5月18日死亡，其受益人即上訴人乙在2001年6月27日檢據申請被保險人甲本人死亡給付。案經勞保局查明，以被保險人審定成殘後已不能從事工作，受益人即上訴人乙僅得就死亡給付35個月或殘廢給付840日擇一請領。

乙訴訟主張殘廢給付與死亡給付係分屬不同種類之請領條件與不同受益人之法律關係，本件被保險人甲在保險效力未終止前死亡，上訴人自得請領死亡給付。次按勞保條例第20條之規定，被保險人確係連續請領傷病給付至2001年5月18日死亡止。其因同一傷病死亡，自得請領死亡給付。乙自得依據第20條及第63條，向勞保局請求給付傷病給付與死亡給付（最高行政法院94年度判字第75號判決）。問：

(1) 遺屬年金與遺屬津貼有何不同？遺屬／受益人可否兼得之？

(2) 對於因職業災害而致死者，遺屬／受益人得請領哪些特別給付？

(3) 遺屬年金與失能年金或老年年金的關係如何？遺屬／受益人可否兼得之？

(4) 配偶請領遺屬年金的條件爲何？停止發給的情形又如何？

第一節　死亡的原因及種類

被保險人依其是否因執行職務而致之死亡，而區分為勞工保險普通事故保險或職業災害保險的給付事故（勞保條例第2條第1款及第2款、勞工職業災害保險及保護法第26條第4款、第27條、第49條～第54條、第103條、第107條參照），保險人所為之給付內容並不完全相同。如係因執行職務而致死者，死亡給付之內容及種類較多。整體的給付金額自然較高。

第一項　原因

一、自然死亡

這是指人的生命特徵的結束，包括呼吸停止、脈搏停止跳動、腦波終止等，兼指因普通事故及職業災害事故的生命結束而言。通常由醫師或檢察官認定之。之後，並啟動繼承的程序。

至於死亡原因並不問，包括無病而終、因家族遺傳病史、癌症及紅斑性狼瘡等重症而死亡者。或者在參加勞工保險後始出現死亡原因，或者在加保前已經帶病，惟仍有工作能力。此均無礙於自然死亡的認定。但遺屬是否得因被保險人死亡而請領死亡給付，仍應視其有無保險給付排除事由而定，尤其是與自殺或故意犯罪致人於死有關者（勞保條例第23條、第26條參照）[1]。

二、死亡宣告

相對於自然死亡，被保險人也可能因失蹤達一定期間，而經利害關係人或檢察官之聲請，受死亡之宣告者（民法第8條參照）。勞保條例第63條第1項「被保險人在保險有效期間死亡」，也包括死亡宣告[2]。其適用

---

1 大法官會議釋字第609號解釋參照。

2 依據行政院勞工委員會82年1月12日（82）台勞保2字第52110號函，「查勞工保險遺屬

對象為所有的被保險人，並不以勞保條例第19條第5項特殊勞動者為限，差別點為有無失蹤津貼請領權利。同樣地，由於勞保條例第19條第5項規定，「漁業生產勞動者或航空、航海員工或坑內工，……於漁業、航空、航海或坑內作業中，遭遇意外事故致失蹤時，……給付失蹤津貼；……」所以，如非是在作業中失蹤，即無失蹤津貼請領權利。也因此，對於有關勞工保險被保險人於加保期間失蹤後退保，嗣經法院宣告死亡，非屬勞工保險條例第19條第5項規定情形者，其遺屬得否請領死亡給付疑義。中央勞政機關認為，「被保險人在保險有效期間失蹤，嗣經法院宣告死亡，且宣告死亡事由（即被保險人事實上失蹤）係在保險有效期間內發生者，其遺屬得於被保險人受死亡宣告判決確定死亡之日起，按退保當時之保險年資及平均月投保薪資，依受死亡宣告判決確定死亡時之規定，請領死亡給付。惟基於社會保險給付不重複保障原則，相關案件仍應有勞工保險條例第74條之2第3項規定之適用。」[3]其所謂的「非屬勞工保險條例第19條第5項規定情形者」，或者為非特殊勞動者，或者非在作業中。

至於勞工職業災害保險及保護法第55條第1項規定，「被保險人於作業中遭遇意外事故致失蹤時，自失蹤之日起，發給失蹤給付。」雖無如勞保條例第19條第5項「漁業生產勞動者或航空、航海員工或坑內工，……於漁業、航空、航海或坑內作業中，……」之明確規定，但其立法係參考後者的體例而來，僅是援用舊有規範而已，故仍應做相同的解釋，即採嚴格解釋的立場。從其「作業中」之用語，亦可推知並不含上下班通勤途中的行蹤不明。

除了勞保條例第63條第1項外，第62條被保險人之父母、配偶或子女死亡，也包括死亡宣告之情形。此在勞保條例施行細則第80條即有進一步的規定。依之，「被保險人之父母、配偶或子女受死亡宣告者，以法院

津貼之給與，係因被保險人『死亡』之發生，故應依死亡時法令之規定辦理。本案被保險人經法院宣告死亡確定之日，如在77年2月5日勞保條例修正生效之後，則有關死亡給付之請領，應依修正後之規定辦理。」

3 勞動部105年2月16日勞動保2字第1050140050號函參照。

判決所確定死亡之時，為本條例第六十二條之死亡時；其喪葬津貼給付金額之計算，依下列規定計算之：一、死亡時與判決時均在被保險人投保期間內者，以判決之當月起前六個月之平均月投保薪資為準。二、死亡時在被保險人投保期間內，而判決時已退保者，以退保之當月起前六個月之平均月投保薪資為準。」本條已明定「以法院判決所確定死亡之時」，為本條例第62條之死亡時。果然如此，針對勞工保險被保險人或其家屬，經法院依法宣告死亡，其死亡給付請求權之起算日疑義一案。中央勞政機關認為，「依據勞工保險條例第30條規定：『領取保險給付之請求權，自得請領之日起，因2年（101年12月21日修正為5年）間不行使而消滅』。被保險人經法院宣告死亡，以判決書內所確定死亡之時，推定其為死亡，故死亡事故之發生原應以宣告死亡之日為準。惟為顧及受益人之權益，其死亡給付請求權之起算日，同意放寬以收到法院確定判決書之次日起為得請領死亡給付之始日。本會87年1月5日台86勞保3字第050819號函停止適用。」[4]其所謂「惟為顧及受益人之權益，其死亡給付請求權之起算日，同意放寬以收到法院確定判決書之次日起為得請領死亡給付之始日。」明顯牴觸勞保條例施行細則第80條，應不具法律效力。

最後，也是與死亡宣告有關者，針對被保險人經法院宣告死亡，由其家屬請領死亡給付後生還再參加保險時，原領死亡給付需否繳還及保險年資之認定。中央勞政機關認為，「(1)勞工保險局提供意見：被保險人失蹤經依法宣告死亡由其家屬請領死亡給付後生還時，將死亡給付繳還再參加本保險者，依勞工保險條例施行細則第59條（現修正為第47條）規定，其以往保險年資應予承認。未繳還死亡給付再參加本保險者，則似應以新參加之被保險人論，原領死亡給付並非必需繳還。(2)內政部核示：可照勞工保險局所提意見辦理。」[5]此一見解似不足採，蓋死亡給付係以被保險人死亡為前提，若其生還時，如何能繼續保有死亡給付？故應令其繳還死亡給付，並且保險年資繼續計算。若其拒絕繳還時，似應依勞工保險未

4 行政院勞工委員會87年5月4日（87）台勞保3字第013683號函參照。

5 內政部69年4月17日（69）台內社字第54203號函參照。

繳還之保險給付及貸款本息扣減辦法第10條第3款「其他依法應代扣或償還之款項」處理，即在其領取同辦法第4條所列保險給付之金額時，辦理扣減至足額清償為止。

三、自殺

勞保條例第62條之被保險人家屬死亡及第63條之被保險人死亡，也包括其自殺之情形。惟勞保條例第23條至第28條有一系列保險人之除外責任（保險給付惡意不保障原則）的規定[6]，尤其是勞保條例第23條及第26條使得保險人免除保險給付責任，對於自殺亦應有其適用。

依據第23條規定，「被保險人或其受益人或其他利害關係人，為領取保險給付，故意造成保險事故者，保險人除給與喪葬津貼外，不負發給其他保險給付之責任。」第26條規定，「因戰爭變亂或因被保險人或其父母、子女、配偶故意犯罪行為，以致發生保險事故者，概不給與保險給付。」有問題者，自殺究應依據第23條或第26條處理？對此，中央勞政機關認為，「查依勞保條例第26條規定『被保險人如因故意犯罪行為，以致發生事故者，概不給與保險給付』，故如被保險人非因故意犯罪行為而造成死亡事故，應可申請喪葬津貼。」[7]顯然，中央勞政機關是將被保險人自殺作為第26條之故意犯罪行為看待，本書以為此一見解實有疑義。蓋一個人剝奪自己生命之行為，係對於自己人格最嚴重的侵害，但在民法上實難構成對於自己之侵權行為（民法第195條、第184條第1項參照），在刑法上也無法構成殺人罪。否則，如果其自殺未遂，是否應依刑法第271條判處其殺人未遂罪？此理所不通也[8]。因此，除非被保險人的自殺是「為領取保險給付」，則應依第23條處理，不然，如是基於個人因素的自殺，則連第26條之故意犯罪行為均不構成，保險人應依第23條之反面解釋發給保險給付。至於可否申請喪葬津貼，即是按照第23條規定處理之。在此，

6　請參閱本書前面第七章第一節處說明。

7　行政院勞工委員會77年6月7日（77）台勞保2字第11298號函參照。

8　即使欲依社會秩序維護法之有害公共秩序或社會安寧而予以行政制裁，亦屬於法不通。

或許可以想像的是，被保險人對於他人故意犯罪行為，例如擄人勒贖，卻造成自己死亡之結果，則其依第26條剝奪其保險給付請求權，即屬於法有據。又，假設被保險人是酒醉駕車肇事死亡，雖然為公共危險罪，但如僅為過失行為，則其亦可依第26條請領保險給付。同樣地，被保險人有勞工職業災害保險職業傷病審查準則第17條各款之情形，如觸犯刑事犯罪，仍可依第26條請領保險給付。

而為使未涉案之當序受益人仍然具有死亡給付請領權利，中央勞政機關採取限縮解釋，其多數見解肯定可以兼得遺屬津貼（遺屬津貼之功能旨在保障被保險人遺屬之最低生活安全）及喪葬津貼[9]，少數見解只肯定喪葬津貼（喪葬津貼之功能旨在補助被保險人死亡時之埋葬等費用）[10]。只是，以後一函釋而言，「依照勞工保險條例第26條規定，因戰爭變亂或因被保險人或其父母、子女、配偶故意犯罪行為，以致發生保險事故者，概不給與保險給付。本案被保險人因其配偶之故意犯罪行為而致死亡者，依規定自不得核給保險給付。惟勞工保險喪葬津貼之功能旨在補助被保險人死亡時之埋葬等費用，故上開被保險人之子女亦為勞保被保險人且與刑案無涉時，同意勞保局意見得依規定請領喪葬津貼。」依本書所見，中央勞政機關要求「被保險人之子女亦為勞保被保險人」，是否確有必要？並非無疑，蓋勞保條例第26條並無此項規定。

吾人檢視中央勞政機關的函釋，並無勞保條例第62條被保險人之家屬自殺死亡時，是否導致被保險人喪失喪葬津貼請領權利的解釋。對此，本書以為應採否定見解，蓋其並非勞保條例第23條或第26條所欲排除給付之情形。即家屬自殺無法解釋為第23條「被保險人或其受益人或其他利害關係人，為自己領取保險給付」之情形。也無法解釋為第26條「父母、子女、配偶故意犯罪行為」。倒是，在被保險人造成勞保條例第62條被保險人家屬死亡之情形，即應受到第23條或第26條規定之適用。

---

[9] 行政院勞工委員會79年1月12日（79）台勞保1字第31025號函、79年3月17日（79）台勞保1字第05039號函、85年12月27日（85）台勞保2字第146841號函參照。

[10] 行政院勞工委員會81年1月31日（81）台勞保2字第02316號函參照。

第二項　種類

一、以發生時間爲準

（一）在職死亡（早死）

依據勞保條例第63條第1項規定，「被保險人在保險有效期間死亡時，除由支出殯葬費之人請領喪葬津貼外，遺有配偶、子女、父母、祖父母、受其扶養之孫子女或受其扶養之兄弟、姊妹者，得請領遺屬年金給付。」可知此一「被保險人在保險有效期間死亡」，即為保險事故，為死亡給付之發動時間，並且為消滅時效的起算點。一般稱此為「早死」，以與被保險人退保，於領取失能年金給付或老年年金給付期間死亡者（勞保條例第63條之1第1項參照），有所區別。有問題者，勞保條例第62條並無勞保條例第63條第1項之類似規定，則被保險人家屬之死亡，是否也應在被保險人保險有效期間內死亡，被保險人始有喪葬津貼請求權？對此，從扶助及補助費用的原理、精神來看，應持肯定見解[11]。同樣地，如果被保險人之配偶、父母、子女是在領取失能年金給付或老年年金給付期間死亡者，被保險人為之支出殯葬費，亦得請領喪葬津貼。又，即使被保險人之配偶、父母、子女是在失蹤期間，而被保險人領取失蹤津貼，一旦確定死亡，也得請領喪葬津貼。

最後，針對被保險人死亡時已符合請領老年給付的條件，其受益人決定放棄死亡給付而請領老年給付，其本質上仍然為死亡給付[12]，解釋上，其仍為在職死亡的案例。

（二）離職退保後死亡

相對於「被保險人在保險有效期間死亡」，被保險人也可能在離職退保後死亡，而引發死亡給付的問題。此雖未在勞保條例明文規定，但勞保

---

[11] 行政院勞工委員會，勞工保險條例逐條釋義，2011年12月，頁611。

[12] 行政院勞工委員會77年12月15日（77）台勞保2字第28483號函、87年9月10日（87）台勞保2字第038180號函參照。

條例第63條之1第1項及第3項，即為此種死亡給付類型所在，其中，尤以第3項的類型最為重要。假設並非兩者之一（例如被保險人保險年資未滿15年，或並不符合第58條第2項各款所定之條件），則被保險人離職退保後死亡，其遺屬／受益人即無死亡給付請求權可言。

依據勞保條例第63條之1第3項規定，「被保險人保險年資滿十五年，並符合第五十八條第二項各款所定之條件，於未領取老年給付前死亡者，其符合前條第二項規定之遺屬，得請領遺屬年金給付。」本項是基於擇優請領的思想而來，其僅適用於未請領老年給付而死亡，而不包括未請領失能給付即死亡的情形。如其選擇請領遺屬年金給付，即應受到5年的請求權消滅時效適用。

（三）離職退保後1年內死亡

除了上述兩種情況外，尚有被保險人離職退保後1年內死亡之情形。依據勞保條例第20條第1項規定，「被保險人在保險有效期間發生傷病事故，於保險效力停止後一年內，得請領同一傷病及其引起之疾病之傷病給付、失能給付、死亡給付或職業災害醫療給付。」這是指基於原來的傷病及其引起之疾病而來，因此，理當不包括死亡宣告的情形在內。此種情形並非勞保條例第63條之1第3項，「被保險人保險年資滿十五年，並符合第五十八條第二項各款所定之條件」所指者。即其並無保險年資及年齡的限制，只要是勞保條例第63條第2項所指之遺屬即可請領，所以，應依勞保條例第63條規定處理。

而對於傷病而致失能、而終至死亡之情形，中央勞政機關區分為終身無工作能力及未達終身無工作能力而分別以待。前者，「經評估為終身無工作能力並一次請領失能給付或失能年金給付者，嗣後如死亡，其遺屬不得再依第63條規定請領死亡給付。但被保險人於領取失能年金給付期間死亡者，其遺屬得依第63條之1第1項或第2項規定選擇請領遺屬年金給付，或一次請領失能給付扣除已領年金給付總額之差額。」後者，「其失能程度未達終身無工作能力並領取失能一次金者，嗣於保險效力停止後一年內死亡，符合第20條第1項規定者，其遺屬得依第63條規定請領死亡給付，不須扣除已領取之失能一次金。」[13]在此，可知被保險人若是因傷病而失能，在領取失能給付期間死亡，如符合第20條第1項「保險效力停止後一年內死亡」規定者，其遺屬雖不得再依第63條規定請領死亡給付，但仍然屬於勞保條例第63條之1第1項之情形。

二、以是否因執行職務而生爲準

依據勞保條例第2條第1款及第2款，「死亡」同時為普通事故保險及職業災害保險之保險事故。基於因公傷亡應給予較高保障的理念，對於因職業災害死亡之被保險人，除了一般的死亡給付之外，尚有其他的保險給付。

所以，勞保條例中之死亡給付，如無特別明文，即一體適用於普通事故死亡及職業災害死亡。如前述勞保條例第20條第1項規定之死亡給付。尤其是第61條至第63條之4，以及第65條等規定。

而對於因職業災害死亡者，勞保條例第64條另訂有特別給付，即10個月職業災害死亡補償一次金（第1項）及40個月遺屬津貼（第2項）。此外，勞工職業災害保險及保護法規定有遺屬一次金（第49條第3項、第51條第1項第3款、第52條、第53條第1項）[14]。依據第107條規定，「勞工保險條例第二條第二款、第十三條第三項至第六項、第十五條第一款至第四款、第十九條第五項、第六項、第二十條第一項、第二十條之一、第三十四條、第三十六條、第三十九條至第五十二條、第五十四條及第六十四條有關職業災害保險規定，除本法另有規定外，自本法施行之日起，不再適用。」根據本書所見，如從職業災害保險獨立立法角度而言，該法固然符合社會保險的立法體例，然而，令人不解的是，該法未能跳脫職業災害勞工保護法的立法框架，繼續將體例上屬於「勞工保護法」的部

---

13 行政院勞工委員會99年10月5日勞保2字第0990140393號令參照。

14 雖然，依據勞工職業災害保險及保護法第1條規定，「爲保障遭遇職業災害勞工及其家屬之生活，加強職業災害預防及職業災害勞工重建，以促進社會安全，特制定本法。」意即其並非在增加給付種類或金額。

分納入，形成勞工保險（國家責任）與勞工保護（雇主責任）同在一法的怪異現象，好像走回勞動法與社會法不分的社會法啟蒙年代，不僅在我國是獨一，恐怕也是舉世少有的混合法律規範，實應各自回歸自有的法律領域。

第二節　死亡給付的法理

第一項　給付原理

無論是被保險人驟然死亡的給付或在其領取失能年金給付或老年年金給付期間死亡而轉由其遺屬領取死亡給付，其照顧的對象均為其遺屬，這也是勞保條例唯一有受益人規定之所在，顯示出其與其他的保險給付（被保險人自己領取）不同之處。從勞保條例第63條第2項所規定的條件（資格）來看，即可知死亡給付的原理，在對於需受扶養家屬之最低生活照顧與扶助，其係基於倫常關係及照護扶養遺屬之思想[15]所為。所謂的「最低生活照顧」，主要為遺屬年金或遺屬津貼之功用，目的在確保特定家屬的經濟安全及免於貧窮、未成年人接受教育[16]等。所謂的「扶助」，則為喪葬津貼，目的在補助喪葬所支出的費用[17]。除此之外，立法者針對被保險人因遭遇職業災害死亡所訂定之死亡補償一次金或遺屬一次金，則具有給予遺屬附加補償及加強扶助之用意。

無論如何，死亡給付是在被保險人死亡，其家屬喪失生活來源時，適度作為取代工資之用，具有所得替代的性質，以減免遺屬所可能面臨的經濟困境。大法官會議釋字第549號解釋謂，「被保險人死亡，其遺屬所得

---

15 大法官會議釋字第549號解釋參照。

16 或許還包括用來償還被保險人死亡前所積欠的債務。這並不在勞保條例第29條第1項或第3項禁止之列。

17 依據勞保條例施行細則第81條規定，「受益人或支出殯葬費之人請領死亡給付時，被保險人所屬投保單位未辦理退保手續者，由保險人逕予退保。」

領取之津貼，性質上係所得替代，用以避免遺屬生活無依，故應以遺屬需受扶養為基礎，自有別於依法所得繼承之遺產。……。同條例第六十三條至第六十五條有關遺屬津貼之規定，雖係基於倫常關係及照護扶養遺屬之原則，惟為貫徹國家負生存照顧義務之憲法意旨，並兼顧養子女及其他遺屬確受被保險人生前扶養暨無謀生能力之事實，……。」由於以需受扶養及無謀生能力為前提，所以，在遺屬已能自謀生活或另有其他應負扶養義務之人（例如配偶再婚）時，即停止發給遺屬年金（勞保條例第63條之4參照）。

在此一提者，既然是對需受扶養家屬提供一最低生活照顧與扶助，則基於社會給付不重複保障原則、社會給付適當性原則及不過度保障原則，則「被保險人保險年資滿十五年，並符合第五十八條第二項各款所定之條件，於未領取老年給付前死亡者，其符合前條第二項規定之遺屬，得請領遺屬年金給付。」（勞保條例第63條之1第3項參照），即得依第63條以下規定請領遺屬年金給付。另外，如前所述，中央勞政機關函釋也認為被保險人遺屬得放棄死亡給付，而改請領老年給付[18]。亦即不得兼得老年給付及死亡給付【案例1(3)】。

同樣地，針對終身無工作能力之被保險人，在其未領取失能給付前已死亡者，雖然勞保條例第63條之1第3項未規定此種類型。但也應依照勞保條例第65條之3請求權競合規定處理。依之，「被保險人或其受益人符合請領失能年金、老年年金或遺屬年金給付條件時，應擇一請領失能、老年給付或遺屬津貼。」即受益人僅能擇一請領失能年金或遺屬年金，而不得同時或前後請領失能給付及死亡給付[19]。

---

[18] 行政院勞工委員會77年12月15日（77）台勞保2字第28483號函、87年9月10日（87）台勞保2字第038180號函參照。

[19] 相關論述，請參閱郭玲惠，第五十七條（逕予退保）—最高行政法院94年度判字第75號判決，收錄於：勞工保險條例精選判決評釋，2016年8月，初版一刷，頁173以下。

第二項　與失能給付及老年給付的連動關係

承上而來者。失能、老年及死亡等三種保險事故，具有共同的特性，即都會造成被保險人經濟活動的停止及其家屬生活來源的長期或永久中斷。因此，需要有一所得替代的機制輔助。失能給付、老年給付及死亡給付即具有所得替代的性質。也因此，與其他一時性所得中斷的保險事故不同的是，這三者都是屬於長期保險，所以需要長期的財務負擔規劃，甚至要有各自獨立的財務設計[20]。而且，在給付方式上，往往是以年金為原則（按月給付一次），一次性給付為例外或補充[21]，以維持被保險人或其受益人長期的生活需要[22]。

一、前後關係（先後請領）

（一）先失能給付或老年給付，而後死亡給付

依據勞保條例第63條之1第1項規定，「被保險人退保，於領取失能年金給付或老年年金給付期間死亡者，其符合前條第二項規定之遺屬，得請領遺屬年金給付。」再依據勞工職業災害保險及保護法第50條第1項規定，「依第四十三條第二項第一款或第二款規定請領失能年金者，於領取期間死亡時，其遺屬符合前條第二項規定者，得請領遺屬年金。」[23]

上述由失能年金或老年年金先行原則轉銜至遺屬年金給付，繼續履行遺屬照顧及扶助的責任，實際上即為死亡給付「最後承受性原則」的表現。至於給付標準，也由失能年金（勞保條例第53條第2項、第54條第1項參照）、老年年金（勞保條例第58條之1參照）轉為遺屬年金（勞保條例

---

[20] 柯木興，社會保險，2007年11月，修訂版，頁147。

[21] 勞保條例在2008年8月13日修正施行後，即是採取此種混合的設計。之前，僅有採取社會保險一次給付制。

[22] 至於傷病給付，從勞保條例第33條及第35條規定觀之，僅是一定期間的「定期」給付而已，並非年金給付。

[23] 依據勞工職業災害保險及保護法第56條第1項規定，「被保險人或其受益人符合請領年金給付條件者，應塡具申請書及檢附相關文件向保險人提出申請。」

第63條之2第1項第2款參照）。此類保險給付之請領者，前是被保險人，後是受益人或遺屬。亦即在被保險人死亡之際，其本身已是年金的受領者。

此處之轉銜機制，也適用於勞保條例第20條第1項被保險人因傷病而失能，而在領取失能給付或年金期間死亡之情形。如前所述，中央勞政機關認為，「核釋勞工保險條例第19條第1項及第20條第1項規定，被保險人在保險有效期間或保險效力停止後一年內診斷為永久失能，經評估為終身無工作能力並一次請領失能給付或失能年金給付者，嗣後如死亡，其遺屬不得再依第63條規定請領死亡給付。但被保險人於領取失能年金給付期間死亡者，其遺屬得依第63條之1第1項或第2項規定選擇請領遺屬年金給付，或一次請領失能給付扣除已領年金給付總額之差額。」[24]

有問題的是，第63條之1第1項的法律用語為「得請領遺屬年金給付」，是否表示符合第63條第2項規定之遺屬，得不請領遺屬年金給付，而繼續請領失能年金給付或老年年金給付？對此，本書持否定說，蓋既是轉銜的機制，即是由失能年金給付或老年年金給付轉而領取遺屬年金給付。雖然可能影響給付金額的高低，但也不該賦予遺屬選擇權。此與「勞保被保險人於保險有效期間因病死亡者，得依勞工保險條例第63條規定請領死亡給付。惟該等被保險人於死亡前，如已符合同條例第58條請領老年給付之年資或年齡條件，其當序受領人願意放棄請領死亡給付選擇請領老年給付，准依同條例有關老年給付規定辦理。」[25]情節不同。至於第63條之1第2項的「其遺屬除得依前項規定請領年金給付外」，應是指「得請領遺屬年金給付」而言。根據本項的特別規定，針對「被保險人於本條例中華民國九十七年七月十七日修正之條文施行前有保險年資者」，遺屬遂「得選擇一次請領失能給付或老年給付」，或者「得請領遺屬年金給付」，但不可選擇被保險人原來請領失能年金給付或老年年金給付的權利。其所謂「不受前條第二項條件之限制」，應是指只要具有身分即可，

---

[24] 行政院勞工委員會99年10月5日勞保2字第0990140393號令參照。

[25] 行政院勞工委員會77年12月15日（77）台勞保2字第28483號函參照。

不需要婚姻持續1年以上或其他條件的要求。

再一言者。此處之「領取失能年金者，於領取期間死亡」，應僅限於已達終身無工作能力程度，領取失能給付，而被保險人逕予退保者（勞保條例第57條參照）。如果是永久失能而尚未達喪失工作能力者，例如普通傷害失能未達終身無工作能力之情形，由於只能領取一次失能給付或失能一次金，所以不在其內。也就是說，被保險人可能在領取一次失能給付或失能一次金後隨即死亡，其遺屬得請領死亡給付，且不須扣除已領取之給付金額。另一種情形是，「被保險人在保險有效期間或保險效力停止後一年內診斷為永久失能，其失能程度未達終身無工作能力並領取失能一次金者，嗣於保險效力停止後一年內死亡，符合第20條第1項規定者，其遺屬得依第63條規定請領死亡給付，不須扣除已領取之失能一次金。」[26]

（二）與國保之合併適用

死亡給付之先後請領，也可能發生在被保險人退保後，參加國民年金保險有效期間請領身心障礙年金給付併計勞保年資，其復於勞保退保後1年內死亡之情形。依據中央勞政機關的見解，「有關勞工保險被保險人在保險有效期間發生傷病事故，並於勞工保險退保後，參加國民年金保險有效期間請領身心障礙年金給付併計勞保年資，其復於勞工保險退保後1年內死亡，符合勞工保險條例第20條之規定者，於扣除上開併計勞工保險年資給付總額後發給死亡給付之差額，如已領取國民年金保險之喪葬給付，則僅發給遺屬津貼之差額。」[27]

與國民年金保險也有關聯者，為原參加勞工保險之被保險人退保後納入國民年金保險，其遺屬如依據勞保條例第63條之1規定選擇一次請領勞工保險老年給付，因該給付性質與國民年金保險之喪葬給付及遺屬年金有

---

[26] 行政院勞工委員會99年10月5日勞保2字第0990140393號令參照。另外，92年1月16日勞保2字第0920002932號函也採同樣看法。另請參閱郭玲惠，勞工及就業保險法釋義，頁207以下。

[27] 行政院勞工委員會99年6月23日勞保2字第0990140253號函參照。引自郭玲惠，勞工及就業保險法釋義，頁260註腳52。

別，故其遺屬仍得申領國民年金保險之喪葬給付及遺屬年金[28]。

二、擇一關係

如前所述，死亡給付給予需受扶養家屬一最低生活照顧與扶助，因此，必須謹守社會給付不重複保障原則、社會給付適當性原則及不過度保障原則。在2008年8月13日增訂施行勞保條例第63條之1第3項之前，對於實務上屢屢出現的被保險人已符合失能年金給付或老年年金給付的條件，但未提出請領即已死亡，其遺屬得否先請領失能年金給付或老年年金給付，而後再請領死亡給付之爭議，中央勞政機關已有多次函釋採取否定的見解，亦即受益人只能擇一請領，或者為死亡給付，或者為失能給付或老年給付，但不得重複請領。如前所述，中央勞政機關認為被保險人遺屬得放棄死亡給付，而改請領老年給付[29]，即其一例【案例1(3)】。在此，須注意者，領取老年年金必須符合年齡及等待期的規定，但死亡給付似無等待期的問題，並非以繳納一定期間保險費為前提。同樣地，失能年金似乎亦無此一要求。

有關社會保險給付不重複保障原則，主要是在勞保條例第22條及第65條之3。此一原則適用的對象包括被保險人及其受益人／遺屬。依據第22條規定，「同一種保險給付，不得因同一事故而重複請領。」依據第65條之3規定，「被保險人或其受益人符合請領失能年金、老年年金或遺屬年金給付條件時，應擇一請領失能、老年給付或遺屬津貼。」前者，是指同一事故的同一種保險給付，只是請領人不同而已（被保險人或受益人）；後者，則是不同的保險事故與給付，而請領人或為相同（被保險人具請領失能年金及老年年金資格，甚至具其他被保險人死亡之遺屬年金資格）、或為不同（被保險人具請領失能年金及老年年金資格，而受益人具請領遺屬津貼資格）。而第63條之1第3項之情形，較近於第65條之3之請

28 衛生福利部104年10月7日衛部保字第1040106491號函參照。

29 行政院勞工委員會77年12月15日（77）台勞保2字第28483號函、87年9月10日（87）台勞保2字第038180號函參照。

領人不同之案例。

先就第65條之3之情形一言者。針對有關勞工保險被保險人因職業災害死亡，其受益人雖符合遺屬年金請領條件，惟已選擇領取自身之勞工保險老年年金給付者，得否單獨請領10個月職業災害死亡補償一次金疑義。中央勞政機關認為，「勞工保險條例第64條已明定被保險人因職業災害致死亡，其受益人符合遺屬年金給付條件時，始得請領遺屬年金給付及職業災害死亡補償一次金，二者無法分別請領。又依同條例第65條之3規定，受益人如已擇領自身老年年金給付，而不選擇請領遺屬年金給付者，自不得單獨請領職業災害死亡補償一次金。」[30]本書以為其與其他類似案例的見解前後一致，故屬正確可採。

其次，依據勞保條例第63條之1第3項規定，「被保險人保險年資滿十五年，並符合第五十八條第二項各款所定之條件，於未領取老年給付前死亡者，其符合前條第二項規定之遺屬，得請領遺屬年金給付。」即被保險人未領取老年給付前死亡者，不問被保險人有無提出請領或保險人是否已核定給付，只要保險人未將給付金額匯入指定帳戶前，被保險人之遺屬即得依第63條以下規定（改）請領遺屬年金給付。

至於終身無工作能力之被保險人，在其未領取失能給付前已死亡者，雖然勞保條例第63條之1第3項未規定此種類型。惟在勞保條例施行細則第81條於2008年12月25日修正刪除前，即應按照該條規定「受益人得擇領死亡給付或殘廢給付」處理，之後，則應依勞保條例第65條之3請求權競合規定解決。依之，「被保險人或其受益人符合請領失能年金、老年年金或遺屬年金給付條件時，應擇一請領失能、老年給付或遺屬津貼。」即受益人僅能擇一請領失能年金或遺屬年金，而不得同時或前後請領失能給付及死亡給付[31]。

所以，針對本章案例1（最高行政法院94年度判字第75號判決），

---

30 勞動部105年6月2日勞動保3字第1050140304號函參照。

31 相關論述，請參閱郭玲惠，第五十七條（逕予退保）—最高行政法院94年度判字第75號判決，收錄於：勞工保險條例精選判決評釋，頁173以下。

其案情經過為：被保險人經醫院審定三等殘殘廢→申請殘廢給付（2001/4/30）→死亡（2001/5/8）→核定殘廢給付（2001/6/15）→逕予退保（2001/6/13）→申請死亡給付（2001/6/27）→按照擇一給付處理。法院遂依據舊勞保條例施行細則第81條規定，「被保險人身體殘廢不能從事工作，依勞工保險殘廢給付標準表申請殘廢給付後死亡，其受益人得擇領死亡給付或殘廢給付。」[32]給予受益人選擇權。本書以為若無此一規定，則法院似應以被保險人已在2001年5月8日死亡，而先認定所核定殘廢給付的行政處分無效，且因失能給付為一身專屬權而不得繼承[33]，必須並令受益人再次提出死亡給付申請。由於存在舊勞保條例施行細則第81條規定，法院在訴訟中即應詢問並令遺屬擇一領取保險給付【案例1(3)】[34]。一旦受益人擇領死亡給付，即應備置勞保條例施行細則第85條規定之書件，提出請領。

有問題的是，勞保條例第63條之1第3項所規定之老年給付，其條件為「被保險人保險年資滿十五年，並符合第五十八條第二項各款所定之條件」，與之前函釋「如已符合同條例第58條請領老年給付之年資或年齡條件」不盡相同，乃引起兩者併行適用的疑義。此是否妥當？並非無疑。在此一言者，我國勞保條例第58條第1項的老年年金給付，係自2008年8月13日起施行，因此，在此一時間之前所發布函釋之「如已符合同條例第58條請領老年給付之年資或年齡條件」，應係指一次性老年給付而言。被保險人的受益人放棄請領死亡給付，而選擇請領老年給付，「因本質上仍為死亡給付，故當序受益人已選擇請領較高金額之老年給付時其家屬不得再以

---

32 本條文在2008年12月25日修正刪除。

33 最高行政法院92年度判字第636號判決參照。相關的說明，請參閱郭玲惠，勞工及就業保險法釋義，頁214以下。

34 另外，台北高等行政法院101年度訴字第1494號判決採取相同的見解。不同意見說，郭玲惠，第五十七條（逕予退保）─最高行政法院94年度判字第75號判決，收錄於：勞工保險條例精選判決評釋，頁176：「如嗣後因同一疾病產生死亡之結果，仍有死亡給付之可能」，本書以爲此一見解似有問題，蓋已經違反社會給付不重複保障原則。

被保險人身分請領家屬死亡喪葬津貼。」[35]同樣地，也是在此一基礎上，中央勞政機關認為，「有關被保險人死亡前請領失能或老年相關一次給付，經保險人審定應給付者，其給付得由符合勞工保險條例第63條第1項及第65條第1項、第2項所定之當序遺屬承領。」[36]解釋上，當序遺屬亦得選擇不承領失能或老年一次給付，而（改）請領死亡給付。

果然如此，針對符合請領失能年金給付及老年年金給付條件之被保險人，在未取得年金給付之前死亡者，並無法適用上述舊法時代的函釋，其遺屬只得請領遺屬年金給付。惟此並非勞保條例第63條之1第3項規定「並符合第五十八條第二項各款所定之條件」之情形。換言之，第63條之1第3項是將遺屬年金給付擴充至「並符合第五十八條第二項各款所定之條件」者，而非意在排除本已符合請領失能年金給付及老年年金給付條件之被保險人之情況。

第三項　死亡給付的種類及其關係

死亡給付包含喪葬津貼與遺屬年金或遺屬津貼等具有不同目的或功能的項目。兩種項目性質不同，得分別請領。除此之外，針對被保險人於本條例2008年7月17日修正之條文施行前有保險年資者，其遺屬亦得選擇一次請領失能給付或老年給付。又，為給予職業災害勞工死亡遺屬較多的選擇或較佳的保障，另有遺屬一次金、職業災害死亡補償一次金的規定，以下即分別說明之。

---

[35] 行政院勞工委員會77年12月15日（77）台勞保2字第28483號函、87年9月10日（87）台勞保2字第038180號函參照。惟該會94年7月6日勞保2字第0940037053號函則採取肯定說（得請領家屬喪葬津貼），本書以爲並不可採。相對地，遺族如依勞保條例第63條之1第2項及第4項規定所請領之保險給付，係承續被保險人原有之失能或老年給付權益而來，其性質係屬失能或老年給付。行政院人事行政局98年11月23日局給字第0980032118號函參照。

[36] 行政院勞工委員會98年5月8日勞保2字第0980140254號函參照。

一、喪葬津貼

喪葬津貼可區分為家屬喪葬津貼（勞保條例第62條）及被保險人喪葬津貼（勞保條例第63條）兩類。顧名思義，其是在補助被保險人的近親或其本人死亡時，因為埋葬等所支出之各種費用，以減輕費用支出人的經濟負擔。依據勞保條例第62條及第63條之2第1項第1款規定，可知其係定額補助，而非針對個案給予全額補助，所以，並不問實際支出的費用為何。與遺屬年金不同的是，喪葬津貼為一次請領，而非以年金的方式給付。

其並非嚴格意義的保險給付，而是兼具扶助的性質，此在大法官會議釋字第560號解釋即有如下之表述：「同條例第六十二條就被保險人之父母、配偶、子女死亡可請領喪葬津貼之規定，乃為減輕被保險人因至親遭逢變故所增加財務負擔而設，自有別於一般以被保險人本人發生保險事故之給付，兼具社會扶助之性質，應視發生保險事故者是否屬社會安全制度所欲保障之範圍決定之。」雖其係針對勞保條例第62條之家屬喪葬津貼而為，但同條例第63條第1項及勞工職業災害保險及保護法第49條第1項之被保險人喪葬津貼似亦應做同樣之解釋。而且，不論第62條之被保險人之父母、配偶或子女或第63條之被保險人之配偶、子女、父母、祖父母、受其扶養之孫子女或受其扶養之兄弟、姊妹，甚至支出殯葬費之人，以及勞工職業災害保險及保護法第49條第1項之支出殯葬費之人，其係住居於勞保條例施行區域以內或以外，均得提出請領。

此種兼具扶助的性質，即使在被保險人或其受益人或其他利害關係人，為領取保險給付，故意造成保險事故時，仍然不受影響。勞保條例第23條即規定，「被保險人或其受益人或其他利害關係人，為領取保險給付，故意造成保險事故者，保險人除給與喪葬津貼外，不負發給其他保險給付之責任。」甚至，依據勞保條例第26條規定，「因戰爭變亂或因被保險人或其父母、子女、配偶故意犯罪行為，以致發生保險事故者，概不給與保險給付。」中央勞政機關即根據此一規定，認為，「查依勞保條例第26條規定『被保險人如因故意犯罪行為，以致發生事故者，概不給與保險給付』，故如被保險人非因故意犯罪行為而造成死亡事故，應可申請喪葬津貼。」[37]尤其是，當被保險人之死亡，係起因於被保險人之父母、子女、配偶中之一人時，其他未涉案的當序受益人仍然得請領喪葬津貼及遺屬津貼[38]。

此種從寬給予喪葬津貼的態度，也見之於被保險人與其女同時因車禍死亡，除被保險人本人死亡給付外，受益人可另行請領家屬死亡給付（被保險人之女之喪葬津貼）之爭議。依據主管機關的見解[39]，「查『同時』者必無先後之分，但就事實論，死者父女雖同乘一車發生車禍，其死亡時間之先後，必不可能分秒不差，且同時死亡為事後之推定，既無事實之根據，如有利於申請人之推定，而認為被保險人遲於其女死亡亦不能謂有違事實，為補救法律之不平，本案應比照勞工保險條例施行細則第155條（現修正於勞工保險條例第63條之2第1項第1款後段）之規定立法主旨，准予核發其家屬死亡給付。」本案中，受益人為被保險人之配偶，其除得依勞保條例第63條請領死亡給付外，亦得以本身為被保險人的身分，依據第62條請領家屬死亡之喪葬津貼。且其得比照（類推適用）第63條之2第1項第1款後段，按照被保險人的平均月投保薪資一次受領10個月。在此，既是比照（類推適用），則並不要求其女具有第63條之2第1項第1款後段之「被保險人」資格。

值得注意的是，除了上述兼具保險給付及社會扶助之雙重性質外，吾人由勞保條例第63條之2第1項第1款但書規定，「但其遺屬不符合請領遺屬年金給付或遺屬津貼條件，或無遺屬者，按其平均月投保薪資一次發給十個月。」似乎亦可得出喪葬津貼亦具有彌補遺屬年金或遺屬津貼的功能（輔助功能）。類似的規定，亦見之於勞工職業災害保險及保護法第51條第1項第1款但書，「但被保險人無遺屬者，按其平均月投保薪資一次發給

---

37 行政院勞工委員會77年6月7日（77）台勞保2字第11298號函參照。

38 行政院勞工委員會79年1月12日（79）台勞保1字第31025號函、79年3月17日（79）台勞保1字第05039號函、81年1月31日（81）台勞保2字第02316號函、85年12月27日（85）台勞保2字第146841號函參照。

39 台灣省政府65年4月26日府社5字第43858號函參照。

十個月。」

而無論是家屬喪葬津貼、被保險人喪葬津貼或一次發給10個月喪葬津貼，都受到第63條之3第2項適用。即以一人請領為限。「……符合請領條件者有二人以上時，應共同具領，未共同具領或保險人核定前如另有他人提出請領，保險人應通知各申請人協議其中一人代表請領，未能協議者，喪葬津貼應以其中核計之最高給付金額，遺屬津貼及遺屬年金給付按總給付金額平均發給各申請人。」「保險人依前二項規定發給遺屬給付後，尚有未具名之其他當序遺屬時，應由具領之遺屬負責分與之。」（勞保條例第63條之3第4項）

最後，「被保險人依本條例第六十二條規定請領喪葬津貼者，應備下列書件：一、喪葬津貼申請書及給付收據。二、死亡證明書、檢察官相驗屍體證明書或死亡宣告判決書。三、載有死亡登記之戶口名簿影本，及被保險人身分證或戶口名簿影本（第1項）。已辦理完成死亡登記者，得僅附前項第一款所定文件（第2項）。」（勞保條例施行細則第82條參照）而「依本條例第六十三條或第六十四條規定請領喪葬津貼者，應備下列書件：一、死亡給付申請書及給付收據。二、死亡證明書、檢察官相驗屍體證明書或死亡宣告判決書。三、載有死亡日期之全戶戶籍謄本。四、支出殯葬費之證明文件。但支出殯葬費之人為當序受領遺屬年金或遺屬津貼者，得以切結書代替。」（勞保條例施行細則第84條參照）吾人如將上述第82條與第84條比較，即可發現後者尚有「四、支出殯葬費之證明文件。但支出殯葬費之人為當序受領遺屬年金或遺屬津貼者，得以切結書代替。」之要求。解釋上，被保險人請領家屬喪葬津貼時，亦應提出支出殯葬費之證明文件，始為合理。否則，在死亡之父母、配偶或子女之被保險人有多人時，如保險人將喪葬津貼給予未實際支出殯葬費之被保險人，則仍然違反勞保條例第62條規定之原意。

二、遺屬年金及遺屬津貼、遺屬一次金

相較於喪葬津貼係一次性地補助實際支出之喪葬等各種相關費用，遺屬年金或遺屬津貼則是長期地照顧家屬之生活所需。惟，在2009年1月1

日遺屬年金施行前，僅有一次性的遺屬津貼，而在修法後，被保險人的遺屬在一定條件下，仍可選擇請領遺屬津貼。另外，在2022年5月1日施行的勞工職業災害保險及保護法第49條第3項，針對當序遺屬於被保險人死亡時，全部不符合遺屬年金給付條件者，規定其得請領遺屬一次金。

（一）遺屬年金

勞保條例第四章第七節死亡給付，除了第62條之外，幾乎全部與遺屬年金有關，亦即第63條第2項、第63條之1至第63條之4、第64條第1項、第65條均有所規定。另外，勞工職業災害保險及保護法第49條第2項也有類似的規定。

由上述條文的規定，可知遺屬年金是死亡給付的主要內容所在。一般所謂之死亡給付年金制，即是指遺屬年金而言。其一體適用於被保險人因普通事故及職業災害事故而死亡者。除了被保險人因為在職中死亡（早死），其遺屬得請領遺屬年金外，即使被保險人退職退保領取失能年金給付或老年年金給付期間死亡者，其遺屬亦得請領遺屬年金，可見遺屬年金具有最後承受性（勞保條例第63條之1第1項本文參照）。另外，同一順序遺屬有二人以上，如請領之條件不一或意思不一致，如符合條件中之一人請領遺屬年金時，即應以發給遺屬年金給付為原則（勞保條例第63條之3第3項本文參照）。遺屬年金係以被保險人的平均月投保薪資為計算基礎。雖然得請領遺屬年金之人及其順序，已為法律所定。但各順序遺屬得請領之保險金額並無所差異（含養子女）。

最後，依據勞保條例施行細則第85條規定，「依本條例第六十三條、第六十三條之一或第六十四條規定請領遺屬年金給付者，應備下列書件：一、死亡給付申請書及給付收據。二、死亡證明書、檢察官相驗屍體證明書或死亡宣告判決書。三、載有死亡日期之全戶戶籍謄本。受益人為配偶時，應載有結婚日期；受益人為養子女時，應載有收養及登記日期。受益人與死者非同一戶籍者，應同時提出各該戶籍謄本。四、在學者，應檢附學費收據影本或在學證明，並應於每年九月底前，重新檢具相關證明送保險人查核，經查核符合條件者，應繼續發給至次年八月底止。五、無謀生能力者，應檢附身心障礙手冊或證明，或受禁治產（監護）宣告之證明文件。六、受益人為孫子女或兄弟、姊妹者，應檢附受被保險人扶養之相關證明文件。」

（二）遺屬津貼

遺屬津貼與遺屬年金同具保障被保險人遺屬最低生活安全之功能。勞保條例在2008年8月13日修正公布前，僅有遺屬津貼的規定，之後始增訂遺屬年金。依據勞保條例第63條第3項規定，「第一項被保險人於本條例中華民國九十七年七月十七日修正之條文施行前有保險年資者，其遺屬除得依前項規定請領年金給付外，亦得選擇一次請領遺屬津貼，不受前項條件之限制，經保險人核付後，不得變更。」類似的規定，亦見之於2022年5月1日施行的勞工職業災害保險及保護法第49條第5項規定，「被保險人於中華民國九十八年一月一日勞工保險年金制度實施前有保險年資者，其遺屬除得依第二項規定請領遺屬年金外，亦得選擇請領遺屬津貼，不受第二項各款所定條件之限制，經保險人核付後，不得變更。」可知，為保障在2008年7月17日或2009年1月1日前已有保險年資的被保險人的既得權，其仍得選擇一次請領遺屬津貼。對於被保險人因職業災害致死亡者，其遺屬亦得選擇一次請領遺屬津貼。並且，按被保險人平均月投保薪資發給40個月職業災害死亡補償一次金（勞保條例第64條第2項參照）。

有問題的是，選擇一次請領遺屬津貼，「不受前項條件之限制」、「不受第二項各款所定條件之限制」，究竟何意？本書以為其只要求有身分即可，並不要求配偶、子女、父母、祖父母、孫子女、兄弟姊妹應符合勞保條例第63條第2項或勞工職業災害保險及保護法第49條第2項所規定的各種條件（例如配偶關係在1年以上）。但是，基於勞保條例第63條第1項或勞工職業災害保險及保護法第49條第1項規定，孫子女及兄弟姊妹仍應符合受到被保險人扶養的條件。

由上所述，可知被保險人僅得擇一領取遺屬年金或遺屬津貼。此並不因條文前後列序遺屬年金及遺屬津貼，而在解釋上有所不同。例如勞保條例第65條第1項「受領遺屬年金給付及遺屬津貼之順序如下：……。」

需注意者，遺屬津貼以一人請領為限（勞保條例第63條之3第2項本文參照）。並且，勞保條例第63條第3項及勞工職業災害保險及保護法第49條第5項之適用，仍應受到勞保條例第63條之3第3項本文「同一順序遺屬有二人以上，有其中一人請領遺屬年金時，應發給遺屬年金給付。」亦即遺屬年金給付原則之拘束。例外地，「但經共同協議依第六十三條第三項、第六十三條之一第二項及第四項規定一次請領給付者，依其協議辦理。」

最後，依據勞保條例施行細則第86條規定，「依本條例第六十三條或第六十四條規定請領遺屬津貼者，應備下列書件：一、死亡給付申請書及給付收據。二、死亡證明書、檢察官相驗屍體證明書或死亡宣告判決書。三、載有死亡日期之全戶戶籍謄本，受益人為養子女時，應載有收養及登記日期；受益人與死者非同一戶籍者，應同時提出各該戶籍謄本。四、受益人為孫子女或兄弟、姊妹者，應檢附受被保險人扶養之相關證明文件。」

（三）遺屬一次金

遺屬一次金係勞工職業災害保險及保護法所特有的規定，以補充遺屬年金之用。依據勞工職業災害保險及保護法第49條第3項規定，「前項當序遺屬於被保險人死亡時，全部不符合遺屬年金給付條件者，得請領遺屬一次金，經保險人核付後，不得再請領遺屬年金。」所以，僅在全部遺屬不得領取遺屬年金給付的情況下，始得請領遺屬一次金[40]。也因此，同法之第53條第2項本文規定，「同一順序遺屬有二人以上，有其中一人請領遺屬年金時，應發給遺屬年金。」所呈現之遺屬年金給付原則，係針對遺屬津貼而言，而不及於遺屬一次金。

至於遺屬一次金與遺屬津貼相同，都是一次性給付，而且，在給付基準方面，依據勞工職業災害保險及保護法第51條第1項第3款裁定，「遺屬一次金及遺屬津貼：按被保險人平均月投保薪資發給四十個月。」但兩者請領的條件卻不同。後者，依據勞工職業災害保險及保護法第49條第5

---

40 此一立法體例，類似於勞保條例第63條之2第1項第1款但書。

項規定，「被保險人於中華民國九十八年一月一日勞工保險年金制度實施前有保險年資者，其遺屬除得依第二項規定請領遺屬年金外，亦得選擇請領遺屬津貼，不受第二項各款所定條件之限制，經保險人核付後，不得變更。」

又，在請領順序上，「請領遺屬年金、遺屬一次金及遺屬津貼之順序如下：一、配偶及子女。二、父母。三、祖父母。四、受扶養之孫子女。五、受扶養之兄弟姊妹。」（勞工職業災害保險及保護法第52條第1項參照）而且，「本保險之喪葬津貼、遺屬年金、遺屬一次金及遺屬津貼，以一人請領為限。符合請領條件者有二人以上時，應共同具領，未共同具領或保險人核定前另有他人提出請領，保險人應通知各申請人協議其中一人代表請領，未能協議者，按總給付金額平均發給各申請人。」（勞工職業災害保險及保護法第53條第1項參照）

三、選擇一次請領失能給付或老年給付

死亡給付以遺屬年金給付為原則，以便提供當序遺屬最低生活需要的保障。但是，遺屬年金最後承續性而來之失能年金給付及老年年金給付，對於2008年7月17日修正之條文施行前有保險年資者，其遺屬亦得選擇一次請領失能給付或老年給付，以適度保障其既得權。

（一）一次請領失能給付

依據勞保條例第63條之1第1項、第2項規定，「被保險人退保，於領取失能年金給付或老年年金給付期間死亡者，其符合前條第二項規定之遺屬，得請領遺屬年金給付。」「前項被保險人於本條例中華民國九十七年七月十七日修正之條文施行前有保險年資者，其遺屬除得依前項規定請領年金給付外，亦得選擇一次請領失能給付或老年給付，扣除已領年金給付總額之差額，不受前條第二項條件之限制，經保險人核付後，不得變更。」吾人觀第2項規定，其似係將重點置於被保險人符合請領失能年金給付或老年年金給付條件，且「前項被保險人於本條例中華民國九十七年七月十七日修正之條文施行前有保險年資者」，而不問被保險人在領取失

能年金給付或老年年金給付期間死亡，或者尚未開始領取失能年金給付或老年年金給付前即已死亡。所以，尤其是對於被保險人短暫領取失能年金給付或老年年金給付後死亡，其遺屬即得基於自己的考量，改選擇一次請領失能給付或老年給付[41]。

須注意者，此處遺屬只能選擇一次請領失能給付或老年給付，而不得選擇一次請領遺屬津貼（勞保條例第63條第3項參照）[42]，即後者所指涉之第1項「被保險人在保險有效期間死亡時」，係指被保險人尚未符合請領失能年金給付或老年年金給付條件者而言。

有問題的是，第63條之1第2項規定之「不受前條第二項條件之限制」，究竟何意？本書以為應採取如同一次請領遺屬津貼（勞保條例第63條第3項參照）同樣的解釋，其只要求有身分即可，並不要求配偶、子女、父母、祖父母、孫子女、兄弟姊妹應符合勞保條例第63條第2項之條件。令人不解的是，依據勞保條例施行細則第87條第2項規定，「受領前項差額給付之對象及順序，準用本條例第六十三條第一項及第六十五條第一項、第二項規定。」其既係「準用」，解釋上，即不必然採取完全相同的對象及順序，而是可以將順序調整，以及增減對象，惟本書以為此並不妥當，而是應採取「適用」勞保條例第63條第1項及第65條第1項、第2項規定。

在勞工職業災害保險及保護法於2022年5月1日施行後，針對失能年金給付也有類似的規定。依據其第50條第1項、第2項規定，「依第四十三條第二項第一款或第二款規定請領失能年金者，於領取期間死亡時，其遺屬符合前條第二項規定者，得請領遺屬年金。」「被保險人於中華民國九十八年一月一日勞工保險年金制度施行前有保險年資者，其遺屬除得依前項規定請領年金給付外，亦得選擇一次請領失能給付扣除已領年金給付總額之差額，不受前條第二項各款所定條件之限制，經保險人核付後，不得變更。」其應採取與勞保條例第63條之1第1項、第2項相同的解釋。

41 行政院勞工委員會99年8月31日勞保2字第0990140337號函參照。

42 郭玲惠，勞工及就業保險法釋義，頁257持肯定見解。但本書以爲其見解有誤。

最後，除了勞保條例施行細則第87條第2項規定外，其第1項、第3項規定為，「依本條例第六十三條之一第二項規定，選擇一次請領失能給付扣除已領年金給付總額之差額者，應備下列書件：一、失能給付差額申請書及給付收據。二、前條第二款至第四款所定之文件。」「前項同一順序遺屬有二人以上時，準用本條例第六十三條之三第二項規定。」此處第3項的「準用本條例第六十三條之三第二項規定」，解釋上亦係「適用」之意。另外，依據勞保條例施行細則第90條規定，「本條例第六十三條之三第二項所稱未能協議，指各申請人未依保險人書面通知所載三十日內完成協議，並提出協議證明書者（第1項）。前項規定，於依第八十七條及第八十八條規定一次請領差額給付者，準用之（第2項）。」本條係第87條第2項的延續規定，第2項的「準用之」亦係「適用之」之意。

（二）一次請領老年給付

勞保條例第63條之1第1項、第2項除了規定被保險人領取失能年金給付期間死亡，其遺屬之領取遺屬年金及一次請領失能給付外，也同時規定被保險人領取老年年金給付期間死亡，其遺屬之領取遺屬年金及一次請領老年給付之情形。故前面有關失能給付之說明，亦可適用於老年給付。

對於一次請領老年給付，中央勞政機關認為必須符合勞保條例第58條第2項規定之條件。亦即，「有關勞工保險條例第63條之1第2項規定之意旨，係被保險人於年金制度施行前有保險年資，其於年金施行後退職退保時，同時具備請領老年年金給付及一次請領老年給付之條件，為鼓勵被保險人選擇年金給付並保障其遺屬生活，爰規定被保險人於領取老年年金給付期間死亡者，其符合同條例第63條之1第2項規定之遺屬，除得轉銜為遺屬年金外，亦得選擇一次請領老年給付，扣除已領年金給付總額之差額。惟被保險人如不符同條例第58條第2項各款規定得一次請領老年給付之條件者，其遺屬自不得選擇一次請領老年給付，扣除已領年金給付總額之差額，僅得依同條例第63條之1第1項規定請領遺屬年金。」[43]本書以為上述

---

[43] 行政院勞工委員會101年9月18日勞保2字第1010140378號函參照。

「同時具備請領老年年金給付及一次請領老年給付之條件。……被保險人如不符同條例第58條第2項各款規定得一次請領老年給付之條件者，其遺屬自不得選擇一次請領老年給付，……。」的見解並不可採。蓋第63條之1第2項的一次請領老年給付，並無須採取與第58條第2項的一次請領老年給付相同的條件。況且，要「同時具備請領老年年金給付及一次請領老年給付之條件」，其係以第58條第2項有保險年資及年齡的款項為前提，且被保險人將年資及年齡朝向第1項第1款的年資（15年）及年齡（60歲）調整至一致，始提出請領，始有可能。因此，實際上甚難想像，甚至不可能，例如第3款僅有保險年資25年的要求，而不問其年齡。如此一來，是否要強制被保險人要符合60歲時，始能請領？

也因此，正確而言，此處的「領取老年年金給付」，被保險人必須符合勞保條例第58條第1項第1款「年滿六十歲、保險年資合計滿十五年」要件。至於被保險人依據勞保條例第58條第1項第2款請領老年一次金給付或第2項一次請領老年給付後死亡者，即非勞保條例第63條之1第1項、第2項的適用對象。

所以，依據勞保條例施行細則第88條規定，「依本條例第六十三條之一第二項規定，選擇一次請領老年給付扣除已領年金給付總額之差額者，應備下列書件：一、老年給付差額申請書及給付收據。二、第八十六條第二款至第四款所定之文件（第1項）。前條第二項及第三項規定，於前項請領差額給付者，準用之（第2項）。」又，第90條規定，「本條例第六十三條之三第二項所稱未能協議，指各申請人未依保險人書面通知所載三十日內完成協議，並提出協議證明書者（第1項）。前項規定，於依第八十七條及第八十八條規定一次請領差額給付者，準用之（第2項）。」此處的「準用」，亦應將之解釋為「適用」之意。

值得注意的是，勞保條例第63條之1除了第2項外，第4項也是一次請領老年給付的規定。惟其請領條件係根據第3項的規定而來。依之，「被保險人保險年資滿十五年，並符合第五十八條第二項各款所定之條件，於未領取老年給付前死亡者，其符合前條第二項規定之遺屬，得請領遺屬年金給付（第3項）。前項被保險人於本條例中華民國九十七年七月十七日修正之條文施行前有保險年資者，其遺屬除得依前項規定請領年金給付外，亦得選擇一次請領老年給付，不受前條第二項條件之限制，經保險人核付後，不得變更（第4項）。」也就是說，遺屬欲一次請領老年給付，限於被保險人未領取老年給付前死亡者。如果被保險人在領取老年年金給付期間死亡者，其遺屬僅能依同條第1項請領遺屬年金。至於第4項的「不受前條第二項條件之限制」，也應與第2項的「不受前條第二項條件之限制」做相同之解釋，即只要具有身分即可。

需釐清的是，第3項規定之「被保險人保險年資滿十五年，並符合第五十八條第二項各款所定之條件」，已經排除保險年資未滿15年者。所以，所謂「並符合第五十八條第二項各款所定之條件」，主要是指與年齡有關者。亦即：以第1款而言，被保險人無須「年滿60歲或女性被保險人年滿55歲退職者」。第2款則是指無須「年滿55歲退職者」。第3款則是指「在同一投保單位參加保險之年資合計滿15年退職者」即可，無須滿25年。至於第4款，應解釋為被保險人只須「參加保險之年資合計滿15年」，但無須年滿50歲始退職。最為難解者，第5款是否應解釋為「擔任具有危險、堅強體力等特殊性質之工作合計滿15年，但無須年滿55歲退職者」？果如此，即與第2款的結果相同，本書以為並不妥當，故仍應維持「擔任具有危險、堅強體力等特殊性質之工作合計滿五年」即可。

四、職業災害死亡補償一次金

勞保條例為給予職業災害勞工死亡遺屬較佳的保障，另有職業災害死亡補償一次金的規定。此一遭受職業災害的勞工，包括已領取勞工保險老年給付及年逾65歲已領取其他社會保險養老給付者再從事工作或於政府登記有案之職業訓練機構接受訓練，並經投保單位為其辦理參加職業災害保險者[44]。

[44] 勞動部103年11月19日勞動保3字第1030140437號令參照。所以，此類僅參加職業災害保險者，如果發生普通事故死亡或發生職業災害事故死亡，但卻有勞工職業災害保險職業傷病審查準則第17條所列之情事者，其遺屬即不得請領遺屬年金給付及職業災害死亡補償一次金。勞工保險監理委員會，勞保爭議大觀園，2010年6月，頁193以下。

依據勞保條例第64條第1項規定，「被保險人因職業災害致死亡者，除由支出殯葬費之人依第六十三條之二第一項第一款規定請領喪葬津貼外，有符合第六十三條第二項規定之遺屬者，得請領遺屬年金給付及按被保險人平均月投保薪資，一次發給十個月職業災害死亡補償一次金。」對於此一職業災害死亡補償一次金，學者有稱之為「職業災害遺屬津貼」者[45]，惟本書以為似有問題，蓋同條第2項規定，「前項被保險人之遺屬依第六十三條第三項規定一次請領遺屬津貼者，按被保險人平均月投保薪資發給四十個月。」其中，已有「一次請領遺屬津貼」的規定。

至於請領職業災害死亡補償一次金者，必須是勞保條例第63條第2項之遺屬。並且，由於請領遺屬年金給付者，始得請領職業災害死亡補償一次金，因此，雖然第65條只規定「受領遺屬年金給付及遺屬津貼」者，但請領職業災害死亡補償一次金亦應將之解釋在適用之內。也就是說，請領的順序、「前順序優先原則」（由先順序者請領）、第二順序遺屬之請領條件等，亦適用之。

又，針對有關勞工保險被保險人因職業災害死亡，其受益人雖符合遺屬年金請領條件，惟已選擇領取自身之勞工保險老年年金給付者，得否單獨請領10個月職業災害死亡補償一次金之疑義，中央勞政機關認為，「勞工保險條例第64條已明定被保險人因職業災害致死亡，其受益人符合遺屬年金給付條件時，始得請領遺屬年金給付及職業災害死亡補償一次金，二者無法分別請領。又依同條例第65條之3規定，受益人如已擇領自身老年年金給付，而不選擇請領遺屬年金給付者，自不得單獨請領職業災害死亡補償一次金。」[46]

除了上述的死亡給付種類外，另外，尚有死亡津貼或死亡補助。依據勞工職業災害保險及保護法第78條第1項規定，「被保險人從事第六十三條第二項所定有害作業，於退保後，經第七十三條第一項認可醫療機構之職業醫學科專科醫師診斷係因保險有效期間執行職務致罹患職業病者，得

---

45 郭玲惠，勞工及就業保險法釋義，頁257。

46 勞動部105年6月2日勞動保3字第1050140304號函參照。

向保險人申請醫療補助、失能或死亡津貼。」

再依據勞工職業災害保險及保護法第81條第1項規定，「未加入本保險之勞工，於本法施行後，遭遇職業傷病致失能或死亡，得向保險人申請照護補助、失能補助或死亡補助。」

第三節　死亡給付的當事人及其順序

死亡給付似不要求等待期，並非以繳納一定期間的保險費為前提。此與老年給付的請領條件（勞保條例第58條第1項、第2項參照）不同。死亡給付兼具有福利性內涵，而非純粹保險給付。再者，喪葬費的請領採實際支出主義，並不問支出喪葬費者的身分。凡此，都會影響死亡給付當事人的確定及其順序的問題。

第一項　當事人

一、被保險人

依據勞保條例第62條規定，「被保險人之父母、配偶或子女死亡時，依左列規定，請領喪葬津貼：一、被保險人之父母、配偶死亡時，按其平均月投保薪資，發給三個月。二、被保險人之子女年滿十二歲死亡時，按其平均月投保薪資，發給二個半月。三、被保險人之子女未滿十二歲死亡時，按其平均月投保薪資，發給一個半月。」本條係以被保險人為請求給付主體，並以被保險人的平均月投保薪資為量定基準[47]。而且，解釋上也包括勞工職業災害保險及保護法的被保險人，而其遭遇職業災害者。假設不具被保險人身分，而只是單純為父母、配偶、子女支出殯葬費之人，則無第62條之適用。經由此一條文規定，被保險人乃具有受益人的

---

[47] 即採取與勞保條例第63條之2第1項第1款之喪葬津貼，「按被保險人平均月投保薪資一次發給X個月。」相同之解釋。

地位。或者，對於未參加勞工保險的父母、配偶、子女，某種程度而言，該家屬已具有準被保險人的資格。

緣一般所指之死亡給付，是指被保險人死亡後其遺屬／受益人之請領各種死亡給付而言。惟基於國情及民俗習慣，對於在保險有效期間死亡之被保險人之近親（勞保條例第19條第1項參照）[48]，被保險人有實際支出殯葬費者，亦得請領喪葬津貼的補助。此或可視為「死亡給付的擴散效力」。大法官會議釋字第560號解釋即認為，「同條例第六十二條就被保險人之父母、配偶、子女死亡可請領喪葬津貼之規定，乃為減輕被保險人因至親遭逢變故所增加財務負擔而設，自有別於一般以被保險人本人發生保險事故之給付，兼具社會扶助之性質，應視發生保險事故者是否屬社會安全制度所欲保障之範圍決定之。」在當時，「中華民國八十一年五月八日制定公布之就業服務法第四十三條第五項，就外國人眷屬在勞工保險條例實施區域以外發生死亡事故者，限制其不得請領喪葬津貼[49]，係為社會安全之考量所為之特別規定，屬立法裁量範圍，與憲法第七條、第十五條規定意旨尚無違背。」也就是說，針對在勞保條例實施區域以外之外國人眷屬死亡事故，限制其不得請領喪葬津貼，並無違反憲法第7條、第15條可言。具體而言，就業服務法第5條第1項禁止歧視的特徵，也並無「國籍」項目。惟在2002年1月21日修正公布的第46條已刪除該項規定，之後，同樣的死亡事故，外國籍勞工已得請求家屬死亡喪葬津貼。目前勞保條例第78條實施區域的規範，只針對保險人、被保險人及投保單位，而不及於受益人、支出殯葬費之人及醫師（院），而且，即使第62條被保險人之父母、配偶、子女係在中國死亡（不問其國籍及是否長居該地），亦不影響被保險人本身之喪葬津貼請領權利[50]。

所以，勞保條例第62條具有擴大死亡給付範圍的作用。針對法定的特

---

48 如果被保險人正在停保期間，並不得引用勞保條例第20條第1項主張權利。

49 其規定內容爲「第一項各款聘僱之外國人，其眷屬在勞工保險條例實施區域外，罹患傷病、生育或死亡時，不得請領各該事故之保險給付。」

50 行政院勞工委員會85年2月26日（85）台勞保2字第104839號函參照。

定人，採取差別性給付主義。其係以被保險人與近親家屬之身分尊卑（父母、配偶＞子女）及年齡（子女12歲以上＞12歲以下）作為定額補助的標準。在所列舉的親屬部分，除了配偶外，限於直系血親的父母及子女。對於配偶、子女或父母，並無勞保條例第63條第2項第1款至第3款條件的限制。被保險人對於配偶、父、母、每一子或女，均可分開獨立請領。此處的父母及子女，包含養父母及收養登記已滿6個月的養子女（勞保條例第27條參照），但不及於繼父母[51]，因其僅為姻親關係而已。至於祖父母亦不在內，也不得藉由類推適用的方法將其納入[52]。在此，如將第62條與第63條兩相對照，即會發現後者的親屬範圍較廣，尚包括祖父母、受其扶養之孫子女或受其扶養之兄弟、姊妹等人，但後者之遺屬必須符合一定條件始能請領。

另外一提者，如果被保險人之父母、配偶、子女係被死亡宣告，則依據勞保條例施行細則第80條規定，「被保險人之父母、配偶或子女受死亡宣告者，以法院判決所確定死亡之時，為本條例第六十二條之死亡時；其喪葬津貼給付金額之計算，依下列規定計算之：一、死亡時與判決時均在被保險人投保期間內者，以判決之當月起前六個月之平均月投保薪資為準。二、死亡時在被保險人投保期間內，而判決時已退保者，以退保之當月起前六個月之平均月投保薪資為準。」本條是在確定死亡之時及喪葬津貼金額的計算基準。

又，如前所述，被保險人依第62條請領家屬死亡喪葬津貼者，以其有實際支出殯葬費者為前提，此亦可從勞保條例施行細則第43條第2項「依本條例……第六十二條規定請領保險給付者，得由……支出殯葬費之人自行請領」獲得印證。此在父或母死亡時，由於身為被保險人的子女可能有多人，以支出殯葬費之人為請領人，實具有意義。否則，如係有2人以上共同分擔殯葬費，則應依據勞保條例第63條之3第2項處理。亦即，「本條例之喪葬津貼、……，以一人請領為限。符合請領條件者有二人以上時，

---

51 最高行政法院87年度判字第2199號判決參照。

52 最高行政法院89年度判字第2641號判決參照。

應共同具領，未共同具領或保險人核定前如另有他人提出請領，保險人應通知各申請人協議其中一人代表請領，未能協議者，喪葬津貼應以其中核計之最高給付金額，……平均發給各申請人。」

有問題者，針對子女部分，勞保條例第62條第2款僅規定，「被保險人之子女年滿十二歲死亡時，……。」其並無以未成年者為限之要求；第3款則規定，「被保險人之子女未滿十二歲死亡時，……。」[53]則無年齡下限或限於已出生者。因此，本書以為第2款之子女應包括已成年者，甚至子女已結婚且有子女者。較為複雜的是，被保險人與其女同時因車禍死亡，除被保險人本人死亡給付外，受益人可否另行請領家屬死亡給付（被保險人之女之喪葬津貼）？對此，中央勞政機關認為，「查『同時』者必無先後之分，但就事實論，死者父女雖同乘一車發生車禍，其死亡時間之先後，必不可能分秒不差，且同時死亡為事後之推定，既無事實之根據，如有利於申請人之推定，而認為被保險人遲於其女死亡亦不能謂有違事實，為補救法律之不平，本案應比照勞工保險條例施行細則第155條（現修正於勞工保險條例第63條之2第1項第1款後段）之規定立法主旨，准予核發其家屬死亡給付。」[54]根據此一函釋，其所謂受益人，應是指具有被保險人身分的配偶而言。其除得（針對死亡的配偶）依勞保條例第63條請領被保險人死亡給付外，亦得依同條例第62條請領女兒死亡的喪葬津貼，並類推適用同條例第63條之2第1項第1款後段「按其平均月投保薪資一次發給十個月」[55]。由於一者為被保險人死亡喪葬津貼、另一者為家屬死亡喪葬津貼，兩者的起因不同，規範目的也略有差異，只要受益人支出兩份殯葬費，其請領兩份費用即無違反社會保險給付不重複保障原則之疑慮。

至於第3款之未滿12歲者死亡者，應是指已出生者至未滿12歲者而

---

53 依據兒童及少年福利與權益保障法第2條規定，未滿12歲之人爲兒童。

54 台灣省政府65年4月26日府社5字第43858號函參照。

55 依據勞保條例第63條之2第1項第1款規定，「喪葬津貼：按被保險人平均月投保薪資一次發給五個月。但其遺屬不符合請領遺屬年金給付或遺屬津貼條件，或無遺屬者，按其平均月投保薪資一次發給十個月。」

言，如新生嬰兒於出生後尚未申報出生登記前已死亡，應補辦戶籍登記，並且同時辦理死亡登記[56]。惟如果是胎兒胎死腹中，則不在其內。對此，被保險人（母）應依勞保條例第31條第1項第3款規定「參加保險滿八十四日後流產者」，請求生育給付。

最後，依據中央勞政機關見解，「依勞工保險條例第62條規定，被保險人之父母、配偶或子女死亡時，得請領喪葬津貼。查上開喪葬津貼性質係為補助被保險人之家屬死亡之喪葬費用所需，故被保險人之父母、配偶或子女死亡時即已符合得請領之條件，如被保險人尚未提出請領或提出請領於保險人審核期間死亡者，得由其遺屬為請領或承領上開家屬死亡喪葬津貼。」[57]此似乎肯定家屬死亡喪葬津貼可為繼承之標的，是否妥當無疑？畢竟第62條具有社會扶助之性質，且死亡給付為一身專屬權。雖然如此，勞保條例第29條第1項規定，「被保險人、受益人或支出殯葬費之人領取各種保險給付之權利，不得讓與、抵銷、扣押或供擔保。」其所謂讓與，解釋上並不包括繼承之狀況，而且，被保險人死前未申請或已申請但未入戶頭之傷病給付，亦得為繼承人所繼承[58]。

不同的是，針對遺屬津貼，在被保險人死亡後，其受益人申請死亡給付時亦因故死亡，且又無合於請領條件之遺屬，是否得由原受益人之繼承人受領遺屬津貼？對此，中央勞政機關則採取否定見解，其認為，「查勞工保險遺屬津貼之功用，旨在保障專受被保險人扶養之家屬未來長期最低生活之安全，故被保險人於保險有效期間死亡時，其當序受益人請領死亡給付，除被保險人之配偶、子女、父母及祖父母外，應以專受其扶養之孫子女及兄弟、姊妹為限。故本案建議遺屬津貼是否得由原受益人之繼承人受領乙節，核與勞工保險給付遺屬津貼之宗旨未合，自不得由原受益人之繼承人受領該項遺屬津貼。（註：2009年1月1日勞保年金施行日起，『專

---

56 內政部65年9月7日台內戶字第698396號函參照。另請參閱勞保條例施行細則第82條第2項規定。

57 行政院勞工委員會97年1月22日勞保2字第0970140049號函參照。

58 請參閱第七章第三節保險給付有關第29條之說明。

受其扶養……』修正為『受其扶養……』）」[59]

二、受益人

死亡給付的當事人，主要的是指受益人而言，即在被保險人死亡時，得請領死亡給付之遺屬。其請領的條件及順序，規定於勞保條例第63條及第65條。

（一）遺屬照顧原則

有關死亡給付受益人之確定，必須遵守遺屬照顧原則，即以需要受到扶養的最近家屬最低生活照顧與扶助為前提。傳統上，此類對象限於寡婦、鰥夫、受其扶養子女，以及其他依賴其生活的直系親屬[60]。這些人普遍面臨生活上驟然的困境，以及年紀輕、正在求學中，且無謀生能力，或者收入微薄，無法自力生存。死亡給付提供其心靈上及物質上的照護。

依據勞保條例第63條第1項、第2項及第65條第1項規定，得請領死亡給付之主體有配偶、子女、父母、祖父母、孫子女、兄弟、姊妹等。依據身分關係及照顧必要性而依序排列。此一死亡的被保險人，解釋上亦包括遭遇職業災害死亡之被保險人，所以，得請領死亡給付之主體亦適用於勞保條例第64條之職業災害死亡事故。

不過，從請領死亡給付之主體觀之，其範圍似乎稍嫌寬廣，尤其是祖父母、孫子女、兄弟姊妹部分。以孫子女及兄弟姊妹而言，雖然勞保條例第63條第1項要求應受被保險人扶養，但畢竟親等較遠，且並非即謂其無配偶或自有的直系血親（父母、子女）。似乎以回歸各自的最近親屬（被保險人）為宜，也能避免第63條之3第1項的情形發生。試想：遺屬選擇請領對其扶養之被保險人的死亡給付（因為金額較多），而不選擇最近親屬（配偶、子女或父母）的死亡給付（因為金額較少），顯得唐突而難解。至於父母、祖父母部分，第63條第2項第3款只要求「年滿五十五歲，且每

---

[59] 行政院勞工委員會78年10月12日（78）台勞保1字第24764號函參照。

[60] 柯木興，社會保險，頁153、199。

月工作收入未超過投保薪資分級表第一級者」，是否應加上受其扶養的條件？

（二）其適用所應注意事項

有關勞保條例第63條第1項、第2項受益人之請領死亡給付，尚應注意以下幾點事項：

1. 法定主義

首先，即是應遵守法定主義的要求，亦即勞工保險之受益人及其順序、條件，不得由保險人或被保險人指定或約定。這是與商業保險不同之處。依據中央勞政機關的見解，「為謀社會安定，保障被保險人及其親屬生活起見，根據社會保險一般原則，保險給付受益人，多係由法規明其順序，而少採由被保險人指定之方式，本案所稱海員父母子女等家屬，大部滯留大陸，一經發生意外保險事故，格於規定，在臺其他親友無法代為領取給付接濟家人等情事，雖屬事實，惟過去每遇此類案件，均經勞保局衡情度理，予以處理，且已有勞工保險條例施行細則第124條（現已刪除）之規定，尚未發生重大困難。至於在海外家屬，並無須來臺親領給付之限制，所請修改勞工保險給付法定受益人為由被保險人指定一節，似尚無必要。」[61]

法定主義也適用於勞保條例第23條或第26條被保險人死亡之情形。也就是說，或者被保險人或其受益人或其他利害關係人，為領取保險給付，故意造成保險事故者，或者因被保險人或其父母、子女、配偶故意犯罪行為，以致發生保險事故者，如因此導致被保險人死亡，或者只能請領喪葬津貼或者死亡給付全部被排除[62]。

2. 受益人同時具有被保險人的身分

而在被保險人與其女同時因車禍死亡，受益人同時具有被保險人身分

[61] 內政部54年9月臺內勞字第177004號函參照。

[62] Muckel/ Ogorek, Sozialrecht, 4. Aufl., 2011, 315 Rn. 106.

之情形，如前所述，「除被保險人本人死亡給付外，受益人可另行請領家屬死亡給付（被保險人之女之喪葬津貼）。……應比照勞工保險條例施行細則第155條（現修正於勞工保險條例第63條之2第1項第1款後段）之規定立法主旨，准予核發其家屬死亡給付。」[63]

3. 受益人爲未成年人

又，如果身為遺屬之子女為未成年人，則依據勞保條例施行細則第89條規定，「依前四條規定請領給付之受益人為未成年者，其申請書及給付收據，應由法定代理人簽名或蓋章。」但是，前四條之死亡給付，分別為遺屬年金（第85條）、遺屬津貼（第86條）、一次請領失能給付差額給付（第87條）、一次請領老年給付差額給付（第88條）。並無喪葬津貼（第84條）一項。另外，依據第92條規定，「被保險人死亡，其受益人為未成年且無法依第八十九條規定請領保險給付者，其所屬投保單位應即通知保險人，除喪葬津貼得依第八十四條規定辦理外，應由保險人計息存儲遺屬年金給付或遺屬津貼，俟其能請領時發給之。」[64]亦將喪葬津貼個別處理。

上述條文規定的理由究竟為何？是否因採取實際支出主義即無須代理？對此，本書以為似乎是如此。也就是說，在社會上，少有發生由未成年人進行喪葬之行為，而是由其他人（配偶、父母等）代為之，所以，不會有未成年人請領殯葬費之情況。雖然如此，這應該只是社會現象之一而已，並非當然應該如此。依法而言，至少在被保險人無配偶或父母之情形，即應由未成年子女本身負責葬禮的進行，並由其他人輔助完成。所以，勞保條例施行細則第89條及第92條仍難免有立法疏漏之疑慮。解釋上，無行為能力人或限制行為能力人必須由法定代理人代理為之。因此，仍應回歸民法第76條至第80條規定。

---

63 台灣省政府65年4月26日府社5字第43858號函參照。

64 行政院勞工委員會，勞工保險條例逐條釋義，頁669。

4. 受益人身在中國或海外

較為特別的是，如果被保險人之遺屬／受益人身處（含移民或已入籍）中國或海外其他國家，是否仍有勞保條例第63條之死亡給付請領權利？對此，如前所述，勞保條例第78條實施區域的規範，只針對保險人、被保險人及投保單位，而不及於受益人、支出殯葬費之人及醫師（院），而且，即使第62條被保險人之父母、配偶、子女係在中國死亡（不問其國籍及是否長居該地），亦不影響被保險人本身之喪葬津貼請領權利[65]。所以，如果是外籍勞工，針對勞保條例第62條之家屬，即使是在其所屬國家境內死亡，外國籍勞工亦得請求喪葬津貼。

同樣地，在被保險人（含外國籍勞工）死亡時，居住在國外之勞保條例第63條之遺屬，只要其並無同條例第63條之4的停止發給情形，即得請領死亡給付，此亦可從勞保條例施行細則第48條解釋得知。依之，「本條例以現金發給之保險給付，保險人算定後，逕匯入被保險人、受益人或支出殯葬費之人指定之本人金融機構帳戶，並通知其投保單位。但有第四十三條自行請領保險給付之情事者，保險人得不通知其投保單位（第1項）。前項之金融機構帳戶在國外者，手續費用由請領保險給付之被保險人、受益人或支出殯葬費之人負擔（第2項）。」

另外，中央勞政機關早年亦已表示，「關於勞工保險被保險人死亡，因受益人僑居國外，不能返國請領遺屬津貼時，由受益人擬具委託書並檢附僑居地使領館出具之身分證文件，如當地無使領館者，應檢附足資證明身分之文件委託投保單位代領轉發，免予具保。」[66]此一函釋同意投保單位得以意定代理人的身分，請領死亡給付後轉發，有其時代背景。雖然如此，由於該函釋年代已久，且已違反勞保條例施行細則第48條規定，應不得再予適用。

---

[65] 行政院勞工委員會85年2月26日（85）台勞保2字第104839號函參照。

[66] 內政部71年6月28日台內社字第97839號及台閩地區勞工保險監理委員會71年7月10日勞監業字第9464號函參照。

5. 收養之特殊問題（養子女爲被保險人）

勞保條例有關被保險人之養子女之請領勞工保險給付，可區分為一般規定及特殊規定。前者，為第26條、第62條、第63條、第63條之4及第65條；後者，為第27條。依據後者規定，「被保險人之養子女，其收養登記在保險事故發生時未滿六個月者，不得享有領取保險給付之權利。」這是為推行社會安全暨防止詐領保險給付所為之規定。大法官會議在2002年8月2日釋字第549號解釋謂，「勞工保險條例第二十七條規定：『被保險人之養子女，其收養登記在保險事故發生時未滿六個月者，不得享有領取保險給付之權利。』固有推行社會安全暨防止詐領保險給付之意，而同條例第六十三條至第六十五條有關遺屬津貼之規定，雖係基於倫常關係及照護扶養遺屬之原則，惟為貫徹國家負生存照顧義務之憲法意旨，並兼顧養子女及其他遺屬確受被保險人生前扶養暨無謀生能力之事實，勞工保險條例第二十七條及第六十三條至第六十五條規定應於本解釋公布之日起二年內予以修正，並依前述解釋意旨就遺屬津貼等保險給付及與此相關事項，參酌有關國際勞工公約及社會安全如年金制度等通盤檢討設計。」然而，悠悠歲月，截至2022年3月，立法者並未完成第27條之修正，使得國家負生存照顧義務之憲法意旨未能落實，此似非法治國家的常態，仍應早日修法為是。

從立法演變過程觀之，在1988年2月3日修正施行前，勞保條例第27條原規定「戶籍登記」，之後始修正為「收養登記」。當時，中央勞政機關認為，「所稱戶籍登記，依訂定該條文之精神，似應以依法收養，並辦妥戶籍登記之日為準。」[67]

在修法後，根據中央勞政機關的見解，「有關勞工保險條例第27條所稱收養登記，其法意原係以申請戶籍登記為準。惟民法親屬編於民國74年修正公布後，已將收養程序規定為『收養子女應以書面為之』及『收養子女應聲請法院認可』，較修正前僅須『由當事人書面為之』之規定嚴謹。

[67] 內政部69年4月17日台內社字第54203號函參照。

故被保險人之收養關係經法院裁定收養之日（係指法院裁定確定之日期）起滿6個月後發生保險事故，且其收養之子女已辦妥戶籍登記者，亦准核給遺屬津貼。」[68]

勞保條例第27條及上述勞政機關的函釋，均是以受益人為被保險人之養子女為前提。假設養子女為被保險人，並且依第62條請領家屬喪葬津貼者，即非第27條所欲禁止之對象。所以，早期勞政機關即已認為，「被保險人如於其養父（74年6月5日前）結婚當時，尚未滿7歲，且同一戶籍，養父之配偶生前有收養被保險人為養子之意思表示者，可視同養母，准予發給死亡給付。」[69]「至於被保險人之養父母，似可不受戶籍登記滿6個月之限制。」[70]「(1)本案被保險人廖○枝君由其養父單獨收養，依內政部73年8月15日臺內社字第250829號函示意旨，被保險人被養父單獨收養者，其與收養者之配偶間，並無收養關係存在，其間僅發生姻親關係，故得請領其生母死亡之喪葬津貼。(2)另基於保障被保險人請領給付之權利，在不重複請領及無勞工保險條例第65條所規定之受益人前提下，被保險人被養父單獨收養後死亡，其生母得請領被保險人本人之遺屬津貼。本會84年10月11日台84勞保2字第131768號函示，停止適用。」[71]

再就一般規定言之。勞保條例第62條、第63條、第63條之4及第65條所規定之子女，兼指親生子女及養子女。此與民法中之子女定義並無不同。即採親生子女及養子女平等待遇原則。依據第65條第1項第1款規定，「配偶及子女」為第一順序受領遺屬年金給付及遺屬津貼者。並應依第63條之3第2項至第4項請領規定行使請領權。亦即應共同具領及平均分配。假設配偶自行請領死亡給付，則養子女即可依據第63條之3第4項之規定，

---

[68] 行政院勞工委員會78年5月27日（78）台勞保2字第10975號函、78年8月4日（78）台勞保2字第18917號函參照。

[69] 台灣省政府66年11月25日府社字第109636號函、台閩地區勞工保險監理委員會66年12月2日勞監業字第5288號函參照。

[70] 內政部69年4月17日台內社字第54203號函參照。

[71] 行政院勞工委員會91年5月16日勞保2字第0910018630號函參照。

「保險人依前二項規定發給遺屬給付後，尚有未具名之其他當序遺屬時，應由具領之遺屬負責分與之。」[72]

三、支出殯葬費之人

死亡給付當事人之一，是支出殯葬費之人。由勞保條例第63條第1項規定，「……，除由支出殯葬費之人請領喪葬津貼外，遺有配偶、子女、父母、祖父母、受其扶養之孫子女或受其扶養之兄弟、姊妹者，得請領遺屬年金給付。」可知其非必然具有家屬身分，而是採取實際支出主義。即不問支出喪葬費用者的身分。且常不受到故意造成保險事故或故意犯罪致被保險人於死的影響（勞保條例第23條、第26條參照）。只是，保險人只給予定額的補助，並不問實際花費的金額多少。

針對第63條被保險人死亡喪葬津貼的給付標準，與第62條採取差別性給付不同的是，根據第63條之2第1項第1款規定，「按被保險人平均月投保薪資一次發給五個月。但其遺屬不符合請領遺屬年金給付或遺屬津貼條件，或無遺屬者，按其平均月投保薪資一次發給十個月。」其所謂「遺屬不符合請領遺屬年金給付或遺屬津貼條件」，應是指不符合第63條第2項所規定之條件，例如配偶之婚姻關係不滿1年。

而在請領時，依據第63條之3第2項規定，「……，以一人請領為限。符合請領條件者有二人以上時，應共同具領，未共同具領或保險人核定前如另有他人提出請領，保險人應通知各申請人協議其中一人代表請領，未能協議者，喪葬津貼應以其中核計之最高給付金額，遺屬津貼及遺屬年金給付按總給付金額平均發給各申請人。」第4項規定，「保險人依前二項規定發給遺屬給付後，尚有未具名之其他當序遺屬時，應由具領之遺屬負責分與之。」

---

[72] 郭玲惠，勞工及就業保險法釋義，頁269以下。

第二項　順序

死亡給付目的在提供需要受到扶養親屬的最低生活照顧，而具有請領遺屬年金及遺屬津貼資格者，計有配偶、子女、父母、祖父母、受其扶養之孫子女或受其扶養之兄弟、姊妹等人，只是，這並非謂該等人全部均得要求給付，而是根據其身分的親疏及照顧的必要性，按照一定的順序確定請領人。此種順序主義及其適用的原則與限制，也適用於勞工職業災害保險及保護法第52條規定。以下即加以說明之。

一、順序法定主義

遺屬年金及遺屬津貼的給付，必須遵守順序法定主義。依據勞保條例第65條第1項規定，「受領遺屬年金給付及遺屬津貼之順序如下：一、配偶及子女。二、父母。三、祖父母。四、孫子女。五、兄弟、姊妹。」根據立法理由，立法者係按照與被保險人共同生活關係之親疏定其受領之順序，與民法第1138條規定之繼承順序不同，勞保條例就領取遺屬津貼對象，已有規定，自無依該條例第1條規定準用民法有關繼承人規定之餘地[73]。雖然如此，除了遺屬範圍是否過廣（而應適度縮小給付對象）外，針對第三順序及第四順序，如從最低生活照顧必要性的角度來看，究竟祖父母應優先於孫子女？或者反之？或者祖父母也應加上「受其扶養」之要件？並非無疑。此所以在1979年2月19日修正施行前，孫子女優先於祖父母，之後，已修正為祖父母優先於孫子女。或許其係基於尊敬長者的考量為之，而較未慮及孫子女的資力薄弱，具有較高的照顧扶助的必要性。

根據此一構想，保險人與被保險人遂不得約定請領的順序，並且，保險人或被保險人也不得自行調整或指定請領的順序或人員。另外，也不得增加新的請領人或刪除／減少法定的請領人。即使當序遺屬尚未具有請領資格（例如配偶的婚姻關係尚未滿1年），後順序的遺屬亦不得主張請領權利，蓋依據勞保條例第65條第2項規定，「前項當序受領遺屬年金給付

---

[73] 最高行政法院89年度判字第1751號判決參照。

或遺屬津貼者存在時，後順序之遺屬不得請領。」而且，如當序受益人未於請求權時效內請領者，其請求權已屬消滅，後順序之受益人自不得再主張請領[74]。

又，勞保條例第29條第1項規定，「被保險人、受益人或支出殯葬費之人領取各種保險給付之權利，不得讓與、抵銷、扣押或供擔保。」亦適用於此。故解釋上，此一請領死亡給付的公法上請求權，也不容許讓與或拋棄（後順序人因而取得請領權）。所以，第65條第3項第3款「提出放棄請領書」，立法上似有問題。至於中央勞政機關認為，「遺屬津貼之當序受益人，如確不為遺屬津貼之請領，並由其本人出具同意書者，得依序由其餘受益人請領，惟請領時效仍應依上開規定辦理。」[75]似乎肯定讓與或拋棄之效力，本書亦以為並不妥。正確而言，應將此種情形解釋為第65條第2項「存在」狀況之一，而使後順序之受益人不得請領。

只不過，請領死亡給付之受益人，本應以需受最低生活照顧的家屬為考量重點，故立法者乃依據第63條之4所規定之各種情形，而對此一請領順序有所修正。

整體而言，第63條第2項只是規定具請領遺屬年金權利之遺屬人而已，即請領人的條件或資格。第63條之4則是規定遺屬人因特定條件而被停止發給遺屬年金。兩者均未規定順序的先後。亦即：第63條第2項第1款「配偶」與第2款「子女」、第3款「父母、祖父母年滿五十五歲」，以及第4款「孫子女」與第5款「兄弟、姊妹」，並非表示其先後順序。

同樣地，勞工職業災害保險及保護法第49條第2項也有請領遺屬年金之遺屬人規定，也是「配偶、子女、父母、祖父母、受其扶養之孫子女或受其扶養之兄弟姊妹」。並且在第52條第1項規定遺屬順序。依之，「請領遺屬年金、遺屬一次金及遺屬津貼之順序如下：一、配偶及子女。二、父母。三、祖父母。四、受扶養之孫子女。五、受扶養之兄弟姊妹。」

---

[74] 行政院勞工委員會96年1月24日勞保2字第0950114225號函參照。

[75] 行政院勞工委員會84年8月3日（84）台勞保2字第127178號函參照。與此一函釋見解相同者，爲81年7月2日（81）台勞保2字第17095號函，其見解同樣可疑。

二、前順序優先原則

所謂前順序優先原則，係指勞保條例第65條第2項，「當序受領遺屬年金給付或遺屬津貼者存在時，後順序之遺屬不得請領。」或勞工職業災害保險及保護法第52條第2項，「前項當序受領遺屬年金、遺屬一次金或遺屬津貼者存在時，後順序之遺屬不得請領。」即前後順序具有前後互斥之關係。必須前順序遺屬不存在時，後順序遺屬始得提出請領。至於條文規定「存在」，並不以遺屬生存及具有請領權為限，而是包括尚未具請領資格者，例如配偶未滿足婚姻期間的最低長度或父母尚未滿55歲者。所以，在被保險人死亡後，如父母為之支出殯葬費，但其卻未滿55歲時，其仍得依勞保條例第63條之2第1項第1款但書規定，「……不符合請領遺屬年金給付或遺屬津貼條件，……按其平均月投保薪資一次發給十個月」，取得喪葬津貼。而且，後順序遺屬之祖父母即不得再依第64條第2項「按被保險人平均月投保薪資」請求40個月遺屬津貼[76]。

另外，當序遺屬即使已罹於請求權消滅時效（勞保條例第30條參照），仍然屬於「存在」的狀況，後順序之受益人自不得再主張請領[77]。即使遺屬有勞保條例第63條之4停止發給的情形，亦不影響其存在之事實。

請領遺屬年金及遺屬津貼之對象及順序，亦準用於一次請領失能給付或一次請領老年給付者。依據勞保條例施行細則第87條第1項、第2項規定，「依本條例第六十三條之一第二項規定，選擇一次請領失能給付扣除已領年金給付總額之差額者，應備下列書件：一、失能給付差額申請書及給付收據。二、前條第二款至第四款所定之文件（第1項）。受領前項差額給付之對象及順序，準用本條例第六十三條第一項及第六十五條第一項、第二項規定（第2項）。」再依據勞保條例施行細則第88條第1項、第2項規定，「依本條例第六十三條之一第二項規定，選擇一次請領老年

[76] 類似案例介紹，請參閱行政院勞工委員會，勞工保險條例逐條釋義，頁664以下。

[77] 行政院勞工委員會96年1月24日勞保2字第0950114225號函參照。

給付扣除已領年金給付總額之差額者，應備下列書件：一、老年給付差額申請書及給付收據。二、第八十六條第二款至第四款所定之文件（第1項）。前條第二項及第三項規定，於前項請領差額給付者，準用之（第2項）。」

（一）請領條件

依據勞保條例第63條第2項規定，「前項遺屬請領遺屬年金給付之條件如下：……」可知其原本是針對請領遺屬年金所設定者。但因同條第3項規定，「其遺屬除得依前項規定請領年金給付外，亦得選擇一次請領遺屬津貼」表示其亦適用同一請領條件。此處所謂條件，並非指被保險人繳交保費的期間而言，而是指遺屬／受益人的範圍及各自所需具備的條件（含年齡）。所以，勞保條例第63條第2項的條件，事實上是指要件或資格之意。

其實，觀察勞保條例第63條第2項規定之條件，係參照同法第54條之2第1項對於請領失能年金給付者，給予加發眷屬補助的條件而來。只是，後者加發眷屬補助的理由，係因終身不能工作之失能被保險人，必然需要大量的照顧費用，如其為家庭經濟的主要來源，則更會影響其配偶及子女之生活。「每一人加發依第五十三條規定計算後金額百分之二十五之眷屬補助，最多加計百分之五十」，當能適度減緩其精神壓力及經濟負擔。而前者之遺屬，則是在實踐需要受到扶養者之最低生活照顧，以減緩其經濟的壓力或困境。兩者的照顧對象，都是被保險人的最近親屬。

承上，此一眷屬補助，性質上為年金給付的一種或一部分。由領取失能年金者請領。其應受到社會保險給付不重複保障原則之適用，並依勞保條例第65條之3決定所領取之年金。依之，「被保險人或其受益人符合請領失能年金、老年年金或遺屬年金給付條件時，應擇一請領失能、老年給付或遺屬津貼。」解釋上，如眷屬已請領其他的年金給付，領取失能年金的被保險人即不得再請領眷屬補助[78]。同理，如夫妻二人同時為被保險

[78] 行政院勞工委員會，勞工保險條例逐條釋義，頁532以下。行政院勞工委員會99年8月31日勞保2字第0990140337號函參照。

人，且均請領失能年金給付者，其配偶亦不得請領另一方之失能年金加發眷屬補助。

再承上者，勞保條例第63條第2項規定之條件，其係參照同法第54條之2第1項對於請領失能年金給付者而來。其對於被保險人的遺屬，其選擇領取金額較高之老年給付者，解釋上亦適用之。這是指被保險人死亡時之年齡及年資已符合老年給付之要件，當序受領人願意放棄請領死亡給付選擇請領老年給付[79]，其得依勞保條例有關老年給付規定辦理。且因其本質仍為死亡給付，遺屬／受益人仍需符合勞保條例第63條第2項及第54條之2第1項規定之條件。

在此，先將勞保條例第63條第2項與第54條之2第1項做一對照，即會發現：首先，後者加發眷屬補助的對象只有配偶及子女，不如前者遺屬對象的廣泛。另外，父母、祖父母及兄弟姊妹部分規定（第5款第2目）也未參照同法第54條之2第1項規定。倒是，針對配偶及子女部分，均可能涉及「無謀生能力」的情形，所以，同法第54條之2第2項規定，「前項所稱無謀生能力之範圍，由中央主管機關定之。」解釋上亦適用於同法第63條第2項遺屬之請領遺屬年金。最後，較為複雜的是，依據勞保條例第63條之4第3款規定，領取遺屬年金給付者，「有第五十四條之二第三項第三款、第四款規定之情形」時，其年金給付應停止發給。其停發的遺屬，包括配偶、子女、父母、祖父母、孫子女、兄弟、姊妹等人。所以，本書以為勞保條例第54條之2第3項第3款「入獄服刑、因案羈押或拘禁」、第4款「失蹤」所規定之情形，同時適用於配偶及子女。將其適用於第63條之4第1款配偶及第2款子女，並無問題。至於配偶之停止發給，由於第63條之4第1款已有特別規定，因此，並不得適用第54條之2第1款規定。而子女之停止發給，也是依據第63條之4第2款規定，而非第54條之2第2款規定。

在此，再附帶一言的是，依據勞保條例第54條之2第4項規定，「前

---

[79] 行政院勞工委員會77年12月15日台勞保2字第28483號函、87年9月10日（87）台勞保2字第038180號函參照。

項第三款所稱拘禁，指受拘留、留置、觀察勒戒、強制戒治、保安處分或感訓處分裁判之宣告，在特定處所執行中，其人身自由受剝奪或限制者。但執行保護管束、僅受通緝尚未到案、保外就醫及假釋中者，不包括在內。」可知其係第3項第3款的解釋性規定。故在勞保條例第63條之4第3款適用第54條之2第3項第3款的範圍內，解釋上亦及於第54條之2第4項的適用。只是，有疑問的是，第54條之2第3項第3款「入獄服刑」已停止發給眷屬補助或遺屬年金，則第4項但書又將「保外就醫及假釋中」排除在「拘禁」範圍之外，亦即仍得請領眷屬補助或遺屬年金，此誠令人難以理解。這是否表示在保外就醫後或假釋後，保險人即應重新發給眷屬補助或遺屬年金？如為肯定，則此是否符合法理？

以下就勞保條例第63條第2項第1款至第5款規定說明之：

1. 配偶

首先，針對第1款「配偶符合第五十四條之二第一項第一款或第二款規定者。」其規定內容為，「一、配偶應年滿五十五歲且婚姻關係存續一年以上。但有下列情形之一者，不在此限：（一）無謀生能力。（二）扶養第三款規定之子女。二、配偶應年滿四十五歲且婚姻關係存續一年以上，且每月工作收入未超過投保薪資分級表第一級。」兩者，均要求配偶婚姻關係應存續1年以上[80]。如未達1年，則需等到滿足此一最低期間的要求時，始有請領權利。其中，一所指的配偶應年滿55歲，屬於高齡配偶，具有較高的照顧必要性，故無其他的條件。而在有但書情形之一者，依據文義解釋，或者其無以維生，或者以扶養子女為重，配偶即無「年滿五十五歲且婚姻關係存續一年以上」的要求，即年齡未滿55歲者或婚姻關係存續未達1年者，均得請領遺屬年金。惟，此是否無疑？蓋，果如此，此類配偶有可能是年齡2、30歲者。而且，二所指的配偶之「年滿四十五歲且婚姻關係存續一年以上」，必須同時具備，始可請領遺屬年金。並

[80] 依據勞保條例施行細則第71條規定，「本條例第五十四條之二第一項第一款及第二款所定婚姻關係存續一年以上，由申請之當日，往前連續推算之。」

且，其應「且每月工作收入未超過投保薪資分級表第一級」，以顯示出扶養的必要性【案例1(4)】。

進而言之。應注意的是：「配偶應年滿五十五歲」或「配偶應年滿四十五歲」，這表示：未年滿45歲者，即無受領遺屬年金或遺屬津貼的資格。不問其有無謀生能力或扶養第54條之2第1項第3款規定之子女。解釋上，配偶可在等到滿45歲時，如其符合「且每月工作收入未超過投保薪資分級表第一級」的條件，再行提出請領。

其次，無論是年滿45歲或55歲，都需要滿足「婚姻關係存續一年以上」的要求，此似可看成等待期。且似乎是針對再婚配偶而定。依據勞保條例施行細則第83條第1項規定，「依本條例第六十三條第二項第一款規定請領遺屬年金給付者，其婚姻關係存續一年以上之計算，由被保險人死亡之當日，往前連續推算之。」再依據第71條規定，「本條例第五十四條之二第一項第一款及第二款所定婚姻關係存續一年以上，由申請之當日，往前連續推算之。」其目的，應是在避免假結婚之現象。然而，其並不進行實質的審查，而是完全以婚姻期間為準，對於有特殊理由而未及時結婚者，似乎即有失公平。只是，依據勞保條例第54條之2第1項第1款但書規定，「（一）無謀生能力。（二）扶養第三款規定之子女。」配偶即無需等待期。此處的「扶養第三款規定之子女」，似乎不以與已死亡之被保險人所生者為限，而是包括與前婚姻關係所生者。其具有教育的用意，與第3款子女請領規定相同。

至於「無謀生能力」，依據勞保條例第54條之2第2項規定，「前項所稱無謀生能力之範圍，由中央主管機關定之。」中央勞政機關遂「依勞工保險條例第五十四條之二第二項訂定『無謀生能力之範圍』如下，並自中華民國九十八年一月一日生效：一、符合法定重度以上身心障礙資格領有身心障礙手冊或證明，且未實際從事工作或未參加國民年金保險以外之相關社會保險。二、受禁治產（監護）宣告，尚未撤銷。」[81]

---

[81] 行政院勞工委員會97年12月25日勞保2字第0970140586號令發布。

所以，依據本書所見，第54條之2第1項第1款但書係針對「婚姻關係存續一年以上」所設的例外規定。然而，依據勞保條例第63條之4第1項第1款「（二）未滿五十五歲，且其扶養之子女不符合第六十三條第二項第二款所定請領條件。」似乎立法者係將之置於年齡的「未滿五十五歲」，果如此，此似有待商榷。蓋配合「（一）再婚」的脫離原有婚姻關係，而理應由再婚配偶負擔照顧責任，則在資格上排除有假結婚疑慮者，似乎較具一致性與合理性。而且，所謂「未滿五十五歲」似乎未做任何年齡限制，甚至包括年輕的配偶，如此一來，與第54條之2第1項第2款之「配偶應年滿四十五歲」即不無矛盾之處，邏輯也欠缺一貫性。

至於年滿45歲者，並無扶養子女之要求，只需「且每月工作收入未超過投保薪資分級表第一級」，亦即收入低於基本工資者。一旦超過，並非僅是抵扣的問題，而是喪失請領資格。最後，只要是符合請領條件者，無論是第54條之2第1項第1款、第1款但書，或第2款，其所領取之給付金額並無何不同。勞保條例第63條之2之標準，也未做不同的計算。此對於年滿55歲，且無謀生能力或扶養第54條之2第1項第3款規定之子女者，似乎有欠公平，且保障也不足。

在此，或可一提者，對於領取遺屬津貼的配偶，固然無可能在被保險人死亡後始成立婚姻關係。但是，針對領取失能年金者，其卻有可能在領取失能年金期間，始與配偶成立婚姻關係。則其仍得依勞保條例第54條之2第1項第1款或第2款請領加發眷屬補助。同樣地，被保險人在領取老年年金期間死亡者，其遺屬依勞保條例第63條之1第1項請領遺屬年金，如果是配偶，且在領取老年年金期間成立婚姻關係者，仍得主張勞保條例第54條之2第1項第1款或第2款之適用。

2. 子女

其次，遺屬年金之主要目的，亦在於扶養被保險人之子女，幫助其完成教育，以維持或促進其社會地位。子女如請領遺屬年金，依據勞保條例第63條第2項第2款規定，「子女符合第五十四條之二第一項第三款規定者。」亦即，如同配偶一樣，係參照失能年金加發眷屬補助的規定而來。

依之，「子女應符合下列條件之一。但養子女須有收養關係六個月以上：（一）未成年。（二）無謀生能力。（三）二十五歲以下，在學，且每月工作收入未超過投保薪資分級表第一級。」所謂未成年，在2023年1月1日之前，係指未滿20歲而言（民法第12條參照）。之後，則是指未滿18歲者。並且，基於結婚成年制的理論，未成年是指限制行為能力人尚未結婚者。一旦結婚，即已不符合此要件。但仍可依「（二）無謀生能力」而請領遺屬年金。此處無謀生能力之範圍，如前所述，已由中央主管機關訂定之，且與配偶之無謀生能力範圍相同。另外，25歲以下之在學子女[82]，如果每月工作收入未超過投保薪資分級表第一級者，亦具有請領資格。此似乎是針對從事部分時間工作或打工族而定。所謂「每月工作收入未超過投保薪資分級表第一級者」，解釋上，也包括未工作無收入者。

依據勞保條例施行細則第83條第2項規定，「依本條例第六十三條第二項第二款及第四款規定請領遺屬年金給付者，其在學之認定，準用第七十二條規定。」而依據第72條規定，「本條例第五十四條之二第一項第三款所稱在學者，指具有正式學籍，並就讀於公立學校、各級主管教育行政機關核准立案之私立學校或符合教育部採認規定之國外學校。」

另外，第63條第2項第2款之子女如為養子女，則「須有收養關係六個月以上」（第54條之2第1項第3款），亦為等待期的概念。在此，與此不同，且無等待期的是：如果養子女本身為被保險人，則其對於生父或生母仍有可能依勞保條例第62條請領喪葬津貼。亦即：針對有關勞工保險被保險人被養父單獨收養，得否請領生母死亡之喪葬津貼疑義。中央勞政機關認為，「(1)本案被保險人廖○枝君由其養父單獨收養，依內政部73年8月15日臺內社字第250829號函示意旨，被保險人被養父單獨收養者，其與收養者之配偶間，並無收養關係存在，其間僅發生姻親關係，故得請領其生母死亡之喪葬津貼。(2)另基於保障被保險人請領給付之權利，在不重複請領及無勞工保險條例第65條所規定之受益人前提下，被保險人被養父

---

82 這表示：不含休學者。

單獨收養後死亡，其生母得請領被保險人本人之遺屬津貼。本會84年10月11日台84勞保2字第131768號函示，停止適用。」[83]見解類似的是，「依行政院勞工委員會91年5月16日勞保2字第0910018630號函規定辦理，即在被保險人無配偶子女，其養母一方無人符合勞工保險條例第65條所規定之受益人，且在不重複請領之情形下，其生母得請領被保險人本人之遺屬津貼。」[84]

3. 父母、祖父母

依據勞保條例第63條第2項第3款規定，「父母、祖父母年滿五十五歲，且每月工作收入未超過投保薪資分級表第一級者。」本款是自有的規定，並不參照第54條之2加發眷屬補助的相關規定。其是以年齡及收入為準。解釋上，父母、祖父母之遺屬身分應與配偶、子女相同，以事實上有受到被保險人扶養為前提，並且，父母、祖父母必須年滿55歲，這與民法第1114條第1款「直系血親相互間」互負扶養義務之規定，意義尚有不同。至於父母，也包含養父母，且不受勞保條例第27條規定的適用。

除了年齡之外，必須「且每月工作收入未超過投保薪資分級表第一級者」，即其經濟謀生能力較弱者。自2022年1月1日起，隨著基本工資的調升，投保薪資分級表第一級是指月薪資總額（實物給付應折現金計算）在新臺幣25,250元以下者。這也包括未工作而無收入者。至於父母、祖父母如從事部分時間工作或接受職業訓練，其薪資報酬未達基本工資者，亦屬之。雖然如此，從扶養必要性看，將父母、祖父母規定在年滿55歲是否過於年輕？畢竟其僅是中高齡而已，尚有一定的工作能力。另外，將父母、祖父母的年齡同樣規定在年滿55歲是否妥當？也非無疑。其實，身為「祖父母」者，理應因其子女的死亡，而請領遺屬津貼，而非在孫子女死亡時，請領遺屬津貼。

---

[83] 行政院勞工委員會91年5月16日勞保2字第0910018630號函參照。

[84] 行政院勞工委員會95年5月15日勞保2字第0950023057號函參照。

4. 孫子女

依據勞保條例第63條第1項規定，受其扶養之孫子女得請領遺屬年金給付。同條第2項第4款規定，「孫子女符合第五十四條之二第一項第三款第一目至第三目規定情形之一者。」得請領遺屬年金。所以，除了事實上須受扶養外，此款又參照失能年金加發眷屬補助的規定而來。並且，請領的資格與子女大抵相同，只是不適用「（但）養子女須有收養關係六個月以上」規定，而是適用第54條之2第1項第3款第1目至第3目情形之一，亦即「（一）未成年。（二）無謀生能力。（三）二十五歲以下，在學，且每月工作收入未超過投保薪資分級表第一級。」其意義與子女部分的說明相同。並且，其在學之認定，依據勞保條例施行細則第83條第2項規定，應準用第72條規定，係指「指具有正式學籍，並就讀於公立學校、各級主管教育行政機關核准立案之私立學校或符合教育部採認規定之國外學校。」

5. 兄弟姊妹

依據勞保條例第63條第1項規定，受其扶養之兄弟姊妹得請領遺屬年金給付。同條第2項第5款規定，「兄弟、姊妹符合下列條件之一：（一）有第五十四條之二第一項第三款第一目或第二目規定情形。（二）年滿五十五歲，且每月工作收入未超過投保薪資分級表第一級。」可知，第1目大抵參照失能年金加發眷屬補助的規定而來。並且，請領的資格與子女、孫子女大抵相同，即：(1)未成年或(2)無謀生能力。第2目則是與同項第3款父母、祖父母的請領條件相同，屬於自有的規定。

（三）特殊順序問題

遺屬之請領遺屬年金，固然是按照順序原則。但是，基於特殊原因的考量，對於第二順序遺屬的請領，勞保條例第65條第3項、第4項訂有特殊的保障規定。依之，「前項第一順序之遺屬全部不符合請領條件，或有下列情形之一且無同順序遺屬符合請領條件時，第二順序之遺屬得請領遺屬年金給付：一、在請領遺屬年金給付期間死亡。二、行蹤不明或於國外。

三、提出放棄請領書。四、於符合請領條件起一年內未提出請領者（第3項）。前項遺屬年金嗣第一順序之遺屬主張請領或再符合請領條件時，即停止發給，並由第一順序之遺屬請領；但已發放予第二順位遺屬之年金不得請求返還，第一順序之遺屬亦不予補發（第4項）。」第3項規定之「前項」第一順序之遺屬全部不符合請領條件，意指第2項規定之「前項」，所以，實際上是指第1項而言。

採取極為類似立法的是，勞工職業災害保險及保護法第52條第3項與第4項規定。依之，「第一項第一順序之遺屬全部不符合請領條件，或有下列情形之一且無同順序遺屬符合請領條件時，第二順序之遺屬得請領遺屬年金：一、死亡。二、提出放棄請領書。三、於符合請領條件之日起算一年內未提出請領（第3項）。前項遺屬年金於第一順序之遺屬主張請領或再符合請領條件時，即停止發給，並由第一順序之遺屬請領。但已發放予第二順序遺屬之年金，不予補發（第4項）。」

吾人從勞保條例第65條第3項規定的反面解釋，在第二順序至第四順序遺屬人死亡時，第三順序至第五順序之遺屬人並不得請領遺屬年金。中央勞政機關也認為，「（另）同條例第65條第3項規定，第一順序遺屬全部不符合請領條件或有法定情形時，得遞延由第二順序遺屬請領遺屬年金，該條項係為遺屬年金給付遞延請領之特別規定，且僅限於第一順序得遞延與第二順序，不得擴及第三順序以下遺屬。」[85]只不過，假設無第二順序遺屬，解釋上，則應回歸第2項所規定之「後順序遺屬」請領。

然而，第3項第1款至第4款，似乎都存在疑義，有必要加以釐清。對此，立法者實應在勞保條例施行細則第四章第七節死亡給付加以解釋性的規定，惟其至今並無針對本法第65條的具體規定，誠令人不解。本書以為先就第1款而言，第1款「在請領遺屬年金給付期間死亡」（含死亡宣告），似乎應適用於第一順序至第四順序死亡，而後由第二順序至第五順序遺屬請領之情況。一旦死亡，遺屬即不「存在」，根據第2項的反面解

[85] 勞動部104年1月14日勞動保2字第1040140007號函參照。

釋，後順序之遺屬即得請領。所以，其應依據前順序優先原則處理。又，此處的「在請領遺屬年金給付期間死亡」，解釋上，包括正在請領及尚未提出請領者。

令人不解的是，雖然勞保條例第65條第3項第1款有所不當，但2022年5月1日施行的勞工職業災害保險及保護法第52條第3項卻仍然保有相同的規定。依之，「第一項第一順序之遺屬全部不符合請領條件，或有下列情形之一且無同順序遺屬符合請領條件時，第二順序之遺屬得請領遺屬年金：一、死亡。二、提出放棄請領書。三、於符合請領條件之日起算一年內未提出請領。」

在勞保條例第65條第3項各款中，爭議最大的，毋寧係第2款「行蹤不明或於國外」。並且，連帶地，該款應該也是第4項所欲解決之主要問題所在。從立法背景來看，該款主要是在處理實務上常發生外籍配偶行蹤不明，遲未提出請領，而第二順序之父母欲盡速主張請領之爭議。其中，尤其是發生在未曾入境或出境未返之情形。從法律用語「行蹤不明或於國外」觀之，顯然與失蹤或死亡宣告不同，而是採取較為便宜的認定標準與方式。也因此，其僅在便宜行事地給予第二順序遺屬年金給付，而非在終局地確定第一順序遺屬喪失請領權利。也才有嗣後第一順序遺屬出面請領時，即得接續獲得發給遺屬年金之第4項規定。如果欲終局地使第一順序遺屬喪失請領遺屬年金權利，則其利害關係人必須以失蹤為由，向法院聲請死亡宣告。

從第2款「行蹤不明或於國外」用語觀之，可知為兩種不同的構成要件，且並不必然具有前後關係。「行蹤不明或於國外」與第一順序遺屬是否持外國護照或已歸化外國無關。且第一順序遺屬為「配偶及子女」，故只要配偶或子女中之一人在國內，且行蹤明確，即已不符合第2款要件。其中，「行蹤不明」，指第一順序遺屬不知所蹤，並不問其停留地點是在國內或國外。至於「於國外」，則是指第一順序遺屬停留在國外而言，但似乎並不要求行蹤不明，而是包括在國外有明確處所、得經由管道通知者，亦在其內。解釋上，第二順序遺屬即使明知其停留處所，但不通知之，亦屬之。只是，此並不合理，故仍應將其限於長住於國外者而言。如果住居所設於國內，且事實上居住於國內，則其短暫旅行於國外或於國外短期滯留，應非屬「於國外」的情形。而如果第一順序遺屬已得知被保險人死亡，並且表示欲主張請領遺屬年金者，即使尚未備具書件向保險人提出，應該即已脫離「於國外」的範圍。無論如何，仍應對「於國外」採取限縮性的解釋。

觀察實務上的爭議案件，雖然大多為外籍配偶滯留於國外以致行蹤不明者，但這只是其中一種案例類型而已。並無妨於外籍配偶身在我國境內，但卻行蹤不明或行蹤成謎案例的成立。在個案的認定上，如果配偶只是於國外短期滯留，非處於行蹤不明無法通知之情形[86]；甚至長期停留於外國，但留有通訊處所或經過一定調查即可得知停留處所者，即非行蹤不明。如上所述，相較於「行蹤不明」，似乎「於國外」過於空泛而不確定，馴至包括在國外有明確處所、得經由管道通知者，亦在其內。此似乎即不足取，且也非立法原意。故理應予以一定程度的限縮，以確保第一順序遺屬的請領權利。

在個案的認定上，似應由第二順序遺屬針對「行蹤不明或於國外」負舉證責任，或者由其向保險人主張應透過駐外單位證明。惟多年來，中央勞政機關有同意第二順序遺屬以切結書代之者，但也有不同意者。前者，「考量實務上第一順位遺屬出境未返或未曾入境等於國外之情形，且難以透過駐外單位證明其是否行蹤不明，爰第二順位遺屬於前開情形下，得以切結書主張第一順位遺屬為行蹤不明，請領遺屬年金。」[87]後者，「本會96年12月4日勞保2字第0960140496號函釋意旨，係規定勞工保險被保險人死亡且無子女者，逾其第一順序受益人配偶行蹤不明時，暫時同意由第二順序受益人檢具切結書請領遺屬津貼。惟勞保年金施行後，勞工保險條例第65條第1項業就第一順序遺屬全部不符合請領條件，或有法定情形且無同順序遺屬符合條件之情況，新增第二順位遺屬得請領遺屬年金給付之規定。為免發生第二順序受益人依上開函釋主張暫核給一次請領遺屬津

[86] 行政院勞工委員會99年10月6日勞保2字第0990140412號函參照。

[87] 行政院勞工委員會99年10月6日勞保2字第0990140412號函參照。

貼，嗣後第一順序之配偶出面主張請領遺屬年金時，產生保險人無法處理等爭議。該函自即日起停止適用。」[88]本書以為前者單純只是行政作業及從第二順位立場的考量所為，不符合正常的法律程序，故不足採，應以後者的見解為是。

或許有鑑於勞保條例第65條第3項第2款之不當，勞工職業災害保險及保護法第52條第3項已經省略相同的規定。

另外，依據勞保條例第65條第3項第3款規定，在第一順序遺屬提出放棄請領書時，第二順序遺屬即得請領遺屬年金給付。此一放棄請領，表示受益人得放棄公法上請求權，其並不在勞保條例第29條第1項規定之「不得讓與、抵銷、扣押或供擔保」之列。只不過，有問題的是，第一順序遺屬提出放棄請領書，其對象為誰？本來，其既係放棄公法上請求權，即應向保險人為意思表示。如此，始能發生放（拋）棄的效力，也才能不受到勞保條例第29條第1項之適用。惟此一放棄，只是拋棄由勞保基金獲得遺屬年金的權利而已，並不會發生將請領遺屬年金給付權利轉讓給第二順序遺屬的效力。然而，立法者卻是在勞保條例第65條第3項本文直接採取肯定的見解，其立法似有跳躍思考的疑慮。經由此一立法，「提出放棄請領書」實際上即為「讓與」請領權的效力。而此一立法，只是將早期中央勞政機關的見解予以明文化而已。並且，也為現在中央勞政機關所繼續採取。

也就是說，其早期認為，「勞工保險條例係政府為保障勞工生活與健康等而制定之特別法，勞工保險給付應依據勞工保險條例規定辦理。又遺屬津貼並非遺產，不適用民法有關繼承之規定，被保險人遺屬雖依民法規定拋棄其一切繼承權，但並非拋棄勞保給付請領權，故遺屬津貼原則上仍應由其受益人按同條例第65條規定依序請領，不受拋棄繼承權與否之影響。惟為達成保障勞工遺屬生活之目的，遺屬津貼之當序受益人若因拋棄民法上之繼承權而確不為遺屬津貼之請領並且由其本人出具同意書者，

---

[88] 行政院勞工委員會99年8月31日勞保2字第0990140353號函參照。

得依序由其餘受益人具領。」[89]「查勞保遺屬津貼之功能係為保障勞工保險被保險人遺屬之生活安全，其受益人應依勞工保險條例第65條規定順序請領，其請領時效依同條例第30條規定自得請領之日起2年間不行使而消滅。又遺屬津貼之受益人，如確不為遺屬津貼之請領，並由其本人出具同意書者，得依序由其餘受益人請領，惟請領時效仍應依上開規定辦理。」[90]目前，其認為，「勞工保險條例第65條第2項規定，當序受領遺屬津貼者存在時，後順序之遺屬不得請領。惟為達到保障遺屬生活之目的，如當序受益人確不為遺屬津貼之請領，並由其本人出具同意書或放棄請領書者，得由次順序受益人請領。」[91]

吾人觀上述中央勞政機關所作之三個函釋，遺屬津貼之當序受益人出具同意書或放棄請領書者，其受領對象應為保險人，而非其餘受益人。惟其餘受益人在獲知遺屬津貼之當序受益人的放棄作為後，即得向保險人請領給付。值得注意的是，其用語為「依序由其餘受益人具領」，顯然並不以第二順序遺屬為限，而是包括第二順序至第五順序遺屬。換言之，勞保條例第65條第3項第3款「提出放棄請領書」，適用主體包括第一順序至第四順序遺屬。這與第1款的適用主體相同。

最後，依據勞保條例第65條第3項第4款規定，「於符合請領條件起一年內未提出請領者」，第二順序之遺屬即得請領遺屬年金給付。同樣的用語，亦見之於勞工職業災害保險及保護法第52條第3項第3款。乍見其用語，似乎為失權效果的規定。惟從第4項允許第一順序遺屬嗣後再主張請領權利，即可知其僅是一便宜性的、暫時性的或附解除條件的失權規定而已。本款的爭議性，主要是發生在與同法第30條的5年消滅時效上。即本款是否為特殊消滅時效？或者，本款的1年內為法定不變期間？依據勞保條例第65條第4項的解釋，應為否定。有鑑於本款不利於權利行使的穩定，似應予以修正，並且回歸同法第30條規定為宜。

---

[89] 行政院勞工委員會81年7月2日（81）台勞保2字第17095號函參照。

[90] 行政院勞工委員會84年8月3日（84）台勞保2字第127178號函參照。

[91] 勞動部104年1月14日勞動保2字第1040140007號函參照。

由於勞保條例第65條第3項各款皆有法律上的疑義，且勞保條例施行細則中並無進一步的解釋或定義，故立法者乃在第4項加以限制性規定，藉此達到與第3項各款的調和運作，並且終局地確保第一順序遺屬請領遺屬年金權利。第4項由於係跟隨第3項而來，故不適用於第二順序至第四順序遺屬有第3項各款情形之一的案例。即其應回歸第2項處理。

從勞保條例第65條第3項及第4項規定觀之，其係針對遺屬年金而為。所以，如果第二順序遺屬請領遺屬津貼，由於是一次請領，根本不會發生第4項規定的停發及補發問題。其次，第4項但書之「但已發放予第二順位遺屬之年金不得請求返還，第一順序之遺屬亦不予補發。」顯然採取與同法第63條之3第4項不同的立法，即不課以第二順位遺屬不當得利的返還責任。但在第一順序遺屬主張請領時，保險人即應自該月起發予遺屬年金，同時停止發給第二順序遺屬。有問題的是，第一順序遺屬「在請領遺屬年金給付期間死亡」時，如何再請領？尤其是，第一順序遺屬「提出放棄請領書」時，得否事後反悔而再主張請領？問題最大者，係第4項第一順序遺屬「再符合請領條件時」，即停止發給，並由第一順序之遺屬請領。此似難發生在第3項第1款至第4款之任何一種情形，蓋此通常只會在第2項當序受領遺屬年金給付或遺屬津貼者存在，但未符合請領條件時之情形，例如配偶婚姻關係未達1年或父母未滿55歲時。依本書所見，立法似有混淆，允宜將其刪除。惟，此一立法疏漏，仍然存在於勞工職業災害保險及保護法第52條第4項，依之，「前項遺屬年金於第一順序之遺屬主張請領或再符合請領條件時，即停止發給，並由第一順序之遺屬請領。但已發放予第二順序遺屬之年金，不予補發。」即其仍留有「再符合請領條件時」的規定。

第四節　死亡給付的請領及承領

第一項　請領

一、標準

死亡給付的種類包括喪葬津貼及遺屬年金或遺屬津貼。依據勞保條例第63條之2第1項第1款規定，「喪葬津貼：按被保險人平均月投保薪資一次發給五個月。但其遺屬不符合請領遺屬年金給付或遺屬津貼條件，或無遺屬者，按其平均月投保薪資一次發給十個月。」同樣的標準，亦見之於勞工職業災害保險及保護法第51條第1項第1款，「喪葬津貼：按被保險人平均月投保薪資一次發給五個月。但被保險人無遺屬者，按其平均月投保薪資一次發給十個月。」此一喪葬津貼的標準，請參閱前面第二節「死亡給付的法理」，有關死亡給付的種類及其關係的敘述。以下僅就遺屬年金及遺屬津貼標準說明之。

依據勞保條例第63條之2第1項第2款規定，「遺屬年金：（一）依第六十三條規定請領遺屬年金者：依被保險人之保險年資合計每滿一年，按其平均月投保薪資之百分之一點五五計算。（二）依前條規定請領遺屬年金者：依失能年金或老年年金給付標準計算後金額之半數發給。」此一給付標準，區分為一般遺屬及由失能年金或老年年金轉換而來之遺屬，而有不同計算基準之金額。

針對依第63條規定請領遺屬年金者而言，是指被保險人在保險有效期間死亡，其請領遺屬年金給付者。無論是配偶、子女、父母、祖父母、受其扶養之孫子女或受其扶養之兄弟、姊妹，一律採取依被保險人之保險年資合計每滿1年，按其平均月投保薪資之1.55%計算。此與勞保條例第53條第2項之普通失能年金給付及第58條之1第2款之老年年金給付的標準相同。此處所指的「平均月投保薪資」，其計算係按照勞保條例第19條第3項之規定。

針對由失能年金或老年年金轉換而來之遺屬，也是無論是配偶、子女、父母、祖父母、受其扶養之孫子女或受其扶養之兄弟、姊妹，一律按失能年金或老年年金給付標準計算後金額之半數發給。此處的失能年金給付標準為「依被保險人之保險年資計算，每滿一年，發給其平均月投保薪資之百分之一點五五；金額不足新臺幣四千元者，按新臺幣四千元發給」（勞保條例第53條第2項參照）或「按其平均月投保薪資，依規定之給付標準，增給百分之五十」（勞保條例第54條第1項參照）；而老年年金給付標準為勞保條例第58條之1所規定者。依本書所見，上述「金額不足新臺幣四千元者，按新臺幣四千元發給」，係一對於失能被保險人的最低數額的保障，一旦失能被保險人死亡，即已失去照顧的對象，故應受到「半數發給」的適用，而後遺屬再主張勞保條例第63條之2第2項的保障。

而對於上述由老年年金轉換而來之遺屬，有關被保險人之遺屬依勞工險條例第63條之1第1項、第3項規定請領遺屬年金者，其遺屬年金之計算標準發給疑義。中央勞政機關認為，「依勞工險條例第63條之2第1項第2款第2目規定，依第63條之1第1項、第3項規定請領遺屬年金者，依老年年金給付標準計算後金額之半數發給，爰其計算標準如下：甲、被保險人於請領展延或減給年金期間死亡者：依被保險人死亡當月所領老年年金金額之半數，發給遺屬年金。乙、被保險人保險年資滿15年，並符合一次請領老年給付條件，於未領取老年給付前死亡者：依被保險人死亡當月，其當年度得請領減給年金之減給比例或展延年金之增給比例計算後年金金額之半數，發給遺屬年金；未達減給年金請領年齡者，按減給20%計算後年金金額之半數，發給遺屬年金。」[92]本書以為上述乙「未達減給年金請領年齡者，按減給20%計算後年金金額之半數，發給遺屬年金。」似有問題，蓋其既不符合請領資格，如何會有遺屬年金呢？故至少應將「未達減給年金請領年齡者」，修正為勞保條例第58條第2項第1款至第5款之年齡，始為正確。

對於勞保條例第63條之2第1項第2款的遺屬年金，立法者設有最低數

[92] 行政院勞工委員會98年11月4日勞保2字第0980140475號函參照。郭玲惠，勞工及就業保險法釋義，頁261。

額及加發遺屬年金的規定，以保障遺屬的基本生活需要。依據同條第2項規定，「前項第二款之遺屬年金給付金額不足新臺幣三千元者，按新臺幣三千元發給。」這是為保障年資較短或投保薪資較低之弱勢勞工所為[93]。然而，相較於失能勞工之普通失能年金「金額不足新臺幣四千元者，按新臺幣四千元發給」（勞保條例第53條第2項參照）略低，蓋失能被保險人保障必要性較高所致。而依據勞保條例第65條之4規定，「本保險之年金給付金額，於中央主計機關發布之消費者物價指數累計成長率達正負百分之五時，即依該成長率調整之。」

依據勞保條例第63條之2第3項規定，「遺屬年金給付於同一順序之遺屬有二人以上時，每多一人加發依第一項第二款及前項規定計算後金額之百分之二十五，最多加計百分之五十。」此為加發遺屬年金的規定，以適度強化2人以上遺屬的照顧。其並不問同一順序遺屬的人數，而將所加發的遺屬年金限定為50%。即由同一順序遺屬平分之。本項的立法方式，類似於就業保險法第19條之1第1項之加給職業訓練生活津貼的規定。但後者，「每一人按申請人離職辦理本保險退保之當月起前六個月平均月投保薪資百分之十加給給付或津貼，最多計至百分之二十。」解釋上，後者之加給職業訓練生活津貼也應由同一順序遺屬平分之。

最後，再一言者，相對於勞保條例第63條之2第1項第2款及第3項規定，勞工職業災害保險及保護法第51條第1項第2款及第2項也有類似的規定。前者，「遺屬年金：（一）依第四十九條第二項規定請領遺屬年金者，按被保險人之平均月投保薪資百分之五十發給。（二）依前條第一項規定請領遺屬年金者，依失能年金給付基準計算後金額之半數發給。」即仍區分為一般遺屬及由失能年金轉換而來之遺屬，而有不同計算基準之金額。後者，「遺屬年金於同一順序之遺屬有二人以上時，每多一人加發依前項第二款計算後金額之百分之十，最多加計百分之二十。」

另外，勞保條例第63條之2第1項除了喪葬津貼及遺屬年金外，第3

---

[93] 行政院勞工委員會，勞工保險條例逐條釋義，頁647。

款針對同法第63條第3項之遺屬津貼，尚有遺屬津貼標準的規定。依之，「遺屬津貼：（一）參加保險年資合計未滿一年者，按被保險人平均月投保薪資發給十個月。（二）參加保險年資合計已滿一年而未滿二年者，按被保險人平均月投保薪資發給二十個月。（三）參加保險年資合計已滿二年者，按被保險人平均月投保薪資發給三十個月。」本款係以被保險人參加勞工保險的年資長短，而採取有等級的一次給付。此為1979年2月19日修正施行的第63條規定，此次修法仍然維持舊制。從（一）及（二）的規定觀之，似乎是針對保險年資短的被保險人而為，希望仍能提供給其遺屬最低的基本生活的保障[94]。只是，實務上大多數的案例，被保險人的保險年資超過2年者，即應該是在（三）的情形。其所謂「已滿二年者」，解釋上包括2年以上。

在相關函釋部分，依據中央勞政機關的見解，「有關勞工保險被保險人在保險有效期間發生傷病事故，並於勞工保險退保後，參加國民年金保險有效期間請領身心障礙年金給付併計勞保年資，其復於勞工保險退保後一年內死亡，符合勞工保險條例第20條之規定者，於扣除上開併計勞工保險年資給付總額後發給死亡給付之差額，如已領取國民年金保險之喪葬給付，則僅發給遺屬津貼之差額。」[95]

二、請領

（一）擇一

依據勞保條例第63條之3第1項規定，「遺屬具有受領二個以上遺屬年金給付之資格時，應擇一請領。」這表示：有2個以上的被保險人死亡，而遺屬同時或先後具有請領2個以上遺屬年金給付之資格。固然，本項並不包括失能年金及老年年金。但卻可能包括由失能年金及老年年金轉

---

[94] 這與勞保條例第58條之1老年年金給付之保障對象爲被保險人本人，尚有不同。雖然該條也是針對保險年資短或投保薪資較低之弱勢勞工而訂定。

[95] 行政院勞工委員會99年6月23日勞保2字第0990140253號函參照。

銜至遺屬年金之情形（勞保條例第63條之1第1項參照）。此時，根據遺屬與被保險人的親屬關係，其有可能為第63條第2項或第65條第1項的任何一種身分。從親等近者優先領取的原則觀之，所謂「應擇一請領」，似乎也應以請領親等近者之遺屬年金為優先，始符合邏輯的一貫性，僅在同一親等時，例如死亡之被保險人之一為父或母，另一者為配偶，則由身兼子女及配偶身分之遺屬擇一請領之。在此，由於2個以上的被保險人死亡[96]，通常並非同時發生，而是可能間隔一段時間，所以，解釋上，在受益人請領遺屬年金給付期間，發生另一被保險人死亡事故而再次取得請領另一遺屬年金給付資格時，始需決定選擇請領哪一遺屬年金給付。亦即是繼續請領原遺屬年金？或改請領後發生的遺屬年金？

本項是指「遺屬具有受領二個以上遺屬年金給付之資格」，與第65條之3是指被保險人或其受益人同時具有請領「失能年金、老年年金或遺屬年金給付條件」者，尚有不同。前者係基於社會資源分配之公平考量或勞保基金之公共任務而來，後者是社會給付不重複保障原則之表現。但因第65條之3也包括請領遺屬年金之情形，所以，解釋上，「被保險人或其受益人」也可能是「遺屬」。

（二）一人請領及共同具名請領

由於當序遺屬可能有數人，為使有效率地完成死亡給付及免除保險人再次給付的風險，勞保條例第63條之3第2項至第4項乃規定有數項處理原則。其中，第2項為一人請領及共同具名請領原則，第3項為遺屬年金原則，第4項為未具名者最後保障原則。

首先，依據勞保條例第63條之3第2項第1句規定，「本條例之喪葬津貼、遺屬年金給付及遺屬津貼，以一人請領為限。」此即為一人請領原則。適用於死亡給付的所有種類，包括喪葬津貼、遺屬年金給付及遺屬津

96 學者間或有使用「被保險人父母雙亡」，且子女同時符合受領2個遺屬年金給付資格一詞者，容易被誤解成「被保險人的父母雙亡」，允宜將其表明爲「具有被保險人身分的父母雙亡」。郭玲惠，勞工及就業保險法釋義，頁262。

貼[97]。需注意者，本項之「一人請領」，如果支出殯葬費之人只有一人或得請領遺屬年金給付及遺屬津貼的當序遺屬只有一人，固然應由該遺屬「一人請領」。否則，似應將之解釋為「一次請領給付」之意，以符合社會保險給付不重複保障原則（勞保條例第22條參照）。

上述之「一次請領給付」之解釋，也才能避免與第2句的「共同具名請領」發生矛盾。依之，「符合請領條件者有二人以上時，應共同具領，未共同具領或保險人核定前如另有他人提出請領，保險人應通知各申請人協議其中一人代表請領，未能協議者，喪葬津貼應以其中核計之最高給付金額，遺屬津貼及遺屬年金給付按總給付金額平均發給各申請人。」吾人由「符合請領條件者有二人以上時，應共同具領」，即可知並非「一人請領」，而是全部當序遺屬皆具名請領。此處，請領喪葬津貼者有可能二人以上，而且，保險人並不問其實際上有無分攤支出殯葬費。而如果當序遺屬有不願意共同具領者或在共同具領後、保險人核定前另有其他人提出請領者，表示已無法完成共同具領，如此，即應由當序遺屬協議其中一人代表請領，並且平分死亡給付。又，假設未能達成協議，則「喪葬津貼應以其中核計之最高給付金額，遺屬津貼及遺屬年金給付按總給付金額平均發給各申請人。」解釋上，「喪葬津貼應以其中核計之最高給付金額」平均發給各申請人。

依據勞保條例施行細則第90條第1項規定，「本條例第六十三條之三第二項所稱未能協議，指各申請人未依保險人書面通知所載三十日內完成協議，並提出協議證明書者。」這表示保險人得要求各申請人在30日內完成協議。只是，在未達成協議時，不同意者可能不願意簽名，則有意請領給付者如何能「提出協議證明書」呢？或者應將之解釋為任何形式的「不同意協議」的書件？例如有簽到單即屬之？甚至只要證明有出席會議或有拒絕出席會議的證明（含證人）即可？

有問題的是，上述之未共同具領或無法共同具領，可能包括遺屬不

---

97 如果是依據勞工職業災害保險及保護法第53條第1項，則尚有遺屬一次金。

願具領、暫時性無法具領或甚至失蹤或行蹤不明等情況，如此，究應如何處理？中央勞政機關曾經對於「有關勞工保險被保險人死亡，其請領遺屬津貼之同一順序受益人有二人以上，且無法共同具領，勞保局先平均發給申請人並保留無法共同具領之遺屬得請領部分之遺屬津貼，於請求權時效消滅後，得否由申請人切結後核發原保留之遺屬津貼疑義。」表示，「另有關未申請遺屬津貼受益人請求權時效，依民法第285條規定，因其他當序遺屬已申請給付而中斷，復經勞保局核發給付，權利既已行使，即無請求權時效消滅之問題。」[98]依照其語意，保險人得先平均發給能受領的申請人，並且保留無法共同具領之遺屬得請領部分之遺屬津貼。該未受領的遺屬得隨時向保險人要求給付保留的遺屬津貼，但必須先完成申請現金給付的手續（出具書件等），否則，保險人當得以其申請現金給付手續未完備，而拒絕發給死亡給付，並且不必承擔逾期給付利息的責任（勞保條例施行細則第48條、第49條及第49條之1參照）。

同樣涉及無法共同具領者，中央勞政機關認為，「關於『勞保被保險人死亡，受領勞保死亡給付遺屬津貼之同一順序受益人無法共同具領時，擬由主張受領之受益人出具繼承系統表及戶籍謄本並具切結書後，逕按繼承系統表之同一順序受益人數平均分配核發給付』一案，同意依勞保局所提處理方案辦理。」[99]此一出具切結書，只是便宜的、暫時性的給付，解釋上，一旦該無法共同具領的受益人申請給付時，保險人自此之後即應轉而向其給付。即應採取如同勞保條例第65條第4項的處理方式。

與第2項及第3項有關者，依據同條第4項規定，「保險人依前二項規定發給遺屬給付後，尚有未具名之其他當序遺屬時，應由具領之遺屬負責分與之。」[100]本項的遺屬給付，包括喪葬津貼、遺屬年金給付及遺屬津

98 行政院勞工委員會102年8月2日勞保2字第1020140443號函參照。

99 行政院勞工委員會92年6月23日勞保2字第0920031957號函參照。

100 類似的規定，亦見之於勞工職業災害保險及保護法第53條第3項，依之，「保險人依前二項規定發給遺屬給付後，尚有未具名之其他當序遺屬時，應由具領之遺屬負責分與之。」第49條第4項也規定，「保險人依前項規定核付遺屬一次金後，尚有未具名之其他當序遺屬時，不得再請領遺屬年金，應由具領之遺屬負責分與之。」

貼。本項未具名之其他當序遺屬出現，係在保險人發給遺屬給付後，與第2項「保險人核定前如另有他人提出請領」尚有不同。本項並非訓示規定，而是具有法律的強制效力，因其出現時，遺屬給付已經平分給各申請人，保險法律關係已因給付行為完成而終結，故各申請人必須按比例扣減已獲得的給付，自行交付給後來出現的遺屬[101]。若有不為者，後來出現的遺屬得以不當得利為由，要求返還已受領的一定數額的款項[102]。

最後，依據勞保條例施行細則第87條第3項規定，針對依本條例第63條之1第2項規定，選擇一次請領失能給付而扣除已領年金給付總額之差額者，其受領差額給付之同一順序遺屬有二人以上時，準用本條例第63條之3第2項規定，亦即一人請領及共同具名請領。由於同條之第4項規定具有前後關聯性，故解釋上亦應準用之。

其次，依據勞保條例第63條之3第3項規定，「同一順序遺屬有二人以上，有其中一人請領遺屬年金時，應發給遺屬年金給付。但經共同協議依第六十三條第三項、第六十三條之一第二項及第四項規定一次請領給付者，依其協議辦理。」本項即為「遺屬年金原則」。其所謂「有其中一人請領遺屬年金時」，並不以僅有一人符合請領條件為限，而是包括全體當序遺屬或一人以上遺屬符合請領條件，只是請領人的意思不一致的情形。果如此，除非有第3項但書之共同協議存在，否則，即應以欲請領遺屬年金者之意思為準。在此，須注意者，請領遺屬年金者似仍須受到第2項下半句之拘束，亦即同一順序遺屬有二人以上，且二人均欲請領遺屬年金時，即應共同具領之。

針對第3項但書規定，依據勞保條例施行細則第91條規定，「同一順序遺屬有二人以上，並依本條例第六十三條之三第三項但書規定協議時，保險人得以書面通知請領人於三十日內完成協議，並由代表請領人提出協議證明書。屆期未能提出者，保險人得逕按遺屬年金發給，遺屬不得要求變更。」

---

101 行政院勞工委員會100年12月23日勞保2字第1000140467號函參照。

102 郭玲惠，勞工及就業保險法釋義，頁267。

與上述勞保條例第63條之3第3項有關者，中央勞政機關在有關勞工保險被保險人本人死亡，其當序受益人分別主張申請遺屬津貼及遺屬年金給付，惟主張申請遺屬年金給付者，尚未符合請領遺屬年金給付條件，如何核給保險給付等相關疑義。其認為，「依勞工保險條例第63條之3第3項規定，同一順序遺屬有2人以上，有其中1人請領遺屬年金時，應發給遺屬年金給付。按請領遺屬年金者須符合遺屬年金給付之請領條件，是以，本件配偶目前尚未符合請領遺屬年金給付之條件，即不得主張請領遺屬年金給付，僅得請領遺屬津貼。」[103]本案似乎是針對勞保條例第65條第1項第1款「配偶及子女」受領遺屬年金給付及遺屬津貼之問題。其中，子女申請遺屬津貼、配偶申請遺屬年金給付，惟配偶並不符合勞保條例第63條第2項第1款所規定的條件。以至於子女及配偶均是依照第63條第3項選擇一次請領遺屬津貼，並且按照遺屬人數平均分配遺屬津貼。嚴格意義而言，本案並非第63條之3第3項本文所規定者，也不是但書共同協議依第63條第3項一次請領給付之情形，因為但書是指同一順序遺屬有二人以上，且其中有一人符合請領遺屬年金條件，而且欲申請遺屬年金給付者。

（三）補發及調整

除了上述正常狀況下的給付外，在特定情形下，當序遺屬並得請求補發遺屬年金及調整年金給付的金額。依據勞保條例第65條之1第3項規定，「遺屬年金之受益人未於符合請領條件之當月提出申請者，其提出請領之日起前五年得領取之給付，由保險人依法追溯補給之。但已經其他受益人請領之部分，不適用之。」由於遺屬年金受益人多為經濟上的弱勢者，且掌握資訊能力較弱，立法者乃有此一自「其提出請領之日起前五年得領取之給付，由保險人依法追溯補給之。」的較佳的請求權保障規定，並自2009年1月1日起施行。其所謂之追溯補給前5年的遺屬年金，似可將其視為等同遺屬年金請求權消滅時效為5年。此在當時，已較同法第30條之2年消滅時效為長。然而，同法第30條已於2012年12月19日修正公布施行，將

---

[103] 行政院勞工委員會99年9月30日勞保2字第0990082761號函參照。

消滅時效延長為5年。如此一來，第65條之1第3項雖只適用於遺屬年金受益人，而不及於失能年金及老年年金的被保險人，但後兩者仍得依據第30條請求補給5年內的年金給付，結果上已無差別。

勞保條例第65條之1第3項之補給規定，也適用於勞保條例第63條之4第1款、第2款停止發給年金給付之情形。依據勞保條例施行細則第95條第1項規定，「依本條例……第六十三條之四第一款、第二款規定停止發給年金給付者，除配偶再婚外，於停止發給原因消滅後，請領人得重新向保險人提出申請，……；遺屬年金依本條例第六十五條之一第三項規定發給。」而且，依據第2項、第3項及第4項規定，「依本條例……第六十三條之四第三款規定停止發給年金給付者，自政府機關媒體異動資料送保險人之當月起停止發給。」「前項所定停止發給原因消滅後，請領人得檢具證明其停止發給原因消滅之文件向保險人申請，……；遺屬年金依本條例第六十五條之一第三項規定發給。」「未依前項規定檢附證明文件向保險人申請者，自政府機關媒體異動資料送保險人之當月起恢復發給。」

有關補給的規定，也見之於勞工職業災害保險及保護法第56條第3項。依之，「遺屬年金之受益人未於符合請領條件之當月提出申請者，其提出請領之日起前五年得領取之給付，由保險人追溯補給之。但已經其他受益人請領之部分，不適用之。」

再依據中央勞政機關的見解，「被保險人於年金施行前死亡，迄至98年1月1日年金施行尚未逾2年請求權時效者，其受益人得依規定請領遺屬年金給付。又受益人如未於符合請領條件之當月提出申請者，其遺屬年金給付由勞保局依勞工保險條例第65條之1第3項規定辦理追溯補給。」[104]

至於在調整部分，遺屬年金與失能年金、老年年金相同，依據勞保條例第65條之4規定，「本保險之年金給付金額，於中央主計機關發布之消費者物價指數累計成長率達正負百分之五時，即依該成長率調整之。」勞保條例施行細則第96條則進一步規定，「本條例第六十五條之四所定消費

---

[104] 行政院勞工委員會100年5月31日勞保2字第1000140173號函參照。

者物價指數累計成長率，以中央主計機關發布之年度消費者物價指數累計平均計算，計算至小數第二位，第三位四捨五入（第1項）。本條例中華民國九十七年七月十七日修正之條文施行第二年起，前項消費者物價指數累計成長率達正負百分之五時，保險人應於當年五月底前報請中央主管機關核定公告，並自當年五月開始調整年金給付金額（第2項）。前項年金給付金額調整之對象，指正在領取年金給付，且自其請領年度開始計算之消費者物價指數累計成長率達正負百分之五者。不同年度請領年金給付，同時符合應調整年金給付金額者，分別依其累計之消費者物價指數成長率調整之（第3項）。第二項所定之消費者物價指數累計成長率達百分之五後，保險人應自翌年開始重新起算（第4項）。」相關的說明，請參閱第八章老年給付第一節有關「年金給付之隨消費者物價指數調整」。

倒是，勞工職業災害保險及保護法並無類似勞保條例第65條之4的調整規定。雖然如此，解釋上仍應適用該條規定。值得注意的是，勞工職業災害保險及保護法第58條卻設有特殊的減額調整程序。依之，「被保險人或其受益人因不同保險事故，同時請領本保險或其他社會保險年金給付時，本保險年金給付金額應考量被保險人或其受益人得請領之年金給付數目、金額、種類及其他生活保障因素，予以減額調整（第1項）。前項本保險年金給付減額調整之比率，以百分之五十為上限（第2項）。第一項有關本保險年金給付應受減額調整情形、比率、方式及其他應遵行事項之辦法，由中央主管機關定之（第3項）。」本條係基於社會保險給付經濟原則及不過度保障原則而訂定，與社會保險給付不重複保障原則的法理相一致。

依據勞工職業災害保險及保護法第58條的立法理由，「一、查現行勞工保險被保險人或受益人，若符合多個年金請領條件，僅得擇一請領，故勞工若發生職業災害身故，其遺屬符合遺屬年金請領條件，又符合自身老年年金要件者，因擇領金額較高之老年年金，致未能獲得職業災害保險給付保障，雇主亦無法以本保險之給付分擔其對所屬職業災害勞工責任之情形。因此，為落實保障職業災害勞工及其家屬之經濟生活，合理分擔雇主職業災害補償責任，且考量社會保險資源之合理配置，宜避免因併領年金給付造成過度保障之情形，爰參酌日本、德國職業災害保險與其他社會保險年金給付競合之處理方式，於第一項定明本保險年金減額應考量之因素。例如，被保險人同時領取本保險完全失能年金（平均投保薪資百分之七十）及自身勞工保險老年年金（年資二十八年之老年年金所得替代率約為百分之四十三）為例，其年金併領所得替代率達百分之一百一十三，即宜適度予以減額調整。二、為避免因前項減額調整因素，致個別被保險人之減額調整比率過高，影響職業災害勞工或其受益人之基本生活保障，爰參考日本職業災害保險年金併領調整制度之設計，明定減額調整之比率上限。三、第三項授權中央主管機關就年金給付應受減額調整情形及比率等事項訂定辦法。」本書以為其「為落實保障職業災害勞工及其家屬之經濟生活，合理分擔雇主職業災害補償責任，且考量社會保險資源之合理配置，宜避免因併領年金給付造成過度保障之情形」等理由，兼顧各方利益，應屬可採。

三、停發

依據勞保條例第63條第1項、第2項規定，特定遺屬必須符合一定之條件，始得請領遺屬年金。反面言之，若其不具備此等條件時，即無請領之資格，甚且，在領取遺屬年金期間喪失此一資格時，保險人即得停發遺屬年金。如此，以符合遺屬年金照顧特定遺屬最低生活需要及維持或促進其社會地位之目的。

勞保條例第63條之4及勞工職業災害保險及保護法第54條均為發生法定事由時，停發遺屬年金之規定。在法定事由方面，可區分為涉及配偶者、配偶外之其他遺屬者，及配偶與其他遺屬共同者。然而，停發僅為往後生效，而非溯及既往取消遺屬年金給付，且只「暫時停發」而非永久停發，即在停止發給原因消滅後，請領人得重新向保險人提出申請發給。

（一）配偶

再就在法定事由而言，在配偶方面者有三，只要有其中之一，即會喪失繼續領取遺屬年金的權利【案例1(4)】。首先，是配偶再婚。此係基於替代贍養原則（Prinzip des Unterhaltsersatzes），一旦配偶再婚時，遺屬年金即停止發給[105]。換言之，即應由再婚之配偶負責贍養之義務。在此，由於被保險人已死亡，一旦配偶再婚，即無可能回復原來的婚姻關係，故此款係一絕對的失權條款。此也可從勞保條例施行細則第95條第1項規定獲得明證。若非再婚，而係死亡，則為當然停發，並依勞保條例第65條第2項規定，由次一順序者請領。或者，本書以為亦可適用第65條第3項第1款之「在請領遺屬年金給付期間死亡」，而由第二順序之遺屬請領遺屬年金給付。

其次，配偶「未滿五十五歲，且其扶養之子女不符合第六十三條第二項第二款所定請領條件」者，即停止發給。反面解釋，如配偶年滿55歲，且扶養之子女符合第63條第2項第2款所定請領條件者，即不會遭致停止發給。此在「未滿五十五歲」部分，實難想像，蓋配偶如依據第63條第2項第1款「符合第五十四條之二第一項第一款規定者」之年滿55歲且婚姻關係存續1年以上，則如何會發生事後未滿55歲之情事呢？除非，其所指者，係事後查明配偶之年滿55歲之資格，並非確實，而係偽造者。在此，由於第63條之4第1款第2目係跟隨第63條第2項第1款而來，故「且婚姻關係存續一年以上」亦應同有適用。惟，也不會發生「婚姻關係未存續一年以上」之情形。所以，依本書作者之見，配偶在第2目之停止發給遺屬年金，僅會發生在「其扶養之子女不符合第六十三條第二項第二款所定請領條件」之情形。

再者，配偶「不符合第六十三條第二項第一款所定請領條件」，這應是指同法第54條之2第1項第2款「配偶應年滿四十五歲且婚姻關係存續一年以上，且每月工作收入未超過投保薪資分級表第一級」。同樣地，應該不會生配偶領取遺屬年金期間，「未年滿四十五歲或婚姻關係存續未滿一年以上」，而是只會發生「每月工作收入超過投保薪資分級表第一級」之情形。在此，配偶可能未再婚，而是另有工作所得，甚至收入頗豐，即會

105 Muckel/ Ogorek, Sozialrecht, 4. Aufl., 2011, S. 315 Rn. 105.

遭致停發（而非抵扣／充）的命運。

與勞保條例第63條之4第1款採取相同立法體例者，為勞工職業災害保險及保護法第54條第1款規定，「配偶再婚或不符合第四十九條第二項第一款所定請領條件。」其中，有關再婚的說明應無不同。至於「不符合第四十九條第二項第一款所定請領條件」，係指配偶不符合「第四十四條第一項第一款或第二款規定者」而言。解釋上，應係指配偶不符合「（一）無謀生能力」或「（二）扶養第三款規定之子女」或不符合「每月工作收入未超過投保薪資分級表第一級」之情形。其中，配偶因非「無謀生能力」而被停止發給遺屬年金，係勞保條例第63條之4第1款所未規定者。

（二）配偶外之其他遺屬

依據勞保條例第63條之4第2款規定，「子女、父母、祖父母、孫子女、兄弟、姊妹，於不符合第六十三條第二項第二款至第五款所定請領條件。」具體規定為，「二、子女符合第五十四條之二第一項第三款規定者。三、父母、祖父母年滿五十五歲，且每月工作收入未超過投保薪資分級表第一級者。四、孫子女符合第五十四條之二第一項第三款第一目至第三目規定情形之一者。五、兄弟、姊妹符合下列條件之一：（一）有第五十四條之二第一項第三款第一目或第二目規定情形。（二）年滿五十五歲，且每月工作收入未超過投保薪資分級表第一級。」這裡必須依照第63條第2項第2款至第5款所定請領條件，檢視其是否事後已不再具有條件。整體而言，以子女而言，是不再符合同法第54條之2第1項第3款規定中之任何一種情形者，即其已成年，或已具謀生能力，或超過25歲、未在學，或每月工作收入超過投保薪資分級表第一級者。以父母、祖父母而言，則是每月工作收入已超過投保薪資分級表第一級者，而非年齡未滿55歲，蓋其無法合理解釋。以孫子女而言，則是與子女之停止發給的情形一樣。最後，以兄弟、姊妹而言，1.即其已成年，或已具謀生能力。2.每月工作收入超過投保薪資分級表第一級者。

與勞保條例第63條之4第2款採取相同立法體例者，為勞工職業災害保險及保護法第54條第2款規定，「子女、父母、祖父母、孫子女、兄弟姊妹，不符合第四十九條第二項第二款至第五款所定請領條件。」

（三）配偶與其他遺屬共同者

依據勞保條例第63條之4第3款規定，「有第五十四條之二第三項第三款、第四款規定之情形。」具體規定為，「三、入獄服刑、因案羈押或拘禁。四、失蹤。」對於「拘禁」，同條第4項規定，「前項第三款所稱拘禁，指受拘留、留置、觀察勒戒、強制戒治、保安處分或感訓處分裁判之宣告，在特定處所執行中，其人身自由受剝奪或限制者。但執行保護管束、僅受通緝尚未到案、保外就醫及假釋中者，不包括在內。」本款一體適用於配偶、子女、父母、祖父母、孫子女、兄弟、姊妹等遺屬。只要有入獄服刑、因案羈押或拘禁或失蹤情形之一，即會遭致停止發給遺屬年金給付的命運。

最後，針對勞保條例第63條之4之停止發給，勞保條例施行細則第95條設有重新申請發給的詳盡規定。依之，「依本條例……第六十三條之四第一款、第二款規定停止發給年金給付者，除配偶再婚外，於停止發給原因消滅後，請領人得重新向保險人提出申請，……；遺屬年金依本條例第六十五條之一第三項規定發給（第1項）。依本條例……第六十三條之四第三款規定停止發給年金給付者，自政府機關媒體異動資料送保險人之當月起停止發給（第2項）。前項所定停止發給原因消滅後，請領人得檢具證明其停止發給原因消滅之文件向保險人申請，……；遺屬年金依本條例第六十五條之一第三項規定發給（第3項）。未依前項規定檢附證明文件向保險人申請者，自政府機關媒體異動資料送保險人之當月起恢復發給（第4項）。」

四、繳還死亡給付

與上述停止發給遺屬年金密切相關者，為保險人之查證權、遺屬之通報義務，以及返還溢領年金之義務。緣依據勞保條例第63條第2項規定，特定的遺屬必須具備一定之條件，始得請領遺屬年金。而在遺屬嗣後喪失該條件時，保險人即會停止發給遺屬年金給付。然而，無論是遺屬自始未具備請領條件，或嗣後喪失請領資格，保險人都有可能錯誤地為（繼續）給付之行為。

所以，為避免上述之不法給付年金之狀況，立法者乃在勞保條例第65條之2有一系列的防範措施。由於其為對於各種年金給付（失能年金、老年年金、遺屬年金）的共通規定，故當然亦適用於遺屬年金給付。類似的規定，亦見之於勞工職業災害保險及保護法第57條。依據勞保條例第65條之2第1項規定，「被保險人或其遺屬請領年金給付時，保險人得予以查證，並得於查證期間停止發給，經查證符合給付條件者，應補發查證期間之給付，並依規定繼續發給。」此即為保險人之查證權。雖其用語為「請領年金給付時」，但解釋上，在「年金給付中」保險人亦得行使查證之權限。

再依據勞保條例第65條之2第2項規定，「領取年金給付者不符合給付條件或死亡時，本人或其法定繼承人應自事實發生之日起三十日內，檢具相關文件資料，通知保險人，自事實發生之次月起停止發給年金給付。」此即為遺屬之通知義務，亦即在其不具備勞保條例第63條第2項規定之條件或有第63條之4之停止發給遺屬年金之情形時，即應通知保險人，以便自事實發生之次月起停止發給年金給付。

最後，依據勞保條例第65條之2第4項規定，「領取年金給付者或其法定繼承人未依第二項規定通知保險人致溢領年金給付者，保險人應以書面命溢領人於三十日內繳還；保險人並得自匯發年金給付帳戶餘額中追回溢領之年金給付。」解釋上，保險人應先以書面命溢領人於30日內繳還[106]，若溢領人未依限全部繳還溢領的年金給付，則得自匯發年金給付帳戶餘額中追回溢領之年金給付。假設仍然未能全額清償溢領的年金給付，保險人得另行要求或訴請溢領人返還。

再一言者，勞工職業災害保險及保護法第57條也有雷同的規定。依

---

106 郭玲惠，勞工及就業保險法釋義，頁268以下。

之，「被保險人或其受益人請領年金給付時，保險人得予以查證，並得於查證期間停止發給，經查證符合給付條件者，應補發查證期間之給付，並依規定繼續發給（第1項）。領取年金給付者不符合給付條件或死亡時，本人或其繼承人應自事實發生之日起三十日內，檢附相關文件資料通知保險人，保險人應自事實發生之次月起停止發給年金給付（第2項）。……領取年金給付者或其繼承人未依第二項規定通知保險人，致溢領年金給付者，保險人應以書面通知溢領人，自得發給之年金給付扣減之，無給付金額或給付金額不足扣減時，保險人應以書面通知其於三十日內繳還（第4項）。」

第二項　承領或繼承

此處的承領或繼承，並非謂當序遺屬在領取遺屬年金給付期間死亡時，其繼承人得否繼續承領遺屬年金，而是指符合領取失能給付或老年給付條件之被保險人死亡時，其當序遺屬得否主張先承領或繼承失能給付或老年給付，而後再主張請領死亡給付而言。此一部分，與前面「與失能給付及老年給付的連動關係」處的說明，亦即與前後領取或擇一領取的問題有關。另外，第八章老年給付第一節「年金給付之停發及繼承」及「年金給付之擇一請領」也與此有關，請參閱之。

先一言者，勞保條例第63條之1第1項規定，「被保險人退保，於領取失能年金給付或老年年金給付期間死亡者，其符合前條第二項規定之遺屬，得請領遺屬年金給付。」並非此處所指之承領或繼承，而是單純轉銜至請領遺屬年金給付之問題。如本書前面所言，既是轉銜的機制，即是由失能年金給付或老年年金給付轉而領取遺屬年金給付。故符合第63條第2項規定之遺屬，僅得請領遺屬年金給付，而不得主張繼續請領失能年金給付或老年年金給付。

此種「不得主張繼續請領失能年金給付或老年年金給付」，實際上也體現出失能年金給付或老年年金給付為一身專屬權，並不得轉讓與他人。最高行政法院92年度判字第636號判決即是採取此種見解。依之，「勞工保險條例第二十一條第一項前段規定『被保險人死亡前請領殘廢給付或老年給付，經保險人審定應給付者，其給付得由被保險人之當序受領遺屬津貼人承領。』旨在保障被保險人因殘廢後減少或喪失勞動能力，予以生活上之補助，自應以被保險人本人為請領殘廢給付主體，且不得繼承。蓋本條文係特別立法規定，將殘廢給付請求權僅賦與勞工保險條例規定之特定範圍受益人享有，且此處受益人之範圍與順位又與民法繼承編規定之繼承人範圍及順序不一致，可知國家顯然在立法政策上，將該筆給付與被保險人之遺產繼承中區隔，另依勞工保險條例之規定來決定其權利人。否則，若解釋殘廢給付請求權為得適用民法承認繼承之規定，則勞工保險條例第二十一條即無規定之必要，可直接即依民法繼承之規定處理。足見勞工保險條例之規定，殘廢給付請求權係獨立發生的公法上請求權，不得繼承。再參酌勞工保險條例施行細則第八十一條之僅准許殘廢給付請求權與死亡給付擇一請求規定、勞工保險條例第五十七條之重大殘障即須退保，不可再領取老年給付或死亡給付之規定、第六十三條就兄弟姐妹請領遺屬津貼所為之限制之規定等，立法意旨顯然將勞工保險被保險人請領殘廢給付之請求權與民法繼承之規定相區隔。上訴人主張楊木之家屬得依繼承之法，本於繼承人地位為請求云云，自係誤解。又勞工保險制度中之殘廢給付，為被保險人專屬之權利，如被保險人生前未提出申請，自不得再由被保險人以外之第三人申請殘廢給付。……。」

吾人由上述判決，推測法院似係採合目的性解釋或論理解釋的方法，而認為修正前勞保條例第21條係特別立法規定，將殘廢給付受領權[107]僅賦予勞工保險條例規定之特定範圍受益人享有，其並非民法遺產之繼承。蓋殘廢給付旨在保障被保險人因殘廢後減少或喪失勞動能力，予以生活上之補助，自應以被保險人本人為請領殘廢給付主體，即其為一身專屬權，而且殘廢給付請求權係獨立發生的公法上請求權，故無由為他人所繼

107 法院用「請求權」一詞，惟本書以爲特定人實無請求殘廢給付的權利，而是單純的受領權而已。

承[108]。由勞保條例的規定，可知國家在立法政策上，係將該筆給付與被保險人之遺產繼承區隔。並且，修正前勞工保險條例施行細則第81條僅准許殘廢給付請求權與死亡給付擇一請求、勞工保險條例第57條之重大殘障即須退保，均為不可再領取老年給付或死亡給付之規定。本書也以為，不僅失能給付，連老年給付也是一身專屬權，並無由為當序遺屬所繼承。

與上述最高行政法院92年度判字第636號判決同樣採取擇一請領立場者，為本章所設定案例參考依據之最高行政法院94年度判字第75號判決。依其見解，「『被保險人領取殘廢給付，不能繼續從事工作者，其保險效力即行終止。』、『被保險人身體殘廢不能從事工作，依勞工保險殘廢給付標準表申請殘廢給付後死亡，其受益人得請領死亡給付或殘廢給付。』勞工保險條例第57條及同條例施行細則第81條分別規定甚明。查死亡給付後其保險效力當然終止，自無可能於死亡給付後再發生殘廢給付之事故。又被保險人身體殘廢不能從事工作，依勞工保險殘廢給付標準表申請殘廢給付，如已領取殘廢給付，其保險效力即行終止，保險效力終止後，亦無可能再聲請死亡給付，故此二種保險給付本質上無從並存。茲被保險人聲請全部殘廢給付尚未領取給付前死亡，因全部殘廢給付與死亡給付性質上無從並存，已如前述，自僅能擇一領取。上述施行細則第81條所定被保險人身體殘廢不能從事工作，依勞工保險殘廢給付標準表申請殘廢給付後死亡，其受益人得擇一請領死亡給付或殘廢給付，符合勞工保險條例整體之規定意旨。且賦予被保險人之受益人選擇權，為有利於受益人之規定，而非加諸母法所無之限制，與母法並無牴觸，原審予以適用，並無不合。」

其次，其實在2009年1月1日勞保條例第63條之1公布施行前，在涉及被保險人死亡前已符合老年給付的條件，其遺屬得否放棄請領死亡給付，而選擇請領老年給付的爭議案中，中央勞政機關即已採取肯定見解，並且否定以被保險人身分請領家屬死亡喪葬津貼，其似乎即採不得承領（兼

108 反對說，郭玲惠，勞工及就業保險法釋義，頁214認爲應以勞保局核定失能給付時爲準。如果被保險人尚生存，即得繼承之。反之，如果已死亡，則不存在行政處分，即不得繼承。本書以爲其似乎採取修正前勞保條例第21條的規定。

得）的立場。依之，「勞保被保險人於保險有效期間因病死亡者，得依勞工保險條例第63條規定請領死亡給付。惟該等被保險人於死亡前，如已符合同條例第58條請領老年給付之年資或年齡條件，其當序受領人願意放棄請領死亡給付選擇請領老年給付，准依同條例有關老年給付規定辦理。」[109]又，「查勞工保險為保障勞工老年生活及其遺屬之生活，乃分別規定於事故發生時給予老年給付或死亡給付，勞工保險被保險人於保險有效期間死亡，依勞工保險條例規定僅能請領死亡給付，本會77年12月15日臺77勞保2字第28483號函釋，係為考量被保險人死亡時之年齡及年資已符合老年給付之要件，乃准予依較高金額之老年給付核給其受益人，因本質上仍為死亡給付，故當序受益人已選擇請領較高金額之老年給付時其家屬不得再以被保險人身分請領家屬死亡喪葬津貼。」[110]

然而，在中央勞政機關的函釋中，似乎也有肯定失能給付或老年給付得為當序遺屬所承領者。依之，「有關被保險人死亡前請領失能或老年相關給付，經保險人審定應給付者，其給付得由符合勞工保險條例第63條第1項及第65條第1項、第2項所定之當序遺屬津貼承領。」[111]其用語與修正前勞保條例第21條極為類似。惟其是否與最高行政法院同採合目的性解釋或論理解釋的方法，則非無疑。相較於勞工保險條例第63條之1第3項僅規定老年給付而無失能給付，而修正前勞保條例第21條及第0980140254號函釋均有包括失能給付，即能避免出現規範漏洞。雖然如此，本書以為此號函釋並未釐清得否兼領之問題，而只是再度重申行政院勞工委員會77年12月15日（77）台勞保2字第28483號函及87年9月10日（87）台勞保2字第038180號函的立場而已。因此，難以由第0980140254號函推論出當序遺屬嗣後能再請領被保險人的死亡給付。況且，基於社會保險給付不重複保障原則，勞保條例第22條或第65條之3也都是採取擇一請領的規定。

---

[109] 行政院勞工委員會77年12月15日（77）台勞保2字第28483號函參照。

[110] 行政院勞工委員會87年9月10日（87）台勞保2字第038180號函參照。

[111] 行政院勞工委員會98年5月8日勞保2字第0980140254號函參照。

事項索引

一劃

三劃

四劃

五劃

六劃

七劃

八劃

九劃

十劃

十一劃

十二劃

十三劃

十四劃

十五劃

十六劃

十七劃

十八劃

十九劃

二十二劃

國家圖書館出版品預行編目資料

勞工保險法：理論與實務／楊通軒著. ——初版. ——臺北市：五南圖書出版股份有限公司, 2022.07 面； 公分
ISBN 978-626-317-771-0（平裝）

1.勞工保險 2.保險法規

556.82 111004924

1RC7

勞工保險法：理論與實務

作　　者— 楊通軒（315.7）
發 行 人— 楊榮川
總 經 理— 楊士清
總 編 輯— 楊秀麗
副總編輯— 劉靜芬
責任編輯— 呂伊真
封面設計— 姚孝慈
出 版 者— 五南圖書出版股份有限公司
地　　址：106台北市大安區和平東路二段339號4樓
電　　話：(02)2705-5066　傳　　真：(02)2706-6100
網　　址：https://www.wunan.com.tw
電子郵件：wunan@wunan.com.tw
劃撥帳號：01068953
戶　　名：五南圖書出版股份有限公司
法律顧問　林勝安律師事務所　林勝安律師
出版日期　2022年7月初版一刷
定　　價　新臺幣720元